《中国道教通史》编写组

主　　编：卿希泰　詹石窗

本卷主编：周　冶

本卷撰稿人：（按姓氏笔画为序）

尹志华　由　申　白娴棠　刘　莉　孙瑞雪　杨光文

杨　铭　张泽洪　张桥贵　陈耀庭　武清旸　周　冶

赵宗诚　卿希泰　唐大潮　曾召南

编辑主持：方国根　李之美

本卷责编：钟金铃

国家出版基金项目
NATIONAL PUBLICATION FOUNDATION

中国道教通史

第四卷

卿希泰　詹石窗　主编

人民出版社

本书系教育部人文社会科学重点研究基地
四川大学道教与宗教文化研究所
重大项目（批准号12JJD730003）成果

主编简介

卿希泰，1927 年 1 月生，2017 年 2 月仙逝。四川三台县人，四川大学文科杰出教授。1951 年四川大学法律系本科毕业，1954 年中国人民大学哲学专业研究生毕业。1959 年负责创办四川大学哲学系，任系党总支书记、副系主任；1980 年负责创建四川大学宗教学研究所，并任所长、教授、博士生导师。曾任国家社科基金宗教学科规划评审组副组长、首届全国高校哲学学科教学指导委员会委员、中国宗教学会副会长、四川省首批学术和技术带头人、国家“985 工程”四川大学宗教与社会研究创新基地首席专家、四川大学学术委员会委员、四川大学宗教学研究所名誉所长等职。卿先生主编的《中国道教史》与《中国道教思想史》成为中国道教研究领域的标志性成果。此外，尚有《中国道教》《道教与中国传统文化》《中外宗教概论》以及《道教文化新探》《刍荛集》《道教文化与现代社会生活》等著作十多种，组织出版《儒释道博士论文丛书》百余种。先后荣获国家级和部省级的优秀科研成果奖 13 项，其中一等奖 6 项，二等奖 6 项。1991 年，国务院颁予“在社会科学研究事业做出突出贡献的专家”证书，并被评为四川省优秀教师、四川省优秀博士生导师、成都市劳动模范。

主编简介

詹石窗，1954 年生，福建厦门市人，四川大学文科杰出教授。1982 年获厦门大学哲学学士学位，1986 年获四川大学宗教学研究所哲学硕士学位，1996 年获四川大学宗教学研究所哲学博士学位。曾任福建师范大学易学研究所教授、厦门大学闽江学者特聘教授、厦门大学人文学院副院长、中国国务院参事室“国学馆道家分馆文字总纂”、福建省老子研究会会长。现任四川大学老子研究院院长，四川大学道教与宗教文化研究所教授委员会主席、博士生导师，中国国家社会科学基金学科评审专家，中国老子道学文化研究会副会长等职。先后主持中国国家社会科学基金特别委托重大项目“百年道教研究与创新工程”（首席专家）、中国教育部哲学社会科学重大课题攻关项目“百年道学精华集成”（首席专家）、中国国家社会科学基金重大项目“百年道家与道教研究著作提要集成”（首席专家）等十多个课题。主要著作有《道教文学史》《易学与道教思想关系研究》《中国道教思想史》（副主编）等 30 余部，组织编纂《国学新知文库》等多系列大型学术丛书，在《中国社会科学》《哲学研究》等海内外学术刊物发表学术论文 250 多篇。论著先后获得省部级奖 15 项。其个人专著《道教与女性》《道教文化十五讲》已在国外出版并得到学界高度认可。

凡　例

一、为了保持一贯的体例和风格，本书遵照如下重要原则和要求：

1. 坚持实事求是的历史科学精神，对具体问题进行具体分析。

2. 从内容到结构均须正确反映道教本身发生、发展和演变的客观规律，依据其规律进行道教发展史的科学分期。

3. 坚持史论结合，以史为据，尽量采用第一手原始材料，避免空泛议论。

4. 对历史上的道派、人物和经典以及道教与儒释的关系等，要切实按照它的本来面目去认识和叙述，尽量做到客观、全面地辩证分析和正确评价。

5. 对疑难问题，应本着"百家争鸣"方针，采取商量态度，避免主观武断，强加于人。

6. 尽可能借鉴国内外已有研究成果，避免闭门造车。所依据的材料，必须详细注明出处，以便为读者进一步探讨提供线索。

二、本书凡引《道藏》，均系文物出版社、天津古籍出版社、上海书店1988年版本；《藏外道书》系巴蜀书社1994年影印版。引用时均略去出版年与书版地。

三、本书所引用的《二十五史》，均系中华书局标点本，引用时均略其作者姓名。

四、本书所谓《大正藏》，即日本国大正十三年（1924年）修纂的《大正新修大藏经》，引用时均略去出版年与出版地。

五、本书涉及《四库全书》所收本，均为台湾商务印书馆1986年出版《文渊阁四库全书》本，引用时略去出版年和出版地。

六、凡引用文集已包含作者名者，书前不再出现作者名。

七、凡行文中涉及传统干支纪年者，在其后用括号加上公元年作为说明，如“熹平二年(173年)”；若属公元前者，在其后加上“前”字，如汉武帝刘彻(前140—前87年在位)。至于人物的生卒年，则在其人名之后加括号说明之，括号内的阿拉伯数字即是其出生或去世之年。

目　录

第十一章

道教在明后期至清嘉道间的衰微

明中叶后,中国资本主义经济开始萌芽,一种新的生产关系在中国封建社会内部逐渐孕育着。作为其母体的中国封建制度从此步入它的衰老期。与之相适应,产生于封建社会并长期依附于封建制度的道教也随之走完了向上发展阶段,而进入其衰落时期。从此以后,道教首领渐次失去以往的尊贵显荣,而渐感处境艰难;道教肌体也已失去自我更新的活力,理论教义不再有创新;教团组织局地化,日益分散,规模缩小;各地宫观总的来看废弃多过修建,日趋破败。从总体上道教显现出明显的衰落景象。

导致上述衰落的原因,从客观上来讲,主要是失去了封建王朝的有力支持,使之失去了继续发展所需的政治经济条件。从主观上来讲,主要是因道教产生和长期发展于中国封建社会,具有较强的封建性和保守性,很难随着社会政治经济条件的变化,作出自我调节、自我更新。因此,当新的政治经济条件要求有新的宗教思想与之相适应时,不能及时作出大的改变以相适应,自然便成为时代的落伍者而衰落下去。

第一节　道教进入衰落时期及《万历续道藏》的编纂

明中叶以后至清嘉道年间,全真和正一两大派早已不像元代那样有较强的领导核心和较整体的活动,而是各自分成若干个支派自谋发展。这种宗派的由合到分,并不表示道教力量的增强,恰好表示力量的削弱。在这许多小宗派中,全真道方面比较活跃的是龙门派与华山派,尤其是龙门派经清初王常月的阐扬,组织不断扩大,渐次遍及全国,全真道中较为著名的道士大都出于此派。相较而言,全真道的其他支派,规模较小,有的难见活动,盖已衰落了。另一方面,正一道属下的许多小派,比较活跃的有龙虎、茅山宗,神霄、清微、净明、武当等派,其余大都式微;但就是这些比较活跃的派别,也大都今不如昔,江河日下。

当然,任何事情都不是绝对的。我们说这一时期道教走向衰落,这并不意味着它从此一蹶不振,更不表明它在文化建设上没有建树。实际上,万历之际《续道藏》的编纂从某种意义上讲在整个道教史上还是可以称作"闪光"的一笔。

一、统治者的利用、抑制政策导致道教的衰落

中国道教的兴衰与封建皇室的支持与否有直接而重要的关系,明中叶后的历代帝王虽然仍旧把道教作为统治人民的工具而加以利用,但对它防范甚严,且不断加以抑制,如不断贬降其首领的社会地位、多方限制其组织活动等。在这种情况下,道教的发展不得不走向停滞而衰落。

继明世宗以后的穆宗,是抑制道教最严峻的皇帝。他鉴于世宗崇道过滥的教训,采取了打击、抑制道教的措施。一方面,严厉惩治世宗时受宠的道士、方士,如削夺邵元节、陶仲文的官爵和诰命,械系王金、陶世恩、陶倣、申世文等入狱治罪,处死王金等;另一方面,对正一天师大加贬降。隆庆元年(1567 年)四月,吏部主事郭谏臣奏:"正一真人(按指第四十九代天师张永绪——引者注)荒淫不检,不当复令世袭。宜行所司查议,应否永为革除……得旨允行。"①隆庆二年(1568 年)正月,"诏革正一真人名号,夺其印……止以裔孙张国祥为上清观提点,铸给提点印。上从之"②。历时十年,至明神宗时,处境略有好转,万历五年(1577 年)三月,张国祥请复正一真人印号,"礼臣以为不可许。得旨:国祥,伊祖封号传自累代,祖宗亦相因不革,还准承袭,给予印信……吏部以无定品为言,上以真人系正二品,载本

---

① 《明穆宗实录》卷 7,《明实录》第 49 册,台湾"中央研究院"史语所校印,1962 年,第 215—216 页。

② 《明穆宗实录》卷 16,《明实录》第 49 册,台湾"中央研究院"史语所校印,1962 年,第 434—435 页。《龙虎山志》卷 8 谓停正一真人封号在隆庆三年,《藏外道书》第 19 册,第 509 页。

朝官制,令遵前旨行"①。据《明史》卷219载,张国祥请复真人号时,"(马)自强寝其奏。国祥乃重贿冯保固求复,自强力持不可,卒以中旨许之"②,但不许朝覲。据《明神宗实录》载,万历七年(1579年)八月丁酉,"礼部题该内阁传圣谕:朕昨御门,见真人张国祥也随班,他前奏今年该朝覲,朕思他是外方之人,焉用朝参,又无民社之寄,何须入覲?今只在本府暂处,恭候圣母万寿圣节供事毕,即辞回。以后凡遇寿旦,只在本山建醮祝延,朝覲免行"③。沈德符《万历野获编》作了类似叙述,曰:"今上己卯(1579年)冬,龙虎山真人张国祥以覲期入朝,缀班二品。上御门望见道冠羽衣,以为服饰不雅,不足以肃观瞻,即下圣谕:他是方外之人,焉用朝参,又无民社之寄,何须入覲?自今,非奉召命不必来京。"④即是说,非奉诏命,不准入京朝覲,也不许借祝圣诞入京。此后,稍有改变,"己卯后数年,仍命张国祥三年一覲,言官争之,不听。又至京师,辄久留不去。盖中官辈诳上,以祝延圣寿建醮为词,然终不得预朝会"⑤。可见,明神宗对张国祥的态度是宽中有紧、恩中有威。在这种条件下,张国祥的处境自然比其先辈们艰难多了,他所代表的道教也就不可能继续发展,只能渐趋停滞。至明熹宗、思宗时,明统治进入末世,阶级矛盾、民族矛盾十分尖锐,已无暇顾及道教政策的实施。

万历四十四年(1616年),本为明朝边将的女真族首领努尔哈赤脱离明朝独立,建立后金政权,年号天命。天命十一年(1626年)九月,皇太极即汗位,次年改元天聪。天聪六年(1632年),依仿明朝的制度,设立僧录司、道

① 《明神宗实录》卷60,《明实录》第52册,台湾"中央研究院"史语所校印,1962年,第1367—1368页。

② 《明史》卷219《马自强传》,北京:中华书局1974年版,第19册,第5772页。

③ 《明神宗实录》卷90,《明实录》第53册,台湾"中央研究院"史语所校印,1962年,第1858页。

④ (明)沈德符:《万历野获编》卷27《羽流不列清班》,北京:中华书局1959年版,下册,第696页。

⑤ (明)沈德符:《万历野获编》卷27《羽流不列清班》,北京:中华书局1959年版,下册,第696页。《明神宗实录》卷149载,万历十二年(1584年)五月"壬午,准真人张国祥照例换给勘合,三年一覲。礼科都给事中万象春、兵科左给事中王三余并言左道无民社之寄,不当入覲。不听"。《明实录》第54册,台湾"中央研究院"史语所校印,1962年,第2772页。

录司管理僧道，规定“凡通晓经义、恪守清规者，给予度牒”，但“僧道不许自买人簪剃，违者治罪”。[①] 据《满文老档》记载，天聪六年正月初一，皇太极接受贝勒、大臣叩拜后，“次儒、道、佛三教各官叩拜”[②]；天聪九年（1635 年）正月初一，同样在诸大臣叩拜后，又有“儒、僧、道三教之儒官、僧官、道官叩拜”[③]。说明当时对儒、释、道三教一体视之。崇德元年（1636 年），皇太极称帝，改国号为大清。

1644 年，爱新觉罗福临进驻北京，即皇帝位，纪元顺治，开始了清王朝对全国的统治。在宗教信仰上，清统治者原信萨满教，后又接受了佛教，而对道教缺乏信仰。可是既要统治全国，为了笼络汉族人民，就不得不对中原本土宗教——道教加以利用，以之作为统治各民族的思想工具。但此利用不是无条件的，而是有条件的，即是在严格防范和限制条件下的利用。在这种思想指导下，清王朝逐渐形成一条既利用又抑制，且抑制不断加强的政策。总的说来，在最初的顺、康、雍三朝，抑制的程度稍宽一些，乾、嘉以后，抑制愈来愈严，直至清亡。

清王朝入关之初，对道教不感兴趣。《世祖实录》载：顺治三年（1646 年）七月壬戌（十八日），“江西巡抚李翔凤进正一真人张应景（京）符四十幅，得旨：凡致福之道，惟在敬天勤民，安所事此（指所进符箓——引者注），朝廷一用，天下必致效尤，其置之”[④]。顺治十年（1653 年）正月，世祖与陈名夏有一番对话。顺治说：“如喇嘛竖旗，动言逐鬼。朕想彼安能逐鬼，不过欲惑人心耳。”陈对：“皇上此言，真洞晰千载之迷。尝谓有道之世，其鬼不灵，光天化日，岂有逐鬼之事。”上又曰：“朕思孝子顺孙追念祖父母、父

① 《古今图书集成·神异典·二氏部汇考》引《大清会典》，北京：中华书局、成都：巴蜀书社 1985 年版，第 49 册，第 60430 页。又见《[康熙朝]大清会典》卷 71，台北：文海出版社 1992 年版，第 3619、3622 页。参见《清史稿》卷 115《职官二》，北京：中华书局 1976 年版，第 12 册，第 3331 页。

② 中国第一历史档案馆、中国社会科学院历史研究所译注：《满文老档》，北京：中华书局 1990 年版，第 1188 页。

③ 关嘉禄、佟永功、关照宏编译：《天聪九年档》，天津：天津古籍出版社 1987 年版，第 2 页。

④ 《世祖实录》卷 27，《清实录》第 3 册，北京：中华书局 1985 年版，第 229 页。另见（清）刘锦藻：《清朝续文献通考》卷 89，上海：商务印书馆 1936 年版，第 1 册，第 8493 页。

母，欲展己诚，延请僧道，尽心焉耳，岂真能作福耶？”陈曰：“若果有学识之人，必不肯延僧道，为此者多小民耳。以其爱亲之诚，故圣王不禁。”①可见，顺治对佛道教的看法近乎儒者，怀疑神怪之说，但认可其敦俗淑世的社会教化功能，故以之阴翊治化。

清王朝开始与道教首领打交道始于顺治六年（1649 年），据载，该年 6 月，顺治帝“封张真人五十二代孙应京为正一嗣教大真人，赐敕印”②。同月，又诏谕曰：“凡僧道巫瞽之流，止宜礼神推命，不许妄行法术，蛊惑愚众。如有违犯，治以重罪。着礼部严行稽察。”③张元旭《补汉天师世家》记张应京赴京朝贺时，顺治（实为摄政王多尔衮）曾颁给了一通诏书，表现出清王室对道教的严厉约束态度。其文曰：“国家续天立极，光昭典礼，清静之教，亦所不废。尔祖张道陵，博通五经，覃精玄教，治民疾病，俾不惑神怪，子孙嗣教，代有崇封。兹特命尔袭职，掌理道箓，统率族属，务使异端方术，不得惑乱愚民。今朝纲整肃，百度唯贞，尔其申饬教规，遵行正道，其附山本教族属，贤愚不同，悉听纠察，此外不得干预。尔尤宜法祖奉道，谨德修行，身立模范，禁约该管员役，俾之一守法纪，毋致生事，庶不负朝廷优加盛典，尔其钦承之！”④细绎此谕，其所谓“族属”、“本教族属”，皆泛指道教徒而言，是仍以张天师为道教领袖，以龙虎山为道教的权威中心，故曰“附山”。如《龙虎山志》说：张应京“顺治八年（1651 年）入觐，世祖章皇帝授正一嗣教大真人，掌天下道教事，礼秩咸如故”⑤。显然，世祖封张应京为大真人，掌理道教，是需要他作为领袖，树立模范，同时申饬教规，管束道教徒，使之“一守法纪，毋致生事”；且利用其教影响民众，使广大“愚民”不致被“异端方术”所惑。总之，是要他负责引导道士及信教群众，维护“朝纲整肃”、政治稳定

① 《世祖实录》卷 72，《清实录》第 3 册，北京：中华书局 1985 年版，第 568 页。

② 《世祖实录》卷 44，《清实录》第 3 册，北京：中华书局 1985 年版，第 357 页。

③ 《世祖实录》卷 44，《清实录》第 3 册，北京：中华书局 1985 年版，第 357 页。

④ 《白云观志》卷 7《补汉天师世家》，《藏外道书》第 20 册，第 640 页。《清朝续文献通考》系于顺治八年（1651 年），见（清）刘锦藻：《清朝续文献通考》卷 89，上海：商务印书馆 1936 年版，第 1 册，第 8493 页。

⑤ 《龙虎山志》卷 6，《藏外道书》第 19 册，第 474 页。《清史稿》亦云：“（顺治）八年，授张应京正一嗣教大真人，掌道教。”《清史稿》卷 115《职官二》，北京：中华书局 1976 年版，第 12 册，第 3331 页。

的局面。同时又严格规定其权限,除了本教教务,“此外不得干预”。可谓恩威并重。

在对道教的管理政策上,顺治朝尤重道士身份的甄别和道官制度的完善,这对于一个新朝来说,有其政治和经济上的必要性。比如,顺治二年(1645 年),“定内外僧道俱给度牒,以防奸伪……凡寺庙庵观若干处,僧道若干名,各令住持详查来历,具结投递僧道官。僧道官仍具总结,在京城内外者,俱令报部;在直省者,赴该衙门投递,汇送抚按,转行解部,颁给度牒。不许冒充混领,事发罪坐经管官。是年定内外僧道有不守清规,及犯罪为僧道者,住持举首;隐匿不举,一体治罪。顶名冒籍度牒者,严究治罪。又定内外寺庙庵观,凡有明朝旧敕,尽行缴部,不许隐藏……僧道住处,不许私自迁徙……僧道官住持纵隐,一体治罪”。顺治三年(1646 年),“令在京寺庙庵观,不许僧尼道士混处,及闲杂俗人居住……僧道官容隐者,一体重治。又定严禁京城僧道沿街设置神像、念诵经咒,或持击梆磬募化者,该管僧道官即行重治。如住持募化,罪及阖寺,如散众募化,罪坐住持,并该管僧道官,一体治罪”。顺治四年(1647 年),规定僧道官补授,“在京僧道录司,由礼部考取,移咨吏部补授。各府州县僧道等官,令各布政司遴选保举报部,转咨吏部授职”。顺治六年(1649 年)又重颁度牒,题准:“内外僧道,必有度牒,方准住持焚修。该部(指礼部——引者)刊刻度牒,印发各布政司及顺天府,查境内僧道素无过犯者,每名纳银四两,给度牒一张。各州县于年终申解该司,汇解户部,仍报礼部查考。其从前给过度牒,一并追缴。”顺治八年(1651 年),“定皇城内不许作道场”。顺治九年(1652 年),“谕僧尼道士:已领度牒者,务恪守清规,用本等衣帽,住居本寺庙。如未领度牒,私自为僧尼道士,及用喇嘛衣服往来者,照例治罪”。顺治十七年(1660 年),议准:“令各该抚,详开花名年貌籍贯及焚修寺庙,备造清册,并送纸张,投部印给度牒。”①可见,清王朝已将道教管理“嵌入”王朝管理体系当中,利用度牒的身份认证制度对道士进行清查,并有一些约束道士迁徙和进行宗教

① 以上见《古今图书集成·神异典·二氏部汇考》引《大清会典》,北京:中华书局、成都:巴蜀书社 1985 年版,第 49 册,第 60430—60431 页。并参《[康熙朝]大清会典》卷 71,台北:文海出版社 1992 年版,第 3619—3624 页。

活动的举措。总体上看，管制是很严格的。

顺治朝还有其他一些涉及道教的制度。如顺治九年(1652年)四月定服色，“僧道衣服止许用紬绢、纺丝、素纱、棉布、夏布，不许用缎、绫、罗。其袍止许用本等缁黑色，不许用别色。其余禁例，与民同。惟袈裟、道服不在禁限”①。十一年(1654年)九月议窝逃罪，“僧道隐匿者，照民例治罪。该管僧道官，照知县例治罪”②。

康熙帝玄烨理性务实，晚年云：“朕之生也，并无灵异，及其长也，亦无非常。八龄践祚，迄今五十七年，从不许人言祯符瑞应，……此皆虚文，朕所不敢。惟日用平常，以实心行实政而已。”③以这种人生态度来看，宗教法术近乎故弄玄虚。比如常行之祈雨，他即认为多凭经验，而饰以仪节，至于行法之僧道，甚至缺乏祈祷之诚心。谕曰：“礼部于各寺庙祈雨，所用僧人、道士，但务虚文，殊无实意。大约每月十八、二十、二十二、二十四等日往往有雨，人多言宜及此数日祈祷。朕以为，既知有雨，何用祷为？若知有雨而后祷，此心便已不诚矣。”④故纾解民瘼，最终依赖的是实实在在的政治、经济能力：“总之，天行不齐，多赖人事补救。朕仓有余粟，帑有余金，随时随地皆可赈济，故虽逢旱岁，亦不能为灾也。”⑤他对道教神仙之说也持批判态度，论曰：“道法自然，为天地根，老氏之学，能养其真。流而成弊，刑名放荡，长生久视，语益惝恍。况神仙之杳渺，气历劫而难聚，纵白日兮飞升，与世道乎奚补？慨秦汉之往事，求方药而何愚！用清净而获效，宁化美于皇初。养身寿人，儒者有道，保合太和，何取黄老？”⑥所以，对僧道切不可放纵，宜严格加以防范，故在康熙二十二年(1683年)谕吏部曰：“一切僧道，原不可过于优崇。若一时优崇，日后渐加纵肆，或别致妄为，尔等识之。”⑦二

① 《世祖实录》卷64，《清实录》第3册，北京：中华书局1985年版，第503页。
② 《世祖实录》卷86，《清实录》第3册，北京：中华书局1985年版，第678页。
③ 《圣祖实录》卷275，《清实录》第6册，北京：中华书局1985年版，第697页。
④ 《圣祖实录》卷275，《清实录》第6册，北京：中华书局1985年版，第698页。
⑤ 《圣祖实录》卷275，《清实录》第6册，北京：中华书局1985年版，第698页。
⑥ (清)玄烨：《圣祖仁皇帝御制文第四集》卷25《七询》，《文渊阁四库全书》第1299册，第562页。
⑦ 《圣祖实录》卷111，《清实录》第5册，北京：中华书局1985年版，第132页。

十六年(1687年),在禁止淫辞小说诏谕中又说:“至于僧道邪教,素悖礼法,其惑世诬民尤甚。愚人遇方术之士,闻其虚诞之言,辄以为有道,敬之如神,殊堪嗤笑,俱宜严行禁止。”①可见康熙帝对佛道二教虽不废除,但一直主张对之采取严厉的管制约束政策。清人黄钧宰说:“我朝于此二者(按指佛道——引者注),不废其教,亦不用其言,听其自生自息天地之间。”②正因如此,康熙六十余年间,对道教并无多大支持,仅对正一道首领给予例行封赐。如康熙二十年(1681年),授第五十四代天师张继宗为正一嗣教真人。三十三年(1694年),命其进香五岳。四十二年(1703年),授其为光禄大夫。五十二年(1713年),赐银修葺龙虎山上清宫。③

在管理政策上,康熙朝主要有如下举措。第一,完善道官制度。康熙十三年(1674年)议定,除京城设道录司外,外省各府设道纪司,州设道正司,县设道会司。④ 这些在外的道官“由各该抚移咨礼部详查,转咨吏部补授。准其注册,停其具题。仍知会礼部,填给札付,移咨该抚,行令任事”⑤。第二,继续强调度牒制。甫即位之顺治十八年(1661年)十一月戊戌(二十三日),江南道御史胡秉忠疏言编户人丁“俱沿袭旧数”,于政治经济“为弊匪细”,“请敕有司核实……其有充僧道无度牒者,悉令为农安插,附入丁册当差”,从之。⑥ 康熙四年(1665年)六月,又有疏议:

> 丁丑(二十二日),户部议覆:广东总督卢崇峻疏言,异端僧道惑世耗民,请敕地方官勒令还俗,使其开垦新荒,可以增朝廷粟米之供,昭户

---

① 《圣祖实录》卷129,《清实录》第5册,北京:中华书局1985年版,第385页。

② (清)黄钧宰:《金壶浪墨》卷7《僧道》,《续修四库全书》,上海:上海古籍出版社2002年版,第1183册,第101页。

③ 参见《白云观志》卷7《补汉天师世家》,《藏外道书》第20册,第640—641页。参见(清)刘锦藻:《清朝续文献通考》卷89,上海:商务印书馆1936年版,第1册,第8493页。

④ 参见嘉庆朝《大清会典事例》卷390,台北:文海出版社1991年版,第7684页。

⑤ 《古今图书集成·神异典·二氏部汇考》引《大清会典》,北京:中华书局、成都:巴蜀书社1985年版,第49册,第60431页。并见《[康熙朝]大清会典》卷71,台北:文海出版社1992年版,第3621—3622页。《清史稿》云:“康熙十三年版,定僧录司、道录司员缺,及以次递补法。”见《清史稿》卷115《职官二》,北京:中华书局1976年版,第12册,第3331—3332页。

⑥ 参见《圣祖实录》卷5,《清实录》第4册,北京:中华书局1985年版,第96—97页。

口生聚之盛，况去此蛊惑小民之术，则金钱不致耗散。查各省僧道等，既经给与度牒，应姑存留。此后应照前额定之数，府四十人，州三十人，县二十人。其无度牒僧道，令各该府州县官严查，照前定例治罪。至男女聚会，应通行严禁。得旨：无度牒为僧道，及男女聚会者，着该地方官严行察拿。若仍前怠玩不拿，或科道纠参，或旁人出首，将该地方官一并从重治罪。余依议。①

同年八月，即"令直隶各省，清查僧道尼姑有无度牒，及寺庙住持人数"②。康熙十五年（1676年）题准："凡僧尼道士不领度牒、私自簪剃者，杖八十，为民。有将逃亡事故度牒顶名冒替者，责四十板，（度牒）入官。该管僧道官，俱革职还俗。"③第三，对道教的法事活动作出更细致、严格的禁令。康熙元年（1662年）规定："凡作道场者，止许在本家院内，其当街搭盖席棚、扬幡挂榜，及僧道张伞、捧托香帛、绕街行走、取水画地、开酆都、穿戴盔甲等项，俱行禁止。违者，僧道责二十板，为民，该管僧道官革职。其作道场之家，系官，交该部议处，系民，治以违禁之罪。"④康熙十六年（1677年），又"令京城内寺庙庵院，不许设教聚会、男女混杂，并不许搭盖高台，演戏敛钱、酬神赛会。僧道录司并该管僧道官，不时亲查，有违禁者，执送本部，将本人及寺庙住持一并治罪。该管僧道官不行查拿，本部参处"⑤。第四，对寺观的规模和出家者的资格做了限制。康熙四年（1665年）题准："除兴京、盛京及京城寺庙遵谕建设外，其前代敕建寺庙，应各设僧道十名。私建大寺庙，各设八名。次等寺庙，各设六名。小寺庙，各设四名。最小寺庙，各设二

① 《圣祖实录》卷15，《清实录》第4册，北京：中华书局1985年版，第232—233页。

② 《圣祖实录》卷16，《清实录》第4册，北京：中华书局1985年版，第240页。

③ 《古今图书集成 · 神异典 · 二氏部汇考》引《大清会典》，北京：中华书局、成都：巴蜀书社1985年版，第49册，第60431页。并参《［康熙朝］大清会典》卷71，台北：文海出版社1992年版，第3625页。"度牒"，据嘉庆朝《大清会典事例》卷390补，台北：文海出版社1991年版，第7685页。

④ 《古今图书集成 · 神异典 · 二氏部汇考》引《大清会典》，北京：中华书局、成都：巴蜀书社1985年版，第49册，第60431页。并参《［康熙朝］大清会典》卷71，台北：文海出版社1992年版，第3625—3626页。

⑤ 《古今图书集成 · 神异典 · 二氏部汇考》引《大清会典》，北京：中华书局、成都：巴蜀书社1985年版，第49册，第60431页。并参《［康熙朝］大清会典》卷71，台北：文海出版社1992年版，第3626页。

名……本户不及三丁,及十六岁以上,不许出家。违例者,枷号一个月。僧道官及住持知而不举者,一并治罪,罢职还俗。”①而前引四年六月礼部议覆,云“府四十人,州三十人,县二十人”之额定数目,所据当为明朝旧例。据康熙六年(1667年)礼部统计,各省共有道士21286名。② 政府对寺观的管制,岁久或有松弛,致有社会问题产生,故复有疏议收紧。康熙五十年(1711年)十二月丁卯(十三日),《实录》记曰:

> 礼部议覆:左都御史赵申乔疏言,直隶各省寺庙常窝藏来历不明之人,行不法之事,嗣后请除原有寺庙之外,不许创建,将现在寺庙居住僧道查明来历,令按季呈报甘结,不许容留外来可疑之人,如事发,将该管官员照例处分。应如所请。得旨:依议。近见直隶各省创建寺庙者甚多,建造寺庙则占据百姓田庐,既成之后,愚民又为僧道日用,凑集银钱,购买贫人田地给与,以致民田渐少。且游民充为僧道,窝藏逃亡罪犯,行事不法者甚多。实扰乱地方,大无益于民生者也。着各省督抚及地方官,除原有寺庙外,其创建增修,永行禁止。③

清初统治者对佛道进行清查与管束,同时也清楚地认识到释道二教在民众当中具有深远影响,可以纳入王朝管理体系中以“辅翼王化”。故康熙朝编纂的《大清会典》说:“释道二教,亦王化所不废,惟严其禁约,毋使滋蔓。”④佛道教的这种性质,与当时社会上盛行的各种“邪教”有所不同。因此,从政策上将儒释道三教(“正道”)和“邪教”(如无为、白莲、闻香教等)区别对待,对邪教严加取缔,对三教加以保护。如前述顺治帝给张应京的诏书,即要求他必须“申饬教规,遵行正道”。又在顺治十三年(1656年)十月谕礼部,认为“儒、释、道三教并垂,皆使人为善去恶,反邪归正,遵王法而免

---

① 《古今图书集成·神异典·二氏部汇考》引《大清会典》,北京:中华书局、成都:巴蜀书社1985年版,第49册,第60431页。并参《[康熙朝]大清会典》卷71,台北:文海出版社1992年版,第3624页。

② 参见《古今图书集成·神异典·二氏部汇考》引《大清会典》,北京:中华书局、成都:巴蜀书社1985年版,第49册,第60431页。并参《[康熙朝]大清会典》卷71,台北:文海出版社1992年版,第3625页。

③ 《圣祖实录》卷248,《清实录》第6册,北京:中华书局1985年版,第462—463页。

④ 《[康熙朝]大清会典》卷71,台北:文海出版社1992年版,第3618页。

祸患"①,当取保护政策。正因如此,对道教活动也适当予以支持,清初王常月在北京白云观的阐教活动,就是得到顺治帝支持的结果。据载,顺治十三年(1656年),王常月"奉旨主讲白云观,赐紫衣,凡三次登坛说戒,度弟子千余人"②。此后他的全部活动都与顺治帝的支持分不开。对于邪教,康熙十二年(1673年)议准:"无为、白莲、焚香、闻香、混元、龙元、洪阳、圆通、大乘等邪教,惑众聚会念经、执旗鸣锣、聚众拈香者,通行八旗直省严行禁饬,违者照例鞭责枷号。"③二十六年(1687年)覆准:"无赖狂徒,假借僧道为名,或称祖师降乩,或妄逞邪说,托言前知,或以虚妄之谈蛊动愚蒙,至有群相礼拜、甘作徒从者。嗣后此等邪教,通行八旗五城、各省督抚、地方官,令其严行禁止。"④作为道教领袖,张天师还承担起查处邪巫的责任。据江西省崇义县发现的康熙四十三年(1704年)二月十九日龙虎山天师府知事厅颁发的一份"照票"抄件,说明在张继宗掌教时,"本府(天师府,此为天师自称)钦奉敕命,掌理天下道教,毋以不法邪巫假冒名色,混肴(淆)正教,蒙已咨明礼部通行严禁在案"。即是说,张天师奉统治者之命管理天下道教,其中一项重要工作是查辨邪巫与正教,并报送礼部备案。其中说:"前本府祀岳经过地方查访,知楚俗相习成风,以致正邪莫辨。本府职守攸关,是以委员给贴(帖)为凭。"这与张继宗曾奉旨进香五岳的事实相符。天师除了移咨地方政府"一体查禁"外,还委派法员到各地"清查教典,给牒传度",给遵行正教的人士颁发照票,"凡无照票之人即系邪巫"。对查实的邪巫,"既往不究,着即改业别途,毋许混教,致干法纲","如敢仍前演邪煽惑人心,祸害地方",即许领取执照的正教人士"呈禀省司"依法"究惩"。⑤ 这也表明,此时张天师仍负责掌理全国道教,"给帖清教,以杜邪巫"。其在礼部的管辖之下,可以与地方政府协同处置邪巫。

---

① 《世祖实录》卷104,《清实录》第3册,北京:中华书局1985年版,第811页。

② 《白云观志》卷4《昆阳王真人道行碑》,《藏外道书》第20册,第592页。

③ 《[康熙朝]大清会典》卷71,台北:文海出版社1992年版,第3627页。

④ 《[雍正朝]大清会典》卷102,台北:文海出版社1994年版,第6797页。

⑤ 刘劲峰:《赣南宗族社会与道教文化研究》,香港:国际客家学会、法国远东学院、海外华人资料研究中心联合出版,2000年,第263页。转引自陈耀庭:《一件清代道教的重要史料》,《中国道教》2000年第4期。

清世宗胤禛笃信禅宗，倡三教合一，主张利用三教为统治服务，算是清代较为重视道教的皇帝。雍正九年(1731年)，其“上谕”曰：“域中有三教，曰儒、曰释、曰道。儒教本乎圣人，为生民立命，乃治世之大经大法。而释氏之明心见性，道家之炼气凝神，亦于吾儒存心养气之旨不悖。且其教皆主于劝人为善，戒人为恶，亦有补于治化。道家所用经箓符章，能祈晴祷雨，治病驱邪，其济人利物之功验，人所共知，其来久矣。”①雍正十一年(1733年)之“上谕”，再次倡言三教一致，曰：“三教初无异旨，无非欲人同归于善……古人有曰：周孔六经之训，忠孝履其端；李老二篇之旨，《道德》创其首；瞿昙三藏之文，慈悲为其本。事迹虽异，理数不殊，皆可崇可慕者。又有曰：儒以正设教，道以尊设教，佛以大设教。观其好生恶杀，则同一仁也；视人犹己，则同一公也；惩忿塞欲，禁过防非，则同一操修也。又有曰：以佛治心，以道治身，以儒治世……三教虽各具治心、治身、治世之道，然各有所专，其各有所长、各有不及处，亦显而易见，实缺一不可者。”②正因三教皆“劝人为善，戒人为恶”，对维护封建统治大有好处，故世宗胤禛主张保护释道，批评打击释道的过火做法，曰：“数年来，有请严禁私自剃度者，有请将寺观改为书院者，有县令无故毁庙逐僧者，甚至有僧尼悉行配合夫妇，可广增人丁者。”③认为这些都是“悖理妄言，惑乱国是”之举，应当禁止。他说：“不思鳏寡孤独，为国家之所矜恤，彼既立愿出家，其意亦为国家苍生修福田耳。乃无故强令配合，以拂其性，岂仁君治天下之所忍为乎！”④他命令实行区别对待政策：“其中违理犯科者，朝廷原有惩创之条；而其清修苦行、精戒有宗者，则为之护持……凡有地方责任之文武大臣官员，当诚是朕旨，加意护持出家修行人，以成大公同善之治，特谕。”⑤从利用三教为封建政权服务的观点出发，对道教的治世作用也给予了相当肯定。他在《太上清宫碑文》中说：张陵所传之教，“以忠孝为道法之宗，自东汉迄今千五百年，法裔相仍，克修绪业，效忠阐教，捍患除灾。盖

① 《龙虎山志》卷1，《藏外道书》第19册，第427页。又见(清)刘锦藻：《清朝续文献通考》卷89，上海：商务印书馆1936年版，第1册，第8493页。

② 《三教平心论》卷前，《丛书集成初编》，北京：中华书局1985年版，第734册，第3页。

③ 《三教平心论》卷前，《丛书集成初编》，北京：中华书局1985年版，第734册，第3页。

④ 《三教平心论》卷前，《丛书集成初编》，北京：中华书局1985年版，第734册，第3页。

⑤ 《三教平心论》卷前，《丛书集成初编》，北京：中华书局1985年版，第734册，第3页。

其精诚所感，实足以通贯幽明，知鬼神之情状。故能常垂宇宙，裨益圣功，福国济人，功验昭著"①。正因如此，他援例崇封张陵后嗣，于雍正元年（1723年），授第五十五代天师张锡麟为光禄大夫。随后更十分宠信龙虎山道士娄近垣。开始封其为四品龙虎山提点、钦安殿住持，后又令其常住大光明殿，封妙正真人，并将其语录收入《御选语录》，给予了非同一般的宠遇。②

从以上顺、康、雍三朝情况看，尽管清王朝对道教的防范和约束一直较严，但对其首领始终给予相当的礼遇，表明那段时期道教的处境尚勉强过得去。但自乾隆时起，清王朝对道教首领的地位一再贬降，对道教活动的限制不断加强，遂使道教处境日益困难，组织发展渐趋停滞而衰落了。《清朝续文献通考》卷 89 载："（乾隆）四年（1739 年），议奏：嗣后真人差委法员往各省开坛传度，一概永行禁止。如有法员潜往各省考选道士、受（授）箓传徒者，一经发觉，将法员治罪，该真人一并议处。"③即其组织发展只限制在龙虎山一带，禁止到其他省区。乾隆七年（1742 年），正一真人张遇隆诣京，遣人到鸿胪寺投递职名，打算厕身朝班，恭祝万寿。礼部本安排其随班行礼，位列左都御史下、侍郎前。鸿胪寺卿梅瑴成以为不可，于九月初四日上言曰："臣思真人乃道家之流，滥厕班联，不合典礼，似宜厘正……祈禳驱邪，时有小验，仍而不革可也，假以礼貌可也。而乃竟入朝班，俨然与七卿并列，冠压群僚，殊于观瞻有碍。或言张氏世袭冠带，非同常道。殊不知张氏之袭，乃假以冠服，以便约束黄冠，亦如僧人之僧录、僧纲耳，虽有品级，安得与臣工伍。且张氏奉张道陵为鼻祖，言能分形炼气，白日飞升。即如其言，究何裨于世教。使张道陵而在今日，国家容而礼之，不过如法王佛子，优以赏赉，遣其还山，毋令惑众而已。亦断不使并列冠裳，以渎朝会。而况其后世之末流哉……恳求圣明敕部定议，嗣后正一真人不必令

① 《世宗宪皇帝御制文集》卷 16，《文渊阁四库全书》第 1300 册，第 130 页。

② 其生平事迹，在下面第三节再作介绍。

③ （清）刘锦藻：《清朝续文献通考》卷 89，上海：商务印书馆 1936 年版，第 1 册，第 8494 页。并参嘉庆朝《大清会典事例》卷 390，台北：文海出版社 1991 年版，第 7727 页。事起张昭麟差法官余绍周往贵州传度，被贵州总督张广泗参奏。见《高宗实录》卷 91，《清实录》第 10 册，北京：中华书局 1985 年版，第 400 页。

入班行。”①乾隆帝批示礼部议奏，十月初九礼部议复：“嗣后真人承袭谢恩，仍照例臣部带领引见，并遵三年来朝之例入觐天颜，照例筵宴，宴毕还山。倘在京适值百官朝贺之期，免其列班行礼。”高宗批准施行。② 乾隆十二年十二月（1748 年 1 月），又因梅瑴成之奏，下令将正一真人之品秩由二品降为五品，并停其朝觐筵宴。此一事件，据当时梅瑴成所上奏折原件，云：“今当重修会典百度永厘之日，何敢缄默。查道教本属异端，而符箓更道家之旁门。正一真人秩视二品，原系前明敝政，仍而不改已非所宜，况又加至光禄大夫……今张氏所承，远过大贤，竟几与圣裔无别，于崇德报功之意似均不符。微臣愚见，嗣后正一真人可否照提点、演法之类给与品级，出自圣恩；其会典所载朝觐筵宴之处概行停止；如有差遣，礼部行文调取，赏给饮食可也。”③此奏检讨前代封典，认为逾分，想要借“重修会典百度永厘”之机降低正一真人品秩，并断绝其与帝王的联系，交由礼部差遣。乾隆帝批示由大学士会同礼部议奏。十二月十三日，大学士讷亲等复奏，曰：“查正一真人本朝原未定有品级……但今道录司左正一系正六品，正一真人有统率龙虎山上清宫道众之责，亦应给与品级。臣等酌议，若授为提点、演法，则亦系六品，使之与众同列，难以统率，应较左正一品级稍优。查太医院使秩正五品，巫医类本相埒，请将正一真人亦授为正五品，永著为例。再查正一真人既定为五品，未便仍用银印，应令将所有银印送部缴销，另行换给。至正一真人承袭由来已久，不过令其奉祀宫观，亦非若文武勋阶为国家酬庸之典，爰及苗裔，以示显荣。嗣后缺出，仍由该抚查其子孙应袭者，取具地方官印结，咨部袭补，照道官例注册。至于朝觐为述职大典，筵宴实惠下隆恩，若令道流

---

① 朱批奏折，鸿胪寺卿梅瑴成奏为道流滥厕班联观瞻有碍恳请敕部定议以肃朝仪事，乾隆七年九月初四日。原档藏中国第一历史档案馆，档号：04-01-14-0008-008，缩微号：04-01-14-001-2049。转引自郑永华：《清代乾隆初年道教史事两则考订》，《宗教学研究》2009 年第 3 期。

② 礼部尚书仍管太常寺鸿胪寺事三泰等题为遵旨议奏事，乾隆七年十月初九日。原档藏中国第一历史档案馆，全宗：内阁，文种：礼科史书，案卷号：324。转引自郑永华：《清代乾隆初年道教史事两则考订》，《宗教学研究》2009 年第 3 期。

③ 朱批奏折，左副都御史梅瑴成奏为羽流承袭冒滥恳请厘正载入会典事，无日期。原档藏中国第一历史档案馆，档号：04-01-15-0018-002，缩微号：04-01-15-001-0907。转引自郑永华：《清代乾隆初年道教史事两则考订》，《宗教学研究》2009 年第 3 期。

厕身其间,实于体制未协,应一概停止可也。”①至乾隆三十一年(1766年),因故又升其品秩为正三品。《清史稿》谓:“以法官(指娄近垣——引者注)品秩较崇,复升正一真人正三品。”②《高宗实录》亦谓:“(乾隆三十一年五月)戊寅(十日),谕曰:正一真人向系承袭一品,前据左副都御史梅毂成奏请,量加裁抑,经大学士会同该部议覆,降为五品……然旧例一品,班序未免太优;遽降五品,又未免过于贬损。且其法官娄近垣现系四品,而伊品秩转卑,亦觉未协。今正一真人既来朝进京,着加恩视三品秩,永为例。”③四天后,“谕:嗣后正一真人来朝,并随带法官,仍照旧例准其驰驿”④。《癸巳存稿》和《补汉天师世家》则谓,因五十七代天师张存义于乾隆三十一年祈雨有功,方晋升为正三品,并恢复朝觐筵宴旧例。⑤ 至乾隆五十四年(1789年),又令正一真人“五年一次来京”⑥。此外,乾隆又下令废除多年来由道士充任太常寺乐官的制度。乾隆七年(1742年)七月初一日,谕曰:“向来太常寺乐员,俱系道士承充,此亦沿袭明代之旧。夫二氏(指佛道——引者)异学,不宜用之朝廷……何乃用道士掌宫县、司燎瘗,为郊庙大祀骏奔之选,暇日则向民间祈禳诵经以糊其口,成何典制,岂不贻笑后世耶!太常寺乐员,嗣后毋得仍习道教。有不愿改业者,削其籍,听为道士可也。”⑦《清朝野史大观》卷11称:“朝廷乃别选儒士为乐官,而令道士改业。”⑧

① 大学士果毅公讷亲等题为遵旨议奏事,乾隆十二年十二月十三日。原档藏中国第一历史档案馆,全宗:内阁,文种:礼科史书,案卷号:390。转引自郑永华:《清代乾隆初年道教史事两则考订》,《宗教学研究》2009年第3期。

② 《清史稿》卷115《职官二》,北京:中华书局1976年版,第12册,第3332页。

③ 《高宗实录》卷760,《清实录》第18册,北京:中华书局1985年版,第365页。参见(清)刘锦藻:《清朝续文献通考》卷89,上海:商务印书馆1936年版,第1册,第8494页。

④ 《高宗实录》卷760,《清实录》第18册,北京:中华书局1985年版,第368页。

⑤ 参见《丛书集成初编》,北京:中华书局1985年版,第364册,第380页;《藏外道书》第20册,第641页。

⑥ 《丛书集成初编》,北京:中华书局1985年版,第364册,第380页。又见嘉庆朝《大清会典事例》卷390,台北:文海出版社1991年版,第7729页。

⑦ 《高宗实录》卷170,《清实录》第11册,北京:中华书局1985年版,第155页。

⑧ 小横香室主人:《清朝野史大观》卷11《贬斥道教之历史》,北京:中央编译出版社2009年版,第3册,第1154页。参见徐珂:《清稗类钞·宗教类·革除道士充乐官》,北京:中华书局1984年版,第4册,第1956页。

既然道教无补于世教，是否应当加以取缔呢？乾隆以为不然，他说："御史有以沙汰僧道为请者，朕谓沙汰何难，即尽去之，不过一旨之颁，天下有不奉行者乎？但今之僧道，实不比昔日之横恣，有赖于儒氏辞而辟之。盖彼教已式微矣，且藉以养流民。分田授井之制既不可行，将此数十百万无衣无食游手好闲之人，置之何处？故为诗以见意。颓波日下讵能回，二氏于今亦可哀。何必辟邪犹泥古，留资画景与诗材。"①即是说，为了安置大批游手好闲之人，为了留作诗画之资，已经十分式微的佛道尚有保留价值，无须沙汰。

至嘉庆、道光年间，正一真人的地位继续被贬降。《癸巳存稿》卷13《张天师旧事》云："嘉庆九年（1804年），换给三品印。二十四年（1819年），仍定为五品。道光（1821—1850年）初，停朝觐。"②《清朝续文献通考》卷89又载：道光元年，对龙虎山道官的选拔、管理作出更严格的规定。规定"龙虎山上清宫设提点一员，正六品；提举一员，从六品；副理二员、赞教四员，均七品；知事十八员，未入流。缺由正一真人于本山道众内选补，出具考语，报部补放给劄。每届年终，造各法官及道众年貌籍贯清册，报该抚（指江西巡抚——引者注）咨部（指礼部——引者注）查核。如有私钤执照发给法官，及用空白劄付向各省考选道士，并容士民投充挂名等事，该法官及投充之人，从重治罪。仍将正一真人职名咨送吏部议处"③。证明对道教的组织活动控制愈来愈严。

综上可见，从明中叶以后至清嘉道间，统治者对道教的态度虽各代略有不同，但总趋势都是抑制多于支持，贬降多于怀柔，且抑制、贬降愈来愈严厉。统治阶级的这种态度无疑使道教的处境愈来愈艰难，从而使其发展不可避免地进入衰落阶段。

道教衰落状况表现在诸多方面，最主要者有三：

（1）理论教义发展停滞。道教发展至南宋金元，通过诸多新道派的创立和旧道派的改革，其理论教义得到一次较大的阐扬，达到一个新的水平。

---

① （清）弘历：《御制诗初集》卷31，《文渊阁四库全书》第1302册，第483—484页。

② 《丛书集成初编》，北京：中华书局1985年版，第364册，第380页。

③ （清）刘锦藻：《清朝续文献通考》卷89，上海：商务印书馆1936年版，第1册，第8494页。

入明以后，特别是明中叶后，随着封建社会的渐趋没落，道教也逐渐失去了改革创新的活力，其理论教义自此停滞不前。此时期很少造作出有一定理论力度的道书，大量充斥的是内丹书，这些书虽然在丹法上有所发展，但于理论教义上很少有新的突破。

（2）教团势力日渐衰弱。元代后期集结成的全真、正一两大派，全真道经过明代的沉寂至清初，其支派龙门、华山有所发展，而其他支派则衰落不振。正一道各支派更加衰落，其中许多支派渐至不传，比较活跃的龙虎、茅山宗，清微、神霄、净明、武当等派也大都今不如昔。教团组织分散、局地化，宫观建筑日趋破败，道众日益减少，衰落之象日渐明显。

（3）对社会的影响力减弱。道教理论的停滞和教团的缩小，已使其对社会的影响力大为减弱。加上统治者的严格控制和贬抑，更使道教在社会上的影响力进一步削弱。道教社会影响力的削弱，是道教衰落的又一表现。

二、张国祥领修《万历续道藏》及《道藏目录详注》的写定

在道教进入衰落时期之初，有一事值得一记，那就是《万历续道藏》之编纂。其编纂人为第五十代天师张国祥。据娄近垣《龙虎山志》和张元旭《补汉天师世家》载，张国祥（？—1623年），字心湛（或字文征，号心湛），父永绍。因四十九代天师张永绪子天佑早夭，遂以国祥为继子。于万历丁丑（五年，1577年）袭爵。① 于当年“赴京陛见，上优加礼遇，御书‘宗传’字额赐之。并赐以玉刻‘宗传’之印，暨元坛印。命祈雪以占丰年，果应时雪降。上大悦，赐金冠玉带，并赐隆宗门外直房。又敕修理朝天宫内赐第，御书真人府额。奉旨聘驸马都尉谢公诏之女为配，以定国公徐掌姻事。凡六礼之费，悉出内帑。廿九年（1601年）七月廿九日，命给公爵朝祭服，仍准常用。留京十三年，宠赉甚渥”②。在京期间，神宗曾召见，“问曰：‘圣人以神道设教，卿教非神道乎？’对曰：‘圣人治天下，静默思道，恭己正南面而已，故神其道而天下化，三代而下，一日万几，非励精不能图治。臣之教以利济为本，

① 参见《龙虎山志》卷6《世家》，《藏外道书》第19册，第473页。

② 《白云观志》卷7《补汉天师世家》，《藏外道书》第20册，第640页。

亦能福国佑民，若治天下，尤在克艰无逸，非清静无为之谓也。'时神宗方倦勤，真人盖因问以讽也"①。

"先四十二代真人仲纪公（即张正常——引者注）集祖宗言行为《世家》一卷，宋文宪濂序之。真人（指张国祥——引者注）复续集至四十九代，俾家系不紊，垂示綦详。又辑《龙虎山志》三卷，备记载，甚资考证……诰封正一嗣教凝诚志道阐元宏教大真人，掌天下道教事，赠太子少保。"②"万历己酉（1609年）夏四月暴雨，上清宫、龙虎观俱倾颓，五十代天师张国祥题请修理，奉神宗谕旨：这奏内江西龙虎山上清宫三清等殿、演法观等处，殿宇房屋被水冲倒，神明无处，朕心不安，亟行修理，准留本省税监潘相应解三十八年（1610年）分内外税银三万两，着真人张国祥自行修理，工完，造册具奏该部院知道。后竟不果。国祥遂出历年恩赍之资。辛亥（1611年），重修龙虎观正殿一重及山门三间。天启癸亥（1623年），修上清宫殿。冬杪，国祥卒。子显庸嗣修，于乙丑（1625年）五月告成。"③

① 《龙虎山志》卷6《世家》，《藏外道书》第19册，第473页。

② 《白云观志》卷7《补汉天师世家》，《藏外道书》第20册，第640页。张国祥所辑《龙虎山志》，今收入《中国道观志丛刊续编》第13册，扬州：广陵书社2004年版。此本为明抄六卷本。据黄汝良（1554—1647年）所作《序》云："余幸得与今嗣教大真人张九功氏（张显庸）游。一日，出《龙虎山志》示余，命为叙之。"（第5页）《序》末，黄氏署职为"礼部尚书兼翰林院学士掌詹事府"，据李清馥《闽中理学渊源考》卷76《宗伯黄毅庵先生汝良》记："乙丑（天启五年版，1625年），起礼部尚书，掌詹事。"又，此本卷5《艺文》所收最晚文献为施凤来（1563—1642年）所作《重修龙虎观上清宫记》（第237—242页），记张国祥、张显庸父子修葺龙虎观、上清宫事，施氏署职"礼部尚书兼东阁大学士"，其任此职始于天启六年（1626年）。据此，则此本定稿于张显庸时，大致在17世纪20年代。这也与娄近垣所见相符，娄氏在《重修龙虎山志自序》中说："山有旧志三卷，首刊元翰林院侍讲学士元明善编辑，明工部左侍郎张钺较，五十代、五十一代天师张国祥、张显庸修，建武后学王三极续较。"（《藏外道书》第19册，第423页）

③ （明）张国祥、张显庸：《龙虎山志》卷2，《中国道观志丛刊续编》，扬州：广陵书社2004年版，第13册，第46—47页。《补汉天师世家》谓张国祥"辛亥岁（1611年），平居无恙，……端坐而化"（《藏外道书》第20册，第640页），盖误。明神宗拨税银三万两事，《明实录》有载，时为万历三十八年（1610年）二月乙卯（九日），当即遭到户科给事中孟成巳等及工科给事中何士晋的反对；同年四月丙戌（十一日），又有刑科给事中杜士全疏请追还此款项。这些意见，虽《明实录》俱言"不报"，但从《龙虎山志》看，似乎修葺工程最终未获使用税银。以上分见《明神宗实录》卷467、卷470，《明实录》第62册，台湾"中央研究院"史语所校印，1962年，第8802—8803、8874页。

张元旭《补汉天师世家》未记张国祥编纂《续道藏》事，仅娄近垣《龙虎山志》卷6《世家》记之，曰："万历丁丑（1577年）袭爵，留京邸十三年，纂修道藏。"①但未记明编纂成书的具体年月。据现存《续道藏》中多部著作末尾的"识语"，可断定编纂成书于明万历三十五年（1607年），且是奉神宗敕命编纂的。陈国符先生《道藏源流考》曾将这些识语辑抄如下："《续道藏经》杜字号《太上元始天尊说孔雀经白文》末（识语中'志'误作'至'），相字号《弘道录》卷三十三末，槐字号《无生诀经》末，县字号《岱史》卷十八末，给字号《古易考原》卷三末，冠字号《玄天上帝百字圣号》末（识语中'日'作'旦'），陪字号《天皇至道太清玉册》卷七末，缨字号《庄子翼》卷八末（识语中'日'作'旦'），皆附识语：'大明万历三十五年，岁次丁未，上元吉日，正一嗣教凝诚志道阐玄弘教大真人掌天下道教事张国祥奉旨校梓。'壁字号《汉天师世家》卷四末附识语：'大明万历三十五年，岁次丁未，上元吉旦，正一嗣教凝诚志道阐玄弘教大真人掌天下道教事五十代孙国祥奉旨校梓。'将字号《弘道录》卷二十五末附识语：'大明万历三十五年二月十五日奉旨续刊印施，正一嗣教大真人臣张国祥校。'据小柳司气太《白云观志》所收《补汉天师世家》，张国祥乃五十代天师。是《续道藏经》乃五十代天师张国祥于万历三十五年奉旨校梓印施。"②

《万历续道藏》是《正统道藏》的续集。明正统十年（1445年）编成的《正统道藏》，因搜访未周，缺漏甚多。加以该藏编成后的一两百年间，又有不少新的道书问世，故万历年间明神宗敕张国祥编纂《续道藏》，是很有必要的。万历三十五年编成付印的《续道藏》，仍以《千字文》为函目，自杜字至缨字，凡32函，180卷。该续藏虽于万历三十五年最后编成付印，但实际上并非一次印就。陈国符先生考证说："退耕堂（徐世昌所用堂名）景印文津阁《四库全书》本明白云霁《道藏目录详注》卷四末，《续道藏》自杜字号至将字号（《道藏》以《千字文》为函次）。国学图书馆藏乾隆刊本杜字号至府字号。退耕堂景印文津阁《四库全书》本末又附《大明续道藏经目录》，自

---

① 《龙虎山志》卷6《世家》，《藏外道书》第19册，第473页。
② 陈国符：《道藏源流考》上册，北京：中华书局1963年版，第179—180页。

杜字号至缨字号。是《续道藏经》乃陆续增刊，初自杜字号刊至府字号或将字号，其后乃刊至缨字号也。”①

《万历续道藏》首收《太上中道妙法莲华经》，末收焦竑所撰《庄子翼》，共收道书 56 种，不再分类。绝大部分为元明道书，其中以明代新出道书居多。但也有一些早出的经籍，如《上清元始变化宝真上经》一卷，《太微帝君二十四神回元经》一卷，《北斗九皇隐讳经》一卷，《太上洞真回玄章》一卷，《上清金章十二篇》一卷等，以上当归洞真部。又收《洞玄灵宝玉京山步虚经》（此书异名《升玄步虚章》，《无上秘要》引作《洞玄玉京山经》）一卷，《太上洞玄济众经》一卷等，当入洞玄部。又收《太上老君开天经》一卷，《太上老君虚无自然本起经》一卷等，当入太玄部。还收入《易林》十卷（旧题焦赣撰），《谭子化书》（紫极宫碑本）六卷等。晚出之作也很有研究价值。例如《高上玉皇本行经注》，为明五峰山全真道周玄真注，附有不少序（其中多扶乩之笔），倡言三教同尊道，反映了当时的三教关系。《皇明恩命世录》和《汉天师世家》是研究正一道历史的重要资料；《紫皇炼度玄科》系神霄派道书；《先天斗母奏告玄科》为清微派作品。余如《元始天尊说东岳化身济生度死拔罪解冤保命玄范诰咒妙经》、《太上元阳上帝无始天尊说火车王灵官真经》、《元始天尊说药王救八十一难真经》、《碧霞元君护国庇民普济保生妙经》、《太上大圣朗灵上将护国妙经》、《太上老君说城隍感应消灾集福妙经》、《太上洞玄灵宝五显观华光本行妙经》、《消摇墟经》、《徐仙翰藻》、《赞灵集》、《徐仙真录》、《搜神记》、《许真君玉匣记》（依托许逊）、《玄帝感应灵签》（前附《玄天上帝百字圣号》）、《吕祖志》等，颇能反映元明时期民间道教信仰的盛况。其中《搜神记》虽编成于元明，但引有《宋国朝会要》、《宋真宗实录》和宋真宗亲制《灵遇记》等，对神仙封号大多标明时间，颇有资料价值。《无生诀经》摘引佛教释迦牟尼及诸大师、和尚语，反映出当时道、释二教融合的趋势和道教成仙观念的转变。明人焦竑《老子翼》和《庄子翼》，附录有王安石《庄子论》、苏轼《庄子祠堂记》、王雱《杂说》、李士表《庄子九论》等文章，对研究老、庄哲学均有参考价值。

① 陈国符：《道藏源流考》上册，北京：中华书局 1963 年版，第 179 页。

总之,《万历续道藏》的编纂、印行,对增补《正统道藏》和保存道教文献,作出了较大的贡献;为后世研究道教思想、历史提供了重要资料。在中国道教史和文化史上都是一件值得记载的大事。

《正统道藏》和《万历续道藏》编纂完成之后,张国祥又组织编写了正、续《道藏》的目录。《正统道藏》的目录署名曰《道藏经目录》,载《正统道藏》正一部英字号。凡四卷。卷首列“道教宗源”和“凡例”两则。“道教宗源”叙道藏经“三洞四辅十二类”分类法,三洞为:洞真、洞玄、洞神。四辅为:太玄、太平、太清和正一。以太玄辅洞真,太平辅洞玄,太清辅洞神,正一通贯三洞。三洞之下各分十二类,即:(1)本文,(2)神符,(3)玉诀,(4)灵图,(5)谱录,(6)戒律,(7)威仪,(8)方法,(9)众术,(10)记传,(11)赞颂,(12)表奏。《正统道藏》即按此分类法进行编纂的。“凡例”三条亦叙三洞、四辅之分类及其从属关系。

《道藏经目录》四卷,仍按《道藏》经三洞四辅十二类之分类及《千字文》编号以编目。卷一为洞真部书目,起“天”字至“官”字;卷二为洞玄部书目,起“人”字至“毁”字;卷三为洞神部书目,起“伤”字至“澄”字;卷四为太玄、太平、太清、正一等四辅经之书目,起“取”字至“英”字。共著录书籍1415种,凡4517卷。较之《道藏》原书,偶有脱误,如正一部漏收《丹阳真人直言》一种等。

《万历续道藏》的目录署名曰《续道藏经目录》,载《道藏经目录》之后。首题正一部,仍按《千字文》编号,自“杜”字至“缨”字,共著录书籍52种,凡180卷。末署“大明万历三十五年岁次丁未”、“张国祥奉旨校梓”。

在以上两书目基础上,明天启年间,又有《道藏目录详注》的编写。作者为明道士白云霁。据载,“云霁,字明之,号在虚子,上元(旧县名,治今江苏南京市)人。是书成于天启丙寅”①,即明天启六年(1626年)。

该书刻本有多种。陈国符《道藏源流考》谓见有二种,一为徐世昌“退耕堂”影印文津阁《四库全书》本,题曰明白云霁撰。前有提要,简介作者白云霁(文字同上引)。分4卷,“但卷四于《正藏》后附《续藏》杜字至将字

① 《道藏目录详注提要》,《文渊阁四库全书》第1061册,第627页。

号。后另附《大明续道藏经目录》1卷，自杜字至缨字号，无解题”①。另一种为前江苏省立国学图书馆所藏本，题曰明冶城白云霁详注。陈国符先生说：“明南京冶城山有朝天宫。白云霁盖明南京朝天宫道士也。此本玄作元，弘作宏，诉仍作诉，盖乾隆中刊本；乃丁氏八千卷楼旧藏。前有凡例，《道藏》总目，道教宗源。脱惟、鞠二字号道书。卷四《正藏》后附《续道藏》杜字至府字号。末无《大明续道藏经目录》。”②

现又见有另外三种刻本。一为文渊阁《四库全书》本。亦为四卷，题曰明白云霁撰。前有纪昀写于乾隆四十六年（1781年）的提要，其中介绍白云霁的文字同前。卷前仅有《凡例》。与文津阁《四库全书》本不同，在卷四中所录《续道藏》，自杜字号至将字号，后未另附《大明续道藏经目录》。③

二为文物出版社、上海书店、天津古籍出版社所印《道藏》之影印本（载第36册），盖据上海图书馆藏缪荃孙旧藏清刻本影印，题曰明冶城白云霁详注。亦分四卷，前有《道教宗源》、《凡例》、《道藏总目》。亦讳玄、弘等字，玄作元，弘作宏。亦脱惟、鞠二字号道书（仅将鞠字号最末之《南岳总胜集》录入恭字号后）。卷四《正藏》后附《续道藏》自杜字号至府字号。后亦未附《大明续道藏经目录》。据此本以上诸特点，与陈国符先生所见丁氏八千卷楼旧藏本基本相同，盖为同一系刻本。但应指出，此本在著录书名时，出现若干错字，如《无上内秘真藏经》误作《无上内藏真藏经》，《高上玉皇本行集经》误作《高上玉高本行集经》，《高上玉皇胎息经》误作《高上玉皇胎恩经》，《太上太玄女青三元品诫拔罪妙经》误作《太上太元青女三元品诫拔罪妙经》等，盖系传抄之误。

三为《藏外道书》影印本（载第24册）。此本据北京白云观所藏旧本影印，题曰冶城明之在虚子白云霁详注，白下定庵不愠子廖孔悦、秦淮居贞悟真子韩守素参阅。前有五序，依次为：丁卯罗喻义序④，董其昌（明书画家，

---

① 陈国符：《道藏源流考》，北京：中华书局1963年版，上册，第182页。

② 陈国符：《道藏源流考》，北京：中华书局1963年版，上册，第183页。

③ 参见（明）白云霁：《道藏目录详注》，《四库全书》第1061册。

④ 序末钤“大司成章”，大司成即国子监祭酒，罗喻义天启六年（1626年）任南京国子祭酒，此丁卯当为1627年。

1555—1636年)序①,葛寅亮序②,天启丁卯(1627年)丁明登序,天启丙寅(1626年)廖孔悦序③。前亦载有《道教宗源》、《凡例》、《道藏总目》。亦分四卷,《正藏》后附《续道藏》,自杜字号至将字号。后未附《大明续道藏经目录》。文中不讳玄、弘诸字。据有关人士说,此本原书尚有两册,现已遗失,所遗或许即为《大明续道藏经目录》。据书前五序及不避清讳看,此本盖为现存诸传本中最早的刻本。

此外,又有署名李杰《道藏目录详注》四卷,载于守一子所编《道藏精华录》,题曰"辽左李杰若之详注",但其提要却云"明道士白云霁撰"。此本前亦附《凡例》、《道藏总目》、《道教宗源》,又附《白云观重修道藏记》,其卷次、注文,与前数种白云霁《详注》大略相同,仅少数题解有详略。清孙星衍《孙氏祠堂书目内编》卷三著录明李杰若(疑当作李杰若之)撰《道藏目录》十二卷,卷数多出三倍,则此李杰若之《目录详注》四卷本,或为白云霁《目录详注》之冒名,或为误题撰人,疑不能定。

《道藏目录详注》四卷,卷一洞真部,卷二洞玄部,卷三洞神部(以上三部各分十二类),卷四太玄部、太平部、太清部、正一部。在著录每种书时,首录部类,次标字号及各字号重编卷数,再提行著书名、原卷数和《道藏》重编卷数。有数种道书合为一卷者,则于末种下注明。有符、图、像者,亦于书名下标出。或著撰人,略附子目。有的摘录原书序文,或加简单的注释。又于正一部《大明道藏目录》四卷下注云:"已上天字号起,至英字号止。已下皆系《续藏》。"④

此《详注》作者既为道士,故多以道教观念作注。如对《灵宝度人直音》,《详注》云:"已上《度人经》出自空洞浮光、浑沦未判。大道之将化,

① 序末钤"大宗伯印",大宗伯即礼部尚书,董其昌天启五年(1625年)正月任南京礼部尚书,逾年即告归,故此序当作于《详注》成书之1626年。

② 序末钤"尚玺之章",尚玺卿即尚宝司卿或少卿,葛寅亮天启六年(1626年)任南京尚宝司卿,其撰于天启七年(1627年)的《金陵梵刹志序》亦署"南京尚宝司卿"。(《续修四库全书》,上海:上海古籍出版社2002年版,第718册,第407页)

③ 廖孔悦,见(清)钱谦益:《列朝诗集小传》,上海:古典文学出版社1957年版,第663页。清张谦《道家诗纪》卷34小传本此,《藏外道书》第34册,第492页。

④ 《藏外道书》第24册,第625页。

故玄文发于中天；虚无之乍凝，乃妙炁结乎碧落。字方一丈之广，势垂八角之芒。……天真皇人规模盘屈，仿象夺真，疏成诸天隐书，编作五方灵范，纪混元龙汉之载，藏郁罗紫微之宫，演为六十一卷尊经，分为万二千图录。天章云篆八会之书，莫不祖焉。"①许多书之注皆类此，注重道书的宗教意义是《详注》的一大特色。然而对于书之撰作时代、撰人名氏，反而不甚重视。甚至有些书，《道藏》原题有撰人，而详注反不著录。例如《洞玄灵宝五感文》，载《正统道藏》笙字号，题"陆修静集"，《详注》不加著录，仅言"内五感文乃是道士修六斋之法，皆出三洞大经"②。著录之撰人，则多依《道藏》所题，而不加考证，例如《高上玉皇本行集经》，照题"天枢上相张子房注"③。但偶尔有《道藏》未题撰人，而《详注》著录者，如《受箓次第法信仪》，《详注》除标明"有符"外，又云"十三世孙，梁武陵王府参军张辩撰"④。

此书名为"详注"，实乃简注。不少道书只著录书名、卷数及所在字号，而无注解。有的虽有注文，大都亦甚简略。例如去字号所收诸经，《道体论》仅言"论清净至理"；《坐忘论》仅言"司马子微得道之语"；《大道论》仅云"虚玄渊静之论"；《心目论》，既不著撰人，注文亦仅"性命兼该"四字。⑤如此注解，很难使人掌握该书之主旨。但间有言简意赅、能揭示其书主旨之注解，如关于《神气养形论》，说："言神气附形者生，神气离形者死。"⑥还有一些注文，如关于《金碧五相类参同契》，云"言外丹法"，关于《阴真君金石五相》，云"言药物所产之源、神丹秘旨"，⑦虽寥寥数语，却揭示出该书之根本性质。另外，某些易于混淆的书名也予指出，或略示区别，如宋息斋李嘉谋注《元始说先天道德经》五卷，《详注》云："此经妙、元、神、真、道五千秘言，当与太上《道德经》互参，方明有无妙窍、道法自然，与夫生之徒十有三、

① 《藏外道书》第24册，第535页。
② 《藏外道书》第24册，第618页。
③ 《藏外道书》第24册，第536页。
④ 《藏外道书》第24册，第616页。
⑤ 参见《藏外道书》第24册，第600页。
⑥ 《藏外道书》第24册，第587页。
⑦ 《藏外道书》第24册，第591页。

七六水火之妙。盖先天之学,超于理、炁之外。"①

《道藏目录详注》也出现若干讹误。部分为沿袭《道藏》之讹,例如《正统道藏》才字号《道德真经疏》四卷并附《疏外传》一卷,误题"唐玄宗御制"②。此疏与效字号所收唐玄宗疏大不相同,有部分内容可考为成玄英疏,且杂有《庄子注》,又多错简。《疏外传》亦非唐玄宗作,而是宋代作品。③ 开列注者六十余家名,系抄自唐末杜光庭《道德真经广圣义序》。《详注》失考,以讹传讹。还有部分为《详注》本身的舛误,如关于《通玄真经注》十二卷,《正统道藏》璧字号收,题"默希子注",《详注》解云:"后唐玄宗时,有征士徐灵府隐修衡岳,注文子之书上进,遂封通玄真人,号其书为《通玄经》。"④考徐灵府确号"默希子",但他是唐宪宗时道士,于元和四年(809年)注此书,去玄宗五十余年,根本与唐玄宗封文子为通玄真人、号其书为《通玄真经》无关。又,《宫观碑志》编于元代,集宋金元碑文九种,《详注》只据其第一种碑文的作者,而署为"翰林学士陶穀撰"⑤,亦属谬误。再有,《道门经法相承次序》未题撰人,因文中记有"唐天皇"与"潘尊师"(潘师正)的问答,《详注》误认此唐天皇为唐明皇(唐玄宗),谓"唐明皇问天师道教经法教诫、证果报应等",而实际上此唐天皇乃唐高宗,从而造成了讹误。此外,著录书名、卷数,亦间有错误,兹不备举。

《道藏目录详注》是《正统道藏》和《万历续道藏》的总目提要,应对其中每部著作的作者和基本内容作出简明扼要的介绍,它要求介绍准确,把握实质,起到引路的作用,以便读者在读书之前,获得阅读该著作的入门知识,为其阅读道书创造必要的条件。综观此《详注》,并没有很好完成上述任务。

---

① 《藏外道书》第24册,第535页。

② 《藏外道书》第24册,第575页。

③ 《疏外传》中提到"卫真县",此系宋真宗大中祥符七年(1014年)正月改真源县置;又提到《道史》,则编于宋徽宗宣和年间。皆可证其为宋代作品。

④ 《藏外道书》第24册,第582页。

⑤ 《藏外道书》第24册,第594页。

第二节　陆西星、伍守阳对内丹学的推进

道教内丹学的历史，从总体上来说大致可以分为三个阶段。从东汉《周易参同契》的出现至唐末、五代，可以看作内丹学的草创时期，在这段历史时期内，内丹学的符号体系以及基本理论以一种极为艰深晦涩的方式建立起来，这是第一阶段；《悟真篇》是道教内丹学史上的一个里程碑，从两宋时期这本书的开始流传直至明代中叶，是内丹学的繁荣时期，在此期间，内丹学理论中的种种问题以越来越明晰的方式被提出，但总的说来，仍具有概念意义模糊不清、理论体系不完整的缺陷，这是第二阶段；明代中叶以后至有清一代，是道教内丹学的成熟时期，其间内丹学的大量细节问题以前所未有的方式被展开讨论，这是第三阶段。明代的最后一百年间，正是道教内丹学的一个新的转折期，这一段时间内出现了一些重要的内丹家，他们的理论在概念的明晰性、体系的完整性等诸方面较之前人有长足的进步，而我们判断一种理论是否成熟，所依据的正是这样一些标准。在这里，我们讨论其中影响最深远的两位：陆西星与伍守阳。

一、陆西星及其所著《方壶外史》与东派丹法

陆西星，字长庚，号潜虚子，扬州兴化县人，生于明正德十五年十二月十四日（1521 年 1 月 22 日）。① 据说他生而颖异，有逸才，于书无所不窥，娴文辞、工书画，早岁事举子业，九试不遇，遂绝意进取，转而沉潜道德、竟究玄理。②

嘉靖二十六年（1547 年）是陆西星一生中的第一个转折点，在后来的著作中，他多次自称其时“得遇”吕祖。《金丹就正篇·自序》描述这段历史时

① 《三藏真诠》记：隆庆己巳（1569 年）陆西星 50 岁（第 205 页）；又云“十二月十四日予诞”（第 155 页）。见萧天石编：《道藏精华》第 12 集之二，台北：自由出版社 1989 年版。

② 参见（清）梁园棣等：《咸丰重修兴化县志》卷 8，《中国地方志集成·江苏府县志辑》，南京：江苏古籍出版社 1991 年版，第 48 册，第 243 页。并参见《玄肤论》序及后序，《藏外道书》第 5 册，第 359、367 页。

说:“嘉靖丁未,偶以因缘遭际,得遇法祖吕公于北海之草堂,弥留款洽,赐以玄醴,慰以甘言,三生之遇,千载希觌。既以上乘之道勉进我人,首言阴阳合而成道。时则谬举三峰之说以质于师,师乃斥之。间尝授以结胎之歌、入室之旨。微言奥论,动盈卷帙,笔而藏之。顾旨其言而未能畅也。”①文中所谓“笔而藏之”的记录,嘉靖四十五年(1566 年)开始由陆汇集成册,即为《三藏真诠》。② 所谓“得遇法祖吕公”就是得吕祖箕降,最初两三年“授道”的内容主要涉及清静法入手功夫,陆当时只是“顾旨其言而未能畅”。

从《三藏真诠》的记录看,陆西星早年经济状况不佳。嘉靖二十九年(1550 年)至嘉靖三十二年(1553 年)这四年间,他不得不中止扶箕活动,外出为衣食奔走,而嘉靖三十三年(1554 年)又终于“以内艰归”。③ 据《三藏真诠》嘉靖三十四年(1555 年)的记录④,是年邑大水,吕祖“降于南村万柳堂中……发授丹(按指外丹)之端”,吕祖还训示说:“浊淮四流,人不再饱,子等安得兀然高坐以待毙耶!”同书还说,“外丹能普济众生”⑤。所以,这以后的两三年间陆及其同志大兴炉火,除有仙道方面的动机外,经济方面的原因看来也十分重要。嘉靖四十年(1561 年),陆得地于灌河之滨,辟大园于东,建宅于高树之西,“适合仙旨”⑥,这是他经济状况有根本转变的一个明显标志。

嘉靖四十三年(1564 年),是陆西星修仙历史上的一个新的而且更重要的转折点,他在这一年 12 月写的《金丹就正篇 · 自序》中宣称:“甲子嘉平(按即嘉靖四十三年十二月)……复感恩师示梦,去彼挂此,遂大感悟,追忆

① 《藏外道书》第 5 册,第 368 页。

② 参见(明)陆西星:《三藏真诠序》,《三藏真诠》,第 2—3 页。见萧天石编:《道藏精华》第 12 集之二,台北:自由出版社 1989 年版。

③ 参见《三藏真诠》,第 11 页。见萧天石编:《道藏精华》第 12 集之二,台北:自由出版社 1989 年版。

④ 参见《三藏真诠》,第 11—12 页。见萧天石编:《道藏精华》第 12 集之二,台北:自由出版社 1989 年版。

⑤ 《三藏真诠》,第 21 页。见萧天石编:《道藏精华》第 12 集之二,台北:自由出版社 1989 年版。

⑥ 《三藏真诠》,第 33 页。见萧天石编:《道藏精华》第 12 集之二,台北:自由出版社 1989 年版。

囊所授语，十得八九；参以契论经歌，反覆紬绎，寤寐之间，性灵豁畅，恍若有得，乃作是篇。”①《三藏真诠》甲子年的记录又说：“法祖纯阳老师降予宅，授予论人元（星按：此论明白详尽，师之恩等诸覆载也）。”②对于这种人元丹法，他在嘉靖四十四年（1565年）至隆庆元年（1567年）这几年中用功最勤。隆庆元年他完成了《玄肤论》一书，表明此时他的内丹筑基功夫已经完成，内丹学思想也形成了体系。

据《三藏真诠》载，隆庆元年前后，陆西星又有了几位重要的顾问，是一些颇为神秘的人物，他们对陆有深远的影响。其中，有两位特别需要一提：一是“周立阳先生”，陆在该书中称周“以人元成道于云南”③，并且自谓“人元之学得之先生者更多”④，更有“先生之恩等诸覆载”⑤云云。他在其他著作中多次引用了“立阳先生”关于抽铅添汞的比喻。二是“玉炉仙兄”，始“降”于隆庆元年（1567年）十二月，是陆晚期最亲密也是最重要的顾问；他们之间讨论的内容涉及风律、药饵、箕事，特别是三元丹法及其理论等，几乎涵盖了《三藏真诠》的全部论域。

我们今天所见到的这种《三藏真诠》残本之记载止于隆庆六年（1572年），这一年的记录中尚有涉及地元的内容。在陆西星的修道生涯中，有十多年精力付诸炉火，他的外丹思想是其整个仙学体系的一个有机组成部分，《三藏真诠》中记录地元烧炼的篇幅比有关人元的还多。这里有必要一提的是，对于道教的神仙家们来说，服食“天元神丹”（地元的最重要目的是为天元创造条件）是成就天仙的一个重要途径这样一种信仰，并没有因为由唐代皇室支持而兴起于当时的大规模炉火烧炼之失败而中断；相反，以往历代皇帝左右外丹烧炼的失败被看作方士行施旁门左道的结果。实际上，明

① 《藏外道书》第5册，第368页。
② 《三藏真诠》，第35页。见萧天石编：《道藏精华》第12集之二，台北：自由出版社1989年版。
③ 《三藏真诠》，第49页。见萧天石编：《道藏精华》第12集之二，台北：自由出版社1989年版。
④ 《三藏真诠》，第50页。见萧天石编：《道藏精华》第12集之二，台北：自由出版社1989年版。
⑤ 《三藏真诠》，第53页。见萧天石编：《道藏精华》第12集之二，台北：自由出版社1989年版。

清两朝为数不少的著名内丹家也有过外丹实践，陆西星就是其中最典型的一位。

陆西星的内丹学著作，绝大部分都收录在著名的《方壶外史》中，该书共八卷，其中前七卷是注疏类作品，包括《阴符经》、《参同契》、《入药镜》、《百字碑》、《金丹四百字》、《龙眉子金丹印证诗》、《青天歌》等重要经典的“测疏”，此外还有《道德经玄览》、《悟真篇小序》、《参同契口义》，共计10种；最后一卷收入四种概论或论战性著作：《玄肤论》、《金丹就正篇》、《金丹大旨图》和《七破论》。此外，康熙年间陶素耜所作《悟真篇约注》曾引陆注《黄庭经》语①，今人陈撄宁《道教知识类编·道经道书》也提到陆曾注过《黄庭经》，此注未收入《方壶外史》，今已不得见。

《金丹就正篇》是《方壶外史》中最早的一篇，主要讨论人元丹法取资于外鼎的必要性及其方法之大要，是道教内丹学史上第一篇双修问题专论；以前涉及双修丹法的著作或为内丹学通论、或为诗词，非特为此问题而作。《玄肤论》是陆西星的代表作，这是一部内丹学通论，其中就诸如三元丹法之相互关系、内药外药之划分、先天后天之区别、修性了命之联系、人身三谷与任督二脉、澄神调息与火符抽添等等一系列至关重要的理论问题进行了深入的探讨。其他如《参同契测疏》、《参同契口义》、《悟真篇小序》等也以精醇著称，然不免于晦涩艰深，且“火候次第展卷尚未了了”②。

《方壶外史》之外还有《三藏真诠》，这是一本笔记手稿，原书共有三卷：《法藏》、《华藏》、《论藏》。③《道藏精华》收有《法藏》二卷之残本，其中还保留着嘉靖二十六年（1547年）至隆庆六年（1572年）之间陆西星及其道友扶鸾请乩、师徒授受和炼内外丹过程的详细记录，它所载的情况不但与《方壶外史》中的说法密切吻合，而且还可以使《方壶外史》中许多背景不明的问题变得容易理解，是研究陆西星生平、思想发展以及明代道教史的不可多得的珍贵资料。

① 参见《藏外道书》第10册，第90页。

② （清）陶素耜：《参同契脉望》，《藏外道书》第10册，第8页。

③ 参见（明）陆西星：《三藏真诠序》，《三藏真诠》，第2—3页。见萧天石编：《道藏精华》第12集之二，台北：自由出版社1989年版。

内丹学以外的著作有《南华副墨》、《楞严述旨》、《楞严经说约》,今日尚存。又,清代李涵虚编有《吕祖全书"海山奇遇"》,据称其底本乃陆编吕祖传记《宾翁草堂自记》、《道缘汇录》以及吕祖诗集《终南山人集》。《咸丰重修兴化县志》卷9《艺文志》云,陆有著作十种,最后两种为"邑志"、《楚阳诗逸》。[1] 按"邑志"即兴化县志,西星撰县志事,柳存仁《和风堂文集》有考证。据明焦竑《国史经籍志》,陆西星之弟陆原博撰《楚阳明贤诗选》二卷[2],西星《楚阳诗逸》或收其遗逸。《重修兴化县志》卷9《艺文志》还收有西星《八哀诗》七首。[3] 另据孙楷第、张政烺、柳存仁等数位现代学者之考证,陆西星很可能还是中国著名神怪小说《封神演义》的作者。

陆西星卒于万历三十四年(1606年),后世称他为"东派"祖师[4]。实际上,陆在世时虽有四方之好道之士慕名而来,并有修道同志数人如赵遵阳、姚四溟等,但并未因此形成派别,也无传代字号和法脉延续,故"东派祖师"这一桂冠不过显示陆在内丹学史上的重要地位而已。

陆西星是两宋元明道教内丹双修理论的集大成者。在此之前,东汉魏伯阳所作《周易参同契》与北宋张紫阳所作《悟真篇》均为道教内丹学史上奠基之作,虽然关于这一点从未有过争议,但对这两本书的理解则并不一致。《周易参同契》一书,双修派理论家们认为它所描述的丹法属于双修的范畴,但这本书毫无疑问是奠定了全部内丹学的基础,而并非双修一脉之学,而且它还被认为包含了外丹理论。《悟真篇》也有类似的情况,虽然它被公认为内丹经典,但对它的诠释却有双修和清修两派。出现这种情况,其主要原因大致有三:第一,这两本经典都是用诗的形式写成的,它们所使用的理论概念、所提出的命题都有极大的模糊性、不确定性(当然这种性质并非为诗所独有,大致说来越是早出的内丹学著作越是具有这样的特点),这

---

① 参见(清)梁园棣等:《咸丰重修兴化县志》卷9,《中国地方志集成·江苏府县志辑》,南京:江苏古籍出版社1991年版,第48册,第320页。

② 参见(明)焦竑:《国史经籍志》卷5,《续修四库全书》,上海:上海古籍出版社2002年版,第916册,第545页。

③ (清)梁园棣等:《咸丰重修兴化县志》卷9,《中国地方志集成·江苏府县志辑》,南京:江苏古籍出版社1991年版,第48册,第352—353页。

④ 参见陈撄宁:《道窍谈读者须知》,《藏外道书》第26册,第607页。

样就造成了产生多种解释的可能性。第二,这两本书所用的基本范畴是“阴阳”(在这一范畴之下有“龙虎”、“铅汞”、“坎离”、“性命”、“神气”等等符号和概念),这类术语在双修与清修两法中指称各有不同,特别是在双修理论著作中,它们依不同的上下文还可以指不同的对象,举例来说,“阴阳”可以指一身之神与气,也可以指我家之精与彼家之气,至于什么时候可以作前一种解释、什么时候应该作后一种解释,并不总是很容易弄清楚,这样就可以产生不同的解释;而且在不同的解释之下,其理论体系与单个命题的逻辑结构都可以保持不变,这样情况就变得复杂起来,以至于可以说双修与清修手法上虽有区别而机理却同出一源。第三,双修、清修两种法门在工序上也多有相同之处,那么内丹学史上有没有不依赖于丹法口诀之背景而可以确定地排除双修以外的解释的著作呢?《方壶外史》以前具有如此特点的最有代表性的作品是《悟真篇三注》,其中的两位作者南宋的陆子野与元代的陈致虚正是陆西星最重要的理论先驱。

见于《悟真篇三注》的陆子野与陈致虚的双修理论要点如下:

(1)论原理。第一,太极一气而分为阴阳,故修炼者以彼之气全我之形,“无损于彼,有益于我”①。第二,阴阳合而万物生,丹道与人道一顺一逆,顺交成人、逆合成丹,此道(按指丹道)乃真阴“真阳逆合,盗其杀机中之生气耳”②。第三,男子一身无非阴精(称为“汞”),易于走失,犹汞性之难制伏,故取他家之真气(“真铅”)以制之,使不飞走,交媾成丹。特别值得注意的是,这里陆子野说,“审一身之中所产者,无非汞尔”③,而且同书“好把真铅着意寻”句注还说:“以铅制汞,在彼我尔”④,参之上文所引“无损于彼,有益于我”之论,则见此派所谓“真铅”(先天一气)盖有借于“他家”,“药采他家,而归自己家园下栽培,以至成熟;自然之妙,非用人力也”⑤。第一、二个论点概括起来说就是太极分而为阴阳(具体说来就是彼我)、阴阳

① 《道藏》第2册,第1003页。
② 《道藏》第2册,第1005页。
③ 《道藏》第2册,第970页。
④ 《道藏》第2册,第985页。
⑤ 《道藏》第2册,第1004页。

逆合而成丹，第三个论点进而指出采药于他家的必要性。

(2)论方法。第一，关于这种方法的性质，陈致虚说："阳精虽是房中得之，而非御女之术。"①第二，关于操作的时间，陈致虚又说："炼丹之法，要知他家活子时也。"②第三，具体手法："采药之际，当以彼我分左右军伍"；"左为我、右为彼，'饶他为主我为宾'者，彼居上而我在下，彼欲动而我欲静也"；"待彼一阳初动之时，先天真铅将至，则我一身之精气不动，只于内肾之下就近便处运一点真汞(《正统道藏》本作"铅"，据《顶批三注悟真篇》改)以迎之"③。

在上述陆子野与陈致虚二人的双修理论著作中，陆的主要功绩在于阐明原理，陈的突出贡献在于论述方法；然而尽管他们的理论在《方壶外史》以前的内丹双修理论史上相对来说最为明彻，但其用语仍然不免于晦涩，其立论闪烁其辞，紧要处或者故弄玄虚，或者略而不言，继承了以往内丹著作的一切缺点，只不过在程度上有所不同而已。

《方壶外史》和《三藏真诠》在内丹双修理论的发展史上树起了一个里程碑。

《金丹就正篇·上篇》论证双修的原理说："金丹之道，必资阴阳相合而成。阴阳者，一男一女也，一离一坎也，一铅一汞也，此大丹之药物也。夫坎之真气谓之铅，离之真精谓之汞。先天之精积于我，先天之气取于彼……彼，坎也……其于人也为女；我，离也……其于人也为男，故夫男女阴阳之道，顺之而生人，逆之而成丹，其理一焉者也。"④这段话意思是比较清楚的，用合乎现代人语言逻辑的方式说就是"阴阳"这样一对符号在双修法的范围内有两个层次的所指，即：就修炼者来说是一男一女相配合，就修炼的生理机制来说是男之真精与女之真气("一铅一汞")构成炼丹的药物；"离"与"坎"作为符号比"铅"与"汞"高出一级，它可以指男女，也可以指"铅汞"(真精真气)。

---

① 《道藏》第2册，第1005页。
② 《道藏》第2册，第1007页。
③ 《道藏》第2册，第997—998页。
④ 《藏外道书》第5册，第368页。

上文只说明了男女阴阳顺生人逆成丹的道理，问题是，为什么我之一身就没有先天一气而非要采取于“彼处”不可。陆西星解释说，人生之初天真未凿，先天之体浑沦完固，自然无须乎从“彼处”采取，及至情窦一开，阴阳交感，阳精逐渐奔蹶逸散，先天之体日改月化，精、气与神皆落于后天而属阴，自然就只好从别处设法寻找先天真一之气了，所以人元丹法创鼎于外完全是不得已而为之的事。

“他家”则“二七之期有阳动焉”①，“阳”即先天真一之气，静极而动，自然而然，质属先天。《玄肤论·阴阳互藏论》对这个总题有更具体的说明，而且可以将这一论述看作陆对道教内丹学理论的重要贡献：“方其不动而动、动而不动之时，是谓先天真乙之气，所以为造化之根柢、品汇之枢纽者，实在于是……且男子之精始通也，其始未必先有滓质，必待其气先至，既乃化而为水，又既乃化而为精。所谓先至之气，即先天也。”②这里，“不动而动、动而不动”比“静极而动”在时间的绵延中所限定的间距更短，陈致虚《周易参同契分章注》形容为“一符之顷”，稍纵则度于后天，之所以说“造化之根柢、品汇之枢纽”在于此，是因为生人、成丹都有赖此先天真一之气。从先天真一之气度为后天滓质，有一个时间上的过程，虽然这个过程极为短暂；气先化为水，而后化为精，唯其中“先至之气”质属先天。

《玄肤论·内外药论》总结双修丹法原理说：“彼我之气，同一太极之所分……有不可以独修者。”接着引《易传》的话：“一阴一阳之谓道；同声相应，同气相求”③，按照陆的意见，人元丹法炼药于内创鼎于外，并非仅仅是由于男子一身有缺陷而已；阴阳相合，顺生逆成，这是造化本身的安排。上述双修原理的探讨深化了前面列举的陆子野《悟真篇注》三要点，而且从整体上来说，陆西星的理论更系统化，在细节上内容也更加丰富。

剩下的问题是，采取外药的操作在整个炼丹程序中的时间定位及其条件与方法。

关于第一个问题，《玄肤论·金液玉液论》说，炼丹过程自无为而有为，

① 《藏外道书》第5册，第369页。
② 《藏外道书》第5册，第361—362页。
③ 《藏外道书》第5册，第361页。

有为之后而复返于无为。从上下文中可以看出，“有为”即指采取外药一节。所谓“玉液”，指炼性，损之又损，克去己私，又称“炼己”、“内炼”，是无为之道。“内炼既熟，然后可以临炉采药，而行一时半刻之功”[①]，这就是采彼先天一气、伏我久积之真精，称为“金液”，作用是了命固形，乃有为之术，双修工夫即在于此。然后是十月温养，复归于无为。《金丹就正篇·后序》将整个炼丹程序描述为“百日而清修、片晌而得药、十月而行火、脱胎神化”[②]，按照《玄肤论·金液玉液论》的说法，“百日清修”与“十月行火”都属于玉液无为之道，两者之间的“片晌得药”则为金液有为之术。实际上，陆西星的双修理论所涉及的主要是“片晌得药”这一节。

关于采取外药的条件，《金丹就正篇》中有比较清楚的说明，至于具体方法的讨论，则散见于《方壶外史》中的其他作品以及《三藏真诠》。需要特别指出的是，陆西星在内丹双修具体方法的论述方面有重要拓展，所以从这方面来说将他视为开宗创派的大师是很恰当的，有清一代内丹家们对双修法的种种描绘，已经在他的著作中显露出端倪。陆对具体方法的论述要点有二：一是“觅信”，二是“炼己”。

第一，所谓“觅信”，即觅“他家”阳生之信号。《三藏真诠》说：“神明若来，必然有信；机不可知，信则可见。”[③]“神明”指先天一气；阳生之前，必然有某种可见的征兆，因而是可以把握的。同书又说：“道者盗也……盗有路，路有门，门路有信，信得始通，无信则宾主不能适值……主宾对语又要慎密，当言而言，当止而止，行止在我，又要在人。（问何谓“在人”）如信者，彼信也，焉得不在人也！”[④]采外药要抓住“他家”阳生之信，盗机逆用。“无信则宾主不能适值”一句说的是两家配合的问题，“宾主”一词隐括《悟真篇》“饶他为主我为宾”的含义，前引陈致虚注中已有解释。《三藏真诠》又记：“采药临炉之时要正心诚意，不得妄起邪淫，专以一真相感，相眷相恋，使彼

① 《藏外道书》第5册，第363页。

② 《藏外道书》第5册，第370页。

③ 《三藏真诠》，第36页。萧天石编：《道藏精华》第12集之二，台北：自由出版社1989年版。

④ 《三藏真诠》，第35页。萧天石编：《道藏精华》第12集之二，台北：自由出版社1989年版。

求而我应、彼动而我静，如此方为合妙。”①这里，《悟真篇》“饶他为主我为宾”的含义就比上引陈致虚注清楚明白多了。

第二，所谓“炼己”，有两方面的意义：其一，双修丹法取彼真气合我真精，真气为外药、真精为内药，先有内药、后采外药，“以先天未扰之真铅，制后天久积之真汞，则其相爱相恋，如夫妇子母之不忍离”②。“真铅”即真气、外药，“真汞”即真精、内药，注意这里说的是“久积之真汞”，由长期的炼己功夫而得，所以《金丹就正篇 · 后序》说：“金丹之道，炼己为先，己炼则神定，神定则气住，气住则精凝，然后可以采取外药。”③在双修理论著作中，“炼己”与“筑基”指同一过程，“炼己者，积精累气返于童初，故能临炉采药保无虞失”④。炼己就其入手方法而言是一种修性的功夫，筑基则由心理训练而造成生理上质的变化，所以据上文知，神定则气住精凝而复归于童子精满气足神全的状态。《三藏真诠》特别提到炼己筑基成功方可采取外药的具体标准：“炼己之功何所证验而可以临炉？……要知当以髓实为期，髓实方可下手。髓实，于‘寒暑’二字上见得，耐得寒暑，非避寒暑也，此在人自觉，一毫欺瞒不得……寒暑是自己寒暑，谓寒不能侵、暑不能涉，如婴儿然，方云‘髓实’。”⑤这种确定的生理特征就是“髓实”，证之于主观感觉则为“耐得寒暑”。其二，如上所述，双修须有异性配合，炼己功夫尤为紧要，若心神未净则临炉性动情炽，非但不能以“一符之顷”取彼先天真一之气，自家久积之精反而走失；而且炼己之功非徒以坚忍为静，那样又会自闭门户，真气欲来而我不能迎，所以炼己的目标是能够“常静常应”，“常静者其炼己之验，而常应者其求铅之用”。⑥

---

① 《三藏真诠》，第 67 页。萧天石编：《道藏精华》第 12 集之二，台北：自由出版社 1989 年版。

② （明）陆西星：《玄肤论 · 铅汞论》，《藏外道书》第 5 册，第 362 页。

③ 参见《藏外道书》第 5 册，第 370 页。

④ 《三藏真诠》，第 211 页。萧天石编：《道藏精华》第 12 集之二，台北：自由出版社 1989 年版。

⑤ 《三藏真诠》，第 104 页。萧天石编：《道藏精华》第 12 集之二，台北：自由出版社 1989 年版。

⑥ （明）陆西星：《金丹就正篇 · 下篇》，《藏外道书》第 5 册，第 370 页。参见《三藏真诠》，第 211 页，萧天石编：《道藏精华》第 12 集之二，台北：自由出版社 1989 年版。

在上述程序中，炼己的目的是解决修炼者自身条件的问题，觅信则为外药采取的直接准备，采药也只有片晌工夫。总的来说，觅信采药就构成了陆西星所谓“金液炼形”（“有为之术”），而炼己则当归入在此之前“玉液炼己”（“无为之道”）一段功夫。

这里有必要提一下，道教史上几个著名的内丹双修派别（南宗双修派①、东西两派及孙教鸾、陶素耜一脉）所提倡的方法，并非如“双修”一词所应当指的那样是男女合炼，而是有女性配合的男子独修，而且专为男子而设。不论他们如何宣称这种方法是怎样的“无损于彼”，它毫无疑问地是由以男性为中心的社会作为背景的，如今已成为历史陈迹。为全面了解道教历史，有必要在这里作扼要的介绍，我们对此应作具体的分析和批判。

如前所述，用双修法采取外药在整个过程中虽然紧要，但也仅仅是其中的一节功夫（“片晌得药”），陆西星称之为“金液炼形”或“金炼”；在此之前与在此之后，则有“玉液炼己”或“玉炼”，即前之“百日清修”与后之“十月行火”。“金炼”为外药作用，“玉炼”为内药功夫，陆西星又称之为“内炼”。以下我们介绍陆氏丹法中的“内炼”清静功夫。

第一，“百日清修”。其主要方法是调息，调息的目的是凝神。“神依于息则凝，神凝则气亦凝；神依于息则和，神和则气亦和。”②“神气相守之时，神则无为，而气机则不能以不动，故一阖一辟，与经脉上下相为流通。”③《老子道德经玄览》注释“万物负阴而抱阳，冲气以为和”一句说，此冲和之气即为性命之根，而我身心之和能召天地冲气之和。④“人身中之气即天地之冲气也，尔其升降阖辟，常与天地之气相为流通。”⑤所以由调息而神息相依，由神息相依而得以凝神，由凝神而至于气机发动，结果是天地人一气流行。以上是调息的原理，至于调息的具体方法，《三藏真诠》说：“调息须静坐

① 参阅本书第三卷第八章第八节。
② （明）陆西星：《玄肤论·凝神论》，《藏外道书》第5册，第365页。
③ （明）陆西星：《玄肤论·火符论》，《藏外道书》第5册，第365页。
④ 参见《藏外道书》第5册，第238页。
⑤ （明）陆西星：《纯阳吕公百字碑测疏》，《藏外道书》第5册，第343页。

始……静坐澄心，把凡息从粗处坐细了，从细处坐若无了，然后将此息搬入丹田，上下自如，神随气降，所谓绵绵若存、用之不勤，此入仙之梯也。”①陆西星于隆庆元年（1567年）五月十三日为该书所作的跋说：“此一条，内炼之法亦已泄尽。”②

第二，“十月行火”。“金炼”得药，归鼎之后养以天然神火，绵绵若存。“其中抽添变化，皆出自然，有不容以丝毫智力与乎其间。”③陆西星的主要导师之一“周立阳先生”对陆作过一个用米煮饭的譬喻：来自彼家的真铅犹如水，我家的真汞比作米，神火相当于火，水入米中，水渐干米渐大而成饭；内丹学中所谓“抽铅”，就好比是水渐干，“添汞”就相当于米渐大。④陆西星在《玄肤论·抽添论》中引用这个比喻时进一步发挥说：水不可以过多，米不可以过少，如同二八相当。“抽”非内藏，神入气中，就像是天之气行于地而潜机不露；“添”非外益，气包神外，也如同地之气承乎天而渐以滋长。“由是而胎圆神化，身外有身。”⑤在其后所作的《龙眉子金丹印证诗测疏》“抽添”一章的注释中陆又补充说，铅汞二物合而成丹就像是盐入水中、胶和色里，而不能分何者为铅、何者为汞。⑥ 这就是上文提到的“三百功圆”，丹家又称之为“十月怀胎”、“十月温养”；月有一十，日则三百，所以又有“三百功圆”之说，这也就是所谓“炼气化神”或“炼气合神”一段功夫。

《三藏真诠》还讨论了所谓“脱胎神化”、“身外有身”的问题，其中有一个值得注意的论点。据该书记载：当赵遵阳问及“脱胎冲顶”一说时，“玉炉兄”回答说：顶上岂有破绽！人生之初，婴儿一身之气浑然与天地相通，自有知识之后，便受浊气障蔽，而与天地隔塞不通，现在三百功圆复

① 《三藏真诠》，第31—32页。萧天石编：《道藏精华》第12集之二，台北：自由出版社1989年版。

② 《三藏真诠》，第32页。萧天石编：《道藏精华》第12集之二，台北：自由出版社1989年版。

③ （明）陆西星：《玄肤论·抽添论》，《藏外道书》第5册，第366页。

④ 参见《三藏真诠》，第51页。萧天石编：《道藏精华》第12集之二，台北：自由出版社1989年版。

⑤ 《藏外道书》第5册，第366页。

⑥ 参见《藏外道书》第5册，第354页。

其婴儿之体，则依旧与天地相通，所以去来无碍；而且所谓"丹"也不过是虚无之气而已。① 这样一种观点比我们在丹经中通常看到的一些说法要清楚得多。

总起来说，陆西星对于道教内丹学史的重要贡献在于：第一，将宋元以来双修派的理论系统化了，并从细节方面极大地丰富了这一理论内容；第二，对于内丹双修方法的论述较之于前人有重大突破，从某种意义上来说，内丹双修派的理论到了陆西星这里由于有了关于具体方法的研讨才开始明晰起来；第三，陆西星内丹学说的有效性不限于双修法门，他的"玉炼（清静功夫）论"也极大地影响了以后内丹各派。

二、伍守阳及其所著《天仙正理》和《仙佛合宗》

明代后期另一著名内丹家是伍守阳。伍守阳原名良迁，号冲虚子②，生于万历二年（1574 年）正月初四③，世居南昌辟邪里。父伍希德，字汝懋，号健斋，为明嘉靖乙卯（1555 年）乡试举人④，壬戌（1562 年）会试中进士副榜⑤，

---

① 参见《三藏真诠》，第 195 页。萧天石编：《道藏精华》第 12 集之二，台北：自由出版社 1989 年版。

② 此据《辟邪伍氏族谱》，转引自新浪博文《冲虚真人伍守阳道谱》（2016 年 2 月 8 日），网址 http://blog.sina.com.cn/s/blog_54b6a6af0102wn4q.html。从此文考据看，《族谱》所记史实多能与其他资料印证，应属可信。清闵一得《金盖心灯》卷 2《伍冲虚律师传》云"名守阳，字端阳，原名阳，江西吉安人"，无据。见《藏外道书》第 31 册，第 185 页。

③ 此据《辟邪伍氏族谱》。伍守阳自撰《伍真人修仙歌》云："冲虚伍子有仙阶，万历元年住母胎。……二年正旦朝将五，翻身下降入婆娑"，可以参证。见《藏外道书》第 5 册，第 769 页。

④ （明）范涞等：《（万历）新修南昌府志》卷 17《科第》，《日本藏中国罕见地方志丛刊》，北京：书目文献出版社 1990 年版，第 345 页。《伍真人修仙歌》注云："父健斋翁，嘉靖时中江西榜贡举。"《藏外道书》第 5 册，第 769 页。

⑤ 此据《辟邪伍氏族谱》。《伍真人修仙歌》注云："壬戌科中会元，为权贵所夺，乃就齐地青州（治今山东青州市）府学教授。"（《藏外道书》第 5 册，第 769 页）查当年进士登科录，会试第一名为王锡爵。（《明代登科录汇编》，台北：台湾学生书局 1969 年版，第 15 册，第 7714、7991 页）《（民国）南昌县志》卷 22《科第下》记："伍希德，字汝懋，辟邪人。壬戌明通进士。绍兴通判。"（魏元旷：《南昌县志》，《中国方志丛书》，台北：成文出版社 1970 年版，第 407 页）明通进士，亦即副榜进士。

曾任香河县教谕、丰润县知县①;调青州府学教授,守阳即诞于此时②;守阳生半载,又调赴绍兴,曾任通判③;万历六年(1578 年)为维摩州(今云南砚山县一带)知州,不久卒于任上④。伍守阳 10 岁开始接受传统的儒家经典方面的训练,不过同时他也读到了王重阳的著作;叔父伍立斋中明经科贡举而志在学仙,守阳阅读了叔父收藏的道书,13 岁即初生出世之志。

万历二十一年(1593 年),守阳 20 岁,遇同县武阳人曹还阳。起初,还阳只允授黄白之术,不肯传内丹;冲虚不屑于烧炼,曹曰:惟不贪富贵势利、德不亏、志特异者可传外丹,传内丹未有不先传外丹者,因外炼可资内修,但勿妄为、妄传则是。辟邪里距曹家约有三里地,每天早饭后冲虚趋至师家问道,晚上打着火把、饿着肚子回家,日久肠内生疾,亦不思就医;自云道家有病自治足矣,修炼身中至宝,厥疾自疗。果然,得诀入手后凡童稚时所得哮喘、风湿等皆愈。守阳逐日奔求师家、昼夜护师行功,师家少食则推食,师家少衣则解衣,变卖家产,大至田园房店、小则金环银钗,“网巾圈子割还尽,护得师工大药来”⑤! 自癸巳(万历二十一年,1593 年)至壬子(万历四十年,1612 年)历时近二十年,受尽万苦千辛终得全旨。同年,与师同炼外丹于豫章城西西山后溪水涯次。⑥

伍守阳烧炼外丹一事,《金盖心灯》卷 2《伍冲虚律师传》亦有记述,然

---

① 此据《辟邪伍氏族谱》。《(民国)香河县志》卷 7《名宦》记:“教谕伍希德,江西南昌人,由举人任……抚按交奖,升丰润知县。”(王葆安:《香河县志》,《中国地方志集成 · 河北府县志辑》,上海:上海书店出版社 2006 年版,第 27 册,第 90 页)《(隆庆)丰润县志》卷 7《官师 · 知县》记:“伍希德,号健斋,江西南昌县举人,四十五年(1566 年)任。”[(明)王纳言、石邦政:《丰润县志》,《四库全书存目丛书》,济南:齐鲁书社 1996 年版,史部第 201 册,第 470 页]

② 《伍真人修仙歌》云:“父由贡举齐青教,却从文庙毓吾来。”注云:“就齐地青州府学教授。”(《藏外道书》第 5 册,第 769 页)

③ 《伍真人修仙歌》云:“半载随官临浙浒,伯阳仙里绍兴府。”注云:“浙西绍兴府粮储盐法别驾衙内也。”(《藏外道书》第 5 册,第 769 页)《(万历)绍兴府志》卷 27《职官 · 通判》记:“伍希德,南昌人,万历三年(1575 年)任。”[(明)萧良干、张元忭等:《绍兴府志》,《四库全书存目丛书》,济南:齐鲁书社 1996 年版,史部第 201 册,第 59 页]

④ 《伍真人修仙歌》云:“五龄父别牧滇南,所怙文章黄盖土。”注云:“时为云南维摩州牧。”见《藏外道书》第 5 册,第 769 页。

⑤ 《伍真人修仙歌》,《藏外道书》第 5 册,第 774 页。

⑥ 关于伍氏生平,参见《伍真人修仙歌》,《藏外道书》第 5 册,第 769—775 页。

其真实性大可怀疑。第一，从伍氏兄弟的著作(《天仙正理直论增注》、《道藏辑要》本《仙佛合宗语录》二书中的部分注释出自伍守阳堂弟伍守虚之手)及伍守阳的自传《伍真人修仙歌》来看，伍不过以外丹可为“助道之资”而非服食者，《伍冲虚律师传》则将他描述为得益于外丹服食的内丹家，且有师从李泥丸、王常月及赵复阳等人之说；但伍本人从未在自己的著作中提及以上几人，他是否知道他们的存在这一点都很成问题，而且，他一方面确实于炉火颇有心得，另一方面又力斥服食外丹可以得仙的说法。第二，《金盖心灯》所记年代与伍本人著作中的说法亦多有冲突。该书卷2《伍冲虚律师传》略曰：伍20岁上遁入庐山师事曹还阳、李泥丸，曹授以大丹秘，未就；李遂授以东老遗书及五雷法，丹成将服，李阻之曰：五脏未坚，服恐不利，不如以之点石成金。吉王朱常淳慕名而来，守阳恐有祸及，遁至天台之琼台，遇赵复阳，赵授以内丹口诀，并劝他去王屋山师从王常月。伍在王门下受三大戒，相处有年，乃服外丹，始得“质凡咸化”，自号“冲虚子”，著《仙佛合宗》、《天仙正理》。据《金盖心灯》卷1《王昆阳律师传》，王授伍三大戒在崇祯十三年庚辰(1640年)，则上二书均成于1640年以后；但据此二书所记，《仙佛合宗》各章约成于崇祯壬申年(1632年)以前，《天仙正理》初稿成于天启二年(1622年)，增注于崇祯十二年(1639年)。又，《伍真人修仙歌·注》称其母王氏卒于崇祯庚辰年(1640年)十一月二十日，而且据《天仙正理直论增注·序》所记，崇祯己卯年(1639年)伍已在南昌，实际上是在此之前从金陵被王氏召回的，大概他不会如《王昆阳律师传》所说的那样于同年五月五日还在王屋山从王常月受戒。按《金盖心灯》卷2《伍冲虚律师传》之服食外丹说及卷1《王昆阳律师传》之庚辰授戒说均本于范青云《钵鉴续》，其与伍氏自传及著作之说抵牾若此，实未足信。

据伍守阳自述其师承，乃张静虚传李虚庵(派名真元)，李传曹还阳(派名常化)，为“丘真人北宗龙门派”。[①] 伍氏派名守阳，合此四代观之，符合全真龙门派“静、真、常、守”字辈，为第五代至第八代。作为全真道北宗嫡嗣，伍氏的宗教思想、修炼方法主要从他的老师曹还阳那里直接继承而来；

① 参见《仙佛合宗语录》答伍太一第五问，《藏外道书》第5册，第681页。

他很可能从未见过曹的老师李虚庵，不过，从曹那里他得知李以及李的老师张静虚的种种故事，他在自己的著作中常常提到以上三人的事迹，还有他们对自己直接和间接的影响。

伍守阳在其著作中每每自称是“邱长春真人门下第八派分符领节弟子”，所谓“符节”指的是什么？《伍真人修仙歌》注中有明确的解释：“符节者，即《洞神经》云‘升天劵’；以青素带身，临升之日，五岳不见此劵则拘人，不得升；水神不见此劵则留人，不令升；地官不见此劵，则不得升度；天官不见此劵则闭天门，不令升进。得劵则前入紫府，见大道君，然后一切诸神不敢拘制。”①可见，所谓“符节”乃是升天时必须持有的一种门票。同书又说，学道之人须先表奏天庭，经批准方能得此符节。

万历乙卯（1615 年），伍初传吉王朱常淳（派名“太和”）百日炼精口诀。② 这位吉王殿下似乎是伍最早也是最重要的弟子，伍著作的绝大部分都由对他提问的回答汇集而成。大约从这时起，伍开始写《天仙正理直论》。③ 这本书初稿成于天启二年（1622 年），是年，二传吉王太和采大药口诀④；另一本重要著作《仙佛合宗语录》（即见于《道藏辑要》的《伍真人丹道九篇》）的主要章节是这一年以后写的，该书前三章多涉及初关之事，后六章则详论中关、上关功夫。又六年，至崇祯戊辰（1628 年），三传太和以大药过关口诀。至壬申（崇祯五年，1632 年）始传“仙佛合宗玄妙全旨”，更付之“邱祖门下正传符节”。⑤ 还有另一种见于《道藏辑要》的《仙佛合宗语录》，以包括“吉王朱太和十九问”在内的答门人问加注而成，结集的时间稍晚于前两书。伍著作中所谓《仙佛合宗语录》指的是答朱太和问九篇，亦即《（重刊）道藏辑要》所收的《伍真人丹道九篇》；而《（重刊）道藏辑要》本《仙佛合

① 《藏外道书》第 5 册，第 773 页。

② 参见（明）伍守阳：《〈伍真人丹道九篇〉缘起》，《藏外道书》第 5 册，第 865 页。

③ 参见《天仙正理直论・火候经第四》末尾附言，《藏外道书》第 5 册，第 811 页。

④ 《明史》卷 104《诸王世表五》记：朱常淳“（万历）四十六年（1618 年）未袭薨”，其子朱由棟“天启元年（1621 年）袭封”。（北京：中华书局 1974 年版，第 10 册，第 2922 页）《明神宗实录》卷 570 记：万历四十六年五月己丑（初二）“吉世子常淳卒”。（《明实录》第 64 册，台湾“中央研究院”史语所校印，1962 年，第 10725 页）故伍守阳的说法不可遽从。

⑤ （明）伍守阳：《〈伍真人丹道九篇〉缘起》，《藏外道书》第 5 册，第 865 页。

宗语录》，在伍则为"及门仁贤问答"①。

崇祯十二年至十三年(1639—1640年)间，伍守阳有机会对自己以前的所有著作进行了一次全面的整理，而于此之前，他似乎有数年在金陵隐修；按照申兆定1764年根据伍守阳堂侄伍达行(伍守虚之子②，派名"太一"，也是伍守阳的弟子)及其同乡黎博庵书叙所作之《伍真人事实及授受源流略》的说法，其母在世时伍一直未远离过家③，但据《道藏辑要》本《仙佛合宗语录》中的"李羲人七问"及同书所附伍自作之《伍真人修仙歌》所记，崇祯九年(1636年)他曾在金陵，崇祯十二年(1639年)因母有"啮指之呼"而不得不从金陵返回南昌。《伍真人修仙歌》及注说，母王氏于崇祯十三年(1640年)无疾而逝，伍本人则"蓬头垢面"、"蒲团兀坐"已经多年；这首自传歌和注看来是他的最后作品。④ 总之，崇祯十二年(1639年)守阳回到南昌后，在道隐斋中与堂弟伍守虚一起为《天仙正理直论》作了增注⑤，第二年，《仙佛合宗语录》九章(即《伍真人丹道九篇》)结集⑥；至于另一种《仙佛合宗语录》以及最后的自传歌，很可能也是在这段时间里整理出来的。《(重刊)道藏辑要》收有题名"伍冲虚"且由"澹修弟子赵执信"笔受的外丹著作《金丹要诀》，观其中有"乩受千言"、"坛中二三子皆夙有仙缘"云云，则知为乩坛所出。

此后的事，我们就很难确切地知道了。《伍真人事实及授受源流略》说，母王氏卒后，守阳便"隐迹仙去"⑦。据《金盖心灯》说，他于崇祯十六年(1643年)在庐山收谢凝素为弟子，十七年(1644年)正月朔日逝于武陵。⑧

① 《天仙正理直论增注·直论起由》，《藏外道书》第5册，第827页。

② 《仙佛合宗语录》答伍太一第五问，云："汝父真阳，登仙派名守虚也。"见《藏外道书》第5册，第681页。

③ 参见《藏外道书》第5册，第784页。

④ 参见《仙佛合宗语录·李羲人七问》，《藏外道书》第5册，第747页；《伍真人修仙歌》，《藏外道书》第5册，第769—776页。

⑤ 参见《天仙正理直论增注·自序》及"附识"，《藏外道书》第5册，第782、824页。

⑥ 参见(明)伍守阳：《〈伍真人丹道九篇〉缘起》，《藏外道书》第5册，第865页。

⑦ 《藏外道书》第5册，第784页。

⑧ 参见(清)闵一得：《金盖心灯》卷2《伍冲虚律师传》及卷3《谢凝素律师传》，《藏外道书》第31册，第186、210页。

伍守阳最早的著作《天仙正理直论》分别从九个方面讨论内炼问题：(1)先天、后天二气，(2)药物，(3)鼎器，(4)火候，(5)炼已，(6)筑基，(7)炼药，(8)伏气，(9)胎息。其要领则"只神炁二者而已"①，"二气"、"药物"、"筑基"、"炼药"诸章以"气"立论，"炼已"一章以"神"为言，"鼎器"、"伏气"、"胎息"诸论见神、气之相辅相成。其次的《伍真人丹道九篇》虽是语录体著作，但却是依照功夫次第精心排列起来的，前四节论初关、中三节论中关、后两节论上关。最后的《仙佛合宗语录》("答门人问")则因机施教，分不同专题对内丹清静法门中几乎所有事项都进行了深入浅出的讨论，同时还涉及外丹和医药学，内容相当丰富。

《天仙正理直论》中的"直论"九章完成之后，伍写了《道原浅说篇》，这是他的内丹学的一个导论，是他所有著作中最重要的一篇，其中标明了他的学术思想之渊源。他在《天仙正理直论增注》自序中，说："如此语成九章……复以曹老师昔为我浅说道原者发明之，亦成一篇，冠之《直论》之首，先揭其大纲。"②《道原浅说篇》又说："本曹还阳老师平常言教之目，门下伍子发明为总纲。"③这个总纲有两个方面的内容：第一，人道和丹道一顺一逆，就神、气两者的分与合而言，有某种对应的性质。第二，内炼的次第为：(1)初关炼精化气：采小药、小周天直至止火；(2)中关炼气化神：采大药、过关服食、行大周天之火；(3)上关炼神还虚：三年乳哺、九年大定。

人道顺生，有三次变化。第一次是父母初交，二气合为一气而成胎，这时只有先天一气，没有神、气的分别；十月怀胎的过程中，心与肾逐渐形成，两者分别为神、气之元，十月数足，则神气在胎中已全，出胎为第二变；"出胎时先天之气仍在脐，后天之气在口鼻，而口鼻呼吸亦与脐相连贯，先天之神仍在心，发而驰逐为情欲"④，至16岁，识神全、精气盛，时而气透阳关，气动于中、神散于外，气化为精，自阳关出，顺行而为生人之本，此为第三变。丹道逆成，也有三次变化。百日关筑基，精返为气，是从上述第三变返为第

① 《天仙正理直论增注·本序并注》，《藏外道书》第5册，第777页。
② 《藏外道书》第5册，第780页。
③ 《藏外道书》第5册，第833页。
④ 《藏外道书》第5册，第836页。

二变；十月关转神入定，气炼为神，即从第二变返为第一变；九年面壁，神还为虚，“从一变转到虚无之位”①，便可以成为天仙。关于内炼全程，《道原浅说篇》中有简明扼要的概述，从“夫气与神皆有动静”一句至“此皆十六岁以后至八八六十四岁已化精而已耗精者之修也”一句②，言“修行之全旨、《直论》中之总要、《合宗语录》之秘机”③。以下我们根据上述几种著作分三个部分介绍伍氏的内丹学思想。

1. 炼精化气。

炼精化气的工序大致可以分为三步：第一采药；第二行火；第三止火。

采药之功的要点是必须保证药物具有“先天”的性质。“如遇至静至虚、不属思索、不属见闻觉知而真阳之气自动，非觉而动、实动而觉、觉而不觉、复觉真玄，即是先天宜用之药物……修士最宜辨此一着，以先天无念元神为主，返照内观，凝神入于气穴，则先天真药亦自虚无中而返归于鼎内之气根，为炼丹之本。”④

行火即行所谓“小周天”之火。日行一昼夜为“一周天”，地面上某一点与太阳之间相对位置的变化，造成了该地点十二时辰的阴阳消长，其中子午卯酉“四正”是阴阳交替的关节点；道教内丹派认为身中造化“法象天地”，炼丹时的火符进退与天地间的阴阳消长暗合，所以称为“周天火候”，炼精化气时有“小周天”，炼气化神则用“大周天”。“小周天”火候的要点是：(1)以真息定子午卯酉，子进阳火，午退阴符，卯酉沐浴，此“子午卯酉”以身中活子时为据。(2)以吸升呼降为采取烹炼。

关于第一点，《天仙正理直论·火候经第四》解释《金丹四百字》中“火候不用时，冬至不在子；及其沐浴时，卯酉时虚比”一句说：“‘虚比’二字总贯穿四句。‘不用时’者，不用历书一日十二之时，而用心中默运十二时而虚比也。‘冬至’者，是人自身中阳生时候，虚比曰‘冬至’……不在天时仲冬子月之子也，于一日十二时中遇生皆可言子。在沐浴当行之时，虚比于卯

① 《藏外道书》第5册，第836页。

② 参见《藏外道书》第5册，第836—846页。

③ 《藏外道书》第5册，第836页。

④ (明)伍守阳：《天仙正理直论》，《藏外道书》第5册，第791页。

酉；卯在六阳时之中，酉在六阴时之中，调息每至于六时之中可以沐浴矣。"[①]这里的"心中默运十二时"即同一章所说"丹道中以真息数定时数"："真阳之精气既还于气穴，必要刻漏之火候炼之，则黄芽大药方生；有刻漏则知一时已完、当用二时，六阳用进、六阴用退（《内炼金丹心法 · 火候论》"进"作"升"、"退"作"降"[②]）。……《玄学正宗》曰：'刻漏者，出入息也。'"[③]此"出入息"非口鼻之呼吸，这里伍守阳强调说，"火候只是真息"[④]。

关于第二点，呼吸阖辟、升降进退、采取烹炼之间的关系，《天仙正理直论 · 先天后天二气直论第一》说："当吸机之阖，我则转而至乾，以升为进也；当呼机之辟，我则转而至坤，以降为退也。乾天在上，自下而上，机似于吸入，故曰'阖'、曰'升'……本为采取之旨；坤地在下，自上而下，机似于呼出，故曰'辟'，曰'降'……本为烹炼之旨。然现在之烹炼又为未来采取之先机也。"[⑤]此处"乾"为首位、"坤"为腹位[⑥]，大意为：吸（阖）则从腹位升至首位，为进火、采取，呼（降）则自首位降于腹位，为退符、烹炼；两者合而为一周天，而此一周天之烹炼又为下一周天之采取创造了先决条件。

总而言之，行小周天之火关键在于呼吸（此处特指"真息"或"胎息"）："子午卯酉"指此呼吸之度，"采取"、"烹炼"表明呼吸之作用。

这实际上就是炼精化气的过程，阳精一生，即行一周，反复运行"周天"，不断积累由阳精化成的"真气"，"积之不过百日，则精不漏而返气矣。此三关返二之理，已返到扑地声离胎、七窍未开、神识未动、真气在脐之境也"[⑦]。

人道顺行，则气化为精；丹道逆成，则返精为气。顺行时阳精自阳关出，采药至精满则阳关自闭：按照一般的生理规则，只要有精在，则必求其出路，小周天之采取烹炼使得精尽化气，则不复有精，无精以通，路即自闭。这里

---

① 《藏外道书》第5册，第802页。
② 参见《藏外道书》第11册，第260页。按：此书为《天仙正理直论》较早的一个稿本。
③ 《藏外道书》第5册，第798—799页。
④ 《藏外道书》第5册，第796页。
⑤ 《藏外道书》第5册，第788页。
⑥ 参见（明）伍守阳：《仙佛合宗语录》，《藏外道书》第5册，第676页。
⑦ 《藏外道书》第5册，第838页。

所谓“无精”，与人老精竭有根本性的区别。人老而阳气微弱，不可误认为修证；人到衰老时欲炼内丹，必要补精到能泄精地步，而后始有气机发生。无精，是真气久定、不复动而化精的缘故，外肾缩如小童子。这就是所谓的“漏尽通”以及所谓的“返老还童”了。①

精尽化气、药熟丹成，则必须止火。关于止火一事，《伍真人丹道九篇》第四章中有详尽的讨论，伍在此提出了内丹学史上著名的“阳光二现”之说：“所谓‘三百周天’者，三百妙周之限数也……周天要满三百候之限数，方为火足之候、止火之候，此积于内者也。犹有龟缩不举并阳光二现之景，皆为火足之候、止火之候，此形于外者也……两眉间号曰‘明堂’，阳光发现之处也。阳光发现之时，恍如掣电，虚室生白是也。当炼精之时即有阳光一现之景，斯时也，火候未全，淫根未缩，一遇阳生即当采炼、运一周天，以至采炼多番，周而复周、静而复静，务期圆满三百妙周之限数而后已。限数既满，惟宜入定以培养其真阳，听阳光之二现可也。由是于静定之中忽见眉间又掣电光、虚室生白，此阳光二现也，正是止火之景、止火之候也。是时三百妙周之限数恰恰圆满，龟缩不举之外景次第呈验矣。此内外三事次第而到者也。”②“阳光二现”之后，入定以培养真气，待到“阳光三现”，即可采大药，行炼气化神之功。

2. 炼气化神。

根据伍守阳的说法，炼气化神有三大步骤：(1)采大药；(2)大药过关服食(“五龙捧圣”)；(3)行大周天之火。

“采大药”之说未见于以前的丹经，是曹还阳、伍守阳一派独创的说法。“阳光二现”之后，于静定中见眉间又掣电光、虚室生白，此即“阳光三现”，为采大药之景、采大药之候，此时若行火至于“阳光四现”，则大药必随火溢出而化为后天有形之精。③“阳光三现”后，用七日采工。初采犹当入定，专用眸光之功：日间用双眸之光专视中田，夜间用双眸之光守留不怠，于是大

① 参见《藏外道书》第5册，第839页。

② 《藏外道书》第5册，第868页。

③ 参见(明)伍守阳：《伍真人丹道九篇》，《藏外道书》第5册，第869页。

药采而后生。[①]“大药生时，六根先自震动，丹田火炽、两肾汤煎、眼吐金光、耳后风生、脑后鹫鸣、身涌鼻搐之类，皆得药之景也。大率采药至于三四日间，真气（此处诸本皆作“定”，据善成堂版《伍柳仙宗》陈志滨校点本改）将定未定之时，得药六景即次第而现；若采药至于五六日间，则真意一定而大药已生矣。故七日之期亦大概之言耳。”[②]

大药既生之后，当迁入中田以点化阴神，此时逆运河车，用真意（五龙）引大药过关，即所谓“五龙捧圣”。[③] 度夹脊关、玉枕关、印堂也用同样的方法，然后“降下十二重楼，犹如服食，而入于中丹田神室之中，点化阴神，（此又称）为‘乾坤交姤’”[④]。

此时元神寂照于中下二田，相与浑融化成一虚空之大境界，这以后的火候则称为“大周天”。“大周天”之火不用意引、不见有相、不用时、不间断，为“不有不无之文火”。总而言之，“十月养胎，只在绵密寂照之功而已”[⑤]。

炼气化神的原理如下：大药入于中丹田神室，“既能点化神中之阴，阴神赖以降伏而念虑不起，又能培补神中之阳，阳神愈益阳明而昏睡全无”[⑥]。当有人问伍“炼气化神者，气、神原二，而亦以‘化’言，是何故”时，伍回答说：“气、神二，以其有气、有神现在，故二名之，及至心息相依，一向清静随顺至于寂灭，得息无出入、心不生灭，大定而常定矣。夫息无出入是无气矣，

---

① 参见（明）伍守阳：《伍真人丹道九篇》，《藏外道书》第5册，第869页。

② 《古本伍柳仙宗全集》，上海：上海古籍出版社1990年版，第282—283页；《藏外道书》第5册，第870页。

③ 《伍真人丹道九篇》第六章对此节功夫有一段富于戏剧性的描述：“下用木座抵住谷道，所以使身根不漏也；上用木夹牢封鼻窍，所以使鼻根不漏也；含两眼之光勿令外视，所以使眼根不漏也；凝两耳之韵勿令外听，所以使耳根不漏也；唇齿相含、舌抵上腭，所以使舌根不漏也；一念不生、六尘不染，所以使意根不漏也……方大药之生于炁穴也……上腾于心位；心位不贮，自转向下，由界地而前触夫阳关；阳关已闭，自转动由界地而冲夫尾闾；尾闾不通，自必转动由尾闾而下奔谷道……即微微轻撮谷道以禁之……斯时也……有善引之正工焉，才见其遇阻不动，即一意不生、凝神不动，动而后引，不可引而使动也；忽又自动冲关，即随其动机而有两相知之微意，轻轻引上，自然度过尾闾而至夹脊关矣。”

④ 《藏外道书》第5册，第870—871页。

⑤ （明）伍守阳：《伍真人丹道九篇》，《藏外道书》第5册，第872页。

⑥ （明）伍守阳：《伍真人丹道九篇》，《藏外道书》第5册，第871页。

而息住脉住，其神寂为性，独有真觉真照。先若无此元气助神，则神不能常觉常照；气不合神，则神亦不能常觉常照，即神之能常觉常照由于气，气神归一而为神通，非气化神乎？”①在陆西星的著作中，炼气化神过程被喻为米合于水而成饭，这里伍守阳则从内炼方法的角度分析神气合一的生理机制，其理论深度显然大大增强。

行“大周天”火候至无呼吸境地，神全气定，气返纯神，“正已返到如父母初交入胞之境”②；不过，父母初交时，只有虚无一气，神未分于气中；炼气成神则气返合于神，只存一虚无之神在，两种情形之间还是有质的差别的。

3. 炼神还虚。

神足胎全之后必须出胎，若不出胎，则神、气均可离定而动，脱胎则神离形、入虚空之境，还于虚空则可不坏。炼气化神之始，气不入胎，犹可复为精；炼气化神之终，神若不还于虚空则可驰逐其气。所以必须将神自中下田迁至上丹田（即泥丸宫），加以三年乳哺、九年大定，这就是所谓的“炼神还虚”。

乳哺即养出胎之子，为养神之喻；方法为调神出壳：“自上田出念于身外，自身外收念于上田。一出一收，渐出渐熟，渐哺渐足，如是谓之乳哺。三年而神圆，可以千变万化，可以达地通天，可以超海移山，可以救水救旱、济世安民、诛邪除害，任其所为，皆一神所运，神变神化，所以谓之‘神仙’。”③此时如果愿意住世，可以护国安民、救水救旱，举念无不是神通灵应；如果不愿意如此，可以用九年面壁之功，“又三迁至于天仙之虚境”④。

伍守阳的内丹学理论有以下几个特点：

第一，通俗易懂，尽扫以往丹经中的“铅汞”、“龙虎”诸多隐语。伍氏全部体系以“神”、“气”两者为纲领，适足以显示内炼之要素不过此二者而已。

第二，对于功夫次第的论述比较清楚明白，便于初学入门。但这种机械的划分也带来了一些弊病，现代内丹家陈撄宁对此曾有过批评，以为“百日

① （明）伍守阳：《仙佛合宗语录》，《藏外道书》第5册，第747页。

② （明）伍守阳：《道原浅说篇》，《藏外道书》第5册，第845页。

③ 《藏外道书》第5册，第845—846页。

④ 《藏外道书》第5册，第846页。

筑基”、“七日过关”、“十月结胎”、“三年乳哺”、“九年面壁”的段落划分皆与事实不符。[1] 不过这类划分是内丹学史发展的产物，多见于明清时期的内丹学著作，非独伍书为然，这种做法对于作为一种学术的内丹学之通俗化也有一定的益处。

第三，在丹法的论述方面多有创造性，例如论“阳光二现”为炼精止火之景，论采大药为炼气化神之初工，论“阳光三现”为采大药之信，论大药将生时之征象，论以“五龙捧圣”法运大药过关，论炼气化神合中下二田为一虚空境界，等等，凡此种种，在内丹学史上独开一宗。清代以后伍氏一脉以“伍柳派”名世，在民间有极大的影响。

第四，体系完整、结构谨严，这也许是伍氏理论最重要的特点。以往内丹家们的理论或者有支离破碎的缺陷，或者失之于过分简略，伍守阳的著作则对自基本原理至具体方法的内丹学理论各个层次都进行了全面的讨论。

清代以及民国时期祖述伍守阳理论的内丹学专著颇多，如《金仙证论》、《慧命经》、《性命要旨》、《性命法诀明指》、《道乡集》、《大成捷要》等等，其中最见伍氏影响之深的是《性命要旨》。作者汪东亭虽非伍氏一系，但此书却很像是伍门弟子的著作。另外，清代的黄元吉虽自成一派，但其学说却带有伍氏理论影响的烙印。

三、陆西星、伍守阳的三教合一思想

上面分别对陆西星和伍守阳的丹法作了介绍，但他们二人的思想还有一个重要内容，那就是陆、伍二人均倡导三教合一。这可说是他们的丹道的理论基础，下面我们分别对此进行考察。

陆西星的丹道理论，来源于他对道、儒、释三家思想的探讨和实践，他自幼习儒，中年隐居修道，探究丹理，潜心著述，晚年又精研佛理，参佛乘。他在《玄肤论序》中自谓其曾“以文儒究心二氏垂二十年”[2]，可见他对儒、释、道三教之旨都进行过钻研。据其友人赵方宇《玄肤论后序》介绍，陆西星

① 陈撄宁：《道教与养生》，北京：华文出版社 1989 年版，第 385—386 页。

② 《藏外道书》第 5 册，第 359 页。

的“阴阳双修”丹道论的理论基础，乃是《周易》的阴阳说。他在这里转述陆西星自己对其丹道理论的解释说：“孔子曰：一阴一阳之谓道，仁者见之谓之仁，智者见之谓之智，百姓日用而不知……且夫造化二五，陶铸百物，象形虽殊，体本无二，莫不定阴阳之位，构真乙之精，顺施化之理，立性命之基。故曰：天地絪缊，万物化醇，男女构精，万物化生。如斯而论，可谓本末兼该、上下俱尽者矣。故天不变则道不变，道不变则体是道者亦可使之不变，而长生久视之道，端在于此。”①他认为《易》之阴阳，是修炼长生之道的源头，要获得长生久视之道，就必须修性炼命。他说：“性者，万物一源；命者，己所自立”，然而，“性非命弗彰，命非性弗灵。性，命所主也；命，性所乘也”②，“性则神也，命则精与气也；性则无极也，命则太极也”③。这就是说，性即神、无极；命即是精、气、太极。性与命各有自己的内涵，性是体，是第一性的；命是末，是第二性的，但二者又不可分割，所以必须性命双修。由于性是体，“故修道之要，莫先于炼性”④。陆西星特别反对“佛教了性，道教了命”的观点，他说：“夫佛无我相，破贪着之见也；道言守母，贵无名之始也。不知性安知命耶？既知命矣，性可遗耶？故论性而不沦于空，命在其中矣；守母而复归于朴，性在其中矣。是谓了命关于性地，是谓形神俱妙、与道合真也。”⑤在他看来，“修性”既是道教丹法的重要内容，同时也是释、儒二家的主张，三家的区别只在于作用的不同，其宗旨是一致的，故谓“三教圣人同一宗旨，但作用不同，故有三者之别耳”⑥。

当有人向他提出“佛言无相，仙贵有生，二说背驰，何从印可”的问题时，陆西星回答说：“吾闻之至人，无始以来一点灵光，是谓本来面目，吾人之实相也，仙佛圣凡同具同证。一自落于形质之中，此段灵光埋没沉沦，罥

① (明)赵宋：《玄肤论后序》，《藏外道书》第5册，第367页。
② (明)陆西星：《玄肤论》，《藏外道书》第5册，第363页。
③ (明)陆西星：《玄肤论》，《藏外道书》第5册，第363页。
④ (明)陆西星：《玄肤论》，《藏外道书》第5册，第363页。
⑤ (明)陆西星：《玄肤论》，《藏外道书》第5册，第363页。
⑥ (明)陆西星：《金丹大旨图》，《藏外道书》第5册，第372页。

挂轮网，入诸异趣，永劫无期。所以至人导之以修养，于是始有二氏之学。”①所谓“一点灵光”，即人的本来真性，亦即天地之性，它是人人都具有的。然而，它很容易被形质所蒙蔽，为了使人们这个本来真性能够得以复归，“所以至人导之以修养，于是始有二氏之学”。也就是说，陆西星认为佛、道之学的本旨都是为了使人的真性不受后天形质的蒙蔽，保持其湛然澄澈的本来面目，都是修养之学。但是，佛、道二教在具体的修养方法上又有不同，“仙者主修，佛者主养”②，而且是各有优缺点。鉴于此，陆西星提出了一个解决办法，那就是将二者合而为一，他说：仙以修为务，是假以药石，其效虽速，而终有不当之处，所以必须加面壁功夫，“抱元守一，以空其心”③。实际上，他是把内丹学看作是融合儒、释、道而成的最好的修炼之学，故谓曰：“仙佛圣凡同具同证。”

陆西星还通过对道教经典《道德经》和《南华真经》的注疏来表明他的佛仙一致、儒道不违的观点。例如，他在释《道德经》第二章时，认为老子所说“不辞、不有、不恃、不居”即是儒家之毋固、毋我之意；佛教的度人而不见所度之人、布施而不受所施之福与此同旨。④ 释第八章“不争”、“上善”为：“夫修道者，以不争为上善，老圣盖屡言之。佛经云：我得无诤三昧，人中最为第一。偈曰：诤是胜负心，与道相违背，便起人我相，安能得三昧。《语》曰：君子无所争。三教圣人同口一词，实修行之上德，入圣之要机也。”⑤解第四十七章“不出户知天下，不窥牖见天道”为：“圣人定性之妙也。圣人之心常清常静，寂然不动之中而万象森罗已具，故能不出户而知天下，不窥牖而见天道，盖天地万物莫非吾性之固有……以是知圣人之知，天德之良也。吾儒所谓诚明，释氏所谓定慧，意盖如此。”⑥陆西星又认为，《庄子·养生主》“只是说性，言人能常守此中，则性在是而命亦在是，故可以保身，可以

---

① (明)陆西星:《悟真篇注》,《藏外道书》第5册,第332页。

② (明)陆西星:《悟真篇注》,《藏外道书》第5册,第332页。

③ (明)陆西星:《悟真篇注》,《藏外道书》第5册,第332页。

④ 参见(明)陆西星:《老子道德经玄览》,《藏外道书》第5册,第220页。

⑤ (明)陆西星:《老子道德经玄览》,《藏外道书》第5册,第222页。

⑥ (明)陆西星:《老子道德经玄览》,《藏外道书》第5册,第224页。

全生;又不至于亏体辱亲,故曰可以养亲;全而生之,全而归之,故曰可以尽年"①。在释《庄子·杂篇·则阳第二十五》时,谓曰:"此段大类禅语,故予尝言《南华经》中国之佛经也。"②又说:"不读三教之书,不可以读《庄子》。"③在他看来,儒、释、道三教立教宗旨都是相同的,都是为了教人返朴归真,而"《南华》三十二篇,篇篇皆以自然为宗,以复归于朴为主,盖所以羽翼《道德》之经旨。其书有玄学,亦有禅学;有世法,亦有出世法。大抵一意贯串,所谓天德王道皆从此出"④。难怪陆西星是如此推崇《庄子》一书。从以上的介绍我们可以看出,陆西星的内丹学说是以儒、释、道三教融合为理论基础的。在儒、释、道三教关系问题上,他的主张是:消除纷诤,同证一道。

伍守阳也继承了全真教融合三教的基本观点。首先,他认为仙道与人道是一致的。所谓人道,"即五伦之事也。君当忠而忠,亲当孝而孝,兄长当顺而顺,朋友当信而信,谓之纯德"⑤。伍守阳唯恐人们不能确知其人道之真谛,干脆明言曰:"古圣所言修行之事及我素所言者皆节目,即儒家所谓人道之当然者。我今再为尔浅说其道之原,即儒家所谓天道之所以然者。"⑥又说:"一阴一阳为一性一命,二者全而为人也",所以只有"性命双全方成得一个人,亦必性命双修方成得个仙佛,未有二者不全而能成人成仙佛。必以顺之成人者,以逆成仙佛,所以知为仙佛由于为人"⑦。其次,他认为"还虚"之理是道、儒、释三家共有的。他说:"儒家有执中之心法,仙家有还虚之修持,盖中即虚空之性体,执中即还虚之功用也,惟仙佛种子始能还虚尽性以纯于精一之诣。"⑧所谓"还虚",就是进入到"万象空空,一念不

① (明)陆西星:《南华真经副墨》,《藏外道书》第2册,第240页。
② (明)陆西星:《南华真经副墨》,《藏外道书》第2册,第244页。
③ (明)陆西星:《南华真经副墨》,《藏外道书》第2册,第286页。
④ (明)陆西星:《南华真经副墨》,《藏外道书》第2册,第79页。
⑤ (明)伍守阳:《天仙正理浅说》,《藏外道书》第5册,第854页。
⑥ (明)伍守阳:《天仙正理浅说·自序》,《藏外道书》第5册,第780页。
⑦ (明)伍守阳:《天仙正理直论增注》,《藏外道书》第5册,第834页。
⑧ (明)伍守阳:《伍真人丹道九篇》,《藏外道书》第5册,第866页。

起，六根大定，不染一尘”[①]的境地，也就是所谓返还先天——“儒者谓之太极，释家谓之圆觉，道家谓之金丹”的至极之境。

将仙、佛功夫合而为一，是伍守阳丹道思想的鲜明特色，他说：“大修者，学仙佛正道，谈仙佛正理，持仙佛正戒，行仙佛正行。”[②]他指出：“外道种类有三：一者是行邪淫、叛戒律、偏行世法中不善之事，自以为是而不依正法……二者是专行邪法，依傍正门为名……窃取衣食、诳骗财物为志而已；三者是正法中人，心愿行正，但着有为。初基粗迹，便志得意满，夸能说会，不了心悟寂灭真空，亦依傍上乘为名也。”[③]这些“外道”的所作所为，都与儒、释、道正统相去甚远。伍守阳认为，仙佛二教“同一工夫、同一景象、同一阳神正果”[④]。“其所同者，盖仙言炼精化气，又言留得阳精决定长生，即同佛言戒淫修梵行以出欲界者也；仙言转神入定伏气胎神，即佛言四禅定，息定心定而灭尽以出色界者也；仙言炼神还虚，即佛言七地菩萨修上八地，如来出现已成佛时，加持至九地十地，更加持上至十一地等觉以超出无色界之上者也。”[⑤]也就是说，道教丹道的炼精化气即等同于佛教的戒淫修梵行；丹道的转神入定即等同于佛教的四禅定；丹道的炼神还虚，即等同于佛教的超出无色界以上。他要求学仙、佛之人，首先必须明白“仙佛同一”的道理，“若不闻此、不信此、不悟此，则是不知修仙修佛”[⑥]，更毋用说成仙成佛。

这样，伍守阳在阐释其修炼程序时，就把修炼过程中的每一步骤都与佛教的修炼工夫一一加以相互印证。例如，他说“息”，即“仙家谓之太极之○也，佛并诸祖谓之圆相之○也”，“仙真谓之太极中无极之丶也，佛并诸祖禅谓之圆相中之丶也，所以有水牯牛之喻”。[⑦]“息”有“真息”和“凡息”，前者

① （明）伍守阳：《金丹要诀》，《藏外道书》第5册，第856页。
② （明）伍守阳：《金丹要诀》，《藏外道书》第5册，第856页。
③ （明）伍守阳：《仙佛合宗语录》，《藏外道书》第5册，第712页。
④ （明）伍守阳：《仙佛合宗语录》，《藏外道书》第5册，第690页。
⑤ （明）伍守阳：《仙佛合宗语录》，《藏外道书》第5册，第690页。
⑥ （明）伍守阳：《仙佛合宗语录》，《藏外道书》第5册，第691页。
⑦ （明）伍守阳：《仙佛合宗语录》，《藏外道书》第5册，第647页。

“是入涅槃寂灭必由之路也”，后者是“堕凡夫不脱生死轮回之事也”①，必须加以彻底排除。伍守阳还对一系列的丹道概念、佛教概念作了解释，归纳说：“凡仙佛二宗言空言寂，言有言无，皆言心息相依之定者。言心性则有息在其中，言息则心在其中。若非心非性则不能定息，非息则不得性定心定……能悟之者，仙佛合宗之旨见矣。”②否则，将会堕入空亡而无证果。在讲炼气为纯阳之神时说：“仙家称为怀胎，为胎息，言如在胎时自有息而至无息。佛谓之四禅定，《华严经》云初禅念住，二禅息住，三禅脉住，四禅灭尽定是也。”③在讲“沐浴”时，认为“沐浴”是成仙成佛最紧要、最玄妙的工夫，“若仙机有出入则不定其沐浴，若佛法不久住亦不定其沐浴。沐浴最贵有定心。防危险，正防其心不定，防其沐浴不如法”④。讲“大周天火候”说：“大周天之火所以为成仙成佛了道之总要也……前百日炼精化炁必用有为之工，是从无而入有，即佛法中之所言万法归一之义也；后十月炼炁化神必从有息至无息，是从有而入无，即佛入四禅灭尽定也，一归于无之说也。此仙佛二宗不易之秘法，不可少之要机也。”⑤他还讲到仙佛“真修工夫”的入手处在于除淫，说：“仙家必先以元精返还于身中而复归于元炁，佛家则泛言戒淫欲以出欲界，俱是除淫之义。起首若不如是，则为落空亡，若有一死，便是万生万死，轮回不断，六道难离矣。若人能修如是离欲之行，谓之清净梵行，成得离欲之果，谓之清净梵德，为转神入定之真基也。”⑥伍守阳表白说，他之所以反复地讲释仙、佛二家之功夫，并把它们一一加以印证，就是为了“免后学执有候执无候之争立门户而妄疑之者”⑦。总而言之，他是处处把仙、佛二宗合为一体，其丹道论就是“仙佛合宗”论。

当然，伍守阳也承认仙、佛之间有不同，即言词用语上的不同，但在所讲的道理上，二者是没有不同之处的，所谓“言异理不异”。比如说，“仙家果

① （明）伍守阳：《仙佛合宗语录》，《藏外道书》第5册，第650页。
② （明）伍守阳：《仙佛合宗语录》，《藏外道书》第5册，第650页。
③ （明）伍守阳：《天仙正理直论》，《藏外道书》第5册，第792页。
④ （明）伍守阳：《天仙正理直论》，《藏外道书》第5册，第807页。
⑤ （明）伍守阳：《天仙正理直论》，《藏外道书》第5册，第810页。
⑥ （明）伍守阳：《仙佛合宗语录》，《藏外道书》第5册，第659页。
⑦ （明）伍守阳：《天仙正理直论》，《藏外道书》第5册，第810页。

位了证长生，佛宗果位了证无生。然而，了证无生必以了证长生为实诣，了证长生尤必以了证无生为始终”①。仙、佛二家都是以达到“性命双修”为结果的。仙、佛二家的不同还在于，仙道的炼精化气阶段与佛教的戒淫欲出欲界，从道理上看是一致的，但佛家对这一阶段却说得简略而不透彻，仙家对此的论述却很周密详尽；仙道的炼气转神入定与佛教的修四禅定以出色界，从道理上讲亦没有不同，然而，仙道对这一阶段讲得简单而不明彻，佛家却讲论得颇为细密而透彻。他说：“古仙佛诸书，皆详一而略一。如仙书只详言炼精化炁以出欲界，曰采取，曰烹炼，曰成丹，曰服食。至于十月之炼炁，但曰守中，不尽其化神之说，此皆书之所简也。如佛书只详言禅定色界四禅之理，用之以出色界，即仙之炼炁转神入定也。至于欲界离欲除淫，如仙之炼精化炁者，但曰不除淫修禅定，如蒸砂石终不成饭，如来涅槃何路修证。明明言淫之当戒而不言淫机，身心何以得断淫根，何以无漏而成漏尽通不死之阿罗汉，亦是语之所以简也。”②这就是说，“佛言详于终而略于始，仙言详于始而略于终”，亦即佛“详神略气”，仙“详气略神”，二家都有缺陷和不足，只有“以炼精炼气、化气化神而全言之”才能“人人得与仙佛齐肩”。③相互发明、取长补短才是真正的“修炼之道”。

伍守阳还对那种认为仙佛有别的观点进行了斥责。例如，有人说“仙言虚无，佛言寂灭”，针对这种论调，他指斥说这种人是“浅见寡闻”；有人谓“仙言性命双修，佛则单言见性”，他斥责持这种观点的人是根本不懂得“不见性者不成仙”的道理。④ 他并引经据典，对佛、道二教之徒互争高低的行为进行批评，说这种行为“皆为无征而妄争者”，认为他们之所以这样做“不过只为争衣食计也”⑤，是毫无意义的。他还借天的神威、世俗王权来贯彻他的仙佛同一之旨，指出：“如有真志精修，不参此论是自绝于仙佛正道者也；窃谈此论而行邪行以诳世者，天律王章共诛之。”“天有霹雳伐其性命，

① （明）伍守阳：《伍真人丹道九篇序》，《藏外道书》第5册，第866页。
② （明）伍守阳：《天仙正理直论·自序》，《藏外道书》第5册，第781页。
③ （明）伍守阳：《天仙正理直论·自序》，《藏外道书》第5册，第781页。
④ 参见（明）伍守阳：《仙佛合宗语录》，《藏外道书》第5册，第691页。
⑤ （明）伍守阳：《仙佛合宗语录》，《藏外道书》第5册，第766页。

王有典刑灭其身形。”①他谆谆告诫人们，要想真正获得修炼真谛，就应当“遇有仙可学则学，仙即佛也；遇有佛可入则入，佛即仙也”②。不必拘泥于一，只要能从根本上认知到儒、释、道旨同、源同、无分别，就不在于是否出家，是否为儒、为释、为道；按照三教圣人的教导行事，人人都可成为仙、佛、圣。

第三节　正一道龙虎宗的衰颓与娄近垣的独被宠遇

正一道天师的传承，在本书第三卷第十章中已介绍到第四十九代，本章第一节又介绍了第五十代。在这里，即从第五十一代天师起，介绍到第五十九代为止。

一、正一天师的传系及其地位的衰降

五十一代天师张显庸（？—？），字九功，原名显祖，明神宗赐改名为显庸，乃五十代天师张国祥之子。天启三年（1623 年）冬国祥逝，显庸秉承父志，继续主持修理龙虎山大上清宫诸事宜，“朝夕庀材鸠工”③，于天启五年（1625 年）五月竣工。④ 天启六年（1626 年）袭爵嗣教。⑤ 崇祯元年（1628 年）四月庚子（九日），明思宗“命正一真人张显庸祷雨”⑥。年未及艾，即将

① （明）伍守阳：《天仙正理直论》，《藏外道书》第 5 册，第 827 页。
② （明）伍守阳：《仙佛合宗语录》，《藏外道书》第 5 册，第 699 页。
③ 《白云观志》卷 7《补汉天师世家》，《藏外道书》第 20 册，第 640 页。
④ 参见（明）张国祥、张显庸：《龙虎山志》卷 2，《中国道观志丛刊续编》，扬州：广陵书社 2004 年版，第 13 册，第 47 页。
⑤ 张显庸嗣教时间，《补汉天师世家》记：“天启甲寅袭爵，旧例不待终丧，显庸恳请守制，服阕，始拜命。”（《藏外道书》第 20 册，第 640 页）《龙虎山志》卷 6《世家》记：“天启丙寅袭爵。故事，大真人承袭不待终丧，真人恳请守制，服阕后始拜命。”（《藏外道书》第 19 册，第 474 页）查天启无甲寅，有丙寅（1626 年），且其父张国祥羽化于 1623 年版，守三年之丧，则其服阕正当在天启丙寅。《明熹宗实录》卷 60 记，天启五年六月“命张显祖承袭祖职，为正一嗣教真人”。（《明实录》第 69 册，台湾“中央研究院”史语所校印，1962 年，第 2811 页）
⑥ 《崇祯实录》卷 1，《明实录》第 88 册，台湾“中央研究院”史语所校印，1962 年，第 13 页。

掌教事付予其子张应京，自己则构筑“梧绿轩”静室，结“浴梧会”，自号浴梧散人，日与弟子探究先天太极及心性之学。在治学态度上，常以“为学犹掘井，井愈深，土愈难出，若不坚心力行，岂得见泉源乎”①教导弟子们。张显庸喜好读书，“其言有合于儒者”②，且乐善好施，“遇岁歉，尽以所积赈邻里”③，并在崇祯九年（1636年）大荒之际，散粟济灾。年八十一卒，明诰封“正一嗣教光扬祖范冲和清素大真人”，后又加封其为太子少保。康熙四十二年（1703年），诰赠为光禄大夫。张显庸著有《三教同途论》、《金丹辩惑》和《浴梧诗集》若干卷。后人称：“使学者得窥教旨，杜门户之见。”“读之使人明于修养，足出迷津。”④

第五十二代嗣教天师为张应京，在他嗣教期间，经历了明朝灭亡、清朝建立的政权更迭的社会大变动。张应京（？—1651年），字翊宸⑤，张显庸之子，于明崇祯九年（1636年）嗣教。十二年（1639年），两京、河南、山东、山西旱饥，命张应京禳旱。⑥ 十三年（1640年）入京觐见，适逢皇太子患疾，崇祯帝命其设醮祈禳，有应，赏赉甚丰。十四年（1641年）七月丁亥（十三日），因“北京甚疫，死亡昼夜相继，阖城惊悼”，故“召赐正一嗣教大真人张应京于会极门”。⑦ 十六年（1643年），奉命建禳妖护国清醮及罗天大醮于万寿宫。当年十二月壬戌（二日），“大真人张应京请假养亲，予假一年，令驰驿去”⑧，遂离京师。十七年（1644年）三月，李自成率军攻入北京，崇祯

① 《龙虎山志》卷6，《藏外道书》第19册，第474页。
② 《龙虎山志》卷6，《藏外道书》第19册，第474页。
③ 《白云观志》卷7《补汉天师世家》，《藏外道书》第20册，第640页。
④ 《白云观志》卷7《补汉天师世家》，《藏外道书》第20册，第640页。
⑤ 翊宸，据《龙虎山志》卷6及《补汉天师世家》。另，《穹窿山志》卷3《太上赤文天律》，校阅者沈志斌自称“羽宸天师门下”（《中国道观志丛刊》，南京：江苏古籍出版社2000年版，第15册，第423页），《正乙天坛玉格》署“张应京羽宸校集”（袁志鸿、刘仲宇整理：《〈正乙天坛玉格〉校订本》，《正一道教研究》第二辑，北京：宗教文化出版社2013年版，第320页），可见也有写成“羽宸”者。
⑥ 参见《崇祯实录》卷12，《明实录》第88册，台湾“中央研究院”史语所校印，1962年，第370页。
⑦ 《崇祯实录》卷14，《明实录》第88册，台湾“中央研究院”史语所校印，1962年，第407页。
⑧ 《崇祯长编》卷1，《台湾文献史料丛刊》，台北：大通书局1984年版，第52册，第33页。

帝身亡,大明统一江山结束。南明隆武(1645—1646 年)间,龙虎山贵溪附近盗贼蜂起,危及龙虎山上清宫,张应京募乡勇御之,以保邑里安宁。当清统治者入关,取得全国政权后,张应京于顺治六年(1649 年)正月至京觐见,奉旨赐宴①,敕吏部查照前朝旧例铨授封号。六月,顺治帝封其“正一嗣教大真人”,并赐银印一颗。② 还向张应京颁赐敕谕,命其“法祖奉道,谨德修行,身立模范,禁约该管员役,俾之一守法纪,毋致生事”③。顺治八年(1651 年),福临亲政,张应京入觐朝贺,给一品印。④ 在还归龙虎山途中,逝于扬州琼花观。康熙四十二年(1703 年),诰赠光禄大夫。

第五十三代天师张洪任(1625—1667 年),字汉基,张应京次子,顺治八年(1651 年)袭爵。⑤ 幼年时,即好学,通秘笈,访道于混成院道士何海曙。十二年(1655 年)入京觐见,顺治帝于南海子召见,“询及历代宗系,以世家称之”⑥。由于张洪任奏对称旨,受到顺治帝的优礼。命光禄寺设宴款待,以礼部堂官作陪。又命工部觅宅,以灵祐宫察院地为其居。并敕免本户及上清宫各色徭役。⑦ 当时,外藩以“有妖为害”报知朝廷,顺治帝旋命张洪任除之,张洪任遣随行法员高惟泰、杨幼芬出塞劾治,立显神验。诸部落感其

① 《世祖实录》卷 42 云:二月甲辰(十五日),“宴真人张应京于真人府”。见《清实录》第 3 册,北京:中华书局 1985 年版,第 340 页。

② 参见《世祖实录》卷 44,《清实录》第 3 册,北京:中华书局 1985 年版,第 357 页;《龙虎山志》卷 8,《藏外道书》第 19 册,第 492 页。

③ 《白云观志》卷 7《补汉天师世家》,《藏外道书》第 20 册,第 640 页。

④ 参见《白云观志》卷 7《补天师世家》,《藏外道书》第 20 册,第 640 页。参见(清)刘锦藻:《清朝续文献通考》卷 89,上海:商务印书馆 1936 年版,第 1 册,第 8493 页。

⑤ 此据《补汉天师世家》(《藏外道书》第 20 册,第 640 页)、《龙虎山志》(《藏外道书》第 19 册,第 474、492 页)。《清实录》载,顺治九年(1652 年)正月十七日,敕封张洪任为正一嗣教大真人。(《世祖实录》卷 62,《清实录》第 3 册,北京:中华书局 1985 年版,第 486 页)《崇祯记闻录》卷 8 亦云:壬辰(1652 年)六月十六日,“嗣汉天师张真人,自京袭爵回,道经于苏(苏州),地方官留之,搭台元妙观祈雨,亦未有应。十七日清晨,途值天师,导从冠著八座,年二十余岁,一位少年人耳”。(《台湾文献史料丛刊》,台北:大通书局 1984 年版,第 52 册,第 119 页)当为九年入京获诰封。

⑥ 《白云观志》卷 7《补汉天师世家》,《藏外道书》第 20 册,第 640 页。

⑦ 参见(清)刘锦藻:《清朝续文献通考》卷 89,上海:商务印书馆 1936 年版,第 1 册,第 8493 页。

神，遂"崇信道法不衰"①。十三年（1656 年）又赐宴。② 十六年（1659 年）二月，入贺皇太后圣寿，与衍圣公等同赐宴。③ 康熙六年（1667 年）卒，享年四十有三。三十六年（1697 年）诰赠光禄大夫，夫人顾氏亦诰封一品夫人。

五十四代天师张继宗（1666—1715 年），字善述，号碧城，张洪任子。④当张洪任卒时，张继宗尚在襁褓之中，故由其叔张洪偕暂时摄理教事。康熙十八年（1679 年）袭爵，入京觐见。二十六年（1687 年）入京陛见时，蒙恩赐御书"碧城"以为号，还归龙虎山时，康熙又御书大上清宫额以赐。康熙三十三年（1696 年），张继宗奉诏进香五岳，三十五年（1694 年），回京复命，获赐乾坤玉剑。三十六年（1697 年）诰授光禄大夫⑤，妻牟氏封一品夫人。四十六年（1707 年），赐第京师。五十二年（1713 年），赐帑银修缮龙虎山殿宇。五十四年（1715 年）冬，张继宗入京觐见，行至扬州，卒于琼花观。

张继宗虽为天师的法定继承人，但父亲的过早去世，使他在年少时备历艰苦。据《龙虎山志》卷 8，康熙帝准许其叔张洪偕摄理教事的诏书曰："已故真人张洪任只生一子张继宗，乃侧室所出，理应承袭。洪任未故之先，见子年幼，不能袭替，特取其同父异母之弟洪偕托之，摄理抚养，并亲族公议佥同，俟继宗长成承袭，将印务交还。"⑥但张洪偕摄理教务期间，并未遵嘱对其幼侄母子尽到抚育之责。同书卷 6 张继宗传说："五十四代继宗……生

① 《白云观志》卷 7《补汉天师世家》，《藏外道书》第 20 册，第 640 页。

② 《世祖实录》卷 98 记于二月甲戌（二十五日），《清实录》第 3 册，北京：中华书局 1985 年版，第 763 页。

③ 《世祖实录》卷 123，《清实录》第 3 册，北京：中华书局 1985 年版，第 955 页。

④ 据康熙甲寅（1674 年）张圻（法名太昭）撰《穹窿山上真观卫房圣姥赐子灵验记》云："皇清顺治之□年版，治平阳（当为阳平治）张大真人入觐过吴，有请于师（施道渊）曰：'吾宗钦承帝简，世受国恩，五十三代于兹矣。今某（张洪任自谓）艰嗣子，盍为吾图之。'师受命，鸠工建像而致祷焉。越明年版，报得胤，即今将袭封五十四代嗣师者是。"（《穹窿山志》卷 2，《中国道观志丛刊》，南京：江苏古籍出版社 2000 年版，第 14 册，第 335—336 页）则张继宗之诞生，与明清之际著名道士施道渊有联系。关于施道渊及穹窿山法派，后文详述。

⑤ 此据《龙虎山志》卷 6《世家》，《藏外道书》第 19 册，第 475 页。《龙虎山志》卷 8（《藏外道书》第 19 册，第 493 页）、《补汉天师世家》（《藏外道书》第 20 册，第 641 页）、《清朝续文献通考》卷 89（上海：商务印书馆 1936 年版，第 1 册，第 8493 页）俱为康熙四十二年（1703 年）。

⑥ 《龙虎山志》卷 8《爵秩》，《藏外道书》第 19 册，第 492 页。

八月，而父洪任捐馆，叔洪偕摄大真人事。真人（张继宗）与生母杨夫人茕独依倚，几不免冻馁，既遭耿逆之乱，里中无赖子乘机焚劫，母子流离奔避，濒死者数。”①凭着张天师长期以来形成的地方威权，以及摄理大真人的社会地位，只要张洪偕稍加干涉，相信这类事绝不致发生；这种情况，颇使人怀疑乃张洪偕有意造成，目的是置张继宗于死地，以便取而代之。而且，张继宗“长成”以后，张洪偕也并未打算主动交还“印务”（这本是张洪偕摄理教事时亲族和皇帝所作之规定），而是经由何其愚的帮助，在克服了很大的阻力后，张继宗才得以袭爵。《龙虎山志》卷7说：“何其愚，字特生，安仁人，海曙侄也，出家紫微院。性耿介，不苟取与。……五十四代真人之少也，遭家多难，其愚为之维持调护，以迄成立。真人年十六，例应袭爵，而地方大吏沮格不以闻。其愚走京师诉于礼部，其言慷慨悲激，闻者皆为感动，而真人竟以此得袭。”②张洪偕既不按约定主动交割，还有地方大吏为虎作伥，使得张继宗的承袭充满波折。

而当张继宗已经袭爵，竟还有人“觊夺大真人印”。《龙虎山志》卷6载：

> （张继宗）康熙十八年袭爵……入觐京师，有觊夺大真人印者，圣祖仁皇帝命分坛祷雨，继宗奏应于某日得雨，既而雨果应，而觊印者之言不雠。圣祖仁皇帝嘉叹，命随觐法员吴士行等三人留京供事，三年一易。在京日给廪饩，往返给驿马。既而复加赠二员，为定例。③

此“觊夺大真人印者”为谁，史无明文。从上述张洪偕的行迹来看，他似乎具备这种动机。而且，大真人印作为明清政府授予天师府正一真人的权力凭信，一直由历代天师掌理，其传续不出龙虎山张氏家族的范围。作为帝国

---

① 《龙虎山志》卷6《世家》，《藏外道书》第19册，第474—475页。

② 《龙虎山志》卷7《人物》，《藏外道书》第19册，第491页。

③ 《龙虎山志》卷6《世家》，《藏外道书》第19册，第475页。据《圣祖实录》卷85，张继宗袭爵在康熙十八年十月十九日，《清实录》第4册，北京：中华书局1985年版，第1083页。其入觐在康熙十九年，见（清）刘锦藻：《清朝续文献通考》卷89，上海：商务印书馆1936年版，第1册，第8493页。清宫档案亦称：“臣部（礼部）检查档案，康熙十九年真人张继宗承袭，曾经入觐，由臣部带领引见。”礼部尚书仍管太常寺鸿胪寺事三泰等题为遵旨议奏事，乾隆七年十月初九日。原档藏中国第一历史档案馆，全宗：内阁，文种：礼科史书，案卷号：324。

的统治者，康熙应该深明此理。因此，如果“觊夺大真人印”之事属实，而康熙命令张继宗与觊印者御前祷雨斗法，那么，此觊印者当以久摄教事的张洪偕嫌疑最大。但是，如前所述，张继宗的天师地位早经亲族公议和康熙诏书认可，其袭爵也最终得到了中央政府的支持，而此“觊夺大真人印”事却发生在他袭爵后入京觐见期间，很难想象康熙帝会出尔反尔、不顾他本人和政府的成命，允许张继宗和张洪偕当众来一场争夺大真人印的法术“竞赛”。

据《清实录》、《清史稿》及清人笔记的记载，与张天师分坛祷雨、斗法角胜者另有其人。此人即康熙时大案“朱方旦案”的主角，在张继宗袭爵前后正活跃于京师、湖广、江浙地区。① 朱方旦，湖北汉阳人，号尔枚，自称“二眉山人”。②

---

① 关于“朱方旦案”，可参见《圣祖实录》卷101，《清实录》第5册，北京：中华书局1985年版，第11页；《清史稿》卷7《圣祖本纪二》，北京：中华书局1977年版，第2册，第210页；《清史稿》卷271《王鸿绪传》，第33册，第10011页；(清)董含：《三冈识略》卷8《左道伏法》，《四库未收书辑刊》，北京：北京出版社2000年版，第4辑第29册，第742页；(清)王士祯：《池北偶谈》卷10《陈太守》，北京：中华书局1982年版，第240页；(清)李光地：《榕村语录》卷20《道释》，《文渊阁四库全书》第725册，第317—318页；(清)宋长白：《柳亭诗话》卷11《蠹鱼无知》，《续修四库全书》，上海：上海古籍出版社2002年版，第1700册，第215页；徐珂：《清稗类钞·狱讼类·朱方旦教案》，北京：中华书局1984年版，第3册，第1003页；孟森：《朱方旦案》，《心史丛刊》，北京：中华书局2006年版，第22—33页。此处重点讨论与天师有关的情节，对此案本末不多涉及。唯孟森先生以为朱方旦主要活动在湖广和江浙，除了曾被解送至京外，未在京城活动并造成轰动。此点与我们的讨论有关，须略作考辨。余缙(1617—1689年)在《大观堂文集》中云：“术士妄言祸福，律所首禁。盖小人托称休咎，最足摇惑人心。故虽遐方僻壤，有挟左道以煽俗者，犹禁捕必严，况京师辇毂之地，讵容奇邪妄人放言无忌以诳诱愚俗乎？臣闻近日外城江夏会馆有朱方旦者，原系湖北抚臣董国兴题参解京之罪犯也……其人亦俨然以神仙自处。”[(清)余缙：《大观堂文集》卷3《请禁妖言疏》，《四库未收书辑刊》，北京：北京出版社2000年版，第9辑第16册，第192页]李光地(1642—1718年)《榕村语录》也说，“朱方旦初至京，倾动一时”，并指明其同僚史鹤龄、卫既齐信奉之。按：李光地时任翰林院编修，见《圣祖实录》卷39、卷66(《清实录》第4册，北京：中华书局1985年版，第527、848页)；史鹤龄时任翰林院编修，见《圣祖实录》卷40、卷64(《清实录》第4册，北京：中华书局1985年版，第539、823页)；卫既齐时任内三院编修检讨，未知具体职务，或亦为翰林院编修，见《圣祖实录》卷20(《清实录》第4册，北京：中华书局1985年版，第280页)。余、李二人皆生当其时，可证朱方旦确实在京师活动并有相当多的信奉者。

② 尔枚，见王应奎《柳南随笔》卷3，袁枚《续子不语》卷6作“尔玫”；二眉山人，见前注《清史稿·王鸿绪传》、《清稗类钞》及萧奭《永宪录》卷2、阮葵生《茶余客话》卷8，前注《三冈识略》作“二眉道人”。盖尔枚、尔玫、二眉谐音。

他一开始在湖广以道术聚徒，湖广巡抚董国兴以“左道惑众”将其逮捕，递解至京，后遇赦宽释，名声更甚，倾动一时。① 康熙二十一年（1682 年），因王鸿绪参奏，判“立斩”。查董国兴出任湖广巡抚在康熙九年（1670 年）八月②，康熙十一年（1672 年）正月称病离职③。阮葵生《茶余客话》说朱方旦出狱后招摇于京师，时当“康熙甲寅（1674 年）乙卯（1675 年）间”④。所以，张继宗入觐时，正是朱方旦声势煊赫之际。关于二人的斗法故事，钱泳《履园丛话》称：朱在京赁居大厦，广收门徒，传法修道。时京师久旱，天师祈雨无效。朱之妻为妖狐，教以法咒，怂恿他升坛行法祷雨，而暗中助力，须臾大沛甘霖。因此蒙圣祖召见奖赏，俨然与天师对抗。后因朱妻以狐皮求天师用法印，冀得升天，被天师及属下法官识破原形，陈奏皇上，随即正法。⑤ 另据袁枚《续子不语》卷 6 云：

> 相传朱（方旦）与张真人斗法，以所吃茶杯掷空中，若有人捧者，竟不落下。张笑而不言。朱有自矜之色，嗤张不能为此法。张曰：“我非不能也，虑破君法，故不为也。”朱固请，张不得已，亦掷一杯，则张杯停于空中，而朱杯落矣。或问真人，真人曰：“彼所倚者，妖狐也。我所役

① 据诸书所载，信奉之者，在京城有裕亲王福全、史鹤龄、猗氏卫先生（卫既齐）等，袁枚《续子不语》卷 6《朱尔玫》云：“名重京师，王公皆折节下之。”（王英志主编：《袁枚全集》第 4 册，南京：江苏古籍出版社 1993 年版，第 115 页）在外则有顺承郡王勒尔锦、湖广巡抚张朝珍、两江总督阿席熙、江安粮储道陆光旭、湖广巡抚王新命等，民国《大名县志》卷 18《成光传》谓成光在武昌时，见“朱方旦倾动一时，督抚以下咸谒拜如弟子”。（《中国地方志集成·河北府县志辑》，上海：上海书店出版社 2006 年版，第 59 册，第 271 页）又，董含《三冈识略》云：“其党推为圣人复出，督抚藩臬及士大夫无识者，皆投贽执弟子礼。”（《四库未收书辑刊》，北京：北京出版社 2000 年版，第 4 辑第 29 册，第 742 页）余缙《大观堂文集》卷 3《请禁妖言疏》云：“官绅士庶奔走若狂，祈问祸福者动以千百计。”（《四库未收书辑刊》，北京：北京出版社 2000 年版，第 9 辑第 16 册，第 192 页）董含（1624—1697 年）、余缙（1617—1689 年）乃当时人记当时事，应属可信。

② 参见《圣祖实录》卷 33，《清实录》第 4 册，北京：中华书局 1985 年版，第 453 页。

③ 参见《圣祖实录》卷 38，《清实录》第 4 册，北京：中华书局 1985 年版，第 505 页。

④ （清）阮葵生：《茶余客话》卷 8《二眉山人朱方旦》，上海：中华书局 1959 年版，第 211 页。

⑤ 参见（清）钱泳：《履园丛话》卷 16《朱方旦》，北京：中华书局 1979 年版，第 422—423 页。顾公燮《丹午笔记》所记与此略同，见《丹午笔记·吴城日记·五石脂》，南京：江苏古籍出版社 1985 年版，第 128 页。此条王卡《清代天师道概述》已引，见《正一道教研究》（第二辑），北京：宗教文化出版社 2013 年版，第 12 页。

者，五雷正神也。正神腾空，则妖狐逃矣。”亡何，朱遂败。①

以上两则斗法故事，前者最容易令人与《龙虎山志》之说产生联想，因为它提到了分坛祷雨和用法印。但是，祷雨的结果却是朱方旦胜了张天师，而法印也不同于政府颁赐的大真人印，且没有“觊夺”的情节。关于用印一事，《永宪录》卷2也有类似的记载，其云：

方旦号二眉山人，以中道在两眉之间山根之上。创为邪说，侮世惑民。妻本妖狐，言人休咎如响。湖广、江浙官民奉若神仙，郎［即］嗣真人亦拜为师。一日以要寿衣，索真人用天师印，法官用其伪者，即以此谯让真人。法官某乃书五雷符，以印加其上。狐喜得护身，振衣将披，霆击毙之。从此方旦言事不验，以致败。②

那么，是否朱方旦对天师之权位就没有觊觎之心呢？似不尽然。王士祯《居易录》卷6即载其欲夺天师所居：

冯大木舍人言：朱方旦之妻本狐也，衣襦履袜之属皆以红为之。方旦挟妖术游公卿间，或奇中，皆其妇出神来告。后方旦羽翼既众，潜谋欲夺龙虎山张天师所居。一日，张之祖道陵降神于其徒曰：“妖狐谋不利于我，已殛之矣。”朱妇果震死。自其妇死，朱懵无所知。③

再者，如果前引《龙虎山志》卷6的文字读为“……入觐，京师有觊夺大真人印者”云云④，则朱方旦的嫌疑更大。

综观“觊夺大真人印”事，根据现有的材料，如果说是张洪偕，则除了前文

① （清）袁枚：《续子不语》，王英志主编：《袁枚全集》第4册，南京：江苏古籍出版社1993年版，第115页。

② （清）萧奭：《永宪录》卷2下，北京：中华书局1959年版，第133—134页。此条王卡《清代天师道概述》已引，见《正一道教研究》（第二辑），北京：宗教文化出版社2013年版，第12页。

③ （清）王士祯：《居易录》卷6，《文渊阁四库全书》第869册，第375页。王应奎《柳南随笔》卷3（中华书局1983年版）也记此事。王士祯（1634—1711年）、冯廷櫆（字大木，1649—1700年）皆生当其时，可见以朱方旦之妻为狐妖的说法出现得甚早。

④ 前文以“入觐京师”断句是较为常见的读法，然而，“京师”属下读，在语法与语义上都没有任何问题。而且，《补汉天师世家》作“……入觐，有觊夺大真人印者”，可参。（《藏外道书》第20册，第640页）当然，按《龙虎山志》的上下文，如果采用这种读法的话，就会面临康熙帝准许外姓人争夺大真人印的问题。

提出的疑问之外,也没有发现他与张继宗祷雨斗法的记录;如果说是朱方旦,则除上述与《龙虎山志》的龃龉外,还有一个值得担忧的问题,即这些说法都是朱方旦伏法之后流传的,如徐珂所言:"一经遭戮,传者遂加甚其词,印定耳目,无能言其真相者矣。"①比如指朱方旦之妻为狐妖,语涉怪诞,显然不可信,这在多大程度上影响了这些记载的真实度,值得考虑。反过来看,因为有这些疑点,则《龙虎山志》记载的真实性或者叙述的准确性,也是一个问题。总之,此事缺乏直接有力的证据,疑窦尚多,难以遽下结论。我们大致可以肯定的是,在确立权威之前,五十四代天师张继宗的地位曾遭受内外两种威胁。

五十五代天师张锡麟(1699—1727 年),字仁祉,号龙虎主人,康熙五十五年(1716 年)袭爵。② 康熙帝召见于畅春园,"恩命如旧,屡觐天颜,宠赉有加"③。清世宗即位,诰授张锡麟光禄大夫④,妻一品夫人。雍正五年(1727 年)入觐,行至杭州时病笃,弥留之际,嘱随行法员娄近垣,谓"吾无以报国家厚恩,子忠诚笃实,体予志以善事天子"⑤。越日即卒。留有遗疏,谓其子张遇隆年幼,请求以次弟张庆麟署大真人事,得谕旨允许。至雍正九年(1731 年)三月,又命张锡麟三弟张昭麟署大真人印务,协同娄近垣监修龙虎山庙宇,复赐昭麟银币。张昭麟署理教务期间,乾隆四年(1739 年)四月初六,贵州总督兼管巡抚事务张广泗奏称:施秉县地方有江西(署)正一真人张昭麟差知事余绍周,执抄白部咨赴黔传度,应请敕部严禁。礼部议复:"应如该督所请,永行禁止。倘有龙虎山人等,违禁潜行,事觉严加治罪,该真人一并议处。"⑥至此,禁止正一真人差委法员往各省考选道士,授箓传徒。

---

① 徐珂:《清稗类钞·狱讼类·朱方旦教案》,北京:中华书局 1984 年版,第 3 册,第 1003 页。

② 此据《龙虎山志》卷 6,《藏外道书》第 19 册,第 475 页。《圣祖实录》卷 267 系于五十五年二月二十九日,见《清实录》第 6 册,北京:中华书局 1985 年版,第 622 页。《补汉天师世家》记为五十四年版,见《藏外道书》第 20 册,第 641 页。

③ 《白云观志》卷 7《补汉天师世家》,《藏外道书》第 20 册,第 641 页。

④ 参见(清)刘锦藻:《清朝续文献通考》卷 89,上海:商务印书馆 1936 年版,第 1 册,第 8493 页。

⑤ 《龙虎山志》卷 6,《藏外道书》第 19 册,第 475 页。

⑥ 《高宗实录》卷 91,《清实录》第 10 册,北京:中华书局 1985 年版,第 400 页。并参(清)刘锦藻:《清朝续文献通考》卷 89,上海:商务印书馆 1936 年版,第 1 册,第 8494 页。

第五十六代天师张遇隆(1727—1766 年),字辅天,号灵谷,张锡麟之子。乾隆七年(1742 年)袭爵,入京觐见,乾隆帝于圆明园召见,赐宴,视旧制有加。复赐御书“教演宗传”额、朝服袍套笔墨等物。① 十年(1745 年)再入觐,御赐《山庄避暑诗集》一部。十二年(1747 年),在左副都御史梅瑴成的劾弹下,改其品秩,降为正五品,并不许援例请封。十六年(1751 年),乾隆帝南巡,召见张遇隆于行在。张遇隆长期居住龙虎山,于乾隆三十一年(1766 年)羽化,享年四十。三十六年(1771 年)诰赠通议大夫。②

第五十七代天师张存义(1751—1779 年),字方直,号宜亭。乾隆三十一年(1766 年)袭爵,入京觐见。以祈雨有验,由正五品晋为正三品,并换给爵印,赐“真灵福地”匾额。③ 复又奉旨照旧例朝觐,且准许正一真人及随行法员驰驿。三十四年(1769 年),入京觐见,祈雪有应,获赐珊瑚碧玉道冠、顾绣法衣。四十一年(1776 年),赴齐云山进香,四十四年(1779 年)卒。因无子嗣,遗疏请以嫡堂叔张起隆承袭教事。④

第五十八代天师张起隆(? —1798 年),字绍武,号锦崖,又号体山,张昭麟之子。9 岁入大学,乾隆三十六年(1771 年)游京,三十九年(1774 年)考入四库全书馆誊录,以县丞分发河南试,历署开封府经历、粮储道库大使、布政使司都事。四十四年(1779 年),堂侄第五十七代真人张存义遗疏上请朝廷以张起隆承袭祖爵。次年,奉旨袭爵,赴热河庆贺乾隆帝七十寿辰⑤,获赐《北斗延生真经》一部。四十七年(1782 年)入觐,召见于乾清宫。乾隆帝命张起隆于第二年元旦,拜进庆贺表文于大高殿。四十九年(1784 年),乾隆第六次南巡,张起隆循例于江苏无锡接驾进贡,受召于行在。嘉庆三年(1798 年),入京庆贺,行至苏州,告病回山而卒。⑥

---

① 参见(清)刘锦藻:《清朝续文献通考》卷 89,上海:商务印书馆 1936 年版,第 1 册,第 8494 页。

② 参见《白云观志》卷 7《补汉天师世家》,《藏外道书》第 20 册,第 641 页。

③ 参见(清)刘锦藻:《清朝续文献通考》卷 89,上海:商务印书馆 1936 年版,第 1 册,第 8494 页。

④ 《白云观志》卷 7《补汉天师世家》,《藏外道书》第 20 册,第 641 页。

⑤ 参见(清)刘锦藻:《清朝续文献通考》卷 89,上海:商务印书馆 1936 年版,第 1 册,第 8494 页。

⑥ 参见《白云观志》卷 7《补汉天师世家》,《藏外道书》第 20 册,第 641 页。

据《清实录》记载，在张存义和张起隆掌教期间，数次发生冒名天师传播符箓及敛财建醮案件。如乾隆三十三年（1768 年）十月，查出松江僧人明宗"传贴符箓"、句容僧人果贤"传写硃单"，"托名张天师，希冀煽惑人心"。[①] 四十四年（1779 年）四月，又有广西桂平县民李万春、李逢春"邀结匪类，假扮天师，妄言祸福，哄骗愚民各处银钱，建醮免灾"[②]。五十一年（1786 年）正月，在毗邻福建的广东省饶平县黄冈地方，查获犯人吴国"妄托神祇，造作符箓，倡言祸福，播散惑众"，其刷印的"南肇道人示劝文"中间刻符一道，内有"江西广信府天师晓谕"字样，于是乾隆降谕军机处："除就近询问正一真人张起隆外，着传谕何裕城（江西巡抚），严切根究板片是否系广信府刊刻，曾否传播。"[③]何裕城接旨后，立即派遣建昌府知府徐镇等人往龙虎山查办，虽然查明"该山并无广东查出符箓式样，亦不知南肇道人"，但仍将龙虎山所有符箓底本一并起出，准备送京呈览。乾隆接到奏报，认为何裕城"所办太过"，乃传谕军机大臣阿桂转告张起隆："此案系何裕城不知事体轻重，冒昧查办，与张起隆并无干涉，不必心存畏惧。"并将"起出符箓原本一并交还"[④]。以上案例说明，统治者授予天师"专出符箓"的特权，本为禁止民间私造符箓，但反过来也容易被民间宗教活动者所借重；而一旦出现问题，天师也同样会被查办。

第五十九代天师张钰（？—1821 年），字佩相，号琢亭，张起隆次子。嘉庆五年（1800 年）袭爵[⑤]，诣阙谢恩，前后数召见养心殿，屡蒙赏赐。六年（1801 年），诰授通议大夫。[⑥] 十年（1805 年）入觐，又蒙赐玉如意等物，换

① 《高宗实录》卷 821，《清实录》第 18 册，北京：中华书局 1985 年版，第 1141 页。

② 《高宗实录》卷 1080，《清实录》第 22 册，北京：中华书局 1985 年版，第 516 页。

③ 《高宗实录》卷 1247，《清实录》第 24 册，北京：中华书局 1985 年版，第 753 页。并参《高宗实录》卷 1248，《清实录》第 24 册，北京：中华书局 1985 年版，第 765 页。

④ 《高宗实录》卷 1249，《清实录》第 24 册，北京：中华书局 1985 年版，第 787 页。以上各案，王卡《清代天师道概述》已述及，参见《正一道教研究》（第二辑），北京：宗教文化出版社 2013 年版，第 26—27 页。

⑤ 同治《贵溪县志》谓"嘉庆四年（1799 年）袭爵，晋京谢恩"。见（清）杨长杰等：《（同治）贵溪县志》卷 10，同治十一年（1872 年）刻本，第 14 页。

⑥ 参见（清）杨长杰等：《（同治）贵溪县志》卷 10，同治十一年（1872 年）刻本，第 14—15 页。

给三品印信。① 十四年(1809 年)进京祝寿,蒙赐筵宴。二十三年(1818 年)复朝,宠赉有加。道光元年(1821 年)卒。② 光绪三十年(1904 年)赠光禄大夫。③

据《清实录》记载,嘉庆二十年(1815 年),正一真人属下法官邹尚勤,持张钰发给的护牌,赴江南苏杭考选道童,填补京城光明殿道众缺额,被地方官查获参奏。十月二十九日,嘉庆帝降谕内阁:

> 光明殿道众除祈祷晴雨外,别项差使甚少。著总管内务府大臣,查明光明殿额设道众共有若干员,嗣后如有缺额,由内务府照例行文,责令正一真人在该山道众内,遴选来历清白、明习经忏者保送充补,并出具切实甘结,报明内务府存案。其私令法官在外考选道童之处,著永远禁止。正一真人张钰,著交部议处。余著该部核议具奏。④

按雍正十一年(1733 年),娄近垣面奉上谕,可从龙虎山上清宫及江南苏州选取道童,充任大光明殿道众。乾隆四年(1739 年),又谕令禁止正一真人委派法员到各省考选道士。那么,乾隆帝的禁令是否适用于光明殿,并不明确。大概自娄近垣去世后,龙虎山张真人属下法官接管了大光明殿住持职务。嘉庆中张钰循旧例派法官到苏杭考选道童,却被皇帝判定违禁,降旨交礼部议处。处罚的结果是重申乾隆十二年禁止正一真人朝觐筵宴旧例。嘉庆二十四年(1819 年)五月降谕:"正一真人系属方外,原不得与朝臣同列,嗣后仍照旧例,一应朝觐筵宴,概行停止。"⑤

---

① 嘉庆朝《大清会典事例》卷 390 载:"嘉庆九年奏准,龙虎山正一真人系三品职,其所用印信乃系五品,与现在品秩不符,应请旨准其换给三品印信,以符体制。"(台北:文海出版社 1991 年版,第 7729—7730 页)舒运本修补《龙虎山志》及张元旭《补汉天师世家》载此事于嘉庆十年。盖上年已奏准,本年朝觐时降旨换给。又,正一真人印信,张遇隆时降为五品,缴部换给铜印,张存义时复升三品,仍沿用旧印,至此方换给。参见王卡:《清代天师道概述》,《正一道教研究》(第二辑),北京:宗教文化出版社 2013 年版,第 28 页。

② 参见(清)舒运本修补:《龙虎山志》卷 6,《三洞拾遗》,合肥:黄山书社 2005 年版,第 13 册,第 157 页。

③ 参见《白云观志》卷 7《补汉天师世家》,《藏外道书》第 20 册,第 641 页。

④ 《仁宗实录》卷 311,《清实录》第 32 册,北京:中华书局 1985 年版,第 136 页。

⑤ 《仁宗实录》卷 358,《清实录》第 32 册,北京:中华书局 1985 年版,第 726 页。并见(清)刘锦藻:《清朝续文献通考》卷 89,上海:商务印书馆 1936 年版,第 1 册,第 8494 页。

道光元年(1821年),张钰请托江西巡抚瑺弼上奏折,恳请进京叩谒,遭到拒绝。上谕:“张钰前经停其朝觐,着不准来京。”是年又议定:

> 龙虎山上清宫,设提点一员,正六品;提举一员,从六品;副理二员、赞教四员,均七品;知事十八员,未入流。缺出,由正一真人于本山道众内拣选充补。如提点缺出,由提举以下各员,挨次升补。均由真人出具考语,报部补放给札。并于每届年终,造具各法官及道众年貌籍贯清册,报明该省督抚,咨部查核。如正一真人有私钤照发给法官,及用空白札付向各省考选道士,并容士民投充挂名等事,该法官及投充之人从重治罪,仍将正一真人职名咨送吏部议处。①

这是清代最后一次为正一道定制,没有废止正一真人名号及统领龙虎山道众权责,首次确定了其属下法官的品级。其法官考选补缺程序,与僧录司、道录司几乎完全相同。② 取消张真人私钤执照发给法官,用空白札付考选道士的特权。③ 又增加年终必须造具本山法官道众清册,报江西督抚,并咨送礼部查核的规定。张真人管理本山道教的权力,除拣选保举法官补缺外,实际已被官方剥夺。尤其严重的是,停止朝觐筵宴后,张真人没有机会面见皇帝,必然导致嗣袭爵位、诰封名号等优待礼仪最终失去。本年以后,清朝《实录》、《会典》等官方文献中,再没有见到关于正一真人的记述。④

以上各代天师的传承都是在明代后期至清代前中期这一段时间内进行的,也即是在道教进入衰落时期以后进行的。这个时期既然整个道教都已

① 光绪朝《清会典事例》卷501,北京:中华书局1991年版。并参(清)刘锦藻:《清朝续文献通考》卷89,上海:商务印书馆1936年版,第1册,第8494页。

② 僧录司、道录司僧道官的补授制度,定于康熙十三年(1674年)。参见《[雍正朝]大清会典》卷102,台北:文海出版社1994年版,第6788—6789页。

③ 此前正一真人享有特权,对龙虎山上清宫道众的拣选可以自行钤印执照,不受度牒制的约束。《高宗实录》卷16载:乾隆元年(1736年)四月,礼部议奏清厘僧道、重颁度牒,要求各地方官“将各戒僧、全真道士年貌籍贯、焚修处所清查造册,取具印结,申送汇齐到部,发给度牒”,“至清微正一道士,除龙虎山上清宫由真人给与印照,各直省清微灵宝道士仍给部照,毋庸给牒”。(《清实录》第9册,北京:中华书局1985年版,第433—434页)《龙虎山志》卷8附有礼部议奏全文,可参。(《藏外道书》第19册,第511—512页)

④ 参见王卡:《清代天师道概述》,《正一道教研究》(第二辑),北京:宗教文化出版社2013年版,第28—29页。

衰落,其中的天师正一道也就不可避免地一同衰落下去。其衰落的根本原因之一,如本章第一节所述,乃这段时期的封建统治者对道教实行了一条防范大于尊崇、抑制大于支持,而且抑制有增无已的政策。中国封建社会是一个君权至上的社会,上述几代皇帝利用政治权力对道教实行抑制,加上道教自身的弱点,其走上衰落道路是很自然的。那么,在全国道教衰落的同时,正一道的衰落状况如何呢?就其主要者而言,有下列数端。

第一,正一道首领的社会地位不断被贬降,是其教衰落的主要标志。如前所述,在明后期历代帝王实施抑制政策的情况下,正一天师的社会地位迅速降低。如明穆宗上台伊始,即于隆庆元年(1567 年)决定废除天师世袭制,第二年即下令革去第四十九代天师张永绪的真人名号,只令其继任的第五十代天师张国祥为上清观提点,铸给提点印。过了近十年,直至万历五年(1577 年),方得旨复真人号,给予印信。但不许长期住京师,只准三年一觐,事毕即回,在京期间,也不准列班朝参。其后第五十一代天师张显庸,时届明末,所处地位不可能好转。进入清代,顺、康、雍三朝对正一道首领虽大体保持着尊礼态度,但对之防范很严,顺治帝在对五十二代天师张应京的诏谕中,明确告诫:只准其统管道教教务,"此外不得干预";并且要他"身立模范,禁约该管员役,俾之一守法纪,毋致生事"。① 康熙帝对道教更持批判态度,认为道教神仙之学,无补于世道。一再申谕:"一切僧道,原不可过于优崇。"②下令对庶民过分尊崇僧道方术之士的行为严加取缔。因此在那几个朝代中,正一道首领虽然受到礼遇,但他们领导的道教活动却被限制得很严,从而使其教不得不渐趋衰落。总的说来,顺、康、雍三朝,正一天师的地位和处境算是较好的,至乾隆时起,贬降加码,处境更加艰难。如本章第一节所述,乾隆七年(1742 年),高宗弘历准梅毂成奏,下令正一真人不得进入朝会班联;乾隆十二年(1747 年),下令正一真人由二品降为五品,停止正一真人朝觐筵宴;至三十一年(1766 年),复升至正三品,恢复每三年朝觐筵宴旧例;五十四年(1789 年)改为五年一次朝觐;嘉庆九年(1804 年),换给三

① 《白云观志》卷 7《补汉天师世家》,《藏外道书》第 20 册,第 640 页。
② 《圣祖实录》卷 111,《清实录》第 5 册,北京:中华书局 1985 年版,第 132 页。

品印；嘉庆二十四年（1819 年），仍定为五品，停其朝觐筵宴。[①] 表明乾隆以后，正一天师的地位被进一步降低，清王朝不再把天师作朝廷大臣看待，所给的象征性爵位品秩，已由原来的一品、二品，下降至三品、五品，这与元代和明前中期正一天师的崇高地位相较，真不可同日而语。这种差别，正如乾隆朝大学士讷亲等所言："我朝会典不载真人品级，仍明之旧尚未更改，盖以其类于古之巫史，且又系方外，原不得与诸臣工同列……使之稍效祈祷之劳，或用以为民祈求雨泽，非如前代崇尚其教，而必阶以极品也。"[②]正一天师地位的不断被贬降，正是正一道衰落的直接反映。

第二，龙虎山正一道组织发展停滞。在较为宽松的顺康雍三朝，已对道教的发展限制很严，其组织发展的可能性已经很小；而至乾隆以后，清王朝对道教的发展作出了更为严格而具体的限制规定。例如，在乾隆四年（1739 年），明令禁止正一真人"差委法员往各省开坛传度……如有法员潜往各省考选道士、受（授）箓传徒者，一经发觉，将法员治罪，该真人一并议处"[③]，即天师正一道只能在龙虎山地区发展，不准到其他各省区传徒授箓。又如，道光元年（1821 年），清王朝加强对龙虎山道官、道士的管理，对道官的选拔、审批作出种种规定。还取消了正一真人私钤执照发给法官，及用空白劄付向各省考选道士的特权。[④] 在清王朝不断加强对正一道组织发展的严格限制的条件下，其组织发展走向衰落是必然的。如果将正一道看作诸符箓派的总汇，即将各符箓派综合起来进行考察，同样可以看到它们组织衰落的面貌。这就是说，自明末清初以后，除正一道祖山龙虎山之外，其余许多符箓派名山，诸如茅山、青城、武当、罗浮、西山（江西）等，原有的本山符

① 参见（清）刘锦藻：《清朝续文献通考》卷 89，上海：商务印书馆 1936 年版，第 1 册，第 8494 页。并参见（清）俞正燮：《癸巳存稿》卷 13《张天师旧事》，沈阳：辽宁教育出版社 2003 年版，第 382 页。

② 大学士果毅公讷亲等题为遵旨议奏事，乾隆十二年十二月十三日。原档藏中国第一历史档案馆，全宗：内阁，文种：礼科史书，案卷号：390。转引自郑永华：《清代乾隆初年道教史事两则考订》，《宗教学研究》2009 年第 3 期。

③ （清）刘锦藻：《清朝续文献通考》卷 89，上海：商务印书馆 1936 年版，第 1 册，第 8494 页。

④ 参见（清）刘锦藻：《清朝续文献通考》卷 89，上海：商务印书馆 1936 年版，第 1 册，第 8494 页。

箓派皆已萎缩，而大多由全真龙门派填补其缺，有的是两派在该山平分秋色，有的则是全真龙门派取代了正一。① 这表明在整个道教衰落的形势下，正一道所属的各符箓派更加衰落不堪。

第三，理论教义丧失了创新能力。道教自东汉创立以来，至明中叶已历经 1400 余年，开始步入了它的衰落时期，其肌体已经丧失了勃勃生机，在理论上已没有创新能力。龙虎山天师正一道在这方面的表现更为明显。如果说在宋元时期，一些符箓派理论家利用内丹修炼的经验体会，尚能对符箓道法作出理论阐释的话，那么，到明中叶后，连这类理论阐释都没有了。而且整个清代，正一道士中除了受雍正宠信的娄近垣在道教理论上有所成就外，再也找不出第二人。这也是正一道步入衰落时期的一种表现。

总之，明中叶以后，天师正一道在很多方面已经表现出它的衰落状态，其历史翻到了最后几页。

二、娄近垣的被宠遇

正一道进入衰落时期后，在雍正年间，出了一位著名道士娄近垣，其生平、思想值得记述。其生平见于张昭麟撰《敕赐重建大真人府第碑记》、陆锡熊撰《皇清诰授通议大夫妙正真人龙虎山上清宫四品提点娄公墓志铭》和《松江府志》、《娄县志》、《啸亭杂录》卷 9、《重修龙虎山志 · 自序》等。这些有关娄近垣生平的资料以张昭麟所撰的《敕赐重建大真人府第碑记》最为详尽，该《碑记》谓："妙正真人者，姓娄氏，名近垣，法号三臣，江南松江娄县人也。冲龄味道，眇爱云松，至性精虔，博综符箓。始潜养于枫溪，继来游于江右。契元都之秘，玉局攸传；启绿笈之真，景舆爰驾。于雍正五年，循例值季。雍正九年正月，钦承世宗宪皇帝谕旨。近垣绿章有效，丹篆多灵。降敕语之辉煌，嘉阐法之诚敬，圣心悦豫，恩赉有加，赐以龙虎山四品提点，供奉内廷钦安殿住持。雍正十年三月二十五日，颁给龙虎山上清宫提点印信，并给提点、提举等员部劄二十五道。十一年十月十六日，敕封妙正真人，赐大光明殿开山正住持，统领法官四十八员，焚修顶礼，祷雨祈晴，祝国佑民，

① 其情况见以下各节。

迎祥请福。重念道妙重元，心栖正一，崇隆典礼，实表清修，爰广推恩于所自，更成盛事于名山，特发内帑，专遣大臣董督修建龙虎山上清宫……正阳门外旧有大真人府，为循例朝觐斋居之所，其寮舍即值季法官之居停也，年久倾颓，屋宇狭隘，钦命易地于地安门外……今皇上（乾隆帝）孝思维则，道被无垠，覃恩妙正真人晋秩三品，诰授通议大夫，荣及祖、父，兼掌道录司印务事、东岳庙等处正住持。"[①]这个碑记基本上记述了娄近垣的生平大事，再结合其他的史料，可较全面地勾勒出娄近垣的全部事迹。

娄近垣（1688—1776 年），号朗斋，法名科轸[②]，雍正赐字三臣[③]，又号上清外史，敕封妙正真人，江南松江娄县（属今江苏省）枫泾镇人。自幼好道，先是师从杨纯一修道于枫溪仁济观，后又师事龙虎山三华院道士周大经。据《龙虎山志》，周大经"明习五雷正法、诸家符秘，任本宫（上清宫）提点，好行其教于四方，度弟子数百人。江浙间羽士之精于道法者，不问知为大经弟子也"[④]。这说明，娄近垣在学道过程中，有明师的指教，再加上本人的潜心钻研，故颇有所得，成为"博综符箓"、道法高妙的有道之士。雍正五年（1727 年）循例到京城值季，雍正九年（1731 年）正月，奉召入宫为雍正帝驱邪治病，大获效验[⑤]，于是雍正帝对他大加褒奖，赐其龙虎山上清宫四品提点，供奉内廷钦安殿住持。雍正十年（1732 年）五月，颁给龙虎山上清宫提

① 《龙虎山志》卷 12，《藏外道书》第 19 册，第 568—569 页。

② 此据苏州吾武润法师藏《先天拔亡奏告科仪》记载，见陶金：《苏州、上海〈告斗科仪〉中"启师"节次初探》，《中国道教》2012 年第 2 期。遵循的是"三山滴血派"字谱。

③ 参见（清）陆锡熊：《宝奎堂集》卷 9《娄公墓志铭》，《清代诗文集汇编》，上海：上海古籍出版社 2010 年版，第 383 册，第 180 页。娄近垣作《清微黄箓大斋科仪序》及《大梵先天奏告元（玄）科序文》，均钤印"近垣赐字三臣"，可证。见故宫博物院编：《故宫珍本丛刊》，海南出版社 2000 年版，第 525 册，第 67、278 页。

④ 《龙虎山志》卷 7，《藏外道书》第 19 册，第 491 页。《志》谓周字子篆，据乾隆十五年（1750 年）娄近垣刻《大梵先天奏告玄科》及光绪二十八年（1902 年）朱鹤卿抄《先天大梵奏告金科》，字紫篆，法名金邦，见陶金：《苏州、上海〈告斗科仪〉中"启师"节次初探》，《中国道教》2012 年第 2 期。另参（清）陆锡熊：《娄公墓志铭》，《清代诗文集汇编》，上海：上海古籍出版社 2010 年版，第 383 册，第 180 页。该《铭》并谓：周大经卒，娄近垣"遂嗣其职，为上清宫提点"。

⑤ 关于娄近垣为雍正治病奏效一事，内中曲折，可参见王卡：《清代天师道概述》，《正一道教研究》（第二辑），北京：宗教文化出版社 2013 年版，第 14—15 页。

点司印信一颗，提点劄付一张；十一年（1733年）七月，颁给提举等员劄付二十五张。[①] 十一年（1733年）六月有《赐大光明殿上谕》："大光明殿现在修整，与你作子孙常住。上清宫去选些法官来，若上清宫人少，在苏州选几个来……将来，光明殿你就是第一代开山的人了。"[②]八月，敕封为"妙正真人"。十月赐为大光明殿开山正住持，统领法官48名。这种恩赉，即使是对道教首领人物也是历代少见的。乾隆践祚，又晋秩为三品，诰授通议大夫，并荣及其祖、父，还兼掌道录司印务事、东岳庙等处正住持。娄近垣在雍正朝之所以大得殊荣，其原因并不仅仅在于他为雍正帝治好了疾病，其中更深层的原因乃娄近垣"能以忠孝为心，利济为事，而不涉于丹药怪迂之说"[③]。雍正帝亦谓："法官娄近垣者，秉性忠实，居心诚敬"，"一片忠悃，深属可嘉"，"道法精通，行止端方，居心坦白，能得其祖师真人之正传，而有济人利物之益。迩年以来，朕命祈祷雨旸，礼诵法事，备极诚敬。其忠质之性，甚属可嘉"。[④] 夸赞娄近垣对于清廷的一片忠心，行为举止合乎封建礼法，堪为玄门表率。正是鉴于娄近垣的一片忠心，故对他大加褒奖，"以表清修，以励后学"[⑤]。而娄近垣亦善于察言观色，迎合帝王的好恶，游刃有余地周旋于高官显宦、王公贵族之间。雍正帝喜谈禅，而且认为自己颇得"禅"之精髓，娄近垣就跟着雍正帝学禅，并得到雍正的称赞，谓："朕于闲暇召见之时，将禅宗妙旨开示提撕，近垣豁然觉悟，竟能直透重关。而于三教一源之理，更能贯彻，实近代元门中所罕见者。"[⑥]当他参加恭王筵宴时，恭王向他询问养生之术，他却回答说："王今锦衣玉食，即真神仙中人。"又指着桌上的烧猪笑着说："今日食烧猪，即绝好养生术，又奚必外求哉！"恰到好处地恭维了恭王，不仅显示了他对人情事故的透彻了解，而且亦表明了他"虽

① 参见《龙虎山志》卷8，《藏外道书》第19册，第510页。

② 《龙虎山志》卷1，《藏外道书》第19册，第429页。按：大光明殿在京师西安门大街光明殿胡同北口，"本明万寿宫，成祖潜邸也，嘉靖后改此殿。今为设醮祈雨雪之所，道士例取于江西龙虎山箓坛"。见（清）震钧：《天咫偶闻》卷1，台北：文海出版社1968年版，第60页。

③ （清）张鹏翀：《重修龙虎山志序》，《藏外道书》第19册，第421页。

④ 《龙虎山志》卷1，《藏外道书》第19册，第427、429页。

⑤ 《龙虎山志》卷1，《藏外道书》第19册，第429页。

⑥ 《龙虎山志》卷1，《藏外道书》第19册，第429页。

嗣道教，颇不喜言炼气修真之法，云此皆妖妄之人借以谋生理耳，岂有真仙肯向红尘中度世也”①的看法。

娄近垣受到清廷优待，不仅在雍正朝，而且在乾隆朝也沿旧例给予。乾隆帝于乾隆元年（1736 年）七月下圣旨说：“妙正真人娄近垣带管道录司印务，东岳庙住持，余如故。”②二年（1737 年）四月，赐娄近垣御书“千章树影屏间绿，百道泉声云外清”对联一付，及“采采芦花已白头，摇风寂寞亚汀州。朝来积雪看新覆，不见寻常鸥鹭游”御制诗书一幅。娄近垣七十、八十寿辰时，乾隆分别亲书“养素延龄”、“仙阶耆品”以赐。③ 乾隆五年（1740 年）七月，娄近垣奏请修上清宫以及增修殿阁及香田岁额租谷事，旨谕“照议酌量办理”。当乾隆对正一真人的特权加以抑制，规定不许入朝臣班行，爵位从二品降为五品，取消朝觐、筵宴时，也没有触动娄近垣，甚至出现了娄近垣的品秩高于正一真人品秩的不合体制的情形，仍按雍正旧例优待娄近垣。而且，雍正朝龙虎山的殿宇的修缮等事宜，基本上都是由于娄近垣的缘故，所以张昭麟在《敕赐重建大真人府第碑记》中写道：“爰广推恩于所自，更成盛事于名山，特发内帑，专遣大臣董督修建龙虎山上清宫……天恩叠锡，大法常流，惟殚护国之诚，宜沐酬庸之美。昭麟自惭菲薄，何能际兹旷典。欣睹帝代之殊恩，共俨天威于咫尺，庶几夙夜匪懈，对越弥殷。谨书岁月，以志盛遇焉。”④张鹏翀在《重修龙虎山志序》中也说：娄近垣“能以修身却病之术裨益圣躬，雩祷斋坛，屡著诚效。世宗宪皇帝特加宠异，锡以真人封号，为元教主持。且因娄氏忠勤，推本所自，敕重修龙虎山上清宫，发帑矩万，遣内大臣董视落成，锡之碑额以垂永久”⑤。

据乾隆六年（1741 年）刻《东岳庙献花会碑》，文末题署“敕封妙正真人、诰授通议大夫、供奉钦安殿、掌道录司印务、摄东岳庙正住持、提点龙虎山大上清宫、领道教事娄近垣撰”。碑阴联署人多至三四百人，其中有内务

① （清）昭梿：《啸亭杂录》卷 9《娄真人》，北京：中华书局 1980 年版，第 274 页。

② 《龙虎山志》卷 8，《藏外道书》第 19 册，第 494 页。

③ 参见（清）陆锡熊：《娄公墓志铭》，《清代诗文集汇编》，上海：上海古籍出版社 2010 年版，第 383 册，第 181 页。

④ 《藏外道书》第 19 册，第 569 页。

⑤ 《藏外道书》第 19 册，第 420 页。

府下属乾清宫、宁寿宫、寿康宫、雍和宫、圆明园等处总管、首领、内参领、管领等众多太监,以及八旗达官贵人、道录司官员等。① 乾隆二十一年(1756年)刻《东岳庙献花胜会碑记》,娄氏署职同前碑,碑阴题“乾清宫众善人等”,从总管太监以下,联署人达六七百人,题名延至碑侧。② 乾隆二十八年(1763年)刻《净炉会记》,娄氏署职亦同,碑阴正会首、副会首、效力人三栏共录名三四百人,碑侧刻“朝阳门内净炉会旗民人等全立”③。另外,娄近垣50岁生日时,诸公赠诗百余章,他在修《龙虎山志》时选取其中24首附于卷13后,名为《知非赠言》,其作者为亲王、郡王以下各级官员。舒运本修补《龙虎山志》,又收录娄近垣七十寿辰时三篇贺寿文,其一署“钦命镇守云南普洱沅威等处地方总兵纪录四次法弟雍泰暨子雍恰顿首拜祝”,文中说“小儿雍恰又为先生法门末派”④;谢墉所撰文,列娄氏法弟子31名,张昭麟所撰文,又列娄氏法弟子7名,其中大部分为进士出身(包括两名状元庄培因、蔡以台)的官员⑤。以上种种,只是娄近垣交游的部分记录,可见娄氏在官场人缘颇广,其实际权位超过了署理正一真人张昭麟,隐然是正一道乃至全国道教的领袖。

---

① 此碑为娄近垣撰,张继龄书,程钟彦篆额。见《北京图书馆藏中国历代石刻拓本汇编》(以下简称《北图拓本》),郑州:中州古籍出版社1989年版,第69册,第87—88页。此条王卡《清代天师道概述》已论及,见《正一道教研究》(第二辑),北京:宗教文化出版社2013年版,第20页。

② 此碑为娄近垣撰并书,见《北图拓本》,郑州:中州古籍出版社1989年版,第71册,第85—87页。

③ 此碑为娄近垣撰,碑阳余廷赞书,碑阴李世杰书。碑阴刻“乾隆肆拾玖年(1784年)月日重立”。碑阴正会首以上,刻有五名道士姓名职衔,居中为“敕封妙正真人娄近垣”,右为“妙缘观陈资□”、“正大光明殿正堂刘冲瀚”,左为“正大光明殿正堂汪冲济”、“东岳庙住持杨绍□”。(《北图拓本》,郑州:中州古籍出版社1989年版,第72册,第33—35页)“汪冲济”三字,“冲”字稍有残留,其余两字无法识读,此据袁冰凌《北京东岳庙碑文考述》补,袁文载《三教文献》第3期,荷兰莱顿大学CNWS出版社1999年版。以上三碑,娄近垣所署职务均无“大光明殿正住持”一项,不知何故。

④ (清)舒运本修补:《龙虎山志》,《三洞拾遗》,合肥:黄山书社2005年版,第13册,第274页。

⑤ 参见(清)舒运本修补:《龙虎山志》,《三洞拾遗》,合肥:黄山书社2005年版,第13册,第305—306页。从中可知,上述乾隆六年《献花会碑》篆额者程钟彦、《净炉会记》书丹者余廷赞都是娄氏法弟子。

陆锡熊《娄公墓志铭》云："乾隆四十一年(1776年)正月，移居城北之妙缘观，即辟谷不复食，至四月二日，端坐而化，年八十九。事闻，天子赐白金百两以治丧……君既卒之六月，其徒孙掌道录司事陈资炎等，将奉君柩，归葬于龙虎山之某原，从遗志也。"①

三、娄近垣的修道思想及其对科仪的贡献

娄近垣不仅以道法获得清统治者的宠渥，还是清代正一道士中唯一能以著述留传后世者，具有一定的文化修养。著有《龙虎山志》16卷，《南华经注》1卷，删定《黄箓科仪》12卷，校订《先天奏告玄科》1卷。

娄近垣的修道思想，集中体现在其《语录》中，他的《语录》被收入雍正帝选择古今禅语汇辑而成的《御选语录》内的《当今法会章》，《龙虎山志》亦收入，题《御选妙正真人语录》，附卷11后。《语录》是由《性地颂四首》、《阐真篇》、《西江月十二首》及《示后学》等所组成，篇幅不大，但集中反映了其思想。

娄近垣作为一个正一道士，首先是对正一道的斋醮符箓等颇为熟谙。除此之外，他也与这个时期绝大多数正一道士一样，亦进行内丹修炼，他的修道思想主要是通过对丹道的阐发来体现的。他的丹道思想，上承南宗祖师张伯端丹道理论余绪，进而纳入禅宗思想，将二者融汇一体，体现出自张伯端以来道教丹道理论融合佛、道的一般特性。

娄近垣将佛教的"空观"思想和道教的传统"道论"相结合，说："原夫道本无名，因名立名；道本无形，因形成形；名者道之用，形者道之体。至道之体，本无定位，冲然漠然，而住于无所住也。能深能广，能高能大，能前能后，能古能今，非空非有，非来非去，非始非末，非向非背，明明而非照，历历而不知。"②认为"无名"、"无体"、"无住"是道的本质。接着又说："融空有，合真妄，万象纷纭而自不适闲者，我为法转也；一镜圆明而物无遁形者，法为我用

---

① (清)陆锡熊：《宝奎堂集》卷9，《清代诗文集汇编》，上海：上海古籍出版社2010年版，第383册，第181页。嘉庆《松江府志》卷63、《枫泾小志》卷6有类似记载，但不如《墓志铭》准确。

② 《龙虎山志》卷11，《藏外道书》第19册，第553—554页。

也。真妄相待，迷悟相因，融妄即真，犹冰之于水；转迷就悟，犹影之于形。”①以佛教的“空观”思想来谈道的作用就在于“融空有，合真妄”。这样，他认为修道就在于“觉”，其关键在于做到“无心”，无心就能泯照而觉圆。“夫鉴觉之功不至于圆满者，心有所照也。欲泯照而觉圆，须无心而应运，故曰天地同根，物我一如。明并日月，而普被其光辉；功高二仪，而均受其陶镕。非至人之无心，孰能一至于此乎？是以世尊睹明星而起悟，太上跨青牛而观化，至圣乐沂水以徜徉，皆灼知万物之备于我，而未尝有心于万物也。无心于物，故心心皆佛；无心于道，故处处是道。”②“无心”是娄近垣修道论的最重要的核心内容，其内涵就在于“万物皆备于我”而“未尝有心于万物”。儒、释、道三教圣人之所以为圣人，就在于他们不仅深谙这个道理，而且能够达到这个目标。娄近垣在阐释了“无心”理论后，又复归到内丹修炼理论上来，说：“水燥火湿，阳静阴腾，一来一往，互为出入，化母孕其灵胎，真君宰其坚骨，由是丹汞成焉，谷神养焉，内外明彻，表里洞达。内其神而神固，外其身而身存。然后易彼幻形，成其真体，出此真体，转彼幻形。是知大地山河，无非我体，虫鱼鸾鹤，悉成我身。”③到此境地，就大功告成，就是得道成仙。他总结说，真正得道就在于“非参无悟，非悟无修，非修无证，含万法于一空，纳一空于万法，不空即空，空即不空，是之谓妙有真空、真空妙有。即真空而显妙有，即妙有以证真空，于参而实无所参，于悟而实无所悟，于修而实无所修，于证而实无所证，是谓之真参、真悟、真修、真证。所谓冲然漠然，而住于无所住者，此也”④。

从“无心”的理论出发，娄近垣认为，得道成仙，不是靠终日瞑目苦悟、寂心枯坐，亦不是脱离俗世、不问世务而能获得。因此，他说，得道者“可以翱翔六合，放旷八表，泠泠然御景风乘庆云，逍遥于圣人之世，观瞻舜日尧天，又何必蓬瀛阆苑，更问壶中天地乎？”⑤不仅如此，他还提出，“世间种种

① 《龙虎山志》卷11，《藏外道书》第19册，第554页。
② 《龙虎山志》卷11，《藏外道书》第19册，第554页。
③ 《龙虎山志》卷11，《藏外道书》第19册，第554页。
④ 《龙虎山志》卷11，《藏外道书》第19册，第554页。
⑤ 《龙虎山志》卷11，《藏外道书》第19册，第554页。

法,皆出于自心,故曰心生种种法生,心灭种种法灭。如果一心不生,万法无咎,则自然能转一切,而不为一切转去”①。这也就是说,世间的一切分别,诸如圣凡、仙佛、贤愚、生灭等,都是由于“心”的缘故。“紫阳张祖师云:见物便见心,无物心不现。又云:睹境能无心,始见菩提面。只此二语,一部《楞严》,全旨已备,即世尊四十九年所说妙法,亦不出此四句。可知佛仙一贯之理,总以见性明心开导后学。”②“无心”就是“明心见性”,也就是泯灭一切差别、界限,“众生仙佛,同一大圆镜智,不过遇圣现圣,遇凡现凡。因有圣凡之差别,强立镜中之觉照。如圣凡同体,心境一如,则觉照之功,何处施设?所谓大千沙界海中沤,一切圣贤如电拂,到者(应为“这”——引者)里始知本无圣凡、本无生灭、本无来去、本无前后、本无今古、本无上下、本无垢净、本无表里。增半点不得,减半点不得,舍半点不得,取半点不得。一种平怀,泯然自尽”③。一切相待相因的事物的关系,都如海水与沤泡的关系一样,沤泡皆海水所成,离开海水不成其沤泡,离沤泡别无海水。因此,“不妨于本无圣凡,出入圣凡;本无生灭,出入生灭;本无来去,出入来去;本无前后,出入前后;本无今古,出入今古;本无上下,出入上下;本无垢净,出入垢净;本无表里,出入表里;非出入,是出入;离内外,即内外;心是个什么,物是个什么,见是个什么,不见是个什么,直饶识得菩提面,犹恐祖师未肯点头在。若然,则祖师与从上佛祖,实实同一鼻孔呼吸”④。

娄近垣以“无心”理论为其修道的基础,在他的《语录》中,贯穿所有问题的主线就是这个“无心”理论。他从多方面加以阐述,说:“惟兹心性中,同含真常道。妙体恒湛然,光华六门耀。纷纭处本静,寂历中原闹。忘机泯取舍,归根无老少。欲知佛仙理,只者(当为‘这’——引者)元关窍。”⑤只要心不逐物,澄澈湛然,自然是金丹可成,与道合一。“如珠在虚空,光华不染色。如露滴荷盘,圆转不落迹。应现诸刹尘,游戏仙佛国。幻化虽异形,

① 《龙虎山志》卷11,《藏外道书》第19册,第553页。
② 《龙虎山志》卷11,《藏外道书》第19册,第553页。
③ 《龙虎山志》卷11,《藏外道书》第19册,第553页。
④ 《龙虎山志》卷11,《藏外道书》第19册,第553页。
⑤ 《龙虎山志》卷11,《藏外道书》第19册,第551页。

如千灯一室。在智本非智，言得却无得。前圣本无说，后学强传述。诸佛与众生，同仁不同德。若作分别想，历劫迷邪惑。如月印十潭，含元万而一。说与智愚人，共证波罗密。”①“懵懵懂懂忘分别，自在纵横无定体，即是天仙三世佛。”②总之，“了知真佛住无心，始悟无心是真佛”③，“但自无心于物，何妨物我都虚”④。这一切都是体道的“玄机”，仙、佛之秘义，明白众生与佛“无殊”，圣道、仙道、佛道无异，就懂得了修道的“真诠妙谛”，就可以“闲跨泥牛海底行，或乘木凤云中涉。千峰顶上弄疯癫，十字街头打鹘突。穿衣吃饭只寻常，混俗同尘应时节。有酒一杯复一杯，有歌一阕复一阕”⑤。

可以说，娄近垣主张三教一源的思想是跃然纸上，见诸笔端，特别是融合佛、道更是其修道思想的特色。难怪雍正帝会把他的《语录》作为禅语收入其《御选语录》，并对他学禅有悟大加赞赏。娄近垣为了迎合雍正帝推崇佛教禅学，表明自己的忠心，竟把雍正帝比作活佛，作《快活歌》表明他得雍正帝知遇而快活无比的心情。歌曰：“快活快活真快活，一切葛藤俱摆脱。如今不用觅真诠，任我去来活泼泼。时人不解真实义，只待遇缘参活佛。谁知活佛眼睛前，争奈凡夫愚不识。此心何异顽石头，此身不殊樗栎质。圣恩一指髑髅碎，恰似盲人见日月……旧时窠臼泼生涯，一一于今都掉脱。”⑥因而，“圣恩浩荡难酬，祝言万载与千秋，一句天长地久”⑦。

从上所述娄近垣的修道思想中，人们可以了解到娄近垣之所以成为清代正一道士中的知名道徒，并不偶然。他不仅为雍正帝大唱赞歌，而且还一再告诫弟子曰：“吾徒究明大道者”，应当把他所说的泯灭一切的“无心”理论，圣、佛、仙无分别“奉为宝范，幸其勉旃”⑧。

娄近垣在斋醮科仪方面的主要贡献，是删订《黄箓科仪》12 卷，校订

---

① 《龙虎山志》卷 11，《藏外道书》第 19 册，第 551 页。
② 《龙虎山志》卷 11，《藏外道书》第 19 册，第 552 页。
③ 《龙虎山志》卷 11，《藏外道书》第 19 册，第 551 页。
④ 《龙虎山志》卷 11，《藏外道书》第 19 册，第 552 页。
⑤ 《龙虎山志》卷 11，《藏外道书》第 19 册，第 552 页。
⑥ 《龙虎山志》卷 11，《藏外道书》第 19 册，第 551—552 页。
⑦ 《龙虎山志》卷 11，《藏外道书》第 19 册，第 553 页。
⑧ 《龙虎山志》卷 11，《藏外道书》第 19 册，第 553 页。

《太极灵宝祭炼科仪》、《大梵先天奏告玄科》(《梵音斗科》)等科仪书。北京白云观藏有雍正十一年(1733年)冲辉写本《先天奏告玄科》,此科书为娄近垣校订收藏,书末有钤记。《黄箓科仪》12卷,不著编撰者名氏,今所见为清乾隆十五年(1750年)和硕和亲王重刻朱墨套印本,每半页九行,行十五字,白口、单黑鱼尾,四周双边,版心上方有《黄箓科仪》四字。卷端题《清微黄箓大斋科仪目录》一行。朱印乐谱工尺,墨印句读。

据娄近垣《清微黄箓大斋科仪序》称:

> 近垣于雍正丙午以值季来京,幸荷圣恩,获司金箓,窃见斋醮科仪一帙,旧板散失,亥豕多讹,因不揣荒陋,勉为参考,略加增删,刊成十卷。敢诩探奇于石室,拟将藏秘于名山。兹者恭遇和硕和亲王,凝心内境,栖虑元(玄)门,日华多暇,乃取近垣向所刻科仪,亲加披阅,重为镂板,仍题之曰《黄箓科仪》……大清乾隆十有五年岁次庚午,九月重阳日,龙虎山后学娄近垣拜手谨识。①

雍正丙午即雍正四年(1726年),娄近垣将旧板《黄箓科仪》12卷,删为10卷,而经和硕和亲王重新镂板的印本则为12卷。该经卷1至卷9为发奏、建坛、宿启、拜表、早朝、午朝、解坛、设醮各项科仪,卷10为总圣位科,卷11为通用文检,卷12为符秘手诀、坛图印式、步虚散花、乐谱赞文。《黄箓科仪》辑清初道教常行的斋醮科仪、牒文、符箓,清代正一道常行之黄箓法事基本汇于此科本。当今龙虎山、上海、苏州等地之正一道宫观仍沿用此科仪。辽宁省图书馆收藏清乾隆十五年(1750年)弘昼刻朱墨套印本《黄箓科仪》12卷,题录为"清娄近垣辑",收入《辽宁省珍贵古籍名录》。

娄近垣还创立了正一道的一个支派——正乙派,其详细情况,将在后面叙述。

第四节　全真道于沉寂中复苏与"龙门中兴"的局面

入明以后,明统治者为了加强中央集权和思想统治,从总体上对道教加

① 故宫博物院编:《故宫珍本丛刊》,海口:海南出版社2000年版,第525册,第67页。

强了管理和约束；而在对待道教两大派的态度上，则认为正一道可以“益人伦，厚风俗”，而“禅与全真，务以修身养性，独为自己而已”①。故比较重视正一，而忽视全真。在这种政策倾向的影响下，全真道从明初起，除隐仙派张三丰一系短时名世外，其正宗嫡系皆相对沉寂；只是到明代后期才又出现一些复苏景象。

一、明后期全真道于沉寂中稍稍复苏

从穆宗起，朝廷对道教实行更为严厉的抑制和贬降政策，这使其沉寂局面更难打破。在这个时期，龙门律宗历代传人仍和明前中期一样，浪迹各地，连一个较为稳固的传播点都未形成，整个全真道实际上也是处于一种无人领导、各自为政的散沙状态。本书第三卷曾说过，当龙门派第四代律师周玄朴（号大拙）时，全真道的实际状况是：“元门零落，有志之士皆全身避咎，师（指周玄朴——引者注）隐青城，不履尘市五十余年……弟子数人，皆不以阐教为事，律门几致湮殁。”②这是明代前期的凋敝情形。这种衰颓局面，到明神宗时稍有起复。

神宗的母亲李太后一家与道教特别是全真道关系颇密。③ 神宗外祖父李伟，据说童年时曾遇“羽衣道士”，预言他“异日当大贵，位极人臣”。嘉靖丙午（1546 年）春，李伟梦见“空中云五色，承辇旌幢鼓吹导之下，直达寝所”，是年冬 11 月诞女即李太后。④ 李太后命人所抄的三教功德书《宝善卷》，道教祖师列老子、文子、亢仓子、庄子、列子及全真道的北五祖、南五祖、全真七子等，实际就是全真道系统尊奉的祖师。李太后选择全真祖师作

① （明）朱元璋：《御制玄教斋醮仪文序》，《道藏》第 9 册，第 1 页。

② （清）闵一得：《金盖心灯》卷 1《周大拙律师传》，《藏外道书》第 31 册，第 178 页。另参本书第三卷第十章第三节相关内容。

③ 参见杨立志、邵文涛：《明代武当山全真道碑刻考略》，熊铁基、梁发主编：《第二届全真道与老庄学国际学术研讨会论文集》，武汉：华中师范大学出版社 2013 年版，第 224—239 页。

④ 参见（明）王家屏：《武清侯赠太傅安国公谥庄简李公行状》，《国朝献征录》卷 3，《四库全书存目丛书》，济南：齐鲁书社 1996 年版，史部第 100 册，第 125 页。

为道教的代表,与儒家、佛教祖师并列,表明全真派在太后心目中乃道门之主流。① 神宗的母舅更是出家为全真道士,法名玄成,于武当山凝虚观开建丛林。有此因缘,神宗向凝虚观颁赐《道藏》,并于此修国醮,建金箓斋七昼夜,设普天大醮三千六百分位。② 万历皇室非常器重全真道士周玄贞。他不但参与编修《万历续道藏》,奉旨开道场讲《道德经》,为皇室修斋建醮,还为皇室督工修建多处道教宫观,其中护国永宁宫奉祀万历皇帝金容,或为万历皇室的香火院。③ 神宗还向周玄贞住持的五峰山洞真观颁赐《道藏》。《五峰山志》云:"明神宗万历时,特命黄冠周云清(即周玄贞)辟山重修,颁以《道藏》全经,五峰遂与泰岱、灵岩并称三山云。"④万历十七年(1589 年)起,崂山太清宫道士与佛教憨山大师就庙产发生纠纷,道教以全真道士耿义兰为首,双方争讼数年,万历二十三年(1595 年)耿义兰通过神宗宠妃郑贵妃将状子直呈神宗,御判道教胜诉,并敕封耿义兰为"扶教真人",钦赐御伞御棍、金冠紫袍。万历二十八年(1600 年),神宗又颁赐《道藏》于太清宫,并谕令本县立石标明该宫地产,禁止他人滋扰侵夺。⑤ 万历年间,郑贵妃还多次派太监到泰山三阳观请全真道士举行"皇醮"。⑥ 上述表明,全真道在万历朝又多少与皇室发生了直接的联系。虽然就目前所见,这种联系还多限于特定宫观、个别道士,但皇室成员的认可与支持作为一个"事件",必然会通过各种社会网络包括这些宫

---

① 参见王育成:《明代彩绘全真宗祖图研究》,北京:中国社会科学出版社 2003 年版,第 37 页。

② 参见杨立志:《万历国舅修道武当》,《武当》2010 年第 10、11 期;杨立志、邵文涛:《明代武当山全真道碑刻考略》,熊铁基、梁发主编:《第二届全真道与老庄学国际学术研讨会论文集》,武汉:华中师范大学出版社 2013 年版,第 224—239 页。

③ 参见周郢:《陶山护国永宁宫与万历宫闱——兼述新发现的周玄贞史料》,《中国道教》2013 年第 2 期;张方:《全真道士周玄贞与万历皇室》,赵卫东主编:《全真道研究》第 4 辑,济南:齐鲁书社 2015 年版,第 270—284 页。

④ (清)李桐:《五峰山志》,石光明、董光和、杨光辉编:《中华山水志丛刊 · 山志》,北京:线装书局 2004 年版,第 5 册,第 190 页。

⑤ 参见赵卫东:《金元全真道教史论》,济南:齐鲁书社 2010 年版,第 355—359 页;秦国帅:《明清崂山全真教的神明信仰及宗教身份》,赵卫东主编:《全真道研究》第 4 辑,济南:齐鲁书社 2015 年版,第 245—269 页。《太清宫形胜地至碑》,《北图拓本》第 58 册,第 150 页。

⑥ 参见赵卫东:《泰山三阳观及其与明万历宫廷之关系》,陈鼓应主编:《道家文化研究》第 23 辑,北京:生活 · 读书 · 新知三联书店 2008 年版,第 280—306 页。

观、道士所属的宗派网络,产生更广的社会影响。

万历年间,仍有藩王支持和崇信全真道。如韩藩王室主持募资重修全真道士住持的崆峒山问道宫,于宫后增建王全真阁,现存雷祖殿前的石牌坊可见韩王题刻。① 衡府高唐王出资重修青州修真宫。② 衡藩创建青州铁鹤观,衡府世子、世子妃、藩府职官及齐东府、昌乐府妃等出资铸造铁鹤两只。③ 晋裕王朱求桂礼敬全真道士郭静中,在桧柏园创建宫殿延其居住。④ 潞简王朱翊镠有替道周常永,为全真龙门派道士。⑤ 吉安王朱常淳拜伍守阳为师,法名太和,学习伍柳派丹法。⑥ 长沙昭靖王朱常淠也曾向伍守阳问道。⑦

明后期,各地全真道派仍在传续,并有一些新的支派产生。⑧

武当山凝虚观,又名遇仙观,所在地名遇仙坪(当地人惯称金沙坪)。现存万历四十年(1612年)立《安奉五帅建醮之碑记》(以下简称"五帅碑"),万历四十三年(1615年)立《皇帝敕谕武当山遇仙坪凝虚观住持及道众人等》(以下简称"敕谕碑")、《国醮碑记》等碑记,以及《大明羽化开建丛林师祖李公之墓》墓碑。据碑记和墓碑可知,凝虚观道教丛林的开山祖师

① 参见仇非:《新修崆峒山志》,兰州:甘肃人民出版社1996年版,第66、77页。参见万历四十三年(1615年)《霍真祥重修雷祖殿碑》、万历四十四年(1616年)《韩府施财碑》、《韩府赐经资碑》,吴景山:《崆峒山金石校释》,兰州:甘肃文化出版社2014年版,第26、29页。

② 参见《明万历十六年(1588年)重修修真宫记碑》,赵卫东、庄明军编:《山东道教碑刻集》(青州昌乐卷),济南:齐鲁书社2010年版,第188—189页。

③ 光绪《益都县图志》载:"铁鹤观,在城南十三里时家店,明衡藩创建,万历间衡府仪宾时松等,铸铁鹤二,立龟背上,高丈许,故名。"其中铸于万历十二年(1584年)的铁鹤,铭文提到"建立观宇住持募化道人傅守志",可知该观建于万历朝。见赵卫东、庄明军编:《山东道教碑刻集》(青州昌乐卷),济南:齐鲁书社2010年版,第306—307页。

④ 参见(明)吴玉:《雨师传》,史景怡编:《寿阳碑碣》,太原:山西古籍出版社2007年版,第413页。

⑤ 参见《敕赐广福万寿宫兼理殷太师忠烈庙道宗源流碑记》,碑存河南省卫辉市比干庙比干大殿。录文见耿兴正、耿玉儒:《中国道教太一道》,郑州:中州古籍出版社1993年版,第55—56页。

⑥ 参见(明)伍守阳:《仙佛合宗语录》,《藏外道书》第5册,第639页。

⑦ 参见(明)伍守阳:《仙佛合宗语录》,《藏外道书》第5册,第749页。

⑧ 以下对明后期全真道传承情况的简述,主要依据张方:《明代全真道的衰而复兴——以华北地区为中心的考查》(中国社会科学院博士学位论文,2014年)。将仅注明原始材料来源,详细考证请见该论文。

为李玄成。另有康熙三十一年(1692 年)立《重修大殿》碑云:“斯惟遇仙坪,乃皇帝万历母舅李玄成好道乐仙志诚,日亲于玄奥,克己恭俭,于斯□□创建□盖□□丛林。”①康熙四十六年(1707 年)立《金沙坪凝虚观重修山门碑记》云:“余闻刘子举远恒言,武当之山有一地名焉,名曰金沙坪……至大明万历国舅李公,见其波涛潆洄,峰峦嵸巄,引人赏胜,遂修道于此。”②可知李玄成为万历国舅。《国醮碑记》谕令“大岳太和山遇仙坪凝虚观焚修全真李玄成,徒刘静功、孟静王、孟静宽、韩静仁、陶静明、张静思、王静坪、张静安、牛静□、胡静隐、常静观、马静□、□□□、杨静□、王静□”为万历皇帝启建金箓斋七昼夜,修设普天大醮三千六百分位。③《五帅碑》署“观主李玄成、孟静王、当家孟静宽、知宾朱静荣、管库王真旺仝立”④。则该观自开山祖师李玄成而下,道名“玄、静、真”符合龙门派字谱,当为龙门派第四至第六代。《敕谕碑》显示,万历二十七年(1599 年)神宗颁赐“全藏(《道藏》)四百八十函”于凝虚观,令“洁严顶礼,永远尊藏”。明末,此系法裔张守性避乱至山西晋中、吕梁一带,在平遥十里铺建玄帝行宫,后又住持汾阳石盘山玄帝宫。据石盘山《西顶新建玄天上帝庙碑》,张守性有弟子郭太明;郭太明门徒窦清白、刘清海、张清池、刘清澄,徒孙郤壹柄、郭壹橦。⑤属于龙门派“守、太、清、一(壹)”四代。武当全真道明末还传到广西桂林。崇祯十七年(1644 年)立《刘仙岩玉皇阁诵经圆满题名》云:“敕建武当山各庵

---

① 碑存凝虚观玄帝殿。转引自杨立志、邵文涛:《明代武当山全真道碑刻考略》,熊铁基、梁发主编:《第二届全真道与老庄学国际学术研讨会论文集》,武汉:华中师范大学出版社 2013 年版,第 237 页。

② 碑存凝虚观龙虎殿后台基左侧。转引自杨立志、邵文涛:《明代武当山全真道碑刻考略》,熊铁基、梁发主编:《第二届全真道与老庄学国际学术研讨会论文集》,武汉:华中师范大学出版社 2013 年版,第 237 页。

③ 碑存凝虚观大殿,刻于《敕谕碑》碑阴。录文见杨立志、邵文涛:《明代武当山全真道碑刻考略》,熊铁基、梁发主编:《第二届全真道与老庄学国际学术研讨会论文集》,武汉:华中师范大学出版社 2013 年版,第 224—239 页。

④ 碑存凝虚观龙虎殿后台基右侧。录文见杨立志、邵文涛:《明代武当山全真道碑刻考略》,熊铁基、梁发主编:《第二届全真道与老庄学国际学术研讨会论文集》,武汉:华中师范大学出版社 2013 年版,第 224—239 页。

⑤ (清)朱之俊:《西顶新建玄天上帝庙碑》,王堉昌:《汾阳县金石类编》,太原:山西古籍出版社 2000 年版,第 349 页。

观全真道众在此岩玉皇阁讽诵《皇经》，三年圆满，题名于后。”按：此题名，“常”字辈有徐常清及刻石的周常粹，“守”字辈有傅守一、董守正、张守祥、郜守□、杨守忠、张守玄、安守明，“太”字辈有高太舜、黄太禹、□太仑、刘太还、陈太崐、何太实，“清”字辈有李清山、王清福，“一”字辈有陈一化。他们应属龙门派。另有曹和明、李德福、赵智宽、陈信忠，当为华山派。①

山东道士周玄贞（1555—1627 年）在万历朝也颇有地位。据《重兴五峰山云清周法主墓表》，其号云清，又号淡然子，山东肥城人。本姓丘，少习儒业，书通三教，善医卜兵法。既冠，乃弃儒取玄。生子后，遂四处云游。后拜周姓师父，改从师姓。万历丙申（1596 年）驻舄都下，神宗命主钵白云观。万历二十七年（1599 年），奉敕赍请《道藏》至长清五峰山洞真观，遂于此住持，以大兴山场为己任，奏请帑金创修殿宇。又修建陶山报恩宫等多处宫观，并曾代皇帝赴泰山进香。② 据考，周玄贞奉旨修建的宫观有：山东长清五峰山保国隆寿宫、泰山金殿、山东肥城陶山护国永宁宫、北京泡子河护国永安宫。③ 永安宫南有太清宫，万历间炼师刘静祝扩建，“炼师又缘澹然周师（周玄贞）之请，荷上赐金，岁举放灯施食之典，用以甄济幽魂，沦升滞魄”④。周玄贞还参与了《万历续道藏》的编修。作于万历十五年（1587 年）的《皇经注集纂序》言其“修玄藏，集皇经编注”，落款自称“讲修道经臣山东周玄贞”。⑤ 于《皇经集注刊传疏文》又自称，“大明讲道经修玄藏嗣全真弟子山东小兆臣周玄贞”⑥。万历十六年（1588 年）《皇经集注誊录序》云：王静粹“从玄师周云清修《道藏》，供书务”⑦。据《重修护国永安宫碑记》碑阴

---

① 《道家金石略》，第 1311 页。

② 参见（明）李徽猷：《重兴五峰山云清周法主墓表》，录文见周郢：《陶山护国永宁宫与万历宫闱——兼述新发现的周玄贞史料》，《中国道教》2013 年第 2 期；《明万历二十七年敕赐道藏碑圣旨记碑》，碑存五峰山洞真观，录文见张方：《全真道士周玄贞与万历皇室》，赵卫东主编：《全真道研究》第 4 辑，济南：齐鲁书社 2015 年版，第 275 页。

③ 参见张方：《全真道士周玄贞与万历皇室》，赵卫东主编：《全真道研究》第 4 辑，济南：齐鲁书社 2015 年版，第 270—284 页。

④ （明）顾起元：《泡子河开创太清宫碑》，《北图拓本》第 60 册，第 31 页。

⑤ 《皇经集注》卷 1，《道藏》第 34 册，第 630—631 页。

⑥ 《皇经集注》卷 1，《道藏》第 34 册，第 634 页。

⑦ 《皇经集注》卷 1，《道藏》第 34 册，第 631 页。

题名“奏请过讲道经全真法师周玄贞，本宫焚修香火道士韩静慎，徒弟宗真德，徒孙赵常存”①，以及上述周玄贞弟子王静粹，可知他们是龙门派“玄、静、真、常”四代。太清宫刘静祝或许也是周氏之徒。另外，后世流传的龙门华山派或许也与周玄贞有关。《诸真宗派总簿》云：“丘、郝二祖在山东济南府长清县东南十里五峰山，留传龙门华山派：通玄全真冲和德，正本恒成位尚仙。仁能贞心传义纪，世见生前浩太元。子阳遍转归至道，盈宿守静保丹田。情高悟开复天理，自然长颜如松年。”②此派“通、玄”二代同龙门派字谱第三、四代，“全、真、冲、和、德、正、本”七代同华山派字谱第九至第十五代，这或许是所谓“丘、郝二祖”共同留传的根据。五峰山洞真观在明中叶前传承华山派，有“崇、教、演、全”四代。③ 现存《明万历二十七年（1599 年）敕赐道藏碑圣旨记碑》记名道士除周玄贞外，可辨识者有“演”字辈李演敬等 3 人，“全”字辈李全德等 14 人，“真”字辈郑真元等 28 人，“冲”字辈陈冲举等 32 人，“和”字辈李和睦等 5 人。④ 可见华山派一直传承有绪，并未中断。从龙门华山派字谱以龙门派“通、玄”冠首，却接续华山派“全”以下七代的情况来看，可推测是周玄贞奉敕住持洞真观后，因其显赫的社会地位，华山派道士遂依附于他；但五峰山仍属华山派传系，未见周玄贞有按龙门派字谱传承的迹象。至于龙门华山派的形成、其接续“本”字造立新谱，则可能是较晚的事。从五峰山现存碑刻上的道众题名，可梳理出龙门华山派字谱中“玄”到“世”19 代传承（缺“仁”、“纪”两代），一直延续到光绪三十三年（1907 年）。⑤

据碑刻，万历年间，房山东岳庙有住持道士刘真元，徒刘常泰、侯常年。⑥

---

① 《北图拓本》，郑州：中州古籍出版社 1989 年版，第 59 册，第 53 页。

② 《藏外道书》第 20 册，第 580 页。

③ 参见本书第十章第三节。

④ 碑存五峰山洞真观。录文见秦国帅：《明清以来（1368—1949）泰山道派考略》，《中国道教》2011 年第 3 期。

⑤ 参见张琰：《泰山全真道与社会研究》第三章第一节，中国人民大学博士学位论文，2011 年。

⑥ 参见《新立旧店东岳庙碑》，万历十八年（1590 年）撰。（《北图拓本》，郑州：中州古籍出版社 1989 年版，第 57 册，第 187 页）碑云刘真元已主庙事 36 年版，则其嘉靖三十四年（1555 年）左右住持此庙。又据万历十六年（1588 年）《东岳庙古槐记》，知刘真元道号“烟霞”。（《北图拓本》第 57 册，第 159 页）

密云东岳庙有住持道士胡阳震，徒赵来祯。① 崇祯年间，昌平玉虚观有住持道士乔守中。② 昌平狄公庙有住持道士郝来仪，徒王复元。③ 河北廊坊安次区圣母庙有住持道人杨常经、臧守正。④ 这些道士都符合龙门派字谱。

山东青州修真宫自正德年间始见龙门派传承。万历十六年（1588 年）立《重修修真宫记碑》载道士郑太和、住持李一从、高一茂、魏阳喜、胥来仙、王来胜、道会司李来继等。⑤ 万历三十三年（1605 年）立《重修修真宫碑》，碑阴本宫道士题名有李乙从、高乙茂，徒弟魏阳喜、苏阳臣等。⑥ 另一通万历时《重修修真宫碑》，记时任东岳庙住持的苏阳臣募众重修事，故所列“发心弟子：苏阳臣，徒弟来来夏、宋来春、李来迎，侄董来用，徒孙魏复庆、李复寿、赵复集、蒋复馨，重孙张本曾、傅本茂、张本盛、李本旺”或为修真宫传到东岳庙一支；又列“本宫道众”魏阳喜、王阳乾、王来景等，“监工”王乙杭。⑦ 可见明后期修真宫法裔为龙门派“太、一、阳、来、复、本”数代，之后一直到清嘉庆十二年（1807 年）传至“明”字辈。⑧

青州铁鹤观今已不存，其两只铁鹤现藏于青州市博物馆。一只铸于万历十二年（1584 年），铭文有云：“建立观宇住持募化道人傅守志，师祖傅真

① 参见《增修东岳庙记》，万历三十五年（1607 年）刻。（《北图拓本》，郑州：中州古籍出版社 1989 年版，第 58 册，第 190—191 页）

② 参见《玉虚观碑记》，崇祯八年（1635 年）刻。（《北图拓本》，郑州：中州古籍出版社 1989 年版，第 60 册，第 69 页）据该观顺治五年（1648 年）刻《重修玉虚观记》有住持宋太和（《北图拓本》第 61 册，第 32 页），则明清之际此观传至龙门派“守、太”两代。

③ 参见《重修狄梁公庙碑记》碑阴，崇祯十二年（1639 年）刻。（《北图拓本》，郑州：中州古籍出版社 1989 年版，第 60 册，第 97 页）

④ 参见《圣母庙记》，崇祯二年（1629 年）刻。（《北图拓本》，郑州：中州古籍出版社 1989 年版，第 60 册，第 12 页）

⑤ 参见赵卫东、庄明军编：《山东道教碑刻集》（青州昌乐卷），济南：齐鲁书社 2010 年版，第 188—189 页。

⑥ 参见赵卫东、庄明军编：《山东道教碑刻集》（青州昌乐卷），济南：齐鲁书社 2010 年版，第 191 页。

⑦ 参见赵卫东、庄明军编：《山东道教碑刻集》（青州昌乐卷），济南：齐鲁书社 2010 年版，第 194 页。

⑧ 参见赵卫东、庄明军编：《山东道教碑刻集》（青州昌乐卷），济南：齐鲁书社 2010 年版，第 196—204 页。并参见赵卫东：《青州全真修真宫考》，《宗教学研究》2008 年第 4 期。

界,师弟巩守智,同徒孙赵清山、萧清竹。”①另一只铸于万历十五年(1587年),铭文有云:“募助道人傅真戒,男傅东洋、傅东水。住持道人王太惠、郑太和、郝太乾、宋太明,徒弟赵清山、萧清竹、文清梅,徒孙高一顺。”②其“真、守、太、清、一”的传承符合龙门派字谱。郑太和见于前述修真宫碑记,或许本观道脉也源自修真宫。

青州云门山昊天宫为王一仲所建。据万历辛巳(1581年)《云门山新建昊天宫碑记》,本宫道士有“王一仲,徒弟刘阳举、王阳坤,徒孙贾来德、高来奉、徐来祥;徒弟李阳乾、朱复葆”③。为龙门派“一、阳、来、复”四代。

临朐县禅堂崮存一残碑,可见住持道人:司玄□暨徒黄静怯,鞠玄贞暨徒孟静忠,王玄照暨徒王静悟。④ 他们似为龙门派“玄、静”两代。其地万历三十四年(1606年)《修建泰山行宫题名碑》署“住持道人时福德,徒弟朱本仲”⑤。万历四十八年(1620年)立《白衣观音阁题名记碑》有“道人时福德、刘本存”⑥。又似为“福(复)、本”两代。

淄博市博山区岳阳山玉皇庙存一通隆庆元年(1567年)题名碑,载道士郭一凤,徒弟王阳□、刘阳云、李阳霓。⑦ 同市云行山在明后期也流传一支龙门派。立碑时间不详的《谢雄等四兄弟舍地记碑》题名有李太住,徒弟王清玄、王清祥、陈清灯、程清香、刘清明、邢清山、匙清玉、李清福。⑧ 万历二

① 赵卫东、庄明军编:《山东道教碑刻集》(青州昌乐卷),济南:齐鲁书社2010年版,第306页。

② 赵卫东、庄明军编:《山东道教碑刻集》(青州昌乐卷),济南:齐鲁书社2010年版,第307页。傅真戒,不知是否即前一铭文中傅真界,值得注意的是其有二子列名于此。

③ 《道家金石略》,第1296页。

④ 赵卫东、宫德杰编:《山东道教碑刻集》(临朐卷),济南:齐鲁书社2011年版,第157页。

⑤ 赵卫东、宫德杰编:《山东道教碑刻集》(临朐卷),济南:齐鲁书社2011年版,第134页。

⑥ 赵卫东、宫德杰编:《山东道教碑刻集》(临朐卷),济南:齐鲁书社2011年版,第135页。

⑦ 参见赵卫东、王予幻、秦国帅编:《山东道教碑刻集》(博山卷),济南:齐鲁书社2013年版,第5页。

⑧ 参见赵卫东、王予幻、秦国帅编:《山东道教碑刻集》(博山卷),济南:齐鲁书社2013年版,第403页。

十四年(1596 年)立《创建三教祠记》载凤凰山道士马一仲来云行山玉皇庙创修三教祠事,碑末题名"道人李太住,徒弟陈清炸、宋清祥、程清香、匙清玉,孙王一存、高一全、马一仲、徐一新、田一胜、孙一德、李一奉,重孙阳信、阳显、阳文、阳来、阳可、阳先、阳安、阳居、阳隐、阳礼,垒孙来宗、来诚、来震"①。万历三十七年(1609 年)立《三教殿创修地基碑记》,题名有住持道人马乙仲,徒弟赵阳可、刘阳信、萧阳礼、车阳宽、田阳顺,徒孙鹿来坤、王来□。② 天启五年(1625 年)立《创建三清殿记》附有天启二年(1622 年)赵阳可、刘阳信买牛置地的契约,碑末题名有"募缘道人"田阳顺,徒弟王来□、□来□、鹿来□、刘来□、□来□,又有"道人"梁阳□、刘阳信、赵阳可、邵阳密、孟阳儒、位来范、安来支、岳来□、王来□、鹿来坤、丁来强、宋来振、李来□。③ 崇祯二年(1629 年)立《重修玉皇庙题名碑》,募缘道人为田阳顺,住持道人王来座、王来朋,徒弟鹿福□、李福□。④ 综合以上碑记,可以较为清晰地看到此系龙门派的传续,"太、清、一、阳、来、福(复)"代不乏人。此后一直传到民国时期第二十三代"宗"字辈。⑤ 与之相近的博山区洪福山,据万历十二年(1584 年)立《创修洪福山道德玄宫记》题名"修造住池(持)道人:吕静林、王真孝、康真成"⑥,当为另一来源的龙门派。

山西介休后土庙龙门派继续传承,并接管了介休城内的城隍庙。隆庆六年(1572 年)立《重修城隍庙碑》记载,该庙经嘉靖四十五年(1566 年)至隆庆四年(1570 年)重修扩建,交后土庙道士管理,题名"本庙道士高德济,

① 赵卫东、王予幻、秦国帅编:《山东道教碑刻集》(博山卷),济南:齐鲁书社 2013 年版,第 375 页。

② 参见赵卫东、王予幻、秦国帅编:《山东道教碑刻集》(博山卷),济南:齐鲁书社 2013 年版,第 377 页。

③ 参见赵卫东、王予幻、秦国帅编:《山东道教碑刻集》(博山卷),济南:齐鲁书社 2013 年版,第 378、381 页。

④ 参见赵卫东、王予幻、秦国帅编:《山东道教碑刻集》(博山卷),济南:齐鲁书社 2013 年版,第 383 页。

⑤ 参见赵卫东、王予幻、秦国帅编:《山东道教碑刻集》(博山卷),济南:齐鲁书社 2013 年版,第 388—402 页。

⑥ 赵卫东、王予幻、秦国帅编:《山东道教碑刻集》(博山卷),济南:齐鲁书社 2013 年版,第 611 页。

徒孙张玄焕、张玄炜、张玄耀”[①]。后土庙内现存万历六年(1578 年)《介休重修后土庙碑》,有本宫道士李玄燦、郭玄□、李玄灯,门徒赵静□、李静□、□静□。[②] 万历二十二年(1594 年)《重修后土圣母祠记》,记知庙道士王玄烔、李玄灯、郝静墉、王真钺。[③] 天启七年(1627 年)《重修后土庙碑记》,有三清观道士宋真銮,本庙道士岳静玲,门徒段真□、萧真□、冀真鍊;侄赵真镭,徒翟常滏。[④] 入清以后,城隍庙取代后土庙,成为县道会司所在地,一直传到嘉庆十九年(1814 年)“教”字辈。[⑤]

晋祠仍由龙门派道士住持管理。隆庆元年(1567 年)立《重修晋祠庙碑记》,题本庙住持道士赵净喜,徒程真一、郝真润;何净礼,徒高真近;曹净性,徒署印道官李真良。[⑥] 万历二十四年(1596 年)《重修献殿碑记》,有住持贾净荣、李真良、高真敬、贾真□、刘常衍、李常春、高常照、刘守志。[⑦] 万历三十四年(1606 年)钟铭题“道士李常春”。天启三年(1623 年)唐叔虞祠铁香筒铭文记“住持道士贾立成、高常□、李常春、刘守成”。递传至清雍正十年(1732 年),为“一”字辈。[⑧]

嘉靖年间,晋简王礼请全真道士宫常鸾,建灵真观。至明末,灵真观在晋王府支持下又传承了“守、太、清”三代。[⑨] 万历时期,晋中寿阳县出现了两支龙门道派。一支以道会司所在地寿阳城隍庙为中心,向邻近乡村一些民间信仰庙宇扩散,后来还传到吕梁北武当山。其道脉以道会司署印道士

---

① 张晋平:《晋中碑刻选粹》,太原:山西古籍出版社 2001 年版,第 183 页;张正明、[英]科大卫编:《明清山西碑刻资料选》,太原:山西人民出版社 2005 年版,第 481 页。

② 碑存介休后土庙娘娘殿后墙,张方有部分录文。

③ 碑存介休后土庙,此据张方录文。

④ 碑存介休后土庙,此据张方录文。

⑤ 参见张方:《碑刻所见介休后土庙龙门派传承》,赵卫东主编:《全真道研究》第 3 辑,济南:齐鲁书社 2014 年版,第 248—256 页。

⑥ 碑存太原晋祠圣母殿前,张方有著录。参见张正明、[英]科大卫、王勇红编:《明清山西碑刻资料选(续一)》,太原:山西古籍出版社 2007 年版,第 530 页。

⑦ 碑存太原晋祠圣母殿左侧,张方有部分录文。

⑧ 参见张方:《明代全真道的衰而复兴——以华北地区为中心的考查》第四章第二节,中国社会科学院博士学位论文,2014 年。

⑨ 参见王琳玉主编:《三晋石刻大全》(榆次卷),太原:三晋出版社 2012 年版,第 72、87 页。

张通喜为源头，在明代共传“通、玄、净、真”四代。另一支由华山道士郭静中传来，其于万历二十七年（1599 年）到寿阳五峰山开建道场。由于擅长祈雨，郭静中在当时北方地区影响颇大。入清后，这一支仍有“来、复、本、合、教、永”等辈道士在五峰山活动。① 浮山县清微宫老君殿道士吴真玄及其弟子李常青、梁常贵②，高平清梦观道士牛玄诚、李静存、刘静福等③，也都是零散的龙门派法裔。

隆庆六年（1572 年），楼观碑石《义祀感格记》载：“盖玉堂真阳霍氏子，晋之洪洞人……师事孙静忮”④，为龙门派“静、真”两代传承。万历以后，西北地区开始大量出现龙门派字辈。在华山白云峰，据清顺治十三年（1656 年）《重修白云峰记》，此处道士的传承谱系为：吴静雷—胡真海、郭真祥—张常德、黄常见—李守冬、张守益—姚太会—郭清泉—苏一鳌—王阳□、高阳起—陈来昭。他们在白云峰修建的庙宇包括：万历元年（1573 年），创建祖师洞殿；天启二年（1622 年），创建猢狲愁洞；天启六年（1626 年），创建三丰神洞；崇祯十四年（1641 年），重修祖师洞殿；顺治三年（1646 年）创建九皇神洞；顺治七年（1650 年），创建文昌神祠；顺治十三年（1656 年），创修西岳灵官土地神殿。⑤ 另据学者统计，万历元年至八年（1573—1580 年）华山有“守、来、永”三代。万历四年（1576 年）陕西陇县龙门洞有“常、守”两代。万历三十六年至康熙四十七年（1608—1708 年）陕西佳县白云观传“真、常、守、太、清、一、阳”七代。⑥ 甘肃平凉崆峒山万历四十三年（1615 年）出现“住持道人霍真祥，

① 参见张方：《明代全真道的衰而复兴——以华北地区为中心的考查》第二章第二节，中国社会科学院博士学位论文，2014 年；张方：《明末全真道士郭静中生平考略》，《宗教学研究》2015 年第 3 期。

② 参见张金科、姚锦玉、邢爱勤主编：《三晋石刻大全》（浮山卷），太原：三晋出版社 2012 年版，第 105 页。

③ 参见常书铭主编：《三晋石刻大全》（高平卷上），太原：三晋出版社 2010 年版，第 198 页。

④ 《北图拓本》，郑州：中州古籍出版社 1989 年版，第 56 册，第 181 页。

⑤ 参见张江涛编：《华山碑石》，西安：三秦出版社 1995 年版，第 81 页。

⑥ 参见樊光春：《明清时期西北地区全真道主要宗派梳理》，赵卫东主编：《全真道研究》第 1 辑，济南：齐鲁书社 2011 年版，第 218—236 页。

徒张常明"①,此后代代相续,到新中国成立前,可见最晚派字为第二十八代"嗣"字辈。② 云南晋宁县万历三十年(1602 年)刻《玄天阁常住田碑》,有住持道士霍守元、尹守清、曹太淳、孛太良等,应是龙门派"守、太"两代。③河南南阳玄妙观顺治时期碑石中有"德、玄、真、常、守、太、清、一"等字辈道士,则龙门派在明后期应已进入玄妙观。④

龙门律宗的衰颓局面到明后期似乎仍未改变。活动于这个时期的第六代律师赵真嵩(号复阳子),同样浪迹各地,居无定所,开始是游武当、登茅山,奔走于吴越山水间;其后,又来往于天台、王屋、九宫山之间。他开始在王屋山收授弟子王常月,过了大约十年,又在湖北九宫山再次与王常月相遇,他问王常月:"十年之阔,持心应物,何得何失?"王常月向他谈了十年来的感受,即"历叙元风颓敝,邪说流行,罹诸艰苦,徒增浩叹耳"⑤,表现出思想上有若干委屈、消极情绪。其所云"元风颓敝,邪说流行",正是他对当时全真道衰落情况的观察和感受。王常月是在哪一年说的这段话?据一些资料考证,当在崇祯元年(1628 年)。因为王常月在这年第二次与其师赵真嵩相遇,作了那番对话后,赵真嵩就将戒律传授给他,使其成为龙门派第七代传戒律师,而传授戒律的时间就在崇祯元年。这有两个记载可以证明:一是《金盖心灯》卷 1《赵复阳律师传》说:"崇正(祯)戊辰(即元年),上党王平(王常月早年名平——引者注)访至,始得传其所受。"⑥二为王常月所作《初真戒律序》,他自谓:"余因崇祯初岁,云纵于楚,诣九宫山复阳赵真人,亲授戒法,得其领要。"⑦由此可知,王常月在崇祯元年以前的十年中所亲眼

① 《张真人回书》,吴景山:《崆峒山金石校释》,兰州:甘肃文化出版社 2014 年版,第 86 页。

② 参见《创修凤凰岭太清宫记碑》(1947 年),吴景山:《崆峒山金石校释》,兰州:甘肃文化出版社 2014 年版,第 206—207 页。

③ 参见《北图拓本》第 58 册,第 147 页。

④ 参见[美]刘迅:《张将军瘗埋枯骨:清初南阳重建中全真道与清廷之合作》,陈鼓应主编:《道家文化研究》第 23 辑,北京:生活·读书·新知三联书店 2008 年版,第 330—364 页。

⑤ (清)闵一得:《金盖心灯》卷 1《王昆阳律师传》,《藏外道书》第 31 册,第 183 页。

⑥ (清)闵一得:《金盖心灯》卷 1《王昆阳律师传》,《藏外道书》第 31 册,第 181 页。

⑦ (清)王常月:《初真戒律序》,《藏外道书》第 12 册,第 13 页。

见到的仍是“元风颓敝”的景象。

许昌天宝宫在弘治年间从华山派字谱第一代“志”字辈开始①,一直传承有绪。万历二年(1574年)住持为杨尚来②,乃华山派字谱第四代。万历三十一年(1603年)《重修玉帝通明殿碑记》,本宫道士题名含“无”字辈1人,“尚”字辈8人,“道”字辈33人,“崇”字辈44人,“教”字辈16人,“演”字辈3人。③ 天启四年(1624年)《重修四圣殿并钟楼碑记》,载本宫道士“尚”字辈1人,“道”字辈6人,“崇”字辈4人,“教”字辈2人。④ 天宝宫华山派到民国年间,传至第二十六代“万”字辈。⑤ 邻近天宝宫的清真观,也传全真华山派。万历年间《重修真武殿记》,题名有“住持王真和,徒孙王和禅”⑥。天启三年(1623年)“洞天海岛”石匾上刻有“住持李全林,徒王真和、王真利”⑦。传至清道光八年(1828年),住持道士为“礼”字辈。⑧

河南浚县浮丘山城隍庙,据隆庆元年(1567年)《重修城隍庙记》,嘉靖乙丑岁(1565年)前后守庙道士为张教倌,吴演安、周演忠分居东西院。⑨ 同山碧霞宫,万历四十七年(1619年)《新置碧霞元君神道碑》⑩和天启二年(1622年)《重修子孙祠碑》⑪,有道士常全保及其重徒孙傅和巡。据碑刻资料,浚县浮丘山华山派传至清光绪年间,碧霞宫住持道士为“祥”字辈。⑫

① 参见张方:《许昌天宝宫与明代全真华山派》,《世界宗教研究》2016年第4期。
② 参见《重修真武殿碑记》,碑存天宝宫祖师殿前,此据张方录文。
③ 碑存天宝宫祖师殿前,此据张方录文。
④ 碑存天宝宫祖师殿前,此据张方录文。
⑤ 民国三年(1914年)《重建武穆岳郡王庙碑》,碑存天宝宫祖师殿前,此据张方录文。
⑥ 碑存清真观真武殿前,此据张方录文。
⑦ 石匾现存清真观前殿廊下,此据张方录文。
⑧ 参见《重修清真观玉皇殿碑》,碑存清真观前殿前,此据张方录文。
⑨ 参见(清)熊象阶纂:《浚县志》卷6,《中国方志丛书》,台北:成文出版社1976年版,第411、412页。
⑩ 碑存浮丘山碧霞宫中院,录文见班朝忠主编:《天书地字》,北京:文物出版社2006年版,第180—181页。
⑪ 碑存浮丘山碧霞宫大门外东侧壁间,录文见班朝忠主编:《天书地字》,北京:文物出版社2006年版,第182页。
⑫ 参见吴真:《华北地方社会中的全真道士:以华山法派赓续与公共庙宇经营为中心》,黎志添主编:《十九世纪以来中国地方道教变迁》,香港:生活·读书·新知三联书店2013年版,第341—382页。

芮城县永乐宫是全真道祖庭之一，至迟在天启年间已由华山派住持。天启四年（1624 年）《永乐宫重修诸神牌位记》提及“本宫住持张和气”、“嗣法弟子刘和义”①。崇祯九年（1636 年）立《重修潘公祠堂记》，乃“焚修住持张和气并徒德印立石”②。崇祯九年严广大撰《纯阳万寿永乐宫重修墙垣记》，记本宫弟子道官罗德凤继其师李和算发心修筑墙垣事，碑列“本宫道正司道官李正□，住持王正□、陈正□、吴正义、李正春、马□良、赵□荣、□本顺、□本□、李本善、杨本从、杨仁福、张仁才、孙仁□、相仁慰、王仁慈、张仁洛、王仁裕、杨义祯、曹义路、王义明。本宫道人尉冲贵、曹冲祥、曹和□、曹和志、张和气、蔡和成、马德义、杨德□。本宫宗枝任冲成、杨和志、王和祥、王正芳、王本祥、张德印、古德食、吉德□、宁德安”③，玄门弟子郭正忠书丹。崇祯十六年（1643 年）《创立建醮功德记碑》题名有道官张德印，化主张和气，孙张正宾、刘正禧，重孙本位。④ 同年所立《重修丘祖吕真二殿碑记》，题名有化主张和气，徒道官张德印，孙张正宾、刘正喜，重孙张本位，并记“祖师李全周，爷李真宁，师伯尉冲贵、吉冲修、刘冲祺、曹冲祥，弟寇和仁、曹和忠、蔡和成、李和孝，道侄吉德食、杨德宝、宁德敬、杨德晓，道孙李正庚”⑤。综合以上碑记，可以得到一份华山派“全、真、冲、和、德、正、本、仁、义”九代的完整传系。⑥

华山派第六代“崇”字辈从嘉靖四十一年（1562 年）进入左权紫微观，到民国初年传至第二十三代“宗”字辈，共传承 18 代。⑦ 河津县大禹庙万历

① 《道家金石略》，第 1304、1305 页。前此，万历甲寅（1614 年）已有“关内高士葛真玉于纯阳宫（即永乐宫）无极殿斋沐捧诵（《玉皇经》），阅历三载，迨丙辰而竣”。（万历四十五年立《永乐镇纯阳宫肇修善事碑文》，《道家金石略》，第 1301—1302 页）葛真玉，当为华山派第十代。

② 《道家金石略》，第 1308 页。

③ 《道家金石略》，第 1308—1309 页。

④ 参见《道家金石略》，第 1310 页。

⑤ 《道家金石略》，第 1311 页。

⑥ 参见张广保：《明代全真教的宗系分化与派字谱的形成》，赵卫东主编：《全真道研究》第 1 辑，济南：齐鲁书社 2011 年版，第 189—217 页。

⑦ 参见张方：《碑刻所见左权紫微观派字传承》，《中国道教》2012 年第 4 期。

三十七年(1609年)《重修大禹庙碑》“住持道人吴教祀”①,当为华山派第七代。孟县万历十二年(1584年)《续藏山赵王庙记》道士题名有李崇还、刘教通、赵教秦、秦演礼、苏演会、杨演鸾、邢全海②,崇祯六年(1633年)住持道士为刘全维③,为“崇、教、演、全”四代。晋城市阳城县郭峪村崇祯九年(1636年)立《创修钟鼓两楼补修西廊房碑记》,题名有“焚修道士杨和兴,徒杨德成”④,为“和、德”两代。

从碑石来看,陕西耀州药王山自明中期以来一直为华山派占住。万历时传“真、冲”辈,此后代代相续,新中国成立前传至“嘉”字辈。三原城隍庙、高陵元君庙明后期有“教、演、全、真、冲、和、德”连续传系,新中国成立前也传至“嘉”字辈。终南山古楼观,万历年间有少数华山派道士活动。万历二年(1574年)《重建三清殿记》碑阳载:“昔授华山郝祖道教事云水道人五阳方演惠书阴,□峰张全安立石。”碑阴载有道会司署印官、说经台、会灵观、洪妙庵、玉华观等处道人,太虚观道人马教白、田演武,助缘道人□教玄、徒刘演□、张演□,吕公洞云游道人康演云、王演书。⑤ 方演惠还书写了《重建吾老洞殿宇记》。万历十四年(1586年)以后,华山出现“演、全、真、冲、和”等字辈,万历三十年(1602年)《重修西岳庙记》题名有“本庙道官席演魁、吴全琚,住持赵演才、赵全谟、苗全智、王冲宁”⑥,明末清初传至“德、正、

---

① 张正明、[英]科大卫、王勇红编:《明清山西碑刻资料选(续一)》,太原:山西古籍出版社2007年版,第535页。同年立《河津县东长里寺庄村重修庙宇碑铭记》也记修复大禹庙事,住持吴教祀,见张正明、[英]科大卫、王勇红编:《明清山西碑刻资料选(续二)》,太原:山西经济出版社2009年版,第179—180页。

② 参见张正明、[英]科大卫、王勇红编:《明清山西碑刻资料选(续一)》,太原:山西古籍出版社2007年版,第698页。

③ 参见《大旱作霖碑叙》,张正明、[英]科大卫、王勇红编:《明清山西碑刻资料选(续一)》,太原:山西古籍出版社2007年版,第682页。

④ 张正明、[英]科大卫、王勇红编:《明清山西碑刻资料选(续二)》,太原:山西经济出版社2009年版,第182页。此二人又见于顺治十二年(1655年)《增修石山庙并池亭记》,为“住持杨和兴,徒德成、德济”,可见入清后仍有传续。参见张正明、[英]科大卫、王勇红编:《明清山西碑刻资料选(续二)》,太原:山西经济出版社2009年版,第190页。

⑤ 参见《北图拓本》,郑州:中州古籍出版社1989年版,第57册,第7—8页。王忠信主编:《楼观台碑石》,西安:三秦出版社1995年版,第169页。

⑥ 张江涛编:《华山碑石》,西安:三秦出版社1995年版,第298页。

本”三代。泾阳万历二年(1574年)《重修延寿宫碑记》住持道人为“教、演”字辈。[①] 陇县龙门洞万历四年(1576年)《登景福洞天碑》记“住持刘演成、梅演祥、萧演福,徒弟刘全玉,徒孙陈真喜”[②]。万历十二年(1584年),蒲城万斛山有“演、全”字辈。万历二十七年(1599年),绥德修真洞有“全、真、正”几代记录。咸阳天圣宫万历三十五年(1607年)《重修天圣墙垣记》有“全、真”二代。[③] 崇祯十五年(1642年)韩城县城隍庙道士为“全、真、冲”三代。[④] 甘肃崆峒山,万历四十三年(1615年)《雷祖殿买砖碑》有女道王全海[⑤],万历四十四年(1616年)《雷祖殿施财助缘碑》有玄门弟子王演龙、胡全科[⑥],为华山派“演、全”两代。清顺治八年(1651年)传至“正”字辈。[⑦]

山东青州修真宫万历年间有华山派道士与龙门派混住。万历三十三年(1605年)《重修修真宫碑》本宫道众题名有王教书。[⑧] 稍后的另一通碑文,本宫道众题名有占演和、魏演香、贺全宁、王全明、张全邦、赵全兴。[⑨]

邹城峄山白云宫于万历三十一年(1603年)获赐《道藏》,现存《皇帝敕谕碑》,记其时住持为张演祥。[⑩] 同山有《重修西华宫记》,记万历四十年(1612年)道士任和德重修宫事。[⑪] 说明万历年间华山派已进入峄山。

---

① 参见王安怀主编:《咸阳碑刻》,西安:三秦出版社2003年版,第550页。

② 张文、陈法永主编:《丘处机与龙门洞》,西安:陕西人民出版社1999年版,第194页。

③ 碑存咸阳博物馆,碑阳见张鸿杰主编:《咸阳碑石》,西安:三秦出版社1990年版,第110—113页。

④ 以上参见樊光春:《明清时期西北地区全真道主要宗派梳理》,赵卫东主编:《全真道研究》第1辑,济南:齐鲁书社2011年版,第218—236页。

⑤ 参见吴景山:《崆峒山金石校释》,兰州:甘肃文化出版社2014年版,第26页。

⑥ 参见吴景山:《崆峒山金石校释》,兰州:甘肃文化出版社2014年版,第28页。

⑦ 参见《重修玄帝殿并新建香亭记碑》,吴景山:《崆峒山金石校释》,兰州:甘肃文化出版社2014年版,第37页。

⑧ 参见赵卫东、庄明军编:《山东道教碑刻集》(青州昌乐卷),济南:齐鲁书社2010年版,第191页。

⑨ 参见赵卫东、庄明军编:《山东道教碑刻集》(青州昌乐卷),济南:齐鲁书社2010年版,第194页。

⑩ 参见王川编:《峄山碑刻集》,济南:齐鲁书社2016年版,第170页。

⑪ 参见王川编:《峄山碑刻集》,济南:齐鲁书社2016年版,第185—186页。

淄博市博山区五阳山万历十九年(1591 年)地契碑提到“道人神演成”①。万历二十三年(1595 年)善信题名碑,碑阴载“募缘道人神演成、冯全见”②。万历三十四年(1606 年)《重修志公庙记碑》募缘道人为胡全会。③ 万历三十五年(1607 年)《新建子孙庙记碑》募缘道人为神演成、胡全会,碑阴有冯全见之名。④ 同市凤凰山万历二十六年(1598 年)立《重修玉皇宫记碑》,有住持道人赵演忠,募缘道人李全乐。⑤ 同市云行山,明末有华山派道士进入,与龙门派混居。天启五年(1625 年)立《创建三清庙记碑》,道众题名有赵全□、唐真亮、王真名、王真礼。⑥ 可见,博山地区在明后期有华山派“演、全、真”三代。

北京昌平隆庆元年(1567 年)《白羊城创建关王庙记》,碑阴题本庙焚修住持陈全礼,三官庙住持寇演明、徒子□全宝。⑦ 陈、寇二人还出现在隆庆二年(1568 年)《白羊城创建城隍庙记》碑阴题名中。⑧ 这显示华山派在白羊城流传。北京密云万历三十五年(1607 年)《增修东岳庙记》,碑阴题名有道会司曹演鸾,本庙住持焚修道士王演寿、张全沛。⑨ 崇祯十二年(1639 年)立《重建药王庙碑记》,言万历三十年(1602 年)吕真明住持密云药王庙,以重修为任,羽化后,其徒鲁冲江继任住持,终于崇祯年间募修完工。⑩ 据崇祯九年(1636 年)《伏魔大帝庙碑》,北京西城区马相胡同关帝庙

① 赵卫东、王予幻、秦国帅编:《山东道教碑刻集》(博山卷),济南:齐鲁书社 2013 年版,第 81 页。

② 赵卫东、王予幻、秦国帅编:《山东道教碑刻集》(博山卷),济南:齐鲁书社 2013 年版,第 84 页。

③ 参见赵卫东、王予幻、秦国帅编:《山东道教碑刻集》(博山卷),济南:齐鲁书社 2013 年版,第 86 页。

④ 参见赵卫东、王予幻、秦国帅编:《山东道教碑刻集》(博山卷),济南:齐鲁书社 2013 年版,第 88、89 页。

⑤ 参见赵卫东、王予幻、秦国帅编:《山东道教碑刻集》(博山卷),济南:齐鲁书社 2013 年版,第 144 页。

⑥ 参见赵卫东、王予幻、秦国帅编:《山东道教碑刻集》(博山卷),济南:齐鲁书社 2013 年版,第 381 页。

⑦ 参见《北图拓本》,郑州:中州古籍出版社 1989 年版,第 56 册,第 151 页。

⑧ 参见《北图拓本》,郑州:中州古籍出版社 1989 年版,第 56 册,第 155 页。

⑨ 参见《北图拓本》,郑州:中州古籍出版社 1989 年版,第 58 册,第 191 页。

⑩ 参见《北图拓本》,郑州:中州古籍出版社 1989 年版,第 60 册,第 99 页。

焚修住持为熊真松，徒张冲志，徒孙龚和良。[①] 此为明后期华山派在北京地区流传情况。

祖述刘处玄的随山派，这一时期也有载记。前述万历时崂山太清宫发生佛道争端，耿义兰告御状成功，明神宗还颁赐《道藏》与太清宫，命道士贾性全焚修住持。[②] 据随山派字谱“思道明仁往，全真性复常。景高和礼义，嗣信守忠良”[③]，贾性全为第八代。据周宗颐《太清宫志》卷 6 记载，天启年间，道士张常在拜崂山道士张复仁为师。此为第九、第十两代。到民国十五年（1926 年）传至第二十四代“旅”字辈王旅会，为崂山住持道士。[④]

托称谭处端所开南无派，据《南无道派宗谱》，明后期有第九代周妙超，递传陈仙后、朱立刚、许去乾。[⑤]

明后期，各地还出现了一些新的全真道派或旧道派的分支岔派。

（1）果老祖师云阳派。此派起于泰山三阳观。据隆庆四年（1570 年）萧大亨撰《建立三阳庵记》，三阳观为嘉靖辛亥（1551 年）王三阳（王阳辉）率其徒昝复明于泰山卜地始建，并云：“庵以三阳名者，从全真道士王三阳之号也。”[⑥]万历十七年（1589 年）、万历二十二年（1594 年）两通《皇醮碑记》皆称“全真道士昝复明”，且后碑自署“本观住持全真道士昝复明立石”。[⑦] 可见此派是归宗全真道的。据现存万历二十七年（1599 年）《昝复明墓碑》、万历三十七年（1609 年）《黄坚廉墓碑》、天启四年（1624 年）《张守香墓碑》、崇祯三年（1630 年）《史守知墓碑》，可以统计出“复”字辈 1 人，“志”字辈 8 人，“坚”字辈 9 人，“守”字辈 41 人，“太”字辈 40 人，“玄”字辈

---

① 参见《北图拓本》，郑州：中州古籍出版社 1989 年版，第 60 册，第 72 页。

② 参见万历三十一年（1603 年）七月立《太清宫形胜地至碑》，《北图拓本》第 58 册，第 150 页。同年三月，贾性全另立有一通《崂山太清宫山场地四至记》，见《道家金石略》，第 1299—1300 页。

③ 《藏外道书》第 20 册，第 575 页。

④ 参见高明见编：《海上道教名山——东海崂山》，北京：宗教文化出版社 2007 年版，第 274—277 页。

⑤ 参见（清）刘名瑞修：《南无道派宗谱》，《三洞拾遗》，合肥：黄山书社 2005 年版，第 17 册，第 602—604 页。

⑥ 《建立三阳庵记碑》，碑存泰山三阳观，赵卫东有录文。

⑦ 碑存泰山三阳观，赵卫东有录文。

41 人,“智”字辈 2 人。其后一直传至民国二十三年(1934 年)“正”字辈。[①] 此观与万历宫廷关系密切,神宗宠妃郑贵妃多次派太监到此修设清醮,并因此卷入“国本案”。[②]

(2)丘祖又派。此派起于山东临朐县沂山东镇庙。[③] 据现存碑刻材料来看,嘉靖末以前,东镇庙的道士记名较零散,缺乏相互间关系的明确信息,难以断定其道派归属。嘉靖四十年(1561 年)《重修东镇庙题名记》,载住持崔崇祐、道士陈崇进、募缘住持唐教玉、助缘杜教用、郇一林、王教洪、李教允、孟道胜、申道贵。[④] 大部分符合华山派“崇、教”字辈,而孟道胜、申道贵为唐教玉弟子。万历十四年(1586 年)《唐教玉墓碑》载有其明晰的传代,“徒孟道胜、雪道之、申道贵、吕道朐、姚道江,俗徒子侯道夫,徒孙杜守仁、方守田、申守政、付守智、杨守仁、徐守衫、田守俸、杨守□,既重孙牛悟性、于悟贤、于悟清,玄孙申玄机”[⑤]。这一传承符合丘祖又派字谱“道守悟玄微,清静本希夷”[⑥]。再证以万历四十二年(1614 年)《重修东镇沂山庙记碑》,有本派“道”字辈王道蓬、王道真 2 人,“守”字辈邵守清、徐守衫等 6 人,“悟”字辈杨悟清、张悟全 2 人,“玄”字辈吕玄阳、申玄机 2 人[⑦];康熙二年

① 参见赵卫东:《泰山三阳观及其与明万历宫廷之关系》,陈鼓应主编:《道家文化研究》第 23 辑,北京:生活·读书·新知三联书店 2008 年版,第 280—306 页。统计数字参见秦国帅:《明清以来(1368—1949)泰山道派考略》,《中国道教》2011 年第 3 期。

② 参见赵卫东:《泰山三阳观及其与明万历宫廷之关系》,陈鼓应主编:《道家文化研究》第 23 辑,北京:生活·读书·新知三联书店 2008 年版,第 280—306 页。周郢:《明代万历“国本案”的新史证》,《周郢文史论文集》,济南:山东文艺出版社 1997 年版,第 200—204 页。王传明、周郢:《明代宫廷斗争与泰山之关系》,《泰山研究论丛》第 5 集,青岛:青岛海洋大学出版社 1992 年版,第 52—69 页。田承军:《明国本案与泰山三阳观新考》,《历史档案》2005 年第 4 期。

③ 参见赵卫东:《沂山东镇庙及其宗派传承》,赵卫东主编:《全真道研究》第 2 辑,济南:齐鲁书社 2011 年版,第 274—303 页。

④ 参见赵卫东、宫德杰编:《山东道教碑刻集》(临朐卷),济南:齐鲁书社 2011 年版,第 79 页。

⑤ 赵卫东、宫德杰编:《山东道教碑刻集》(临朐卷),济南:齐鲁书社 2011 年版,第 85 页。

⑥ 《藏外道书》第 20 册,第 580 页。

⑦ 参见赵卫东、宫德杰编:《山东道教碑刻集》(临朐卷),济南:齐鲁书社 2011 年版,第 88 页。

(1663年)《重修东镇庙记碑》,有本派赵守身、祖悟赞、倪微教、顾清然、苑静云、马静读①;康熙十六年(1677年)《道士赵守身墓碑》,有徒子祖悟赞、孔悟界,暨孙马玄举、马玄□、李玄和,曾孙许微笈、周微篇、柴微篆、王微簪,玄孙程清芬②;《仁寿乡盘羊社修醮残碑》有"玄门弟子苑静云,领醮王本固、李希耐"③。这些可以更清楚地看出与丘祖又派字谱的吻合。此派既出自华山派唐教玉,也一直与华山派道士在东镇庙混住。如前举万历四十二年《重修东镇沂山庙记碑》,即列有华山派"教"字辈李教花1人,"演"字辈张演随等8人,"全"字辈宋全科等5人,"真"字辈张真绪等5人。④ 康熙二年《重修东镇庙记碑》,记有华山派"全"字辈朱全周、"真"字辈曹真惟、"冲"字辈石冲月3人,"和"字辈段和典。⑤

综上所述,全真道在万历朝又与皇室发生了直接的联系,这使得全真道在一定程度上有所复苏。虽然顺治七年(1650年)《重修五峰山碑记》云:"逮我明,有淡然子周法师,奏请神宗封为保国隆寿宫,创建三元殿,历来增新,骚人题咏称胜地也。时有明光宗替道史羽士讳和训者,修真于兹。"⑥但光宗朱常洛在位仅月余,所谓"替道"多半是万历时期的事情。全真道与明皇室的联系在载记中遂从此断绝。当然,光宗即位距明亡不过24年,其后的熹宗、思宗陷于内忧外患,无暇顾及道教也是情理中事。

虽然与皇室的联系较为短暂,但可以看到,全真道许多宗派在明后期继续在各地传播,甚至开枝散叶产生新的岔派分支,得到社会上层与广大民众的认可。特别是道派字谱的广泛流行,将师徒之间的"拟血缘关系"通过命

---

① 参见赵卫东、宫德杰编:《山东道教碑刻集》(临朐卷),济南:齐鲁书社2011年版,第92页。

② 参见赵卫东、宫德杰编:《山东道教碑刻集》(临朐卷),济南:齐鲁书社2011年版,第95页。

③ 参见赵卫东、宫德杰编:《山东道教碑刻集》(临朐卷),济南:齐鲁书社2011年版,第132页。

④ 参见赵卫东、宫德杰编:《山东道教碑刻集》(临朐卷),济南:齐鲁书社2011年版,第88页。

⑤ 参见赵卫东、宫德杰编:《山东道教碑刻集》(临朐卷),济南:齐鲁书社2011年版,第92页。

⑥ (清)李雨霈:《重修五峰山碑记》,(清)舒化民等:《(道光)长清县志》卷10,《中国地方志集成·山东府县志辑》,南京:凤凰出版社2004年版,第59册,第429页。

名表现出来,无疑增强了各宗支的凝聚力。在笼罩整个宗教的组织结构形式已经不可能恢复的情况下,派字谱的组织形式可能算得上是最好的替代品。

前述王常月谈及明末全真道时仍强调“玄风颓敝”,但如上所述,实际上此时的全真道从外在的社会认可、内在的组织形式等方面,已经为入清之后以王常月为标志人物的“龙门中兴”准备了一定的条件。

二、王常月的阐教活动及其修道思想

王常月(1594—1680年),原名平,法名常月,号昆阳。其生平见严合怡《道统源流》、小柳司气太《白云观志》卷4《昆阳王真人道行碑》、其弟子吕守璞《王昆阳传》、徒孙范太青《钵鉴续》、闵一得《金盖心灯》卷1《王昆阳律师传》等。关于他的生年,各书记载不一,有谓其生于明万历二十二年(1594年),有谓其生于明嘉靖元年(1522年)。据王沄《漫游纪略》,其于康熙癸丑(1673年)游武当山,见到王常月,“丰姿修伟,自言年八十余,善导引之术”①。故当以前说为是。诸传记皆谓其年甫弱冠,即遍历名山求访大道,慨然有出尘之心。迨至中年,于王屋山(山西阳城县西南)遇全真龙门六祖赵复阳,一再相求,终被接纳为弟子,并授以戒律,取名常月。赵嘱咐他说:“成道甚易,然亦甚难。必以苦行为先,种种外务,切须扫除。依律精持,潜心教典,体《道德》自然之元奥,探《南华》活泼之真机,方为稳当。”②之后,又周游各地,八九年间,参师二十余处,印证五十余人。搜览三教经书,孜孜不倦。闻湖北九宫山有得道隐士,遂前往访之,再遇其师赵复阳,时当崇祯元年(1628年)。③ 王常月向其师历叙玄风颓敝,求师指示,赵复阳以“天仙大戒”密授之,嘱曰:“君子穷于道谓穷,通于道谓通。道备我身,何忧穷通?若违时妄行,安能免世俗之谤议、匪类之妒忌哉!”④他告诉王常

① (清)王沄:《漫游纪略》卷4《楚游中》,《笔记小说大观》,扬州:江苏广陵古籍刻印社1983年版,第17册,第16页。

② (清)闵一得:《金盖心灯》卷1《王昆阳律师传》,《藏外道书》第31册,第183页。

③ 参见(清)王常月:《初真戒律序》,《藏外道书》第12册,第13页。

④ 《藏外道书》第31册,第183页。

月，全真道一定会“时至而兴”，即将再度兴盛起来。而且将来“大阐玄风”，将它兴盛起来的人，“是在子矣”。又教他于“二十年后游燕京，谒邱祖于白云观”，那时就“是道行之时也”。别师后，王常月隐居华山多年，于顺治时至京师①，挂单灵佑宫。此时全真道祖庭北京白云观，自明末李自成破北京后已荒芜，观内道士也纷纷离散，仅有一姓俞的居士留居于此。受俞居士之邀，王常月才在观内居住，任方丈。

有了立足之地，王常月就开始了振兴全真道的阐教活动。顺治十三年（1656年）三月望日，说戒于白云观，大江南北闻讯来求戒者接踵而至。这次公开传戒活动对于全真道的“复兴”具有非同小可的意义，全真龙门派不仅发展了大批教徒，更重要的是使世人得知全真道已获得清统治者的支持和保护②，堂而皇之地亮相于大庭广众之中，为进一步的传播和发展奠定了基础。故王常月说：“我道门中自七真阐教之后，教相衰微，戒律威仪四百年不显于世。缘因教门之中未曾有人出来担当其任……今幸道运当行，遭逢盛世，上有皇上福庇，天下太平；朝多官宰善信，教中护法；又有檀越布施，衣巾冠钵，制就现成。这便是千生难遇，历世希逢！”③据说，顺治十五年（1658年）、十六年（1659年），王常月又两次奉旨开坛传戒。通过这三次公开传戒，仅在京师白云观就度有全真龙门弟子一千余人，使龙门派的实力大增，其中有许多人后来都为龙门派的传衍立下汗马之功，成为“振兴龙门”

① 完颜崇实撰《崑阳王真人道行碑》记为世祖皇帝入关之始，即顺治初。（《藏外道书》第20册，第592页）《金盖心灯》记为顺治十二年（1655年）。（《藏外道书》第31册，第183页）

② 《金盖心灯》卷前《龙门正宗流传支派图》云：“顺治十三年（1656年）奉旨封国师。”卷2《吕云隐律师传》说，王常月是“应世祖章皇帝诏，说戒白云观”。（《藏外道书》第31册，第166、199页）完颜麟庆撰《重修白云观宗师庑记》云：“崑阳高士承恩主讲白云，宏演青律。”完颜崇实撰《崑阳王真人道行碑》也说是“奉旨主讲白云观”。（《藏外道书》第20册，第588、592页）闵一得注《皇极阖辟证道仙经》云，当时“佛道两宗传戒，非奉旨不得私开”。（《藏外道书》第10册，第381页）然而，现有研究指出，私开戒坛在明末清初的佛道二教皆为常见，诸方各自说戒，因而形成分散的授戒法系。在这种情况下，建构传承谱系、标榜“奉旨传戒”，借助圣俗的“权威”，有利于使自己的戒法成为主流。（参见马海燕：《明清佛教与全真道传戒研究发微》，《法音》2016年第4期）

③ （清）王常月：《碧苑坛经》卷上，《藏外道书》第10册，第168页。

的得力干将。

王常月于康熙二年(1663年)率弟子詹守椿、邵守善等人南下传教。是年十月,在南京碧苑登坛说戒,系统阐释全真道龙门派的思想特点。而后,又率弟子前往杭州、湖州、湖北武当山开坛说戒,不仅为龙门派在江浙一带的迅猛发展播下了种子,而且使武当山的道士大多数皈依于龙门门下。王常月的南下,不仅使其思想传播开来,还收授了一大批弟子,使久衰的全真龙门派逐渐复兴,被后世道徒誉为龙门中兴之祖,闵一得在《金盖心灯》中称其"是我朝高士第一流人物"①。据信,王常月曾得康熙帝紫衣之赐。②康熙十九年(1680年),王常月去世,康熙皇帝"赐号抱一高士,命筑飨堂以覆之,塑法像以祀之"③。

王常月著有《钵鉴》5卷,记述明清全真道史实,又有《初真戒律》1卷,收入《道藏辑要》,《龙门心法》收入《藏外道书》第6册(又题《碧苑坛经》④,收入《古书隐楼藏书》)。

王常月的宗教思想,集中体现在《碧苑坛经》和《初真戒说》二书中。《碧苑坛经》是其弟子根据他在南京说戒的记录整理而成的,分为卷首、卷上、卷中、卷下、卷末,共22篇,既讲修炼次第,又讲修炼方法。提出入道学仙,须按皈依三宝、忏悔罪业、断除障碍、舍绝爱缘、戒行精严、忍辱降心、清静身心、求师问道、定慧等持等二十要,依次修行;并须严持初真、中极、天仙三级道戒,以戒、定、慧为渐进之基。实际上,王常月是将内丹修炼理论贯串于戒律说中,强调明心见性,认为"命在性中",明心见性须从持戒降心、日用常行中去朴实用功,性见则命在,亦是得道。只要了性,不愁命不立。

"戒行精严"是王常月修道思想的主体,他认为戒"是降魔之杵,能镇压

---

① (清)闵一得:《金盖心灯》卷1《王昆阳律师传》,《藏外道书》第31册,第184页。

② 参见尹志华:《清代全真道传戒若干史实再考察》,赵卫东主编:《全真道研究》第五辑,济南:齐鲁书社2016年版,第131页。

③ (清)完颜崇实、孟永才:《白云仙表》,《藏外道书》第31册,第401页。关于王常月行实的详细考证,参见尹志华:《清代全真道历史新探》,香港:中文大学出版社2014年版,第38—46页;尹志华:《清代全真道传戒若干史实再考察》,赵卫东主编:《全真道研究》第五辑,济南:齐鲁书社2016年版。

④ 关于《龙门心法》与《碧苑坛经》的关系,参见尹志华:《清代全真道历史新探》,香港:中文大学出版社2014年版,第55—56页。

妖邪；是护命之符，能增延福寿；是升天之梯，能礼三清而超凡入圣；是引路之灯，能消除六欲而破暗除昏；是仙舟宝筏，能渡众生离苦海；是慈杠津梁，能济众生出爱河。诚修行人之保障，为进道者之提纲。仙圣无门，皆从戒入；圣贤有路，皆自戒行。实系仙真之要路通衢，贤哲之中门正道”①。又认为，“持戒在心，如持物在手，手中之物，一放即失，心中之戒，一放即破。世间王法律例，犯则招刑；天上道法，女青之律，犯则受报。莫道阴司冥而不见，生生死死，只在你心；莫说戒神幽而不显，出出入入，只在尔念”②。强调“心”的作用，并把道教戒律与世俗王法相提并论。如果真正能够做到“持戒在心”，就“可以入圣成真，可以登仙了道、在俗化导、国治民安、时和岁稔、忠孝节义、廉洁贞清”③。由此可见，“戒”在王常月的心目中占有何等重要的地位。

王常月所宣讲的戒律，为“初真十戒”、“中极戒”和“天仙大戒”，这三者是一个整体，相互联系，由浅入深，由低到高，缺一不可。三者各有不同的功用，每一个阶次都表明道徒修道所达到的水平。据说，如果能够依次按照这三个阶次修持，最后就能得道成真。从其内容来看，初真戒律包括《三皈依戒》、《积功归根五戒》、《初真十戒》和女道士所持之《女真九戒》。

《三皈依戒》为：“第一皈身太上无极大道，永脱轮回，故曰道宝。第二皈神三十六部尊经，得闻正法，故曰经宝。第三皈命玄中大法师，不落邪见，故曰师宝。”④

《积功归根五戒》为：一者不得杀生；二者不得荤酒；三者不得口是心非；四者不得偷盗；五者不得邪淫。⑤

《初真十戒》为：(1)不得不忠不孝，不仁不信，当尽节君亲，推诚万物；(2)不得阴贼潜谋，害物害己，当行阴德，广济群生；(3)不得杀害含生以充滋味，当行慈惠以及昆虫；(4)不得淫邪败真，秽慢灵气，当守真操，使无缺

① (清)王常月:《碧苑坛经》卷上，《藏外道书》第10册，第168页。
② (清)王常月:《碧苑坛经》卷上，《藏外道书》第10册，第169页。
③ (清)王常月:《碧苑坛经》卷首，《藏外道书》第10册，第161页。
④ 《藏外道书》第12册，第17页。
⑤ 参见《藏外道书》第12册，第17页。

犯;(5)不得败人成功,离人骨肉,当以道助物,令九族雍和;(6)不得谗毁贤良,露才扬己,当称人之美善,不自伐其功能;(7)不得饮酒食肉,犯律违禁,当调和气性,专务清虚;(8)不得贪求无厌,积财不散,当行节俭,惠恤贫穷;(9)不得交游非贤,居处杂秽,当慕胜己,栖集清虚;(10)不得轻忽言笑,举动非真,当持重寡辞,以道德为务。①

《女真九戒》为:(1)孝敬柔和,慎言不妒;(2)贞洁持身,离诸秽行;(3)惜诸物命,慈悯不杀;(4)礼诵勤慎,断绝荤酒;(5)衣具质素,不事华饰;(6)调适性情,不生烦恼;(7)不得数赴斋会;(8)不得虐使奴仆;(9)不得窃取人物。②

《初真戒律》是初出家的道士、女冠及在家之善男信女所奉持的戒律。授得之后,即可"证真人之果",然后更加勇猛精进,持守言行,无丝毫过犯,就可受《中极戒》。《中极戒》共有300条,比前者更加详细,要求也更高。得授《中极戒》后,再坚持不懈努力修持,就可获授《天仙大戒》,它是龙门派的最高戒律,包括《玉真宫大戒规》、《孚佑帝君十戒》、《智慧上品大戒》、《智慧闭塞六情上品戒》、《智慧度上生品大戒》五种。《天仙大戒》中的条目和内容往往很抽象,具体操作难度相当大。

那么,这三种戒律到底区别在哪里呢?王常月认为,"初真十戒"的功用在于"拘制色身,不许妄动胡行",这是修道的最基本的阶次;"中极戒"的作用在于"降伏顽心,不许妄想胡思,七心八意",这是修道的第二个阶次;"天仙大戒"的功用在于"解脱真意,不许执著粘缚"。他说:"大众,你受的那初真十戒,乃是教你拘制色身,不许妄动胡行,起止无常的。至中极三百大戒,乃是教你降伏顽心,不许妄想胡思,七心八意的。至天仙妙戒,乃是教你解脱真意,不许执著粘缚的。大众,初真十戒粗,中极三百便细了。夫初真戒制其外六根,中极界(戒)扫其内六尘,天仙妙戒使三身解脱,八识消亡,九难十魔,不敢侵犯。"③

王常月既认为戒律有如此大的功用,所以他特别强调"戒行精严",并

① 参见《藏外道书》第12册,第18页。
② 参见《藏外道书》第12册,第29页。
③ (清)王常月:《碧苑坛经》卷中,《藏外道书》第10册,第180页。

对此作了诠释："戒行精严四字，降心顺道唤作戒，忍耐行持唤作行，一丝不杂唤作精，一毫不犯唤作严。始终不变唤作持戒，穷困不移唤作守戒。"①要做到"戒行精严"，就必须"全要把自己心上所行、日里所说，日夜存思，善即行，恶即改，不许自己曲全，不许自己饶恕，你有误处未经查点省悟，立刻回向圣真，哀哀忏悔；依戒经之律，细细参求；勤访明师，精深学问，敬师长如父母，敬道友如长兄，乐法如妻，爱经如玉。持戒在心，如持物在手，手中之物，一放即失，心中之戒，一放即破"②。道教戒律"乃元都禁约，就是元始、灵宝、太上所定的规条，女青天曹所受纠察，神兵卫护，天将稽巡，遵守者丹策加功，犯悖者黑书加过，丝毫不漏，针发不差"③。就是说，道教戒律是出自最高神灵"三清"之手，是专门约束道门之士的规约，绝对不可违背；否则，将会导致无可估量的恶果。

王常月对三坛大戒的阐释，是与他的"性命双修"、以修性为先的修道思想紧密相连的。他认为，三坛大戒，也就是戒、定、慧，提出以持戒为先，定、慧等持为修道之要，主旨在于通过对心、性的修炼，以达到性、命双全。初真戒重的是一个"戒"字，中极戒重的是一个"定"字，天仙大戒重的是一个"慧"字。王常月将佛教的色身、法身、业报、轮回等思想引入以阐释戒、定、慧。他认为戒、定、慧都是降伏身心意的功夫，要想得道成真，除这三者外，别无什么妙法。用王常月的话来说，这三者就是"金丹妙宝"。"外虽有八万四千种法，都不能跳出这个定、慧两字。凭你神丹服食、金液还丹、白日升天、拔宅冲举、神通变化、飞空尸解、立化坐亡、投胎夺舍"④等许多的仙术，都不能出定慧之外，而在定慧之中。

为什么呢？因为修道所要修的是人人都具有的"虚灵不昧的妙明真性"，而它往往被"三业萦缠，六尘粘染，七情迷塞，六欲侵欺，三毒熏蒸，十魔强霸"⑤，人的"灵机"——"妙明真性"一失，就会"要死不敢偷生，要生不

① （清）王常月：《碧苑坛经》卷上，《藏外道书》第10册，第169页。
② （清）王常月：《碧苑坛经》卷上，《藏外道书》第10册，第169页。
③ （清）王常月：《碧苑坛经》卷上，《藏外道书》第10册，第168页。
④ （清）王常月：《碧苑坛经》卷中，《藏外道书》第10册，第180页。
⑤ （清）王常月：《碧苑坛经》卷中，《藏外道书》第10册，第181页。

敢即死”①,俗世间的一切功名、享乐、富贵等等都是人们保住“妙明真性”的大敌。王常月以色身和法身的关系来阐释这个观点。所谓色身,是由地火水风四大假合而成、父精母血二气幻化而成的血肉之躯,其归宿不外一抔黄土,法身却是永恒常存的,是色身的主宰。然而,法身却不能始终保持它的纯洁性,其原因何在呢?这是由于法身是存在于色身中的。但是,色身是虚假的,是法身借以存在的皮囊。他不同意那种认为“色身一死,则法身已空,人至身死,则灵气归空便散”②,故不承认有什么天堂地狱、饿鬼六畜、法身受报的看法,按照这种看法,就是认为色身既死,法身亦亡。王常月认为,法身是永存的,并借用儒家的祭祀祖先之仪来论证他的法身永存的观点,进而论证天堂地狱、法身受报的真实性。他说:“人身一死,便气散归空,缘何人家父母过后,四时八节就设祭享?若说死后这一股灵气,不曾阴司拿去考对这生前善恶凶良、负欠谋夺、杀害偷盗种种冤孽,则这一股灵气,也就不来受享世间儿孙之祭祀了……则上古《周礼》等书,就不该虚说许多祭文祭器、祭仪祭礼。孔子大圣,就不该说事死如事生,事亡如事存;祭如在,祭神如神在;斋明盛服以承祭祀,洋洋乎如在其上,如在其左右;诗云:神之格思,不可度思;文王在上,於昭于天了……既传下这如在其上、文王在上之说,则我心已存下鬼神来临之诚了。则当日周公、孔子这些大圣必定深知鬼神之情状,然后制下这些祭文祭器祭仪祭礼,以垂教千百世于无穷。岂有圣人打诳语、说谎捏怪的理么?”③他又举现实的例子来论证说:“又如今缙绅、做官的人,封赠官诰,追加品爵,设使死后的一股灵气散而无知,则追封的荣显,已是多了,谁受用金章紫诰?”④因此,他的结论就是认为神灵是存在的,法身是真实无疑的,并由此而确认“业报”也是真实存在的。他指出:“业”有三种,第一种是不善业,它不断不绝,不了不尽,有因有果,有果有报,如“不信鬼神,不敬天地,不怕王法,不忠君王,不孝父母,三纲不正,五伦败坏,诽

① (清)王常月:《碧苑坛经》卷中,《藏外道书》第10册,第181页。
② (清)王常月:《碧苑坛经》卷中,《藏外道书》第10册,第181页。
③ (清)王常月:《碧苑坛经》卷中,《藏外道书》第10册,第181—182页。
④ (清)王常月:《碧苑坛经》卷中,《藏外道书》第10册,第182页。

谤圣贤，杀盗邪淫，奸诈凶狠，妄为妄作，家门畏惧，乡党欺陵(凌)”①。一个人如在生前具有这种种行为，死后必将堕入地狱，受尽无限苦报，转生阳世，也只能成为畜生身，即使后来复转人身，也是“五官不具，六根不全，痴愚昏暗，人事不惺，人人憎厌，个个贱恶，身充下役”②，遭受万般痛苦，死于荒野，然后再沉地狱，永无了期。第二种为善业，即“聪明正直，廉洁公平，六亲欢喜，乡党和平，孝父母，敬神明，礼天地，重君王，尊师长，爱友朋，淑身化俗，临财不苟，见色不贪，五伦不乱，百事端详”③。这样，死后就可转生为人，并获高官厚禄，享现成富贵，得福寿双全，安乐荣华，一生快乐。第三种为净业，即“志在圣贤，愿希仙佛，心存善念，口说善言，身行善事，接得善人，足踏善地，手持善物，厚重端严，身不妄动，心不妄游，期于必清，期于必静，久久功深”④，使“元神泰定，常居绛室之中，黄庭之内，金阙玉堂，万缘顿息，诸念皆空，独见真灵，忘形忘物，忘境忘机”⑤。于此就能超越生死轮回，“生簿无名，死册无姓，可以长生世间，说法度人；可以飞神羽化，竟入清虚，上朝元始，永脱轮回”⑥。这三种业与戒、定、慧是相对应的，以戒制伏妄心，安神定气，保持常清常静，始得入定，方能生慧。他说：“心空则神定，神定则光生。若是定而无慧，唤作阴神胜阳神了，须要定中生慧，慧即法身，定为佛土……定是家，戒是路，慧是生人。世间万物万境万事皆是客。”⑦只有以戒为回家之路途，定、慧相互生发，才可以不被万事万物缠绕，而能游刃有余于万事万物之间，“能应万物万事，不被万物万事粘缚了；能转世间万境，不被世间万境迷惑了；能出阴阳生死轮回了”⑧。王常月对此有一个总结，那就是“先要明这罪、福两途，因果报应，依着戒律一一行持，丝毫不敢乖戾。至参悟久了，自然就清静明白了。然后方去静观入定，定中本性圆明，慧光

① (清)王常月:《碧苑坛经》卷中,《藏外道书》第10册,第182页。
② (清)王常月:《碧苑坛经》卷中,《藏外道书》第10册,第182页。
③ (清)王常月:《碧苑坛经》卷中,《藏外道书》第10册,第182页。
④ (清)王常月:《碧苑坛经》卷中,《藏外道书》第10册,第182页。
⑤ (清)王常月:《碧苑坛经》卷中,《藏外道书》第10册,第182页。
⑥ (清)王常月:《碧苑坛经》卷中,《藏外道书》第10册,第182页。
⑦ (清)王常月:《碧苑坛经》卷中,《藏外道书》第10册,第183页。
⑧ (清)王常月:《碧苑坛经》卷中,《藏外道书》第10册,第183页。

朗照，神气忽然灵悟，则山河大地不出一身，万物死生不出一念，自真主灵明，便有把柄不入轮回”①。

王常月还提出：修道也就是修真，修法身，出生死与色身无干。既然如此，那为什么修法身又要借血肉之身来完成呢？他认为，原因在于，法身之“真光”不圆满，故要借色身多行善事，但若想把血肉之躯也修成个不坏不死，不仅办不到，而且是非常荒唐可笑的。王常月多次强调，“人皆有死”、“人皆有散”、“谁存不死，那见长生”。他说：“不死者岂是凡身，长生者非关形质，彭祖至今何在？颜子万劫还存。不死者我之法身，长生者我之元炁。如来也有寂灭之期，深入涅槃之境；老聃也有飞升之日，高超大赤之天。道存即是人存，法在即同身在。死而不忘（应为“亡”——引者注）者寿，千万劫不坏的无名之名；生而不有者形，千百世无损的无相之相；恒河沙莫可量莫可算的圣贤，那一个不从这玄关出入；无鞅数不可思不可议的仙佛，那一个不由这大路往来……留下一个仙名于人间，传下一部道言于世内，使千百年后，知有某人，这便是死而不亡曰寿，使万亿劫后通行其道，即是大圆满大功德大福报的身也。”②在这里，王常月十分明确地表明所谓长生不死，即是精神的长存。所以王常月指出，所谓出生死法，只在身上这点真心之内，所动之念、所行之事上去修，这种观点具有浓烈的世俗化的色彩。

当然，王常月作为一个宗教徒，是绝不会放弃自己的信仰的，他虽然否定了肉体的永恒长存即道教传统的肉体成仙的信念，但他仍旧从宗教神秘主义的角度，对他的观点进行了更加抽象的宗教证明。王常月认为，人的肉体是有形的，而“有形即有坏，有始即有终，有造即有化，有聚即有散，有来即有去，有成即有败，有壮即有老。这身既生，自然要死”③。“人之色身，修也要死，不修也要死，纵活得千年，终归于土。”④因此，他指出：“口谈丹诀，舌鼓笙簧，怎么是玄关一窍，怎么是夹脊双关，上至泥丸宫，下至涌泉穴，守中捉气，安炉立鼎，延年却病，按摩导引，十六锭金，六字诀，八段锦，《悟真

① （清）王常月：《碧苑坛经》卷中，《藏外道书》第10册，第183页。
② （清）王常月：《碧苑坛经》卷下，《藏外道书》第10册，第210页。
③ （清）王常月：《碧苑坛经》卷中，《藏外道书》第10册，第184页。
④ （清）王常月：《碧苑坛经》卷中，《藏外道书》第10册，第184页。

篇》、《参同契》，丹经上譬喻，铅汞、龙虎、银砂、夫妇、婴儿、卦象、龟蛇、温养、沐浴、结胎、入室、坐圜、出阴神、出阳神，许多说不尽的三千六百旁门，八万四千魔法”①，均非修道之正途。又如“或以烹铅炼汞或（按：似应为‘为’）出世的法，便去行功，朝屯暮蒙，退符进火，几曾见玉浆七返、金液九还，拿住贼，放了盗也；或以存思观想，默朝上帝于三天；或以炼度济幽，超拔阴魂于九地；或以呼神召将，佩符箓以号真人；或以提气开关，运精气而称妙道；或讽诵经文，而勤劳礼拜；或炮制丹药，而救病医疮；或炼服食以望飞升；或效阴阳而行采取；或房中鼎器呼吸，以神运真铅，延生接命；或鼎炉砂火抽添，以烧炼茅银，布施立功；或以身体衰残，抱金丹之道，而待传于有福……”②这一切皆为“盲修瞎炼”，有碍于正道。只有依戒、定、慧法门，才是“无上至真妙道”。故曰：“此戒定慧，降伏身心意的工夫，就是出世超尘金丹妙宝也。除此戒定慧之外，别无什么法子了也。八万四千种法，都不能出此定慧二字，凭你神丹服食，金液还丹，白日升天，拔宅冲举，神通变化，飞空尸解，坐亡立化，投胎夺舍，许多的仙术，那定慧之光，巍巍不动，灼灼光明，照见这些神通术法，如明镜当庭，一出一入，莫不自现，其形乃还在定慧之中，不能出定慧之外。”③修真之法，只是“要将六根六尘扫净，五脏五欲安和，使主人常住灵台，使魔贼不敢作乱”④。因此，“只要用志不分，凝神气穴，栽培祖气，温养先天，致虚极，守静笃，纯一不二，神藏无极，极而太极，自然智慧光生，元阳来复，方见本来面目，知鬼神之情状，造化之枢机”⑤。也就是使慧光常照，扫净妄心，断绝爱缘，达到“常清常静”，“唯灭动心，不灭照心，则生可延；但凝空心，不凝有心，则命可保。能延生则慧命不断，而大药成；能保命则无生可证，而大丹就”⑥。而这一切都是以“戒行精严”为前提，如果“戒不精密，则不能泰定，不能泰定，则智慧不生，光明不现”⑦；反

① （清）王常月：《龙门心法》卷上，《藏外道书》第6册，第747—748页。
② （清）王常月：《龙门心法》卷上，《藏外道书》第6册，第744页。
③ （清）王常月：《龙门心法》卷上，《藏外道书》第6册，第750—751页。
④ （清）王常月：《龙门心法》卷上，《藏外道书》第6册，第754页。
⑤ （清）王常月：《龙门心法》卷下，《藏外道书》第6册，第777页。
⑥ （清）王常月：《龙门心法》卷下，《藏外道书》第6册，第770页。
⑦ （清）王常月：《龙门心法》卷下，《藏外道书》第6册，第777页。

之，能“戒行持得坚固，身不妄动，则心不外游了。心不外游，则元神安稳，常居绛室之中，黄庭之内，金阙玉台，万缘顿息，诸念皆空，独见真灵，忘形忘物，忘境忘机，这唤作定。这定非同小可，便是虚灵不昧的三清境界……这个定中境界杳杳冥冥，昏昏默默，……忽然放出神光，涌出一轮慧性”①，即是说，“戒性降心”，死妄心，了爱缘，身心清静是其关键所在。他又说：这“交关过的天机，只在真心动静之间。大静唤作定力，真动唤作慧光，若不先死妄心，安神定气，如何能个大静？不能常清常静，如何能个入定？不能入定，如何能个生慧？大众！心空则神定，神定则光生”②。心之本体，本是光明的，纤尘不染的，只因妄情遮蔽，才变得昏晦不明，“心体本同天日，妄情却似浮云”③，若能“障碍悉除，则心灵不昧，智慧渐生；久久除净，则心地空虚，性天朗照”④。所以，必须“先死妄心后入圜，先了爱缘后打坐”⑤。

蒙蔽真心的障碍，就是“著相”，之所以“著相”，就是因为真、假不分，为“爱缘”所牵缠。他说：“《清静经》云：上德不德，是不执著也。”⑥不执著也就是不著相，就是要舍绝爱缘，包括“一切大小精粗之物，一切远近眷属之人，一切内外邪正是非之事，一切圣贤三教儒释道之法，一切经书文献典籍之理，一切天地阴阳造化之妙，一切神奇元幻之术，一切清微灵宝全真道路，以至名山洞府、天宫圣境，以至七宝八珍、河图龟瑞，及自己身心，五脏六腑，齿舌精气，山河大地，草木禽兽昆虫”⑦。总而言之，凡“若念之所贪，意之所在，心之所想，神之所注，情之所恋，性之所喜，口之所欲，身之所乐，梦之所游，悉系爱缘”⑧。绝弃爱缘是非常不易做到的，它的产生是“无始劫前以至今生种下的孽根”⑨，“是诸魔之祖，万害之根”，人之所以“屡劫沉迷，多生堕落……不得解脱之道，不明真空之理……生犯官刑，死沉地狱……水灾火

① （清）王常月：《龙门心法》卷下，《藏外道书》第6册，第753页。
② （清）王常月：《龙门心法》卷下，《藏外道书》第6册，第753页。
③ （清）王常月：《龙门心法》卷下，《藏外道书》第6册，第733页。
④ （清）王常月：《龙门心法》卷下，《藏外道书》第6册，第734页。
⑤ （清）王常月：《龙门心法》卷下，《藏外道书》第6册，第745页。
⑥ （清）王常月：《碧苑坛经》卷中，《藏外道书》第10册，第185页。
⑦ （清）王常月：《碧苑坛经》卷上，《藏外道书》第10册，第167页。
⑧ （清）王常月：《碧苑坛经》卷上，《藏外道书》第10册，第167页。
⑨ （清）王常月：《碧苑坛经》卷上，《藏外道书》第10册，第166页。

死，劫杀刀兵……覆宗绝嗣，破戒违条……九祖受殃，香火颓废……生老病苦，性心乖戾，身体不健，道法难进……六根不净，六贼猖狂，六识分别，六道轮回……天地之内，五行之中，万物生枯，万种起灭……”①等，皆系“爱缘”这个“魔障”所致。因此，要想出世，超越生死，就必须将这一切舍弃，“三教书中，俱劝天下后世，莫为爱缘缠住。”②那么，怎样才能将“爱缘”弃绝净尽呢？关键在于“变通”。

比如说，就圣人与凡人的关系来看，王常月说：“自古圣贤仙佛，看破世情，一切有为，凡所有相，皆是虚妄，便欲出世超凡，了悟生死，深入山林，忘身殒命，以求至道。”③圣贤仙佛在未成道之前，与凡人一般无异，用王常月的话来说就是“不曾多只眼睛，添着只手”④。他们之所以与凡人不同，就在于能“公平正大，为人不为己”，而凡夫“只是偏邪私假，为己不为人”；圣贤仙佛“清明沉静”，凡夫“浊暗浮躁”；圣贤仙佛“内用刚以制身，外用柔以服人”，凡夫“内用柔以恕己，外用刚以责人”；圣贤仙佛“常恐自己有非”，凡夫“惟责他人之过”；圣贤仙佛“越任事处，常细心为”，凡夫“越担险事，粗心过大”；圣贤仙佛“未曾有死，先明死后之机”，凡夫“死在目前，尚且只图生计”；圣贤仙佛“要出世法，将世法炼心，为人子则尽孝，为人臣则尽忠”，凡夫“不但不知出世法，连世间的法尚且不知，哪里知道忠于君，孝于亲”⑤。这就是说，圣贤仙佛是世间出世间最完美的、毫无瑕疵的楷模，是真善美的化身，凡夫要想修道成真，就“要依那圣贤仙佛的实话，不要图那圣贤仙佛的虚名；须要立起圣贤仙佛之志，不要空说圣贤仙佛之言；须要修下圣贤仙佛之因，不要指望圣贤仙佛之果；须要种下圣贤仙佛之根，自然有那圣贤仙佛之报；须要积下圣贤仙佛之德，自然得那圣贤仙佛之道；须要行出圣贤仙佛之事，自然证那圣贤仙佛之位”⑥。总之，王常月要求人们以圣贤仙佛为榜样，埋头苦修，不问结果，自然会获得酬报。

---

① （清）王常月：《碧苑坛经》卷上，《藏外道书》第10册，第166—167页。

② （清）王常月：《碧苑坛经》卷上，《藏外道书》第10册，第166页。

③ （清）王常月：《碧苑坛经》卷中，《藏外道书》第10册，第190页。

④ （清）王常月：《碧苑坛经》卷中，《藏外道书》第10册，第190页。

⑤ （清）王常月：《碧苑坛经》卷中，《藏外道书》第10册，第190—191页。

⑥ （清）王常月：《碧苑坛经》卷中，《藏外道书》第10册，第191页。

就人道与仙道的关系来看，王常月认为“全人道”是“修仙道”的基础，他说：“欲修仙道，先修人道；人道未修，仙道远矣。”①他指出：人道与仙道的关系，如同儒家所说的齐家与治国的关系，“儒门曰：先齐其家，而后可以治国。齐家犹人道，治国犹仙道，家不能治，岂能治国乎？释氏曰：须尽凡心，别无圣解。这凡心乃三纲五常之理，如依此行完，即人道全，而修仙不难矣”②。我们已经知道，王常月非常强调割弃“爱缘”，这岂不是在他的思想中出现了相当大的矛盾？为了解决这个矛盾，王常月以色身和法身的理论作为他这种观点的理论基础。因为色身是法身的寓所，法身要借色身来修善事，色身的所作所为乃受法身的指使，所以要修法身就必须先修色身，因而要修仙道，就必须先全人道。

与人道和仙道的关系相联系的，还有一个入世与出世的关系问题。王常月认为，“法”本来是没有的，世法与出世法都只在“心”，仅是所用逆顺不同的缘故，实际上都是一法。也就是说，所谓入世与出世并没有差异。所谓的无死无生最上乘之道，不过是世法转身而来，顺逆不同而已。“顺中用逆，万法皈依无法，鬼神莫测其机；逆中随顺，一法散为万法，阴阳不出其算。不是以有心为作用，而用意推详，乃是神明智慧，理性本来如是，原不是另有什么出世的法也。”③他明确指出：“天地之大，世界之广，哪里算是世外？”因此，王常月认为，所谓世外者，不过是“世法之外也，识破世法非真、幻情是假，一切有为功能俱是梦境，物物无事，事事非实，惟有将此心清静，能出世外”④。他列举了种种自然现象和人的生理情况，指出草木枯朽，人的肉体要灭亡，都不能超出世外。因此，“这出世之法……只在乎此心还返而已”，它是人人具有、物物该然的。从佛教来说就是“妙明真心”，就儒教来说即是“明德至善”，就道教而言就是“圆明道姥”，或谓“祖炁”。出世之法，看来是无形无相、无臭无声、虚无缥缈，然而又是真实存在的。这就是说，它存在于世法之中，因而出世法要从世法中去修，仙道来自人道，所以必

① （清）王常月：《碧苑坛经》卷中，《藏外道书》第10册，第193页。
② （清）王常月：《碧苑坛经》卷中，《藏外道书》第10册，第193页。
③ （清）王常月：《碧苑坛经》卷上，《藏外道书》第10册，第174页。
④ （清）王常月：《碧苑坛经》卷上，《藏外道书》第10册，第174页。

须行孝道、遵王法，不可将父母所给之身视作臭秽粪土，关键在于“不甘堕落，与世波迷；勿为色身图安乐，只期真性返真常”[①]。他认为，人们在初始之时，其性是真实无假的，既不具有善的性质，也无恶的性质，用他的话说，即“世人始初无假之真性，本自天命，无思无为，自然而然，无善可修，无恶可作”[②]。善恶的产生，起因于人的自性中的“一念”，念头一动，思善即为善，思恶即为恶。修道的目的就在于要“返始初无极自然之真性，以还天命之本来”[③]。“身不受戒，必不能移习气；习气若不能移，大体必不能养；大体不养，则元气不复；元气不复，命必不能立矣。心不持斋，种性必不能改；种性若不能改，则本心不定；本心不定则元神不归，元神不归，真性必不能见矣。”[④]他总结说：“故大道无不以见性为体，养命为用。殊不知性即是道，命即是戒。道者无为自然也，戒者有为使然也，故至道之妙，从使然以至自然，即是从有为以至无为也。所以凡务性命双修者，非持斋受戒必不可也。”[⑤]接着，王常月又批评那些企图用静坐默运存想功夫等种种方术以期获得性命常存的人，指出这是非常荒谬的。他说：“殊不知坐静默运存想作用神奇卓异等术，尽属扭捏安排人力之事，总非天命初真无为自然之善性。”[⑥]他一再强调“天命初真无为自然之善性”是每个人生来就有的，“无修无证，自然而然，不假人力安排”[⑦]，只是由于物欲的蒙蔽使其隐没了，因此修道的目的不是要修出一个天命真性，而是去掉蒙蔽它的种种障碍和外缘。因此他说：“至道之妙，其功不在行住坐卧，只要生平所学所爱，一切事务般般放下，一念不生，即是天命初真之性。”[⑧]又说：“学人欲见此性，非有戒慎恐惧而作梯航，必不得见之也。”[⑨]若不如此，即是不明性理，不顺天命，不遵圣教；即是不畏天命，不畏大人，不畏圣人之言也。其结果不仅不能使性命常存、修得

① （清）王常月：《碧苑坛经》卷上，《藏外道书》第10册，第175页。
② （清）王常月：《初真戒说》，《藏外道书》第12册，第15—16页。
③ （清）王常月：《初真戒说》，《藏外道书》第12册，第15—16页。
④ （清）王常月：《初真戒说》，《藏外道书》第12册，第15—16页。
⑤ （清）王常月：《初真戒说》，《藏外道书》第12册，第15—16页。
⑥ （清）王常月：《初真戒说》，《藏外道书》第12册，第16页。
⑦ （清）王常月：《初真戒说》，《藏外道书》第12册，第16页。
⑧ （清）王常月：《初真戒说》，《藏外道书》第12册，第16—17页。
⑨ （清）王常月：《初真戒说》，《藏外道书》第12册，第17页。

正道，而且是“道法不载”、“王律难容”。简而言之，圣贤仙佛之法，只在于经文史集之中；圣贤仙佛之事，不出世法之外，只在世法之中；圣贤仙佛之身，就在圣贤仙佛之心中，“若知圣贤仙佛之心于方寸之中者，则能明其理；能明其理，则能悟其法；能悟其法，则能行其事矣。能明其理，则正道存；能悟其法，则诸缘觉；能行其事，则功业立，而天机不息，万劫常在”①。

通过对王常月思想理论的剖析，可看出其修道思想具有这样几个特点：第一，持戒为先，强调持戒的重要性，并以此作为整个思想理论的总纲，以戒、定、慧为渐进之基。第二，其内丹修炼法，以“无相法门”为标榜，反对“看相修行”，痛斥拘于炼化精气的金丹命术，认为只要了性，不愁命不立，以修性为最高目标，尤其反对通过炼化精气以求却病延年。认为“人皆有死”，“人皆有散”，“谁存不死，哪见长生”，肉体总是要死的，不死的只是真性法身。“长生不死，乃是万劫不坏真性，亘古长存之法身。”②“色身纵留万年，止名为妖，不名为道。法身去来常在，朝闻道夕死可也。”③道教的长生不死，即身成仙信仰被他加以彻底改造了。第三，强烈的世俗化倾向。众所周知，道教全真派提倡的是出家背俗，以舍绝人世间的一切为宗旨。然而，王常月的思想理论却极力调和入世与出世、人道与仙道、凡人与圣人的差异，为清王朝大唱赞歌。王常月认为他之所以能够公开传戒，是由于“当逢盛世，安乐清平，万劫难闻，千生罕见，敢不阐扬三宝，答报四恩”④。并要求教徒向心发愿，祈求“皇图巩固，帝业遐昌，圣皇万寿，宰辅贤良，万姓同诚，千邦乐道，等与群生，同归清静”⑤。把“道运当行”（龙门派的复兴）归功于“上有皇上福庇，天下太平，朝多官宰善信，教中护法”⑥。因而，他要求道徒们除了持戒外，还必须遵守“王律”，教诲教徒“舍绝爱缘”，但又不忘报答天地、日月、帝王、父母四恩，须要忠君王、孝父母，先要做一个忠臣孝子，完人道，从世法中修出性命双全。他说：“孝弟忠信，礼义廉耻……若不了

① （清）王常月：《碧苑坛经》卷末，《藏外道书》第 10 册，第 216 页。
② （清）王常月：《碧苑坛经》卷中，《藏外道书》第 10 册，第 196 页。
③ （清）王常月：《碧苑坛经》卷下，《藏外道书》第 10 册，第 199 页。
④ （清）王常月：《碧苑坛经》卷首，《藏外道书》第 10 册，第 159 页。
⑤ （清）王常月：《碧苑坛经》卷首，《藏外道书》第 10 册，第 164 页。
⑥ （清）王常月：《碧苑坛经》卷上，《藏外道书》第 10 册，第 168 页。

此八个字,人道就不全了,如何进得仙道!"[1]他还劝谕未出家者应以入世尽分为务,应不出儒门而修出世之道,谓"儒门中宰官居士,有心出世者,且莫去行出世之法,只该先去慎独存诚,孝父母,忠君王,仁义存心,纯良尽己"[2]。第四,鲜明的儒、道、释三教融合色彩。三教同源、三教一理,是王常月思想中最为重要的部分,他对道教戒律的阐发,就是以此为基础的,其著述《碧苑坛经》、《初真戒说》通篇充斥着儒学、佛教的基本思想。其所授的三坛大戒,初真十戒的第一条便是"不得不忠不孝,不仁不信,当尽节君亲,推诚万物",第五条为"不得败人成功,离人骨肉。当以道助物,令九族雍和"。[3] 中极戒三百条,绝大部分条目与儒家伦常观相一致,且更为缜密、繁复和具体。例如第十三戒"不得恚怒师长",第十六戒"不得不忠其上",第十八戒"不得欺罔老幼",第八十八戒"不得疏宗族亲异姓",第二二六戒"当念国中清净,王化太平,无有不道",第二四一戒"当念天子圣明宏道,皇家日盛",第二四二戒"当念台辅贤良,常保有道",第二四四戒"当念父母养我因缘"。[4] 凡此种种,不一而足。总之,三纲五常等儒家伦理观的核心内容,都被纳入了王常月的理论中,并成为重要组成部分,以神的名义来加以贯彻,所起的社会功用是巨大而有效的,其影响也是深远的。王常月提倡"戒行精严",在一定程度上受到佛教律宗的影响和启发,这一特点,既适合当时阐教的需要和当时的社会环境,又对于教团组织具有极强的维系和巩固作用。其所订具体详细的戒条和通俗的解说,对于提高一般道徒的道德水平以及获取世俗社会的接受也具有一定的积极作用。而用佛教的天堂地狱轮回思想和中国传统的"善恶报应"思想,结合道教的"承负说",易于在一般民众中得到响应。王常月亦注意从宗教哲理上吸取佛教哲理,比如他讲的"不著相"、"色身"、"法身",否定肉体的永恒,强调"心"、"性"的修炼理论,都与佛教理论有很深的关系;再如他所论及世法与出世法的关系,就受佛教"无住处涅槃"思想的启发。总之,他的整个修道思想的脉络以至其言

---

① (清)王常月:《龙门心法》卷下,《藏外道书》第6册,第764页。
② (清)王常月:《龙门心法》卷下,《藏外道书》第6册,第765页。
③ (清)王常月:《初真戒说》,《藏外道书》第12册,第18页。
④ (清)王常月:《中极戒》,《藏外道书》第12册,第32—37页。

词都与佛家思想有相当的关系。至于他对儒释道三教关系的看法，更是直言不讳地表明其“三教理无二致”、三教一体的观点，他说：“这三教圣人，大藏经典，万法千门，诸天妙用，三万六千种道，八万四千法门，恒河沙数菩萨，无鞅数众金仙，皆不能出清静定慧无为妙法。”①后人有的称赞他：“搜览三教经书，孜孜不怠。”②有的又说：“崑阳先生，慈悲普度者也。遇儒言儒，遇释言释，遇道言道。”③反映了对他“三教融合”思想的共同评价。

王常月进行阐教活动的时候，正值中国改朝换代、社会大变动的年代。清政权刚刚建立，要求有适合统治需要的思想工具以供利用；朱明王朝新亡，许多明朝遗民和儒生，需要寻找一个抚慰亡国之痛和寄托精神的场所。王常月用上述思想武装起来的宗教派别，正可满足这两方面的要求。一方面，清王朝虽然不信道教，一开始就实行了一条抑制多于扶持的政策，但为了笼络汉族，又不得不顺应民俗加以利用；而王常月所宣扬的守戒律与遵王法并重、修仙道与尽人道缺一不可的思想，正好使清王朝看到用这种思想武装起来的全真道是很符合其思想统治需要的。故顺治帝福临为王常月的阐教活动大开绿灯，绝非偶然。另一方面，为数众多的明朝遗民和儒生，除非投靠新政权，走升官发财的道路，不然，就只能弃世离俗，找一个既能抚慰亡国伤痛，又能寄托精神的处所，以做长久的归宿；而王常月那套把修持戒律与达到法身常存结合起来的说教，又恰好使这后一部分人找到了这种归宿。故在王常月开坛说戒过程中，有大批这类人物相继涌进全真龙门派，如詹守椿，其母为皇亲国戚，本人系金陵名士，他由于拒绝阮大铖的招降，妻妾皆被拘死节，乃愤世出家加入了全真道。陶靖庵为蜀中儒生，明亡后曾北游五年，欲举大事未果，最终也栖身于全真道。黄冲阳，其父为明浙江总兵，痛感国破家亡而入道。程谔山为新安世家子，曾营救何腾蛟，并助父执瞿式耜抗清，最后亦归隐于全真道。金筑老人盛青厓，为明末进士，慨国亡而出家。其再传弟子孙则阳，曾助左良玉、李定国抗清，其父母俱自缢殉明。大脚仙王太原，为明唐王之子，张蓬头为明忠臣瞿式耜之子。这些明遗民都成为王

---

① （清）王常月：《碧苑坛经》卷上，《藏外道书》第10册，第176页。

② （清）闵一得：《金盖心灯》卷1《王昆阳律师传》，《藏外道书》第31册，第183页。

③ 张紫琼：《岳云坛序》，《藏外道书》第5册，第574页。

常月的弟子,并有较高的文化素养,成为王常月的得力臂膀,构成了全真教龙门派“中兴”的中坚骨干力量。不仅如此,明末清初的数十年战乱,民众生活受到极大影响,精神无所寄托,找不到出路,宗教无疑对他们也有着极大的吸引力。

总之,王常月所宣讲的那套宗教思想,既争取到了清王朝的支持,又获得了许多明朝遗民、儒士的拥护。他所著的《碧苑坛经》和《初真戒说》,既给全真龙门派的“中兴”准备了思想理论条件,他所收授的大批弟子,又为全真龙门派的“中兴”准备了骨干和组织条件。这些条件的形成,就为全真龙门派的“中兴”开辟了道路,打好了基础,其“中兴”业绩终于在他的门徒中实现,故后世龙门道士称王常月为龙门派“中兴之臣”,是不无道理的。

三、全真道传戒仪式概述

王常月能为全真龙门派开创“中兴”之局,其改革全真道原有的秘密传戒而采取公开传戒的方式无疑是首要的因素。他创设的这种公开传戒的模式,至今仍然举行,与正一道的授箓仪式一道,共同构成道教传度的仪式体系,成为道教斋醮科仪中仪式的一类。以下就循着道教戒律发展的脉络,对全真道传戒仪范作一概述。

道教的戒律是一种宗教纪律,是规范道士道德修养的教规。道教在发展历程中,不断创制完善戒律,制定出丰富缜密的戒律条文,并形成独具特色的传戒仪式。道教的戒律与传戒仪式,体现出道教的教义思想,蕴涵着道教伦理道德的丰富内容。

戒,有劝戒、教戒之义;律,指条律、律令。戒用于防恶,律用于止罪。戒主要规定哪些是恶,禁止人去做;律主要规定犯戒后给予何种处罚,使人有所畏惧。戒、律二者是因果关系,戒主因,律主果,律出于戒中,是惩罚犯戒者的科条。戒律系借神灵的名义以约束道士,是道士必须遵守的思想与行为准则,违反了就要受到神灵的谴责、警告。

道教十分看重戒律,认为防非止恶,进善登仙,众行之门,戒是关键。凡人立志学道修真,就应当发心持斋。道经宣称学道不修斋戒,结果是徒劳山林,学道者不受戒律,则无缘成为上仙。《太上三十六部尊经》之《太清境御视经第二》中说："故学道者不勤行业，不修斋戒，难达至真，徒劳山林。"①道经谆谆告诫那些凡俗之人：你们置身于尘世之中，六情染著，五欲沉迷，内浊乱心，外昏秽境，驰逐名利，耽滞声色，只有入道持戒，才有可能获得解脱。道教认为有经法而无戒律，对于想修道成真之人，犹如欲涉海而无舟楫，绝不可能获得济度。

道士能否严格持戒，反映出奉道之心是否虔诚，显示其宗教修持、道德涵养的品位。道门的高道大德，传派的开山宗师，大多是严肃持戒的楷模，至于一般的修炼道士中，也不乏持戒精勤的有道之士。

早期道教已经创制出戒律，太平道、五斗米道都有"道诫"，这就是规范道民行为的戒律。《太平经》中有不可不孝、贪财的诫语，还有《致善除邪令人受道诫文》，都是劝人遵守道诫的说教。《老子想尔注》屡屡言及道诫，如"道贵中和，当中和行之；志意不可盈溢，违道诫"②，还劝告道民正视功名利禄，言行举动勿违道诫。张陵在蜀中创立道教教团时，曾制定出五条道诫，流播于二十四治教区，成为道民修道恪守的戒条。早期道教戒条繁密的《老君一百八十戒》，据说是张陵托言太上老君制定，用以规范二十四治治头大祭酒的行为。戒条涉及修身立德、学道精勤、生活简朴、作风正派应持的操守，还有保护动物和生态环境的内容。张鲁在汉中建立五斗米道政权时曾规定：道民违反道诫，行为犯有过失，应在静室悔过反省，累犯者罚修路一百步，这种处罚就是律。

魏晋南北朝时期，道教各道派都有戒律条文。江南灵宝派有十戒、上品大戒；江东上清派有三元品戒、观身大戒；蜀中正一派有女青鬼律、玄都律文等。刘宋灵宝派道士陆修静整理编修道书，重视戒律类经典的编撰。他认为道学当以戒律为先，此是道教之宗尊，道士不受《老君一百八十戒》，其身无德无行，则非合格的道士。他提倡学道之人，应该内执戒律，外持威仪，依科避禁，遵承教令。北周道经《无上秘要》卷45《玉清下元戒品》收录太极真人论戒律之语："戒律之为道，威严神妙，恐人不能有心奉，故当秘而不书

① 《道藏》第1册，第598页。
② 饶宗颐：《老子想尔注校证》，上海：上海古籍出版社1991年版，第7页。

耳。”①魏晋南北朝道经中，常托太极真人之口论道，太极真人视戒律为道教之道，此时道教认为是否修持戒律，是能否得道的必备条件，学道不受戒则无缘登仙。《太极真人说二十四门戒经》说：

凡欲学道，先须斋戒，洗心防患。持戒功德多于微尘，微尘之数见而可量，斋戒之功，无穷无尽。一人持戒，九祖生天，合家蒙恩……若学道不持此戒，终各不成就……持戒者，得福无量，克成道真。②

道教认为一个求道之士，在修道生涯中要防患止罪、立德寻真，能恪守戒律精严至为重要。

古代凡俗之人，在发心入道、皈依道门以后，就要恪守戒律，将持戒作为规范、约束自己言行的条规，指导自己生活、修炼的准则。在严肃修持的道士看来，宁一日持戒为道德之人而死，不忍百岁犯戒而生。《道法会元》卷210《丹阳祭炼内旨序》说：

真学之士，当于日用常行颠沛流离之际，平居燕处之时，以清净为本，仁慈为行，长厚处己，宽洪待物，才觉恶念萌乎胸中，试自返照，则自然消殒矣！③

道士所受道戒的高低，一定程度上反映出宗教修持、道德修养的品位。唐宋以前道士的受戒，与道士的受箓阶位有一定联系，即受戒的多少和箓位的高低有关。唐代张万福撰《传授三洞经戒法箓略说》，记载唐代道士所受戒目及受戒人身份，就多与受箓法位有关。

唐代道教的戒律已趋于成熟，有详略不等的戒条供道士受持。唐孟安排《道教义枢》卷2，说道教的戒律有详略，条文详细的戒律有：太清道本无量法门百二十九条、老君及三元品戒百八十条、观身大戒三百条、太一六十戒等。条文简略的戒律有：道民三戒、箓生五戒、祭酒八戒、想尔九戒、智能上品十戒、明真二十四戒等。这种条文又称为条格。唐代出家的道士，可以依次受三戒、五戒、八戒、十戒，以至三百大戒。唐张万福《三洞众戒文·

① 《道藏》第25册，第159页。
② 《道藏》第3册，第414页。
③ 《道藏》第30册，第315页。

序》说："夫戒者，戒诸恶行，防众行之最。若不持戒，道无由得。"①张万福《传授三洞经戒法箓略说》卷上载唐代道士所受戒目有十六种，其中最简略的戒律是三戒、五戒和八戒。这些戒律的条文内容是：

（1）三归戒，又称三皈戒，即归依道、经、师三宝。初起心入道者，首先受三归戒。《三洞众戒文》卷上说："三归戒者，天地之枢纽，神仙之根柢，发行之初门，建心之元兆。"②

（2）五戒。此五戒即老君五戒，旨在使人除五欲，修五德，持五戒，出五浊。《云笈七籤》所载老君说五戒为：煞戒、盗戒、淫戒、酒戒和妄语戒。《三洞众戒文》卷下说受持五戒，"身免脱灾害，延年寿命，安国宁家，救度一切"③。道教认为三戒是招玄元始三炁，五戒是延仁礼信义智五炁。

（3）八戒，即持八事以契八神。据《云笈七籤》卷40《受持八戒斋文》，道士受持的八戒是：

一者不得杀生以自活；

二者不得淫欲以为悦；

三者不得盗他物以自供给；

四者不得妄语以为能；

五者不得醉酒以恣意；

六者不得杂卧高广大床；

七者不得普习香油以为华饰；

八者不得耽著歌舞以作娼伎。④

《三洞众戒文》说修持八戒九年，就可以超凡成圣。五戒和八戒，系箓生弟子所受，箓生弟子在正一法位中排列第三。《三洞珠囊》卷6《清戒品》引《正一法文》说得更明白："凡为道民，便受护身符及三戒，进受五戒、八戒，然后受箓。受箓之前，未受戒者，受箓之后，依次受之。"⑤

---

① 《道藏》第3册，第396页。
② 《道藏》第3册，第397页。
③ 《道藏》第3册，第399页。
④ 《道藏》第22册，第281页。
⑤ 《道藏》第25册，第326页。

《三洞众戒文》列举的戒律还有：无上十戒、初真十戒、七十二戒、百八十戒重律、天尊十戒十四持身品、太清阴阳戒、想尔二十七戒、洞神三洞要言五戒十三戒七百二十戒门、百二十九戒、闭塞六情戒、智能上品大戒、三元百八十戒、智能观身三百大戒。各种戒律都有不同的授受对象，如无上十戒是在俗男女所受，七十二戒是正一弟子所受，智能观身三百大戒是上清道士所受。道教的戒律要“依经箓出戒文，附诸法次”①。因此，张万福《传授三洞经戒法箓略说》记载了戒律与法箓的传授。宋张君房《云笈七籤》收录了唐宋道教的一些戒律条文，《云笈七籤》卷40载初真十戒的条文是：

第一戒者，不得阴贼潜谋，害物利己，当行阴德，广济群生；

第二戒者，不得杀害含生，以充滋味，当行慈惠，以及昆虫；

第三戒者，不得淫邪败真，秽慢灵气，当守贞操，使无缺犯；

第四戒者，不得败人成功，离人骨肉，当以道助物，令九族雍和；

第五戒者，不得谗毁贤良，露才扬己，当称人之美善，不自伐其功能；

第六戒者，不得饮酒过差，食肉违禁，当调和气性，专务清虚；

第七戒者，不得贪求无厌，积财不散，当行节俭，惠恤贫穷；

第八戒者，不得交游非贤，居处秽杂，当慕胜己，栖集清虚；

第九戒者，不得不忠不孝，不仁不信，当尽节君亲，推诚万物；

第十戒者，不得轻忽言笑，举动非真，当持重寡词，以道德为务。②

上述三戒、五戒、八戒的条文，明显有佛教戒律影响的痕迹。而此初真十戒的条文，最能体现道教思想的意蕴，其内容主要是道德训诫，对怎样做一名有道之士提出了基本的言行要求。唐朱法满《要修科仪戒律钞》卷5说：“修斋求道，皆当一心请奉十戒。”③道教认为受十戒，如法修行，十方天官无不卫护，则必定可以得道。道教十戒的应用最广泛，一般举行斋醮仪式，科仪格式中都有奉受十戒的内容。

张万福列举的十六种戒目，大致反映出唐代道教通行的戒律。《要修

① （唐）张万福：《三洞众戒文·序》，《道藏》第3册，第396页。

② 《道藏》第22册，第278—279页。

③ 《道藏》第6册，第939页。

科仪戒律钞》列举的戒律及愿念,合计达一千一百条。在《道藏》的洞真、洞玄、洞神部戒律类经典中,有关戒律的道经有数十种,戒条最多者达一千二百条。其中有些戒目,又有内容不同的戒条。以道教戒律的十戒为例,其名目有初真十戒、无上十戒、思微定志经十戒、玉清经中品十戒、碧玉真宫大戒规十戒、孚佑帝君十戒、太上洞真智能上品大戒十戒等。在戒律类道经中,有关十戒的道经有:《洞玄灵宝天尊说十戒经》、《虚皇天尊初真十戒文》、《道门十戒》。道教戒律如此丰富,是因为正一、灵宝、上清诸道派,以及各种修行法门,都制定了许多戒律。如宋代路时中的玉堂大法,就传授《玉堂通戒二十四条》。各种戒条并行于世,正反映出不同修持门派的存在。

根据《老子想尔注》造作的《道德尊经想尔戒》,产生了修持上、中、下三行的戒律思想,这是上、中、下三品戒的雏形。唐宋道教戒律的传授,根据戒有多种、人亦有多品的情况,明确提出按品分类的思想。唐代道经《太上大道玉清经·本起品》就认为:上品人不会犯过失,可以不持戒。中品人有好的方面,也有坏的习性,还易受客观环境熏染影响,所以要守十戒、五戒,以自我约束。下品人又可分为二品:上品的愿意受戒,可以受一百九十九戒,或受观身三百大戒,或受千二百威仪之戒,以自我修持防护;下品的则身同禽兽,是无可救药之人,即使受戒也无裨益。这种三品人区别受戒的理论,标志着道教因材施戒思想的成熟。

金元全真道兴起以后,全真龙门派祖师丘处机见传统戒律戒目繁多,不便道士遵行持修,遂统一制定了初真、中极、天仙三坛大戒,作为全真道授受戒律的模板。全真道的三坛大戒是:

(1)初真戒。内容有三皈依戒、积功归根五戒、初真十戒、女真九戒。其中三戒、五戒、十戒戒条与唐宋时大致相同。女真九戒是全真道为女道士制定的戒条:

一曰孝敬柔和,慎言不妒。

二曰贞洁持身,离诸秽行。

三曰惜诸物命,慈悯不杀。

四曰礼诵勤慎,断绝荤酒。

五曰衣具质素,不事华饰。

六曰调适性情，不生烦恼。

七曰不得数赴斋会。

八曰不得虐使奴仆。

九曰不得窃取人物。①

女真九戒的格式来源于唐宋时期的九真妙戒，这说明全真道在戒律改革中，对唐宋道教戒律格式有所承袭。王常月撰《初真戒律》，对初真戒意蕴加以诠释，认为学道之士若不求戒为师、持戒为命，即是不明性理、不遵大道之人。而三皈依戒，是天地之枢纽、神仙之根基。积功归根五戒，是持身之本、持法之根。道士受持三皈五戒无虞，才可受初真十戒。

（2）中极戒。内容是中极三百大戒，共三百戒条。如第七十一戒至七十四戒是：不得预世间婚姻事；不得破世间婚姻事；不得观看妓乐；不得持人长短，更相嫌恨。第二百零一戒至二百零四戒是：当忍人所不能忍；当断人所不能断；当学人所不能学；当容人所不能容。王常月说：道士受初真十戒后，持守言行，毫无过犯，方许再受中极三百大戒，传授之后，誓愿遵戒奉行，不敢始勤终怠，背道违师。持中极戒满三年，才可以进受天仙大戒。

（3）天仙大戒。共有二百七十戒条，即二十七个十种不可称量。这二十七个十种不可称量，据说是天仙初祖孚佑帝君所传。如第一个"十种远身行法不可称量"是：

一者智能远身行法不可称量；

二者慈悲远身行法不可称量；

三者含忍远身行法不可称量；

四者行功远身行法不可称量；

五者修心远身行法不可称量；

六者善业远身行法不可称量；

七者精进远身行法不可称量；

八者饰身远身行法不可称量；

九者遣情远身行法不可称量；

① 《藏外道书》第12册，第29页。

十者普心远身行法不可称量。①

以下二十六个十种不可称量，每一个都按智能、慈悲、含忍、行功、修心、善业、精进、饰身、遣情、普心十种要义排列。除第一“远身行法”大戒外，第二至第二十七大戒的戒法是：

离口过法，除恶想法，拔逮根法，绝声色法，俭爱欲法，放玩习法，洗垢秽法，无昏惑法，不淫想法，不疑空法，平好丑法，不邪还法，常住无法，绝心想法，习悉意法，善防言法，不乱转法，不悟念法，不彼念法，不悠想法，无常定法，无常的法，无常顾法，不追怀法，无犹豫法，忍不可忍法。②

天仙大戒的二十七个十种不可称量，共有二百七十条戒律，称为二百七十法。

道士受三坛大戒后，分别取得不同法位，受初真戒者称妙行师，受中极戒者称妙德师，受天仙戒者称妙道师。与唐宋时期名目繁多的戒目比较，全真道的三坛大戒简而明，备而赅。如三皈依戒的戒条是：

第一皈身，太上无极大道。永脱轮回，故曰道宝。

第二皈神，三十六部尊经。得闻正法，故曰经宝。

第三皈命，玄中大法师。不落邪见，故曰师宝。③

与唐宋时期简言归依道、经、师三宝的三归戒比较，此三皈依戒可谓是备而赅。而天仙大戒的二百七十戒条，其条文要义简单易记，可谓是简而明。全真道士确信：学道不持戒，无缘登真箓。戒律精严乃全真道士行为准则。自王常月重振全真道风以后，三坛大戒一直是律坛楷模，成为全真道士修道持身之规范，积功累行之径路。全真道士通过传戒仪式的洗礼，意味着宗教生活进入一个新阶段，道士个人与教团的修道层次都得以提升。三坛大戒作为全真宗师创行的宗教制度，确乎发挥出整合全真教团、加强全真道凝聚力的功能。

全真道认为：明有王法，幽有道法，道律治己，王律治人，二者互为表里，

---

① 《藏外道书》第12册，第3页。

② 《藏外道书》第12册，第3—7页。

③ 《藏外道书》第12册，第17页。

以扶助世风真教。一代全真宗师立论阐述戒行的重要，王重阳《重阳立教十五论》、《教主重阳帝君责罚榜》，马丹阳《丹阳真人直言》，丘处机《长春真人规榜》、《长春真人寄西州同道书》、《长春真人垂训文》，就反映出全真宗师整饬道风的拳拳之心。元代王惟一《道法心传》绘制《行持戒行图》，并解说："行持道法，戒行为先，始终如一，指日可仙。"①全真道的戒律，是使人尽心尽性、知命知天的警戒条文。对违反戒律的道士，则有清规予以惩罚。清规由各道观自己订立，轻者被罚跪、杖责、逐出教门，重者可以被处死。《全真清规》有《教主重阳帝君责罚榜》，就是著名的十条清规：

一犯国法遣出。

二偷盗财物遗送尊长者，烧毁衣钵罚出。

三说是谈非，扰堂闹众者，竹篦罚出。

四酒色、财气、食荤，但犯一者，罚出。

五奸猾慵狡，嫉妒欺瞒者，罚出。

六猖狂骄傲，动不随众者，罚斋。

七高言大语，作事躁暴者，罚香。

八说怪事戏言，无故出庵门者，罚香。

九干事不专，奸猾慵懒者，罚茶。

十犯事轻者，并行罚拜。②

元代丘处机住持长春观，曾制定《执事榜》，就是长春观的清规。《全真清规》收录的《长春真人规榜》，也是全真道士遵行的清规。清咸丰六年（1856年），北京白云观订立的《清规榜》，列有二十三条清规。

道士受持戒律，要举行传戒仪式。早期道教传戒是公开的，魏晋以后转入秘密传戒。唐代道士入道要受戒，敦煌文书P.3417号《唐景云二年道士王景仙从雍州长安县怀阴乡东明观三洞法师中岳先生张泰受十戒十四持身品牒（十戒经盟文）》载：

大唐景云二年，太岁辛亥八月生，三月景午朔廿四日己巳，雍州栎

① 《道藏》第32册，第420页。

② 《道藏》第32册，第159页。

> 阳县龙泉乡凉台里男生清信弟子王景仙,年廿七。景仙肉人无识,受纳有形,形染六情,六情一染,动之弊秽。惑于所见,昧于所着,世务因缘,以次而发。招引罪垢,历世弥积。轮回于三界,漂浪而忘返;流转于正道,长沦而弗悟。伏闻天尊大圣演说十戒十四持身之品,依法修行,行者可以超升三界,位极上清。景仙虽昧,愿求奉受,谨赍信如法,诣雍州长安县怀阴乡东明观里中三洞法师、中岳先生张□,受十戒十四持身之品,修行供养,永为身宝。愆明负约,长幽地狱,不敢蒙原。①

这份敦煌文书中的受戒盟文记载:雍州栎阳县龙泉乡凉台里清信弟子王景仙,以沉沦于六情不悟,闻受十戒十四持身之品,可以超升三界,位极上清,故至三洞法师张泰门下受十戒经,并发誓要修行供养,永为身宝。此受戒仪式中对神起誓的盟文,就是王景仙受戒的凭证。传世的领受十戒经盟文,反映出唐代道士受戒的实况。

北宋贾善翔《太上出家传度仪》,是宋代道士出家受戒的仪式。此传戒仪式由度师、保举师主持。仪式中受戒弟子念请受戒文,度师为受戒弟子说十戒。南宋吕元素《道门定制》卷10《更籍换案道场五戒牒》,是建置道场、更籍换案的仪式,由传度师传授太上五戒。

金元丘处机制定全真三坛大戒以后,仍沿袭魏晋秘密传戒的方法,实行全真戒律的单传秘授。因此,元明时期全真戒律在道门传播不广,各地全真道士多不知有此三坛大戒。

清初,全真龙门律宗王常月一改旧制,公开传授三坛大戒。据王常月《全真说戒威仪科》所订,出家道士不但要持有“度牒”,还应有“戒牒”。出家后要经过受戒仪式的考察和接受戒律教育,方可成为合格道士。戒律精严乃全真道徒言行准则,学道者当首务积善、定念、修德、理身。②

王常月于顺治十三年(1656年)在北京白云观登坛说戒,度弟子千余人。此后,又率门徒在南京、杭州、湖州、武当山等地立坛授戒,全真戒律自此广行天下。金元全真道兴起以前,道教的传戒授箓是相联系的,道士修持

① 黄永武主编:《敦煌宝藏》,台北:新文丰出版公司1985年版,第128册,第255页。
② 参见《中国道教协会关于全真道传戒的规定》,《中国道教》1990年第1期。

道法，既要受戒，也要受箓。而金元以后全真道、正一道两大道派并峙，全真道的传戒与正一道的授箓，成为两大道派各具特色的道法传授系统。

全真龙门祖庭北京白云观，是清初王常月律师公开传戒之法坛。当时正值全真龙门派中兴之时，每次传戒日期长达一百天，称“百日圆满三坛大戒”。柳守元《三坛圆满天仙大戒略说》，阐述了传授三坛大戒的科法及思想。

自清嘉庆（1796—1820年）以后，随道教发展的势头减弱，传戒的人数、日期逐渐削减。民国白云观授戒分春秋二期：春戒农历二月十五日至四月初八，秋戒农历十月十五日至十二月初八，戒期53天。开戒前半个月，各地新戒（即求戒者）赶赴白云观报到注册，斋戒沐浴，静候戒期。

民国时期白云观戒坛分三期。第一坛在大殿，向新戒宣示传戒要目。第二坛是密坛，在夜间人静时传授，不让外人观看，新戒过此坛即是受戒道士，获得戒衣、戒牒、锡钵、规等法器。第三坛宣示全真大戒。

按全真仪范，传戒由十方丛林方丈主持。方丈开坛演戒，解说戒律，传授戒法，故称为律师。律师必须由受过三坛大戒、持戒精严、德高望重的方丈担任。辅助律师传戒的有八大师：

（1）证盟大师　给戒子讲经解惑，回答戒子提出的问题。

（2）监戒大师　监督律坛威仪，不许犯戒违律。

（3）保举大师　负责保袮、保戒、保香，由开戒丛林监院担任。

（4）演礼大师　教戒子登规行礼及戒坛一切礼仪。

（5）纠仪大师　纠正戒子仪规。

（6）提科大师　负责经堂诵经礼忏及经堂事务。

（7）登箓大师　填写登真箓，为戒子起道号。

（8）引请大师　也称迎请大师，主持大型道场，任高功。

唐宋道教的传度仪式，有三师、五保监临授度，负责检查传度得失。全真传戒的八大师，应是取法唐宋三师、五保的职司而设立的。

第五节　全真派在江浙地区的弘传

全真龙门派在清初经王常月阐扬后，不久，即出现“中兴”局面。其“中兴”之地，几乎遍及南北，但最先和最集中的地区则为江苏、浙江，特别是其中之苏州、杭州、湖州及茅山等地。

一、全真派盛传于江浙

事实上，在王常月之前，江浙一些地区已经有了龙门派的传播。据现在所知，早在明代中后期，茅山乾元观即有一个龙门支派在活动（至于全真道，更在元初即已传入江浙）。此龙门支派，被称为“阎祖派”。《诸真宗派总簿》第十八“阎祖派”，谓其为“邱祖复字岔派分支，（在）茅山乾元观”。其派字为：“复本合教永，圆明寄象先。修成龙绪业，历代嗣宗传。”①此派开创期的几代道士，与王世贞为首的江南文士集团关系密切，故在史志文集中留下了丰富的资料。② 现以王世贞《阎道人希言传》③为基础，择其要者撮述如下。

创开此派的“阎祖”，即嘉靖、万历间道士阎希言。阎希言（1509—1588年），别号亦希言，不知何许人。曾自言家山西④，年二十七八时，成瘵几死，

① 《藏外道书》第20册，第576—577页。

② 详细的考证分析，参见王岗：《明代江南士绅精英与茅山全真道的兴起》，赵卫东主编：《全真道研究》第2辑，济南：齐鲁书社2011年版，第26—71页。此文略作修订，附入王岗点校的《茅山志》（上海：上海古籍出版社2016年版），下册，第666—754页。

③ （明）王世贞：《弇州续稿》卷69《阎道人希言传》，《文渊阁四库全书》第1283册，第31—33页。

④ 清薛大训辑《古今列仙通纪》卷58《阎希言传》所附《纪事》载，阎之弟子云其籍贯山西蒲坂（今永济市）。此《传》即照录王世贞文，后附《纪事》两篇、《言状》一篇，未署作者，宜略作考证。第一篇《纪事》作者自称“威”、“国威”；阎希言1588年夏至南京，国威于中秋始见之，延至署中，后阎率徒二人于十月望日至其家，说明国威当时任官南京。按：《言状》记阎此行入京所交诸人，有“都司许”者，即名国威。道光《晋江县志》卷31《选举·武进士》万历癸未（1583年）科有“许国威”，注“任都司”。[（清）胡之鋘等：《晋江县志》，《中国地方志集成·福建府县志辑》，上海：上海书店出版社2000年版，第25册，第495页]又《明神宗实录》卷170记，万历十四年（1586年）正月乙卯（二十日）“以南京镇抚许国威任南京小教场坐营”。（《明实录》第55册，台湾“中央研究院”史语所校印，1962年，第3073页）故此篇作者当为许国威。第二篇《纪事》作者信息甚少，仅知其居扬州，阎每至扬州必访之，而阎1588年入南京亦过扬州，想必有会面。《言状》首云：“吾师在耶？亡耶？弟子寔不得而知也。”且文中每称阎皆谓“师”。当为阎之弟子江本寔所撰。许国威《纪事》末云：“若传而赞之，须俟高名君子云。”江本寔《言状》末云：“若夫蒇述幽潜，垂之不朽，蒸蒸自有鸿巨笔也。”可见当时尚无阎希言传记，故此三篇文字在阎谢世后不久即已出现，时间甚早，也很有价值。

遇师诲以坐功，得无恙，时当嘉靖乙未（1535年）、丙申（1536年）间。遂弃妻女，出家学道，法名复清（一说复初）①。尝于崆峒遇异人②，复入武当山修行，建真武宫。万历元年（1573年）离开武当山③，云游江南。万历十四年（1586年）至茅山④，时乾元观弊甚，仅存山门及丙舍（耳房）。希言有志修复之，遂游金陵，募化于达官贵人，"一时公卿大夫慕道餐风者，相与协力，归其侵地，构静室以居羽流之四臻者"⑤。希言平素顶一髻，不巾栉，身着粗布夹衫，有履而不袜，人目之为阎蓬头。行步健速，虽少壮不啻。盛暑辄裸而曝日中，不汗，穷冬凿冰而浴。绝不为人道其所由得。叩之以延年冲举之术，亦不应。唯劝人行阴骘，广施予，勿淫勿杀，勿忧勿恚，勿多思而已。尝谓人曰："道在正心诚意，格物致知。存天理，去人欲，便见心中乐处。""道在惟精惟一，允执厥中。中即诚，不诚无物。"教人治心，云："才觉念动，

① 许国威《纪事》载，阎之弟子云其讳复清。[（清）薛大训辑：《古今列仙通纪》卷58，《四库全书存目丛书》，济南：齐鲁书社1995年版，子部第261册，第759页]清宋在衡辑《历代神仙通纪》收录明杨道宾（1541—1609年）撰《李赤肚传》，云阎名复初。（《四库未收书辑刊》，北京：北京出版社2000年版，第8辑第12册，第668页）但是，吴甸华等纂修《嘉庆黟县志》卷14所录杨道宾《李赤肚传》并无此段内容。（《中国地方志集成·安徽府县志辑》，南京：江苏古籍出版社1998年版，第56册，第466—468页）

② 参见（明）江本寔：《言状》，（清）薛大训辑：《古今列仙通纪》卷58，《四库全书存目丛书》，济南：齐鲁书社1995年版，子部第261册，第761页。并参（明）李天麟：《有道阎希言碑》，（清）张绍棠等：《光绪续纂句容县志》卷17，《中国地方志集成·江苏府县志辑》，南京：江苏古籍出版社1991年版，第35册，第428页。

③ 参见薛大训辑《古今列仙通纪》卷58《阎希言传》所附第二篇《纪事》，《四库全书存目丛书》，济南：齐鲁书社1995年版，子部第261册，第760页。

④ 参见（明）顾起元：《懒真草堂集·文集》卷19《茅山重建乾元观记》，《四库禁毁书丛刊补编》，北京：北京出版社2005年版，第69册，第22页。江本寔所撰《言状》也说，阎希言从武当山"游中吴，白光禄、于春元迎师，侍十三年所"，方至茅山。时间完全吻合。[（清）薛大训辑：《古今列仙通纪》卷58，《四库全书存目丛书》，济南：齐鲁书社1995年版，子部第261册，第761页]按：王世贞撰《传》说阎于万历甲申（1584年）至其弇山园，是为旧识。故《言状》谈及阎1588年到南京，谓"少司马王师，故人也"。

⑤ （明）顾起元：《懒真草堂集·文集》卷19《茅山重建乾元观记》，《四库禁毁书丛刊补编》，北京：北京出版社2005年版，第69册，第22页。参见（明）李维桢：《大泌山房集》卷54《乾元观供众田记》，《四库全书存目丛书》，济南：齐鲁书社1997年版，集部第151册，第656页。

即融妄归真,久之渐入太空,则抱元守一在是也。”①大致是沿袭宋元以来内丹学的旧路,以心性论融合儒道,故其能得儒士大夫的广泛崇奉,此亦为一端。万历十六年(1588 年)十月,在南京逝于旗手卫百户毛俊家。传有弟子舒本住、江本寔、王合心等。

舒本住,号一庵,金陵人。晚而慕道,浪迹诸名胜,隆庆(1567—1572年)间至三茅郁冈之下,睹宋朱自英《幽光显扬碑》断而复合、仆而自立的异迹,遂倚碑结茅而栖。“坚意精心,凡十余年。而道人阎希言者,始来自终南,丰腹重颔,不冠不履。舒知其不凡,拜为师。遂相与胼胝,兴复古乾元(观)云……与江文谷同为希言高足弟子。享年九十有六。”②

江本寔(1545—1606 年),或姓姜,一云名本实,号文谷,又称江慎言③,蓟州玉田人。“蚤岁弃家学道,万历壬午(1582 年)至郁冈,师(阎)希言。尝言人生未尝无死,有尽形骸,人死未尝无生,当存精气。乃于洗心池旁培小阜,祀重阳,因叠石塞牖,趺坐于中。谓其徒每日向牖呼之,应则已,不应则入,收敛遗蜕。凡呼之三年,乃不应,启石视之,坐蜕矣。故称为活死人墓。所著有《华阳真诲》,行于世。”④据明人李鼎《炼师王小颠入圜乞请外护疏》、于孔兼《道人江文谷传》、李维桢《茅山游记》和顾起元《茅山重建乾元观记》,阎希言临终将观事付予江本寔,则其接任住持的时间为万历十六年(1588 年)。⑤ 茅山现存其墓碑⑥,题“皇明重兴乾元祖文谷姜公墓”,立

① (明)江本寔:《言状》,(清)薛大训辑:《古今列仙通纪》卷 58,《四库全书存目丛书》,济南:齐鲁书社 1995 年版,子部第 261 册,第 760—761 页。并参(明)李天麟:《有道阎希言碑》,(清)张绍棠等:《光绪续纂句容县志》卷 17,《中国地方志集成·江苏府县志辑》,南京:江苏古籍出版社 1991 年版,第 35 册,第 428 页。

② (清)笪蟾光:《茅山全志》卷 9,《藏外道书》第 19 册,第 866—867 页。参见(明)王锡爵:《乾元观记》,(清)杨世沅辑:《句容金石记》卷 10,《石刻史料新编》第 2 辑,台北:新文丰出版公司 1979 年版,第 9 册,第 6584 页。

③ (清)笪蟾光:《茅山全志》卷 9,《藏外道书》第 19 册,第 868 页。慎言,或与其师称希言类,盖寡语、不妄言也。

④ (明)笪蟾光:《茅山全志》卷 9,《藏外道书》第 19 册,第 867 页。

⑤ 参见王岗:《明代江南士绅精英与茅山全真道的兴起》,赵卫东主编:《全真道研究》第 2 辑,济南:齐鲁书社 2011 年版,第 34 页。

⑥ 参见杨世华主编:《茅山道院历代碑铭录》,上海:上海科学技术文献出版社 2000 年版,第 140 页。

于万历三十四年(1606 年),则其亡故之年也。

《茅山志》卷 9 又云:“王小颠,道名合心,常州宜兴人。生而慧辨,通儒术,弱冠居金沙,即悦水云之士,作方外游,遍诸名山,访高流,见阎希言,师事之。叩升举事,师曰:所云升举者,岂虚空之中别有苑囿宫殿,以为游息而往居哉? 无往非仙踪耳。于是历郁冈而始慰其入道之心。先生且学博而才敏,构词用意,出人意表。其所言多是默示道妙,伤感世态。复善草书,屈伸变化,绝无尘迹。读道书,悟一言则笃信而体行之。言曰:‘吾闻鸿濛凿而太朴死,然则是礼也,凿之首也。’乃假于酒,跛履踞坐以自放,狂歌浪语以御人,藏机作拙以示无用。于是人皆目其为颠,而省其礼以接先生,而先生亦得以简其礼以应酬矣。于是人咸称为小颠先生。”①王合心蒙阎希言指教,且阎去世时随侍在侧②,但阎命其善事江本寔,故王“复考文谷而祖希言”,为乾元观全真第三代“合”字辈,继江本寔之后担任住持。③

李彻度(1510—1619 年),又称李赤肚,原名梦仙④,安徽黟县人。家雄于资,生十岁父殁,稍长,继父业。年四十,居芜湖,病羸濒死,寻医七年不疗,遇异人治愈。此人自称“邱长春十代孙,清净遨蓬头”,来自崂山。李遂师之,更名一了,盖循“长春道派”(龙门派)之派字谱,为第十一代。居三年,遨知李能尽其术,乃携之游浙天目山,告诫而去。彻度乃弃家云游。初入全州湘山,数月更入武当山。时阎希言亦居武当,独识其异,朝夕往复,共证真修。无何,阎自武当游江南。彻度居武当十年,欲往崂山访遨师,不果

---

① (清)笪蟾光:《茅山全志》卷 9,《藏外道书》第 19 册,第 867—868 页。

② (明)许国威:《纪事》,(清)薛大训辑:《古今列仙通纪》卷 58,《四库全书存目丛书》,济南:齐鲁书社 1995 年版,子部第 261 册,第 758 页。

③ 参见王岗:《明代江南士绅精英与茅山全真道的兴起》,赵卫东主编:《全真道研究》第 2 辑,济南:齐鲁书社 2011 年版,第 34 页。

④ 清李向荣等纂修《安徽歙县三田李氏重修宗谱》卷 22 记,李赤肚名大运,父名思武,兄名大鸾,弘治乙丑(1505 年)生,万历己酉(1609 年)尸解。并言详见杨道宾《李赤肚传》及县志。[乾隆三十六年(1771 年)刻本,第 48—49 页]按:此谱卷 41 录《李赤肚传》(第 51—53 页),比对其文,实综合了《嘉庆黟县志》的杨道宾传和王锡爵赞,但隐去了后者对其家庭、诞生情况的介绍以及一些时间记录,比如传谓万历庚子(1600 年)李年九十一,赞云万历戊戌(1598 年)李年八十九,故此谱的说法仅作参考。

行。遂入终南山，与铜帽道人为侣。又十年，游匡庐，住三年，往茅山访阎希言，而阎已于前一年逝世。彻度混迹茅山游衲中，稍稍显示治病异迹，问病者遂络绎于途。礼部尚书王锡爵致之，留都，公卿士庶争肃肩舆迎访。赠予金帛多不纳，纳即悉付弟子作功德。与江本寔买田二顷，山地十顷，以供十方道众，又饰乾元观而新之。[①] 其事流闻禁中，神宗于万历己亥（1599 年）颁赐《道藏》全套。此后，李彻度飘然去游吴越，转而栖止黟、歙间，尝以清虚秘典寄顾起元。[②] 万历己未（1619 年）八月解化。[③] 按龙门派字谱，李彻度本为第十一代"一"字辈，阎希言为第十四代"复"字辈，但是，明顾起元《客座赘语》谓其为"阎弟子李彻度"[④]，李维桢《茅山游记》说"其徒李彻度以道行名"[⑤]，《茅山志》也说李因阎已逝，"欲师江文谷，文谷不受，遂拜空而师阎"[⑥]。且万历十八年（1590 年）南京大理寺卿陈文烛撰《乾元观记》称阎希言之"徒李合坤"请作像赞，又说"江本实、李合坤皆（阎希言）高第弟子"[⑦]。前述李彻度于万历十七年（1589 年）抵茅山，且当时许多文献皆以阎希言、江文谷、李彻度同言，除李彻度外，并不见阎希言有其他李姓弟子的记录，而以李彻度的社会影响似乎才有可能力邀当道为其师作像赞。综合考虑，此李合坤或即李彻度。[⑧] 看来他终归是投入阎希言门下，并自居于江本寔之下的"合"字辈。另外，李鼎、李维桢、顾起元皆非常明确地指出李教

① 参见（明）杨道宾：《李赤肚传》，（清）宋在衡辑：《历代神仙通纪》，《四库未收书辑刊》，北京：北京出版社 2000 年版，第 8 辑第 12 册，第 667—669 页。

② 参见（明）顾起元：《懒真草堂集·文集》卷 19《茅山重建乾元观记》，《四库禁毁书丛刊补编》，北京：北京出版社 2005 年版，第 69 册，第 23 页。并参（明）王锡爵：《乾元观记》，（清）杨世沅辑：《句容金石记》卷 10，《石刻史料新编》第 2 辑，台北：新文丰出版公司 1979 年版，第 9 册，第 6584 页；（明）顾起元：《客座赘语》卷 8《四羽士》，北京：中华书局 1987 年版，第 263 页。

③ （清）笪蟾光：《茅山全志》卷 9，《藏外道书》第 19 册，第 867 页。

④ （明）顾起元：《客座赘语》卷 8《四羽士》，北京：中华书局 1987 年版，第 263 页。

⑤ （明）李维桢：《大泌山房集》卷 61，《四库全书存目丛书》，济南：齐鲁书社 1997 年版，集部第 152 册，第 44 页。

⑥ （清）笪蟾光：《茅山全志》卷 9，《藏外道书》第 19 册，第 867 页。

⑦ （清）张绍棠等：《光绪续纂句容县志》卷 17，《中国地方志集成·江苏府县志辑》，南京：江苏古籍出版社 1991 年版，第 35 册，第 429 页。

⑧ 参见王岗：《明代江南士绅精英与茅山全真道的兴起》，赵卫东主编：《全真道研究》第 2 辑，济南：齐鲁书社 2011 年版，第 33 页。

顺是李彻度的弟子①,也可作为辅证。

李教顺,字自如,李彻度弟子,受师命完成乾元观重建工作,后接替王合心任乾元观知观。② 清笪蟾光《茅山志》卷3载万历四十二年(1614年)《神宗为圣母建金箓斋词》、万历四十三年(1615年)《神宗三辛忏醮词》,其中皆有"特命本山乾元观全真道士李教顺等,祗就三茅山乾元观三清大殿""启建金箓","讽诵《高上玉皇本行集经》一藏"等语。③ 据李维桢《乾元观供众田记》,李教顺任知观时,订立了经济管理制度,并且"定名若干字,世以相承,总为一家,无复分异"④,即制订了以阎希言为祖师的茅山乾元观传承字谱。现在看"阎祖派"字谱,从第一代"复"字辈到第七代"明"字辈,与龙门派字谱完全一致,也说明此派一开始是沿用龙门派字谱,并未制订新谱。到李教顺订新谱时,大概已有"明"字辈弟子,故新谱实际上从"寄"字辈开始异于龙门派。

根据现有资料,此派"合"字辈还有萧合乾(乾阳)、王合中、黄合贤;万历三十四年(1606年)有"永"字辈钱永成为当家,王永虚为都管;"象"字辈有金象□、苏象鸿,"先"字辈有李先真、王先寅,这两辈已活动于明末。入清以后,传绪不绝。同治年间已传至第二十代"传"字辈,故又续20字,现知续谱前五字为"同心容易得"。光绪元年(1875年)立《龙门阎祖弟子王

① 参见王岗:《明代江南士绅精英与茅山全真道的兴起》,赵卫东主编:《全真道研究》第2辑,济南:齐鲁书社2011年版,第31、33页。

② 参见王岗:《明代江南士绅精英与茅山全真道的兴起》,赵卫东主编:《全真道研究》第2辑,济南:齐鲁书社2011年版,第31页。并参李日华(1565—1635年)《六研斋笔记》卷1引述许同生《郁冈斋乾元观记》。(《文渊阁四库全书》第867册,第495页)许令典,字稚则,号同生,浙江海宁人。万历三十五年(1607年)进士,曾任上饶、无锡县令,天启六年(1626年)任淮安知府。晚年黄冠野服,号两垞外臣。[参见(清)许三礼等:《(康熙)海宁县志》卷11,《中国方志丛书》,台北:成文出版社1983年版,第975—976页;(清)嵇曾筠等:《浙江通志》卷190,《文渊阁四库全书》第524册,第243页;(清)卫哲治等:《(乾隆)淮安府志》卷18《职官》,《续修四库全书》,上海:上海古籍出版社2002年版,第700册,第133页]钱谦益《列朝诗集小传》谓其"弃官隐华阳"(上海:古典文学出版社1957年版,第663页),是曾住茅山。

③ (清)笪蟾光:《茅山全志》卷3,《藏外道书》第19册,第747、748页。

④ (明)李维桢:《大泌山房集》卷54《乾元观供众田记》,《四库全书存目丛书》,济南:齐鲁书社1997年版,集部第151册,第656页。

历功碑》①，题“龙门阎祖分派第十六代羽化先师历功王公之墓”，立碑者包括代、嗣、宗、传、同几代弟子。抗日战争中，1938 年被日寇杀害的有惠心白、赵容山、李易昌等心、容、易三代道长。朱易经（1917—2007 年）、马易芳为乾元观阎祖派住观最后一代弟子，朱道长传有“得”字辈俗家弟子。现金坛市吕祖行宫有三位道士传承阎祖派，亦为“得”字辈。②

明末，龙门派之宗师系③第七代沈常敬（号太和），晚年亦居茅山修道，顺治十年（1653 年）卒。传有弟子孙守一（号玉阳）和黄守元（号赤阳），为龙门派第八代。④ 孙守一传弟子阎晓峰，为第九代。孙、阎二人皆住茅山乾元观。但据《金盖心灯·道谱源流图》载，阎晓峰“所传后人改皈茅山法派”⑤。清初，律师系第九代詹太林（1625—1712 年）亦曾寓乾元观。詹字晋柏，号维阳子，湖北麻城县人。49 岁于江西南昌铁柱宫为黄冠，至苏州全真律坛受戒，又到茅山乾元观读《道藏》三年。遇王常月法嗣谭守诚，“以先生（詹太林）为入室高弟，付龙门派第九传”。自是云游传道，复至句曲，县令“钦仰加礼，延主乾元观方丈”。“先生志在修废举坠，欲复丛林清规……而尽变应教营私陋习”，然而“卒为山蠹所嫉，结党煽乱”，无奈之下，只得“下郁冈而静息于句曲邗城之间”。⑥ 表明宗师系沈常敬在茅山的传承至阎晓峰时已断，律师系詹太林也未能有所作为，似乾元观此后所传者，仍仅为阎希言之支派。

据上述，茅山乾元观，从明万历时起，就已出现龙门支派阎祖派，以后一直在承传。而据中国道教协会前会长黎遇航说，茅山不仅乾元观传龙门派，

① 杨世华主编：《茅山道院历代碑铭录》，上海：上海科学技术文献出版社 2000 年版，第 184 页。

② 参见王岗点校：《茅山志》附录二《明代江南士绅精英与茅山全真道的兴起》，上海：上海古籍出版社 2016 年版。

③ 据《金盖心灯》，龙门正宗从第五代起，分律师、宗师两支。其谓：第四代周玄朴“始得天台道者张宗仁承当法戒，复得顿空氏承传宗派”，“律师宗仁名静定，顿空氏名静圆，姓沈，原名旭”。宗师一系，由沈静圆传卫真定，卫传沈常敬。参见（清）闵一得：《金盖心灯》卷 1《周大拙律师传》、《沈顿空宗师传》、《卫平阳宗师传》，《藏外道书》第 31 册，第 178、179—180、182 页。

④ 参见（清）闵一得：《金盖心灯》卷 1《沈太和宗师传》，《藏外道书》第 31 册，第 184 页。

⑤ 《藏外道书》第 31 册，第 169 页。

⑥ 参见（清）彭定求：《南畇文稿》卷 10《詹维阳律师塔铭》，《四库全书存目丛书》，济南：齐鲁书社 1997 年版，集部第 246 册，第 775 页。

还有另外四观也传龙门派。他说，茅山有三宫五观，三宫是九霄万福宫、元符万宁宫、崇禧万寿宫；五观是德祐观、仁祐观、玉晨观、白云观、乾元观。其中，三宫一直传正一（即上清法箓），而五观则传习全真。又说，此五观在宗派上又有微小差别，即“乾元观与仁祐观，属全真龙门岔枝阎祖派（阎蓬头所创的道派，乾元观中有记载）；而白云观、德祐观、玉晨观则属全真龙门正宗”①。乾元观所传阎祖派情况，已如上述，其余几观所传龙门派情况，亦略见记载。《清朝野史大观》卷11，即记道士沈一清等在雍、乾间活动于德祐观、仁祐观的情况。该书云：“丹阳老人沈一清，字东升。生而具戒，年近七旬，志行弥苦。雍正九年（1731年）腊月二十日登小茅峰，独坐礼星坛，以荆棘为屏垣，云雾为栋宇，枯枝为拄杖，落叶为蒲团，箨冠萝带，旬月休粮，积雪埋肩，须发冰结，山鬼群啸，虎狼互号，闭目观心，身与石化。”乃一派全真道士的苦行作风。该文又记，大茅峰圣祐观之香火很盛，而中茅峰的德祐观和小茅峰的仁祐观，却“积岁无人，门径颓塞，列真露坐，金蚀苔生”。沈一清乃身体力行，立志恢复二观。白日苦力劳作，“夜半则临崖危坐，默诵皇经”。如此“苦行五年，而善缘四集，于时仁祐殿以新。乾隆癸亥（1743年）秋，重建德祐殿，费千金，工万计”。沈一清传有弟子陆心如、李真如、钱本兹等，他们皆相继入山，协助其师完成上述修复二观之事业。② 但据上记，不知沈一清师从何人，应属哪个支派。

除龙门派外，在清前期，又有全真另一嫡派，即宗祖郝大通的华山派在江浙传播。乾隆四十九年（1784年）梁同书撰《洞霄宫贝法师传》载：贝本恒（1688—1758年），字常吉，淮阳人。年十七，礼武当袁正遇为师，度为道士。袁化后，访茅山乾元观，求王常月所授修真戒律。康熙己亥（1719年），结茅武康之高池山，炼得祖气符箓，为人治病，甚得嘉誉。乾隆乙丑（1745年），余杭人延主洞霄宫。乾隆二十三年（1758年）卒，寿七十一。《传》谓：“师之学，宗

① 黎遇航等：《茅山道教今昔》，《中国道教》1987年第4期。并参见王岗点校：《茅山志》附录一《明版全本〈茅山志〉与明代茅山正一道》，上海：上海古籍出版社2016年版，下册，第658—662页。

② 小横香室主人：《清朝野史大观》卷11《记茅山老人》，北京：中央编译出版社2009年版，第3册，第1155—1156页。

郝真人(郝大通),先明易道之原,晚造神仙之域。”[①]杭雯题贝本恒像赞,称之为“大清重兴洞霄宫传华山全真道派第十五代常吉贝真人”[②]。《金盖心灯》卷4《沈轻云律师传》亦谓其为华山派徒裔,该传注云:贝常吉,“名本恒,为华山派裔”[③],与龙门派道士沈一炳(号轻云)相友善。与贝本恒“往来谈道,多所契合”的计筹山通元观沈月光法师,也是龙门派传人,派名阳源。[④]《金盖心灯》卷3《樊初阳律师传》并谓贝本恒曾从龙门派道士樊太初(号初阳)学,“得其宗旨”[⑤]。《道统源流》说贝的龙门派名字是清升。[⑥] 可见,贝本恒乃华山派道士,但又曾参学于龙门派。于华山派,其师袁正遇为第十四代,贝为第十五代;于龙门派,其师樊太初为第九代,贝为第十代。

贝本恒传弟子童仁敷、陈仁恩、张仁逸、李仁凝等。童仁敷,字德充,德清人。幼业儒,后入洞霄宫师贝本恒,“为同居法嗣,力图崇尚元风,殚心振葺”[⑦]。陈仁恩,嘉兴人,乾隆己丑(1769 年)陈梦说游大涤洞,“至方丈,仁恩出所著《黄老指归》、《周易参微》并杂咏”[⑧],陈与之论《阴符经》。张仁逸,字鹤亭,仁和人,于杭州玄妙观“恢建三清阁”[⑨]。李仁凝,钱塘人,原名李芳,字华黍,号兰谷,又称月峰真人。《金鼓洞志·月峰李真人传》云:“月峰

① (清)梁同书:《频罗庵遗集》卷 9,《续修四库全书》,上海:上海古籍出版社 2002 年版,第 1445 册,第 515—516 页。参见(清)张吉安等:《(嘉庆)余杭县志》卷 30,《中国地方志集成·浙江府县志辑》,上海:上海书店出版社 1993 年版,第 5 册,第 1028—1029 页。

② (清)闻人儒:《洞霄宫志》卷 5,《中国道观志丛刊续编》,扬州:广陵书社 2004 年版,第 17 册,第 435 页。

③ 《藏外道书》第 31 册,第 247 页。

④ 参见(清)梁同书:《频罗庵遗集》卷 9《洞霄宫贝法师传》,《续修四库全书》,上海:上海古籍出版社 2002 年版,第 1445 册,第 515 页。严合怡:《道统源流》,上海民铎报社等发行,1929 年,卷下第 12 页。

⑤ 《藏外道书》第 31 册,第 219 页。

⑥ 参见严合怡:《道统源流》卷下,上海民铎报社等发行,1929 年,第 9 页。

⑦ (清)张吉安等:《(嘉庆)余杭县志》卷 30,《中国地方志集成·浙江府县志辑》,上海:上海书店出版社 1993 年版,第 5 册,第 1029 页。

⑧ (清)张吉安等:《(嘉庆)余杭县志》卷 30,《中国地方志集成·浙江府县志辑》,上海:上海书店出版社 1993 年版,第 5 册,第 1029 页。

⑨ (清)张吉安等:《(嘉庆)余杭县志》卷 30,《中国地方志集成·浙江府县志辑》,上海:上海书店出版社 1993 年版,第 5 册,第 1029 页。

真人者,即世所称妙衷定命真人也。姓李名仁凝,皈依常吉贝真人为师,隐于云窝山房。好清静,修性炼命,备尝苦楚,性喜洁,最爱花木,精修三十年。"①按语又称其"尝居懒云窝,师事沈谷音(一炳)"②。《金盖心灯》称,当沈一炳于乾隆五十一年(1786年)逝世后,李仁凝"为封其龛",葬于大涤山之金筑坪。③《道统源流》谓李仁凝的龙门派名字是一是④,乃以其系承贝本恒(清升)而言。据嘉庆二年(1797年)立《奉宪禁卖斋产碑》,其时本宫住持为许礼中。⑤ 何元锡跋《洞霄宫残牒》,曰:"嘉庆甲子(1804年)四月,住宫道士张礼恭、沈智辉就山门改建文昌阁,锄地得此碑。"⑥前引梁同书《洞霄宫贝法师传》谓张礼恭为陈仁恩徒孙。⑦ 据以上所记,华山派贝本恒一系,在康、雍、乾、嘉间,历"本、仁、义、礼、智"数代,活动于浙江之德清、余杭、杭州一带。

必须指出,尽管明清之际,江苏茅山已有龙门支派在传播,但在王常月尚未去江浙阐道之前,全真龙门派在该地的传播还是不广的,传播较广乃至于兴盛,则在王常月去江浙传教之后。据记载,顺治十三年(1656年),王常月在北京白云观三次传戒收徒以后,就将活动重点转向江南(同时,也去过湖北武当),在江浙活动了很长时间。王常月《碧苑坛经》首卷《心法真言》云:"康熙二年(1663年),岁在癸卯,十月之吉,昆阳子说戒于金陵碧苑。"⑧《金盖心灯》卷2《詹怡阳律师传》注引《金盖云笺》云:"康熙三年(1664年)岁次甲辰,三月,国师王真人(王常月)由京师出驻浙杭之宗阳宫,从者二十余人。"此后,"历驻金盖、穹窿、青萍、栖霞等境"⑨。又云:"康熙六年(1667年)岁次丁未,秋七月,王昆阳真人来止我山(指湖州金盖山——引者注),

① (清)朱文藻:《金鼓洞志》卷8,《藏外道书》第20册,第293页。
② (清)朱文藻:《金鼓洞志》卷8,《藏外道书》第20册,第295页。
③ 参见(清)闵一得:《金盖心灯》卷4《沈轻云律师传》,《藏外道书》第31册,第249页。
④ 严合怡:《道统源流》,上海民铎报社等发行,1929年,卷下第11页。
⑤ (清)张吉安等:《(嘉庆)余杭县志》卷36,《中国地方志集成·浙江府县志辑》,上海:上海书店出版社1993年版,第5册,第1099页。
⑥ (清)张吉安等:《(嘉庆)余杭县志》卷36,《中国地方志集成·浙江府县志辑》,上海:上海书店出版社1993年版,第5册,第1095页。
⑦ (清)梁同书:《频罗庵遗集》卷9,《续修四库全书》,上海:上海古籍出版社2002年版,第1445册,第516页。
⑧ 《藏外道书》第10册,第159页。
⑨ 《藏外道书》第31册,第187页。

詹律师守椿、黄律师守元从，绩溪处士江太虚偕。明年（1668 年）秋，姑苏施法师亮生、吕律师守璞来迎，我真人乃出山之穹窿（在苏州——引者注），詹某等从行。”①去苏州穹窿山住至何时，不见记载。由上可见，王常月从康熙二年南下后，直至康熙七年秋，一直活动于南京、苏州、湖州、杭州一带，从而为龙门派在这些地区的传播和兴盛打下了基础。

事实正是这样，继王常月之后，他有大批弟子长期在这些地区传戒授徒，如黄守正（号虚堂）、程守丹（号华阳）、陶守贞（号靖庵）、黄守元（号赤阳）、吕守璞（号云隐）、程守宏（字谔山）、黄守中（号冲阳）、林守木（号茂阳）、金筑老人、江处士等，推动着这些地区龙门派的发展。在徒众日益增多的基础上，又相继分衍出许多龙门支派，使龙门派表现出一定的兴盛景象。所形成的支派很多，如王常月弟子辈，即龙门第八代中，有：黄守正（号虚堂）在苏州浒墅关开创太微律院支派，吕守璞（号云隐）在苏州开创冠山支派，陶守贞（号靖庵）在湖州金盖山开创云巢支派，金筑老人在余杭金筑坪开创天柱观支派。王常月徒孙辈，即龙门第九代中，又有：周太朗（号明阳）在杭州开创金鼓洞支派，邱太生（号寅阳）在浙江嘉善开启嘉善长春宫支派，钱太华（号函阳）在无锡开启无锡长春宫支派。王常月玄孙辈，即龙门第十代中，有：许清阳（号青阳）在杭州开启机神殿支派，高清昱（字东篱）在浙江天台开创桐柏宫支派。在龙门第十二代中，又有：陈阳复（号樵云）在余杭南湖开启三元宫支派，周阳本（号梯霞）在余杭铜山开启半持庵支派，费阳得（号丹心）在浙江吴兴射村开启开化院支派。在龙门第十三代中，又有：王来真（号峄阳）在苏州装嫁桥开启斗姆宫支派，杨来基在黄岩开启委羽山大有宫支派，等等。

现将其中较重要的几个支派简介如下：

（1）云巢支派。由王常月弟子龙门第八代陶守贞所开创，传播于浙江湖州金盖山一带。据《金盖心灯》卷 2《靖庵先生传》及《墓表》等载，陶守贞（1612—1673 年），原名然，字浩然，派名守贞，号靖庵。世居会稽（治吴县，今苏州市），祖唐，应蜀藩聘，遂居蜀。幼孤，随母居蜀，母卒，依姊，姊卒，于清顺治二年（1645 年）至浙江吴兴依族侄陶思萱，寻入金盖山修道。顺治十五年

---

① 《藏外道书》第 31 册，第 187 页。

(1658 年),受戒于京师白云观,律师王常月命名守贞,遣归金盖。至康熙十二年(1673 年)卒。传法给族侄陶思萱。[1] 陶思萱(？—1692 年),字屺瞻,派名太定,自号石庵子。早年业儒,年三十后,感世事日非,入金盖山修道,得族叔陶守贞之传。为龙门第九代。平生著述颇丰,著有《周易》、《悟真》、《参同》等书的注疏,《南华经注》,纂有《道缘斗忏》、《玉枢经集注》、《玉皇本行经集注》、《千真雷忏》、《紫庭经注疏》等;又有《金盖云笺》六本,内纪金盖山 48 年道教事,门人徐紫垣订为十二卷。于康熙三十一年(1692 年)卒。传弟子徐清澄,为龙门第十代。[2] 徐清澄(1630—1719 年),号紫垣,原名拱宸,字北瞻,江南昆山人,《金盖心灯》卷 4 有传。[3] 徐清澄传龙门第十一代徐一返,字龙元,号巙岩,山东东昌人。初受方清复(号凝阳)之传,于康熙五十二年(1713 年)从本师方清复来金盖山,居五月而返。康熙五十八年(1719 年),复从本师来金盖,遂师事徐清澄。徐清澄不久逝世,徐一返受命主本山讲席。徐一返兼承正一法派,曾传弟子蒋雨苍等。乾隆三十年(1765 年)犹在世,后卒于何年不详。[4]《道统源流》谓徐巙岩传史常哉,"名阳昌,江苏人,得徐师所传斗法,演甚灵验"[5]。此后云巢支派便未留下记载,大约已融入正一派了。

(2)天柱观支派。由王常月弟子龙门第八代金筑老人所开创,以浙江余杭金筑坪天柱观为传播据点。《金盖心灯》卷 2《金筑老人传》云:"金筑老人者,字号三见而三异。《洞霄闻人志》载:盛青厓,江南桐城人,明末进士,隐天柱观。《杨氏逸林》载:樵云氏者,桐乡人,姓盛,名未详,明末举进士。值世沧桑,高隐大涤,自号退密山人……《菰城拾遗》载:异人金大涤,学富五车,尝自比管、乐,明亡,遂隐,初休金盖之白云居,更号樵云,既归老于天柱金筑坪……著作颇多,石庵辈梓以行世。"[6]何记为是？已不能断。

---

① 参见《藏外道书》第 31 册,第 189—196 页。

② 参见(清)闵一得:《金盖心灯》卷 3《陶石庵先生传》,《藏外道书》第 31 册,第 211 页。

③ 《藏外道书》第 31 册,第 232 页。

④ 参见(清)闵一得:《金盖心灯》卷 3《徐巙岩嗣师传》,《藏外道书》第 31 册,第 244 页。

⑤ 严合怡:《道统源流》,上海民铎报社等发行,1929 年,卷下第 12 页。

⑥ 《藏外道书》第 31 册,第 205 页。《道统源流》将金筑老人、盛青厓分列,以盛为宗师系沈常敬弟子,谓其"名守静,自号退密山人,明末进士,桐城人",不知何据。见严合怡:《道统源流》,上海民铎报社等发行,1929 年,卷下第 4、5 页。

该传注称:“按《金盖云笺》载:顺治元年(1644 年),有一老人,不知姓名籍贯,来居山之白云庵,自称白云老人以署其稿,明年出山,住余杭金筑坪,改号曰金筑老人。顺治十六年己亥(1659 年),老人来山,访靖庵先生与洪洞明头陀,遂邀洞明入天柱山,岁常往来。及康熙九年庚戌(1670 年),老人又称退密山人,以其手著《三江诗史全集》遗潘牧心,来山乞序,靖庵为序之。康熙十五年丙辰(1676 年),老人复来自金筑,仍居山之白云庵。明年复归金筑云云。则《洞霄宫志》所称盛青厓,《杨氏逸林》所称樵云氏,《菰城拾遗》所称金大涤,均与《云笺》不符。而纪其事实,则大同小异。”①盖为明末清初一隐君子,故称之为金筑老人。《钵鉴续》谓退密山人曾从王常月受戒②,为龙门第八代。传弟子潘太牧。据《金盖心灯》卷 3《潘牧心律师传》载:潘太牧(? —1685 年),字牧心,吴兴世家子。明末入金筑坪,不复入世。康熙三年(1664 年),受戒律于金筑老人,为龙门第九代。越二十一年,于康熙二十四年(1685 年)卒。③ 传弟子龙门第十代王清虚。王原名大器,字定然,号洞阳,苏州人。先师吕太晋(号全阳)、陶思萱(号石庵),住苏州冠山、湖州金盖山有年,康熙三十五年(1696 年),再至大涤金筑坪,礼潘太牧为师,命名清虚,默受三大戒,即止金筑坪,不他适。④ 王传潘一元,字天厓,号青阳,余杭人,为龙门第十一代。⑤《道统源流》谓王清虚又传沈观空,名一鸣,乾隆二十五年(1760 年)进士。⑥ 此后承传不详。

(3)金鼓洞支派。由龙门第九代周太朗所开创,以杭州金鼓洞鹤林道院为传播基地。据《金盖心灯》和《金鼓洞志》载:周太朗(1628—1711 年),字元真,号明阳,江苏震泽(今吴县)人。父殁,舍俗出家,至茅山乾元观,先

① 《藏外道书》第 31 册,第 205 页。

② 参见《藏外道书》第 31 册,第 205 页。

③ 参见《藏外道书》第 31 册,第 229 页。

④ 参见(清)闵一得:《金盖心灯》卷 4《王洞阳律师传》,《藏外道书》第 31 册,第 243 页。《传》注文另引《金盖云笺》,云王于康熙己巳(1689 年)之金筑。但潘牧心已卒于 1685 年版,故二者的传承有疑。

⑤ (清)闵一得:《金盖心灯》卷 4《潘天厓律师传》,《藏外道书》第 31 册,第 256 页。王清虚、潘一元,参见(清)张吉安等:《(嘉庆)余杭县志》卷 30,《中国地方志集成 · 浙江府县志辑》,上海:上海书店出版社 1993 年版,第 5 册,第 1029 页。

⑥ 参见严合怡:《道统源流》卷下,上海民铎报社等发行,1929 年,第 11 页。

礼孙守一(号玉阳)为师。康熙三年(1664年),复礼黄守元(号赤阳)为师,进受大戒,嗣为龙门派第九代。孙守一、黄守元二人,是宗师系沈常敬(号太和)之弟子,黄守元后来又拜王常月为师,遂集二系于一身。周太朗既以他二人为师,自然也兼承二系之学。康熙三年秋,周太朗来杭州,与时在杭州宗阳宫之王常月相处两年,多所授受。康熙五年(1666年),结茅于西湖栖霞岭北之金鼓洞,继建瓦屋以修真,即后之鹤林道院,于是参玄访道者云集。闵一得引《钵鉴续》称:当时从周太朗学道者,"千有余人"。并谓"全真一派,东华而下,盛自重阳(王喆),历传丘(处机)、赵(道坚)……逮我明阳子周律师出,祖道南行","玄风庆会,自元而降,殆无有过之者"。[①] 即是说,全真道传至周太朗时,重心已由北而南,并在南方形成少有的兴盛局面。周太朗于康熙五十年(1711年)卒,年八十四。在周太朗所传众多弟子中,最著名的有:高清昱(字东篱)、戴清源(号停云)、方清复(号凝阳)、谢清涵(号宾阳)、金清来(号静灵)、孟清晃(号逸阳)、许清阳等。其中,高清昱后来去浙江天台山主崇道观讲席,另开桐柏宫支派;其余住山弟子继续在金鼓洞传派。继周太朗主持金鼓洞教事的是戴清源(1662—1735年),字初阳,号停云,浙江仁和人。初师吕太晋(号全阳),年三十,始皈周太朗,为龙门派第十代。太朗卒,继主金鼓洞十余年,于雍正十三年(1735年)卒。[②] 戴清源曾于雍正五年(1727年)将当家一职交给师兄方清复,自任总持。雍正七年(1729年),方清复又将常住产业交还,此后交予骆一中。[③] 骆一中,字圣哲,钱塘人,中年皈道,师从戴清源,为龙门第十一代。[④] 乾隆三十二年(1767年),将本山常住交予徒弟蔡阳善主持。[⑤] 蔡阳善(?—1793年),字天一,浙江石门人。中年礼骆一中为师,为龙门第十二代。以鹤林"院宇浅

① (清)闵一得:《金盖心灯》卷3《周明阳律师传》,《藏外道书》第31册,第214—215页。参(清)朱文藻:《金鼓洞志》卷7,《藏外道书》第20册,第283—284页。

② 参见(清)闵一得:《金盖心灯》卷4《戴停云律师传》,《藏外道书》第31册,第233页。

③ 参见(清)朱文藻:《金鼓洞志》卷4《雍正五年十二月交家簿叙》、《雍正七年十一月交家》,《藏外道书》第20册,第255、256页。

④ (清)闵一得:《金盖心灯》卷4《骆圣哲嗣师传》,《藏外道书》第31册,第245页。

⑤ (清)朱文藻:《金鼓洞志》卷4《乾隆三十二年十月交家》,《藏外道书》第20册,第256页。

隘，不足以容众，爰即山势增廓之”[①]。“小者大之，低者昂之，辟基筑岸，费逾万计。金果泉之题名，降魔岩之表众，懒云坞、报本堂成自斯人，松山若干亩、禾田若干亩，置自斯人，鹤林为之一振。十方云水日聚百人，无复有瓶罄之耻。”[②]乾隆五十四年（1789 年），将常住交师侄韩来方职掌。[③] 乾隆五十八年（1793 年）卒。[④] 韩住持六载，“因岁歉难支”，交家予蔡阳善弟子赵来洲管理。[⑤] 嘉庆二年（1797 年），赵来洲因“羸弱不耐繁剧”，将常住交予总持钱复龄、协持张复纯，复“因钱复龄承受家务，行不务本，于九月间出院，嘉庆三年正月重交张复纯承受”。[⑥] 张复纯师龙门第十三代戴北庄，派名来昌，湖广江夏（今武汉市）人，年四十一投师金鼓洞，为蔡阳善弟子，卒于嘉庆年间。[⑦] 张复纯为龙门第十四代，《道家诗纪》谓字健修，号巢云，又引《小瀛洲仙馆诗话》云：“巢云道人于嘉庆丙寅（1806 年）就院左肇开归云洞……次年，与仁和朱朗斋（朱文藻）商刊《金鼓洞志》八卷行世。”[⑧]可惜该支派在《金鼓洞志》编成之后的状况缺少记载，难知其详。据《道家诗纪》载，吴教一，字秋舫，道号玉清弟子，杭州金鼓洞道士，与《小瀛洲仙馆诗话》作者“神交久之”，并有书信往来。由此可知，道、咸间该支派已传至第十七代。[⑨]

---

① （清）朱文藻：《金鼓洞志》卷 7，《藏外道书》第 20 册，第 288 页。

② （清）闵一得：《金盖心灯》卷 5《蔡天一嗣师传》，《藏外道书》第 31 册，第 257 页。

③ 参见（清）朱文藻：《金鼓洞志》卷 4《乾隆五十四年闰五月交家》，《藏外道书》第 20 册，第 256 页。

④ 参见（清）朱文藻：《金鼓洞志》卷 7，《藏外道书》第 20 册，第 289 页。

⑤ 参见（清）朱文藻：《金鼓洞志》卷 4《乾隆五十九年四月交家》，《藏外道书》第 20 册，第 256 页。

⑥ （清）朱文藻：《金鼓洞志》卷 4《嘉庆二年七月交家》，《藏外道书》第 20 册，第 256 页。

⑦ 参见（清）闵一得：《金盖心灯》卷 5《戴北庄律嗣传》，《藏外道书》第 31 册，第 273—274 页。参见严合怡：《道统源流》，上海民铎报社等发行，1929 年，卷下第 16 页。又，（清）张谦《道家诗纪》卷 38 云：“戴来慧，字养元，杭州金鼓洞道士。”其诗《金鼓洞》有云：“离别楚南地，来游浙水西。访道金鼓洞，高士指我迷。”（《藏外道书》第 34 册，第 554 页）当亦从楚地而来，未知与北庄是否为一人。

⑧ （清）张谦：《道家诗纪》卷 38，《藏外道书》第 34 册，第 559 页。参见《金鼓洞志》张复纯《跋》，《藏外道书》第 20 册，第 298—299 页。

⑨ 参见（清）张谦：《道家诗纪》卷 39，《藏外道书》第 34 册，第 578 页。关于张谦、《小瀛洲仙馆诗话》的年代等问题，参见陈尚君：《述上海图书馆藏清张谦稿本〈道家诗纪〉》，《东方早报》2008 年 8 月 2 日；罗争鸣：《张谦及其稿本〈道家诗纪〉再探》，《学术论坛》2013 年第 8 期。

值得一提的是,前述金鼓洞道院于雍正年间始行的交家制度,一定程度上保证了道院资产的巩固,“自康熙五十年(1711 年)置买迄今,逐年续置,有增无减”①。

(4)桐柏宫支派。由周太朗弟子龙门第十代高清昱所创,以天台桐柏宫为传播据点。高清昱,字东篱,一字东离。据《金鼓洞志》载,其为仁和(今杭州)世家子,髫年潜心丹经,得其奥旨,居金鼓洞时,方伯高斌常与之谈玄,后应邀住持天台桐柏宫,羽化后即葬天台山。②《金盖心灯》卷 4《高东篱宗师传》却说高祖籍山东宁海州(今牟平),寄居长白。其父名熙中,顺治六年(1649 年)进士,康熙(1662—1722 年)间,由内职放台湾道,故东篱随父久居台。康熙三十一年(1692 年),由台湾至浙江杭州金鼓洞,年已 75 岁,始师事金鼓洞派创始人周太朗,嗣为龙门派第十代弟子。居金鼓洞鹤林道院四十余年,从游者众。雍正十三年(1735 年),出主天台桐柏山崇道观讲席③,遂启桐柏宫支派。乾隆三十三年(1768 年)卒,著有《台湾风俗考》三卷。④ 其弟子有沈一炳(号轻云)、方一定(号镕阳)、闵一得(号懒云)等,为龙门第十一代。他们又分别传徒,沈一炳(1708—1786 年)传弟子陈阳复(字云樵)、周阳本(字梯霞)、费阳得(字丹心)等,为龙门第十二代。他们又再传弟子,并衍成更小的支派:陈阳复(1730—1785 年)开启余杭南湖三元宫支派,门下有阮来宗、杨来逸、鲍来金等。周阳本(1715—1813 年)开启余杭铜山半持庵支派。费阳得开启归安(今湖州市)射村开化院支派。方一定下传第十二代顾阳昆(字沧州),顾传第十三代王来真(号峄阳),开启

① (清)朱文藻:《金鼓洞志》卷 4,《藏外道书》第 20 册,第 249 页。

② 参见(清)朱文藻:《金鼓洞志》卷 7,《藏外道书》第 20 册,第 284—285 页。查雍正《浙江通志》,高斌雍正六年(1728 年)任浙江布政使,次年程元章接任。参见(清)嵇曾筠等:《(雍正)浙江通志》卷 121《职官》,《中国地方志集成·省志辑·浙江》,南京:凤凰出版社 2010 年版,第 5 册,第 2151 页。

③ 参见《金盖心灯》卷 3《范青云宗师传》谓为宗师系第九代范太清(号青云)延之继桐柏讲席。《藏外道书》第 31 册,第 231 页。

④ 参见(清)闵一得:《金盖心灯》卷 4《高东篱宗师传》,《藏外道书》第 31 册,第 237—238 页。此《传》谓高东篱族侄高麟为仁和庠生,与东篱情如骨肉,并偕访金鼓洞,故《金鼓洞志》误记东篱为仁和世家子。而闵一得“侍子(高东篱)有年”,故略知其生平。

苏州装嫁桥斗母宫支派。闵一得下传第十二代李阳春(号碧云)、陈阳真(号春谷)、徐阳盈(号根云)、王阳泰(号护云)、朱阳元(号巽峰)、徐阳果(号芝田)、陈阳德(号归云)、江阳清(号默斋)、高阳桂(号乡云)、闵阳林、蔡阳倪等,门庭很盛。其徒孙辈王来因等又宗祖闵一得开启海上觉云支派,相继传承至民国。

(5)大有宫支派。由詹太林一系龙门第十三代杨来基所创,以黄岩委羽山大有宫为中心。据《委羽洞天邱祖龙门宗谱》(简称《委羽宗谱》)卷2《世系图》,从王常月到杨来基的传承谱系是:王常月—谭守诚—詹太林—盛清新—陆一纯—徐阳明—杨来基。① 徐阳明,号浣尘子,松江华亭(今上海松江区)人。在太湖洞庭西山拜陆一纯为师,相随四载,转往松江细林山,后登天台山,谒桐柏宫。晚年住持临海县百步溪紫阳宫。② 杨来基,号国宁子,黄岩县人。于邑之栖霞宫遇徐阳明,执弟子礼。嘉庆年间,居委羽山大有宫。③ 据《委羽宗谱》卷2,杨来基传弟子王复净、郑复清、蔡复莲、程复光、吕复贤、翁复泉、翁复元、陈复朴、张复淳、沈复勤、郑复通、蒋复瀛、王复冠、徐复乾等14人,在台州、温州地区广衍道脉。陈复朴,原名志华,号春谷,台州太平县(今温岭市)人,生于乾隆二十年(1755年)。云游名山洞府,广参有道。著《易数八十一卦》,注《悟真》、《参同》、《清静》等经,并有《归真要旨》三卷藏大有宫。传徒陈本岩、王本法等6人,陈本岩又传李合泰、吴合印等8人,王本法又传任合庆、金合宗等12人。任合庆创建太平县莞田岭三清观及长屿山紫云洞,金合宗创建凤山头松云宫。④ 张复淳传柯本茂、林本还等7人,林本还弟子夏合通,在太平县青屿山创建会元宫,又在

① 参见王松渠等:《续纂委羽洞天邱祖龙门宗谱》卷2《世系图》,浙江黄岩委羽山刊本,1940年,第1页。

② 参见王松渠等:《续纂委羽洞天邱祖龙门宗谱》卷1《第十二代浣尘阳明自述》,浙江黄岩委羽山刊本,1940年,第1页。

③ 参见王松渠等:《续纂委羽洞天邱祖龙门宗谱》卷1《第十二代浣尘阳明自述》附杨来基传,浙江黄岩委羽山刊本,1940年,第2页。参见(清)王维翰:《委羽山续志》卷2,《中国道观志丛刊续编》,扬州:广陵书社2004年版,第19册,第179—180页。

④ 参见王松渠等:《续纂委羽洞天邱祖龙门宗谱》卷2《世系图》,浙江黄岩委羽山刊本,1940年,第4—7页。参见(清)王维翰:《委羽山续志》卷2,《中国道观志丛刊续编》,扬州:广陵书社2004年版,第19册,第180—181页。

大溪昒山头建朝阳宫。[①] 翁复元传章本旭等 2 人，章号超阳子，浙江乐清人，下传王合江、黄合勋等 6 人。[②]

综上可见，自清初王常月在江、浙地区多年传教之后，为龙门派在该地区的传播打下了基础，到他的弟子辈时，很快就在江浙地区将全真龙门派发展起来，并在康、雍、乾时期呈现出颇为兴盛的景象。后世全真道士所津津乐道的龙门派“中兴”盛世，实以江浙地区的发展为其代表。

此期“中兴”的龙门派有几个显著的特点：一是有大批富户出身的儒士涌进教门，作为它的骨干。他们的文化素养一般较高，组织活动能力也较强，是推动龙门派“中兴”的主要因素之一。这一点，与金元之际全真道人才济济成就鼎盛局面的状况有些相似。二是龙门派的大部组织地处江南，与正一道融合的趋向较突出。三是时代的变迁，使教义教规日趋世俗化。这后两点，则是与金元道教大异其趣的。在这里只着重讲一下江浙地区龙门派与正一道融合的情况。

江浙地区各龙门支派与正一道相融合的情况是很普遍的。如王常月弟子、龙门第八代施亮生（即施道渊，号铁竹道人），“尝受初真戒、中极戒于王昆阳律师，后精于法，改皈正一真人府派，启姑苏穹窿山一派”[③]。此派实传神霄雷法，其传承情况，将在下面第八节介绍。龙门第九代阎晓峰（宗师系沈常敬徒裔），继其师孙守一（号玉阳）“守茅山乾元观，其所传后人，改皈茅山法派”[④]。这是龙门支派蜕变为正一道的例子。其余较为普遍的则是在思想、道法上互相融合。如龙门第十代王清虚（号洞阳），“晚年济人作福无虚日，杭属远近，延请祈禳者，无不立应，名誉籍盛”[⑤]。据《金盖心灯》载，

---

① 参见王松渠等：《续纂委羽洞天邱祖龙门宗谱》卷 2《世系图》，浙江黄岩委羽山刊本，1940 年，第 7—8 页。

② 参见王松渠等：《续纂委羽洞天邱祖龙门宗谱》卷 2《世系图》，浙江黄岩委羽山刊本，1940 年，第 3—4 页。

③ （清）闵一得：《金盖心灯》卷前《龙门正宗流传支派图》，《藏外道书》第 31 册，第 168 页。

④ （清）闵一得：《金盖心灯》卷前《龙门正宗流传支派图》，《藏外道书》第 31 册，第 169 页。

⑤ （清）闵一得：《金盖心灯》卷 4《王洞阳律师传》，《藏外道书》第 31 册，第 243 页。

金盖山云巢支派的徐一返(龙门第十一代)及其弟子们融合正一就很突出。《金盖心灯》卷前《龙门正宗流传支派图》云,徐一返(号隆岩)"其后兼嗣正一法派,法名汉臣,晚年精于法"①。"祷雨祈晴,无不立应。"②他又将正一法传给弟子蒋雨苍、陈樵云(又受沈一炳之传)、朱春阳、史常哉等,此数人皆以正一法名世。《徐隆岩嗣师传》注引《纪事录》云:"乾隆戊辰(1748年),蒋雨苍始弃家入山,嗣师(指徐一返——引者注)复切训之,授以茅山祈祷法,使承张真人正一法派,得名通祥。"③《金盖心灯》卷5《陈樵云律师传》云:陈樵云,名阳复,浙江归安(今湖州)人,"年十七,出游名山川,二十五,归自粤西,礼隆岩师(徐一返)于云巢,进求元秘,隆岩授以紫光梵斗,遂休云巢,日夜虔礼,甘露为之屡降"④。《金盖心灯》卷7《朱春阳先生传》云:朱晅字春阳,一字通道,归安世家子,隆岩子授以"茅山显异法秘","朝而步虚,暮而梵音,开坛演化,降真致灵"。⑤《道统源流》云:史常哉"得徐师所传斗法,演甚灵验"⑥。《金盖心灯》卷前《龙门正宗流传支派图》云:徐一返"所传蒋雨苍、史常哉、朱春阳等,皆以真人府派字辈为名,并无龙门派名"⑦。以致记载龙门派历史之《金盖心灯》,也从此不予续载。可见其实际已融入正一道了。

龙门第十一代沈一炳一系融合正一道也很突出。《金盖心灯》卷4《沈轻云律师传》注引《纪事录》云:沈一炳于乾隆元年(1736年),"从高东篱宗师应聘至天台桐柏山,主崇道观讲席。明年丁巳(1737年),遇西河萨真君(萨守坚)于桐柏山麓。遂出游,访道于高池,得贝常吉(华山派徒裔)为友。

① (清)闵一得:《金盖心灯》卷前《龙门正宗流传支派图》,《藏外道书》第31册,第166页。

② (清)闵一得:《金盖心灯》卷4《徐隆岩嗣师传》,《藏外道书》第31册,第244页。

③ (清)闵一得:《金盖心灯》卷4《徐隆岩嗣师传》,《藏外道书》第31册,第244页。参见《金盖心灯》卷7《蒋雨苍先生传》,《藏外道书》第31册,第315—317页。《纪事录》为陈阳复(樵云)所纂,见《陈樵云律师传》注文,《藏外道书》第31册,第259页。

④ (清)闵一得:《金盖心灯》卷5《陈樵云律师传》,《藏外道书》第31册,第259页。

⑤ (清)闵一得:《金盖心灯》卷7《朱春阳先生传》,《藏外道书》第31册,第309页。

⑥ 严合怡:《道统源流》卷下,上海民铎报社等发行,1929年,第12页。

⑦ (清)闵一得:《金盖心灯》卷前《龙门正宗流传支派图》,《藏外道书》第31册,第166页。

继往松江,从周法师得诸大法秘宗,时师年三十”①。据说,他在乾隆四五十年间,“尝祷雨于菰城,祈晴于抚署,致雪于钱塘,收狐于青浦,伏虎于终南,驯狼于太白,皆不假符篆法箓,盖其为用神矣”②。他常语人曰:“有道德者有神通,无道德者无神通……道德体也,神通用也,取其用而遗其体,适成其为妖孽。君子则不然,廓其真灵,养其真气,积之宏,蓄之久,及时流露,有行乎其所不得不行、止乎其所不得不止之妙也。”③这些说法,与宋元以来的神霄雷法理论十分相似。他传弟子陈阳复(号樵云)、周阳本(号梯霞)、费阳得(号丹心)等,皆精正一法术。陈阳复又向徐一返学正一法,已见前述。周阳本“早岁皈元,原名通照,浙杭海宁人也。初事符箓,为余杭道纪司有年,祷雨祈晴,靡不响应……年六十余,始遇轻云律师(沈一炳)于南塘,乃皈龙门”④。费阳得,原名汉文,字通真,吴兴千金人,6岁即皈清微派,为射村开化院元裔,沈一炳“谓为可教,卒授以戒,命名阳得,道功益进,应感尤灵”⑤。沈一炳徒孙辈,即陈阳复之四位弟子阮来宗、阳来逸、钱来玉、鲍来金,亦精正一法,“鲍则精雷法,明地理,兀坐多秋,尤称杰出。钱则自谓有惭,矢心奉斗,虽未澈悟,究称与道有缘者”⑥。龙门道士与正一道士之融合,愈往后愈显著。至清末,各地龙门派道士大多兼行斋醮祈禳,以香火收入为谋生之一途,全真与正一在宗教行持方面几无多大区别。

二、闵一得及其所纂《古书隐楼藏书》

龙门派在江浙地区盛传的过程中,曾出现过一些对教理较有成就的道士,其中最著名的要算龙门派第十一代闵一得。据晏端书《闵懒云先生

① (清)闵一得:《金盖心灯》卷4《沈轻云律师传》,《藏外道书》第31册,第247页。
② (清)闵一得:《金盖心灯》卷4《沈轻云律师传》,《藏外道书》第31册,第248页。
③ (清)闵一得:《金盖心灯》卷4《沈轻云律师传》,《藏外道书》第31册,第248—249页。
④ (清)闵一得:《金盖心灯》卷5《周梯霞律师传》,《藏外道书》第31册,第261页。
⑤ (清)闵一得:《金盖心灯》卷5《费丹心律师传》,《藏外道书》第31册,第262页。
⑥ (清)闵一得:《金盖心灯》卷5《阮阳钱鲍四律嗣合传》,《藏外道书》第31册,第275页。

传》和《第十一代闵大宗师传》①等所载，闵一得（1758—1836 年），原名思澄，后改名苕旉，字补之，号小艮，道号懒云子，又自称闵真仙、发僧际莲氏等。世为江苏吴兴望族。生而体弱，9 岁犹艰于行，往天台桐柏山，依龙门第十代高清昱（字东篱），习导引术，遂师之，派名一得。数年，疾愈，归家读书，研究性理，不为科举学。乾隆三十三年（1768 年），其师高清昱卒，遵嘱，以清昱高弟沈一炳（号轻云）为师。沈一炳于乾隆五十一年（1786 年）卒。乾隆五十四年（1789 年）后，闵一得赴云南任官职，即《闵懒云先生传》所云："及壮，以父命入赀为州司马，服官滇南。"②乾隆五十

① 晏端书《闵懒云先生传》，载《金盖心灯》卷末附录，同载者还有杨维昆《闵懒云先生传》和沈秉成《懒云先生传》，见《藏外道书》第 31 册，第 369—372 页。《第十一代闵大宗师传》，载《龙门正宗觉云本支道统薪传》卷下，《藏外道书》第 31 册，第 469—471 页。另参闵思端《吴兴闵氏宗谱》，清道光十三年（1833 年）刻本，相关内容见陈云《闵一得生年及名号考》引录，载《宗教学研究》2012 年第 3 期。《宗谱》云其父闵大夏为乾隆甲子（1744 年）浙江乡试举人，历任仙居、余杭儒学教谕。皆可与方志相印证。中举事，见（清）宗源瀚等：《（同治）湖州府志》卷 13《选举表》；仙居教谕，见（清）王寿颐等：《（光绪）仙居志》卷 10《职官》；余杭教谕，见（清）张吉安等：《（嘉庆）余杭县志》卷 20《职官》，并参卷 5《学校》录董作栋《启蒙书院记》。（以上依次见《中国地方志集成 · 浙江府县志辑》，上海：上海书店出版社 2000 年版，第 24 册第 238 页，第 48 册第 144 页，第 5 册第 849、637—638 页）可见《宗谱》记事有据。

② （清）晏端书：《闵懒云先生传》，《藏外道书》第 31 册，第 369 页。任官时间，《金盖心灯》卷 7《朱春阳先生传》注文记为乾隆五十二年（1787 年）。（参见《藏外道书》第 31 册，第 309 页）但闵一得《三尼医世说述序》有云，乾隆己酉（1789 年）"浙督学朱石君先生按临湖州"，闵往谒见。（《藏外道书》第 10 册，第 344 页）朱石君，即朱珪，"（乾隆）五十一年（1786 年），擢礼部侍郎，典江南乡试，督浙江学政。还朝，调兵部。五十五年（1790 年），典会试。出为安徽巡抚"。（《清史稿》卷 340《朱珪传》，北京：中华书局 1977 年版，第 37 册，第 11092 页）可见，1789 年闵一得尚在湖州。其所任官职，《吴兴闵氏宗谱》云以太学生考授正八品，分发云南，候补府经历。然杨炳堃（1787—1858 年）《中议公自订年谱》卷 8"咸丰五年（1855 年）四月十三日"条云："（闵一得）由议叙得云南二尹，摄篆曲靖同知，捐升司马，试用年余，即归隐云巢。"（《北京图书馆藏珍本年谱丛刊》，北京：北京图书馆出版社 1999 年版，第 141 册，第 640 页）二尹，明清时县丞别称；摄篆，即代理；司马，明清时同知别称。又李宗莲编《金盖山志》卷 2 载"云南曲靖府同知闵苕旉墓"。（《中华山水志丛刊 · 山志》，北京：线装书局 2004 年版，第 20 册，第 315 页）查民国《新纂云南通志》卷 13《历代职官表》，乾隆朝曲靖府同知并无其人（《中国地方志集成 · 省志辑 · 云南》，南京：凤凰出版社 2009 年版，第 3 册，第 486—487 页），故当从晏端书说，为州同知。府经历与县丞都是正八品，州同知为从六品，综合这些资料可知，闵一得除授正八品官，实际代理曲靖府某州同知，因从父命捐升州同知。杨炳堃"试用年余，即归隐云巢"的说法值得注意，结合闵一得归丧的时间，可佐证他是在 1789 年后方赴云南任职。

五年(1790年)[1]在滇南时,携王常月所传戒律书往云南鸡足山,谒鸡足道者(黄守中)[2],一得以戒律书授道者,道者则传一得以斗法。止宿三月,归纂《大梵先天梵音斗咒》凡十部,计十二卷,刊传于世。乾隆五十六年(1791年)十二月闵父去世,次年,闵一得奔丧返家。[3] 遂绝意仕进,出访名胜,历吴楚燕赵,足迹半天下,先后遇龙门西竺心宗之金怀怀(王清楚)、白马李(李清纯)、李蓬头、龙门道士(郭来澄)辈,相与讲论,多所契合。嘉庆元年(1796年),闵母去世,葬金盖山,闵一得遂入住此山[4],从此隐居不复出。《金盖心灯》卷5《王护云宗嗣传》注文云:"嘉庆元年,乃得懒云子入山,慨仙踪之不振,弔逸绪之无承,遂居休焉。并延梯霞周师(周阳本)入主讲席,重振云巢。"[5]《第十一代闵大宗师传》云:闵一得"悯其法嗣凌替,屋宇倾颓,慨然思振其绪,于是修葺增壮,拓其规模。遂启龙门方便之法,以三教同修,儒者读书穷理,治国齐家;释者参禅悟道,见性明心;道者修身寡过,利物济人。至律、法、宗、教四宗,及居家出仕,入山修道,寻师访友,蓄发易服,均俾有志者自然而行。大旨以五伦八箴为体用,盖圣贤仙佛无不由五伦八箴而证果焉,故曰龙门方便法门。自是学者日进,自当代名公卿相及缁流羽

---

① 此据《金盖心灯》卷6《鸡足道者黄律师传》和上引《第十一代闵大宗师传》。(《藏外道书》第31册,第277、469页)而闵一得《栖云山悟元子修真辩难参证》(前编)则自谓在乾隆壬子(1792年)秋,访鸡足道者。(《藏外道书》第10册,第243页)闵一得《三尼医世说述序》也说,乾隆己酉(1789年)后"越四载,宦游过鸡足山,访住世神仙鸡足道者于龙树山房"。(《藏外道书》第10册,第344页)《持世陀罗尼经法》中闵一得撰《源流》、《续派》、《度师野怛婆阇传》皆谓在乾隆壬子。(《藏外道书》第10册,第552、553页)

② 据载,鸡足道者自称野怛婆阇,西竺月支人,精西竺斗法。顺治十六年去北京白云观,受戒于王常月,取名黄守中。此后仍返鸡足山,曾传弟子管天仙,管传金怀怀、白马李,金传活死人、李赤脚、石照山人,活死人传住住生。鸡足道者又传大脚仙、王袖虎,大脚仙传张蓬头,张传龙门道士、李蓬头等。是龙门派一个特殊支派,称为西竺心宗。

③ 闵父卒年见《吴兴闵氏宗谱》。以此观之,上引诸条谓闵一得于1792年夏秋间访道鸡足山,或可疑。

④ 闵一得《金盖山纯阳宫古今迹略》说:"夫余之入山也,初由庐墓,继以律身。"(《藏外道书》第31册,第368页)

⑤ 《藏外道书》第31册,第267页。

士，以至胥吏仆舆，钦其道范、纳交受业者，实繁有徒”①。“其教人也，有体有用，有本有末，笃于实行，不事神奇，大旨以修身寡过为入门，穷理尽性至命为究竟，省察涵养为彻始彻终功夫”②。隐居金盖山四十余年，于道光十六年（1836年）卒，享年七十九。

闵一得著作甚丰，道光十四年（1834年），将自撰和少数他人著作共20种辑为一书，名《古书隐楼藏书》，以后收书增至30余种，光绪二十年（1894年）和民国五年（1916年）皆有刊本行世。又作《金盖心灯》一卷，以纪传体形式，记录龙门派第一代至第十四代近百人的生平事迹，是研究龙门派历史的重要参考资料。《古书隐楼藏书》被近年巴蜀书社所编之《藏外道书》第10册收载，其篇目为：《碧苑坛经》5卷，《栖云山悟元子修真辩难参证》2卷，《阴符经玄解正义》1卷，《金丹四百字注释》1卷，《太乙金华宗旨》1卷，《吕祖师三尼医世说述》1卷，《吕祖师三尼医世说述管窥》1卷，《吕祖师三尼医世功诀》1卷，《皇极阖辟证道仙经》3卷，《寥阳殿问答编》1卷，《如是我闻》1卷，《泄天机》1卷，《上品丹法节次》1卷，《养生十三则阐微》1卷，《管窥编》1卷，《天仙心传》1卷，《天仙道程宝则》1卷，《天仙道戒忌须知》1卷，《二懒心话》1卷，《雨香天经咒注》1卷，《智慧真言》1卷，《一目真言注》1卷，《增智慧真言》1卷，《祭炼心咒注》1卷，《琐言续》1卷，《玄谭全集》1卷，《西王母女修正途十则》1卷，《李祖师女宗双修宝筏》1卷，《持世陀罗尼经法》1卷，《密迹金刚神咒注》1卷，《大悲神咒注》1卷，《清规玄妙全真参访集》1卷，《就正录》1卷，《与林奋千先生书》1卷，《梅华问答编》1卷，《还源篇阐微》1卷等。其中，一部分为闵一得自撰著作，一部分是闵一得对他人之书的重编、订正或注释，是研究闵一得思想的重要资料。现将闵一得的主要思想简介如下：

（一）哲学、内丹学混同的真一、真元论

闵一得认为，宇宙的本原是真一，天、地、人三才都是真一所生。他说：

① 陆本基编：《龙门正宗觉云本支道统薪传》卷下，《藏外道书》第31册，第470页。

② （清）晏端书：《闵懒云先生传》，《藏外道书》第31册，第370页。

“盖人与地、天并列为三者，同属先天真一所生。”①“盖三界与吾身同一真一所生，而各有一真一自存。”②据说，此三才原是先天一气分而为三者，“先天之气，乃是先天太极之真阴、真阳相交而生之气，在天曰乾元，在地曰坤元，在人曰真元，亦曰人元。三才之气曰元，所禀之理曰一。”③又说：“三才一气，原是一物，言其形则有三焉。气以成形，各有所归，是惟太极，轻清者自归天，重浊者自归地，乃各从其类。”④

闵一得认为，真一和它所生的真元（人元）二者是既有区别，又有联系。真一是宇宙的本始，无形无象，真元则是先天之气，“盖真一无形，所可见者真元。真元者，真一所生之气也。”⑤但二者都属先天，是决定人之性命最根本的因素，“盖元与一，是一非一，是二非二，离气而言曰真一，合气而言曰真元”⑥。而且“元乃一之元，一乃元之主，元无一则散，一无元不存”⑦。

在闵一得那里，“真一”、“真元”等概念虽有哲学本体论的意义，但更多的则是养生和内丹学的意义。他认为，人的性命有先天、后天之分，后天性命，成自父母，散归天地；先天性命，来自先天之气产生的真元，散归无极，而起决定作用的则是形成先天性命的真元。他说：“吾处三才之中，形没归地、神升附天者，盖以有形有象耳，是言后天则然也。吾身之得生，非此后天之形神也，先天元一尽，乃各归其类，故有归地附天之说。”⑧可是人在世上，由于种种物欲、尘事对身心的摧残，来自真一之真元便会逐渐丧失，人之性命必至终结。怎么办？只有用内丹的返还之术，将已经丧失的真元追寻回来，才能避免一死。他说：“吾之先天元一亏失，自当求复于人元。人元为人先天，而安充于无极之中。……原此人元，说有则有，说无则无，动静虚实，生死亦然者，人能有若勿有，无若勿无，动静语默，一能如之，已合先天本

① （清）闵一得：《修真辩难后编参证》，《藏外道书》第10册，第277页。
② （清）闵一得：《持世陀罗尼经注》，《藏外道书》第10册，第559页。
③ （清）闵一得：《修真辩难前编参证》，《藏外道书》第10册，第242页。
④ （清）闵一得：《三尼医世说述管窥》，《藏外道书》第10册，第357页。
⑤ （清）闵一得：《三尼医世说述》，《藏外道书》第10册，第349页。
⑥ （清）闵一得：《三尼医世说述管窥》，《藏外道书》第10册，第357页。
⑦ （清）闵一得：《修真辩难后编参证》，《藏外道书》第10册，第278—279页。
⑧ （清）闵一得：《修真辩难后编参证》，《藏外道书》第10册，第291页。

体，从而一志求复求充，立得充复，捷若响应。”①又说：“盖人与地天并列为三者，同属先天真一所生，若以同类而论，三才还是一气，一而三，三而一者，纵因此身阳极而亏，古哲谓竹破竹补，不向三才生处追寻，果于何处求复？此理昭然，则当念念不舍真一，以一索一，如心使身，一自降充，破补何难！”②那么，向哪里去把真元真一追回来？“失从人失，还从人求。……这两‘人’字，不可混会，上句人字，指人事；下句人字，指人元。是言先天之气，散于人事，不可复得，惟知求元于太极，元无不复。要知世上三元，元根太极，在天曰天元，在地曰地元，在人曰人元。人元之失，不求之自，元何克复！”③“惟吾先师所述，来从太极来，去归太极去，则我求复，必当迎自太极。”④他在另一处则说，应当求之无极，曰：“人性命有先后，先天性命散归无极，后天性命散归天地。”“古之至人，先后散失，统自寂求于无极者，盖以无极气包先后故耳。”⑤

如何追寻？闵一得认为，应当采取存守法。“吕祖曰：存者真一，守者真元，真一是性，真元是气。”⑥因为“脑为人身玉清宫，元始所居。顶曰囟门，穴名百会，乃三元聚会之所，上接三天真一。向顶注之，真一感通，真元汇注”⑦。又说：“生清浊者，真元也，玄之又玄，妙清浊者，真一也。君子知而迎之，合同而化之，令各返夫先天，乃为得诀……真元有气，藉心迎一，藉一敕元，天以真一、真元铸有形，吾以真一、真元培有形，令各安泰，是曰医世。”⑧这种方法，又叫“怀元抱真”，“盖元乃一之元，一乃元之主，元无一则散，一无元不存”⑨。据说通过怀元抱真，即可追回失去的真元、真一，以复性命之先天。

① （清）闵一得：《修真辩难后编参证》，《藏外道书》第10册，第291页。
② （清）闵一得：《修真辩难后编参证》，《藏外道书》第10册，第277页。
③ （清）闵一得：《修真辩难前编参证》，《藏外道书》第10册，第242页。
④ （清）闵一得：《修真辩难前编参证》，《藏外道书》第10册，第243页。
⑤ （清）闵一得：《修真辩难前编参证》，《藏外道书》第10册，第243页。
⑥ （清）闵一得：《三尼医世说述》，《藏外道书》第10册，第348页。
⑦ （清）闵一得：《三尼医世说述》，《藏外道书》第10册，第349页。
⑧ （清）闵一得：《三尼医世说述管窥》，《藏外道书》第10册，第357页。
⑨ （清）闵一得：《修真辩难后编参证》，《藏外道书》第10册，第278—279页。

（二）虚寂静笃的返还论

闵一得认为，要追回已经失去的真元、真一，只有达到虚寂静笃的境界才能实现。他说："个中有玄义，可以意会，不可言传，而总以虚寂静笃为宗。虚极则无障，不为后天所碍，且能以道陶镕，使之还虚。虚而后能静，静则中清，机临必觉，不致蒙昧。"①又说："身之本在心，心之根在神，神非虚不灵，非寂不宁，不灵不宁，神何克纯？是以学尚虚寂，运道惟神。"②"故欲还先天，法惟一意虚寂，念中无念，自然后天气寂，先天仍现，元炁仍行，身中关窍，豁然洞开。"③"究其功法，不外息心静气，造至虚寂，极至极笃，而造自然。"④"寂求之法，虚寂我色身，湛寂我法身，乃以不招招、不摄摄、不凝凝，统惟循之自然，盖以自然炁融三才耳。"⑤又说："初起修持，必须置身于虚，立心于寂，勿助勿忘。如是湛寂，无所无时，所谓但灭动心、不灭照心，造到不虚而虚、不寂而寂，然后专一体认，则内所现，尽出先天。"⑥

此虚寂之法，既是方法，又是修炼达到的一种境界，且是比较高级的境界。要达此境界，还须从炼心止念入手。闵一得说："据理而论，静以致清，动以致浊，而使之一动一静者，非无神以宰之也。在人之宰曰心，心乃至灵之物，必凭一念以定，所谓志也。君子所以贵立志，成贤成圣，皆此志之定力，知此，则治心有法矣。治心之法，不外刚健中正四字。"⑦又说："天仙心学，既无卦爻，又无斤两，彻始彻终，惟守无念两字。"⑧"余按全部功诀，总从一念不生入手。行致心清气调、遍体充和地位，则即身世并益，第以恒久为妙……学者切戒有欲速之念，诚恐堕入意识业。盖人心识，最灵而最魔，一入彀中，闻见纷纭，断不胜断，不可不戒。学者但自息心静气入手，自得真一元炁发生，盖此真一元炁乃自呼吸气静而出，呼吸未静，真一不生也。然此

① （清）闵一得：《阴符经玄解正义》，《藏外道书》第10册，第311页。
② （清）闵一得：《天仙心传·自序》，《藏外道书》第10册，第430页。
③ （清）闵一得：《天仙心传·自序》，《藏外道书》第10册，第431页。
④ （清）闵一得：《修真辩难前编参证》，《藏外道书》第10册，第244页。
⑤ （清）闵一得：《修真辩难前编参证》，《藏外道书》第10册，第243页。
⑥ （清）闵一得：《修真辩难后编参证》，《藏外道书》第10册，第269页。
⑦ （清）闵一得：《三尼医世说述管窥》，《藏外道书》第10册，第356页。
⑧ 《天仙心传·真师太虚氏法言一则》，《藏外道书》第10册，第448页。

无他诀，唯有一念不生，则心自静极而呼吸自无矣……夫所谓一念不生者，非竟无念，乃是不杂他念之谓，盖实至诚无息之道也。”①又说：“气静曰寂，念无曰虚。如是则身等虚无，而容光必照。”②“是以古哲于此一道，必自炼心入手，乃能步步返元，造至虚无可虚，寂无可寂，先天乃现。”③

可见，闵一得返还先天真一、真元的途径，就是通过治心止念的扎实工夫，达到虚寂静笃的境地，然后以此境界与先天真一、真元相契合，使人性命还元返本。

（三）以通关通窍为要着的内丹说

闵一得秉承全真传统丹法，又兼承西竺心宗的特殊丹法，对内丹学多有特殊见解。由他口授、门人闵阳林所写的《还源篇阐微》和经他纂定的《上品丹法节次》等，已阐述了他对丹法的诸多看法，兹不备述。现只对他的通关通窍说作简要介绍，以见其丹法特点之一斑。

首先，他的丹法也分炼己筑基、炼精化气、炼气化神和炼神还虚等几个阶段，而在炼己筑基阶段，他十分重视通三关、理任督二脉。他说：“盖关有前三后三，通关，所以理任、督也。前三，所以理任脉，后三，所以理督脉。任通乃可理督。其理如此，然情实不然，还宜即吸即呼以理之。按吸，吸自海底阴蹻穴，自穴逆吸，透尾经脊，逾枕达巅，入于天谷。巅即昆仑，人头是也，谷即人脑之中，乃上田也。即自脑中下降，自鼻至上唇，乃与任合，会于华池。池乃舌底，故人口为华池，是乃理督之成法。呼则起自华池，顺经重楼，重楼即人喉管，从此顺降绛阙，绛阙即膺即胸堂。从此达中黄，即中田。从此达腹，驻于脐后深处，处曰气海，即是下田。从此达阴蹻穴，穴在粪门之前、卵囊之后，乃任督交聚处，是为理任之成法。盖皆以意导气，由想合道，乃初学通关必用之成法。吕祖曰：‘三三通，一半功，神而通之闭巽风。’巽风即鼻息。心静致极，息微若闭，导成胎息之法。道至胎息，乃是三三通后之神功，盖非别有神功也。学者初事通关，且循吸呼意导入手，关限已通，三田不芜，功加虚极静笃，则此胎息亦泯，乃为真息息，息者，止也。功造真息

① 《三尼医世功诀》闵一得注，《藏外道书》第10册，第366页。
② 《天仙心传》闵一得注，《藏外道书》第10册，第437页。
③ （清）闵一得：《修真辩难前编参证》，《藏外道书》第10册，第238页。

亦息，百脉亦停，六腑五脏，咸安咸泰，一点先天乃从此步收得者也。”①他在《泄天机》中又说：“丹家理气，原有三道，曰赤，曰黑，曰黄。赤乃任脉，道在前，心气所由之路。心色赤，故曰赤道。而赤性炎上，法必制之使降，则心凉而肾暖。黑乃督脉，道在后，肾气所由之路。肾色黑，故曰黑道。而黑性润下，法必制之使升，则髓运而神安。原斯二道，精气所由出，人物类以生存者，法故标曰人道。丹家、医家详述如此。黄乃黄中，道介赤、黑中缝，位在脊前心后，而德统二气，为阖辟中主，境则极虚而寂，故所经驻，只容先天，凡夫仙胎之结之圆皆在斯境，虽有三田之别，实则一贯，法故标曰仙道。”②他在《上品丹法节次》中再次讲述三道的路径，说：“盖按人身有三道，曰黑，曰赤，曰黄。黄道循肾前脐后中缝直升，是由脊前心后中缝直透泥丸者。赤道，则由绛逆循，会黑附黄，顺升抵镇，复又会黑附黄而归绛。黑道，由海会赤附黄逆循，穿闾而透枕，复由镇位，会赤附黄，循额抵池，顺下绛宫，复归于海。”③他指出，以上关口、路径，先哲们秘而不宣，是他根据师父所授，述之于人者。

其次，闵一得尤其重视打通玄关一窍，以为这是修天仙丹法的关键。他说：修炼上乘金丹，“须开得玄关，方可下手”④。何谓玄关一窍？它在人身何处？他说：“按此窍在脊前脘后，而有形无形，未开谓之玄关，既开谓之玄窍。学者行到虚寂静笃时，此窍乃现……丹书一名神室，又名黄房，其名不一。”⑤他称《阴符经》所谓的“奇器”就是玄窍，是道的一种表象，“其在先天，无迹可名，其在人身，则曰玄窍，亦无迹可见”⑥。他认为玄关一窍无形无象，无方无所，“谓此玄关，开无方所，景无定景，若使开有方所，景有定景，亦不得名玄关矣”⑦。

闵一得认为，玄窍在内丹修炼中具有十分重要的地位和作用。它是藏

① （清）闵一得：《修真辩难前编参证》，《藏外道书》第10册，第259—260页。
② 《泄天机》之“闵小艮曰”，《藏外道书》第10册，第403页。
③ 《上品丹法节次》之“闵小艮曰”，《藏外道书》第10册，第414—415页。
④ （清）闵一得：《修真辩难前编参证》，《藏外道书》第10册，第250页。
⑤ 《皇极阖辟证道仙经》卷上“闵小艮曰”，《藏外道书》第10册，第369页。
⑥ （清）闵一得：《阴符经正义》，《藏外道书》第10册，第312页。
⑦ （清）闵一得：《修真辩难后编参证》，《藏外道书》第10册，第280页。

气之所,是元神升降之地,“胎息息于此也,我身元神于此升降,乃谓得道道路也”①。又是结丹之处,“总之结胎养胎,造至脱胎,皆基于此处”②。但是玄窍不开,一切功法皆无处施展,“盖修至道,必自启窍。此窍不启,功难越入。”③开启玄窍是修丹十分重要的一着。

如何启窍呢? 闵一得认为,必须从治心止念入手。他说:“然非运行能启,必藉克己。己净念自无杂,而志始纯一,志念克一,玄窍必自洞厰(当为‘敞’——引者注)矣。”④又说:“致开之诀,端自克己第一着始。克己功法,端自净心除妄始……真妄之现,现于念动,古哲故以念头动处为玄牝,盖阳曰玄,阴曰牝。金丹大道,修返纯阳之义,然而阳极则阴生,欲使个中无阴,无是理也,古哲修之,一归于真而已。”“盖此玄关一窍,上包过去,下包未来,个中真妄,各随类感,随感随应,神祇无得暂阻,有此要妙,古哲鉴之,是以致功玄学,首以克己为第一着。”⑤又说:“入窍正路,厥惟止念一法。夫欲止念,先须惩忿窒欲,芟除种种杂念,只留正念。正念虽留,却不许有依附傍念潜滋暗长。”⑥他认为,只有通过脚踏实地的克己止念工夫,扫除掉一切杂念妄念,直至达到虚无境地时,玄窍才自开。“盖以窍无刻闲,机寂则现,机搅则隐。现则觉,隐则迷,觉则循真,迷则入惑。欲启玄窍,绝无动运法,惟在寂体。是故智者但自栖神虚无,气机之动静,含光视之而已,亦不须作意寂定于其间。”⑦“故古哲修持要诀,端自虚寂静笃上定审动静之启机。若或妄感,关亦妄应,大有关系存焉,机可妄动乎哉! 古哲以此关窍无理不备、无境不具者,学人己克不净,净不造至自然,玄关真境自难倖入者也。”⑧他总结说:“惟是初学之士,或心性未纯,关窍莫启,或情尘久搅,锢蔽方深,法惟先事洗涤,继事存思(存是存想,思是精思),倘有中阻,虽因后天物滞,究因

① 《皇极阖辟证道仙经》之“闵小艮曰”,《藏外道书》第10册,第369页。
② 《皇极阖辟证道仙经》之“闵小艮曰”,《藏外道书》第10册,第369—370页。
③ 《上品丹法节次》之“闵小艮曰”,《藏外道书》第10册,第413页。
④ 《上品丹法节次》之“闵小艮曰”,《藏外道书》第10册,第413页。
⑤ (清)闵一得:《修真辩难后编参证》,《藏外道书》第10册,第293页。
⑥ (清)闵一得:《金丹四百字自序注》,《藏外道书》第10册,第318页。
⑦ 《太乙金华宗旨》之闵一得按语,《藏外道书》第10册,第339页。
⑧ (清)闵一得:《修真辩难后编参证》,《藏外道书》第10册,第280页。

杂念中肆，以致真炁隐藏，关窍闭塞。上士于此，惟有不事搬运，但崇止念，晋造自然，终始不贰，自还先天，身得晶若。故欲还先天，法惟一意虚寂，念中无念，自然后天气寂，先天仍现，元炁仍行，身中关窍，豁然洞开。"①总之，从治心止念入手，到虚无静笃时，玄窍自开。

此外，闵一得丹法中，还有开启天目一说。其《古书隐楼藏书》所收《太乙金华宗旨》云，要开"天心一窍"，"功法在于存诚两字。诸子存诚妙用，尚有诀中捷诀，乃于万缘放下之时，惟用梵天∴字"。② 闵一得为之作注云："(∴)即伊字也，梵天伊作∴，谓即日、月、天罡，在人身即是左目、右目与眉心。先天神人皆具三目，如斗母、雷祖是也。人知修炼，眉心即开，所开之目，名曰天目是也。"③据《太乙金华宗旨》称，其法是在万缘放下之时，凝神定志，"以(∴)字中点存诸眉心，以左点存左目，右点存右目，则人两目神光，自得会眉心。眉心即天目，乃为三光会归出入之总户。人能用三目如梵伊字然，微以意运如磨镜，三光立聚眉心，光耀如日现前"④。以天目(眉心)为收心内视之处，在其他丹书中已有记载，但用存梵天伊字(∴)以开天目之说，却非常少见，这可谓闵一得丹法又一独特之处。

第六节　全真派在华中、华北、华南地区的传衍

明末清初，全真龙门派除盛传于江浙外，又在全国大部分地区广泛传衍。许多地方原是道教符箓派传播的基地，皆在此时期相继由龙门派渗入。

一、全真派在华中地区的传衍

江西南昌之西山，原是净明派的祖山，但自明末起，除续传本山净明派外，又有一个龙门派的支系在传衍。据《逍遥山万寿宫志》载，此系始于龙

① 《天仙心传》闵一得《自述》，《藏外道书》第10册，第431页。
② 《太乙金华宗旨》，《藏外道书》第10册，第329页。
③ 《太乙金华宗旨》闵一得注，《藏外道书》第10册，第329页。
④ 《太乙金华宗旨》，《藏外道书》第10册，第329页。

门派第七代之孔常桂。该志卷13载:“孔师名常桂,号玄微,山东曲阜人,孔子六十七代裔孙也。聪慧简静,淡泊寡营,早有出世之想。父母殁,终丧制,辄弃家云游,南至楚,见木兰山秀雅绝尘,遂居之。默坐潜修,不妄言笑,饮水茹蘖,人莫能测。后闻江右西山神仙窟宅,遂曳杖来游,遍览名胜,尤爱天宝洞幽遐,爰有独寐勿谖之意,终日兀坐松下,静悟天机,时弄灵芝以自娱。一旦恍然省悟,飘然羽化。”①传有弟子岑守静、徐守诚等。

岑守静,“号可居道人,石头子其别号也。广东人。师事孔玄微,参究玄理,潇洒脱略,不拘方幅。人望之,飘然有仙气。善歌道情……以寿考终”②。

孔常桂弟子中,最著名的是徐守诚(1633—1692年)。“初名弘元,后更名守诚,字明真,号野谷。南昌世族……龙门邱长春第八世法嗣也……读书能解大意,不肯为章句之学。国初戊己间(指顺治戊子、己丑间,即1648—1649年——引者注),金(声桓)、王(得志)叛乱,江省沸腾,是处汤火,父与弟各逃散,莫知所在……事母至孝,六十年如一日……未及冠,已有拔俗之思。虽居会城,甘淡泊,守宁静,略无市井风气。与侪偶处,启口无非忠孝之谈,自命无非出世之想。顺治辛卯(1651年)元旦,称觞上母寿,醉卧,梦一道翁登其堂,拂其几,书二‘山’字,默然以去,师恍然而觉,出家之念已决矣。癸巳(1653年),弃家居西山天宝洞,闰月望旦执弟子礼,拜玄微孔公于兰天师椁处。日夜讲读经典,研究净明忠孝之道,辟邪说,参玄功,随师游浮云宫数载,性命双修,脱然融释。一日,过万寿宫,见宫殿邱墟,荆棘满目,不胜浩叹,而重兴之愿,已默矢于心焉。居尝慕周占月(名德锋,字思永,号占月,自称铁汉。《逍遥山万寿宫志》卷十三有传)博学丰才,尤精玄理,遂与之订交,同结圜于青云浦,守一抱真,都忘万虑。”③康熙二年(1663年),住持玉隆万寿宫,其年夏,“只身荷团瓢趺坐逍遥靖庐者三昼夜,多灵异之征。里中耆宿闻而异之,不两月,名闻乡国,诚动士夫……里中名宿相与往来,把

① (清)金桂馨、漆逢源纂:《逍遥山万寿宫志》卷13,《藏外道书》第20册,第819页。
② (清)金桂馨、漆逢源纂:《逍遥山万寿宫志》卷13,《藏外道书》第20册,第822页。
③ (清)金桂馨、漆逢源纂:《逍遥山万寿宫志》卷13,《藏外道书》第20册,第819—820页。

酒谈玄，甚相得也”[1]。遂募资修复玉隆万寿宫之正殿、玉皇阁、谌母阁、三清殿、三官殿等。宫内又特辟全真堂，“惟黄冠之流炼养服食者居之”[2]。“暮年谢弃宫事，一意习静参玄。性嗜酒，醉则击渔鼓唱醉思仙歌。”[3]康熙三十一年（1692 年）逝世。徐守诚传有弟子熊太岸、谭太智、张太玄等。

熊太岸，字陵先，号锦阳，丰城人。尝览仙传，有超然出尘之思。及闻许真君净明忠孝之道，皤然有省，遂弃家，礼徐守诚为师。“杜门习静，参究修心炼性之道，久之有得，遍游名胜，访求高士。”倦游而归，一意修持，“昼则参玄，夜则礼斗。越十余年，精力愈健，容貌不衰”。后无疾而逝。[4]

谭太智，字阖如，号远凡，新建人。慕旌阳净明忠孝之道，早有出尘拔俗之志。过万寿宫，见徐守诚、周占月，遂师事之。“谢弃人事，一意精修”。后徐师将宫事付其住持，“君乃毅然力任。居十余年，性命双修，机缘辐辏，无美不兴，有谋必遂。虽曰守成，实兼开创”。年五十余，鼎新太虚观故址，奉养老母，“不复理事，日夕闭门习静”。[5]

张太玄（1651—1716 年），字梦华，号华阳子，晚年自称逍遥散人。其先祖南昌人，父时徙居丰城。幼多膂力，以技勇名于世。“年三十，弃家云游，历名山，访良师，多不满意。归隐逍遥山，礼徐公野谷、周公思永为师，早夜勤修，洞然了悟。独居松下密室，昼不饱餐，夕不安寝，如是者数年，道益高，名益重，士大夫闻而慕之”[6]。“后徐师重兴丹陵，土木告竣，以住持不可无人，乃遣师往居之。里中士大夫一见而心折，皆慕与之游……丙戌（1706 年）之秋，虎自西山下江村，盘踞丹陵岩谷，夜出为害，乡人甚苦之。师独曳杖叱之，虎竟遁去……居丹陵二十余载，复返逍遥山，又自逍遥至丹陵而羽

① （清）金桂馨、漆逢源纂：《逍遥山万寿宫志》卷 13，《藏外道书》第 20 册，第 820 页。此页上下两版颠倒。

② （清）金桂馨、漆逢源纂：《逍遥山万寿宫志》卷 7，《藏外道书》第 20 册，第 748 页。

③ （清）金桂馨、漆逢源纂：《逍遥山万寿宫志》卷 13，《藏外道书》第 20 册，第 821 页。

④ 参见（清）金桂馨、漆逢源纂：《逍遥山万寿宫志》卷 13，《藏外道书》第 20 册，第 823 页。

⑤ （清）金桂馨、漆逢源纂：《逍遥山万寿宫志》卷 13，《藏外道书》第 20 册，第 822 页。参见卷 15《重修逍遥靖庐记》、卷 16《玉隆万寿宫募化重修大殿序》、《重修万寿宫募缘疏》、卷 17《远凡谭真人传》，《藏外道书》第 20 册，第 851、869、876、886 页。

⑥ （清）金桂馨、漆逢源纂：《逍遥山万寿宫志》卷 13，《藏外道书》第 20 册，第 822 页。

化。门下弟子实繁有徒。”[①]“生平著作甚富，有《金丹直指》、《阴符经注解》等书，嗣刻行世。”[②]传有弟子何崧、谭似愚等。

谭似愚，自小喜与方外交，甫弱冠，已有餐霞吸露之怀。慕丹陵之胜，遂往拜时任住持的张太玄为师，执弟子礼甚谨。参究数年，洒然玄悟。乃云游三载，复还丹陵。“华阳子倦勤，宫事一以付之。君亦慨然力任，不为自了汉。目击皇阁弗完，金容靡妥”，遂发愿募缘重修。[③]

龙门第十代还有夏清澄，据夏绍贵撰《观水家炼师真赞》，清澄字观水，号浣云，为“邱祖龙门，传世十叶”，“玉隆衍教，昭观栖真”，即传承玉隆宫道脉，修真于昭仙观。[④] 雍正时人程以贵撰《重修玉隆宫正殿募疏》提到“羽士万清启、魏一琮敬以为请”[⑤]，魏又出现在乾隆三年（1738年）《募修建万寿宫榜文》中[⑥]，是知玉隆万寿宫一支已传至第十一代。凌震撰《重修丹陵万年宫记》提到“现今道衲胥清敏、夏阳和者”有志于重修[⑦]，是丹陵张太玄一支已传至第十二代。

在徐守诚一系道士活跃于西山一带时，南昌城郊另有朱道朗修建青云谱道观。朱字良月，时人称为“全真朱良月”[⑧]，实兼嗣全真与净明，故待本

① （清）金桂馨、漆逢源纂：《逍遥山万寿宫志》卷17《先师华阳张真人传》，《藏外道书》第20册，第887页。

② （清）金桂馨、漆逢源纂：《逍遥山万寿宫志》卷17《先师华阳张真人传》，《藏外道书》第20册，第888页。

③ 参见（清）金桂馨、漆逢源纂：《逍遥山万寿宫志》卷16《全真谭似愚重建丹陵皇阁序》，《藏外道书》第20册，第870页。据凌震撰《重修丹陵万年宫记》，张太玄住持期间，“复修其殿上金容数十座，附殿廊房八九间”，皆张偕其徒谭清耀等为之。（《藏外道书》第20册，第904页）谭清耀或即谭似愚。

④ 参见（清）金桂馨、漆逢源纂：《逍遥山万寿宫志》卷17，《藏外道书》第20册，第884—885页。参见卷18《昭仙观记》，《藏外道书》第20册，第905页。

⑤ （清）金桂馨、漆逢源纂：《逍遥山万寿宫志》卷16，《藏外道书》第20册，第877页。疏未署年月。据《志》前《历次编纂姓氏》，程以贵字天爵，新建举人，为雍正四年（1726年）纂辑者。（《藏外道书》第20册，第662页）万、魏二人还募修谌母阁，见《万寿宫募修谌母阁引》，谓自“康熙丙午年（1666年）先师祖野谷徐真人”重修以来，“今越六十余年”，“正殿虽稍修葺，而谌阁几倾侧不支”。（《藏外道书》第20册，第878—879页）

⑥ （清）金桂馨、漆逢源纂：《逍遥山万寿宫志》卷20，《藏外道书》第20册，第958页。

⑦ 参见（清）金桂馨、漆逢源纂：《逍遥山万寿宫志》卷18，《藏外道书》第20册，第904页。

⑧ （清）黎元宽：《青云谱志略序》，《青云谱志略》，中国国家图书馆藏康熙刻本。

章第八节介绍。

南阳玄妙观是豫西南著名的道教中心。虽然南阳地区在明末经历了战乱的严重冲击，但到清初，玄妙观的常住道士仍颇具规模。在杨璥撰于顺治戊戌（1658年）的《张大将军收瘗枯骨碑》的碑阴，列有玄妙观60余位道士的姓名。其中大部分属于全真龙门派，计有真字辈2人，常字辈5人，守字辈6人，太字辈9人，清字辈9人，一字辈4人。另有田霄珍、裴霄静、杨功胜、孙功名、孟有良等，属全真南无派。还有道字辈、德字辈数人，或属全真道的其他派别。

清初，龙门第九代张太顺住持曾对道观进行修葺。顺、康年间，住持薛清福等跪诵《皇经》九年，设黄箓大醮三次，募修前后殿宇，妆塑金容玉像，又修两旁廊庑、周缭墙垣。

浚县浮丘山城隍庙、碧霞宫在明中后期传承全真华山派，前文已述。入清以后，又衍至大伾山吕祖洞道院。华山派第十三代李德琳（1626—1702年），号青霞，浚县人。9岁慕道，弃家修真，憩迹浮丘山。康熙初年任碧霞宫住持道官，时人推为"法海之司南，羽流之领袖"，曾任道会司道会。康熙九年（1670年），笃信风水命理且修炼内丹经年的刘德新来宰是邑，十四年（1675年）决定在大伾山开凿吕祖洞，修建道院，于是聘请李德琳为住持。①逯正行，李德琳弟子，康熙十四年接任碧霞宫住持，并协助其师修建吕祖洞，任督工。后亦任道会。② 据《吕祖洞羽士李青霞墓志铭》载，至康熙四十二年（1703年），李德琳门下有徒逯正行等4人，孙张本曜等17人，曾孙师仁浦等28人，玄孙李义训等12人，来孙王礼纲等4人，繁衍甚众。③

碧霞宫现存碑记可见者，尚有：康熙五十八年（1719年）《天仙圣母殿前月台碑记》，道会、住持张仁路；嘉庆十二年（1807年）《圣母殿火池香亭碑

① 参见（清）刘德新：《吕祖洞羽士李青霞墓志铭》（1703年），碑存碧霞宫三仙殿。录文见班朝忠主编：《天书地字》，北京：文物出版社2006年版，第540—541页。并参刘德新：《纯阳吕祖洞别记》，同书第274页。

② 参见（清）刘德新：《纯阳吕祖洞别记》（1676年），碑存吕祖洞石壁。录文见班朝忠主编：《天书地字》，北京：文物出版社2006年版，第274页。并参康熙四十三年（1704年）李允秀撰《泰山圣母碧霞元君一十二年圆满碑记》，碑存碧霞宫。

③ 参见（清）刘德新：《吕祖洞羽士李青霞墓志铭》，碑存碧霞宫三仙殿。录文见班朝忠主编：《天书地字》，北京：文物出版社2006年版，第540—541页。

记》，住持单义忠；道光四年（1824 年）《重修寝宫楼记》，道会刘嘉芝；道光六年（1826 年）《金装神像碑记》，住持郭礼聪；此后咸丰二年（1852 年）到光绪三年（1877 年）诸碑，住持为李祥钰。此为华山派第十六代到第二十二代。在吕祖洞，住持张理谦（1895—1966 年）道长在新中国成立后曾任中国道教协会第一、二届理事；现居观内的 12 名道士为华山派第二十九到第三十一代元、亨、清字辈。①

在本章第四节，已介绍了龙门派李玄成一系于万历间流传于湖北武当山。明末战乱，此系在本山的情况不明，仅知有徒裔流落到山西。但从清初起，龙门派在武当山的传播又逐渐盛行，其主要原因是先后有白玄福和王常月二人的推动。据康熙《均州志》说，明真庵道人白铉（避康熙讳，改玄作铉）福"重修宫观庵庙十余处，并修路有功"②。《古今图书集成》引《武当山志》云："白铉福，号柱峰，系西秦金明延川（今陕西延川县）人氏……年不惑，以明经擢职官。未几，挂冠不仕，径入太和七真洞。后为诸当事强起岩穴，修复武当宫庵桥梁，鼏修明真庵，为聚徒讲肄之所。"③康熙二十九年（1690 年），武当山太子坡立碑两通：张炼志撰《重修复真观开十方丛林碑记》和蔡元撰《重修复真观暨神路碑记》④，记述了郧阳治抚王来任于康熙元年（1662 年）邀请白玄福修复太子坡复真观的事情。从碑文可知，复真观毁于明末战火，康熙元年王来任延请白玄福主持重修，历时 6 年竣工。《大岳太和山纪略》也说："太子坡复真庵当郧（阳）襄（阳）要冲、登顶孔道，旧为接待所，残废久矣。康熙元年，治抚王公倡修，以道人白元福主之，焚修苦行者也。"⑤

① 参见吴真：《华北地方社会中的全真道士：以华山法派赓续与公共庙宇经营为中心》，黎志添主编：《十九世纪以来中国地方道教变迁》，香港：生活 · 读书 · 新知三联书店 2013 年版，第 356、367—368 页及第 381 页注 93。

② （清）党居易纂：《（康熙）均州志》卷 2，《故宫珍本丛刊》，海口：海南出版社 2001 年版，第 144 册，第 31 页。

③ 《古今图书集成 · 神异典》卷 288，北京：中华书局；成都：巴蜀书社 1985 年版，第 51 册，第 62697 页。

④ 碑文有梅莉著录。见梅莉：《清初武当山全真龙门派中兴初探》，《湖北大学学报》2009 年第 6 期。

⑤ （清）王概：《大岳太和山纪略》卷 3，《三洞拾遗》，合肥：黄山书社 2005 年版，第 13 册，第 593 页。

白玄福住山期间，全真道士杨常炫亦来武当修道。杨常炫，山西人，崇祯庚辰(1640年)进士。明末弃官入道，历华山、嵩山，来住武当北岩。与白玄福相友善，饵精服术于洞者6年。刊刘道明《武当福地总真集》行于世。①

康熙九年(1670年)，湖北巡抚林天擎等在武当山磨针井新建纯阳宫祀吕祖。均州知州党居易撰《太和山磨针井鼎建纯阳宫记》说，磨针井上有亭，亭之住持为李常桂。② 亦当为龙门派第七代。

康熙年间，王常月亦至武当山传戒。清王沄撰《漫游纪略》卷4《楚游中》说，其与川湖总督蔡毓荣于康熙十二年(1673年)仲夏游武当山，至复真观小憩，遇“道人上党王崑阳，白云戒师也”③。陈鼎《留溪外传》之《心月道人传》，记谭守诚“一日遇王崑阳(常月)真人，相见如故，遂契合，偕往武当山中，传秘密精义”④。龙起潜撰于康熙十三年(1674年)的《初真戒律序》云：“崑阳王老师得戒法于复阳赵真人。当世祖章皇帝时，于京都白云观设立戒坛，传戒演钵，一时授受弟子千有余人。嗣而移舄，广演于江浙间，声教四溢。昔余识师于江南之隐仙庵，私心已尸祝之矣，因狂心未歇，难遽投拜。今朝谒武当，幸遇师传戒于玉虚宫中，遂发心皈命而受持戒律。”⑤

康熙十三年(1674年)三月，襄阳总兵杨来嘉、郧阳副将洪福响应吴三桂，起兵反清。五月，清军大败洪福于武当山。复真观等宫观“复坏于兵”⑥，山中道士大多逃散。前引康熙二十九年(1690年)蔡元碑说：“(康熙)十三年，吴逆(吴三桂)变起，贼众往来蹂躏，道侣尽外。时有玄福徒张静明苦守，而漂摇倾圮，几成剥落。”张炼志碑说：“吴逆变起，贼众往来盘踞

① 参见《古今图书集成·神异典》卷288引《武当山志》，北京：中华书局、成都：巴蜀书社1985年版，第51册，第62697页。

② 参见(清)党居易纂：《(康熙)均州志》卷3，《故宫珍本丛刊》，海口：海南出版社2001年版，第144册，第51—52页。

③ (清)王沄：《漫游纪略》卷4，《笔记小说大观》，扬州：江苏广陵古籍刻印社1983年版，第17册，第16页。

④ (清)陈鼎：《留溪外传》卷17，《四库全书存目丛书》，济南：齐鲁书社1996年版，史部第122册，第797页。

⑤ (清)龙起潜：《初真戒律序》，《藏外道书》第12册，第14页。

⑥ (清)王概：《大岳太和山纪略》卷3，《三洞拾遗》，合肥：黄山书社2005年版，第13册，第593页。

其间，道侣悉外，独有玄福徒张静明苦守此观（复真观），饥食野蔬，渴饮涧水。又有齐守山相与同志，及徒侄道众辈，赤足蓬头，朝夕募化，节一己之食，济万人之饥。”经张静明及其徒裔张真源等勤苦募缘，复真观于康熙二十九年重修落成，以上两通碑即为纪成之碑。据二碑登载道士姓名，可知当时白玄福一系在武当山徒裔众多，递传至龙门第八代守字辈。计有住持张真源，师弟孙真和、张真坤、金真蕊、王真禄，徒唐常恒、王常玺、凌常顺、唐常荣、张常义、王常安、冯常宁，孙袁守□、许守初、齐守教、赵守联、甄守忌、赵守一等。另有共事道人齐守山、郭太明、蔡太知、张炼志等。

据纂辑于康熙十二年（1673 年）的《均州志》载，周府庵（明代周藩所建，后改称悟真庵）有道人朱一廉。① 此庵在十三年的战乱中亦毁。《大岳太和山纪略》曰：“悟真庵，即明之周府庵，旧规于诸庵中尤为闳丽。经兵燹，岁久倾圮。道人李来宗募化修复。适镇安将军噶公统禁旅，抚辑均（州）、房（县），捐金倡建，越三年而工成。”②从姓名来看，此庵道士应为另一系龙门道士。

玉虚宫为王常月传戒之所，康熙五十八年（1719 年）立《元和观十方丛林碑记》③提到玉虚宫道官王本斋，应为龙门第十五代。该碑又提及“各庵观全真道人王青、白阳清”，亦当为龙门法裔。

据太和宫所存咸丰元年（1851 年）立《名留仙境》碑，有复真观提点司张一琴，顶充提点司辛阳昕，道众王来枫、杨复鉴、苏复常。④ 说明道光末年，复真观一系至少已传到复字辈。

在白玄福和王常月等人的相继推动下，武当山龙门派迅速壮大。据载，当时该山“学道者百余人，著名者有张静明、张真源、齐守山、王常文、王常安、詹太林、蔡太智、余太源、谢清忠、陈清觉等……使全真龙门派在武当山

① 参见（清）党居易纂：《（康熙）均州志》卷 2，《故宫珍本丛刊》，海口：海南出版社 2001 年版，第 144 册，第 31 页。

② （清）王概：《大岳太和山纪略》卷 3，《三洞拾遗》，合肥：黄山书社 2005 年版，第 13 册，第 593 页。

③ 碑文有梅莉著录。见梅莉：《清初武当山全真龙门派中兴初探》，《湖北大学学报》2009 年第 6 期。

④ 参见王光德、杨立志：《武当道教史略》，北京：华文出版社 1993 年版，第 241 页。

呈现兴盛景象”①。这些学道者中有很多人后来相继去河南、山西、四川、陕西等地传教,使得龙门派传播更广。②

除龙门派外,全真华山派也在武当山活动。如前述杭州洞霄宫贝本恒,即于1704年礼武当山袁正遇为师,度为道士。

钟祥元佑宫是明世宗敕建的皇家道观,“为睿宗(世宗父)祝釐之所”,规制宏丽,称“三楚巨观”,明末毁于李闯之乱。顺治三年(1646年),道士陈真一募资新之。③ 陈真一,陕西人。初为军官,顺治二年(1645年)感梦,遂弃妻子,舍身为道士,罄己资并广为募施,修元佑宫以复旧观。④ 清廷诏加意前代陵寝,有司遂令陈真一护视明睿宗显陵,并于顺治十八年(1661年)三月颁给牌示,准其“即陵前左右垦地植谷以自给”⑤。康熙时元佑宫道士梁清格,字书城,端雅清介,邑人李眉三任江都令,携之往,使典财物,三年辞归。年八十余,神采如壮岁。能诗,多内养自得之言。⑥ 大约同时有余清衡,亦有诗名。⑦ 又有云游道士王阳舒,自秦之楚,寓元佑宫,“寒着一衲,夜则趺坐”,好饮酒吟诗。⑧ 陈复玧、袁复琨,“均元佑宫道士。性勤俭,善居积。道光年间,殿柱墙垣各就朽坏,重建之。截木易石,整旧复新,更置田供岁修,诚善继人也”。道光十二年(1832年)募修宫左元妙观,十八年(1838

① 王光德、杨立志:《武当道教史略》,北京:华文出版社1993年版,第240页。

② 参见王光德、杨立志:《武当道教史略》,北京:华文出版社1993年版,第242—245页。

③ 参见(清)许光曙等:《(同治)钟祥县志》卷6《藩封》,《中国地方志集成·湖北府县志辑》,南京:江苏古籍出版社2013年版,第39册,第122页。并参《补编》卷1《募修元佑宫引》,第556—557页。

④ 参见(清)许光曙等:《(同治)钟祥县志》卷17《仙释》,《中国地方志集成·湖北府县志辑》,南京:江苏古籍出版社2013年版,第39册,第397页。并参《补编》卷1《修元佑宫坊引》,第557页。

⑤ (清)许光曙等:《(同治)钟祥县志》卷6《藩封》,《中国地方志集成·湖北府县志辑》,南京:江苏古籍出版社2013年版,第39册,第122页。其时康熙已即位。

⑥ 参见(清)许光曙等:《(同治)钟祥县志》卷17《仙释》,《中国地方志集成·湖北府县志辑》,南京:江苏古籍出版社2013年版,第39册,第398页。并参(清)张谦:《道家诗纪》卷35,《藏外道书》第34册,第514页。李苏,字眉三,康熙癸未(1703年)进士,出宰江都。(《(同治)钟祥县志》卷11《耆旧》,第246页)

⑦ 参见(清)张谦:《道家诗纪》卷35,《藏外道书》第34册,第514页。

⑧ 参见(清)张谦:《道家诗纪》卷35,《藏外道书》第34册,第514—515页。

年)重修观后利涉桥。[①] 同治四年(1865 年),住持聂合鼎在邑人张应翔资助下重建宫东西延禧、保祚二坊。[②] 元佑宫以外,曾有道士关来宪"居马头街广生祠,平日恂谨自守,每出,负敝篓拾字纸",后端坐而化。[③] 以上虽因资料阙略,难以梳理出清晰完整的传承谱系,但仍可看出钟祥地方的龙门派以元佑宫为中心,从清初的"真"字辈传至同治时的"合"字辈。

二、全真派在华北地区的传衍

北京白云观自王常月传戒以来,不知何故,直到嘉庆十二年(1807 年)方有传戒活动。其间,王常月徒孙詹太林(1625—1712 年)曾"北游京师,直至卢龙塞上(今河北喜峰口),阐扬教律,羽流闻风骈集辇下",其南还时,"由天津历邺台(今河北邯郸市临漳县西南)","所在皆演法谈经,宗风遐畅"。[④] 据署名詹太林撰的《弘戒序》,说他于"丙子(1696 年)上元,传戒京师灵佑宫"[⑤]。

至乾隆时期,白云观较有名的道士为李阳玉。清高宗于乾隆三十二年(1767 年)所作《白云观》诗,注云:"住观道士李阳玉将八十岁,每以年迈气弱为叹。"[⑥]《白云观志》卷 2 载李阳玉为第六代监院。[⑦] 清宗室、辅国将军永忠与李阳玉为知交,曾作《题李四尊师像赞》、《哭白云李四尊师》。据此可知,李阳玉十八九岁入道,曾在武当山修炼,乾隆三十一年(1766 年)时已逾八旬,仍"领禁园之琳宇,兼白云之祖宫"。至乾隆三十三年(1768 年)正

① 参见(清)许光曙等:《(同治)钟祥县志》卷 17《仙释》,《中国地方志集成·湖北府县志辑》,南京:江苏古籍出版社 2013 年版,第 39 册,第 401 页。并参卷 2《桥梁》、卷 5《寺观》,第 39、103 页。

② 参见(清)许光曙等:《(同治)钟祥县志》卷 2《坊表》,《中国地方志集成·湖北府县志辑》,南京:江苏古籍出版社 2013 年版,第 39 册,第 41 页。

③ 参见(清)许光曙等:《(同治)钟祥县志》卷 17《仙释》,《中国地方志集成·湖北府县志辑》,南京:江苏古籍出版社 2013 年版,第 39 册,第 398 页。

④ (清)彭定求:《南畇文稿》卷 10《詹维阳律师塔铭》,《四库全书存目丛书》,济南:齐鲁书社 1997 年版,集部第 246 册,第 775 页。

⑤ 《玄都律坛传戒威仪品》,《广成仪制》戒律类第二函,成都青羊宫刻本,卷下第 1 页。

⑥ (清)弘历:《御制诗三集》卷 64,《文渊阁四库全书》第 1306 册,第 325 页。

⑦ 《藏外道书》第 20 册,第 561 页。

月羽化时,已入京约四十载。[①] 继李阳玉任监院者为张来如[②],白云观收藏有其画像,上有永忠乾隆四十年(1775 年)的题词[③]。继张来如任监院者为杜阳春,继杜者为张合皓。[④]

据《龙门传戒谱系》,张合皓字朗然,号怡轩,陕西长安县人。32 岁入道终南山,至鄠县瑶上庵拜道士李本善为师。后遇异人赤脚董(即董清奇,嘉庆年间住持西安八仙庵)、赤脚石、赤脚李,往来终南、华山之间。“乾隆四十二年(1777 年)偕李、董二师至京师,住白云观。”乾隆五十六年(1791 年)任住持兼监院。[⑤] 到嘉庆十一年(1806 年),“为悯颛愚,往求贤哲,开坛演戒,说经讲法,爰咨有众,询谋悉协”,于是派知客张本重往华山迎请律师张本悟,十二月初六至白云观,次年二月开坛传戒,得戒弟子一百二十余人。张合皓也因此得授龙门正宗戒律法脉源流,并打算于当年九月九日开坛传戒,却在七月即羽化。[⑥]

此次白云观恢复传戒的律师张本悟,据白云观祠堂所列神位,号寿山。[⑦]《龙门传戒谱系》误写作“张本瑞”,说他是山西代州人,出家于太华峰,乾隆戊子(1768 年)从程本焕受戒。[⑧] 蔡永清嘉庆十六年(1811 年)撰《白云观捐产碑记》叙述这次传戒说:“余因与张师(张合皓)熟计,延得华山

---

① (清)永忠:《延芬室集》,上海:上海古籍出版社 1990 年版,第 40—41、761—763 页。

② 参见《白云观志》卷 2,《藏外道书》第 20 册,第 561 页。

③ 参见李信军主编:《水陆神全——北京白云观藏历代道教水陆画》,杭州:西泠印社 2011 年版,第 378 页。参见(清)永忠:《白云观大众请为其观主作像赞》,《延芬室集》,上海:上海古籍出版社 1990 年版,第 60 页。据《像赞》夹注,张来如名本智。

④ 参见《白云观志》卷 2,《藏外道书》第 20 册,第 561 页。

⑤ 《白云观志》卷 2 载乾隆六十年(1795 年)张合皓为李阳玉所建宝塔铭文署“本观监院张合皓”。《藏外道书》第 20 册,第 561 页。

⑥ 参见中国道教协会研究室编:《道教史资料》,上海:上海古籍出版社 1991 年版,第 398—399 页。按《白云观志》卷 2 载嘉庆十三年(1808 年)三月方丈郭教仁等建修张合皓宝塔(《藏外道书》第 20 册,第 561 页),可知张逝于嘉庆十二年七月。

⑦ 参见《白云观志》卷 2,《藏外道书》第 20 册,第 559 页。

⑧ 参见中国道教协会研究室编:《道教史资料》,上海:上海古籍出版社 1991 年版,第 398 页。按,前引《白云观志》及咸丰十一年(1861 年)孟至才为第十五代律师画像题词(李信军主编:《水陆神全》,杭州:西泠印社 2011 年版,第 379 页),皆作“上本下悟寿山张大真人”,故“本瑞”当为误写。

张律师(张本悟),并大师刘合仑等凡八人来观,明年传戒,百日功成。”①据楼观台道光四年(1824 年)立《龙门正宗第一十六代崑山刘合仑衣钵塔铭》,刘号崑山,河南禹州人,“诣本州书堂山王母洞苏真人坛下,簪冠学道,求度世术。会寿山张律师同主书堂山,师(刘合仑)演钵从游,燕履鹿车,遍历名胜”②。

嘉庆十二年这次由张合皓操办、张本悟担任方丈的传戒,标志着全真祖庭公开传戒的恢复,对全真道的传播发展具有重要意义。

张合皓羽化后,继任住持郭教仁,监院益礼静。继郭教仁任方丈者为长教玄。蔡永清《白云观捐产碑记》云:“已而郭师复逝,继者长师,传戒一坛,受戒百人。未久复又入山。于是众议始以监院孟师兼综住持诸务。自兹调度有方,祖风渐振矣。”③白云观收藏有长教玄画像,严永宽题词曰:“号精一而宗尧祖舜,字教玄而拟地法天。生长于甘肃,出尘乎宁夏。入贺兰山修数载而功成道备,来白云观演妙戒而说法度人。”④可知其号精一,甘肃人,于宁夏出家,至白云观被推为传戒方丈。蔡永清碑记所说的孟师,《白云观志》载其为第十七代律师孟教龄,号松云。⑤ 白云观藏画像题词说他号长然,乾隆二十一年(1756 年)在卧龙山入道。后被请至京师,任白云观总理。刘合仑律师以龙门戒法授之。于是居士蔡永清与诸大护法,并阖观道众,共推其为方丈。乃于嘉庆十五年(1810 年)七月开坛传戒,受戒者七十余人。⑥ 在孟教龄任住持期间,山东济宁州常清观成为白云观下院。⑦

继孟教龄任方丈者为严永宽。白云观藏有其画像,富春董浩于嘉庆乙亥(1815 年)题词有曰:“师号冲阳,托迹于滇南之境,弃俗襄楚,遂入于太和

① 《白云观志》卷 4,《藏外道书》第 20 册,第 587 页。
② 王忠信主编:《楼观台碑石》,西安:三秦出版社 1995 年版,第 190 页。
③ 《白云观志》卷 4,《藏外道书》第 20 册,第 587 页。
④ 李信军主编:《水陆神全——北京白云观藏历代道教水陆画》,杭州:西泠印社 2011 年版,第 379 页。
⑤ 参见《藏外道书》第 20 册,第 559、561 页。
⑥ 李信军主编:《水陆神全——北京白云观藏历代道教水陆画》,杭州:西泠印社 2011 年版,第 379 页。
⑦ 参见(清)蔡永清:《白云观捐产碑记》,《白云观志》卷 4,《藏外道书》第 20 册,第 587 页。

之山……登坛演戒，主席白云……发迹乎武当，阐教于神京。"①可知其号冲阳，云南人，出家修道于武当山，后至白云观开坛演戒。嘉庆十九年（1814年）白云观新建斋堂成，时任方丈的严永宽撰《新建斋堂叙》记其事。②

严永宽之后任方丈者为张教智。张教智（？—1840年），原名张合智，因嘉庆十二年（1807年）方丈张合皓羽化时付授衣钵，遂改名以示接法，可以说"张教智"是他在传戒谱系上的法名。③ 其号慧生子，别号坤鹤，北京通州人，23岁在通州文昌阁出家，度师段真人。修行8年，出外云游参访，曾任沈阳太清宫监院④，后常住白云观。嘉庆十二年白云观恢复传戒，即从张本悟受戒。"在观十数年，廊庑殿宇修葺一新。观中向无养赡恒产，值岁大饥，挂单者数倍于前，师于隆冬之际，持钵募化，手足皆裂，不以为苦。前后开坛十次，度戒子一千一百余人。盖自昆阳（王常月）以来，未有如此之盛者也。"⑤由此可以概见张教智在宫观建设和传戒度人方面作出的巨大贡献。

据《白云观志》卷4，观内有三通碑文记录了张教智修葺殿宇、扩充观中财产的事迹，分别是长白铁林撰、道光六年（1826年）立石的《白云观火祖殿香灯布施勒名之碑记》，完颜麟庆撰于道光八年（1828年）的《重修白云观宗师庑记》，张教智自撰于道光十四年（1834年）的《九皇会碑记》。⑥ 吉冈义丰据观内传戒匾额的记录显示，张教智从嘉庆二十四年（1819年）至道光二十年（1840年）共传戒11次。⑦ 咸丰十一年（1861年）白云观退职监院孟

① 李信军主编：《水陆神全——北京白云观藏历代道教水陆画》，杭州：西泠印社2011年版，第380页。参见《白云观志》卷2，《藏外道书》第20册，第559页。

② 参见（清）吉冈义丰：《白云观访信录》，汪帅东译，北京：北京联合出版公司2016年版，第258页。

③ 参见中国道教协会研究室编：《道教史资料》，上海：上海古籍出版社1991年版，第399、402页。

④ 葛明新：《太清宫丛林历史志略》，［日］五十岚贤隆：《道教丛林太清宫志》，郭晓峰、王晶译，济南：齐鲁书社2015年版，第27页。

⑤ （清）完颜崇实、孟永才：《白云仙表》，《藏外道书》第31册，第404页。

⑥ 参见《藏外道书》第20册，第588—589页。

⑦ ［日］吉冈义丰：《白云观访信录》，汪帅东译，北京：北京联合出版公司2016年版，第259页。

至才为第十五代律师画像题词，亦附记说："继席慧生张律师登坛十一次，度千余人，诚盛事也。"①可知其实际传戒11次，前引《白云仙表》所说"前后开坛十次"乃约略而言。斋堂内道光丙申（1836年）的壁刻云："兹有京都白云观东斋堂，每遇放戒，道众堂狭。今续盖斋堂五间，一并重修，为此永照。"②从侧面反映了张教智时白云观传戒的兴盛景象。张教智还与宗室奕绘、顾太清夫妇相交甚笃。顾氏曾到白云观观看张教智传戒，作诗纪之；张七十寿辰及羽化后，顾皆有诗赠之。③

张教智任方丈时，监院为袁永亭。张教智羽化后，袁永亭接任方丈，郑永祥任监院。袁羽化后，郑继任方丈，孟至才任监院。

郑永祥（？—1873年），原名郑至祥，号瑞阳。④ 吉冈义丰据白云观斋堂的记录，郑永祥于道光二十四年（1844年）、二十五年（1845年）、三十年（1850年）传戒三次，度戒子二百五十余人。⑤

孟至才（1813—1881年），法名孟永才，号清虚子，又号豁一，直隶省遵化州（今属河北）人。⑥ 自述"于道光乙未（1835年）秋求戒白云，叩谒慧生张老律师（张教智），领受戒法。后由庚子（1840年）至庚戌（1850年），凡四次临坛保举"⑦，"道光甲辰（1844年）六月九日被举监院"⑧。住观期间，对道教的文化事业及白云观的建设作出贡献。

---

① 李信军主编：《水陆神全——北京白云观藏历代道教水陆画》，杭州：西泠印社2011年版，第379页。

② ［日］吉冈义丰：《白云观访信录》，汪帅东译，北京：北京联合出版公司2016年版，第258页。

③ 参见张璋编校：《顾太清奕绘诗词合集》，上海：上海古籍出版社1998年版，第31—32、75、101、203、267页。

④ 参见《白云观志》卷2，《藏外道书》第20册，第559、561页。

⑤ 参见［日］吉冈义丰：《白云观访信录》，汪帅东译，北京：北京联合出版公司2016年版，第25页。

⑥ 此据同治癸酉（1873年）《登真箓》。《三洞拾遗》，合肥：黄山书社2005年版，第11册，第185、186页。卒年见《白云观志》卷2，《藏外道书》第20册，第560页。

⑦ （清）孟永才：《守戒必持·跋》，《三洞拾遗》，合肥：黄山书社2005年版，第11册，第182页。

⑧ （清）孟永才编：《守戒必持》，《三洞拾遗》，合肥：黄山书社2005年版，第11册，第181页。

道光二十五年(1845 年),孟至才同郑永祥一道修补明版《道藏》,并重印白云霁《道藏目录详注》。① 关于修补《道藏》之事,孟至才在同治十一年(1872 年)作《咏道诗 · 补经》云:“秘籍刊行正统间,于斯三百有余年。经因检阅多遗帙,手自誊抄补阙篇。廿载功夫全四藏,半生心力此中捐。”自注云:“前于道光乙巳(1845 年)监院白云观,慨常住藏经多有遗阙,谋欲重修,惜力不逮,蒙护法廷弼王君捐廉助费以成厥功。于是白云观及玉清观两藏道经皆获补全。又戒徒赵圆祥时主沈阳太清宫,亦来信求补。虽照单抄补二百余卷寄往以副其志,复于同治甲子(1864 年)春再补仁威观之经。屈指二十年,重修道经四藏云。”②其修补《道藏》的校勘本,同治六年(1867 年)孟至才撰《重建吕祖祠记》中说:“曾于怡亲王邸恭请《道藏》全部,补其残阙,装成五百十有二函。”③据完颜崇实为《白云仙表》所撰序言说,道光丁未(1847 年),方丈郑永祥告诉他,监院孟豁一道行素著,从山东济东来京,蓄有《道藏辑要》等书,备志仙真轶事。完颜崇实遂与之考究,合著《白云仙表》一帙,述全真道五祖七真、随丘处机西行之十八宗师及王常月、罗真人、张教智等高道事迹。④ 孟至才还重修白云观下院云集观,向京畿道录司呈报改名玉清观获准,道录司于道光二十八年(1848 年)十月发给监院孟至才信牌一道。⑤

综上可见,作为全真祖庭的白云观于嘉庆间恢复传戒以后,一直持续举行,各地道士来此受戒者数量庞大,引领了全真道的发展。

白云观以外,全真派也在北京地区其他道观传衍。比如,昌平区顺治十年(1653 年)立《鲁祖庙碑记》,署“本庙住持道士张守一,孙朱清裕,玄孙刘一祥、王一元”;康熙六年(1667 年)立《重修三官庙碑记》,署“募化道士马太□,师兄张太□,师弟□太□”;康熙八年(1669 年)立《进袍献匾圣会题名碑》,题“本庙焚修住持道士马太福,师弟傅太康,徒弟马清□、□清□”;

---

① 参见《白云观志》卷 2,《藏外道书》第 20 册,第 560 页。

② (清)孟永才编:《守戒必持》,《三洞拾遗》,合肥:黄山书社 2005 年版,第 11 册,第 181 页。

③ 《北图拓本》第 83 册,第 120 页。

④ 参见(清)完颜崇实、孟永才:《白云仙表》,《藏外道书》第 31 册,第 373—374 页。

⑤ 参见《北图拓本》第 83 册,第 67 页。云集观,见《北图拓本》第 69 册,第 109 页。

乾隆四十八年(1783年)立《重修千峰山药王庙碑记》,署"住持张复元、马本成、□本弘";嘉庆四年(1799年)立《重修常清观碑记》,署"住持道衲刘一和、王阳惠、李来春、张本生",都是龙门派弟子。① 崇文区康熙元年(1662年)立《太平宫碑》碑阴,题"太上混源门下嗣全真教弟子徐真育只身创建募化";乾隆七年(1742年)立《云集观碑》,署"第一代开山□师叶阳正,第二代吴来寿、魏来永,第三代沈复兴、沈复旺"。② 房山区庄公院(又名砖公院)康熙三十三年(1694年)《创建三清殿碑记》、三十七年(1698年)《重修石殿碑记》题名中,王太定自署"龙门派第九代戒子",列其徒杨清寿,孙徐一元、龚一亨;③嘉庆十三年(1808年)立《关帝庙碑》,署"住持道衲张来寿";④嘉庆二十一年(1816年)立《玉虚宫碑》,述宝金山玉虚宫创建者为李合仁,末署法孙任永春、朱永平、赵永成,法曾孙二人,磨蚀不清,约略可见名中一字为"圆"。⑤ 西城区城隍庙有乾隆二十五年(1760年)立《捐资题名碑》、二十六年(1761年)立《鲁班圣会碑》,提到住持阎合玉、徒□教祥;乾隆五十四年(1789年)立《玄帝庙碑》,署"本庙住持本郡全真王清安,徒弟张一成";乾隆五十九年(1794年)立《火神庙旗杆记》,住持为沈合永;嘉庆四年(1799年)立《九天庙碑》,署"住持道衲曹教□",又刻"始祖迟阳洞,师傅郑合□"。⑥ 石景山区康熙三十五年(1696年)立《显圣宫香会碑》,尾刻康熙三年(1664年)《真武庙庙产记》,署"本庙住持道衲李常明,徒□守□,孙王太庚,曾孙李清□、张清□"⑦。东城区嘉庆七年(1802年)立《火神庙碑》,及道光十七年(1837年)立《重修火神庙碑记》,载有彭教诚,徒孟永

① 分见《北图拓本》,郑州:中州古籍出版社1989年版,第61册第57页、第62册第81页、第62册第132页、第74册第155页、第77册第50页。

② 分见《北图拓本》,郑州:中州古籍出版社1989年版,第62册第6页、第69册第109页。

③ 参见北京石刻艺术博物馆编:《新日下访碑录·房山卷》,北京:北京燕山出版社2013年版,第307、316页。

④ 参见《北图拓本》,郑州:中州古籍出版社1989年版,第78册,第20页。

⑤ 参见《北图拓本》,郑州:中州古籍出版社1989年版,第78册,第147页。

⑥ 分见《北图拓本》,郑州:中州古籍出版社1989年版,第71册第177页、第71册第213页、第75册第111页、第77册第54页。

⑦ 《北图拓本》,郑州:中州古籍出版社1989年版,第65册,第82页。参见赵世瑜编:《北京东岳庙与北京泰山信仰碑刻录》,北京:中国书店2004年版,第437页。

清，孙林元（圆）义，曾孙林明辉一系。[①]

山东是全真道的发祥地，历元及明，其道脉传续不绝。在清前中期，山东马山、崂山等地有不同支派的全真道活动。马山，又名马鞍山，在山东即墨市。从清初起，就成为著名的全真道十方丛林所在地。马山全真道的兴盛，奠基者是龙门派第七代传人李常明。据民国十三年（1924 年）李成德撰《道教龙门派马鞍山宗谱》，李常明一系的传承谱系如下：任道安（丘长春弟子）—郭德真—周通乾—司玄乐—李静一—宋真空、王真成、刘真玉，此为第一至六代；宋真空传李常明，王真成传王常月（崑阳），刘真玉传郭常清，为第七代。[②] 李常明的生平事迹，见载于顺治十六年（1659 年）蓝润撰《即墨县马鞍山建庙记》、康熙四十七年（1708 年）宋暕撰《泥丸道人李老师碑序》、雍正十一年（1733 年）李寅宾撰《马山志》所载《泥丸祖师传》、同治十一年（1871 年）刊《即墨县志》卷 12 等文献。[③] 据载，李常明（1572—1681 年），号泥丸，山东阳信县人，明末至青州白云洞，师事宋真空。顺治五年（1648 年）至马山栖止，见旧有殿宇荒芜，立愿兴复。越数年，修成殿宇三重。后又"修滨都宫于栖霞，造端阳（庙）于莱阳，起崇德（庙）于平度，建龙宫（龙王庙）于新河、店口二处"[④]。他"严持戒律，坐起端庄，谈笑不苟"[⑤]，并为马山道众制订《道门清规》[⑥]。刊刻《皇经》及《三元功课》等经板，并购置抄自茅山乾元观的《道藏》一部。康熙二十年（1681 年），羽化于新河镇（今属山东平度市）。

---

① 参见《北图拓本》，郑州：中州古籍出版社 1989 年版，第 77 册第 126 页、第 80 册第 128 页。

② 白永贞：《增续铁刹山志》卷 10《龙门正宗派系传统略历》，1943 年刊本，第 15—16 页。此"龙门正宗"谱系，与《金盖心灯》所载迥异，值得注意。

③ 分见（清）蓝润：《聿修堂集》，《四库全书存目丛书》，济南：齐鲁书社 1997 年版，集部第 213 册，第 58 页；（清）李寅宾：《马山志》，即墨：即墨市文化局马山管理处，1996 年，第 75—77、55—58 页；（清）林溥等：《（同治）即墨县志》，《中国方志丛书》，台北：成文出版社 1976 年版，第 1205 页。

④ （清）宋暕：《泥丸道人李老师碑序》，（清）李寅宾：《马山志》，即墨：即墨市文化局马山管理处，1996 年，第 76 页。

⑤ 《泥丸祖师传》，（清）李寅宾：《马山志》，即墨：即墨市文化局马山管理处，1996 年，第 57 页。

⑥ 参见（清）李寅宾：《马山志》，即墨：即墨市文化局马山管理处，1996 年版，第 66 页。

据《马鞍山宗谱》,李常明传弟子 14 人:贾守兴、王守正、岳守虚、孙守林、李守成、陈守丛、张守皂、罗守善、杨守亮、钱守志、蒋守忠、郭守真、万守镇、郑守玄。此为龙门第八代。其中郭守真后来到辽东铁刹山修道,大振玄风,为全真道在东北的广泛传播奠定了基础(详下文)。第九代有 31 人,第十代有 33 人,第十一代有 40 人,第十二代有 29 人,第十三代有 31 人,第十四代有 29 人,第十五代有 48 人,第十六代有 29 人,第十七代有 55 人,第十八代有 49 人。① 其中,较有道誉者如蒋清山。蒋字云石,号烟霞散人,江南人。自幼出家,性好读书,工书能文,行谊高洁。住持崂山百福庵,兴废举坠,购置善地。康熙五十六年(1717 年),即墨进士黄鸿中撰《重修百福庵记》称其为"古德耆宿"、"崂山之光"。② 与蒋同辈者有王清心,山东安丘县人。据康熙年间张贞撰《安丘三教堂营造记》,王清心少厌嚣尘,寄迹老子法中,其父施地十亩,供其建立道观。王清心遂创起三教堂。其徒袁一美继志修造,"安丘之道宇,遂以是为冠"③。

崂山也是全真道的重要活动地域,明嘉靖年间,著名道士孙玄清开创了金山派,本书第十章已述及。入清后,金山派在崂山的影响日益扩大。明霞洞为孙玄清得道处,系金山派祖庭。据顺治十年(1653 年)刻石,该洞的传系为:孙玄清—胡至廉、孙至鸾—刘一品、于一泰—王无相、朱无凡、梁无过、刘无□、刘无尘、范无梦—侯上德、孙上士、王上乘、滕上信、于上来、高上法—吕天行、陈天顺、周天得。其中于一泰等人又将道脉传到崂山上清宫。该宫康熙九年(1670 年)所刻传承谱系为:于一泰—刘无境、朱无凡、刘无尘、刘无念、张无决—王上乘—乔天福、胡天进、许天爱、张天护、万天显、孟天意、黄天慧、程天理、吕天德、宋天智、杨天存、刘天报、隋天胜、肖天明、李天□、崔天□、隋天□—史元根、宠元海、徐元开、隋元□、王元山、隋元喜、李

① 参见即墨市政协文史资料委员会编:《马山志》,即墨:机关印刷厂,1999 年,第 92—97 页。

② (清)林浦等:《(同治)即墨县志》卷 12《释道》,《中国方志丛书》,台北:成文出版社 1976 年版,第 1206 页;(清)黄肇颚:《崂山续志》卷 8《补遗》,济南:山东省地图出版社 2008 年版,第 305—306 页。

③ (清)张贞:《杞田集》卷 3,《四库未收书辑刊》,北京:北京出版社 2000 年版,第 7 辑第 28 册,第 591—592 页。

元见、成元快、高元性。[①] 对比可见，上清宫前三代中于一泰、刘无尘、朱无凡、王上乘均出现在明霞洞石刻中，或即于一泰一支师徒迁居至此。据《崂山续志》，孙玄清“再传为抱玄真人胡至廉，再传为中玄真人于一泰，再传为刘无尘，号守玄山人，再传则王冲阳也”[②]。冲阳为道号，结合石刻来看，应即王上乘。

于一泰，东昌（今山东聊城）人，曾于明末至京城。崇祯十四年（1641年）工科给事中范士髦赠诗，序云：“今春杪，都中得中玄道人（即于一泰）自崂山来，承拜访问，示予手卷一卷，写二道真，盖其祖师普化真人（即孙玄清）、师抱玄真人（即胡至廉）遗像，至中玄而三传之。”[③]王上乘，初于明霞洞修道，后修复上清宫和大庙，并聚徒讲学，影响颇大。康熙十一年（1672年）黄宗崇撰《赠明霞洞王道人小记》，自述曾于顺治九年（1652年）游上清宫，见宫院荒颓，又至明霞洞，遇王冲阳谈道。十余年后，黄闻上清宫已修整，四方来游者皆称赞王冲阳；又闻大庙有异人，戒律精勤，弟子甚众，为崂山羽士之首。遂往见，即当年于明霞洞所见之王道士也。[④] 康熙十二年（1673年），黄又撰《玉皇殿碑记》，复言及此。[⑤]

另外，白云洞有题刻云：“大门碑记。玄清老祖十代弟子王生本、赵体顺、李性元。大清乾隆三十四年（1769年）二月十五日立。”[⑥]生、体、性，为金山派第十至第十二代。

清初，崂山道士著名者还有刘信常，为随山派第十七代。俗名显常，字调元，号熟阳，山东高密人。业学孔孟，志好老庄。后弃儒学，隐东海，入崂山，拜师刘长眉，交友宋水一。[⑦] 诵《皇经》祝釐国运，施药物拯救民瘼。从

① 以上两处摩崖石刻现一存明霞洞左侧，一存上清宫后，照片系崂山郭清礼道长提供。

② （清）黄肇颚：《崂山续志》卷7，济南：山东省地图出版社2008年版，第267页。

③ （清）黄肇颚：《崂山续志》卷7，济南：山东省地图出版社2008年版，第268页。

④ 参见（清）黄肇颚：《崂山续志》卷7，济南：山东省地图出版社2008年版，第269页。

⑤ 参见（清）黄肇颚：《崂山续志》卷9《附载》，济南：山东省地图出版社2008年版，第348页。

⑥ 此摩崖石刻现存白云洞门前。

⑦ 黄肇颚《崂山续志》卷8《补遗》载：宋天成，号水一，山东安丘人，为金山派第六代。康熙四十七年（1708年）羽化。（济南：山东省地图出版社2008年版，第315页）

康熙元年(1662年)开始凿山建庙,历数十年,在康熙三十九年(1700年)建成大殿,奉祀玉帝。①

临朐县沂山东镇庙为全真华山派所住,明后期唐教玉开创丘祖又派,二派传人混居于此,已见本章第四节。入清后,此格局并无改变。康熙二年(1663年)《重修东镇庙落成记》,末署住持道人朱全周,督催道人赵守身、倪微教、顾清然、段和典、李冲喜、苑静云、祖悟赞、马静读。② 从名字看,华山派有朱全周、李冲喜、段和典,其余属丘祖又派。内中之赵守身,有康熙十六年(1677年)墓碑,载其徒祖悟赞、孔悟界,孙马玄举、马玄□、李玄和,曾孙许微笈、周微篇、柴微篆、王微簪,玄孙程清芬。③ 苑静云,又见于仁寿乡盘羊社修醮残碑,载"玄门弟子苑静云,领醮王本固、李希耐"④,为丘祖又派第七至第九代。康熙二十二年(1683年)《渠丘泊里庄碑记》,有本庙住持李德仁⑤,应为华山派第十三代。康熙二十七年(1688年)李振裕致祭碑,碑阴题住持冯希魁⑥,应为丘祖又派第九代。康熙四十年(1701年)《重修东镇庙碑记》,时任住持王正位⑦,应为华山派第十四代。次年立重新神像记碑,除住持王正位外,还提及道人徐和风、刘无祥、王得□。⑧ 徐、王应属华山派,刘应属丘祖又派。康熙四十八年(1709年)《瓦尔大致祭碑》,末署住持石希照⑨,也

① 参见康熙四十七年(1708年)《刘道人自叙碑》。(清)黄肇颚:《崂山续志》卷8《补遗》,济南:山东省地图出版社2008年版,第308—309页。

② 参见赵卫东、宫德杰编:《山东道教碑刻集》(临朐卷),济南:齐鲁书社2011年版,第92页。

③ 参见赵卫东、宫德杰编:《山东道教碑刻集》(临朐卷),济南:齐鲁书社2011年版,第95页。

④ 赵卫东、宫德杰编:《山东道教碑刻集》(临朐卷),济南:齐鲁书社2011年版,第132页。

⑤ 参见赵卫东、宫德杰编:《山东道教碑刻集》(临朐卷),济南:齐鲁书社2011年版,第96页。

⑥ 参见赵卫东、宫德杰编:《山东道教碑刻集》(临朐卷),济南:齐鲁书社2011年版,第98页。

⑦ 参见赵卫东、宫德杰编:《山东道教碑刻集》(临朐卷),济南:齐鲁书社2011年版,第102页。

⑧ 参见赵卫东、宫德杰编:《山东道教碑刻集》(临朐卷),济南:齐鲁书社2011年版,第104页。

⑨ 参见赵卫东、宫德杰编:《山东道教碑刻集》(临朐卷),济南:齐鲁书社2011年版,第110页。

应是丘祖又派第九代。

平阴县云翠山现存康熙四十一年（1702 年）立张道祥墓碑，题“正乙明为（威）修真飞化经禄（箓）北极驱邪院五雷上令神宵（霄）先师知雷霆府事真人大法师张讳道祥号还阳之墓”，立碑者为：徒史法正、任法衍，徒孙杨阴芝，曾孙李阳善、王阳春、裴阳春，玄孙李在仲、张在秀、刘在珏、李在住。①其排辈用字符合《诸真宗派总簿》“吕祖天仙派”字谱②，为第四至八代。从张道祥的头衔看，他应该是受过正一派法箓的，并未显示出与全真派的关系。但是，此派派名尊吕祖，且第七代裴阳春墓碑称“全真演教先师”，第八代李在诚墓碑称“全真演教授持天仙戒律先师祖”，③故还是具有自我认同全真派的取向，可以认为是全真支派。李在诚，号朴庵，为裴阳春弟子，自称“天仙宗派八代弟子”④。乾隆年间，任云翠山南天观住持，在重修庙宇方面颇有功绩。⑤ 现存于云翠山道士墓群中央的道光二十一年（1841 年）立“云翠山天仙派传承卧碑”，即以李在诚为首，下接第九代“乾”字辈杨乾光等 11 人，第十代“坤”字辈艾坤泉等 27 人，第十一代“志”字辈房志仁等 31 人，第十二代“心”字辈刘心让等 35 人，第十三代“皈”字辈王皈裁等 34 人，第十四代“命”字辈曲命申等 13 人。⑥ 除了前述张道祥、裴阳春、李在诚墓碑外，墓群还存有任志秀、孟心立、王皈范、王命璋、李礼真、齐礼经等道士墓碑。这些墓碑上的题名一直延续到第二十代“春”字辈。⑦ 可以概见此系道士在清代的兴盛。

距云翠山不远的黄石崖，流传着另一支系的吕祖天仙派。乾隆二十年

① 碑存云翠山，为民国丁丑年（1937 年）重刻。录文见赵芃：《山东道教史》下册，北京：中国社会科学出版社 2015 年版，第 336—337 页。

② 参见《藏外道书》第 20 册，第 578 页。

③ 《皇清羽化全真演教先师裴公讳阳春字景和仙翁之墓》、《皇清羽化全真演教授持天仙戒律先师祖讳在诚号朴庵李仙翁之墓》，拓片由赵芃提供。

④ 乾隆十八年（1753 年）立《云翠山南天观重修玄帝庙碑记》，拓片由赵芃提供。

⑤ 参见乾隆八年（1743 年）立《云翠山重修帝君庙碑记》、乾隆十八年立《云翠山南天观重修玄帝庙碑记》等，拓片由赵芃提供。

⑥ 碑存云翠山。录文见赵芃：《山东道教史》下册，北京：中国社会科学出版社 2015 年版，第 336 页。

⑦ 参见赵芃：《山东道教史》下册，北京：中国社会科学出版社 2015 年版，第 337 页。

(1755年)立《黄石崖建醮修经碑记》，记录了第六代住持魏阴杰、胡阴童、朱阴魁，第七代刘阳瑞、张阳灿，第八代高在成。[①]

长清大峰山，在明末有龙门派第八代苏守智与其徒方太和栖居，创建泰山行宫。[②] 雍正十二年(1734年)立《关帝庙重修记》，记载当时龙门派第十二代张阳琏、燕阳秀等8人，第十三代李来祥、艾来凤等11人，第十四代王复贵、胥复禄等6人。其中燕阳秀修炼有术，于乾隆八年(1743年)坐化，弟子许来建等为刻《坐化先师燕阳秀神室碑》。[③] 光绪二十二年(1896年)，该山立有传承谱系碑，溯其始祖为龙门第六代范真峰，至立碑时，传至第十九代"元(圆)"字辈，共二百余人。[④]

邹城峄山于康熙十五年(1676年)重建三元宫，住持邵清安或为龙门派第十代。[⑤] 康熙五十四年(1715年)，元洁子祠住持罗一贯；乾隆五年(1740年)，天竺观住持闻一桂；乾隆三十一年(1766年)重修东华宫三清殿的住持樊合松；嘉庆八年(1803年)，东华宫住持秦教明；[⑥]嘉庆十三年(1808年)，白云宫住持孟来钦[⑦]，都应该是龙门派弟子。雍正十年(1732年)立《邑侯于斐去思碑》，列有龙门派"住持当家道人姜守经"以下太、清、一、阳辈弟子三十余人。[⑧] 县令升职，而道众为立感恩去思碑，可见当时当地道教与地方官员的良好关系。[⑨]

雍正十三年(1735年)，龙门派道士韩阳成偕其徒刘来广至章丘锦屏山，于此募修泰山行宫。据《韩阳成墓碑》，此次修建始于乾隆二年(1737

① 参见赵芃：《山东道教史》，北京：中国社会科学出版社2015年版，下册，第340页。

② 天启四年(1624年)立《创建泰山行宫记》，参见赵芃：《山东道教史》，北京：中国社会科学出版社2015年版，下册，第278页。

③ 《关帝庙重修记》、《坐化先师燕阳秀神室碑》、《大峰山胜区碑》，拓片由赵芃提供。

④ 《真峰范老祖碑》，拓片由赵芃提供。

⑤ 《重建三元宫记》，王川编：《峄山碑刻集》，济南：齐鲁书社2016年版，第216页。

⑥ 参见田振铎、刘玉平、秦显耀编：《峄山新志》，济宁：济宁市新闻出版局，1993年，第110—111页。

⑦ (清)周景岩：《邹峄山创建戏楼记》，王川编：《峄山碑刻集》，济南：齐鲁书社2016年版，第311页。

⑧ 参见王川编：《峄山碑刻集》，济南：齐鲁书社2016年版，第266—267页。

⑨ 乾隆三十四年(1769年)《邑侯卢太爷清廉德政感恩碑》也为道众所立，在白云宫内。王川编：《峄山碑刻集》，济南：齐鲁书社2016年版，第292页。

年),成于二十二年(1757 年),次年韩即羽化,享年 60 岁。[①] 韩阳成有徒刘来广、齐来随,刘来广有徒孙复仁、张复全等 9 人。据庙内道谱,其法脉一直传承到 1946 年。[②]

三、全真派在华南地区的传衍

陈教友《长春道教源流》卷 7 说,全真道在元初已传至粤西,至清中叶,粤东之罗浮、会城(即省会广州)等地诸道观皆为全真派。[③] 罗浮山久为道教名山,著名道士葛洪、陈楠、白玉蟾等都在此留下踪迹。冲虚观为葛洪故居,明末毁于焚掠,惟存三清殿,黄冠皆散处村落。[④] 康熙二十六年(1687 年)冬至二十七年(1688 年)仲夏,广东提督许贞等重修。[⑤] 此后两年,龙门派道士杜阳栋来到罗浮山。陈伯陶《罗浮志补》说,杜阳栋字镇陵,山东潍县人,入道于灵山乾元宫。康熙二十九年(1690 年)至罗浮山,三十七年(1698 年)任冲虚观住持,复修该观。[⑥] 金山派道士张妙升亦于康熙中来罗浮山。张妙升,号云仙,山东人,与杜阳栋同兴冲虚观,为道俗所仰。后开创黄龙观,为初祖。[⑦] 又重修弼唐精舍及四贤祠。[⑧]

稍后,又有曾一贯来居冲虚观。曾一贯,号山山,师事李清秋,为龙门派第十一代。康熙间入罗浮,四十四年(1705 年)筑道场于紫霞洞,建云霄阁。五十五年(1716 年),广州旱,当道邀请求雨,有应。遂委管山中五观,即冲虚、酥醪、九天、黄龙、白鹤,为总住持。因其余四观尚废圮未复,故"权驻冲

① 张福经编:《锦屏山》,济南:继东彩艺印刷有限公司,2006 年,第 88 页。

② 参见张福经编:《锦屏山》,济南:继东彩艺印刷有限公司,2006 年,第 145 页。

③ 参见《藏外道书》第 31 册,第 137 页。

④ 参见陈伯陶:《罗浮志补》,《藏外道书》第 32 册,第 805 页;(清)潘耒:《游罗浮记》,(清)宋广业:《罗浮山志会编》卷 12,《藏外道书》第 19 册,第 256 页。

⑤ 参见(清)吕应奎:《重修罗浮冲虚观碑记》,(清)刘溎年等:《(光绪)惠州府志》卷 24,台北:成文出版社 1966 年版,第 506 页。参见陈伯陶:《罗浮志补》,《藏外道书》第 32 册,第 805 页。

⑥ 参见陈伯陶:《罗浮志补》,《藏外道书》第 32 册,第 805、812 页。

⑦ 参见陈伯陶:《罗浮志补》,《藏外道书》第 32 册,第 812 页。参见(清)陈铭珪辑:《浮山志》卷 2,《藏外道书》第 32 册,第 592 页。

⑧ 参见陈伯陶:《罗浮志补》,《藏外道书》第 32 册,第 804 页。

虚”。后其弟子柯阳桂兴复酥醪洞，遂迁紫霞洞道场于此，令柯阳桂主之。师自居冲虚，未几羽化。[1] 梁教无《玄门必读》谓李清秋创开龙门支派南宫派，云：“南宫祖李清秋，乃龙门派丘祖第十代徒孙。得至人传授真道口诀，道成，得证天仙。后秘授曾一贯祖师。法派曰南宫派。”[2]但从曾一贯徒裔来看，仍循龙门派字谱。

罗浮山向来为广义上的正一派及兼擅雷法的南宗道士所主，所以全真派北宗道士入主该山，必然面临如何调适关系的问题。康熙时道人李无无曾说：“罗浮乃灵宝法坛，他教道人岂可住持。”[3]陈教友《浮山志》考述：“惟罗浮本南宗道宇，自明以前北宗全真无居此者。”[4]而曾一贯亦精通雷法，其被委任总持五观正是因为祈雨灵验，其徒兴复的酥醪观“正殿祀雷祖，以山山师（曾一贯）通五雷法，其左右祀纯阳（吕洞宾）、稚川（葛洪），于全真、灵宝两家亦未偏废也”[5]。全真道在广传全国的过程中，或许正是由于采取类似策略，才得以顺利地在地化。因此例较为典型，故特为拈出。

冲虚观自曾一贯羽化后，载纪阙略，至乾隆三十三年（1768 年），有住持邓教煊重修观左葛仙衣冠冢。[6] 嘉庆初，陈圆琯任住持。陈字涵光，广东南海人。勤身笃行，力倡宗风。大吏请为道会司。时观已坏，陈圆琯募资重修。道光十一年（1831 年）去世，年七十一。[7]

酥醪观在康熙末年由柯阳桂重修，并任住持。起初规模尚小，止称酥醪院。后继续扩建，大约在雍正五年（1727 年），复称酥醪观。柯阳桂，“号善智，福建泉州府晋江县人。家世仕宦。师幼习举子业，然性耽清静，慕老庄

① 参见（清）陈铭珪：《长春道教源流》卷 7，《藏外道书》第 31 册，第 137 页；（清）赖洪禧：《浮山新志 · 云霄阁钟》，《藏外道书》第 32 册，第 567 页；（清）陈铭珪辑：《浮山志》卷 2，《藏外道书》第 32 册，第 592 页。

② 汤一介主编：《道书集成》第 24 卷，北京：九州图书出版社 1999 年版，第 67 页。

③ （清）宋广业：《罗浮山志会编》卷 3，《藏外道书》第 19 册，第 128 页。并参（清）陈铭珪辑：《浮山志》卷 2，《藏外道书》第 32 册，第 592 页。

④ （清）陈铭珪辑：《浮山志》卷 2，《藏外道书》第 32 册，第 592 页。

⑤ （清）陈铭珪辑：《浮山志》卷 2，《藏外道书》第 32 册，第 592—593 页。

⑥ 参见陈伯陶：《罗浮志补》，《藏外道书》第 32 册，第 805 页。

⑦ 参见陈伯陶：《罗浮志补》，《藏外道书》第 32 册，第 805、812—813 页。

之学。弱冠，弃家游罗浮，礼曾一贯为师。”“操行清洁，住山三十余年，度弟子百余人。乾隆十年（1745 年）六月二十日，无疾而化，年五十三。”①柯阳桂还曾在广州创应元宫。②

继柯阳桂任酥醪观住持者为蔡来端，号坐云，广东陆丰人。③ 继之者为童复魁，号慵庵，浙江绍兴府会稽县人。38 岁入道于罗浮山酥醪观。复云游二十载，归罗浮，被推为酥醪观住持。又任罗浮五观总住持。④ 制府（即总督）重之，举任道会司之职。嘉庆六年（1801 年）卒，寿九十八。⑤

童复魁弟子江本源，字瀛涛，号松竹山人，广东番禺县人。入道酥醪观，有戒行，通儒释之学，能诗文，士大夫喜与之游。童复魁逝世后，继为酥醪观住持。⑥ 陈教友《浮山志》说：“今酥醪观创于柯善智师，在雍正初年。至嘉庆间，江瀛涛师复加修饰。”⑦

童复魁另一弟子赖本华，号介生，原名洪禧，字畴叶，广东东莞县人。幼习举业，为诸生，以诗名。后入罗浮山酥醪观，礼童复魁为师。习静一室，不与人接，年八十余化于观中。有《浮山新志》、《红棉馆诗钞》传于世。⑧

江瀛涛之后，历任住持为：叶合宾，号鹤侣，惠州人，于道光九年（1829 年）重葺大殿。⑨ 萧合三，字虚生，号梅村，广东新会人，善诗，有《洞中即事诗》。陆教愚，号悟醒，广东南海人。谢永靖，号菊斋，沈阳人。⑩ 此已至道光末年。

惠州元妙观初建于唐天宝七年（748 年），康熙三十四年（1695 年）惠州

---

① （清）陈铭珪：《长春道教源流》卷 7，《藏外道书》第 31 册，第 138 页。
② 参见陈伯陶：《罗浮志补》，《藏外道书》第 32 册，第 812 页。
③ 参见（清）陈铭珪辑：《浮山志》卷 2，《藏外道书》第 32 册，第 593 页。
④ 参见乾隆三十七年（1772 年）立《奉宪严禁碑》，碑存酥醪观廊壁。
⑤ 参见（清）陈铭珪：《长春道教源流》卷 7，《藏外道书》第 31 册，第 138 页。
⑥ 参见（清）陈铭珪：《长春道教源流》卷 7，《藏外道书》第 31 册，第 138 页。
⑦ （清）陈铭珪辑：《浮山志》卷 2，《藏外道书》第 32 册，第 582 页。
⑧ 参见（清）陈铭珪：《长春道教源流》卷 7，《藏外道书》第 31 册，第 138 页。
⑨ 参见（清）陈铭珪辑：《浮山志》卷 2，《藏外道书》第 32 册，第 582 页。
⑩ 以上诸人，见（清）陈铭珪辑：《浮山志》卷 2，《藏外道书》第 32 册，第 593 页。萧合三，参见陈伯陶：《罗浮志补》，《藏外道书》第 32 册，第 813 页。

知府王瑛于观后重建玉皇阁，三十七年（1698年）提督卢崇耀复建两庑配殿。[①] 据乾隆三十三年（1768年）元妙观住持陈合琮所立《修元妙观记》，“康熙三十七年，延冲虚大师主持，整饬之”[②]。此冲虚大师即杜阳栋。[③] 至康熙六十一年（1722年），元妙观“栋宇轮奂，住道流近百人”[④]。雍正八年（1730年），殿宇渐颓，住持张本忠募缘兴建。[⑤] 陈合琮立《修元妙观记》还说，乾隆时，正殿栋宇日圮，其师兄、住持何合瓒“节食广募，惨淡经营，积劳病故”。陈合琮继其遗志，新葺三清大殿及堂庑，“始丁亥（1767年）七月，讫工戊子（1768年）冬”[⑥]。

广州三元宫由全真龙门派道士住持的记载，现存最早并较可信的资料，是乾隆四十五年（1780年）立《鲍姑祠记》。此碑文末署“越冈院（三元宫古称）住持道衲郁教宁敬述”[⑦]。继任住持为黎永受。据载，三元宫现存一根栋梁上刻有“大清乾隆五拾壹年岁次丙午季冬吉日全真住持道人黎永受募化重建立”[⑧]。据乾隆五十年（1785年）萧云汉撰《重建斗姆殿碑记》，黎永受为郁教宁弟子，致力于修葺殿宇，“教宁未退老之前，则力助其事，教宁羽化后，遂独肩其任”，“坠兴废举，山门利赖”。[⑨] 至道光十七年（1837年），住持为黄明治。据

① 参见（清）孙家夏：《修元妙观玉皇阁记》，张友仁编著：《惠州西湖志》，广州：广东高等教育出版社1989年版，第185页。

② 张友仁编著：《惠州西湖志》，广州：广东高等教育出版社1989年版，第165页。

③ 参见陈伯陶：《罗浮志补》，《藏外道书》第32册，第812页。关于其住持元妙观的时间有数说，此从陈合琮，具体考辨见黎志添：《广东地方道教研究》，香港：中文大学出版社2007年版，第97页。

④ （清）吴骞：《西湖纪胜》卷上，《四库全书存目丛书》，济南：齐鲁书社1996年版，史部，第241册，第131页。

⑤ 参见（清）陈冠世：《修玉皇阁记》、（清）孙家夏：《修元妙观玉皇阁记》，张友仁编著：《惠州西湖志》，广州：广东高等教育出版社1989年版，第508、185页。

⑥ 张友仁编著：《惠州西湖志》，广州：广东高等教育出版社1989年版，第165页。

⑦ （清）张凤喈等：《（宣统）南海县志》卷13，《中国地方志集成 · 广东府县志辑》，南京：凤凰出版社2003年版，第30册，第327页。参见黎志添：《广东地方道教研究》，香港：中文大学出版社2007年版，第104页。

⑧ ［日］蜂屋邦夫编著：《中国の道教：その活動と道観の現状》，东京：汲古书院1995年版，第571页。

⑨ （清）张凤喈等：《（宣统）南海县志》卷13，《中国地方志集成 · 广东府县志辑》，南京：凤凰出版社2003年版，第30册，第328—329页。

邓士宪撰《重修三元宫碑记》,其时"栋宇摧残乎风雨,土木朽腐乎蝼虫",黄明治"竭尽绵力,克告成功"。碑末,黄自署"全真龙门正派住持道人"。①

李明彻(1751—1832 年),字大纲,一字飞云,号青来,广东番禺人。深研丹道,擅绘西洋画,精通天文学,著有《圜天图说》3 卷、《圜天图说续编》2 卷、《道德经注》2 卷、《黄庭经注》1 卷、《证道书》1 卷、《修真诗歌》3 卷。道光甲申(1824 年),在广州漱珠岗创建纯阳观。② 据李明彻自撰《鼎建纯阳观碑记》,其先建大殿以升座,"于道光六年(1826 年)四月十三日开光升座,宫保大人(即阮元)会同列宪大人亲临祭祀"。此后继续修建,讫工于道光九年(1829 年)。其自署"开山鼎建全真道人"。③

李明彻弟子甚多。据《纯阳观道谱》记载:首徒林至亮,番禺人,嘉庆十七年(1812 年)皈依李明彻门下,后住持纯阳观,同治六年(1867 年)羽化。又有雷姓善士,道名"至鸣",入道时捐赠了全部田地产业。有道名"至崑"者,为炼师。"续有拜师求道,大不乏人"④。

第七节　全真派在西南、东北、西北地区的传衍

明代后期,全真道不仅在江浙一带有所弘传,而且在西南、东北乃至西北都有一定的流布,从而造就了某种新的气象。

一、全真派在西南地区的传衍

据记载,在康熙至雍正年间,先后有六个龙门派道士入川,在成都、青城

① (清)张凤喈等:《(宣统)南海县志》卷 13,《中国地方志集成·广东府县志辑》,南京:凤凰出版社 2003 年版,第 30 册,第 339 页。

② 参见陈伯陶:《瓜庐文剩》卷 4《道士李明彻传》,林庆彰主编:《民国文集丛刊》第一编,台中:文听阁图书有限公司 2008 年版,第 23 册,第 475—481 页;陈伯陶:《罗浮志补》,《藏外道书》第 32 册,第 813 页。关于生年的考证,参见冼玉清:《天文家李明彻与漱珠岗》,《冼玉清文集》,广州:中山大学出版社 1995 年版,第 193—214 页。

③ 黄任恒:《番禺河南小志》卷 4,《中国地方志集成·乡镇志专辑》,上海:上海书店出版社 1992 年版,第 32 册,第 603 页。

④ 转引自王丽英:《真有道之士——晚清道士李明彻散论》,《广州社会主义学院学报》2006 年第 1 期。

山等地传教。计有:穆清风、陈清觉、张清湖、张清云、张清仕、张清夜等。[①] 其中,穆清风、陈清觉、张清夜三人对四川道教影响最大,有必要作较详细的介绍。

据《太上律脉》,“第十代传戒律师升阳穆清风,字玉房。宗源姓吕,继托穆氏……故地中州,慕道入玄,云游名山,逍遥吴越,朝谒乾元(观),亲遇本师维阳詹公(太林),岁在己丑(康熙四十八年,1709 年)老祖诞日,授我嗣传。又于成都梓潼宫演教,岁在甲午(康熙五十三年,1714 年),登坛三次,领戒弟子,保举恳传”[②]。可见,穆清风于康熙四十八年受詹太林之传,至康熙五十三年来成都梓潼宫,三次开坛传戒,收取弟子。

值得注意的是,他在成都梓潼宫所收弟子中,有两人后来分别作了龙门派第十一代和第十二代传戒律师。《太上律脉》说:“第十一代传戒律师怀阳子朱一和,字自明,乃扶风人氏……椿莹(当为“萱”——引者)早逝,绝俗出家为道士。游至西蜀梓潼宫,开修接待常住,建立养疾病院。”[③]十余年间,一念纯真无他志。“甲午岁(1714 年),忽有清风穆律师云游至此,见师道德真纯,言行卓绝,遂受三戒。”穆清风于康熙五十六年(1717 年)仲冬将大法付予朱一和。朱亦登坛三次。临终,将大法传给袁清举。[④] 该资料又称:“第十二代传戒律师袁清举,法名阳举,号九阳,西秦凤翔人也……至景福山(陕西陇县境内)出家修道。积功累行,十数年复游终南山、老君山……又游西都,隐居青城,朝诵心印,暮礼斗真为功。至甲午年(1714 年),缘遇升阳律师(穆清风)在川省梓潼宫建律坛,开化人天。”[⑤]遂受穆清风所传戒律。第十一代律师朱一和逝世时,遗言付授大法,为第十二代传戒律师。雍正六年(1728 年),“复游陕西省景福山,开建律坛。至八年(1730

① 除此六人外,康熙年间还有龙门派第九代牛太安住持成都青羊宫,下文将提及。

② 中国道教协会研究室编:《道教史资料》,上海:上海古籍出版社 1991 年版,第 394 页。

③ 中国道教协会研究室编:《道教史资料》,上海:上海古籍出版社 1991 年版,第 394 页。

④ 参见中国道教协会研究室编:《道教史资料》,上海:上海古籍出版社 1991 年版,第 394—395 页。

⑤ 参见中国道教协会研究室编:《道教史资料》,上海:上海古籍出版社 1991 年版,第 395—396 页。

年）正月，登坛三次”。雍正八年，传法与第十三代王来怀。① 龙门派律师是龙门戒法的传授者，又是其法统的承担人和体现者，穆清风既是其一代传人，又是其后两代律师的师父，足见其在龙门派发展史中的重要地位。

与穆清风同辈的陈清觉（1606—1705 年），也是清初入川的重要龙门派道士。他曾在四川成都和青城山开启了一个龙门支派碧洞宗，对尔后四川道教产生了很大影响。据《龙门正宗碧洞堂上支谱》载：“陈公清觉，道号寒松，又号烟霞。系湖北武昌人氏。生于明万历丙午年（1606 年）三月初五日申时。弱冠登第，为少年名进士，入庶常。后因勘破宦途险恶，顿悟生死机关，辞官弃职，隐姓埋名，至武当山太子坡，拜投詹公太林，簪冠受派，改儒为道。于康熙八年（1669 年）游川参访，止杖青城天师洞，见山川奇秀，殿宇荒凉，因停鹤驾，整饬洞天。诸事甫毕一新，即交道友张公清湖经理，于康熙二十六年（1687 年）之成都青羊宫养静。三十四年（1695 年），缘遇臬宪赵公良璧……偶至茅庵见公，惊喜不禁……遂事以师礼，领受微言。旋发心捐俸修建二仙庵，置买粮田五百余亩，请公住持，开堂接众，大阐真风。越次年，赵公升任两广，进京引见，将公之事奏闻，蒙恩诏见……至康熙四十一年（1702 年），感圣祖仁皇帝恩赐，敕封碧洞真人之号，又钦赐御书‘丹台碧洞’匾额、‘赤龙黑虎’诗章、珊瑚树、金杯等件，至今尚存二仙庵。康熙四十四年（1705 年），寿近百，预嘱遗偈，于九月二十二日午时羽化归真。”②道光十年（1830 年）刘沅撰《碧洞真人墓碑》当本乎此，但称“康熙二十六年（1687 年）入峨眉，至蜀都，结茅于青羊肆侧”，又载“其徒末吴本固、甘合泰等敛公以塔，平凉杨光远序事于石，而岁久剥蚀，无复句读之存”。③ 民国

① 参见中国道教协会研究室编：《道教史资料》，上海：上海古籍出版社 1991 年版，第 396 页。

② 此《支谱》系手抄本。其文大约始辑于清嘉庆年间，光绪二十四年（1898 年）重辑，民国三十五年（1946 年）续辑。保存于青城山天师洞祖堂。下引此文，不再注。赵良璧为修二仙庵事，参见康熙三十四年十月赵良璧撰《新建青羊二仙庵碑记》、康熙三十四年四月赵良璧批发的“存照碑”，及康熙三十四年十一月陈清觉撰《新建青羊二仙庵功德碑记》；赵良璧为请封等事，参见（清）洪成鼎撰：《重修二仙庵碑记》，乾隆四十一年（1776 年）刻石。以上俱见《道藏辑要》翼集一《二仙庵碑记》，第 103—108、110—111 页。

③ 《道藏辑要》翼集一《二仙庵碑记》，第 118—119 页。此碑为其徒裔甘教兴书。

《灌县志》卷12所记略同，唯称于康熙二十六年（1687年）始入蜀至青城山天师洞。①

协助陈清觉传教创派的还有其师兄弟张清湖、张清云、张清仕等人。张清湖等人的生平不详，只知张清湖曾接替陈清觉任青城山天师洞住持，张清云曾往三台县云台观任住持，张清仕曾任青城山文昌宫住持。

陈清觉弟子多为各地宫观的主持。计有：陈一庆，称弘道真人，曾住持青城山天师洞；吉一法，住持成都二仙庵；刘一贞，称含玄真人，住持青城山朝阳洞；孟一贵，开建住持大邑县龙凤场云台山观音寺；石一含，开建住持茂州欧阳观；龙一泉，开建住持三台县云台观。陈清觉之师兄弟张清湖、张清云、张清仕等，亦收有若干徒弟。这些弟子递相传授，逐渐形成一个有较多徒众的龙门支派，尊陈清觉为开山宗师，以其碧洞真人号之"碧洞"二字名宗，称碧洞宗，成为清代民国时期四川很有影响的一个宗派。

碧洞宗仍据龙门派所订派字进行传代。其开祖陈清觉为第十代，传至清嘉、道间，大约至第十六七代，至近代著名道士易心莹时已是第二十二代。《龙门正宗碧洞堂上支谱》载有第十一代至第二十三代的名单，第十一代有陈一庆等28人，第十二代有王阳炳等37人，第十三代有吴来辉等43人，第十四代有万复证等55人，第十五代有万本圆②等100人，第十六代有李合邦③等128人（以下所记略）。

---

① 参见叶大锵等：《（民国）灌县志》卷12，《中国地方志集成·四川府县志辑》，成都：巴蜀书社1992年版，第9册，第353页。

② 万本圆，据卫道凝撰《天师洞玉皇楼记》，曾于乾隆年间重修常道观玉皇楼；嘉庆二十三年（1818年）王梦庚撰《重修常道观碑》，亦谓其"铢积寸累，募化十方，踵而新之"。分见《（民国）灌县志》附《灌志文征》卷5、卷3，《中国地方志集成·四川府县志辑》，成都：巴蜀书社1992年版，第9册，第641—642、577页。

③ 李合邦，见嘉庆十年（1805年）立《贡茶定额记碑》。碑阴还提及李太浩、苗一伦、戴永万、钟永升等道士。碑末列青城山道观及住持道人姓名，计有：回龙庵罗合善、上元宫戴永寿、常道观万本圆、清皇观易本勤、圆明宫王合兴、文昌宫贾复怀、天真观刘阳春、上皇观彭合俊、见夫（疑当为建福）宫张本珍、上清宫肖永扶、真武庵刘本法、丈人观杨教滨。（龙显昭、黄海德编：《巴蜀道教碑文集成》，成都：四川大学出版社1997年版，第399—400页）这些道士及道观，有些在《支谱》中没有记载，可能不属碧洞宗，但无疑都是龙门派法裔。

以上《支谱》所记似不完全。如光绪年间经手重刊《道藏辑要》的阎永和，是当时二仙庵的方丈，二仙庵是陈清觉创教之地，又一直是该派主要基地之一，作为它的方丈的阎永和，无疑是碧洞宗道士。但该《支谱》中却未记他的名字。可知上列名单似有遗漏。

该宗以成都二仙庵、青城山天师洞为传播中心，逐渐向四川其他州县发展，后来四川许多州县的宫观都有该宗道士作住持。据上引《支谱》记，该宗道士作过住持的地区和宫观如下：

成都二仙庵，成都小北门太清宫，成都太清宫，成都三圣祠，成都东御街敬佛堂，成都外北报恩堂。

青城山天师洞，青城山文昌宫，青城山朝阳洞，青城山郭家庵。

灌县二王庙，灌县三台山东岳庙，灌县太平场药王山。

华阳县白家场高桥文昌宫。

双流县天成宫。

温江县东岳庙，温江县盘龙寺①。

郫县寿尊寺。

汉州（今广汉市）老君观（后改名汉州元妙观），汉州小汉镇陕西馆。

崇庆州毛郎镇千佛山，崇庆州南华宫，崇庆州邹家庵，崇庆州丹凤山南岳庙，崇庆州娘娘冈龙驹寺，崇庆州菩萨堂。

大邑县鹤鸣山文昌宫，大邑县龙凤场观音寺，大邑县老君观。

彭县三教寺，彭县三圣祠，彭县九尺铺禹王宫，彭县楠木场真武宫，彭县敖家场五显庙。

潼川（今三台县）云台观，潼川宝河观，潼川东岳庙，潼川三圣宫，潼川川主庙，潼川河嘴文昌宫，潼川云台场文昌宫，潼川金村场川主宫，潼川广利井真武宫。

中江县普兴场三圣宫。

---

① 当为龙蟠寺，见张骥等：《（民国）温江县志》卷4，《中国地方志集成·四川府县志辑》，成都：巴蜀书社1992年版，第8册，第406、409页。

绵竹县东岳庙,绵竹县五都山严仙观。

眉山县重瞳观。

蒲江县九仙山。

邛州(今邛崃县)慈云寺。

资阳县玉皇观。

乐至县川主庙。

富顺县某某宫。

茂州(今茂县)欧阳观①。

汶川县娘子岭。

天全州(今天全县)大川村毘罗寺,天全州冷村围塔太朋寺。

雷波厅(雷波县)雷神庙。②

以上各州县多数在川西,少数在川北、川南和少数民族地区,足见其传播之广泛。

二仙庵是赵良璧为陈清觉所建,俾其子孙传代。递传至乾隆年间,吴本固接任住持,并任县道会司道会。据洪成鼎于乾隆四十一年(1776年)撰《重修二仙庵碑记》,吴本固"幼读书,能诵《道德》《阴符》《黄庭》《参同》《悟真》等篇",与其徒甘合泰随时补葺观宇。③ 至道光五年(1825年),殿宇渐塌,住持李永仁禀请成都、华阳二县,请巡抚董公发银630两,培修补葺。道光十三年(1833年),道士张永亮、苗理圭"于春祭时,吁恳川督鄂(指鄂山)拨给采办皇木余木大料三十二根,并由藩库发银五百四十三两,增其式廓,庙貌一新"④。

道光二十九年(1849年),前述道士张永亮已任住持,苗理圭任知宾。暮春,四川总督裕诚率僚属游览二仙庵,张永亮及知宾罗本忠等接待,返署后查阅志乘,知为赵良璧创建,决定"附之骥尾,襄成前事,续接万缘"。"故给与'十方丛林'四字,与衔钤印,令其付梓刻额,张挂殿堂,以接十方大众……该住持等

① 道光《茂州志》卷2《寺观》:"欧阳观,州东南一百八十里,国朝乾隆中建。"《中国地方志集成·四川府县志辑》,成都:巴蜀书社1992年版,第66册,第353页。

② 以上据《龙门正宗碧洞堂上支谱》所记整理。

③ 参见《道藏辑要》翼集一《二仙庵碑记》,第111页。

④ (清)芮福森撰:《重建二仙庵吕祖殿碑记》,《道藏辑要》翼集一《二仙庵碑记》,第122页。

不得视为己物,独行把持,遗徒传孙,方可谓物为众有,一尘不染,真修炼之实行也”。[①] 自此,二仙庵的性质发生改变,由子孙庙变为十方丛林,安单接众。

尽管龙门碧洞宗拥有很多道士和宫观,是四川很有影响的一个道派,但其徒众中于道教学术有造诣的却如凤毛麟角。稍有可称者,除咸丰间有张孔山(法名张合修)擅音乐、近代易心莹有学术外,清前中期只有以下二人。

一是十三代王来通(1702—1779 年),对灌县都江堰水利工程颇有研究。据《龙门正宗碧洞堂上支谱》载,王来通为李阳修之徒,乾隆二年(1737 年)遵师嘱转拜王阳炳为师。据乾隆《灌县志》卷 11 孙天宁《挽自明道人》诗序等资料,王来通,字纯诚,号自明道人,夔州府奉节县人,乾隆间为灌县二王庙住持。他努力整饬庙规,培修道路,广植林木,颇有成就。雍正九年(1731 年)募资修建二王庙前后大殿、娘娘大殿等六十余间,乾隆三年(1738 年)告竣。乾隆三十五年(1770 年)钟铭言其“重建通山庙庵亭所,共栽杉树八万四千,白蜡树六万四千,置水田三百亩”。又布施药物,岁以为常,而自奉甚俭。他很关心地方水利工程,发起新修横山的长同堰,造福于地方。并立志要把都江堰的治水经验加以推广,后主持刊印了《灌江备考》、《灌江定考》、《汇集二王实录》三书。这是现存都江堰治水经验总结最早的专书,有一定科学价值。[②]

二是第十四代陈复慧,对道教斋醮仪式及音乐颇有研究和贡献。据《龙门正宗碧洞堂上支谱》记载,陈复慧的师承为:陈清觉传二仙庵杨一泰,杨传毛阳修,曾住二仙庵与汉州老君观,阳修传汉州老君观住持毛来玉,来玉传郭复元、陈复慧。陈复慧号仲远,住持温江盘龙寺(龙蟠寺),注(著)有《雅宜集》行世,徒田本万。[③] 民国《温江县志》云:“羽士陈复慧,字仲远,新

① 道光二十九年五月初十日裕诚手谕。《道藏辑要》翼集一《二仙庵碑记》,第 120—121 页。

② 参见(清)孙天宁纂:《(乾隆)灌县志》卷 11 下,乾隆五十一年(1786 年)刻本,第 11 页。并参(清)李演:《灌江定考序》,《灌志文征》卷 1,《中国地方志集成·四川府县志辑》,成都:巴蜀书社 1992 年版,第 9 册,第 534 页;(清)王来通铸:《重建显英通佑祈嗣三殿钟铭》、《通山三庵钟铭》,龙显昭、黄海德编:《巴蜀道教碑文集成》,成都:四川大学出版社 1997 年版,第 320、356—357 页。

③ 参见郭武:《陈复慧与兰台派——兼谈清代四川全真道与地方社会之关系》,赵卫东主编:《全真道研究》第五辑,济南:齐鲁书社 2016 年版,第 145—154 页。

津县人。少时即好黄老学,从汉州老君观道士毛来至(当为"玉"——引者)受玄门奥旨,后来温江,住龙蟠寺羽化。著有《广成仪制》《连珠集》等书。"①民国《灌县志》载:"陈仲远,青城道士也。淹博能文,校正《广成仪制》数十种。清乾隆间,邑人患疫,仲远为建水陆斋醮。会川督巡境临灌,闻于朝,敕赐南台真人。别号云峰羽客,著有《雅宜集》。"②按光绪三十三年(1907 年)二仙庵刻《广成仪制》有一篇《序》,谓陈复慧系新津县江家沱人,俗名宽仁,生于雍正甲寅(1734 年)十二月。3 岁随父至汉州贸易,7 岁父亡,拜老君观毛来玉为师。投陈贡生门下受业多年,淹博能文。年二十,毛来玉羽化,陈复慧转至温江县文武宫。经二十年,始接收龙蟠寺,任住持。著《琏珠》、《雅宜》二集,及《广成仪》斋醮科本。嘉庆七年(1802 年)羽化,寿六十九。所传为"兰台派",派字谱"光开兰碧,仲绍体纯。妙元自溥,化理维新。圆融大洞,了悟上真。领依正果,乃曰广成"。《龙门正宗碧洞堂上支谱》载其徒裔有田本万—徐合盛—王教行—王永信—黄圆瑞、何圆彩—赵明镜,可见事实上仍循龙门派字谱。③ 他所承传的道教斋醮乐曲以"细腻含蓄"著称,被称为"广成韵"或"南韵",成为后来四川两个民间坛门之一"广成坛"之祖。④ 其在斋醮科仪方面的成就详下文。

尽管龙门碧洞宗拥有很多道士和宫观,但它并不能取代四川的其他道派,与它同时活动的,还有正一派道士,也还有非碧洞宗的其他龙门支系的道士。例如青城山的本洪庵(上元宫)、上皇观,从康熙年间起,即为龙门派第九代李太浩一系所住持。清郑翊清《上元宫碑》云:"(青城山)上元宫,创自明万历间,曰天台寺,为浮屠所居。国朝康熙五十年(1711 年),始易名本洪庵。殿宇倾颓,仅一僧名自埃,难于住持。有道士李太浩者,给资接

① 张骥等:《(民国)温江县志》卷 4,《中国地方志集成·四川府县志辑》,成都:巴蜀书社 1992 年版,第 8 册,第 409 页。

② 叶大锵等:《(民国)灌县志》卷 12,《中国地方志集成·四川府县志辑》,成都:巴蜀书社 1992 年版,第 9 册,第 353 页。

③ 参见郭武:《陈复慧与兰台派——兼谈清代四川全真道与地方社会之关系》,赵卫东主编:《全真道研究》第五辑,济南:齐鲁书社 2016 年版,第 145—154 页。

④ 参见王纯五、甘绍成:《中国道教音乐》,成都:西南交通大学出版社 1993 年版,第 60—61 页。

收……庵后循定江而上，度岭十余里，有上皇观，建自明正德间，历久荒芜。太浩于康熙五十八年(1719 年)，与谢清元师徒协力培殿宇，清山界，庙祀赖以永存，此本洪庵所以兼理上皇观也。"①李太浩、谢清元师徒，及上皇观、上元宫等，皆未被《龙门正宗碧洞堂上支谱》所收载，证明他们并非碧洞宗道士，乃龙门派另一支系的道士。又如青城山的天真观，在乾隆年间为刘阳春一系所住持。民国《灌县志》卷 12 载："刘阳春，湖南长沙人。性质朴而勤敏。清乾隆初，入秦中马尾庵为道士。云游至蜀，爱青城之胜，遂居天真观。与其徒何来诚刻苦经营，顿起衰废，年九十卒。"②查碧洞宗《支谱》，也无刘阳春、何来诚师徒二人之名，所记宫观中也无天真观，证明住持天真观的刘阳春师徒也是非碧洞宗的他系龙门派道士。再如著名的成都青羊宫，也一直由非碧洞宗的他系龙门派道士住持。据载，在康熙年间由龙门派第九代牛太安住持。《金盖心灯》卷 3 载，康熙三十八年(1699 年)，"巴蜀青阳(羊)宫住持牛太安慕师(指樊太初——引者注)名，逾山越水，历三月至冠山(在苏州——引者注)。太安善导引吐纳之功，时年七十有六，而貌如三十许人"。后樊太初与牛太安"偕游楚蜀间，从者如云"。③ 乾隆以后，青羊宫又一直为张清夜一系住持。查碧洞宗《支谱》中，既未列牛太安，也未列张清夜，可知他们也是非碧洞宗的龙门派道士。

虽然如此，龙门碧洞宗毕竟是四川拥有众多徒众和宫观且有较大影响的一个道派，其他支系或存或亡，而碧洞宗则一直延续至今，仍在四川道教中占有重要地位。

下面再介绍一个对四川道教颇有影响的全真龙门派道士张清夜(1676—1763 年)。《同治重修成都县志》卷 7 载："张清夜，字子还，号自牧道人。原名尊，本江南长洲(今江苏苏州市)诸生。溯江入蜀，览峨眉、青城诸胜，遂易羽衣，结庐成都武侯祠之西偏。鹤发萧疏，吐词清妙，字学颜鲁

---

① 《(民国)灌县志》附《灌志文征》卷 3，《中国地方志集成・四川府县志辑》，成都：巴蜀书社 1992 年版，第 9 册，第 585 页。李太浩《(民国)灌县志》卷 12 谓，雍正五年(1727 年)年八十余(同上书，第 353 页)。

② 叶大锵等：《(民国)灌县志》卷 12，《中国地方志集成・四川府县志辑》，成都：巴蜀书社 1992 年版，第 9 册，第 353 页。

③ 《金盖心灯》卷 3《樊初阳律师传》，《藏外道书》第 31 册，第 219 页。

公,年八十余卒。"[①]杨润六所撰《自牧道人别传》所记较详,据称:张清夜,初名尊,字子还,号自牧道人,长洲人。少为诸生,博学工诗,善书法。尝游历四方,决意出家,至武当山太子坡,从余太源为道士。雍正元年(1723年),溯江入蜀,遍览峨眉、青城之胜,先后居成都临江寺、惜字宫。一琴一榻,翛然自得。蜀抚宪德重其文才,尝请出仕,坚持不就,乃请主武侯祠事。雍正七年(1729年)秋,移住武侯祠,谢绝尘俗,涵习清虚,日夕惟研读《阴符经》。复以余力培园陵,植松柏,殿宇垣墉,焕然一新。乾隆七年(1742年),归家葬二亲。乾隆八年(1743年)复入蜀,华阳令安洪德、成都令夏绍新,请其住持已经重修的青羊宫,清夜以老辞,荐其徒汪一萃任之。清夜亦常往来于青羊宫、武侯祠之间。越二年,于青羊宫创悬钟板,接待十方,一时道众云集,清规复振,俨然为一大丛林。乾隆十一年(1746年)作《玄门戒白》,罄其所觉,以劝方来。乾隆十六年(1751年),青羊宫住持王来通以《阴符经》勒石,清夜书并跋[②]。为阐释《阴符经》之秘,又于乾隆十九年(1754年)作成《阴符发秘》。乾隆二十八年(1763年)卒,享年八十八。[③]

其《阴符发秘》旧无刻本,几湮没失传。蒙文通先生据手抄本和罗氏观妙斋聚珍本加以校正,遂成全璧。[④]

此书前除有沈裕云序外,又有张清夜之自序。他在自序中,极力推崇《阴符经》之博大精深,谓其"乃崆峒授受之文,为坟典丘索三教百家经书文字之鼻祖,以天地幽明而原始要终,明夫人未生之前、有生之后,其所以生所以死之故,盖天地与人参三才而一理,是以指天道而明人道,言简而理该,义深而行易"[⑤]。认为该书所阐明的道理,可以为万事万理之指导,如指导养

① (清)李玉宣等:《同治重修成都县志》卷7,《中国地方志集成·四川府县志辑》,成都:巴蜀书社1992年版,第2册,第309页。

② 参见(清)张清夜:《青羊宫〈阴符经碑〉跋》,蒙文通:《道书辑校十种》,成都:巴蜀书社2001年版,第1202页。

③ 参见杨润六:《自牧道人别传》,蒙文通:《道书辑校十种》,成都:巴蜀书社2001年版,第1203—1204页。

④ 参见蒙文通先生校记。蒙文通:《道书辑校十种》,成都:巴蜀书社2001年版,第1197页。

⑤ (清)张清夜:《阴符发秘自序》,蒙文通:《道书辑校十种》,成都:巴蜀书社2001年版,第1179页。

生、指导为政、指导用兵等等，但不能把它限定为只对某一事理有指导，如果那样，就是缩小和降低了它的指导意义。他说："《易》曰：仁者见之谓之仁，知者见之谓之知。则出世者目为养生是也，为政者目为王政是也，师旅者云兵法亦无不是也。若执何者为是，即非矣。惟其所莫能拘，莫能定，以之推及于万事万理而莫不至当，此其所以为阴符。"①

张清夜是从道教养生修炼角度去阐发《阴符经》之秘的，因此人们可以从其文中看到他对道教修炼的某些观点。

(1)制五贼，谨三要。张清夜首先称"色、声、臭、味、触"是戕贼人性命的"五贼"，人如徇情追逐，迷恋它们，就会损性害命，导致死亡。但此五贼是通过人之"九窍"②作用于人体的，如美色(包括女色)是通过眼的视觉作用后，才引起人们对它的沉溺；淫声是通过耳的听觉作用后，才使人们对它迷恋；如此等等。他说："九窍者，天性与五贼往来之门户，故五贼无此，不能诱天性以随邪；人心无此，不能通五行以扰性。"③因此要保持天性的纯正，延长人的年命，就必须谨守这些门户，不给美色、淫声、邪事等有进入的机会。

其次，他又指出，九窍之中，最主要的是耳、目、口三窍，它们是"九窍中之最灵捷者……谓之'三要'，此作圣功夫最吃紧处也"④。他认为，此三窍常引诱人之心神向外驰骋，使人执著于情欲，导致人之死亡。要避免此结局，就须用"伏藏"之法。他说："伏藏者，即退藏于密之谓也。如天渐发阳中之真阴伏于地，以酝真阳，而后能令肃肃赫赫之机往来升降，成高明博厚于无尽。人之所以不能悠久无疆者，只为不解伏藏。"⑤又说："人心向外驰

① (清)张清夜：《阴符发秘自序》，蒙文通：《道书辑校十种》，成都：巴蜀书社 2001 年版，第 1179 页。

② 指人体上部七窍：二眼、二耳、二鼻孔和一口；再加下部二窍：前阴尿道，后阴肛门，合称九窍。

③ (清)张清夜：《阴符发秘》上卷，蒙文通：《道书辑校十种》，成都：巴蜀书社 2001 年版，第 1183 页。

④ (清)张清夜：《阴符发秘》上卷，蒙文通：《道书辑校十种》，成都：巴蜀书社 2001 年版，第 1183 页。

⑤ (清)张清夜：《阴符发秘》上卷，蒙文通：《道书辑校十种》，成都：巴蜀书社 2001 年版，第 1182—1183 页。

骋，是须善用伏藏。”①“三要之动而外逸，为入邪之首领，静而伏藏，实为办道之津梁。所以三要之能动能静，即吾人作圣作狂之枢关也。”②又说：“三要静藏之机，全在返源内伏。”③张清夜的谨守三窍，使心神内藏的思想，确是内丹家常用的方法。《采真机要》曰：“丹法始终只一‘定’字，含眼光，凝耳韵，缄舌气，正心诚意，使内想不出，外想不入，(此)进火行符之口诀也。”④

张清夜再进一步指出：三要之中，“目”之一窍又最为关键。他说：“耳目口三要之中，何以为第一要耶？曰目是也。何以知之？曰：原夫人生之初，一点元神，凝然中处，不识不知，朝成暮长，日渐知觉，元神变为神识，则上游两目，心生爱恶，随物生死，故曰意虽为六识之主宰，眼实为五贼之先锋。若得此要返元，其余九关三要，不返而自返矣。故曰‘心生于物，死于物，机在目’。”⑤他接着说：“予闻佛典之六根六尘，以眼为先；太上有希夷微三者，以视为首；孔子四非之箴，勿视为先……三教圣人之源，莫不以此为转机办道之津梁也。”⑥证以道教内丹术，此说也是有据的。在内丹术中，止念入静是炼功的首务，但要止念入静，使心神安定下来，最先和最重要的就是制眼。《青华秘文》曰：“心之所以不能静者，不可纯谓之心，盖神亦役心，心亦役神，二者交相役，而欲念生焉。心求静必先制眼。眼者，神游之宅也。神游于眼而役于心，故抑之于眼而使之归于心，则心静而神亦静矣。”⑦故其诀曰：“目不乱视，神返于心。神返于心，乃静之本。”⑧其具体

① (清)张清夜:《阴符发秘》下卷，蒙文通:《道书辑校十种》，成都:巴蜀书社 2001 年版，第 1190 页。

② (清)张清夜:《阴符发秘》上卷，蒙文通:《道书辑校十种》，成都:巴蜀书社 2001 年版，第 1183 页。

③ (清)张清夜:《阴符发秘》下卷，蒙文通:《道书辑校十种》，成都:巴蜀书社 2001 年版，第 1188 页。

④ 转引自(清)傅金铨:《道书一贯真机易简录》卷 3，《藏外道书》第 11 册，第 449 页。

⑤ (清)张清夜:《阴符发秘》下卷，蒙文通:《道书辑校十种》，成都:巴蜀书社 2001 年版，第 1188 页。

⑥ (清)张清夜:《阴符发秘》下卷，蒙文通:《道书辑校十种》，成都:巴蜀书社 2001 年版，第 1188 页。

⑦ 《道藏》第 4 册，第 364 页。

⑧ 《道藏》第 4 册，第 364 页。

做法，就是微闭双目，收视内照，静心调息。如此，可以较快地收神归舍，进入入静状态。

(2)知动知时。张清夜说："心生于性，念发必克。精生于气，情动必溃。"①"念"指私念、邪念、杂念；"情"指情欲，即一般所谓的七情六欲。意谓修道者不能存有邪心和情欲，如果存有它们，并让它们随意发展，就会使人的天性和生命遭到克制和戕害，最终引起身心的溃败。因此克服私心邪念，节制情欲，又是修道者必修的功课。就内丹修炼而言，克服妄念杂念，抑制情欲，又是内丹下手工夫之一。《脉望》云："筑基者，炼精也。炼己者，止念也……若上不能止念，下不能留精，虽谈天论地，终成话(当为"画"——引者注)饼耳。故云：'大道教人先止念，念头不住亦徒然。'又云：'长生至慎房中急，何为死作令神泣。'"②

张清夜指出，克服邪念、情欲，须要讲究一个"时"字和"动"字。就是说，要把握住邪念情欲萌生初动的时机，当其刚刚萌生初动之时，及时下手克服它们，连根加以铲除。张清夜说："时者，即祸发机动之时；物者，即物欲纷然之际。人苟能于祸发机动之时，不惟不令其有必克必溃之势，且能知之修之，而又能返之，此时文之既明也。人又能于物诱纷纭之际，不惟不令其相残相盗，且能回机内照，翕聚伏藏，此物理之且哲也。"③意思就是说，要趁物欲纷然之际，邪念情欲初动之时，立即下手克服它们，并将自己的元神"回机内照，翕聚伏藏"，就能避免身心被克而崩溃的祸患。张清夜把这种时机看作是人们"作圣作凡"、入"先天"或"后天"的关口。他说："夫时动者，即天人合发之时也，故时之动，介乎先天后天之际、作圣作凡之间。或因其时之动也，则情扰乎中，变先天为后天，此时动必溃之诫也；或因其时之动也，能运我自然之杀机，可以返后天为先天，岂非万化定基之始乎！至于知之者，即是知此时动之机也；修之者，即于机动之际及时

① (清)张清夜：《阴符发秘》上卷，蒙文通：《道书辑校十种》，成都：巴蜀书社2001年版，第1184页。

② 《脉望》卷7，《藏外道书》第9册，第692页。

③ (清)张清夜：《阴符发秘》下卷，蒙文通：《道书辑校十种》，成都：巴蜀书社2001年版，第1190—1191页。

下功,行一得永得之道也。”①意思同样是强调把握“时”、“动”的重要,倘能把握住时机,克服邪念物欲,可以返后天为先天,可以由凡入圣;反之,则由先天入后天,由圣入凡了。

道教内丹修炼,一直十分重视时与机。在筑基阶段中,要入静,须及时排除杂念,收心内视。在炼精化气阶段,要讲究采药(元精、元气、元神)时间,它被称为“活子时”,当活子时到来,需及时采药归炉。《脉望》云:“丹法先当知时,尤当待时……时之未至,闭兑垂帘,默默窥虚以待之,不敢为之先也;时辰若至,妙理自彰,大用现前,定以应物,不敢为之后也。”②张清夜也讲采大药时间,谓人身准日月运行规律,大药产生于朔望前后,他说:“又论日月之小大有定者,专言天人合发造化之应时而动,在朔望前后各三日共二七日为大,两弦前后各三日共十四日为小。今天机阴符应大而不应小,故大药之发生必在会望之候也。”③

(3)明方辨器。张清夜称,人之神与气皆是飞扬之物,很容易随外界之引诱而飞扬于外,当神已翱翔于“纷华之域”,气已陷溺于“爱欲之场”时,唯一的方法就是用炁(元气,先天之气)将它们擒制归舍;且只有此炁才能擒制它们。他说:“炁者,太和氤氲之元气,天人相应之秘机,独能含情抱性、凝精毓神之至宝也……今也,神既翱翔于纷华之域矣,气随陷溺于爱欲之场矣,所以圣人不得已而示以相制相成之妙旨。盖神之与气,犹男之与女、火之与薪也。今曰‘禽之制在气’者,犹用女以配男、用薪以传火也,则天涯荡子庶几有乡关之恋恋,不致于云踪雁迹也。但用气之旨,圣经绝不言身中之气,而必斤斤乎天人合发之机者,盖以此躯为有形有质,皆属于后天而不可用故也。”④

张清夜指出,人身有“奇器”,是擒制和锻炼精气神的处所。此奇器,就

① (清)张清夜:《阴符发秘》上卷,蒙文通:《道书辑校十种》,成都:巴蜀书社2001年版,第1183页。

② 转引自(清)傅金铨:《道书一贯真机易简录》卷6,《藏外道书》第11册,第483页。

③ (清)张清夜:《阴符发秘》中卷,蒙文通:《道书辑校十种》,成都:巴蜀书社2001年版,第1186—1187页。

④ (清)张清夜:《阴符发秘》下卷,蒙文通:《道书辑校十种》,成都:巴蜀书社2001年版,第1189—1190页。

是人身的太极。他说:“奇器之名,古今不一,如《道德经》名曰玄牝,而《参同契》命为鼎炉,《黄庭》谓之丹田,名乃异而用实同也。无非喻圣人之所以盗阴阳、藏造化,必有建立之基、经营之所。盖奇者,对偶之称,器者,受衷之府,故太极者,天地之奇器也,而奇器者,乃人身之太极也。此器不与天地并列,而能生天地,不与万法为侣,而能生万象,超出万灵,至尊无对,故曰奇器。实为道之源,炁之本,万化之基,阴符之祖,圣人藉以下手施功之地也。发杀机于此器发,盗三才于此器盗,三要返于此,不神之神神于此。从此器而顺育阴阳,则生人生物;由此器而逆施造化,则成圣登真。”①按张清夜的说法,此奇器既是大天地之太极,又是人身小天地之太极,称为玄牝、炉鼎、丹田等等均可,无非是圣人借以盗阴阳、藏造化、下手施功的处所。据此处所,逆天地之造化而修炼精气神,就可成圣登真。

《阴符发秘》对道教修炼术虽无理论上之发明,但它不事浮言而务求实际之精神,仍受到人们的称赞。沈裕云为之作《序》云:此书深契《阴符经》之秘,“所谓三盗五贼之用,杀机之发,奇器之秘,皆以身体力行者自写其会心之处,而津津道之,较之以郭注庄,尤见实际”②。蒙文通《阴符发秘校后记》云:此书“融会唐后之儒释而独取其精”,皆“会心自得之言,固非泛尔诠释文句之比”。③

张清夜之另一本著作为《玄门戒白》,这是一篇劝戒道士修德慎行的作品。他指出,近世以来,道教内部风气日坏,“近世师愈多而道愈歧,德愈薄而心愈昧。或偏执一隅,至死不回;或首鼠两端,终身罔济;或借疯颠以欺人,踰闲荡检;或假黄白而蛊众,灭理欺心。无怪牛毛学道,兔角成仙,甚至藁葬郊原,横填沟壑。恶风相继,举世知非,仙派源流,于今几绝”④。这种状况自然不利于道士的修行,当然就难于成仙了。

---

① (清)张清夜:《阴符发秘》下卷,蒙文通:《道书辑校十种》,成都:巴蜀书社 2001 年版,第 1192 页。

② (清)沈裕云:《阴符发秘序》,蒙文通:《道书辑校十种》,成都:巴蜀书社 2001 年版,第 1178 页。

③ 蒙文通:《道书辑校十种》,成都:巴蜀书社 2001 年版,第 1197 页。

④ (清)张清夜:《玄门戒白》,蒙文通:《道书辑校十种》,成都:巴蜀书社 2001 年版,第 1200—1201 页。

为了扭转这种局势，张清夜在书中提出“正纲常”的主张，即以崇尚儒家的伦理纲常来扶正道士之德行。他说：“皇天无二道，圣人无两心，教象虽殊，制行惟一，乃知孝弟忠信为三教之主宰，礼义廉耻实列圣之纲维。”[1]道教自不例外，“须知大道出自纲常，纲常外无大道”[2]。道士若以此纲常立基，“立基既固，冲举何难！大本一亏，飞升奚自”[3]？若“尽力乎孝弟忠信，黾勉乎礼义廉耻”，“广行方便，多积阴功，庶几修内丹者龙虎伏而鬼神钦，专炉火者魔障消而福缘凑”。[4] 即是说，纲常德行是道士立身和修道的根本，只有先修道德品行，学道施法才可望成功，升仙也才有望。

其次，要学道有得，还须匡正学术，专心致志。即所学者一定不能是异端邪说，而是“先圣”所传的真正之学。他说：“《道德》五千言总以清静为宗，《金丹四百字》惟期守真是务，《参同契》、《悟真篇》并未及役鬼驱神，《心印经》、《青华录》何尝是烧茅炼汞！”[5]意谓只能就经书所指之正道进行修习，不要走到歪门邪道上去。待学术已正之后，又要专心致志，才能学有成就。他说：“自古拔宅飞升者，无非功高德厚之人；凝神驭气者，悉皆专心致志之士。”果真“脚踏实地”去做，“功到自然成”。[6]

《玄门戒白》所反映的是道教进入衰落时期后道教内的某些衰败情况，他虽提出了纠正的主张，无奈颓势已成，所起作用也就微乎其微了。

张清夜于乾隆二十八年(1763 年)逝世，享年 88 岁。据杨润六《自牧道人别传》载，张清夜传有弟子汪一萃，其徒孙辈又有王来通(此与碧洞宗之

① (清)张清夜：《玄门戒白》，蒙文通：《道书辑校十种》，成都：巴蜀书社 2001 年版，第 1200 页。

② (清)张清夜：《玄门戒白》，蒙文通：《道书辑校十种》，成都：巴蜀书社 2001 年版，第 1201 页。

③ (清)张清夜：《玄门戒白》，蒙文通：《道书辑校十种》，成都：巴蜀书社 2001 年版，第 1200 页。

④ (清)张清夜：《玄门戒白》，蒙文通：《道书辑校十种》，成都：巴蜀书社 2001 年版，第 1201 页。

⑤ (清)张清夜：《玄门戒白》，蒙文通：《道书辑校十种》，成都：巴蜀书社 2001 年版，第 1200 页。

⑥ (清)张清夜：《玄门戒白》，蒙文通：《道书辑校十种》，成都：巴蜀书社 2001 年版，第 1200 页。

王来通同名而非同一人——引者注)、刘教宾等。[①] 成都青羊宫和武侯祠一直为此系道士所住持,张清夜及其徒裔实是碧洞宗之外的龙门派另一系。

据安洪德撰《重修四川青羊宫碑记》,乾隆二十二年(1757 年)汪一萃羽化,张清夜又让徒孙王阳奇接任住持,继续修造殿宇。[②] 嘉庆年间,道会秦复明见殿宇颓弊,“倡募捐助,合内外垣宇而一新之。鸠工于嘉庆十三年(1808 年)冬,蒇事于二十二年(1817 年)中夏”。[③] 武侯祠方面,张清夜于乾隆九年(1744 年)即卸任住持,由唐复雄继任。

唐复雄(1721—1782 年),字指实,原籍江宁(今江苏南京),随祖父宦游长沙。乾隆七年(1742 年),至四川蒲江县,拜全真龙门派第十三代刘来登为师。刘命之往成都参谒张清夜。张见而深喜,遂于乾隆甲子(1744 年)九月以庙事付之。唐复雄住持武侯祠三十余年,“凡举止言动,咸遵子还张祖(即张清夜)遗范。不事丹铅炉火之说,精省察克治之功,与诸文人游,无不雅重”[④]。

继唐复雄任住持者为徐本衷。徐本衷(1754—1798 年),号虚庐,成都崇宁人。幼年即依唐复雄为弟子。道经之外,兼习儒书,且好吟咏。年二十二,即司祠事。募修香叶亭,种柏树百余株,并将陵庙修葺一新。著有《香叶亭集》二卷。[⑤] 徐本衷羽化后,弟子黄合初继任住持。黄合初,俗名范,字超然,四川简州人。司庙事一年即出外云游,二十余年后返蜀,至峨眉山学《易》于张含章处士。道光五年(1825 年)回到武侯祠,习静于镜心精舍。《道家诗纪》谓其善琴能诗,与《昭烈忠武陵庙志》编纂者潘时彤(字紫垣)相友善,尝制琴赠潘“以酬纂志之劳”。晚游峨眉,羽化于紫芝洞,年六十

① 参见杨润六:《自牧道人别传》,蒙文通:《道书辑校十种》,成都:巴蜀书社 2001 年版,第 1204 页。

② 参见《道藏辑要》续翼集一《四川青羊宫碑铭》,第 4 页。

③ (清)刘沅撰:《重修青羊宫碑记》,《道藏辑要》续翼集一《四川青羊宫碑铭》,第 6 页。

④ (清)徐本衷撰:《武侯祠住持唐公指实先师墓志》,(清)潘时彤编纂:《昭烈忠武陵庙志》卷 7,《中国祠墓志丛刊》,扬州:广陵书社 2004 年版,第 37 册,第 1060 页。

⑤ 参见(清)刘应癸撰:《虚庐道人传》、(清)潘元音撰:《徐虚庐道人墓志铭》,(清)潘时彤编纂:《昭烈忠武陵庙志》卷 7,《中国祠墓志丛刊》,扬州:广陵书社 2004 年版,第 37 册,第 1058—1060、1063—1064 页。小传及诗作,见(清)张谦:《道家诗纪》卷 38,《藏外道书》第 34 册,第 562—565 页。

三。著有《听鹂馆诗钞》。①

黄合初于嘉庆五年(1800年)出外云游后,住持武侯祠者为裴合杭。裴字希哲,四川新都人,幼年丧母,师事徐本衷。嘉庆九年(1804年)以庙事付倪教和。倪字养生,山阴人,游幕来蜀,嘉庆八年(1803年)值黄合初初次云游归,遂师焉。至嘉庆十八年(1813年),传付罗教恕。罗字葆初,四川华阳人,师从裴合杭。嘉庆十八年接任住持,二十一年(1816年)传付师叔张合桂。②

唐复雄另有弟子张本觉、张本崑,分别住持成都净土寺和文昌宫。张本觉(1726—1787年),初名自仁,西安人。乾隆四十三年(1778年),唐复雄命住持净土寺。羽化后,其徒冯合定继任住持。③ 张本崑(1735—1781年),原名秀容,道号万峰,广东惠州府龙川县人。乾隆二十一年(1756年)游蜀,有出尘想,后皈依唐复雄为弟子。乾隆四十年(1775年),城北文昌宫住持病废,当地绅耆延请张本崑住持。羽化后,其徒李合智继任住持。④ 后李合智以庙事付张合桂。张合桂,字香亭,张本崑之侄。乾隆三十五年(1770年)甫9岁,病重,适张本崑回乡省墓,父母即将其过继给张本崑,遂携至蜀。唐复雄见而器之,命列门下。继李合智任文昌宫住持。嘉庆二十一年(1816年),回武侯祠接任住持。增置祀田二十余亩,祠庙亭院修葺一新,建听鹂馆,补种柏楠数百株。道光九年(1829年)潘时彤纂辑《昭烈忠武陵庙志》,张合桂募资刊行。⑤

---

① 参见(清)张谦:《道家诗纪》卷39,《藏外道书》第34册,第579、584页。其诗《赠琴引》言戊子(1828年)秋斫琴二,名曰响雪、流泉,“相随经一载”,有见“汉家陵庙武乡祠,蜀志遗文时见之”,而潘时彤“文献征搜志不朽……典章金石详考订”,故以流泉赠之。又有《庚寅人日潘紫垣孝廉胡茜春文学来祠赏梅留饮分韵得看字》,可见1830年尚在世。(二诗见《藏外道书》第34册,第584页)

② 黄合初以下历任住持生平,见(清)潘时彤编纂:《昭烈忠武陵庙志》卷2,《中国祠墓志丛刊》,扬州:广陵书社2004年版,第35册,第215—218页。

③ 参见(清)徐本衷撰:《张道人传》,(清)潘时彤编纂:《昭烈忠武陵庙志》卷7,《中国祠墓志丛刊》,扬州:广陵书社2004年版,第37册,第1055—1058页。

④ 参见(清)张合桂撰:《武侯祠住持先师张公万峰墓志》,(清)潘时彤编纂:《昭烈忠武陵庙志》卷7,《中国祠墓志丛刊》,扬州:广陵书社2004年版,第37册,第1067—1068页。

⑤ 参见(清)潘时彤编纂:《昭烈忠武陵庙志》卷2,《中国祠墓志丛刊》,扬州:广陵书社2004年版,第35册,第218页。

青城山道士陈复慧(1734—1802 年),字仲远,生于四川新津县,别号武阳云峰羽客。[①] 陈复慧少年时仰慕黄老之学,师从汉州(今四川广汉县)老君观道士毛来玉学道,苦读道书,深悟玄理。后转居温江龙蟠寺修道,潜心研究斋醮科仪。他推崇杜光庭科仪传统,将川西地区流行的科仪经本编撰成集,名曰《广成仪制》。陈复慧活动于清乾隆至嘉庆年间,长期在川西地区潜心修道。据民国《灌县志》卷 12 载:"清乾隆间,邑人患疫,仲远为建水陆斋醮。会川督巡境临灌,闻于朝,敕赐南台真人。"[②]陈复慧还参加乾隆四十三年(1778 年)二王庙住持王来通在灌县武庙启建水陆斋会,超度死于金川之役的官兵百姓。

陈复慧为全真道龙门派碧洞宗传人,被后世尊为道教音乐"广成韵"之祖。陈复慧在川西地区开创隶属于全真道的广成坛,此民间火居道组织影响遍及川西各州、府、县,隶属于广成坛门的弟子众多。民国《灌县志》卷 16《礼俗纪》载川西斋醮科仪分两派,"一广成坛,创于陈复慧;一法言坛,启自刘沅"[③]。广成坛嗣派弟子知名者有张本学、罗本章、魏本善、高本还、许本述、王本昱、胡本固、雷本原、刘合诚、蔡敬之等。至今每年清明节期间,广成坛弟子还到温江龙蟠寺侧为广成坛祖师陈复慧上坟。陈复慧不愧为清代川西道教宗师,被尊为兰台亚史陈大真人。

《广成仪制》收录于《藏外道书》第 13 册至 15 册,共收科仪经本 275 种。题录"云峰羽客陈仲远校辑"、"云峰羽客陈仲远校录"、"陈复慧校辑"。将青羊宫重印的《广成仪制》与《藏外道书》第 13 册至 15 册对照,其中有些标明陈仲远校辑的科仪书,《藏外道书》却未收录。这些未收录科仪书是:《三景玉符禳煞全集》、《祈雨启师演戒全集》、《课盆关报全集》、《朝元咒枣全集》、《迎水府十二河源全集》、《炳灵正朝全集》、《开通业道全集》、《救苦题纲全集》、《大放赦文全集》、《祀供井泉全集》、《祀供鋆华正朝

① 陈复慧著《雅宜集》题录"武阳云峰羽客陈复慧仲远著",武阳为四川彭山县的古称。

② 叶大锵等:《(民国)灌县志》卷 12,《中国地方志集成·四川府县志辑》,成都:巴蜀书社 1992 年版,第 9 册,第 353 页。

③ 叶大锵等:《(民国)灌县志》卷 16,《中国地方志集成·四川府县志辑》,成都:巴蜀书社 1992 年版,第 9 册,第 403 页。参见张骥等:《(民国)温江县志》卷 4,《中国地方志集成·四川府县志辑》,成都:巴蜀书社 1992 年版,第 8 册,第 409 页。

全集》、《斗醮朝元全集》、《九皇大醮斗姥预祝全集》、《九皇大醮同庆万寿全集》、《荡除氛秽全集》、《答灶安奉全集》、《朝真礼斗全集》、《清静朝真礼斗全集》、《拜斗解厄全集》和《告龙迎水全集》。① 说明完整的《广成仪制》科仪经本应为295种，学界常使用的《藏外道书》之《广成仪制》并非全本。

《广成仪制》可谓是川西全真道科仪丛书，收集的清代末年四川全真派科仪十分丰富。刘咸炘《道教征略·告法言道士俚语》说："嘉庆年间，青城山陈真人名复慧，号仲远，订正一部《广成仪制》，颇为流行。正一科愚下未曾看过，看过广成科，倒是很详备的。"②《藏外道书》收录之《广成仪制》，多为成都二仙庵藏板，缺佚部分用青城山天师洞藏手抄本补齐。该经各集成书时间不一，如《金木正朝全集》末题："宣统三年辛亥（1911年），成都二仙庵藏板。"③《星主正朝全集》末题："宣统元年（1909年）成都西门外二仙庵藏板。"④《受生鸿斋迎库官全集》末题："民国壬子年（1912年）刊"⑤。另一部分科仪系青城山天师洞藏抄本，如《天皇流金火铃诏敕集》末题："大清光绪三拾肆年（1908年）秋七月壬寅日天师洞置，末学蒋明道沐手书。"⑥据此，《广成仪制》似先有抄本传世，后方有成都二仙庵宣统年间刻本。

陈耀庭指出：人们以为全真道重内养修炼，不精于科仪符箓，但《广成仪制》却反映了清代川西全真道科仪的丰富。川西全真道科仪内容覆盖了社会生活的各个方面，三元大会、九皇醮会、斗醮、元辰醮，宫观中例行的度亡法事、民间举行的各种和瘟、谢火等太平醮仪一应俱全。全真道科仪并不排斥正一道科仪的经文和演习方法，而是吸收了正一道科仪的成分，并根据全真道的特点作了修改。例如，正一派有炼度科仪，《广成仪制》也有《青玄济炼铁罐施食全集》；正一派有破狱灯仪，《广成仪制》也有《破暗燃灯全集》。⑦

① 尹志华：《清代道士陈复慧、陈复烜编纂、校勘的道教科仪书略述》，《中国道教》2010年第5期。

② 刘咸炘：《道教征略》，上海：上海科学技术文献出版社2010年版，第102页。

③ （清）陈复慧校辑：《金木正朝全集》，《藏外道书》第13册，第51页。

④ （清）陈复慧校辑：《星主正朝全集》，《藏外道书》第13册，第588页。

⑤ （清）陈复慧校辑：《受生鸿斋迎库官全集》，《藏外道书》第13册，第639页。

⑥ （清）陈复慧校辑：《天皇流金火铃诏敕集》，《藏外道书》第13册，第79页。

⑦ 参见陈耀庭：《藏外道书说略》，朱越利主编：《道藏说略》，北京：北京燕山出版社2009年版，上册，第68页。

《广成仪制》所收大量科仪，除宫观中例行的朝科和度亡科仪外，有不少科仪为适应民众生产生活需要而制作，如保苗科仪、禳蝗灾科仪、虫蚁判散科仪、祈雨科仪、谢土安龙科仪、祀供井泉科仪、谢火科仪、祛瘟科仪、禳痘疹科仪、接寿科仪等。有些科仪带有四川地方特色。如《川主正朝全集》，是祭祀修建都江堰的李冰之子二郎神（清源妙道真君）的科仪。①

《广成仪制》收录的《关帝正朝全集》、《文昌正朝全集》、《川主正朝全集》科本，既反映了清代道教民间信仰的盛行，也反映了川西全真道科仪对地方信仰的汲取。而《太极灵宝祭炼科仪》、《太极仙翁祭炼玄科》、《金箓分灯卷帘科仪全集》等科本，则是近代以来道教炼度科仪的常行科本。《广成仪制》科书在川西地区影响深远，至今川西全真道及广成坛的斋醮科仪，都使用《广成仪制》的科本。当代香港道教的斋醮科仪也使用《广成仪制》，如2006年香港黄大仙庙啬色园主办"大献供"仪式，就按照《广成仪制》中的"供祀诸天"、"迎斋上供"及"供祀荣华"等科仪进行。

《广成仪制》所载陈复慧所撰斋醮疏文，大量采用骈文的文辞风格，增加科仪的典雅气氛，陈复慧所撰《雅宜集》也是同样风格，可见陈复慧是清代道门中有学问的道士。② 如《斋醮正启三元》说文曰：

> 夫朝宗有礼，合万圣以识尊卑；建善垂仪，会三元而全终始。盖自玄黄判象，运造化者悉授命于神祇；溟涬开图，理钧衡者独付权于黼黻。是相臣之重任，三界推尊；而元圣之鸿猷，万灵钦仰。③

如在《度人大斋一过集》中，高功三焚名香，拈香说文：

> 夫此香者，根盘三岛，叶覆十洲。经雨露以栽培，灵枝挺秀；散云烟而缭绕，法篆通真。特焚金鼎，上达莲台，供养东方多喜国土玉宝皇上、

① 参见尹志华：《清代道士陈复慧、陈复炬编纂、校勘的道教科仪书略述》，《中国道教》2010年第5期。

② 陈复慧为乾隆四十三年（1778年）灌县武庙启建水陆斋会所撰疏文："粤自金酋不法，王师用征。其间从事文员武弁，或为国而捐躯；胥吏兵丁，或因征而殒命。夫役丧生于挽连之途，商民毙体于锱铢之计。死亡甚众，数若恒沙；沉滞难超，聚如鄷木。宜行普荐，以度群魂。"（《雅宜集》卷1，第29页）其骈文风格与《广成仪制》一致，足以说明《广成仪制》的科仪经本，确经过陈复慧的撰写修订。

③ 《藏外道书》第13册，第1页。

慈悲救苦天尊。

夫此香者，山岳含英，乾坤植本。秀凝五叶之芳，瑶林独擅；妙叶九真之瑞，仙品特称。敬焚金鼎，上达神台，供养东方飞天大圣、无极神王、诸灵仙众。

夫此香者，性含太素，质本常清。非空非色，秀钟仙岛之奇；至妙至灵，景绚彩云之瑞。恭焚金鼎，上达殿庭，供养冥京第一殿秦广大王、泰素妙广真君。①

在道教历代斋醮科仪文书中，以《广成仪制》的咏香文对道香象征内涵的描写最具特色，陈复慧确乎对道教义理有深刻理解。

二、全真派在东北地区的传衍

全真龙门派“中兴”以后，不仅迅速传至江、浙及广、鄂、川等省区，而且也传至东北、西北。在东北方面，据现存文献记载，辽宁的沈阳、千山、本溪、开原、北镇等地，都有该派的传播。其中尤以郭守真一系的徒裔最多，发展地域最广。郭守真是前述山东马山全真道士李常明的弟子。乾隆四十九年（1784 年）刻《盛京通志》云：“奉天城（今沈阳）东南有九顶铁叉山，相传为仙灵窟宅。三教堂郭道（即郭守真）常于山中苦修数年。时奉天大旱，祷雨无验，使郭道祈请，起坛而雨。当事者多敬重之，延住三教堂。”②之后咸丰十一年（1861 年）重誊《太清宫开山祖师源流》、光绪七年（1881 年）《太清宫特建世系承志碑》、1934 年《龙门八代祖郭真人碑》、1934 年《奉天通志》等文献③，对郭守真的生平事迹记载较详。

据载，郭守真（1606—1708 年），字致虚，号静阳子，九顶铁刹山八宝云光洞开山阐教之始祖也。生于明万历三十四年（1606 年）九月。原籍江南

① 《藏外道书》第 15 册，第 79 页。

② （清）阿桂等：《（乾隆）盛京通志》卷 108《杂志》，《中国地方志集成 · 省志辑 · 辽宁》，南京：凤凰出版社 2009 年版，第 2 册，第 617 页。三教堂规制，见卷 97《祠祀一》，第 2 册，第 474 页。

③ 前三者分见［日］五十岚贤隆：《道教丛林太清宫志》，郭晓峰、王晶译，济南：齐鲁书社 2015 年版，第 8、178—181、34—36 页。下引不另注明。王树楠等：《奉天通志》卷 222《方外》，沈阳：沈阳古旧书店 1983 年版，第 5 册，第 4709 页。

丹阳县(今属江苏),后徙辽郡。崇祯三年(1630年)隐于铁刹山,苦修十余载,喟然叹曰:"无师不度,信哉!"乃于清顺治四年(1647年)下山访道,遍历名山,阅二年,行抵山东即墨县马鞍山聚仙宫,遇紫气真人李常明,遂师事之。李设百难以试之,而郭志愈坚,事之愈谨。李乃授以性命妙诀,复诫之曰:"道不可躐等,务要持戒精严,以至戒无所戒,再行吾语之诀,则证道无疑矣。"顺治八年(1651年),诣燕京白云观求戒于王常月。① 圆满后,九年(1652年)复归铁刹山,持戒熏修。② 得意时辄吟咏以自娱,诗见《铁刹山志》。康熙元年(1662年),收度弟子王太祥、高太悟等八人。二年(1663年)春旱,将军乌库礼(一作吴达礼)请郭祈雨,立应。爰赐地基,于外攘关角楼西隅玄武池撤水筑基,建三教堂以居之。又收度秦太玉、高太护等六人。八年(1669年),御赐道经一藏,于是启道经终日讲演,有叩则应,事去则静。复遣刘太琳诸子在关东各名山建庙鸣道。三十五年(1696年)秋,欲示化,以三大事训诸子,曰:"吾以此正法传汝,勿令断绝。"于是谢绝尘缘,掩帘闭息一纪,至四十七年(1708年)九月羽化。群弟子瘗其舄杖于后院,并起塔立祠,题曰:致虚守静郭太真人之塔。

郭守真的十四位弟子皆恪遵师训,各据名山创立庵观,使其道脉传播到千山、平顶山、吉林、黑龙江等地,故后世认为东北道教是从郭守真及其弟子开枝散叶而来,称其为关东十四枝。现据民国白永贞《增续铁刹山志》转述如下。

> 王太祥,山东登州府蓬莱县(今山东蓬莱市)人,生于明天启二年(1622年)。年四十一,在铁刹山云光洞出家。嗣奉师命赴千山,与刘太琳共同创修无量观。
>
> 王太兴,山东莱州府掖县(今山东莱州市)人,生于明天启四年(1624年)。年三十九,在铁刹山云光洞出家,居该山之南白云洞③。

① 据前述王常月行实,其于顺治十二年(1655年)始至北京,故此说存疑。

② 关于其拜师求道经历,此从《龙门八代祖郭真人碑》及《奉天通志》。《太清宫开山祖师源流》说,他在马山从李常明出家,辞师后,至铁刹山开立常住。《太清宫特建世系承志碑》则说他先谒王常月于北京,复访孙玄清于崂山,后于马山遇李常明,承师命驻铁刹山。

③ 《太清宫开山祖师源流》谓"住背阴洞"。或因音近而记载不一。

高太悟,直隶顺天府大兴县人,生于明崇祯七年(1634年)。年二十九,在铁刹山云光洞出家,住持本山。

刘太琳,直隶永平府临榆县(今河北秦皇岛市山海关区)人,生于明崇祯元年(1628年)。年三十六,在铁刹山云光洞出家。奉师命赴千山创修无量观。

赵太源,山东莱州府潍县(今山东潍坊市)人,生于明崇祯四年(1631年)。年三十二,在铁刹山云光洞出家。先住奉天三教堂,后隐居于终南山。

傅太元,山东莱州府潍县人,生于明天启五年(1625年)。年三十八,在铁刹山云光洞出家。住持本山。

沈太宗,山东登州府海阳县(今山东海阳市)人,生于明天启二年(1622年)。年四十二,在铁刹山云光洞出家。住吉林省梨树沟。

砥太庸,盛京辽阳州(今辽宁辽阳市)正白旗人,生于明崇祯二年(1629年)。年三十五,在铁刹山云光洞出家。住持本溪湖东二十里卧龙村庙。

秦太玉,直隶永平府昌黎县(今属河北省)人,生于明崇祯十年(1637年)。年二十九,在盛京三教堂出家。住辽阳州东田官屯大岭。

高太护,山东登州府文登县(今山东文登市)人,生于明崇祯十四年(1641年)。年二十五,在盛京三教堂出家。住辽阳州东田官屯大岭。

吕太普,奉天承德县(今属河北省)人,生于明崇祯十六年(1643年)。年二十四,在盛京三教堂出家。住吉林船厂。

刘太华,河南省祥符县(今河南开封市祥符区)人,生于明崇祯四年(1631年)。年三十七,在盛京三教堂出家。住持奉天西北边外玄羊庙。

刘太应,辽阳州人,生于清顺治元年(1644年)。年二十五,在盛京三教堂出家。住持本庙。

刘太静,辽阳州人,生于清顺治八年(1652年)。年十九,跟从兄长刘太应于盛京三教堂出家。住持海城真武庙。①

① 白永贞:《增续铁刹山志》卷11,1943年刊本,第10—11页。

郭守真开创的铁刹山道场，由王太兴、高太悟、傅太元三人驻守，发扬光大。除了对云光洞、乾坤洞、天冠洞进行修复维护外，又新建了太平观、圣水宫、朝阳观等下院，并收度了众多门徒，这些门徒又纷纷开山立观，在铁刹山周围兴建了众多庙宇，逐渐形成了按八卦方位排列的宫观建筑群。同样由他开创的沈阳三教堂，也为其徒裔所住持。雍正九年（1731 年）起，有王复彭、赵一尘相继任监院，后者为郭守真弟子高太悟的徒孙。乾隆三十年（1765 年），赵一尘募修扩建。乾隆三十二年（1767 年），马阳震继续扩修，规模大增。整个扩建工作至乾隆四十四年（1779 年）完成，遂更名为太清宫，定为十方常住，成为东北道教的第一丛林。①《增续铁刹山志》又说，郭守真所传门徒十四枝，其中八枝独善其身，云游三山五岳名山，不能详考，另六枝皆有度世之心，所开创宫观历历可考。如第一枝王太祥与第四枝刘太琳，奉师命至千山，创建无量观。刘太琳又派嗣法孙于来炼到医巫闾山，创建老爷岭圣清宫。② 第二枝王太兴由铁刹山至黑龙江绥化，创建慈云宫。③第九枝秦太玉与第十枝高太护，奉师命往本溪，在本溪湖太子河南平顶山建清虚观。清虚观又分枝十余处。④ 第十一枝吕太普奉师命，于康熙十年（1671 年）到吉林省长春县龙泉山，立庙曰清华宫。又在阜丰山（在今长春市西）建庆云观。⑤ 第十三枝刘太应，为盛京真武庙的开山祖师。⑥ 然而，根据现今学者的广泛调查与探究，白永贞的上述说法不确，并太过简略。经过梳理，实际上郭守真的十四个弟子中，除了赵太源一枝归隐终南无法查考外，其余十三枝全部在东北各地开山立庙，代代相传，形成庞大的支系和传播网络。至民国时，“所立庙宇不下千余座，所度道士不下数千人，成为东北道教的最主要流派”⑦。

---

① 参见汪桂平：《东北全真道研究》第四章，北京：中国社会科学出版社 2014 年版；王树楠等：《奉天通志》卷 222《方外》，沈阳：沈阳古旧书店 1983 年版，第 5 册，第 4709 页。

② 参见白永贞：《增续铁刹山志》卷 12，1943 年刊本，第 14 页。

③ 参见白永贞：《增续铁刹山志》卷 12，1943 年刊本，第 9 页。

④ 参见白永贞：《增续铁刹山志》卷 12，1943 年刊本，第 6 页。

⑤ 白永贞：《增续铁刹山志》卷 12，1943 年刊本，第 1 页。

⑥ 白永贞：《增续铁刹山志》卷 12，1943 年刊本，第 8 页。

⑦ 详细的考察，参见汪桂平：《东北全真道研究》第四章，北京：中国社会科学出版社 2014 年版。

由其弟子刘太琳开创的千山无量观，也是东北乃至全国的著名道观。千山原名千华山，又称积翠山、千朵莲花山，位于辽宁鞍山东二十余公里、辽阳东南三十公里处，是东北地区三大名山之一。山中佛、道二教并存，佛教大约起于金元，道教大约起于明末。道教在千山建有九宫、十三观，其中以无量观最为著名，“可为后起之劲”①。刘太琳于康熙五年(1666年)遵师命到千山传道，后创建无量观。民国《辽阳县志》卷6云：“无量观，旧或称为无梁观，踞千山东北部，创始于清康熙年，刘道人大琳(当为太琳——引者注)开山于此，其所葬石塔(俗称祖师塔——引者注)尚巍然于观外集仙台旁……观内除玉皇阁、罗汉洞外，有观音殿、老君殿、三官庙、大仙堂殿。下院有玄贞观、刘家庵、白云观、五圣观四处，玄、刘二观庵在山内，余在山外。本观内有道士一百余人，皆朴质茹素，各有职事，乃道教中之正派者也。”②

郭守真一系以外，还有其他龙门派道士也在东北弘道。比如，乾隆《塔子沟纪略》载：“天成观在大城子之东，康熙六年(1667年)间，道士夏一振募建天齐庙三间、东西十阎君殿六间、关帝殿三间。嗣经道徒夏阳春、徒孙蒙古傅来正先后募建增修，因之楼阁殿堂规模宏敞，屋宇焕然，迄于今犹足为边地寺院之巨擘焉。”③顺治四年(1647年)进士佘一元撰《修建三清观记》云：“山海(关)旧无道观，明末有阴阳李真成者，发愿募资……创建于城西北隅”，清初有全真道士张守正从北京来此，增修扩建，“一方祈禳，有举必以是为会归焉”。④

虽然此时龙门派在东北地区道教发展中占据绝对优势，“但是龙门派的一枝独秀，并不意味着其他道派没有传播，只是其他道派传播的规模和范围较小而已。有清一代，传入东北地区的全真道其他流派有华山派、金山

① 王树楠等:《奉天通志》卷96《名胜》，沈阳:沈阳古旧书店1983年版，第2册，第2203页。

② 白永贞等:《(民国)辽阳县志》卷6，《中国方志丛书》，台北:成文出版社1972年版，第313—314页。

③ (清)哈达清格:《塔子沟纪略》卷7，《中国地方志集成·辽宁府县志辑》，南京:凤凰出版社2006年版，第23册，第641页。塔子沟厅，今辽宁凌源县。

④ (清)佘一元:《潜沧集》卷3，《四库全书存目丛书》，济南:齐鲁书社1997年版，集部第216册，第35—36页。

派、蓬莱派、金辉派、尹喜派等。其中以华山派、金山派、蓬莱派的势力较强，影响较大。这些派别或在清代初期即已传入，或在清代中后期传入，传播范围遍及东北三省，各派都建有一定数量的宫观庙宇，有些道观还传承不断，留下比较清晰的传承谱系，在历史上产生了较大的社会影响，从而构成东北道教的重要流派"①。

比上述诸人更早者，尚有全真龙门派第六代马真一在明季居广宁之北镇庙（在辽宁北镇县）及山海关等地修行（事迹见下）。

三、全真派在西北地区的传衍

在西北地区，以陕西、甘肃之龙门派传播最广。如陕西的华山、华县、西安等地皆有龙门派传人，其中以龙门第六代马真一最为知名。有关马真一的研究，早先并不全面。学术界主要使用的材料包括《华岳志》、《河滨文选》、《盛京通志》、《广阳杂记》等。清李楷《河滨文选》云："峰巅道人马姓真乙名，不知何里人。其出家始末、师授之书不可详。偶居于华山之王刁仙洞，以峰巅自号，或以疯颠称之，亦漫应之。王刁洞者，古仙人王遥、刁自然之洞也。洞多历代之敕，碑于洞壁，模糊难辨。此山为华岳之枝峰，不相附属。洞有三，道人居其中，其最上者人罕至……道人处洞，无榻无几，因石为床。无经书文字，无药物丹炉。其弟子常光等椎鲁无知。不谈烧炼黄白及采战等法，不为斋醮符箓等事，清净全真以为教。能冬月以雪为沐浴，气蒸蒸如暑。居久之，人乃稍知其异……某地旱，官迎之于署，不立坛，不焚香，但索酒大饮，饮酒间雨下如注。人之知峰巅者日益众，奔走入山者无算。问吉凶祸福，矢口而答，无不奇中。或叩以儒典，能举五经之要旨。或问武，则言阵法韬略之事，娓娓不倦，人乃疑其儒而飞遁者。然山居不修饰，破衣垢面。作为诗，皆不以格法，散于人者，不存稿。答人书，多落落无首尾，字画纵横无拘束。预言天下事，不爽。"②这一段文字是目前所见对马真一记载

① 汪桂平：《东北全真道研究》，北京：中国社会科学出版社 2014 年版，第 153 页。各派别具体传播情况的详细梳理，见该书第 153—175 页。

② （清）李楷：《河滨文选》卷 5《马峰巅传》，《清代诗文集汇编》，上海：上海古籍出版社 2010 年版，第 34 册，第 171—172 页。

比较全面的，因为据清代文人李元春所说，其作者李楷曾经见过马真一，两人有所交游："（李楷）数岁读书，过目成诵，华山仙人马峰颠见之，抚其顶曰：'他日当以文名天下。'"①《华岳志》又引《武功志》说："尝游武功，醉后登城楼，南面大哭，人笑其狂，答曰：'遍地皆杀死人，血流成河，乌得不哭？'未几，流贼起，杀人略如其言，人始信其先见。"②《河滨文选》还记载了马真一去往关外："忽一日，谓其弟子曰：将东出关矣。旋即去，不与人诀，亦不知其所在，或有遇之于关外者。"③此后他确实出关至辽宁，事见乾隆年间所修之两种《盛京通志》。乾隆元年（1736 年）和四十四年（1779 年）所编的两部《盛京通志》均谓其为"河南人"，"明季居广宁之北镇庙中"。④ 如上所记，马真一去关外的时间，当在明末；因此他在陕西王刁洞的时间，比这稍前。据清刘献廷《广阳杂记》，马真一始居北镇庙虽在明末，但至清初，他仍在世。因该书卷 3 曾引顺治辛卯（1651 年）举人孙宗武的话说："马真一者，世号颠仙，言其不死，今犹在辽东云。"⑤对马真一的研究，早先学术界主要依据的材料就是这些。但近年来，一些新材料被发现，也使得对马真一的了解更加深入。根据最近的考证⑥，目前所见最早记载马真一的史料当属明清内阁大库残余档案中一份崇祯二年（1629 年）闰四月二十三日的《督师袁崇焕题本》，对其生平行迹有较详细的记述，现将该档案全文抄录如下：

督师袁崇焕题本（崇祯二年五月初三日到兵部呈，于兵科抄出）

钦命出镇行边督师袁崇焕谨题：为妖案有名，不敢隐匿，据实上闻，仰凭圣断事。该臣因自春入夏，沿边雨泽愆期，诚祷未获。据宁粮通判李茂根禀称，有华山道人道（马）一真，闻能祈雨，现在近方，禀请迎祷

---

① （清）李元春：《桐阁先生文抄》，《北京师范大学图书馆藏清人别集丛刊》，桂林：广西师范大学出版社 2007 年版，第 14 册，第 531 页。

② （清）李榕：《华岳志》卷 2，《中国方志丛书》，台北：成文出版社 1970 年版，第 282 页。

③ （清）李楷：《河滨文选》卷 5《马峰巅传》，《清代诗文集汇编》，上海：上海古籍出版社 2010 年版，第 34 册，第 172 页。

④ （清）王河等：《盛京通志》卷 41，台北：文海出版社 1965 年版，第 3 册，第 2224 页。（清）阿桂等：《盛京通志》卷 92，《中国地方志集成·省志辑·辽宁》，南京：凤凰出版社 2009 年版，第 2 册，第 407 页。

⑤ （清）刘献廷：《广阳杂记》卷 3，北京：中华书局 1957 年版，第 130 页。

⑥ 参见汪桂平：《明末道士马真一生平行实考》，《世界宗教研究》2014 年第 1 期。

以救旱魃等因到臣，臣始忆去冬有华山道人曾来见臣，于是着粮厅取之前来祈祷，果露处四日而雨。忽于本月初六日阅邸报，见陕西巡抚刘广生题为擒获连妖首恶，搜出造反实迹，内称妖党田学孟首告白莲谋反，张万缘等纠众造反种种逆证获据。乃万缘供称，华山有道人马绣头者，年三百岁，举动不凡，知未来事，于三年前已出关，今行兵无有盟主，思得此人，假以号召党类，又久出山，叫万缘秘拿表文，到处找寻等情。臣见之不胜骇异，为照白莲不轨，所在有之，幸仗皇上威灵，妖首殄灭，此诚宗社之福。但所言马绣头者，即马一真之旧名也。一真自言原籍河南太康县人，向住华山王刁洞修炼，发久不栉，遂有绣头之号，著于山陕等处。山陕士夫多与之游。于天启六年(1626年)间剪发下山，云游山东，便航过到皮岛观看，回至宁远、山海各处，随便山居。似此踪迹，与陕西妖贼所供马道人相同。然跛躄而背跎，行走艰难，其年已暮，语论平实，似出家修行人。但臣属既有此人，敢不据实奏闻。除行关内道止留外，伏乞敕下该部，或解陕西抚臣原案归结，或发回原籍河南收管，或留在山海任彼焚修，统候圣明裁断施行，缘系云云，谨题请旨。崇祯二年闰四月二十三日。奉圣旨：着暂羁候，移文陕抚确查，该部知道。①

这是有关马真一的记载中最早的，且来源是明代的官方档案，又是由袁崇焕亲自题写，可信度比较高。除了这则材料外，有关马真一和袁崇焕的交往，还有康熙年间的《山海关志》可资佐证："马真一，自称河南人，年一百八十余岁，昔在华山学道，明崇祯初年入广宁，居北镇庙，采蘑菇、拾野果为食。时宁前大旱，经略袁公(即袁崇焕)使人致至，祈雨，次日甘霖大降。因举止疏放，语言狂率，袁公疑为妖异，羁居山海。官师咸重之，关道梁公尤加亲洽。与谈休咎，皆应。关门士子相与趋造，谈经论艺，剖抉如液。饮食不拘荤素多寡，随便取足。诙谐之中，每成谶兆。然踪迹无常，人不能测。厥后不知所之。"②乾隆元年(1736年)所修之《盛京通志》卷41记载与此完全相同，乾隆四十四年(1779年)所修之《盛京通志》卷92所记也与此基本相

① 《明清史料》，北平：国立"中央研究院"历史语言研究所1931年版，第8本，第713页。
② (清)陈天植等：《康熙山海关志》卷8，董耀会主编：《秦皇岛历代志书校注》，北京：中国审计出版社2001年版，第125页。

同。此外，据尹志华考证，清代张怡的《玉光剑气集》中所记载的“马绣头”也正是袁崇焕《题本》中所说的“马绣头”，即马真一。文中说：“马绣头道人，修髯伟干，黄发覆顶。……自言生于正统甲子（1444 年），至崇祯庚午（1630 年）、辛未（1631 年）间，约百六十余岁矣。”①除此之外，尹志华还考证了马真一与孙元化、张可大、刘兴治等当时在东北的官员、将领的交往。②

综合这些材料，我们基本可以看到马真一比较真实的行迹。马真一是明末河南人，又名马一真、马绣头、马峰颠等，自称生于明正统九年（1444 年），然而在崇祯以前的行踪基本不为人知。他在华山王刁洞多年修道，过着清苦的生活。然而到明末活动开始增多，与陕西地区的许多士民有过交往，留下诸多神异传说，以至于声名远播，白莲教曾借其名声发动起义，甚至想请他领导反军。在天启六年（1626 年）前后，马真一离开华山，出关前往东北，在山海关与袁崇焕有交往，此时据说他已经一百八十余岁，甚至还有人说他已经三百余岁。这一点应该并不可靠，但他毫无疑问已经是垂暮之年。其相貌据袁崇焕描述，是驼背跛足，垂垂老矣，然而张怡却说他长髯黄发、容貌伟岸。在山海关，袁崇焕怀疑他与白莲教作乱有关，将其羁留。然而，因为马真一屡次祈雨、预谶都很灵验，因而并未受到太多限制，反而得到了山海关明军的尊重，且与辽东的多位高级将领、官员如梁廷栋、孙元化、张可大、刘兴治等人有所交往。崇祯六年（1633 年）之后的行踪尚不明确，也不知其确切卒年，但有人称其至康熙年间仍然在辽东活动。

马真一虽然在史料中有很多称呼，但并非其真名。根据《武功县后志》和《醴泉县志》的记载，他的真名可能叫作马象乾：“马象乾，字贞一，或称马颠仙。”③“马象乾，字贞一，邃精易学，言皆征验，人呼为马神仙”④。

马真一的师承和弟子并不见记载，仅知其为龙门派第六代传人。又《河滨文选》言“其弟子常光等椎鲁无知”，此处“常光”似仅为其名，而缺姓氏，或当为“某常光”。因按龙门派有派字云“真常守太清”，其师既为真字

① （清）张怡：《玉光剑气集》，北京：中华书局 2006 年版，第 916 页。
② 参见尹志华：《清代全真道历史新探》，香港：中文大学出版社 2014 年版，第 86 页。
③ （清）沈华、崔昭等：《武功县后志》卷 4，雍正十二年（1734 年）刻本，第 17 页。
④ （清）蒋骐昌、孙星衍：《醴泉县志》卷 12，乾隆四十九年（1784 年）刻本，第 10 页。

辈，其弟子自当为常字辈，故“常光”当为其名。《广阳杂记》卷 3 又云：“马真一者，世号颠仙……今兴复白云观道人王莱阳，乃其嫡派。莱阳名清正，今白云观已焕然非故矣。”①据此又知马真一传有裔孙王清正。然而，王莱阳兴复白云观的事迹，未见其他可靠记载，且与教内传统说法存在矛盾，尚需进一步研究。

华山铁牛台关帝洞，据顺治十八年（1661 年）张表撰《西岳太华山铁牛台建修关帝洞碑铭》等载，此洞乃白云峰道士杨玄庵始辟，杨羽化后，其徒曾孙张清贵继志修建，于顺治五年（1648 年）重新开工，落成于顺治十三年（1656 年）。② 此二人为龙门派玄裔。

陕西华县亦有全真龙门派之传播。如华县玉泉洞现存碑石三通，记有从康熙至乾隆间玉泉洞的兴废情况，从中略可窥见全真龙门派在该地传承的蛛丝马迹。其第一通碑，为康熙五十二年（1713 年）所立之《重修玉泉洞碑记》，略谓“有羽流史姓，属华阴南柳人。幼业玄教，夙精琴操，游憩至此，见岚峰秀气，遂迁居焉。洞则凿之，使泉出之，始题玉泉洞，自号玉泉道人”，后“建老君、王母、雷祖、吕祖诸洞，神像庄严，顿成蓬岛奇观。四方闻名，从学者十数人”。第二通碑，为乾隆元年（1736 年）《重修玉泉洞碑记》，略谓史玉泉道人逝世后 20 年，山中草木荒芜，往来人疏，庙宇空寂无光。幸有王一远率弟子王阳理开广地基，建大殿三间，塑玄天上帝尊神。后经数年，复有葛真人同弟子罗阳珠、孙阳观、徒孙刘来诚并善信弟子，于雍正十三年（1735 年）乞化十方，重修无量殿，于乾隆元年（1736 年）仲冬竣工，上下洞府殿宇，俨然一新。第三通碑，为乾隆四十年（1775 年）《重修玉泉洞序》，云：“至乾隆三十年（1765 年）间，道人李本重苦耕兹山，继修香火，兼行岐黄之术，俭积数百之金，慨为重修，焕然一新。”以上碑文中所记玉泉道人之名讳和所属道派，已无从查考，而其后之继来者，如王一远、王阳理、罗阳珠、孙阳观、刘来诚、李本重等，其派字适合龙门派之“一阳来复本”等字，即第十一代至十五代，证明在清康熙、雍正、乾隆年间修持于华县玉泉洞者，

① （清）刘献廷：《广阳杂记》卷 3，北京：中华书局 1957 年版，第 130 页。
② 参见张江涛编：《华山碑石》，西安：三秦出版社 1995 年版，第 84、320—321 页。

乃全真龙门派之徒裔。据载,其徒裔一直延续至今。①

全国著名道教十方丛林之西安八仙宫,自清初起,也一直为全真龙门派道士所住持。据载,该宫创始于宋,几经废兴,至康熙初年,乃由著名道士任天然重修殿宇,扩建东跨院,并开坛传戒,成为全真道十方丛林。嘉庆十一年(1806年),道士董清奇(龙门第十代)住持该宫,复加修葺,并建西跨院。道光十二年(1832年)所立之《八仙庵十方丛林》碑记云:董清奇之后,"继而有华山韩合义,又继而有律师刘合仑开坛演教,后遂传戒于朱教先"②。后一直保持丛林传戒制度。上述碑文提到的几位道士之名,有"清"、"合"、"教"等字,也与龙门派字相符,证明该宫一直为全真龙门派所住持。

此外,陕北佳县白云观自李玉风于1604年创建后四年,朝廷便从北京白云观派来了几名道士,据口碑相传为张真义、景真云、王真寿、赵常清、李守凤五人来主持,从其字派"真"、"常"、"守"来看,属全真龙门派第六至第八代。③

西北之甘肃亦为全真龙门派传播之地。明末,龙门派祖庭陇山龙门洞道院被毁。清顺治、康熙年间,武当太子坡龙门派第八代曾守云、田守存相继到达龙门洞,全面修复各处殿宇,使龙门派得以在龙门洞传承。甘肃平凉市以西之崆峒山,是该省道教第一名山,早在魏晋南北朝时,即有道士居山修持。至明万历年间,皇帝下令仿武当山规制修建宫观,共建有较大宫观42座,总称八台、九宫、十二院,成为西北地区最大的道教十方丛林。经过明末清初的战乱和王辅臣叛乱的影响,崆峒山在清初毁堕不堪。康熙十三年(1647年),龙门派第十代苗清阳携徒四人前往甘肃平凉,兴复崆峒山道场,其徒众遍及全国,到今天已传至第三十代。④"文化大革命"的十年动乱中,崆峒山道教宫观遭到严重破坏,现仅存太和宫和紫霄宫。甘州(今甘肃张掖市)也有龙门派活动。据乾隆四十四年(1779年)修《甘州府志》,府城有道德庵,"康熙五十三年(1714年)道人易一元募建"。后易氏二女随父

① 参见贠信升:《华县玉泉洞记》,《中国道教》1991年第4期。
② 此碑现尚立于八仙宫内。
③ 参见樊光春:《西北道教史》,北京:商务印书馆2010年版,第528页。
④ 参见樊光春:《西北道教史》,北京:商务印书馆2010年版,第529页。

出家，法名阳慧、阳泰。① 紫阳宫，“乾隆十一年（1746 年）道会司魏阳洞、于阳海建修”，有乾隆三十二年（1767 年）所立高缙撰《建紫阳宫碑记》记其事。② 至修志之乾隆四十四年，府道纪司道纪为李复宾，张掖县道会司道会仍为魏阳洞。③ 另外，白银市福寿山雍正四年（1726 年）刻“太上混元宗派图”，署“龙门派……发心弟子住持吴阳正”。金塔县小叉庙遗址有陈来全墓塔，由其徒王复城、赵复明立。④ 以上可见“一”、“阳”、“来”、“复”几代。

清代，在西北一带还有龙门律宗流传。王常月在北京白云观开坛传戒，度弟子千余人，传衣钵于谭守诚。谭守诚于康熙四十八年（1709 年）传法于詹太林，此后传戒重点区域移往秦蜀。詹太林之后，穆清风于成都继承其衣钵。接着，陕西扶风人朱一和、凤翔人袁清举继任第十一、十二代律师。雍正六年（1728 年），袁清举归陕，在陇州景福山开建律坛，传戒三次，传戒法于王来怀，戒坛移往泾阳县嵯峨山云门宫。陕西绥德人白复礼继任第十四代律师，在华山开坛传戒。其后，有陇州龙门山人程本焕、山西代县人张本悟继任第十五代律师，在华山一带传戒。乾隆五十六年（1791 年），北京白云观派人赴华山，礼请张本悟赴京，次年二月开坛说戒，度戒子 120 人，传戒法于陕西长安县人张合皓。此后，龙门律宗的戒坛一直以北京为中心。自袁清举至张本悟，戒坛设于关中 80 年，为龙门律宗在西北的传播打下了坚实的基础。⑤

此外，楼观台也有龙门派传承。清初，楼观说经台相继由乡绅和县令募款重建，至康熙五十年（1712 年），有道士梁一亮由京师来楼观，聚集道众百余人，其字派“一、阳、来、复、本、教”等与龙门字派相符。嘉庆十四年（1809 年），

① 参见（清）钟赓起等：《（乾隆）甘州府志》卷 5《坛庙》、卷 11《仙释》，《中国地方志集成·甘肃府县志辑》，南京：凤凰出版社 2008 年版，第 44 册，第 250、409 页。

② 参见（清）钟赓起等：《（乾隆）甘州府志》卷 5《坛庙》、卷 14《艺文中》，《中国地方志集成·甘肃府县志辑》，南京：凤凰出版社 2008 年版，第 44 册，第 250、522—523 页。

③ 参见（清）钟赓起等：《（乾隆）甘州府志》卷 5《公署》，《中国地方志集成·甘肃府县志辑》，南京：凤凰出版社 2008 年版，第 44 册，第 243、244 页。

④ 参见余恩、王科社：《全真道龙门派第十三代陈来全墓塔有关问题探析》，《丝绸之路》2014 年第 10 期。

⑤ 参见樊光春：《西北道教史》，北京：商务印书馆 2010 年版，第 530 页。

刘合仑从西安八仙庵来，至道光七年（1827 年），有“阳、来、复、本、合、教、永、元（圆）、明、智（至）、理、宗、信”等字派，为龙门第十二代至二十五代。①

除了龙门派，全真其他支派在西北地区也有传承。比如，华山玉泉院有顺治十七年（1660 年）立《朝山建醮碑》，载住持道人王冲威，徒郭和□等二人②，为华山派第十、十一两代。嘉、道间，陕西西乡县有华山派王信法重兴午子山道观。王信法，西乡县人，生于乾隆四十三年（1778 年），自幼出家于本县城隍庙。晚年居午子山，本山旧有顶观、腰观、底观，他重修顶观药王殿、娘娘殿，修建腰观客庭，迁建淤湮之底观。道光七年（1827 年）羽化，墓碑列名其徒杨嘉禄等 7 人，徒孙陈祥意等 5 人。③ 此为华山派第二十至二十二代。

清乾、嘉年间，西北地区出了一个著名龙门派道士，即长期活动于陕、甘、宁一带的龙门派第十一代徒裔刘一明。据光绪年间《重修皋兰县志》记载，刘一明出身巨富，“家累万金，弃之，隶道士籍”④。刘一明的生平事迹，在其徒张阳志撰述的《悟元老师刘先生本末》中记载甚详。⑤ 他自己的著作《会心内外集》、《悟道录》、《栖云笔记》等书中也有涉及。兹据《悟元老师刘先生本末》，参考其他资料，述其行实如下。

刘一明（1734—1821 年），俗名万周，字一之，号秀峰，法名一明，道号悟元子，又号素朴子，又号被褐散人。雍正十二年（1734 年）九月十九日，生于山西曲沃。自幼习儒，志图功名。在习儒之余，他浏览百家之书，尤好技艺、医卜星象、地理字画，凡此种种，俱能留心。17 岁时，因闲看《吕祖传》，被黄粱故事深深触动，于是感叹人生在世，富贵荣华、百年岁月恍如瞬息。此时，他便有超脱物外的想法。因平素攻读刻苦，患伤劳之症，久治不愈。至 19

① 参见樊光春：《西北道教史》，北京：商务印书馆 2010 年版，第 530 页。

② 参见张江涛编：《华山碑石》，西安：三秦出版社 1995 年版，第 319 页。

③ 《王信法道人墓碑》，陈显远编：《汉中碑石》，西安：三秦出版社 1996 年版，第 56 页。

④ （清）张国常：《（光绪）重修皋兰县志》卷 27，《中国地方志集成·甘肃府县志辑》，南京：凤凰出版社 2008 年版，第 5 册，第 417 页。

⑤ 参见（清）张阳志：《悟元老师刘先生本末》，收入孙永乐评注：《刘一明：栖云笔记》，北京：社会科学文献出版社 2011 年版，第 164—184 页。下述刘一明生平多据此文，不另注明。

岁，因父亲在甘肃巩昌（治今陇西县）做生意，数年未归，遂辞母西行，一则看望父亲，二则寻觅良医。路过陕西泾阳县，遇到一位蓬头垢面的道者，送其灵应膏治病，并告以世有金丹大道，聚气凝神，可以延年益寿。至巩昌后，服灵应膏月余，沉疴俱消。三月后，复染瘟疫，卧床不起。昏睡中，梦游仙府洞天，得见神仙，醒而病愈。由此，刘一明遂一心慕道，访求高明。

一开始，访道并不顺利，所遇僧道多为空谈乞食之人。经阅《悟真篇》，知大道幽深，有夺天地造化之秘，非寻常之人可知。遂思远遁，乃暗置道服，昏夜出城，至甘肃会宁铁木山，脱去俗衣，改换道服，隐姓埋名，寻访师友。时年 20 岁。其间所遇，略可记述者有二。一为江南彭道人，授以开关之功，行之数月，气血流通，精神爽畅，多见景象。一为四川王道人，传以清静之功，行之日久，能预知二三日之事。①

22 岁，闻榆中小龛峪峡有龛谷老人②，原籍广东，姓樊，云游至此，时而儒服，时而道冠，行迹异常，人莫能测。即往叩谒，皈依门下，听其教训。此龛谷老人得道于白石镇梁仙人③，证道于国清寺桥上张仙人④，了道于西宁张睡仙⑤。他称赞薛道光所注《参同契》、三子（指翁葆光、陆墅与陈致虚）所

① 此据《栖云笔记》卷 3《答苏将军托刻〈问答外集〉书》，孙永乐评注：《刘一明：栖云笔记》，北京：社会科学文献出版社 2011 年版，第 84 页。另，《栖云笔记》卷 3《答苏将军书》、《悟元老师刘先生本末》第二章对此也有提及，但不及此处详明，亦可参。分见《刘一明：栖云笔记》，第 81、168 页。

② 龛谷老人，见（清）恩福等：《（道光）金县志》卷 13，《中国地方志集成 · 甘肃府县志辑》，南京：凤凰出版社 2008 年版，第 6 册，第 467 页。

③ 白石镇，据刘一明《修真后辨》"昔我仙留老师，初在蜀川参学，来往于白石、归清之间"（《藏外道书》第 8 册，第 516 页），知属巴蜀地界。今重庆市忠县尚有白石镇，不知是否即其地。梁仙人，已不可考。

④ 张仙人，《栖云笔记》卷 3《答苏将军托刻〈问答外集〉书》云："国清寺桥上张仙人，形神俱妙，出有入无，成事最大。曾有窃发羽化仙冢视其真假，棺中无尸，可知其是真仙也。"见孙永乐评注：《刘一明：栖云笔记》，北京：社会科学文献出版社 2011 年版，第 84 页。

⑤ 张睡仙，法名清春，山西汾州（今临汾市）人。康熙五十年（1711 年）至湟中（今青海湟中地区），居此，屡有神异，乾隆八年（1743 年）羽化。龛谷老人赴湟中印证，蒙其指点无为之道。参见《栖云笔记》卷 2《西宁睡仙张真人传》，孙永乐评注：《刘一明：栖云笔记》，北京：社会科学文献出版社 2011 年版，第 43—45 页。其法名清春，不知是否龙门派第十代法裔。

注《悟真篇》、丘祖所著《西游记》为修真指南。又指出，其余书籍，真假相混，邪正相杂。若不分真假，乱看乱读，不但枉费工夫，而且反蔽识见。老人又为刘一明首言先天，次推坎离，开释三教一家之理，分析四象五行之因，劈破旁门外道之弊，拨开千枝百叶之妄，使其必先穷理，扩展识见。刘一明在峡中日夜苦读经书，终不能明白大丹之要，遂叩辞龛谷老人，在外云游。行至海城（今宁夏海原县）米粮川，适逢其父寻觅相见，于是一同回到巩昌。月余，二次造访龛谷，老人告之以"孝道不可亏"，劝其先奉亲尽人事，并以毒蛇引路之诀授之。得诀后，刘一明感觉从前疑惑尽释，畅然回到故乡，暂慰父母二亲。在奉亲之暇，他对证丹经，方知龛谷老人所授为全形之道，非延命之术。①

23 岁，刘一明第三次造访龛谷老人，叩问端的，老人说："药自外来，丹向内结。"又说："先天之气从虚无中来，尔当极深研几，细心穷理，仍须先尽人事可也。"刘一明疑终未释，怏怏而归。

回山西以后，刘一明的父亲担心他又离家外游，便给他捐了一个国子监生员名额。于是刘一明借口求取功名，先后两次游京都，潜访明师。五年有余，未遇明人，因其母有病，以书信召回。时年 28 岁。

母亲病愈后，刘一明即游河南，明行医道，暗访高明。三年有余，未遇高人，返晋省亲，时年 32 岁。居家数月，复游平阳（今山西平阳县）、汾州（今山西临汾市）、太原，凡所过州邑乡镇、名山胜境，无不寻访。如此两年余，枉劳跋涉，慨叹归故里。适逢其父病故巩昌，急赴西奔丧。居巩昌数月，欲往榆中谒师，而龛谷老人已东游秦川。又闻汉上徐公②高明，曾与龛谷老人

① 《栖云笔记》卷 3《答苏将军书》云："先师（龛谷老人）以灵龟养气之法授之，即炼己筑基之功……其诀密封，不敢为外人道也。但此诀为入门一着，犹未窥见大道堂奥耳。"同卷《答苏将军托刻〈问答外集〉书》亦谓龛谷老人所授为"灵龟养气之法"。（孙永乐评注：《刘一明：栖云笔记》，北京：社会科学文献出版社 2011 年版，第 81、84 页）此炼己筑基之功，于内丹学正可谓全形之道。

② 汉上徐公，据下文齐丈人曾"听徐公指教，同住汉南十余年版，磨炼百般，受尽无数苦楚，终无所得"（孙永乐评注：《刘一明：栖云笔记》，北京：社会科学文献出版社 2011 年版，第 171 页），与《修真后辨》"（丈人）后到汉南，以师事红沟道人，其志愈坚，其行愈苦，八九年间，总无会心处"（《藏外道书》第 8 册，第 516—517 页）当同指一事，则徐公又称红沟道人。又据《栖云笔记》卷 4"汉中红沟桥观音庵"楹联（孙永乐评注：《刘一明：栖云笔记》，北京：社会科学文献出版社 2011 年版，第 138 页），知红沟在汉中，故所谓汉上、汉南应指汉中（今陕西汉中市）。

同受道于白石镇梁仙人，遂往谒之。住汉南数月，无缘谋面，怏怏西回。

乾隆三十七年（1772 年），刘一明路经仙留镇（今陕西勉县黄沙镇），闻有齐丈人，亦与龛谷老人同学道于梁仙人。刘一明访问谒见，叩求道要，并将龛谷老人所授禀告丈人。丈人反复启沃，待刘一明有所悟，即以丹法火候细微之处，一一分别，始终全授之。刘一明自谓“因其离师（龛谷老人——引者注）太早，不能始终通彻，十三年之久，复遇仙留丈人，开剖肯綮，指示次第，方能真知确见，了悟源流，多年郁结疑团，到此一棒打为粉碎矣”①。而仙留丈人开示的关捩处，是指出“即便认的（得）性命根蒂，不可于一身求，亦不可于身外得，俱要在虚空中做出”②。此仙留齐丈人，虽与龛谷樊老人、汉南徐公一同学道于梁仙人，但其读书不多，资质鲁钝，未得梁仙人真传，梁仙人将其托付给樊、徐二人指点。后樊老人西游，齐丈人与徐公同住汉南十余年，受尽百般磨炼，无数苦楚，终无所得。齐丈人知道自己法缘未至，于是离开汉南，往甘肃寻访高人。至兰州阿干镇，遇喇嘛余丈人，随游两年，得闻大道，遂寻有缘之地，至仙留镇隐居，下苦功二十余年方成道。刘一明《修真后辨》说：“昔我仙留老师，初在蜀川参学，来往于白石、归清之间，十有余年，未得究竟。后到汉南，以师事红沟道人，其志愈坚，其行愈苦，八九年间，总无会心处。后游甘肃皋兰阿干镇，得逢余丈人，机缘相投，始明大道。”③

刘一明得齐丈人真传后，自汉南返巩昌，起运父亲灵柩回山西。途中闻龛谷老人居凤翔（今陕西凤翔县）太乙村，路过往谒，至其村，才知老人已羽化。返回家乡安葬父亲后，拟离家修道，趁家人不备，连夜出门，渡过汾河，行至灵州（今宁夏灵武县）居住，改名金寓吉。居灵州一年，明则医道济世，暗则打炼身心，方圆应物，间或见孤贫老幼，怜悯周济，便为俗人议论。于是，刘一明离开灵州。其《韬光歌》云：“我曾韬光在灵州，儒衣儒冠暗里修。

---

① （清）刘一明：《栖云笔记》卷 3《答苏将军托刻〈问答外集〉书》，孙永乐评注：《刘一明：栖云笔记》，北京：社会科学文献出版社 2011 年版，第 84 页。

② （清）刘一明：《栖云笔记》卷 3《答苏将军书》，孙永乐评注：《刘一明：栖云笔记》，北京：社会科学文献出版社 2011 年版，第 81 页。

③ 《藏外道书》第 8 册，第 516—517 页。

虽然埋名亦隐姓，难免世人口咻咻。”①即指此事。

至宁夏，住居数月，得李东明、阎绣庵愿为外护。城南三清台原系道观，毁于乾隆二年（1737年）地震，刘一明在台下垒砌小塔，日夜修炼。后移住城西北角观音堂。37岁，离开宁夏。

游固原、平凉、彬州（今陕西彬县），过梁山至凤翔，一路寻觅灵地，以作修炼，但所过之处皆不如意。遂经栈道至凤县，居住数月，闻秦岭南之南台山为凤邑胜境，实地观察后，喜而居之。然仍屡遭道魔、小人，自知功行不足，于是独至秦岭麻峪河，修桥补路以结人缘，同时磨砺身心、锻炼志气。如此数月，工完而出峪，返回南台山。时年39岁。

西游甘肃，一衲一瓢，携带药囊，随处济人，铲挑狗皮一张以为坐具。至岷州（今甘肃岷县）二郎山菩萨洞挂单，时届中秋，忽四大不收，百脉俱息，七日间内视丹田，昏默无识。此符合丹经描述产大药的体征，所谓“大死七日”是也。刘一明《度迷歌》自述：“丙申年（1776年），正中秋，悟元道人歇岷州。夜半忽有风雷吼，四大恍惚太虚游。大关口，真咽喉，生死路上翻跟头。若非恩师曾诀破，此身霎时葬荒丘。他要走，我要留，万有皆空似蜉蝣。无色界里收真种，海滨坡上夺仙筹。凶险处，运宏猷，一命舍去一命收。感谢天地蒙祖德，可喜又是一春秋。”②

刘一明离开岷州，经狄道（今甘肃临洮县），至省城兰州，在沈家坡五圣祠挂单。数月后，宁夏弟子阎绣庵使人来接，遂再至宁夏。次年春南行，至开龙山，神庙住持留其过夏，于此开始草撰《西游原旨》。住山五月，求药方者不断，难以专心著述，遂迁至靖远红山寺，亦不安静，复居西暗寺。阅五月，书稿成，于是回兰州居白塔山罗汉殿，削改誊抄，不分昼夜。次年二月底，其书完工，辞僧下山。时年45岁。

其年四月西游平番（今兰州市永登县），又游凉州（今甘肃武威市）数月，复至青海西宁，拜睡仙张真人冥塔，并为真人作传。由西宁至河州（今甘肃临夏州）、狄道（今甘肃临洮县），转金县（今甘肃榆中县），闻有栖云山，

① （清）刘一明：《会心外集》卷下《韬光歌》，《藏外道书》第8册，第694页。
② （清）刘一明：《会心外集》卷下《度迷歌》，《藏外道书》第8册，第692页。

乃秦李二仙[①]修道之处，即赴山往访仙迹，叹其地理形胜真乃仙境，惜其神庙颓弊空余基址。次年，刘一明进山修路。第二年，在省城善人的帮助下，鸠工庀材，一气完工，招安住持道人早晚焚修。时在乾隆四十五年（1780年），刘一明47岁。

工程告竣，刘一明又欲远游。众善信固留，劝其重开此山。于是，乾隆四十六年（1781年），遂大开旧基，量地建造，在信士资助下，起建三清殿、黑虎殿、五图峰、均利桥、牌坊道房，于乾隆四十七年（1782年）三月完工。

工毕，游秦川，复至南台，整理常住。乾隆五十年（1785年）回至栖云，在远近善信的帮助下，建立大顶混元阁、经柱亭、东峰雷祖殿、西峰斗母宫、后山门、马灵官楼、半山寿星庵、西岭王母宫、东崖白云窝、北峰二仙洞、山底山门、吕祖阁、丘祖堂、福缘楼、自恪楼、澹然亭、碑亭、客房、厨房，竣工于乾隆五十五年（1790年）。又同众施主商议，买水地66亩，山旱地54亩，峡内旱地18亩，以供常住道士生活之资。其后，每年接续修补，添建北斗台、朝阳洞、三圣洞碑亭、牌坊、各殿道房。乾隆五十六年（1791年），重建兴隆山半山灵官殿，并建道房，置买常住香火地26亩，招住持道人焚修。乾隆五十八年（1793年），重建三大士殿，金妆神像。

嘉庆元年（1796年），刘一明下汉南，游湖北，朝武当，瞻仰金容，冬月回南台，第二年赴凤翔太乙村，拜龛谷老人仙墓，刻刊碑记以垂后。事毕，仍回南台，住数月，出栈，过凤翔、陇州，至景福山龙门洞，访丘祖苦炼仙迹。由景福至平凉崆峒山问道宫，瞻仰黄帝、广成圣像。复至固原击壤村，相识善人留歇数月。过黄河，第三次游宁夏。在贺兰山避暑月余，返回省城。又上平番、西宁。冬月离西宁，欲游河州，行至川口，忽然两腿麻木，行走不得。遂返回兰州。其年已64岁。于是不能远游，住栖云山调养腿疾，三年方愈。

嘉庆四年（1799年），重建兴隆山圣母殿厢房、厨房、山门、围墙，并彩绘

① 秦李二仙，刘一明《秦李二仙传》称：李仙名元，曾为谏议大夫，后隐嵩山；秦仙，衡山道士秦保言，二人同拜衡山大帽翁为师，李改名致亨，秦改名致通。后至西秦金城栖云山结茅深隐，潜修大道。传中谓二人为南宋庆元（1195—1200年）时人。参见（清）刘一明：《栖云笔记》卷2，孙永乐评注：《刘一明：栖云笔记》，北京：社会科学文献出版社2011年版，第77—78页。

大殿,金妆神像,因钱谷难办,延至嘉庆十一年(1806年),方得告竣。嘉庆六年(1801年),开山坡地五十余垧,每年取租,以为栖云山零星补修之费。嘉庆七年(1802年)补修三教洞,又重修鱼篮菩萨殿,改塑神像。十年(1805年),因附近贫人无地埋葬,募化善信,置买禅寺沟山坡为义冢地。十二年(1807年),重修兴隆山玉皇行宫,大展地基,续建东西两廊、山门、灵官楼、道房、厨房,为兴隆第一壮观之所。并建禅寺沟孤魂殿一楹,厢房三间,为守义冢常住之处。十三年(1808年),重修三官殿。十五年(1810年),重建迎善桥,迁移码头,帮修道路,建立过厅、牌坊和道房,招安住持,常为照应,两年告竣。十七年(1812年),因旧泉水不洁净,重开净水泉,上建亭子一楹。十八年(1813年),重建关帝阁,前建看河亭,侧立两游廊,山门外南北各起穿路小楼一间,上供水火二神,接连石菩萨殿,两年完工。又重建鱼篮菩萨殿、东岳台、大佛殿等。栖云、兴隆两山神像,俱皆败而复兴。

刘一明初居栖云,开山建庙,非仅修工而已,特借修工,苦炼身心。以故,日则打尘劳,监管修造,夜则注经书,阐扬道脉,日夜辛苦,无有宁时,然其乐在其中,不知辛苦。其书有《三易注略》、《周易阐真》、《参悟直指》、《道德会要》、《西游原旨》、《指南针》、《会心集》、《指南三书》、《栖云笔记》等儒、释、道三教书籍凡二十多种,或解或注,破群仙之隐语,揭丹经之寓言,劈旁门之邪说,指大道之源流,略词藻而就常言,去文章而示实意。言愈浅,理愈明;语甚俗,意甚显,可为学人之阶级,志士之炬灯。借助善信之力,俱皆刊刻行世。

刘一明于闲暇之时,自卜葬地于新庄沟山顶之阳,相识善人预为其营建。道光元年(1821年)正月初六日亥时,刘一明忽然进入墓洞而坐,呼集众人,嘱以性命为重、功行为先。言毕,脱然而逝,享寿88岁。

刘一明著作甚丰,大略如下:《西游原旨》2卷、《阴符经注》1卷、《周易阐真》4卷、《百字碑注》1卷、《修真辩难》1卷、《修真后辨》1卷、《神室八法》1卷、《修真九要》1卷、《参同直指》(含《参同契经文直指》上、下篇,《参同契直指笺注》上、中、下篇,《参同契直指三相类》上、下篇)7卷、《悟真直指》4卷、《敲爻歌直解》1卷、《会心集》(《会心内集》2卷与《会心外集》2卷)、《无根树解》1卷、《金丹四百字解》1卷、《象言破疑》2卷、《悟道录》2卷、《通关文》2卷、《孔易阐真》2卷、《黄庭经解》1卷。早年,刘一明曾从以上书中抽取出若干种集结为一部丛书，取名《指南针》。嘉庆年间又将上述二十余种书再行集结为一书，名为《道书十二种》。所谓“十二”盖指虚数。此丛书在嘉庆时刊行后，光绪、民国时续有刊印，主要有嘉庆“常郡护国庵”、光绪“上海翼化堂”、民国“上海江东书局石印本”三种版本。1990 年 7 月，中国医药出版社曾据嘉庆本、光绪本两种版本，相互补充，缩印出版，书名仍为《道书十二种》。1992 年 8 月，巴蜀书社编纂出版《藏外道书》时，将此《道书十二种》收载于第 8 册。目前常用的版本有中国中医药出版社之影印版，以及书目文献出版社之点校简排版，均是结合以上版本而来。刘一明还有《眼科启蒙》、《沙胀全书》、《杂疫症治》、《瘟疫统治》、《经验奇方》、《经验杂方》医学著作，共六种六部十四卷。此外，还有《栖云笔记》、《孔易注略》、《三易读法》、《道德经会义》、《道德经要义》、《心经解蕴》、《金刚经解目》以及金丹口诀。

刘一明融道教思想于儒、佛、医等学说之中，用论辩、阐释、讲解、解注等多种方法，以杂记、书信、传记、诗词、歌赋、曲行、赞辨、铭联等多种形式，设坛演教。现主要根据《道书十二种》，对刘一明思想作一简要介绍。

（一）以先天真一之气为道生万物之中介的宇宙观

刘一明坚持道教从无生有、由虚生实的思想路线，认为世界之本原是虚无，即所谓道，天地、人与万物皆由此虚无之道所化生，故这个“道”被称为造化之道，生生不息之道。此为道之顺化。但此虚无之“道”，不能直接化生出天地万物，而必须通过一个中介即中间环节才能奏效，这个中介就是所谓“先天真一之气”。

在道与万物之间安置一个中介，并非刘一明的创造，而是道家和道教的思想传统。其最早来源是《老子》，《老子》第四十二章说：“道生一，一生二，二生三，三生万物。万物负阴而抱阳，冲气以为和。”此道生之“一”，即刘一明所谓的先天真一之气，盖即阴阳未分时的混沌统一体。唐宋时所出的《上方大洞真元妙经图》又说：“茫茫大道，运真一元阳之气，其气无穷，无所不通，故为万物之宗。”①“天、地、人资天地真元一气之中以生成长养。”②在

---

① 《道藏》第 6 册，第 706 页。

② 《道藏》第 6 册，第 707 页。

这里，对《老子》“一”的概念已作了一定的发挥。刘一明在这些思想材料基础上将此“一”定名为“先天真一之气”，并对它的性质、内涵作了很大的发展和补充。

他在《周易阐真》卷首上《先天横图》中说，道或太极是“万化之根本，生物之祖气。有此太极，方有阴阳，方有四象，方有八卦，方有六十四卦。若无太极，阴阳于何而出，四象于何而生，八卦于何而列，六十四卦于何而行……至虚至无，即太极○也，所谓无名天地之始”①。但道或太极之所以能生出阴阳、四象、八卦，全靠其中含有充满无限活力的先天真一之气。他说：“但此虚无太极，不是死的，乃是活的，其中有一点生机藏焉。此机名曰先天真一之气，为人性命之根，造化之源，生死之本。虚无中含此一气，不有不无，非色非空，活活泼泼的，又曰真空，真空者，不空而空，空而不空，所谓有名万物之母……万象变动于此而出矣。”②如果虚无中无此生机勃勃之一气，两仪、四象、八卦、万物就无法生出。他又说，道和先天真一之气的关系，是体和用的关系，“虚无为体，一气为用，体用如一。两也、四也、八也、万也，皆在虚无一气中运用”③。即道或太极皆靠此先天真一之气的运用，最后才成就其为两仪、四象、八卦和万物的。他在《阴符经注》中又强调了这个观点，说：“天之道行于无象，运于无形……推其奥妙，其一气流行禽制万物乎！禽者，擒也，统摄之谓；制者，造作之谓。言统摄万物、制造万物者，在乎一气也。一气上升，万物皆随之生长；一气下降，万物皆随之敛藏。生长、敛藏，总是一气擒制之。一本散而为万殊，万殊归而为一本。”④在《悟真直指》卷2中他再次强调了这个思想，说：“造化之道，生生不息之道。推其道源，盖自虚无中而生一气，自一气而生天生地、产阴阳，阴阳再合，其中又含一气而成三体。三体既成，一气运动，阴而阳，阳而阴，于是万物生矣。……天地间一切有情无情之物，皆从此虚无一气而生出。”⑤这是顺行的造化之道。在

① 《藏外道书》第8册，第17页。
② 《藏外道书》第8册，第17页。
③ 《藏外道书》第8册，第17页。
④ 《藏外道书》第8册，第413页。
⑤ 《藏外道书》第8册，第353—354页。

《修真后辨》中，他又对先天真一之气的性质作了补充阐述，说："先天之气，为生物之祖气，乃自虚无中来，为万象之主，天地之宗。无形无象，无声无臭，视之不见，听之不闻，抟之不得。然虽无形而能生形，无象而能生象……是生物之祖气，是鸿濛未判之始气，是混沌初分之灵根。"①

从以上刘一明的阐述中，可以看出他给先天真一之气规定了如下的性质和内涵：第一，自虚无中来。"虚无"即"道"，自虚无中来，即从道中来，是道的直接派生物，故它虽非本始，但最接近本始。第二，是鸿濛未判之始气，混沌初分之灵根。即当天地、阴阳未分而将分时之元始气团，是万有始兆质而实无质之混沌物，故其无形无象，无声无臭，不有不无，非色非空。第三，此气是活泼泼的，其中蕴藏着最旺盛的生命力。故它虽然至虚至无，但"至虚而含至实，至无而含至有"，天地、阴阳、万物，终究由它创生出来。总之，先天真一之气虽是道的派生物，但它最接近本始，且极具旺盛生命力，因此在宇宙生成的链条中成为十分重要的一环。

由上可见，一方面，刘一明和其他道教理论家一样，把道作为宇宙之本体，承认宇宙万物的生成次序是"道生一，一生二，二生三，三生万物"。"一"即"先天真一之气"，只是道生万物之中介，是道的派生物。但是另一方面，刘一明又十分强调先天真一之气在宇宙生成过程中的作用，并对此作了多方面的论述，从而为道教传统的宇宙生成论增加了新的内容，也使他自己的宇宙观表现出鲜明的特色。

（二）以道心制人心、五德代五贼的人性论

刘一明根据以往道教学者和理学家之通论，将人性分为天赋之性和气质之性，认为天赋之性是上天所赋，属先天，是至善；气质之性由人的不同气禀和习染而成，属后天，有善有恶，或善恶相杂。他说："性有天赋之性，有气质之性。……天赋之性，良知良能，具众理而万事者也；气质之性，贤愚不肖，秉气清浊、邪正不等者也。"②他解释说："人为万物之灵，秉天地阴阳五行之正气而生。当有生之初，不识不知，顺帝之则，至善无恶，真性炯炯，虚

① 《藏外道书》第8册，第496—497页。

② （清）刘一明：《修真后辨》卷下《真假性命》，《藏外道书》第8册，第498页。

灵不昧，喜怒哀乐不着于心，富贵穷通不动其意。”①但至二八之年（16 岁），“阳极生阴，后天用事，气质之性发，知识之窍开。当斯时也，惟天纵上智之圣人，先天而天弗违，后天而奉天时，能保先天之真，而不为后天所伤。其次中下之人，鲜有不为后天所规弄者。自此而后，百忧感其心，万事劳其形，认假为真，弃正入邪，日复一日，年复一年，性相近而习相远。”②性即变恶了。又说：“天赋之性为真，气质之性为假……修道者若知修天赋之性以化气质之性，修道气之命以转天数之命，性命之道得矣。”③即是说，修道者的任务是修天赋之性以化气质之性，当气质之性被化尽，就可回复到天赋之性的纯善境地。

刘一明又以其先天之说为纲，运用道心、人心、五德、五贼等概念，以阐述其独具特色的人性论思想。他认为，人之初生，是完完全全一个良知良能之本性，但至二八之年后，“自阳极生阴，先天入于后天，良知变为假知，良能变为假能”④，从而生出后天的道心与人心。他说：“人生之初，只有一个良知良能真灵之性，并无人心，亦无道心。交于后天，方有人心、道心之分，真知、灵知之别。”⑤他解释说：“人生之初，健顺如一，刚柔混成，不识不知，顺帝之则……只有一个良知良能之本性，并无些子滓质。及其二八之年，阳极生阴，交于后天，阴气用事，理欲交杂，健顺不当，刚柔失节，于是阳为阴陷，天真有昧，如乾交坤，乾中一阳入于坤宫，坤卦实而成坎矣；阴窃阳位，知识渐开，如坤交乾，坤中一阴入于乾宫，乾卦虚而成离矣。天真昧，则道心藏而惟微；知识开，则人心生而惟危。”⑥又说：“人心属离，离本乾体，即金鼎也，具地二之火为灵知，乃坤宫柔顺中正之物，即本来之良能也……道心属坎，坎本坤体，即玉池也，内藏天一之水为真知，乃乾宫刚健中正之物，即本来之良知也。”⑦

① （清）刘一明：《周易阐真》卷 4，《藏外道书》第 8 册，第 106 页。
② （清）刘一明：《周易阐真》卷 4，《藏外道书》第 8 册，第 106 页。
③ （清）刘一明：《修真后辨》卷下《真假性命》，《藏外道书》第 8 册，第 498 页。
④ （清）刘一明：《悟真直指》卷 2，《藏外道书》第 8 册，第 376 页。
⑤ （清）刘一明：《悟真直指》卷 2，《藏外道书》第 8 册，第 349 页。
⑥ （清）刘一明：《悟真直指》卷 1，《藏外道书》第 8 册，第 347 页。
⑦ （清）刘一明：《悟真直指》卷 1，《藏外道书》第 8 册，第 337—338 页。

刘一明认为，道心和人心的性质是不同的。他说："心有人心、道心之分，有真心、假心之别。道心者，本来不识不知，顺帝之则之心，为真心；人心者，后起有识有知，七情六欲之心，为假心。"①"道心者，天地之心，是心非心，空空洞洞，无一理不具，无一物能著，乃五行精一之神。"②"人心本来空空洞洞，虚灵不昧，因交后天识神，借灵生妄，见景起尘，随风扬波，无有一时停息……常欲去人者是也。"③

刘一明称，如果道心用事，以道心统人心，人就真灵不昧，天理永在；反之，如果人心用事，以道心顺人心，就会使道心不彰，天良暗昧。他说："道心为阴气所陷，即道心不振也；人心入阳气之内，即人心用事也。道心不振，人心用事，正气渐消，邪气渐盛，性命焉得不伤乎！"④那么，怎么办呢？他认为正确的方法就是以道心制人心，使人心顺道心。他说："人心灵知虽是易动，若得道心之真知制之，则灵归于真，自不飞走……借道心制人心，以人心顺道心，以真知统灵知，以灵知养真知，刚柔相当，健顺如一，性情和合，不出半个时辰，结为一粒圆明宝珠。"⑤又说："人心无道心，借灵生妄，能以败道；若以道心制之，灵明不昧，能以助道。道心固不可少，人心亦不可灭，但不使人心妄用其灵耳……人心灵知，道心真知，两而合一，以真知而统灵知，以灵知而顺真知，真灵不散，依然良知良能，浑然天理，圆明本性，金丹成矣。盖真知灵知，乃良知良能之继体，在先天则谓良知良能，在后天则谓真知灵知，后天中返出先天，则真知即是良知，灵知即是良能。"⑥从这些议论中，人们可以嗅出理学家"存天理，灭人欲"的气味，但它又与理学家有别，它不是理学家主张的以此（天理）灭彼（人欲），而是以此制彼、统彼，使二者调和，并结为一体。这反映出刘一明不是主张绝欲，而是主张节欲，实是对道家道教传统节欲主张的坚持。

刘一明又用五德、五贼等概念以阐述其人性论。他说："人秉五行之气

① （清）刘一明：《百字碑注》，《藏外道书》第8册，第437页。
② （清）刘一明：《悟真辨难》卷上，《藏外道书》第8册，第484页。
③ （清）刘一明：《悟真直指》卷1，《藏外道书》第8册，第337—338页。
④ （清）刘一明：《会心内集》卷下，《藏外道书》第8册，第656页。
⑤ （清）刘一明：《悟真直指》卷1，《藏外道书》第8册，第338页。
⑥ （清）刘一明：《悟真直指》卷2，《藏外道书》第8册，第351页。

而生身,身中即具此五行之气。”①此五气指金、木、水、火、土。但此五气有先天、后天之分,“在先天,则为元性、元情、元精、元神、元气之五元;在后天,则为游魂、鬼魄、阴精、识神、妄意之五物。五元具有仁义礼智信之五德,五物具有喜怒哀乐欲之五贼”②。先天之“五元既具,五德即于此而寓之。五德者,仁义礼智信也。元精者……发而为智;元神者……发而为礼;元性者……发而为仁;元情者……发而为义;元气者……发而为信。五元者,五行之气,五德者,五行之性,五元五德,生于先天,藏于后天”③。而后天之“五物既具,五贼即于此而寓之。五贼者,喜怒哀乐欲也。游魂主生,其性善,感则生喜;鬼魄主死,其性恶,感则生怒;识神至灵,其性贪,感则生乐;浊精至淫,其性痴,感则生哀;妄意至动,其性乱,感则生欲”④。总之,先天的性情精神气之五元,产生仁义礼智信之五德,这是至善的德性;而后天的魂魄精神意之五物,产生的喜怒哀乐欲之五贼,则是恶的德性。他说:“有生之初,后天五行与先天五行两两合一,五物为五元所统摄,五贼为五德所制伏,一举一动皆先天主宰,后天不过为役使耳。”⑤故当此之时,身中虽有后天五贼之潜入,但因为先天五行所主宰,人性是善的。“及其二八之年,先天气足,阳极而阴潜生,交于后天,于是魂魄不定,识神起而精窍开,意乱心迷,五物并兴,五贼相戕,五元五德渐次剥消。”⑥后天的五贼就渐居主导地位,恶性就渐次表现出来。

一般说来,人入后天,先天混于后天之中,后天混于先天之内,善恶之性是驳杂不纯的。刘一明认为,先天五行、五德是真,后天五物、五贼是假,修道之士应当从后天返先天,用先天之真炼去后天之假,“若非炼去后天之假,则先天不复。借后天炼先天,以先天化后天,后天化尽,先天纯全……功完行满,打破虚空,白日飞升”⑦。即是说借先天化后天,以真化假,当后天

① (清)刘一明:《阴符经注》,《藏外道书》第8册,第409页。
② (清)刘一明:《悟真直指》卷1,《藏外道书》第8册,第336页。
③ (清)刘一明:《周易阐真》卷首上《河图》,《藏外道书》第8册,第8页。
④ (清)刘一明:《周易阐真》卷首上《河图》,《藏外道书》第8册,第8页。
⑤ (清)刘一明:《周易阐真》卷首上《河图》,《藏外道书》第8册,第8—9页。
⑥ (清)刘一明:《周易阐真》卷首上《河图》,《藏外道书》第8册,第9页。
⑦ (清)刘一明:《悟道录》卷下,《藏外道书》第8册,第615页。

的魂魄精神意所具之喜怒哀乐欲之五贼被化尽以后，则是完完全全的先天五行所具之仁义礼智信五德了。

（三）先命后性、循序渐进的内丹说

刘一明的内丹学说是以他的宇宙观为其理论基础的，因此，他所提出的先天真一之气在他的内丹学说中，同样占有十分重要的地位。他认为，人的生命形体就是在由道派生的先天真一之气的主宰下产生出来的。他在《象言破疑》中说："人当父母未生身以前，男女阴阳二气交感之时，杳冥之中有一点生机自虚无中来，所谓先天真一祖气者是也。此气入于精血之内，陶镕精血，混而为一，无形而即生形，无质而即生质，内而五脏六腑，外而五官百骸，变之化之，皆自然而成全，虽怀胎之妇，亦莫知其所以然也……（此气）浑浑沦沦，始而凝胎，既而养胎，终而全胎，始之终之，皆此祖气成就之，别无加杂。"[①]他在另一处又说："人当未生身之前，在胞胚之中，混混沌沌，昏昏迷迷，只有浑然一气盘旋，别无他物，所谓太乙含真气者是也。此气至神至妙，至虚至灵，至无而藏至有，三元、八卦、四象、五行，皆包于内，故无形而能变化，所以变化无穷，五脏六腑、九窍百骸，俱皆自然成就。"[②]以后胎儿出世，虽入后天，但直至16岁以前的婴儿孩童时期，都是先天用事，此真一之气大体都能保存。及至二八之年后，阳气极而阴气生，此先天真一之气遂渐渐为人的情欲和恶习所剥蚀而消散，人也就随之而渐至老死。刘一明称此为生生不息之道，是道的顺行。

那么，人是否只能在此顺行之道面前等死呢？刘一明认为不然，金丹之道即可逆转这种由生到死的顺行之道，被称为道之逆行。人们可以通过此逆行的金丹之道，一步步追回失去的东西，而还其本来面目，即还其只具先天真一之气的婴儿、胎儿状态上去。他说："修真之道，返还之道也。返者，我已去而又来之谓；还者，阳已失而复得之义。是于纯阴之内，而返还其本来真阳也。"[③]要返还，须用药物，所用之药，也是先天真一之气。他说："先天真一之气，乃生物之祖气，古来仙真皆采此一气而了命了性，所谓得其一

---

① （清）刘一明：《象言破疑》卷上《胎中面目》，《藏外道书》第8册，第176页。

② （清）刘一明：《象言破疑》卷下《黍米珠》，《藏外道书》第8册，第194页。

③ （清）刘一明：《象言破疑》卷上《炼己筑基》，《藏外道书》第8册，第181页。

万事毕者,即此一气也。"①又说:"真正灵药是何药?先天真一之气也,先天精气神三宝也。先天真一之气又名真种子,此气不落于色象,至无而含至有,至虚而含至实,真空妙有,统摄精气神三宝。三宝亦非有形之物,乃无形之真……虽分三家,总归于先天一气,三家合而成一气,一气分而为三家。采药者,即采此一气三宝。"②不仅如此,修命修性修的是什么?也是修这个先天真一之气。他说:"上德者无为,下德者有为,须要知的先天真一之气。盖上德者无为,抱元守一,即守此一气也;下德者有为,后天中返先天,即返此一气也。"③最后修成的金丹也是先天真一之气,他说:"夫丹者,先天虚无真一之气。系混沌初分之灵根,为生物之祖气,含而为真空,发而为妙有,用而为道心,养而为谷神。"④"谷神者,先天虚无之一气,所谓圣胎者是也。"⑤又说:"丹非别物,即先天一点至阳之精,又谓先天真一之气,又谓浩然正气。藏之为真空,发之为妙有,其体为天良,其用为道心,是人色身中之至宝,非心肾所有之物。"⑥他更总结说:"性命之道,始终修养先天虚无真一之气而已,别无他物。采药采者是此,炼药炼者是此,还丹还者是此……以术延命延者是此,以道全形全者是此……长生长者是此,无生无者是此。"⑦刘一明如此重视所谓先天真一之气,将它看作生人之至宝、炼丹之药物,及最后的归宿。这可说是刘一明内丹理论的一个显著特点。

刘一明是全真道北宗徒裔,而其丹法路线却不遵北宗的先性后命,而是遵南宗的先命后性,这是其内丹理论的又一特点。他说:"古真云:性命必须双修,工夫还要两段。盖金丹之道,一修命一修性之道。修命之道,有作之道;修性之道,无为之道。有作之道,以术延命也;无为之道,以道全形也。"⑧又说:"若欲成道,非性命双修不可。修命之学,以术延命,复先天,化

① (清)刘一明:《参同契直指三相类》上篇,《藏外道书》第8册,第319页。
② (清)刘一明:《象言破疑》卷上《药物说》,《藏外道书》第8册,第174页。
③ (清)刘一明:《参同契直指笺注》中篇,《藏外道书》第8册,第310页。
④ (清)刘一明:《悟真直指》卷2,《藏外道书》第8册,第370页。
⑤ (清)刘一明:《悟真直指》卷2,《藏外道书》第8册,第366页。
⑥ (清)刘一明:《悟真直指》卷3,《藏外道书》第8册,第387页。
⑦ (清)刘一明:《百字碑注》,《藏外道书》第8册,第436页。
⑧ (清)刘一明:《悟真直指》卷2,《藏外道书》第8册,第368页。

后天，长生之道固元矣；修性之学，以道全形，破虚空，超三界，无生之道亦元矣。性命双修，道法两用，内外相济，既得长生，又能无生，形神俱妙，与道合真。”①

那么，两者孰先孰后呢？刘一明认为，应当先修命，后修性。他说：“未修性之先，须急修命；既了命之后，又当修性。未有不修命而超凡，未有不修性而入圣……若是上智利根，不待修命，而即修性，一了百当，直登圣域。然上智之人少，中下之人多，若不先修命而即养性，则为一己之阴，倘有一毫渗漏，未免有抛身入身之患。故必先修有为返还之道，以固其命基，再行抱一无为之道，以了其性宗。”②他对那些只重修性不重修命的人进行了批评，从而进一步阐发了先命后性的道理。他说：“但人只知无为之道为要妙，而不知有作之道是根基。不知有作，而只无为，不但不能修命，而亦不能修性。纵有所修，亦不过修后天气质之性，岂能修先天根本之性乎！根本之性，天命之性也。本来性命一家，并无两事，因交后天，阴阳相离，一而成两，性命各别矣。性命各别，于是性不能顾命，命不能顾性，命为物夺，不能自立，性亦由是而乱，性乱命摇，邪正相混，理欲交杂，假者用事，真者退位。日复一日，年复一年，阴气剥阳于尽，性命未有不倾丧者。故金丹之道，必先有为，于后天中返先天，还我原来命宝。命宝到手，主宰由我，不为造化所移，于是抱元守一，行无为之道，以了真空本性，直超最上一乘之妙道矣。奈何一切顽空寂灭之徒，只知无为，不知有作者，何哉！”③故修命必须在先，修性应当居后，不能只重修性而忽视修命，这是刘一明不同于其全真祖师之处。

刘一明内丹理论第三个特点是循序渐进的修丹三步骤。第一步是炼己筑基。他说：“返还之功，莫先于炼己筑基。炼己者，炼其历劫根尘、气质偏性，与夫一切习染客气。即惩忿窒欲、克己复礼之功。能惩忿窒欲，克己复礼，则无思无虑，不动不摇，根本坚固，即如起屋必先筑基，基地坚固，木料砖瓦由人做作，无不负载也……夫炼己之功，为丹道始终之要着，直至阴尽阳

① （清）刘一明：《敲爻歌直解》，《藏外道书》第8册，第433页。
② （清）刘一明：《参同契经文直指》中篇，《藏外道书》第8册，第278页。
③ （清）刘一明：《悟真直指》卷2，《藏外道书》第8册，第368页。

纯之后，而炼己之功方毕。”[1]所炼之己为何物？刘一明说：“炼己者，炼我家之阴耳。我家之阴为何阴？人心是也。”[2]“炼己者，炼其气质之性也。气质之性化，则真性自现。”[3]又说：“何为炼己？少贪无爱，炼己也；牢固阴精，炼己也；打炼睡魔，炼己也；苦己利人，炼己也……炼己之功居多，总以无己为归着。”[4]即是说，人的一切私欲杂念都是炼己以筑基的对象。他指出，当己私逐渐炼尽，阳气渐长，阴气渐消，四象和合，五行攒簇，以至三家归一，即可凝结成永久不坏之命宝。

第二步为凝结圣胎。刘一明说，五行攒簇合而为一，即是阴阳合而为一。阴阳混合，孩儿面目已复，金丹有象。“从此运天然真火，煅去后天余阴，归于无识无知地位，神藏气聚，所谓男儿有孕者是也。这个胎孕即是婴儿面目，即是生身受气处，亦即始极，亦即太乙含真气。”[5]胎孕、圣胎皆为比喻，刘一明说：“圣胎者，圣人之胎，即无识无知，婴儿本面。道至无识无知，百神会集，万缘俱息，混混沌沌，入于恍惚杳冥之境，自有为而入无为矣。”[6]总之，所谓“凝结圣胎”，就是炼尽后天的“气质之性”，使人心复归道心，人性复归天理，于是气竭命尽的破体复归精气纯全的童体。

第三步为炼神还虚，是一个内心修养过程。他说：“修性之道，乃炼神还虚之一着……内以养己，安静虚无。盖养性之道，须要安身于虚，静心于无，身心两忘，期必至于形神俱妙、与道合真而后已。”[7]又说：“修性者，即面壁出神之功。面壁之说，非是静坐面对石壁土壁，乃是对景忘情，有无不立，万物皆空，如面于壁而一无所见之义……此言养性，必至于声色俱化、空无所空、至静之境，方为极功。”[8]即要修丹者脱离自然社会乃至自我意识，消泯一切规定性，而进到清净虚空之境即无极之中去。刘一明说，到此时，

① （清）刘一明：《象言破疑》卷上《炼己筑基》，《藏外道书》第 8 册，第 181 页。
② （清）刘一明：《周易阐真》卷 3，《藏外道书》第 8 册，第 88 页。
③ （清）刘一明：《无根树解》，《藏外道书》第 8 册，第 545 页。
④ （清）刘一明：《修真九要》，《藏外道书》第 8 册，第 533 页。
⑤ （清）刘一明：《象言破疑》卷上《混然一气》，《藏外道书》第 8 册，第 184 页。
⑥ （清）刘一明：《象言破疑》卷下《凝结圣胎》，《藏外道书》第 8 册，第 200 页。
⑦ （清）刘一明：《参同契经文直指》中篇，《藏外道书》第 8 册，第 283—284 页。
⑧ （清）刘一明：《参同契直指三相类》下篇，《藏外道书》第 8 册，第 324—325 页。

"群阴剥尽,胎圆丹成,瓜熟蒂落,忽的打破混沌,迸出清净法身,跳入太空虚无之境,超出乎三界之外矣……形神俱妙,与道合真,大丈夫之能事毕矣"①。

刘一明内丹理论第四个特点是儒道融合的鼎器论、药物论。他称人心为神室,即炼内丹的鼎器,认为修筑神室的材料是刚、柔、诚、信、和、静、虚、灵等八种德行。一为"刚",指刚强、果断、锐气。刘一明称之为神室的梁柱。神室能否永久立定而不倒塌,主要就靠此梁柱立得端正,用此形容刚在修性中的重大作用,勉励修道者刚强不屈、百折不挠的进取精神。他说:"故修道者欲修神室,先立刚气。欲立刚气,先去其欲。欲去刚立,神室梁柱稳妥,根本坚固,大道有望。"②二为"柔",指柔弱、克己、自卑、无我。刘一明称之为修建神室的木料。"其性顺金,可曲可直,可方可圆,随材而用,大以大用,小以小用,无处不宜。"③又说:"《玉枢经》曰:'夫道者,以诚而入,以柔而用。'《参同契》曰:'弱者道之验,柔者道之强。'则是柔弱为进道之首务也明矣。"④用此勉励修道者扫除傲气,谦恭学习,面对困难,发扬韧性。三为"诚",指醇厚、专一、老实、不欺不隐。刘一明称之为作神室的基址,为修道者始终不离的品德。"何为诚?安危不计,一心向前,出言无伪诈,行事不怪异,随地而安,遇境而就。到安乐处不喜,逢困难时不忧,择善固执,顺守其正,至死抱道,永无变迁,有过即改,遇善即行。"⑤四为"信",指信心、信念。刘一明称之为神室之椽瓦。"何为信?忠孝廉耻,俱尽其道,仁义礼智,各得其宜,是非不杂,邪正分明,初念不改,正念常存,应事接物,不逐风扬波,日用夜作,不昧性迷心"⑥。五为"和",指和气、合俗。刘一明称之为神室之门户。他说:"善用和者,不惊俗,不骇众,不固执,不偏僻,随方就圆,内刚外柔,大智若愚,大巧若拙,潜修密炼,人莫能识。"⑦"何

① (清)刘一明:《象言破疑》卷上《太空虚无》,《藏外道书》第8册,第184页。
② (清)刘一明:《神室八法》,《藏外道书》第8册,第520页。
③ (清)刘一明:《神室八法》,《藏外道书》第8册,第520页。
④ (清)刘一明:《神室八法》,《藏外道书》第8册,第520页。
⑤ (清)刘一明:《神室八法》,《藏外道书》第8册,第522页。
⑥ (清)刘一明:《神室八法》,《藏外道书》第8册,第522页。
⑦ (清)刘一明:《神室八法》,《藏外道书》第8册,第523页。

为和？礼下于人，谦恭自小，心平性柔，暴燥全无，忿怒不生，大而能小，强而能弱。”[①]六为“静”，指寂静、入定、无念无欲。刘一明称之为神室之墙壁。他说：“修道者欲修神室，先须习静，果到静地，神室易成。静者非顽空寂灭之学，亦非参禅打坐忘物忘形之说，乃常应常静，身在事中，心在事外之意。盖真静者，一意不生，一念不起，言不苟造，身不妄动，事前不想，事后不计，人短不知，己长不觉，时时顾道，处处返照。不以饥渴害心，不以衣食败道，生死顺命，人我无别，非礼勿视，非礼勿听，非礼勿言，非礼勿动，境遇不昧，幽明不欺。妄念去而真念生，道心现而人心灭，是谓真静。”[②]七为“虚”，指空、无、无形无色。刘一明称之为神室之堂中。他说：“堂中之为物，主于空阔洁净，尘埃扫尽，杂物不留，所以供设宝珍，迎待佳宾者也。”[③]“何为虚？却除杂念，变化气质，挖去历劫轮回种子，看破一切恩爱牵缠，一切假事不留，一概外物不受……有无不立，身心无累”[④]。八为“灵”，刘一明称之为神室的主人。他说：“修真之道，能灵则圆通无碍，不灵则固执着空。”[⑤]又说：“何为灵？先发制人之谓灵，义不及宾之谓灵，追摄先天之谓灵，夬决后天之谓灵，调和性情、外圆内方之谓灵，被褐怀玉、心死神活之谓灵，静观密察、炼己待时之谓灵……”[⑥]他认为，只要“修道者具此一法”，便“可以动，可以静，可以刚，可以柔，诚信得中，和静得正，性命得了，神室有主，永久不坏，大道成矣。”[⑦]

刘一明这套修心养性的神室之说，带有非常浓厚的宋明理学色彩，许多概念都是从理学中提取出来，而加以自己的解释。

其次，刘一明在内丹药物上，也融进儒家哲学和道德规范概念。前面已经提到，刘一明称先天真一之气和它所统摄的先天精气神三宝是修丹的灵药，说“采药者，即采此一气三宝”。这可说是他对传统内丹说的继承和发

① （清）刘一明：《神室八法》，《藏外道书》第8册，第523页。
② （清）刘一明：《神室八法》，《藏外道书》第8册，第524页。
③ （清）刘一明：《神室八法》，《藏外道书》第8册，第524页。
④ （清）刘一明：《神室八法》，《藏外道书》第8册，第525页。
⑤ （清）刘一明：《神室八法》，《藏外道书》第8册，第525页。
⑥ （清）刘一明：《神室八法》，《藏外道书》第8册，第525页。
⑦ （清）刘一明：《神室八法》，《藏外道书》第8册，第525页。

展。但另一方面，他又将理学家提倡的良知良能和仁义礼智信等概念作为药物。他说："金丹者，即人秉受良知良能之本性。此性人人具足，个个圆成，处圣不增，处凡不减，不待他求，自己本有。若下肯心，直登圣域，性定命凝，永久不坏，是良知良能之本性，即长生之大药也。"①又说："这个天心良知、道心真知，因其能超凡入圣，起死回生，故取象为药物……这个药在先天为天心之良知，在后天为道心之真知……若到返还以后，道心仍是天心，真知仍是良知。"②又说："丹法只取道心一味大药，这个道心，虽是一味，而统五行之气，具五行之德。盖道心乃真一之水所化，一者数之始，一而含五，五而归一，其实到归一处，亦不得谓道心，只可谓浑然天理而已。"③又说："五行有内有外，内五行，精神性情气；外五行，仁义礼智信。性统仁，属木；情统义，属金；神统礼，属火；精统智，属水；气统性，属土。人秉阴阳五行之气而生，即具精神性情气之五行，有仁义礼智信之五德，欲复本来原物，还要用仁义礼智信做出……仁义礼智信，刚柔之性，即成丹至真之药，此外别无药。"④又说："人之本来性情精神气，五元一家；仁义礼智信，五德一气。无修无证，既无所谓药，更何有所采？及交后天，后天精神魂魄意五物用事，喜怒哀乐欲五贼张狂，先天五元分散，五德各偏，加之积习成性，一身内外皆病，不有药医，待死而已。祖师慈悲，设金丹有为之道，教人去妄存诚、明善复初者，即采药以医病也。医病者，即复初也。医病须药物，复初须明善，善即药，明善即采药，明善复初，采药医病，同一理也……所明者何善？善即仁义礼智信也。仁义礼智信非身外之物，乃吾本来天命之性所固有者。后天气质即病，先天善性即药，采药即采此仁义礼智信之善性也。宜仁即仁，宜义即义，宜礼即礼，宜智即智，宜信即信，五德一气，浑然天理……人能明善复初，采五元五德真正大药而煅炼之，未有不能成道者。"⑤可见刘一明的丹药之说，既承袭了内丹家的旧说，又吸取了理学家的哲学和道德规范概念，

① （清）刘一明：《悟真直指》卷1，《藏外道书》第8册，第340页。
② （清）刘一明：《悟真直指》卷1，《藏外道书》第8册，第340—341页。
③ （清）刘一明：《悟真直指》卷3，《藏外道书》第8册，第384页。
④ （清）刘一明：《会心内集》卷下《真正丹药论》，《藏外道书》第8册，第655页。
⑤ （清）刘一明：《会心内集》卷下《采取药物论》，《藏外道书》第8册，第656—657页。

表现出浓厚的儒道融合特色。

（四）三教融合的修道论

刘一明著作中，三教融合特别是儒道融合思想十分浓厚，这表现在很多方面，而其修道论也充分体现了这个特点。

首先，提倡勘破世事以出家。他曾著《修真九要》，论述修道的九件要事、大事，其中第一要就是“勘破世事”。他认为，勘破世事，斩断尘缘，是出家修道的第一道关口，必须打破。他说：“有志于道者，须将这个关口急急打开，方有通衢大路。否则，尘缘不断，妄想成道，虽身已出家，而心未曾出家，一举一动，无非在世事上用工夫，一行一止，总是在人情上作活计，不特不能成道，而且无由闻道……昔吕祖因一梦而群思顿脱，马祖因悟死而成道最速，是盖先勘破世事而后修真，所以成真了道易于他人。况出家修行，原系勘破世事而然，若未勘破而强出家，有名无实，本欲登天而反坠地，适以取败，岂不枉费心机耶？”①

为了教人勘破世事，他又作《通关文》上下两卷，列出人生中所面临的五十个关口，劝人们一一打破。其中有色欲关、恩爱关、荣贵关、财利关、穷困关、色身关等等。他在“恩爱关”中说：“人生在世，万般皆假，惟有性命是真。”②父子、兄弟、夫妇之情也是假的，当你“大病临身，卧床不起，虽有孝子贤孙，替不得患难，姣妻爱妾，代不的（得）苦楚。生平恩爱，到此一无所恃”③。既然世事皆假，亲情不可恃，故而劝人们对世事不要认真，只当“逢场作戏”，如“父子兄弟夫妇既聚合在一本戏中，为父者亦必做出为父的道理，为子者亦必做出为子的道理，为兄者亦必做出为兄的道理，为弟者亦必做出为弟的道理，为夫者亦必做出为夫的道理，为妇者亦必做出为妇的道理。当知各尽道理，自己本分中应当如是，但不过心中明白是逢场作戏，大家合伙将这一本戏顺顺序序作个完结，彼此便了事也”④。在“色身关”中又认为人的身体也是假的，不可惜身爱生。他说：“色身者，天地之委形，四

① （清）刘一明：《修真九要》，《藏外道书》第8册，第528—529页。
② （清）刘一明：《通关文》上卷，《藏外道书》第8册，第211页。
③ （清）刘一明：《通关文》上卷，《藏外道书》第8册，第211页。
④ （清）刘一明：《通关文》上卷，《藏外道书》第8册，第211页。

大假合，一旦阳气消尽，阴气独盛，魂飞魄散，直亭亭一团浓（脓）胞臭肉，不过壮地而已，真在何处？实在何处？既不真实，则必是假。爱惜色身者，岂不假中又添其假乎……况天地间万物，凡有形者皆有坏，若爱此色身之假，而不穷性命之真，大限一到，我是谁而身是谁，身与我两不相干。吾劝真心学道者，速将色身关口打通，莫被瞒过。视七窍为窟窿，视四肢为木节，视反（当为"皮"——引者注）肉为脓胞，视五脏为痞块，舍此色身于度外，另寻出个无形之形、无象之象的真身。"①此外，在色欲关、荣贵关、财利关、穷困关等问题上，大都引进佛教思想加以解说，即将人生的富贵荣辱等描绘为苦为空，劝人们及早抛却，表现出较浓的融佛色彩，其中既有糟粕，也有一些合理的因素。在"财利关"中说："财有世财法财之别：世财者，金银珠玉是也；法财者，功德精诚是也。图世财者，重金银而轻功德，千谋百计，明取暗窃，损人益己，轻出重入，恨不的（得）天下之财为我一人所有，世间之利为我一人独得，无财不觅，无利不搜，舍身拼命而不顾，瞒心昧己而不管，有了十贯想百贯，有了百贯想千贯，有了千贯想万贯，贪心不足，至死不肯回头。殊不知大限一到，总（应是"纵"字——引者注）然富如石崇，财似万山，买不转阎王老子，避不过生死轮回，只落的（得）罪孽随身，满载而归，分文银钱不能带去，到的（得）此时，悔之何及……积法财者，重功德而轻金银，俯视一切，万缘不起，积功累行，苦己益人，广行方便，以性命为珠宝，以仁义为金玉，以惜气养神为货利，以存诚保真为富有，以清静无为为家业，至于尘世金银财宝，犹如石土视之。盖以所求者先天之真宝，而尘世一切假宝何足恋之。"②他指出："学道者若有些儿贪财谋利之心，便碍大道。虽修行人此身未离尘世，不能全废世财，亦当见利思义，随其自然，不得分外贪求。即遇自然之财，还当审其来历，可取方取，可弃则弃，所谓以义为利。"③他批评那些"不知急求法财而只以世财为重"的人是"世间糊涂学人"，认为这种人"来生求其为人尚不必，何敢望仙"！最后他告诫说："吾劝真心学道者，速将财利关口打通，不可见利忘义，心生

① （清）刘一明：《通关文》上卷，《藏外道书》第8册，第216页。

② （清）刘一明：《通关文》上卷，《藏外道书》第8册，第213—214页。

③ （清）刘一明：《通关文》上卷，《藏外道书》第8册，第214页。

贪图……否则利心重而道心轻,正不胜邪,妄想明道,难矣!”①这里的“生死轮回”之说自不可信,但其中反对损人益己、唯利是图的思想,则具有十分重要的意义,应当予以充分的肯定。

其次,提倡行善积德以修道。刘一明认为,修道者应当行善事、远恶事,要努力行善,勇于改过,即使做了错事也不要紧,只要改过迁善就好。他说:“人之生初,至善无恶,是善者人之本有,过者人之本无。因其昧乎善,于是有其过。若见善即迁,迁而又迁,迁至于无一行之不善,而归于至善矣。有过即改,改而又改,改至于无一事之有过,而归于无过矣。”②又说:“若不善者,而知改过迁善,去邪归正,习之于善,复其天赋之性者,虽凡亦圣;若本善者,不知戒慎恐惧,随风起尘,习于不善,迷其天赋之性者,虽圣亦凡……故《大学》之道,在明明德,在止于至善也。”③目的在于鼓励人们向前看,不向后看,不论过去如何,只要从现在起,下定决心,改过迁善,前途就十分光明。他又说:“若人一心为善,所见者善,所思者善,所言者善,所交者善,所行者善,日用夜作,无非是善,只知有善,不知有恶矣。”④

为了修善远恶,刘一明强调要在念头起处下工夫。他说:“盖一念之动,善恶所关,吉凶所系,天堂地狱分之。惟能恐惧于未动,修省于已动,防危虑险,十二时中,无敢稍有懈怠,善念则存之,恶念则去之,存而又存,去而又去,恶念去尽,纯是善念,至善无恶,虽终日动,不碍于动,动而归于浑然天理之地矣。”⑤又说:“恶念一起,则遏而止息之;善念一生,则扬而滋长之,顺乎天而休美其命焉……若能遏恶扬善,久而至善无恶,正气常存,仍还当年完完全全天命之物事。”⑥

刘一明认为,修道之士不仅须行善改过,还须积德。《修真九要》将“积德修行”作为修真第二要事。他说:“古之圣人必先明道,古之贤人

① (清)刘一明:《通关文》上卷,《藏外道书》第8册,第214页。
② (清)刘一明:《孔易阐真》卷上,《藏外道书》第8册,第147页。
③ (清)刘一明:《悟道录》上卷,《藏外道书》第8册,第591页。
④ (清)刘一明:《悟道录》上卷,《藏外道书》第8册,第601页。
⑤ (清)刘一明:《孔易阐真》卷上,《藏外道书》第8册,第151页。
⑥ (清)刘一明:《孔易阐真》卷上,《藏外道书》第8册,第136页。

必先积德，未有不明道而能圣，未有不积德而能贤。然欲希圣必先希贤，若欲成道必先积德……何为德？恤老怜贫，惜孤悯寡，施药舍茶，修桥补路，扶危救困，轻财重义，广行方便者是也。”①“问曰：‘修道亦积德否？’(刘一明)答曰：‘如何不积德。道之不可无德，犹阳之不可无阴。德者为人之事，道者为己之事。学道之人若不先积德，鬼神所恶……修道之士若不先种德，天地不喜……不论学道修道，以立德为先，逢凶化吉，遇险而安，决定成道。’”②可见刘一明在行善积德问题上主要持儒道融合的观念。

第三，抛去幻身以成道。刘一明既然认为人的形体是“四大假合”，是不真实的，终究要归死灭；因此主张修道的目的，不再追求肉体不死，相反，应追求脱去肉身、幻身，以成就真身、法身。他说：“太上云：‘吾之所以有大患者，为吾有身，及吾无身，吾有何患？’佛云：‘一切有为法，如梦幻泡影。’盖有身则有患，无身则无患。一切常人，认此梦幻泡影之身为真实，所以有贪嗔痴爱，有酒色财气，有七情六欲等等无明障碍。修行人若知的(得)此身为吾大患，则外其身而身存，空即是色，色即是空，可许学道，可许明道，可许行道。道包性命，性命一气，是谓真空，天地有坏，真空不坏。道至真空，露出本来法身，不为天地所拘束，不为阴阳所陶铸，方是真我，方是真身。彼认幻身为真为我者，岂不愚哉！”③又说：“今人皆曰身心，只知幻化之身心，而不知真正之身心……何则？幻化之身，肉身也；幻化之心，人心也。眼耳鼻舌口意，俱幻身之所出，喜怒哀乐爱恶欲，皆人心之所出。六根门头，样样足以丧生，七情妄念，件件能以致死……若以幻化身心为真，实是认贼为子，以奴作主，一旦天不假年，身在何处？心在何处？其为幻化之物也无疑。至于真正之身，法身也；真正之心，天心也。阴阳五行，法身之所出；婴儿姹女、木母金公、黄婆珊瑚、砗磲水晶、碧玉黄金，天心之所生。五性因缘，俱皆成道之种，五般至宝，尽系炼丹之财，采之修之，起死回生，返老还童。”④刘一

① (清)刘一明：《修真九要》，《藏外道书》第8册，第529页。
② (清)刘一明：《修真辨难》卷上，《藏外道书》第8册，第483页。
③ (清)刘一明：《会心内集》卷下，《藏外道书》第8册，第661页。
④ (清)刘一明：《修真后辨》卷下，《藏外道书》第8册，第497页。

明认为,道之顺行,即"生人之道,借凡父凡母而生幻身";道之逆行,即"生仙之道,借灵父圣母而成真身"①。就是说,脱去幻身,现出真身,就达到修道的目的,人就成仙了。他还说:丹法的内容是修命修性,"修命者,所以长生;修性者,所以无生。无生则无死。无生无死,与太虚同体,形神俱妙,永脱轮回,超出乎天地之外,不待他身后世,眼前获佛神通。盖无生之道,顿悟圆通,万有皆空,直超彼岸"②。以上这些议论,则表现出佛道融合的特色。

刘一明于道光元年(1821 年)逝世,享年 88 岁。传有弟子张阳全(冲和子)、范阳震(观复子)、李阳新(鼎实)、王附青(云峰)、魏阳诚、刘阳精、李阳益、马阳健、张阳志、唐琏、任阳固、李东明、阎绣庵、冯阳贵、康阳全、卢阳莹、吴阳晋、杨阳益、杨阳进、杨阳和、文贵、谢思孝、王阳健、刘性普等数十人。徒孙辈以下则有庞来秀、梁本中(致和)等。③ 另据道光《金县志》载:"唐来绣,巩昌(治今甘肃陇西)人,悟元子(刘一明)徒孙,居禅寺沟孤魂堂。善医,以药救人。或酬之金,概不受。有留以食饮者,去亦不言谢。殁之先一日,赴两山(指榆中县栖云山和兴隆山)各庙辞以行,问其所往,则唯唯而已。次早往觇,已坐化矣。几上有自书偈语一纸,墨迹未干,香烛犹明。"④此"唐来绣"疑即"庞来秀"之讹。其他嫡裔门徒,大多事迹不详。此外,《金县志》还记有另外两名龙门派道士,不知是否为刘一明徒裔,现附记于此以备考。该志卷 13 云:"后又有麻复宗者,居南郭外玉皇庙,年六十余,亦无疾而坐化。""王本贤,河州(治今甘肃临夏东北)人,居小龛之三官殿,发结如毡。往来市上,人皆呼为蓬头王。年七十九,一日清晨,自言是午辞世,至

① (清)刘一明:《悟真直指》卷 1,《藏外道书》第 8 册,第 343 页。文中灵父指真知,圣母指灵知。

② (清)刘一明:《悟真直指》卷 3,《藏外道书》第 8 册,第 387 页。

③ 以上诸人,散见于刘一明著作刊梓时之署名、《栖云笔记》卷 1 开示徒弟之诗词、《栖云笔记》跋、《素朴师云游记》序等处。特别是孙永乐《〈恩师刘老夫子塔铭〉评述》,据实地所见碑铭、墓志之题名,记载刘一明弟子最多,并指出梁本中之后"合"字辈弟子尚有数十人。(参见孙永乐评注:《刘一明:栖云笔记》,北京:社会科学文献出版社 2011 年版,第 298 页)

④ (清)恩福等:《(道光)金县志》卷 13,《中国地方志集成·甘肃府县志辑》,南京:凤凰出版社 2008 年版,第 6 册,第 469 页。

时果坐化。"①

第八节　正一道各宗派的活动

元中后期形成的正一道，原是诸符箓派组合的松散的联盟。在此之后，诸符箓小宗在尊奉大宗的条件下，大都自相传承，独自活动。至明后期和清代，有些小宗已经不传，比较活跃的只有龙虎、茅山宗，及武当、神霄、清微、净明等派。就是这些派别，其聚合力和影响力都较前大为缩小，许多传播领地已日渐被全真龙门派所渗入。这种情形很普遍，在前面各节讲的苏州、杭州、茅山、武当、南昌西山、罗浮、青城等地都是，它们中或者正一与全真并存，或者全真最后取代了正一。这表明在道教衰落的总形势下，正一道比全真道更为衰落。

一、龙虎宗支派正乙派的创立

诸符箓派中，资格最老的符箓三宗、阁皂宗早已式微，龙虎宗也比过去衰落。龙虎宗衰落情况，本章第三节已经述及，但清初从其中分衍出的一个支派正乙派，有必要加以叙述。此派创始于雍正时的娄近垣，传播于北京光明殿、江西龙虎山和苏州玄妙观、穹窿山等地。从何处知道娄近垣创立了这个道派？此见于雍正帝的一个"上谕"。据载，"雍正十一年(1733年)六月初一日，娄近垣面奉上谕：大光明殿现在修整，与你作子孙常住，上清宫(按指龙虎山上清宫——引者注)去选些法官来；若上清宫人少，在苏州选几个来，你好好教他学法，将来光明殿你就是第一代开山的人了，钦此"②。结合下面娄近垣的一段记载，又知道该道派最先订有四十个派字。娄近垣在所修《龙虎山志》卷3《新定本宫法派》中说：龙虎山上清宫"向分三派(指紫微、虚靖、灵阳等三派)，由来久矣。其师长之称，实同一脉，但无定派命名，

---

① (清)恩福等：《(道光)金县志》卷13，《中国地方志集成·甘肃府县志辑》，南京：凤凰出版社2008年版，第6册，第469—470页。

② 《龙虎山志》卷1，《藏外道书》第19册，第429页。

使尊卑日久难考，非法也。因定四十字，从今至后，三派合一，依次授名。四十字完，许辰字辈再续四十字，完而复续，以此例垂于永久。续者，字文不得重复。此非余敢为创作，欲使吾教祖师法裔名分尊卑，虽千百年不致凌紊，亦正宗之大要也"①。其所订四十字为："近远资元运，久长保巨淳。道惟诚可宝，德用信为珍。秉敬宏丹箓，葆真启世人。鸿图赞景祚，圣泽振昌辰。"②是谁将龙虎山三派合为一派，并为之订出四十派字？或者说，文中所自谓的"余"，应当是谁？据分析，当为《龙虎山志》编纂者娄近垣。须知雍正五年(1727年)第五十五代天师张锡麟死了以后，其子张遇隆尚幼，先后由其二弟张庆麟和三弟张昭麟代署天师印务，迟至乾隆七年(1742年)，张遇隆始袭为第五十六代天师。在此期间，甚至以后一段时间，正一天师的威信是不高的；而娄近垣却因得雍正帝宠信而权势煊赫，完全有条件出面统一三派为一派，并给其规定派字。而且此四十派字中，娄近垣名之"近"字位列第一，更明显地证明合派的倡导者是娄近垣。由此也证明雍正帝命娄近垣于光明殿所创之道派，又被推广于龙虎山。

那么，这个道派的名称是什么？上面两个材料皆无记载，而在1926年北京白云观抄存的《诸真宗派总簿》中却可找到答案。该《总簿》第32"正乙派"条，记其派字为"远近资元运，久长保巨浮。道惟诚可宝，德用信为珍。秉教宏丹箓，葆真启世人。鸿图辇景祚，圣泽振昌辰。玉局受经后，贵水传灵根。青城垂氏派，妙法继洪钧"③。很明显，这里所记六十字之前四十字，与娄近垣所订的四十字完全相同，只是后者在传抄中出现了明显的差错，即误"近远"为"远近"，误"淳"为"浮"，误"敬"为"教"，误"赞"为"辇"；此外，在娄近垣四十字后又续了二十字，此与《龙虎山志·新定本宫法派》所说"四十字完许辰字辈再续"之意相合。据《诸真宗派总簿》载称，此二十字系"宣统元年(1909年)仲春重续"。由此可以证明，此处所记之道派乃娄近垣所创之派，其派名曰"正乙派"。至于《总簿》称此派为张虚静(张继先——引者注)留传的道派，大概是一种托古

① 《龙虎山志》卷3，《藏外道书》第19册，第447页。
② 《龙虎山志》卷3，《藏外道书》第19册，第447页。
③ 《白云观志》卷3，《藏外道书》第20册，第578页。

之词，不完全可信。

此派是否真的成立？回答是肯定的。只是留下的记载较少，难知其详。其传承情况也仅见下面几方面的记载。

首先，清顾沅《玄妙观志》中，记有此派的传承。该《志》卷 4 记有娄近垣所传的一名"远"字辈弟子。此人名惠远谟，字虚中，号澹峰。苏州人。幼孤。稍长，出家苏州玄妙观，受业于潘元珪（号梧庵）。后博览儒书，尤潜心道藏。年三十，授道纪司。雍正九年（1731 年），敕修龙虎山上清宫，被调主上清宫玉华院事。后二年（1733 年），京师光明殿成，被征至光明殿焚修。时娄近垣主光明殿，远谟师事之，受其道法。十三年（1735 年）二月，潘元珪逝世，远谟闻讣南旋，经纪其丧，继主玄妙观方丈席。是年秋，娄近垣以龙虎山缺提点，奏准以远谟任之。乾隆九年（1744 年），娄近垣以年就衰，招之入都相赞助。明年充御前值季法官，遇雨旸愆期，行法辄应。娄近垣重修《龙虎山志》，远谟负责校雠考订，出力颇多。乾隆十五年（1750 年）冬，南归苏州玄妙观，对玄妙观建设颇多贡献。乾隆三十六年（1771 年）卒，享年七十五。所著有《学吟稿》，彭启丰为之序。①

惠远谟下传张资理。《玄妙观志》载，张资理，字一枝，号友桐，吴邑篁村人。本儒家子，年十一出家朝真观，拜沈坚苍为师。嗜学不倦，由儒家言通《道德经》五千言之旨，符箓秘典，靡不洞贯，行法历有应验。雍正十二年（1734 年），被选入都，住光明殿，复从惠远谟受法，为御前值季法官。乾隆十四年（1749 年）回苏，继奉娄近垣命，往龙虎山上清宫领迎华院事。乾隆四十一年（1776 年），请假回苏，次年，郡绅请其主席玄妙观方丈，祷雨祛邪，颇著应验。四十五年（1780 年），高宗弘历南巡，张资理率道众迎驾，奏对称旨，获赐白金五百两。平居惟焚香静坐，暇时喜习汉隶，兼善吟咏。乾隆五十一年（1786 年）卒，享年七十五。②《道家诗纪》谓："字友桐，又号一枝道人，系妙

---

① 参见《玄妙观志》卷 4，《三洞拾遗》，合肥：黄山书社 2005 年版，第 15 册，第 682 页。参见（清）张谦：《道家诗纪》卷 36，《藏外道书》第 34 册，第 517—518 页。彭序，见（清）彭启丰：《芝庭文稿》卷 3《惠道士诗稿序》，《四库未收书辑刊》，北京：北京出版社 2000 年版，第 9 辑第 23 册，第 487 页。

② 参见《玄妙观志》卷 4，《三洞拾遗》，合肥：黄山书社 2005 年版，第 15 册，第 682—683 页。

正真人(娄近垣)法孙。姑苏朝真观道士。工汉隶,善诗。诗不多见。"①

娄近垣还传有弟子李湛然。《玄妙观志》载,李湛然,字神彻,号冷庵,太仓人。7岁被送入清真观,及冠,充玄妙观书记。后至龙虎山,娄近垣授以法。年四十,隐于横山北麓,筑澹香居。奉母极孝,兼以金针度人。乾隆三十年(1765年)九月逝世。著有《参同契阐注》、《洽(冷)庵吟稿》一册,得其传者,有横山徐梧冈。②

娄近垣还传有弟子蒋真昕。同治《苏州府志》云,蒋真昕,字偕乾③,别字粟斋,吴邑人。年9岁,投穹窿山陈霄来为徒④,霄来授以道典经箓。乾隆戊午(1738年),入龙虎山拜娄近垣为师,传习五雷正诀。七年(1742年)入都,住光明殿。⑤ 十二年(1747年)还穹隆山,三十一年(1766年)继主山中法席。山中忽产芝草,众以为师之道高德重所致。⑥ 据以上记载,可图娄近垣传系如次:

娄近垣
- 惠远谟 —— 张资理
- 李谌然 —— 徐梧冈
- 蒋真昕

以上娄近垣所传之李湛然和蒋真昕,是否属正乙派,尚难断定;而所传之惠远谟和再传之张资理,属正乙派徒裔,当无疑义。因他们之名字适与娄近垣所订四十派字相合,只是张资理下传何人,及其以后传承如何,不见记

① (清)张谦:《道家诗纪》卷36,《藏外道书》第34册,第523页。

② 参见《玄妙观志》卷4,《三洞拾遗》,合肥:黄山书社2005年版,第15册,第682页。参见(清)李铭皖等:《(同治)苏州府志》卷135,《中国地方志集成 · 江苏府县志辑》,南京:江苏古籍出版社1991年版,第10册,第474页。《(同治)苏州府志》卷139《艺文四》记其诗集为《冷庵吟稿》(第575页),与其号相符,故《玄妙观志》所记当误。

③ 惠远谟有诗《次答蒋偕乾寿予七十诗韵二首》,见(清)张谦:《道家诗纪》卷36,《藏外道书》第34册,第520页。

④ 惠远谟诗夹注云:"霄来炼师所居名金粟山房,即蒋之师。"见(清)张谦:《道家诗纪》卷36,《藏外道书》第34册,第520页。

⑤ 惠远谟诗夹注云:"予曾举蒋入都值季。"见(清)张谦:《道家诗纪》卷36,《藏外道书》第34册,第520页。

⑥ 参见(清)李铭皖等:《(同治)苏州府志》卷135,《中国地方志集成 · 江苏府县志辑》,南京:江苏古籍出版社1991年版,第10册,第474页。

载。还应指出一点，惠远谟和张资理同时又是苏州穹窿山法派道士，其传承情况将在下面介绍。

其次，娄近垣所创正乙派在龙虎山也有传承。同治十年（1871 年）《贵溪县志》卷 10 之一载有一张龙虎山上清宫道官表，将清初至同治间任过道官的道士一一列出。计有提点九人：娄近垣、徐远达、汪克诚、吴运茂、李元佐、毕运泰、周元定、邓久丰、杨运熙。副理二人：倪久亮、毛保光。赞教三人：徐运诚、舒运本、欧久榕。知事十人：胡久锡、徐元机、汪运福、程久懋、鲁久章、刘久蕃、吴久畴、万长庆、饶长铭、刘运荣。① 在以上这串名单中，除汪克诚外，其余二十三人的名字皆与娄近垣所订四十派字相符，可见都是正乙派道士。按其辈字排列，整理如下：

娄近垣

徐远达

（缺资字辈）

李元佐，周元定，徐元机

吴运茂，毕运泰，杨运熙，徐运诚，舒运本，汪运福，刘运荣

邓久丰，倪久亮，欧久榕，胡久锡，程久懋，鲁久章，刘久蕃，吴久畴

万长庆，饶长铭

毛保光

以上名单证明，从清雍正时娄近垣起，至同治十年（1871 年），龙虎山之正乙派已传承了八代。虽然不能从中看出他们之间的具体师承关系，但至少可证明该派自娄近垣后是传承不绝的。而据 1926 年北京白云观抄存之《诸真宗派总簿》，又证明至民国时该派尚在承传。

二、茅山、神霄、清微、净明诸派的传系

明中叶后，旧符箓三宗之茅山宗，较之龙虎宗更加衰落。如前第五节所述，自明中叶后，茅山派祖山茅山，半为全真道及其支派龙门派所渗入，且与本山茅山派平分秋色。在该山之三宫五观中，已有五观传全真道和龙门派，

① 参见（清）杨长杰等：《（同治）贵溪县志》卷 10，同治十一年（1872 年）刻本，第 15 页。

只有三宫仍传茅山宗坛，证明茅山派比过去萎缩了。不仅如此，清笪蟾光所撰《茅山志》中，只记有全真道士的事迹，只字未记传上清法的茅山道士的事迹，故这段时间茅山派的情况无从得知。为什么《茅山志》中不记茅山道士？这大概也反映了该派的衰落景象。此外，《诸真宗派总簿》记有：大茅真君茅盈所传清微派，二茅真君茅固所传清微派，三茅真君茅衷所传清微派，三茅真人刘熹所传静一派。① 但不知它们与茅山宗有何关系，也不知所传地区是否在茅山？姑记之以备考。

宋元盛行的诸多新符箓派，在明中叶以后继续流传的尚有神霄、清微、净明派等。据清顾沅《玄妙观志》记载，苏州玄妙观自宋以来，一直为历代神霄派道士活动之据点，许多著名神霄派道士，如王文卿、莫月鼎、张善渊、周玄真、胡道安等，皆曾常居此观，声名远播。至明末清初，又有施道渊一系以此观和穹窿山为中心进行传播。②

施道渊（1616—1678 年）的生平事迹主要见于彭定求撰《穹窿亮生施尊

① 参见《白云观志》卷 3，《藏外道书》第 20 册，第 577 页。

② 《穹窿山志》卷 3 保存了施道渊于顺治八年（1651 年）六月上玉皇上帝的奏章一道，其自署箓职为“上清三洞经箓九天金阙上卿玄都御史”。（《中国道观志丛刊》，南京：江苏古籍出版社 2000 年版，第 15 册，第 401 页）查《正乙天坛玉格》，九天金阙上卿玄都御史属神霄品秩从三品。（袁志鸿、刘仲宇整理：《〈正乙天坛玉格〉校订本》，《正一道教研究》第二辑，北京：宗教文化出版社 2013 年版，第 328 页）虽然此《天坛玉格》为穹窿山朱高隆于光绪二十八年（1902 年）抄录顺治十五年（1658 年）本，但《天坛玉格》在道门流传颇久，此本又经施道渊校阅，应当能够据此查证施氏的法职。（关于《天坛玉格》，参见刘仲宇：《光绪抄本〈正乙天坛玉格〉初探》，《正一道教研究》第二辑，北京：宗教文化出版社 2013 年版，第 88—115 页）与此相异，张谦《道家诗纪》卷 40 收录的苏州元和县斗坛道士吴拙存《题真仙合帧》诗，题记云：“施铁竹祖师与李天木祖师同学于朝真观，施显化于穹窿，为吴中法席之冠，李隐于甫里之元白堂，辟谷食，结圣胎，翛然有出尘之志。名公巨卿之皈信者，未尝存轩轾也。崇真宫叶竹虚法师摹两像为一卷，深有明乎无者有之本，苟内外完固，有感即通，无为而无不为。庶后之来者知清微、洞元同出一源，亦各行其是而已。”（《藏外道书》第 34 册，第 589 页）似乎施道渊所传有可能是清微法。《古今图书集成》引《苏州府志》云：“李朴，字天木，吴县人，别号紫中道人。童真入道，居朝真方丈。笃志金丹大药，肋不贴席者三十年版，顿悟元妙。朝真有白紫清洞元法，自徐洞辉之后不得其传，朴心与神会，凡符咒罡诀不必师古，所行辄应。常往来东吴甫里间，人争筑室居之。康熙九年（1670 年）秋委化，郡城紫微庵道俗追慕，私谥冲白先生。所著有《还丹宗旨》《火候宗源》等编。”（《古今图书集成 · 神异典》卷 288，北京：中华书局、成都：巴蜀书社 1985 年版，第 51 册，第 62698 页）

师墓表》、《玄妙观志》和《苏州府志》。彭定求与施道渊相过从，曾从施氏受文昌宝箓①，其所撰墓表云："康熙十七年（1678 年）七月二十八日，亮生施法师卒于圆妙观方丈……师姓施，讳道渊，法名金经，号铁竹，苏州吴县人……居横山麓。师生于万历丙辰（1616 年）九月二十七日，五六岁即志乐神仙，十三岁丧母，欲弃家学道，父弗许，师长跪以请，乃从之。入朝真观，从道士沈念常②游……斋醮科仪及六甲五雷诸书炼习既久，龙虎山行法之徒敛手折服……鼎革初，卜筑尧峰山，修炼益力……我吴西山莫高于穹窿，旧有茅君行宫三楹，芜废不治，松陵吴氏祷于神，延师入山，披荆锄棘，因缘大集，不数年而丹台绀宇辉映于巉岩绝壁、烟云缥缈之间……时则真人府达之祠部，奏给养元抱一宣教演化法师之号……圆妙观居城中央，为官司岁时朝参、水旱祈禳之地，旧有弥罗宝阁，巍峨插天，明万历时燬于火，三清殿亦大坏，众谓殿工非师不克兴，延之来观，竭诚劝输，计财费五万金，不三年而殿工成。于是欲师再建弥罗宝阁……阅三年而阁工亦成……岁丙辰（1676年），师至京师，一时公卿多踵门纳履，师虑名迹喧阗，悄然远引。明年，强之再至，至即遄归，仍往来于穹窿、圆妙两方丈间。忽感微疾，辞众端坐而逝，年六十有二。"③道光年间顾沅撰《玄妙观志》，其卷 4 所记施道渊生平源于乾隆《长洲县志》，云：施道渊字亮生，"生吴县横塘乡。童真出家为朝真观道士，遇异人张信符授以丹诀。年十九，从龙虎山徐演真授五雷法，能驱役百神。时为人除祟魅，疗疾苦，不以取利。初筑室尧峰，晨夕修炼。移住穹窿山，即茅君故宫，鸠材修葺，殿堂斋寮以次鼎新。顺治戊戌（1658 年），五十三代真人张洪任请于朝，赐额上真观，并赐道渊号养元抱一宣教演化法师。由是四方征请，凡建名胜一百七十余所，塑像八千七百二十有奇。郡中元妙观殿宇倾圮，太傅金之俊延道渊主观事，修复三清、雷尊诸殿，建弥罗

① 《玄妙观志》卷 7《集诗下》收彭定求诗，题云："余素皈依施大度师，敬受文昌宝箓。"见《三洞拾遗》，合肥：黄山书社 2005 年版，第 15 册，第 696 页。

② 沈念常，《穹窿山志》卷 6 收有他为施道渊作的诗《甫里建醮青鸾白鹤盘旋道场三日记盛》，署名"朝真沈心庸念常"，为朝真观道士无疑。参见《中国道观志丛刊》，南京：江苏古籍出版社 2000 年版，第 15 册，第 701 页。

③ （清）彭定求：《南畇文稿》卷 10，《清代诗文集汇编》，上海：上海古籍出版社 2010 年版，第 167 册，第 406—407 页。

阁，规模宏整，所费巨万，一钱不私。晚游闽越，探真访道，尤多救济。康熙丙辰（1676 年），裕亲王召主醮京师，乞归……戊午（1678 年）七月果化于山观。道渊著有《玉留堂语录》”①。《古今图书集成》卷 288 引《苏州府志》所记略异，谓“少投朝真观，年十七，礼龙虎山徐堪凝学五雷法。顺治戊子年（1648 年），筑室吴山修炼，庚寅年（1650 年），主持穹窿山”②。乾隆二年（1737 年）重修之《江南通志》卷 174 亦谓：“年十七，礼龙虎山学五雷法。后筑室吴山修炼，复住持穹窿。”③综上，施道渊字亮生，号铁竹，法名金经④，苏州吴县横塘人，年少出家朝真观，从沈念常游，又遇张信符授丹诀，后从龙虎山徐堪凝（法名演真）学五雷法，渐有声名。初居尧峰修炼，后移住穹窿山，重修茅君行宫⑤，由五十三代天师张洪任报请礼部，赐额上真观，并赐道渊法师号。应郡官请，入主玄妙观，募缘兴复殿阁。此后游访闽越，再入京师，于康熙十七年解化。

另据清袁翼（1789—1863 年）作于道光戊子（1828 年）的《佑圣宫朝天

① 《玄妙观志》卷 4，《三洞拾遗》，合肥：黄山书社 2005 年版，第 15 册，第 681 页。参见（清）李光祚等：《（乾隆）长洲县志》卷 29，《中国地方志集成·江苏府县志辑》，南京：江苏古籍出版社 1991 年版，第 13 册，第 372—373 页。施道渊著《玉留堂语录》，有彭珑之诗为证。其诗记曰：“余久服施度师善者机，而莫测其要领，几如季咸之相壶子。季夏，胸次拂郁，忽有示我以《玉留堂语录》二则，捧读罂快，沁入心脾，率成二律，以志服膺。”见《穹窿山志》卷 6，《中国道观志丛刊》，南京：江苏古籍出版社 2000 年版，第 15 册，第 759 页。

② 《古今图书集成·神异典》卷 288，北京：中华书局、成都：巴蜀书社 1985 年版，第 51 册，第 62698 页。

③ （清）赵弘恩等：《江南通志》卷 174，《文渊阁四库全书》第 511 册，第 921 页。

④ 前引《穹窿山志》卷 3 施道渊顺治八年（1651 年）上章，其自署为“上清三洞经箓九天金阙上卿玄都御史小臣施经金”。按，施氏龙虎山授业师名演真，则其法名当循“三山滴血派”字谱：“忠正演金科”，似应以“金经”为是。然而，今见《穹窿山志》卷 3《太上赤文天律》，署“羽宸天师门下参授高上文昌宝箓臣沈志斌法名荣科校阅”（第 423 页），卷 6《谒靖府玉箓醮坛》诗，署“王泓法名景科”（第 754 页），则法名中派字亦居后。是否另有讲究，备考。

⑤ 据《穹窿山志》卷 1 所收张洪任于顺治十七年（1660 年）所撰《题穹窿胜概文》，则谓其于顺治七年（1650 年）春侍父张应京至吴，与吴晋锡、施道渊登穹窿山，吴氏遂以兴复茅君行宫事委之施道渊，“相与共盟于真君（茅君）之前”。故后来张洪任为之请观额。同卷顺治十七年宋实颖撰《穹窿山上真观记》也说：“庚寅（1650 年）之春，施度师亮生来游兹山……与教主张真人盟于真君之前，以鼎新上真观是任。”以上分见《中国道观志丛刊》第 14 册，第 63—68、99—100 页。

忏坛册记》，施道渊还曾居平湖(今属浙江嘉兴)佑圣宫，康熙朝应召入都时，“敕居白云观，赐号道德真人”。他在穹窿山、佑圣宫、白云观均立朝天忏坛，祝釐祈福。其中佑圣宫忏坛的仪式一直到道光年间仍然“每年一举”，未曾断绝。①

施道渊又曾受戒于王常月。《金盖心灯》卷前《龙门正宗流传支派图》云：施亮生，“号铁竹道人。尝受初真戒、中极戒于王昆阳律师(即王常月——引者)。后精于法，改皈正一真人府派，启姑苏穹窿山一派”②。但是，据《金盖心灯》卷2《詹怡阳律师传》注引《金盖云笺》云：“康熙六年(1667年)岁次丁未秋七月，王昆阳真人来止我山(指金盖山——引者)……明年(1668年)秋，姑苏施法师亮生、吕律师守璞来迎，我真人乃出山之穹窿，詹某等从行。”③结合前述施道渊的生平来看，事实只能是，施道渊先学正一道法，后因王常月南下传戒，遂邀王常月至穹窿山，向王常月请教。闵一得所记颠倒了时序。而施道渊对戒律的重视，开始得很早。他曾于顺治八年(1651年)六月上章玉皇上帝，奏称：“臣闻道以法而传，法以律而肃。臣见道教中衰，意欲振起，恐人之习于玩而证向无繇，因于诸律中约其要者为赤文天律。”④康熙十二年(1673年)张惟赤作《穹窿山志序》说：“观其(施道渊)戒律精严，科仪整肃，令人望而生畏。”⑤另有人谓：“炼师(施道渊)戒律精严，童真不凿。”⑥有此一因缘，故当龙门律师王常月到来

① 参见(清)袁翼：《邃怀堂文集》卷3，《清代诗文集汇编》，上海：上海古籍出版社2010年版，第564册，第165—166页。此文也说施道渊“年十七，礼龙虎山学五雷法”。但言其崇祯改元(1628年)居佑圣宫立忏坛，而住持穹窿更在此前，揆以施氏生年版，实无可能。又康熙赐真人号，前引彭定求撰墓表未及，不知确否。唯佑圣宫道士张云蟾保留忏坛册一编，载录历年仪式情况，且“前弁真人(施道渊)手书序言五百余字”，则曾居佑圣宫立坛或为事实。故录此备考。

② 《藏外道书》第31册，第168页。

③ 《藏外道书》第31册，第187页。

④ 《穹窿山志》卷3，《中国道观志丛刊》，南京：江苏古籍出版社2000年版，第15册，第401页。同卷并载由沈志斌校阅的《赤文天律》，分道律(适用于法官、道士)七十二条和民律(适用于普通信仰者)二十二条。

⑤ 《中国道观志丛刊》，南京：江苏古籍出版社2000年版，第14册，第17—18页。

⑥ (清)何谦贞：《穹窿山上真观记》，《穹窿山志》卷1，《中国道观志丛刊》，南京：江苏古籍出版社2000年版，第14册，第107页。

时，施道渊自然不会错过请益的机会。从现存《穹窿山执事规范》①来看，“明显受全真道规范的影响”，“如果施道渊没有受过戒是很难制定出这样的执事规范的”。②

施道渊还担任过龙虎山真人府赞教③，并开创了穹窿山法派，其字谱为：“道守得元真，神全体自灵。三山垂救度，四海尽飞升。”④下面我们来考察其徒裔。

施道渊传有弟子陈之达，继其任玄妙观住持。康熙《长洲县志》云：施道渊修复玄妙观，“为郡一雄镇焉。施逝后，巡抚慕公（慕天颜）委其徒陈之达住持，图其未竟”⑤。但陈氏这里出现的名字并未包含派字。

胡德果，号云庐，吴郡人。“为施铁竹弟子，尽得施之术。康熙四十三年（1704年），吴中大旱，大中丞宋公荦延德果建坛祈雨”，胡用月孛法，果

① 见《穹窿山志》卷3，《中国道观志丛刊》，南京：江苏古籍出版社2000年版，第15册，第493—519页。此文原题“穹窿山执事志卷之三”，卷前小序也说“作执事志”（第493页），可能题目与全《志》卷数混刻。但卷3目录作“穹窿山执事规范”（第399页），为与下引李良文相一致，此从目录。从文中督缘一职下“本山藉天神显化，帝真福缘，建造二十年”，以及督工一职下“本山肇基于庚寅（1650年），告成于今日，二十年来，开山凿井……”等语（第503—504页）来看，时当1670年代，应为施道渊受戒于王常月以后所作。

② 李良：《从〈穹窿山执事规范〉看清初全真道与正一道的融合》，《中国道教》2011年第3期。

③ 《穹窿山志》卷前所收真人府给帖，时当顺治十六年（1659年）五月，云：“右帖赞教施道渊，准此。”见《中国道观志丛刊》，南京：江苏古籍出版社2000年版，第14册，第10页。

④ 《玄妙观志》卷12引《梓里尊闻》，《三洞拾遗》，合肥：黄山书社2005年版，第15册，第723页。穹窿山朱高隆抄录《正乙天坛玉格》所记同，见袁志鸿、刘仲宇整理：《〈正乙天坛玉格〉校订本》，《正一道教研究》第二辑，北京：宗教文化出版社2013年版，第337页。值得注意的是，《梓里尊闻》云：“惟方丈系施铁竹开山，遵穹窿山法派。”这涉及玄妙观的制度，据乾隆《长洲县志》云：玄妙观“明洪武四年（1371年）清理道教，更为正一丛林”。［（清）李光祚等：《长洲县志》卷30，《中国地方志集成·江苏府县志辑》，南京：江苏古籍出版社1991年版，第13册，第378页］乾隆四十六年（1781年）《长洲县奉各宪饬谕玄妙观各房逐年轮值观内事务碑》记，玄妙观内道士分为十三房，方丈为其中之一。（王国平、唐力行主编：《明清以来苏州社会史碑刻集》，苏州：苏州大学出版社1998年版，第633—635页）所以，穹窿山法派只是在玄妙观方丈一房内传续。

⑤ 《玄妙观志》卷1引，《三洞拾遗》，合肥：黄山书社2005年版，第15册，第673页。亦见该志卷4《道流传下》，第685页。

验，宋犖书“法有师承”四字以奖，自后名望愈著。历任郡抚“悉有赠额，曰：人在三山、济时神术，现悬方丈”。[①] 胡德果曾任玄妙观住持，当惠远谟出家玄妙观时，“时主席胡云庐为（惠远谟）延师讲学”[②]。大概在担任住持期间，他对玄妙观进行了修葺。惠远谟《重修宝阁题名小引》云：“本观（玄妙观）弥罗宝阁，先祖师铁竹施公创建于康熙癸丑之岁（1673 年），至乙卯（1675 年）而庆成，迄今七十余年矣。在己丑（1709 年）、庚寅（1710 年）间，先师祖云庐胡公复经修葺……”[③]据彭定求《圆妙观修建三清殿弥罗宝阁碑》云，当年施道渊修建三清殿、雷尊殿，“自康熙壬寅（1662 年）至甲辰（1664 年）”而殿工成，又建弥罗阁，“自癸丑至乙卯”而阁工成。施道渊羽化后，“其嗣法孙胡得古从穹窿兼主观之方丈，谓殿阁修建以来，荏苒四五十年，风飘雨渗，椽桷瓦甓间多损敝，及今不葺，将滋后艰。会癸未（1703 年）岁旱，得古祈应甘霖，当路悦与倡助，因得鸠工蒇事。又举方丈旧馆，增廓堂宇，重建法坛，改移铁竹师祠以慰苏郡人士思慕弗谖之意”。[④] 虽然此处记载旱灾发生于 1703 年，与《玄妙观志》稍异，但征之修葺事实及时间，则确然可证胡德果、胡得古为一人。依据彭定求的记载，他为施道渊的法孙，适与穹窿山派的字辈相合。而《玄妙观志》记为“施铁竹弟子”，可能只是概言。

胡得古（德果）传弟子潘元珪，字允章，号梧庵，吴郡人。出家玄妙观，为胡德果高弟，善五雷法。德果逝世后，凡吴中有大醮法事，俱延元珪主之，辄有验，名闻京师。雍正（1723—1735 年）间，应召入都，值正大光明殿，为御前值季法官。遇有祈祷，皆称旨，赏赉甚厚，公卿大夫咸敬礼之。后南归，仍居玄妙观。[⑤] 潘元珪还师承龙虎山道士周大经（即娄近垣之师），《龙虎山志》云：周大经“好行其教于四方，度弟子数百人，江浙间羽士之精于道法者，不问知为大经弟子也。苏郡之潘元珪允章、松郡之邱从高天山二人，道

① 《玄妙观志》卷 4，《三洞拾遗》，合肥：黄山书社 2005 年版，第 15 册，第 681—682 页。
② 《玄妙观志》卷 4，《三洞拾遗》，合肥：黄山书社 2005 年版，第 15 册，第 682 页。
③ 《玄妙观志》卷 10，《三洞拾遗》，合肥：黄山书社 2005 年版，第 15 册，第 711 页。
④ （清）彭定求：《南畇文稿》卷 5，《清代诗文集汇编》，上海：上海古籍出版社 2010 年版，第 167 册，第 344—345 页。
⑤ 参见《玄妙观志》卷 4，《三洞拾遗》，合肥：黄山书社 2005 年版，第 15 册，第 682 页。

法尤为苏松之冠,并伊弟子”[①]。

潘元珪传弟子惠远谟,远谟传弟子张资理,他们二人均兼承娄近垣正乙派,其事迹已见前述。惠远谟还有同门徐东村、陈昆和,徐曾主玄妙观方丈席至乾隆十五年(1750年)冬去世。[②] 前述娄近垣弟子蒋真昕,原先也是穹窿山道士,当与惠远谟等人一样,在穹窿山派字中属“真”字辈。只是惠远谟等人未以穹窿派字示人,不得知其详。

惠远谟除传张资理外,又传施神安。字箴静,元和人。自幼即喜道家言,出家玄妙观,拜惠远谟为师,称入室弟子。继复受五雷正法于朝真观沈坚苍法师。乾隆三十六年(1771年),充方丈监院,将师远谟所遗吴邑良田二百余亩,悉以归入常住,永供香火,人咸敬服。乾隆五十一年(1786年),主席方丈。嘉庆三年(1798年),苏郡旱虐,奉命祈雨,辄有验。年七十五卒。[③]

徐东村传顾神几(1710—1777年),字斯立,吴郡元和人。年十二,出家玄妙观,受业于徐东村。乾隆十七年(1752年)从徐入都[④],充御前值季法官。三十四年(1769年)冬回苏州。惠远谟羽化后,郡绅等即延神几住持玄妙观。三十八年(1773年)五月,山门被灾,神几叩募各宰官及阖郡绅富等捐资重建,并亲自经理其事。至四十年(1775年)告竣,规模巍焕,人皆称之。四十二年(1777年)化去,年六十八岁。[⑤]

前述娄近垣弟子李湛然,字神彻,亦载《玄妙观志》卷4,或者也是穹窿山法派“神”字辈弟子。

陈全莹(1759--1823年),字谨成,号洁夫,吴县人。10岁出家于玄妙观,受业于张光云法师,为入室弟子。24岁入都,住光明殿,从京畿道录司周星池受正一法。奉旨启建雷祖道场于圆明园,拜文绮之赐[⑥]。乾隆五十

① 《龙虎山志》卷7《人物》,《藏外道书》第19册,第491页。

② 参见(清)彭绍升:《惠法师传》,《玄妙观志》卷10《集文下》;并见《玄妙观志》卷4《道流传下》,《三洞拾遗》,合肥:黄山书社2005年版,第15册,第712—713、685页。

③ 参见《玄妙观志》卷4,《三洞拾遗》,合肥:黄山书社2005年版,第15册,第683页。

④ 前引文谓徐东村于乾隆十五年去世,则与此处所记必有一误。

⑤ 《玄妙观志》卷4,《三洞拾遗》,合肥:黄山书社2005年版,第15册,第683页。

⑥ 传文系此事于乾隆己巳(1749年),从上下文看,当误。

四年（1789 年）授真人府知事厅职，每逢岁旱，雨泽愆期，奉旨祷于黑龙潭辄应。五十七年（1792 年）南回。嘉庆十年（1805 年），郡之士大夫延主玄妙观。十六年（1811 年），谒龙虎山上清宫，升授真人府提举司。他不辞劳瘁，积年募修玄妙观诸殿宇，尤其是弥罗阁和三清殿工程颇大。又节衣缩食，增置斋田若干亩。道光三年（1823 年）卒，年六十五。[①] 嘉庆十九年（1814 年）正月韩是升撰《重修弥罗宝阁记》，记述了陈全莹修整弥罗阁的事实，其中称陈为"铁竹第七世嗣法"[②]，则其为穹窿山法派第七代"全"字辈无疑。

顾沅《玄妙观志》撰成于道光十一年（1831 年），其所采访羽流有：方丈金耕方体约、金东蕃体泰、夏珠辉体沄、陈萍香体洪、陆松崖体厚等人。[③] 皆是穹窿山法派"体"字辈。其中的金体约、陆体厚还见于《柳下偲闻》，云："道光七年（1827 年）十月二十七日，（玄妙观）大门燬于火，方丈道士金体约同陆体厚等叩募官民绅士，捐资重建，至十一年（1831 年）七月告成。"[④]道光十一年十月立《长洲县永禁滋扰圆妙观搭建摊肆碑》，也提到"方丈道士金体约"[⑤]。

俞体莹，号萍舟，元和人，穹窿道士，著有《萍舟剩草》，韩是升为之序。[⑥]《道家诗纪》收录《游天平山石屋》、《和袁月渚师西山探梅杂咏》、《送陈静岩师之都》、《登茅峰绝顶次曹恂愚先生韵》、《贺赵丹谷师新构落成》等诗二十余首。

李体德，穹窿山道士，字近仁（一作近人），号补樵，善画山水，得法于王三锡（号竹岭）、王玖（字次峰，号二痴）两家，笔墨苍厚，名播远迩。其居处名看山读画楼，常有词人韵士往来。平生杰构有《长江万里图》，分为四卷，严问樵称赞为"三百年来无此手"。又有《天平九枫图》。[⑦] 潘奕隽（号榕

① 参见《玄妙观志》卷 4，《三洞拾遗》，合肥：黄山书社 2005 年版，第 15 册，第 683 页。

② 《玄妙观志》卷 10，《三洞拾遗》，合肥：黄山书社 2005 年版，第 15 册，第 714 页。

③ 参见《玄妙观志 · 例言》，《三洞拾遗》，合肥：黄山书社 2005 年版，第 15 册，第 670 页。

④ 《玄妙观志》卷 12 引，《三洞拾遗》，合肥：黄山书社 2005 年版，第 15 册，第 724 页。

⑤ 王国平、唐力行编：《明清以来苏州社会史碑刻集》，苏州：苏州大学出版社 1998 年版，第 636 页。

⑥ 参见（清）张谦：《道家诗纪》卷 38，《藏外道书》第 34 册，第 554 页。

⑦ 参见（清）冯金伯：《墨香居画识》卷 7、（清）蒋宝龄：《墨林今话》卷 8，分见周骏富辑：《清代传记丛刊》，台北：明文书局 1985 年版，第 72 册，第 325 页、第 73 册，第 237—238 页。

皋)有《题李补樵画卷》、《题钟吾山李补樵道士画山水》等诗相赠。① 嘉庆七年(1802年)二月,李体德陪潘奕隽、曹恂愚等游穹窿山,潘奕隽作诗记云:“壬戌二月廿八日,同曹恂愚、李补樵游宁邦坞,酌鸣珠泉,逾中茅峰,憩茅篷,遂游拈花寺,上竹竿岭,归宿上真观。”②李体德似为上真观道士。李体德为此作《钟吾山古刹图》,韩是升有《题潘榕皋穹窿游卷》,自注“李补樵作图”③。

陆自逸,字含虚,一字萍渚,昆山人,穹窿道士。④《道家诗纪》收录其《晓登钟吾绝顶》等诗三首。他也是李体德《钟吾山古刹图》的众多题跋者之一,有云:“题拈花寺图,以应补樵命,萍渚侄陆自逸。”⑤则知陆自逸为李体德师侄,这与穹窿山法派的字辈是相合的。

以上所述,虽然诸人之间的授受关系大部分并不明朗,但已经可以看出,施道渊所传穹窿山法派一直不绝,到嘉、道间大概传到了第九代“自”字辈。以后的传承情况,目前尚不清楚。

在穹窿山和玄妙观以外,也有他处道士向施道渊求法。比如,郭长彬,字去胜,平湖松麈山房道士。年十三,从邑庙许自修为道士。及长,受穹窿施亮生正法。游句曲、龙虎山,得五雷法,历著奇验。后至京师,栖白鹤道院,院为丘长春蝉蜕之所。去胜起道场于院中,四十余日将满,忽易新衣巾,沐浴焚香,端坐而逝。⑥

明中叶后,神霄派除施道渊一系外,还有许多传萨守坚雷法的支系在活动。清钱谦益《牧斋初学集 · 万尊师传》云:万尊师“名国枢,字环中,江西南昌人也”。其曾祖为兵部左侍郎,讳恭之。祖讳安礼,为恭之少子,“少而好

① 参见(清)潘奕隽:《三松堂集》卷10、卷17,《清代诗文集汇编》,上海:上海古籍出版社2010年版,第399册,第189、263页。钟吾山,即穹窿山。

② (清)潘奕隽:《三松堂集》卷15,《清代诗文集汇编》,上海:上海古籍出版社2010年版,第399册,第237页。

③ (清)韩是升:《听钟楼诗稿》,《清代诗文集汇编》,上海:上海古籍出版社2010年版,第389册,第408页。

④ 参见(清)张谦:《道家诗纪》卷36,《藏外道书》第34册,第524页。

⑤ 见《钟吾山古刹图》的拍卖资料,网址http://auction.artxun.com/paimai-67234-336165853.shtml。

⑥ 徐珂:《清稗类钞 · 方外类 · 郭去胜拂袖白云》,北京:中华书局1986年版,第10册,第4869页。并见(清)张谦:《道家诗纪》卷35,《藏外道书》第34册,第501页。

道，习符法”，因劾治狐媚而为乡人所重，“既没，道士上章，见之于天枢院，掌笺奏。今醮坛称广惠万真人”。其父鸣宇，“以举人知马湖”。万国枢先从新建人聂绍真学，聂“授以立狱治病、祈晴祷雨、五雷斩勘之法”，并“为奏名，授天师法箓”。天启丁卯（1627 年）登峨眉山，“遇紫云卢先生于文杏阁，抠衣扫除，服事浃月，乃畯以萨真人神霄青符五雷秘法，及斗母月孛、争魂炼度、擒邪伐庙之诀”。下山后，于戊辰（1628 年）三月在楚地遇马全真[①]，马语之曰：“炁清则符灵，派清则法灵，子传法而不传派，其犹未也。”于是返峨眉，卢紫云乃“筮日立坛，昭告于萨祖，立为十七代嗣法嫡孙。歃血书盟，以度世弘济为誓。凡有章醮，得自拜家书，刺指血为符以上萨祖。称家书者，犹人间子孙申白其祖父之云也”。[②] 据《诸真宗派总簿》载，清至民国间，宗祖萨守坚的神霄支派，还有天山派、萨真君西河派、萨祖派等，可见其支系之纷繁。

明中叶后，清微派也有传承。据日本人小柳司气太《白云观志》所附《东岳庙志》，知北京东岳庙所传即为清微派之一支。该志说，东岳庙有灵济先祠，分东西堂，内祀该庙创建祖师及历代方丈。[③] 东堂中央安奉四个神位，一边是东岳庙创建人张留孙、吴全节（元朝玄教两代宗师）之神位，一边是“明朝清微派第一代禹祖讳贵黉神位、故始祖南京朝天宫道录司右玄义禹公讳贵黉霞灵”、“皇清羽化清微派第四代讳守谊刘公霞灵之位”（缺第

---

① 马全真，疑即全真道士马真一，上节已述。参见《长春道教源流》卷 7《马真一传》，《藏外道书》第 31 册，第 134 页；尹志华：《清代全真道历史新探》，香港：中文大学出版社 2014 年版，第 86 页。

② （清）钱谦益：《牧斋初学集》卷 71，《清代诗文集汇编》，上海：上海古籍出版社 2010 年版，第 2 册，第 314—316 页。关于道教家书科仪，参见李志鸿《道教天心正法研究》第五章第三节，北京：社会科学文献出版社 2011 年版；李志鸿：《道教家书科仪初探》，《正一道教研究》第二辑，北京：宗教文化出版社 2013 年版，第 116—132 页。

③ 此为小柳司气太的说法。实际上，从本章第三节娄近垣的履历看，他在乾隆朝曾担任东岳庙住持，而乾隆二十八年（1763 年）刻、四十九年（1784 年）重刻的《净炉会记》又有署名东岳庙住持的杨绍□；结合《东岳庙志》所记神牌上对禹贵黉、刘守谊的称呼，又缺少第二、三代神牌，以及西堂正中供奉马宜麟神龛等情况来看，该清微支派弟子住持东岳庙的时间可能晚于乾隆朝，或许是马宜麟或其弟子时的事。袁冰凌《北京东岳庙碑文考述》云：“道光年间，掌庙道士马宜麟募化集资，扩建了东西两道院。”注云：“据说原有一碑记载马氏修庙事迹，碑阴刻有马氏像。此碑不知毁于何时，亦无拓片。”（《三教文献》第 3 期，荷兰莱顿大学 CNWS 出版社 1999 年版）

二、三代)。其所供第一代始祖禹贵黉,盖为明代后期人,即该支派开创于明后期。接下所供奉者,即为清代至民国该派的历代祖师。东堂从第五代到第十五代,共 80 人;西堂从第十六代至第二十一代,共 21 人。① 将所祀第四代以后祖师名中,各抽取中间一字,依次为:守、全、真、道、正、德、存、诚、传、尚、贤、源、洁、宜、良、明、化、吉。② 据民国二十八年(1939 年)叶郭立诚对北京东岳庙所作的一次调查报告,可知这十八字乃为该派的派字。该调查报告说,她在调查中曾收到东岳庙一首宗派诗,宗派诗云:"贵崇应守全真道,正德存诚传尚贤。源洁宜良明化吉,洞中清泰慕红颜。"当时该庙住持名张吉荫,为其第二十一代。③ 将此诗与上列牌位之派字相较,完全吻合,证明该派从明后期至民国时期已传了十八代。也证明了北京东岳庙从清代至民国年间一直传清微派,该庙就是清微派的祖庭。上述宗派派字未被《诸真宗派总簿》所收录。

此外,《诸真宗派总簿》另收有清微支派九个,其名为:大茅真君茅盈所传清微派、二茅真君茅固所传清微派、三茅真君茅衷所传清微派,以及全真遇仙派支派清微派、龙虎山正乙门下天师清微派,还有其他不同派字的四个清微派。可见明清民国间清微支派的纷繁。据《金盖心灯》记载,全真龙门派亦有兼传清微者。《金盖心灯》卷 2《吕云隐律师传》说:吕守璞(号云隐)"于清微为二十四代,于龙门为八代律师"④。该传注称:吕守璞之父吕贞九"嗣清微派,为二十三代法师"⑤。同书卷 5《费丹心律师传》又说:费阳得(号丹心),"吴兴千金人。六岁归清微派,为射村开化院元裔,后又师龙门派沈一炳(号轻云),为龙门派第十二代律师"⑥。

净明道的祖山南昌西山,虽在明后期有全真龙门派渗入,但净明派的传承自明中叶以来一直没有断绝。净明道所宣扬的"龙沙八百之谶",更是在

---

① 参见《白云观志》卷 5 附《东岳庙志》,《藏外道书》第 20 册,第 605 页。
② 参见《白云观志》卷 5 附《东岳庙志》,《藏外道书》第 20 册,第 605 页。
③ 参见《北平东岳庙调查》,《民俗丛书》,东方文化书局(复印)1971 年版,第 46 册,第 6 页。
④ (清)闵一得:《金盖心灯》卷 2,《藏外道书》第 31 册,第 199 页。
⑤ (清)闵一得:《金盖心灯》卷 2,《藏外道书》第 31 册,第 198 页。
⑥ 《金盖心灯》卷 2,《藏外道书》第 31 册,第 262 页。

明中后期的江南士人群体中掀起一股信仰热潮，其余波及于清初。所谓"龙沙八百之谶"，又称为"八百之谶"或"龙沙之谶"，是净明道士中流传的一则神话预言。最早见于南宋初净明道的创派人之一"翼真坛副演教师"何守证所撰的《灵宝净明新修九老神印伏魔秘法序》，该序末尾载明写作时间是"绍兴辛亥岁(1131 年)重阳日"。内称许逊降神于"游帷故地"，肇建翼真坛。又说："顾唯龙沙已合，五陵之内应地仙者八百人，而师出于豫章。此言载于方册，今黄童白叟皆熟诵之，信不诬也。"①此后南宋道士白玉蟾所撰《旌阳许真君传》和《玉隆宫会仙阁记》亦有类似的记载。《旌阳许真君传》说，许逊斩蛟之后，曾留下预谶说："吾仙去后一千二百四十年间，豫章之境，五陵之内，当出地仙八百人，其师出于豫章，大扬吾教。郡江心忽生沙洲，掩过井口者，是其时也。"②这比何守证所说，已增添了一些内容和情节，特别是何守证虽然提到许逊下降，但对"八百之谶"则只说"此言载于方册"，并未明确交代是否为许逊所言，而白玉蟾则对此作了明确的肯定。神话故事的内容，总是愈编愈圆满，其情节也愈来愈完善，这是合乎情理的事。以后在元、明、清各代所出的一些净明道资料，如元代所出《净明忠孝全书》卷 1 之《净明道师旌阳许真君传》和《西山隐士玉真刘先生传》，清代所出《逍遥山万寿宫志》卷 4《许逊传》、卷 10《龙沙谶记》、卷 15《定宇天光记》等，皆记有此谶语，文字基本相同；只是清代书中将一千二百四十年，改为一千四百四十年，以与其时代相吻合。其基本意思是说，祖师许逊死后一千多年间，将有很多弟子出来振兴净明道。后世净明道徒鼓吹这个神话的目的，乃是在净明道衰落以后，企图借助许逊在民间的影响，用此所谓"八百之谶"来耸动听闻，招揽信徒，以图再兴。元初刘玉就曾借助这个谶语，宣称净明法师胡惠超(唐代道士)和祖师许逊先后下降，告诉他："龙沙已生，净明大教将兴"，叫他作"八百弟子"之首，振兴净明道。③ 后来果然经过多年阐教，将净明道重建起来。到了明代中后期，正当此谶语所说的"一千二百四十年"之际，因此明中期以后便不断有人附会各种异象或事件，指称此谶

① 《道藏》第 10 册，第 547 页。

② 《修真十书》卷 33《玉隆集》，《道藏》第 4 册，第 758 页。

③ 参见《净明忠孝全书》卷 1《西山隐士玉真刘先生传》，《道藏》第 24 册，第 629 页。

即将或已然实现。在晚明三教合一的风潮中,这个信仰更跨越了教派的界限,跟其他信仰相结合,其流行区域也从江西扩展到江南一带。当时信仰此说的儒、道人物,无不以跻身八百弟子、荣登仙籍作为相互期许或自许夸耀的事情。但是,如同其他神话一样,“龙沙之谶”到了预定的时间并未能实现,这引起了各种反应,有人讪笑斥责,有人在深受打击之后另觅新说,另有人寻求内丹学的解释,也有人认为时限并未到来而选择继续等待。① 明中后期至清代的净明道,正是在这样的背景下传续。

据《逍遥山万寿宫志》载,明万历时曾修道于南昌西山玉隆万寿宫的彭幼朔,就大力鼓吹“龙沙之谶”,拥有一大批追随者。该书卷15李鼎《定宇天光记》云:“昔九州都仙太史许真君,以晋宁康二年甲戌(374年)拔宅上升,垂记有曰:自兹一千二百四十年间,五陵之内,地仙八百复起,其师出于豫章。倒指至今上万历四十一年癸丑(1613年),适与期合。比年豫章北沙高于雉堞,章江突生一洲,曲抱沙井,玉隆宫柏叶曳地……又适与谶合,乃我又(幼)朔彭真人应运特兴。从游者甚夥,真人各授以秘密藏法,言人人殊,使坐玄室中,久之虚中生白,神光陆离……于是当之者意得,闻之者魄摇。争叩真人之门者,如趋市,如造朝。真人倏有陕洛之行,诸弟子皇皇若失慈母。岁云暮矣,首座周浑成先生自楚适至,诸弟子以不得请于真人者,争叩浑成先生……于时鼎(作者自谓——引者注)也方拥篲操箕在弟子之末。”②这个彭幼朔,钱谦益曾为其立传,备记其神异之迹,言之凿凿,撮述如下:彭幼朔,名龄,不知何许人也。万历丙戌(1586年)、丁亥(1587年)间,游寓蜀之潼川州(治郪县,今四川三台县),自称邹长春,时常熟人顾云凤为州守,彭与其往还,多谈容成御女之术。甲午(1594年)来吴,改称江鹤,号甗甄子,与士大夫交,多言其居官时事,皆有端绪。每言正德、嘉靖间巨公,辄曰某某吾门生也。已而往长安,数年后游楚,自称祝万寿,号海囤,教承德诸生习举业,预言应山(今湖北广水市)杨涟中举及其他神异事,后杨涟为常熟县令,皆亲口告诉钱谦益。越二年,彭氏来常熟,与钱谦益交游,前后达

① 参见张艺曦:《飞升出世的期待——明中晚期士人与龙沙谶》,《新史学》第22卷第1期(2011年3月)。

② (清)金桂馨、漆逢源纂:《逍遥山万寿宫志》卷15,《藏外道书》第20册,第849页。

四五年。钱见其以服气法授人，间传汞银法，谈百余年朝野事，历历如指掌。天启（1621—1627年）中，杨涟因疏劾魏忠贤，下狱而死，彭氏出钱资助其家，又惧祸及，改姓冯，往依涿相。丙寅岁（1626年）到南京，依李沮修，卜葬地于龙泉山，修缮毕，集友朋谈笑而逝。葬后两月，又有手书遗李沮修及翁孝先，并托他们问候钱谦益。一年后，尚有人见之登莱山中。此后不复见。彭氏之女，嫁胶州太守高锵。[①] 钱氏《归田诗集》又收录《续彭仙翁登高诗》一首，题云："彭幼朔仙翁丙寅十月化去，岁尽却有手书贻所知，多言化后事，盖尸解也。"[②]其所言彭仙翁登高诗，张谦《道家诗纪》收录，题《九日登高有怀钱太史》，诗云："落木萧萧两鬓皤，登高纵览旧关河。漫嗟鱼服英雄老，烂醉龙山感慨多。千古风流吹帽尽，百年时序插萸过。石函君已镌名久，有约龙沙共放歌。"[③]末后两句，乃恭维钱谦益应"龙沙之谶"，彭氏原有注，张谦失载。按，钱谦益《丙申闰五月十又四日读新修滕王阁诗文集重题十绝句》第七首云："八百分明著籍仙，樵阳名记石函镌。珠帘正面龙沙树，记取垂垂拂槛前。"[④]钱曾注"石函"云："彭幼朔《九日登高寄怀虞山钱太史》诗：'石函君已镌名久，有约龙沙共放歌。'幼朔注曰：'近有人发许旌阳石函，记虞山太史，官地具载。其当在樵阳八百之列无疑，故落句及之。'"[⑤]彭氏言钱谦益名列仙籍，钱氏乃载之篇章，颇有自许之意，于此也可以概见"龙沙之谶"的影响。彭幼朔又著有《龙砂（沙）筏》一卷[⑥]，大概是教人在谶期到来的时候如何度过离乱或飞升仙境。可见，彭幼朔虽然不一定是净明

① 参见（清）钱谦益：《列朝诗集小传·闰集》，上海：古典文学出版社1957年版，第707—709页。彭幼朔事，明顾起元《客座赘语》卷8《四羽士》（《庚巳编·客座赘语》，北京：中华书局1987年版，第263页）也有载，可参。

② （清）钱谦益：《牧斋初学集》卷4，《清代诗文集汇编》，上海：上海古籍出版社2010年版，第1册，第215页。

③ 《藏外道书》第34册，第465页。诗前有彭氏小传，当为节略钱谦益文而来。

④ （清）钱谦益：《牧斋有学集》卷6，《清代诗文集汇编》，上海：上海古籍出版社2010年版，第3册，第144页。

⑤ （清）钱谦益著，（清）钱曾笺注，钱仲联标校：《牧斋有学集》卷6，上海：上海古籍出版社1996年版，上册，第300页。

⑥ 《千顷堂书目》卷16著录："彭龄《龙砂筏》一卷，又彭幼朔《庸言》一卷。"见（清）黄虞稷撰，瞿凤起、潘景郑整理：《千顷堂书目》，上海：上海古籍出版社2001年版，第437页。

派道士，但他对“龙沙之谶”的宣扬，在社会上造成了相当大的影响，对净明道的传播当亦有一定的促进作用。

明末清初，又有张逍遥（1595—1661 年）修道西山，著名于世。《逍遥山万寿宫志》卷 5《净明张真人传》曰：“师姓张，河南杞县人。其族世名字，未尝语人，故不详。”人称“张逍遥”。“生明万历乙未（1595 年）五月十三日。天性至孝，十八九时，便知慕道。偶遇杜君，相语甚契，杜偕同众入仙人洞。时习采药茹草、修持祭斗，他如水火龙虎之机，未之讲也。居无几，食且尽，众等意在出山，杜君诺之。师执不从，杜君以余粮斗许遗师。杜君遂同众出山，师送之……师叩首别后，惟茹药祭斗，精诚感格，蒙尊帝二星降焉，混合良久，自此得悟性命之要、还丹之道，皆神传也。间绝食且冻，将危，檀家何面店感梦，冒雪持馍以奉，乃得活。居二年……游湖广之黄陂，比崇奉颇众，趋谒者无间。居四年，师慕净明之旨，感乌晶有谶，于是渡江，始至豫章之西山，寓洪井洞畔小亭四月，亭甚湫隘，而师处之浩然。樵牧目为逍遥，逍遥之号始此。一日，紫清宫道士告师以虎洞之状，师遂慨然携杖以从……时无室庐，夜卧倾崖下……饥饮涧水，可累日不食。久之乃结小石室于古松涧，幅巾羽扇，瞑目静坐，士大夫闻而过访焉……与之谈休咎，率多奇中。或问以金丹之术，辄曰：‘我中州产，壮岁自负其胆勇，横槊支剑，若而年以母病，遂入山独静坐耳，安知其他？’每道明季事，历历可听，大类曾历朝者，卒不肯竟述其生平。嗣是求见者日广。”①居西山 29 年，于顺治十八年辛丑（1661 年）卒。

其后，康熙年间，又有周德锋、朱良月、胡之玫（法名德周）等名于世。周德锋，字思永，别号占月，又自称铁汉，出身南昌宦族。“四书六经、诸子百家、天文地理、佛老之书，无不研究通贯。善属文，尤工诗，书法兼擅真行篆隶之长……髫龄游泮，十七廪于庠。弱冠遇异人于城市，谈净明忠孝之道，及天元玄牝之妙，超然感悟。中年过花啸老人家，机锋相对，道念弥坚。遂弃妻子，游历名山，访真师，外修内炼，静习玄功，密居西山天宝洞数年，参悟微义，洒然有得。徐师野谷（全真龙门派第八代徐守诚——引者注）企而慕之，同结圜于青云浦……时与沈君究竟玄关阖辟之机……又订正《净明宗教》等书，著述甚

① 《藏外道书》第 20 册，第 737—738 页。

富……后因徐师(野谷)敦请,遂来玉隆,大阐宗风,开示后学。高人名士闻其名者,时多过访。……居常诲人必以忠孝为本,要在真知实践。所言简而有要,温而有理,或有悖义伤教者见之,虽高年名贵,必呵叱之,不少贷,人亦帖然心服。求翰墨者无虚日,摇笔伸纸,兴到即书,不起草……晚年道日尊,名日重,弟子辈迎入高安贞元观,讲求道法,多所成就。住世七十余,无疾而终。"① 又据《南昌县志》云,周德锋晚年游广陵(扬州),翰林许承家(字师六)以师礼事之,年七十六,预卜死期,端坐而化,葬于金泉之麓。②

与周德锋同时的还有朱良月、胡之玫。胡之玫曾辑《太上灵宝净明宗教录》十卷,由其子胡士信(法名弘道)编校梓行。胡之玫在该书序言中说:"良月朱先生、占月周先生与余三人者,同游净明之门,瞻望龙光已三十有余年,每以净明道法统宗及净明宗教录,净明初真、正真、上真科戒,净明大法诸书,未得同归一轨,五陵之士虽共习一家之言,不同符一真之旨,未免南辕北辙。今合道法而归一宗,以印合德合明之心。书凡十卷,仍名《宗教录》。"③末署"西昌弟子胡之玫法名德周敬题"。《道藏辑要》危集四收录此书部分零散文书,不分卷,缺少很多内容。21 世纪初,南昌王令策献出其父王咨臣所藏十卷全本,由西山和南昌万寿宫组织尹志华等予以整理、点校,作内部资料流通。2009 年,江西人民出版社正式出版了陈立立、邹付水整理的版本。

朱良月也是这一时期净明道的一个重要人物。他与周德锋、胡之玫等人共同建立了净明道支脉之一的青云派。根据民国时期的《青云谱志》,朱良月,又名朱朗、朱道朗,号破云樵者,又自称望道人。④《青云谱道院落成记》中说他是"宁藩宗室裔"⑤,也就是明太祖朱元璋第十七子宁王朱权的后代。他早年间家世富贵,饱读诗书,然明亡之后,伤于世变国亡,出家做了道士,于

---

① (清)金桂馨、漆逢源纂:《逍遥山万寿宫志》卷 13,《藏外道书》第 20 册,第 821 页。

② 参见(清)金桂馨、漆逢源纂:《逍遥山万寿宫志》卷 13 引,《藏外道书》第 20 册,第 821—822 页。

③ (清)金桂馨、漆逢源纂:《逍遥山万寿宫志》卷 16,《藏外道书》第 20 册,第 866 页。

④ 参见(清)朱道朗:《青云谱碑记》、《跋》,黄翰翘编:《江西青云谱志》,《中国道观志丛刊》,南京:江苏古籍出版社 2000 年版,第 24 册,第 41—51 页。

⑤ (清)周体观:《青云谱道院落成记》,黄翰翘编:《江西青云谱志》,《中国道观志丛刊》,南京:江苏古籍出版社 2000 年版,第 24 册,第 22 页。

南昌城南建立青云谱(圃),并以此为基础发展出了青云派,成为一代高道。

朱良月建立青云谱,乃是在当地士绅百姓的资助下购买空地而建立的,其地契至民国时犹存。之后青云谱道院的历代主持者又不断增购周围空地,到清末已经扩建为一个拥有十余处殿阁的大型宫观。其发展过程,几乎完全依赖道派自身的财力,通过购买地皮实现宫观扩建,这说明了青云派基本上没有得到统治阶层的关注和支持,然而在民间却具有比较旺盛的生命力。青云派是清代净明道的一支,在北京白云观的《诸真宗派总簿》中记载了其二十字的派谱,被称为"净明续派",且与净明派合为一体,统称为"许真君净明派"①。青云派亦兼嗣全真派。朱良月自述其道观"崇祀吕祖(吕洞宾),以其受东华、正阳之教,发明性命双修之旨,遂乃因地而教,因人而授法也。其视许祖(许逊),教同而道一也,道同而心皆一也"②,且自称为"净明法嗣青云谱全真弟子朱道朗"③。朱道朗的弟子,据《青云谱志略》等记载,有沈兆奎(法名弘慈)、张士维(法名德维)、陈德瓒(法名德航)、朱统鉊(法名德沁)、郑弘果、涂若愚、宋程六等人。

三、傅金铨及其所著《道书十七种》

至清嘉、道年间,净明道又出了一位著名道士傅金铨。其生卒不详,活动事迹仅见零星记载。民国《巴县志》卷5说:"清嘉庆二十二年(1817年),有傅金铨者,字鼎云,别号济一子,江西金溪人。入蜀寄居巴县,大开坛坫。自谓得纯阳符火不传之秘,所著有《道书十七种》。从游者众,其门下最知名者,有临川纪大奎,时官合州知州,有《易问》、《老子注》行世。"④

① 《藏外道书》第20册,第578页。参见严合怡:《道统源流》卷中,上海民铎报社等发行,1929年,第3页。

② (清)朱道朗:《青云谱志略·跋》,中国国家图书馆藏康熙二十年(1681年)刻本,第70页。

③ (清)朱道朗:《净明宗教录·跋》,(清)胡之玫编著,陈立立、邹付水整理:《净明宗教录》,南昌:江西人民出版社2009年版,第294页。

④ 向楚等:《巴县志》卷5,《中国地方志集成·四川府县志辑》,成都:巴蜀书社1992年版,第6册,第199页。据他道光十三年(1833年)正月所作《九皇新经后序》云:"铨承师命,待缘来川,今有十八年矣。"(《三洞拾遗》,合肥:黄山书社2005年版,第3册,第501页)可知其入川在1816年。

《杯溪录》阿应麟序说:"《杯溪录》者,济一道人傅子金铨证道之书也。道人淹通经史,工词翰,解声律,善画能琴,俊绝一时。以孝行闻于乡里,居善亲,与善邻,知夫宇宙事皆分内事,盖有由也……道人自言受训于纯阳吕祖,应八百之谶,首先忠孝,若尧舜禹文周孔道统相承,为君止仁,为臣止敬,为父止慈,为子止孝,各止至善,即各证厥修矣。"①他在《赤水吟自序》中自谓:"仆久居赤水(原注:四川合州。即今重庆合川),接引来贤,首先忠孝,而大力精进之侪,卒不可得。"②表明他在合川住过较长时间,合川知州纪大奎盖即于此时拜他为师。《醉花道人传》又说,傅金铨"性耽幽寂,喜花酒,遇花辄饮,每饮必醉……皆呼之曰醉花道人。殆借花酒以全其真者耶!囊琴之外无长物。喜文章诗画,间亦操觚,往来沅湘江汉,无不知有道人者。晚得容成秘旨,结茅妙高峰下。环庐种竹,门对清溪,植桃数十株。初春明媚,笑颊迎人。入其境,恍如天台刘阮"③。其《复纪司马书》称:"不佞于斯道究心且三十余年,丹经子书,搜罗迨尽……迩来奔走二十年矣,江之东西,湖之南北,广闽淮海,足迹所经,声气所接,高人杰士,黄冠缁流,盖亦不少。"④可见其活动地方不限于四川、江西、湖南、湖北、广东、福建等地,皆有他的足迹。其《心学》自序写于道光二十四年(1844 年)⑤,是现存材料中纪年最迟者,证明他的逝世当在此年之后。

傅金铨生平事迹留下的记载太少,在现存的有限记载中,无一字谈及他属于什么道派,但据一些资料分析,他当是净明派道士。理由有三:

第一,阿应麟为其《杯溪录》所作的序中说:"道人自言受训于纯阳吕祖(即吕洞宾——引者注),应八百之谶,首先忠孝,若尧舜禹文周孔道统相承……"⑥如前所述,"八百之谶"是净明道所特有的,不见于他派,傅金铨既然自称"应八百之谶",无异是向人宣称自己是净明道士。应该指出,这

① (清)阿应麟:《杯溪录序》,《藏外道书》第 11 册,第 1 页。
② (清)傅金铨:《赤水吟自序》,《藏外道书》第 11 册,第 43—44 页。
③ (清)傅金铨:《自题所画》之《醉花道人传》,《藏外道书》第 11 册,第 618 页。又见《赤水吟》收录,文字略异,《藏外道书》第 11 册,第 59 页。
④ (清)傅金铨:《赤水吟·复纪司马书》,《藏外道书》第 11 册,第 55 页。
⑤ 参见(清)傅金铨:《心学序》,《藏外道书》第 11 册,第 674 页。
⑥ (清)阿应麟:《杯溪录序》,《藏外道书》第 11 册,第 1 页。

个谶言，最初只与许逊相联系，但至明清时，吕洞宾（号纯阳）十分走红，道士们把很多事都和他攀上关系，这个谶言也是这样。如记述净明道祖庭的《逍遥山万寿宫志》卷5就为吕洞宾立传，名曰《龙沙应谶吕真人传》，其中说，钟离权（号云房）收吕洞宾为徒之后，曾告诉他说："吾赴帝召，汝好住人间，修功立德，应龙沙之圣谶，符两口之宗师。"①傅金铨《道书十七种》中收有《樵阳经》一书，更谓此经是上帝命吕纯阳和许逊共同授与樵阳子（据同书所收《樵阳子语录》说，樵阳子就是元初重建净明道的刘玉②），并叫樵阳子转授给八百弟子云云。③ 这样，既将吕洞宾和"八百之谶"拉上了关系，又将吕洞宾塑造成了净明道的另一位祖师。由此可知原来傅金铨所言受纯阳吕祖之训非他，乃受纯阳吕祖净明宗教之训也。

第二，傅金铨《道书十七种》中又收有《度人梯径》一书，全名是《孚佑帝君纯阳吕祖师度人梯径宝章》，共8卷，内容是托名吕洞宾向弟子讲道，更具体地说是将吕洞宾打扮成净明道的一位祖师向净明八百弟子讲道。如该书用吕洞宾口气说："昔钟离师十试，吾且坚贞，然后授以开净明宗旨，无非因时度济世人。"④又说："上帝敕命，总化八百之徒……异日谶兴，洪泽疫疠，民灾百出，是其时也。有道者闻之，莫不皆至，施功积行，显道匡时，则八百会矣。"⑤"吾苦心化度，应都仙之谶……许都仙拔宅于豫章西山，先发道脉，留谶龙沙，以为千二百年之兆，今其时也。"⑥又说："吾奉（此处似脱"帝命"二字——引者注），阐教五陵，时刻不暇，以成全诸生大道，勉之。""吾游豫章至此，观各坛弟子，口是心违，实力用功者鲜矣。汝等宜尽心斯道，青出于蓝，吾有厚望焉。"⑦此书卷6主要篇幅记述吕洞宾训诫傅金铨之语，如云："济一质性聪敏，心性纯和，还要加志苦炼，日新不已，吾今传汝金丹。"⑧

① （清）金桂馨、漆逢源纂：《逍遥山万寿宫志》卷5，《藏外道书》第20册，第734页。
② 参见《藏外道书》第11册，第669页。
③ 参见《樵阳经序》，《藏外道书》第11册，第652—654页。
④ 《度人梯径》卷4，《藏外道书》第11册，第568页。
⑤ 《度人梯径》卷1，《藏外道书》第11册，第545—546页。
⑥ 《度人梯径》卷1，《藏外道书》第11册，第547页。
⑦ 《度人梯径》卷6，《藏外道书》第11册，第587页。
⑧ 《度人梯径》卷6，《藏外道书》第11册，第588页。

“汝问樵子(即指“樵阳子”——引者),樵子与汝有甚葛藤?只要汝道心如天,不用汝问他,他到(倒)要来寻你……况樵子为八百开阐首袖(应作“领袖”——引者),焉有不来相会?姓名出处,何必追问?自后便知。”①当傅金铨向吕纯阳陈述:意欲西游川蜀,但担心老母在堂,无人供养,不知如何是好时,吕纯阳教训说:“知汝困守逆境,进退惟艰,远涉穷途,亦非善策。汝读圣贤之书,父母在,不远游,汝母年迈,岂可远离?”②另一处又说:“济一知道玄微否也……子之薄势利,等富贵若浮云,由来旧矣,且所望不奢,求碗粥以膳家口,而求道之志,则泰岱焉,天之施恩于汝母者此也。”③“汝济一之境,可谓苦之极者,而贪心妄想尚不系其怀抱……实道中第一流人物。然非历斯景况,何以励汝操持!天之玉汝成也,可谓厚矣。度弟子得如汝者,亦可以副吾之望矣!”④类似这种话头还很多,兹不备举。该书书题下,前4卷署“皈依弟子济一子傅金铨敬释”,后4卷署“皈依弟子济一子傅金铨敬录”,可能是傅金铨本人用扶箕降笔方法写成的。通过此书向人们展示出一幅净明祖师吕纯阳向八百净明弟子(主要是向傅金铨)讲授道要的画面,可作为傅金铨“受训于纯阳吕祖”的注脚,同时也进一步证明傅金铨确是净明派道士。

第三,净明道教义的根本核心是忠孝,它视忠孝为修道的根本,视人道为仙道的基础和阶梯,只有将人道这一步修好了,才有可能进而修持仙道,得道成仙。傅金铨的思想如何呢?前引《杯溪录》阿应麟序说傅金铨“自言应八百之谶,首先忠孝”,傅金铨《赤水吟自序》也说“仆久居赤水,接引来贤,首先忠孝”,都表明他把忠孝看作是高于一切的东西,是修道的命根子。在他的著作中,有很多谈论忠孝的言论,如说“忠孝者,成仙之阶级”,“不修人道,安求仙道”,等等。此外,他又“以孝行闻乡里”。⑤ 凡此,皆可证明他的言行与净明道教义是十分吻合的。道教融合儒家伦理纲常是一种普遍现

① 《度人梯径》卷6,《藏外道书》第11册,第592页。
② 《度人梯径》卷6,《藏外道书》第11册,第593页。
③ 《度人梯径》卷6,《藏外道书》第11册,第596页。
④ 《度人梯径》卷7,《藏外道书》第11册,第598页。
⑤ 《赤水吟》,《藏外道书》第11册,第43—44页。

象，至明清时尤为显著，但将儒家伦常忠孝摆在修道的首位，并作为教义的根本和核心，则只见于净明道。傅金铨的思想特征与此完全相符，这绝不是偶然的，而是他本身所属的净明道的教义的一种体现。

综上所述，大致可以断定傅金铨应属于净明派，是清代净明道中一位在教理教义上颇有成就的道士。

傅金铨曾撰编道书多种①，被先后集结为《济一子道书》、《济一子证道秘书》、《济一子道书十七种》等刊行于世。此外，又有几种济一子内丹书批注也被刊行。《济一子道书十七种》是收书最多者，现存有民国十年（1921年）上海石印本等，近年巴蜀书社所出《藏外道书》，将它收入第11册，篇目为：《杯溪录》3卷，《赤水吟》1卷，《外金丹》5卷，《内金丹》1卷，《邱祖全书》1卷，《玄微心印》2卷，《三丰丹诀》1卷，《天仙正理读法点睛》1卷，《道海津梁》1卷，《道书一贯真机易简录》12卷，《度人梯径》8卷，《自题所画》1卷，《性天正鹄》1卷，《樵阳经》2卷，《心学》3卷，《吕祖五篇注》5卷，《顶批上阳子原注参同契》3卷，《顶批三注悟真篇》3卷，《顶批金丹真传》2卷，《顶批试金石》1卷，《崔公入药镜注》1卷，《吕祖沁园春注》1卷，《邵子诗注》1卷。

现将傅金铨主要思想简介如下。

（一）性命双修、阴阳双修的内丹说

傅金铨在教派上属净明派，而在内丹修炼上则主阴阳双修。他提出独特的"性命双修"说，主要论点是：性无命不立，命无性不全，性命必须双修。他认为，性系于心，本体为神；命成于气，禀气成形，人之生命就是神气相依的体现。因此，修炼内丹必须效此逆而行之。他说："大道不用色身，只用神气，神出于心，气出于色。有先天之梵炁，有后天之血气。后天之气，生自先天，先天之炁，藏于后天。归根有窍，贮纳有所，出入有门，进退有度。二气合一，归于黄道，所谓气归元海寿无穷。"②又说："性无命不立，命无性不

① 傅金铨作《九皇新经后序》曾历数其撰著、批注的作品，可参。参见《三洞拾遗》，合肥：黄山书社2005年版，第3册，第501页。

② 《度人梯径》卷2，《藏外道书》第11册，第552页。

全，性命双修，合一不离，则神恋气，气留神，神凝气住，归根复命，丹结下田。”①“性为无中之真有，命为有中之真无，有无互入，神气始交，神凝气结，斯为圣胎。”②

他又把性命解释为阴阳，说：“性命者，阴阳也，阴阳合一，至道乃成。”③又说：“性命双修，便是阴阳合德。未生之前，命是性之先天，既生之后，性是命之先天，性命合一，金丹乃成……苟不达双修之理，阴阳离，天地隔，恶乎成之！”④因此，他所说的性命双修，实即阴阳双修。他对此又进行阐发说：“性命双修，只神气二字，神属我，气属彼。”⑤又说：“欲晓神仙之学，当达身心二字。心为体，身为用。体是我，用是彼，神气之所从出也。以我之神，宰彼之气，离坎列位，神芝万株。”⑥此处所谓的“彼”“我”即指男女，故所谓阴阳双修，实即男女双修。他认为，男人已漏之后，一身皆阴，必须从同类的彼方（即女方）采得真阳、真气，方能成丹。此即所谓“取坎填离”。这与内丹清修派观点完全不同。清修派认为，坎离均在自己一身之内，只要取己身之坎，填己身之离，一己独修，便能成就大丹。傅金铨反对此种看法，他引《一笔勾》曰：“只说是命在身里头，谁晓得一己无有此个妙术、此个机关。原有彼我之分，不是一己之事。”⑦即坎并非一己之物，须从彼方才能求得。他又引《悟真篇》以证之，说：“《悟真》谓：‘阳里阴精质不刚，独修一物转羸尫。’必须得彼杀中生气以点之，故曰：‘但得坎精点离穴，纯乾便可摄飞琼。’盗彼点我，如此明白，人何不细思乎！”⑧又称《金丹节要》说：“金丹大道，全在神交，玉液玄机，别无妙术……盖离虚坎实，离为阳中阴，坎为阴中阳，故曰：取将坎位中心实，点化离宫腹内阴。”⑨以此证明要填我离中之阴，

① 《度人梯径》卷2，《藏外道书》第11册，第552页。
② （清）傅金铨：《崔公入药镜注》，《藏外道书》第11册，第892页。
③ （清）傅金铨：《性天正鹄》，《藏外道书》第11册，第646页。
④ 《度人梯径》卷2，《藏外道书》第11册，第552页。
⑤ 《度人梯径》卷3，《藏外道书》第11册，第562页。
⑥ 《度人梯径》卷2，《藏外道书》第11册，第555页。
⑦ （清）傅金铨：《吕祖五篇注·黄鹤赋》，《藏外道书》第11册，第726页。
⑧ （清）傅金铨：《吕祖五篇注·黄鹤赋》，《藏外道书》第11册，第724页。
⑨ （清）傅金铨：《吕祖五篇注·黄鹤赋》，《藏外道书》第11册，第724页。

非取自女方不可，即非男女双修不能成丹。

为此他十分反对入山修行和孤修静坐，说："有等愚顽执着不化，死守清静，信杀不疑，苦修苦炼，昼夜打坐，使气血凝滞，鹊形鹤体，骨瘦如柴，到发黄齿落，犹不自悟，可胜叹息……岂知坐到老死，都属空亡，究竟还是不细心读丹经之故。"①他进一步加以阐述说："《易》曰：'一阴一阳之谓道。'《无根树》曰：'离了阴阳道不全。'斯道必匹配阴阳，交接水火。世人见入山住静，不婚不宦，便谓此是修道，岂知道在人间，不在山内……出世之法，即在此世法中求之。所谓世法者，君臣父子夫妇兄弟朋友，日用平常之事也。人道生男育女，修丹者效之。三丰祖曰：顺生人，逆生丹，只一句儿超了千千万，再休题清静无为枯坐间。"②故性命"必要双修，不可单行……世人只解孤修静坐，不悟双修妙理，离了阴阳，背却造化，断无成就"③。

傅金铨没有专文系统阐述其双修炼法，但在其《吕祖五篇注》中，已经谈到了安炉立鼎、筑基铸剑、待时采药等等，足可窥其双修法之一斑。其《鼎器歌注》曰："修丹必用鼎器，鼎器为何？乾坤之体是也。夫乾坤而曰体，必非覆载之乾坤矣……夫安炉立鼎，会合阴阳，攒簇火候，非是一人可以独行，须同心密契、辅弼三人，乃可施工。"④此辅弼三人，盖即《玄微心印》所谓的选三"美鼎"（按指选二七、二八、二九之少女作鼎）之意，就是以少女为炼丹之鼎，以之作筑基、采取、抽添的对象，完成炼丹工夫。⑤ 此外，该《注》又对筑基铸剑、待时采药等，作了某些阐述。其所辑《道书十七种》中收录了《玄微心印》一书，所谈双修丹法比较系统，较详地论述了胎息、铸剑、筑基、玉液、金液、温养、面壁等内容，大概可以视为当时双修丹法的代表。

既主男女双修，就很难与三峰采战等淫秽之术划清界线，也难免遭到世人之指责。傅金铨对此作了再三辩白，声称三峰采战等术是旁门邪术，是地

① （清）傅金铨：《吕祖五篇注 · 百句章》，《藏外道书》第 11 册，第 732 页。
② （清）傅金铨：《吕祖五篇注 · 黄鹤赋》，《藏外道书》第 11 册，第 722 页。
③ （清）傅金铨：《吕祖五篇注 · 黄鹤赋》，《藏外道书》第 11 册，第 722 页。
④ （清）傅金铨：《吕祖五篇注 · 鼎器歌》，《藏外道书》第 11 册，第 737 页。
⑤ 参见《玄微心印》卷 1《择鼎》、卷 2《筑基第三》等，《藏外道书》第 11 册，第 309—310、317—318 页等。

狱种子所为,双修丹法与之有根本的区别。他说,双修丹法“虽分彼我,实属正大光明,并非卑污暖昧”,“虽有彼我之分,实非此等之事”。[①] 其主要区别盖即双修派所谓的隔体神交,即修炼时男女对坐,男不解衣,女不解带,通过阴阳相感,而达到神通、气通。这与世俗的男女性交是不同的。故他说:“语曰:邪人行正正亦邪,正人行邪邪亦正。至心清净,毫无苟且。”[②]与之相应,傅金铨十分强调去欲净心在炼丹中的作用,企图通过修心炼性真正达到“神交”的目的。他说:“清静绝欲是修丹第一要紧工夫。祖有云:真金本是无情物,采取须凭真性全。”[③]只有清除了私心欲念,心完全清净了,才可能使我之神合彼之气,最后导致神气凝结而成丹。他要求将此净心绝欲工夫贯彻始终,渗透到炼丹的各个阶段中去,他说:“修丹之士,必先炼剑,始能采药;炼己功成,乃可还丹。所谓炼己者,正念当前,邪意不起,忘情空色相,拼死下工夫。临炉下手,元神不动,一心归命,即是炼己之功,即是铸剑之法。”[④]“下手行功紧要关头,在于对境忘情,对境而不染于境,斯真能淡于人情,忘乎物我。当其下手之际,万念皆空,一心归命。”[⑤]“一尘不染,始可安炉立鼎。”[⑥]“但得药之时,切要正心诚意,戒慎恐惧,不可稍起贪爱之心,致乱邦国。”[⑦]如此等等。总之,要将去欲净心贯彻始终,一刻都不放松,这是双修能否取得成功的关键,由此可知男女双修丹法与一般淫乱之术是不同的。

（二）去欲存真的心学

为了修道炼丹的需要,傅金铨又建立起一套去欲存真的心学。他声称,天赋给人的本心、本性,原是善的,“造化非元善不生人,人无有不善”[⑧]。“赋禀自天,人人不殊,心心具足。”[⑨]不管是圣贤或者是愚人,都同样具有一

① （清）傅金铨:《吕祖五篇注·黄鹤赋》,《藏外道书》第 11 册,第 726 页。
② （清）傅金铨:《吕祖五篇注·黄鹤赋》,《藏外道书》第 11 册,第 727 页。
③ 《度人梯径》卷 4,《藏外道书》第 11 册,第 569 页。
④ （清）傅金铨:《吕祖五篇注·百句章》,《藏外道书》第 11 册,第 730 页。
⑤ （清）傅金铨:《吕祖五篇注·黄鹤赋》,《藏外道书》第 11 册,第 723 页。
⑥ （清）傅金铨:《吕祖五篇注·鼎器歌》,《藏外道书》第 11 册,第 738 页。
⑦ （清）傅金铨:《吕祖五篇注·采金歌》,《藏外道书》第 11 册,第 742 页。
⑧ （清）傅金铨:《性天正鹄》,《藏外道书》第 11 册,第 639 页。
⑨ （清）傅金铨:《心学》卷 1《心学论说》,《藏外道书》第 11 册,第 675 页。

份良心善性。傅金铨称此良心善性为“真心”、“真性”，认为它是人心之本体，“其体至虚，其量无垠，统百神，周庶务，万善之源，万理之都，历劫清静，本无污染”①。又说：“真心如太虚中存天理，至无而至有，夙世成形，皆具此心，皆具此理。”②但此“真心”仅存于先天或人生之初，凡人“一入尘界，欲海波深，沉迷难醒”③，其原具的真心真性渐渐丧失，“几希之良，有梏亡之”④，遂使人生出种种罪恶来。他说，三教圣人有鉴于此，遂倡言心学以拯救世人，“儒曰存心养性，道曰修心炼性，释曰明心见性。教虽分三，理无二致”⑤，目的都是为了教人“明善复初”，即去掉后天的习染，恢复本来之真心真性。

那么，应该如何“明善复初”呢？其途径就是炼心。他指出，炼心是修道者的首要任务，“欲对神明，先求无过；欲求学道，先讲炼心”⑥。只有通过炼心，炼去尘习，保持心地的纯正，才具备成圣成真最起码的条件，“正心诚意是作圣之基，即修真之路，未有心地未清而可以超凡入圣者”⑦。

如何炼心呢？其方法，一是存养，即存养真心；二是去欲，即去除一切私欲妄念。这是一个问题的两个方面，去除欲念是为了复现真心，要存养真心，必须去除欲念。他以镜与尘作比喻，说：“心犹镜也，镜本自明，因尘而蒙，然则欲镜之明，只要去尘。”⑧真心和欲念的关系也是这样，“真心无欲，有欲是尘”⑨。他又以水与风浪、泥沙作喻，说：“真心本自安和静好，所不静好者，物欲动之耳。譬水之本源，至清至洁，不动不荡，风激之而成浪，泥滓之而始浑。”又说：“水本至静，风浪动之；水本至清，泥滓浊之。去浪而水自静，去滓而水自清。清是其本体，静是其本性。真心亦犹是也。”⑩这就是

① （清）傅金铨：《心学》卷1《心学论说》，《藏外道书》第11册，第675页。
② （清）傅金铨：《性天正鹄》，《藏外道书》第11册，第643页。
③ （清）傅金铨：《心学》卷1《心学论说》，《藏外道书》第11册，第675页。
④ （清）傅金铨：《心学序》，《藏外道书》第11册，第674页。
⑤ （清）傅金铨：《心学》卷1《心学论说》，《藏外道书》第11册，第675页。
⑥ （清）傅金铨：《性天正鹄》，《藏外道书》第11册，第644页。
⑦ （清）傅金铨：《性天正鹄》，《藏外道书》第11册，第644页。
⑧ （清）傅金铨：《性天正鹄》，《藏外道书》第11册，第642页。
⑨ （清）傅金铨：《性天正鹄》，《藏外道书》第11册，第642页。
⑩ （清）傅金铨：《性天正鹄》，《藏外道书》第11册，第642页。

说，人的本心即真心本来是明的、清的，但因入尘世后染上了灰尘，混进了泥沙，就使它不明不清。要使真心复明复清，只有像拭镜和淘井一样，擦掉蒙在镜上的灰尘和淘去水里的泥沙，舍此无别的办法。此真心上的灰尘和泥沙是什么呢？就是人的私欲，它是蒙蔽和污浊真心的罪魁祸首，必须加以清除。据说，在这点上，三教圣人也是完全一致的，"佛曰寂灭，灭此欲也；老曰清静，静此欲也；儒曰克己，克此欲也"①。所谓"炼心者"，就是"炼去欲心，现出真心"②。炼去了欲心，也就"明善复初"了。

但人的欲念是很多的，有情欲、贪欲、妄念等等，它们引导世人追求美色、名利等等，而且贪求不已，永远不能满足。他说："人心贪欲，如蛾赴火，如蚁附膻，晓夜无停，一刻不肯放下。权利牵于外，忧虑煎于内，神为心役，心为物缚，得失之念交攻，贪妄之求无已，安乐国成不靖之天矣！"③有了私欲的存在，心不得清，神不得宁，"名利纷纷，俗尘攘攘，障却本心，迷失真性"④。"妄念起则驰其神，神驰则真主离位，不安其宅。"⑤因此各种私欲妄念的危害也是很大的，必须想法克服它。

为了克服私欲妄念，傅金铨提出了一个遇事不动念、睹物不着迹的方法，他说："但凡百事件不起心动念，日惟减事收心。比如宫商妙响，偶然到耳，不必其不闻也。美丽华颜，偶然触目，不必其不见也。但心不着迹，便毫无沾滞，我与声色无干，声色自与我无涉矣。"⑥又说："修行人异于人处，在屋漏不愧，遇境不迁，众人爱我不爱，众人贪我不贪。心似翔鸿，意如秋水。无心于境，无境于心。无事则修心炼性，临事则对境炼心。所谓对境忘境，不沉于六贼之魔，居尘出尘，不落于万缘之化。"⑦

他指出，人的私欲妄念是很顽固的，它时起时灭，很不容易克服。他说：

---

①　(清)傅金铨:《性天正鹄》,《藏外道书》第 11 册,第 643 页。
②　(清)傅金铨:《性天正鹄》,《藏外道书》第 11 册,第 642 页。
③　(清)傅金铨:《性天正鹄》,《藏外道书》第 11 册,第 645 页。
④　(清)傅金铨:《性天正鹄》,《藏外道书》第 11 册,第 641 页。
⑤　(清)傅金铨:《性天正鹄》,《藏外道书》第 11 册,第 643 页。
⑥　(清)傅金铨:《性天正鹄》,《藏外道书》第 11 册,第 642 页。
⑦　《度人梯径》卷 2,《藏外道书》第 11 册,第 554 页。

"功夫在克去己私，时时息念。然而己私难去，不易克也。"①特别是有些欲念，"时出时入，忽出忽入。古人意谓之马，心谓之猿，谓其矫捷不测也。制之如制猛兽，如缚龙蛇"②。因此要克服它们，非下大决心长久坚持不懈不可。为此他强调指出，在克欲过程中一定要有长期用工的坚韧性，绝不可半途而废。他说："理欲交战，理不胜欲，此际大要把持。盖欲顺而遂心，理逆而违意故也。遇之须强忍之力，否则，未有不败。"③即是说，在理欲交战中，当"理"不胜"欲"时，恰是到了成功或失败的重要关头，如果继续坚持以理伐欲，发挥人的坚韧性，长期坚持不懈地战斗下去，一次不胜来二次，二次不胜来三次，总有一天会战胜私欲，重现天理；反之，如果知难而退，以理顺欲，终将失败。

克去私欲的过程，就是恢复真心真性的过程，在恢复真心的基础上，还要施行存养工夫。他说："炼心之学，存养为先。"④存养真心就是存养天理，"养我真心，空洞无物，所有者理而已。此理即是天理，即是道理。空寂之体既立，则诸识无依，复我原初真常本体，虚灵洞彻，一片空明，得大自在矣"⑤。即是说，当心中的私欲清除以后，心中所存者已是纯然天理，这时我已回归到真常本体状态，自然与道合真、出入无间了。

（三）人道为仙道之阶的净明论

净明道的核心教义是修习忠孝，以涵养忠孝为修道的根本，以修习人道为成就仙道的基础和阶梯。认为不修忠孝，无由入仙道之门，不经人道不能达成仙道。这是以往许多净明道士特别是元代道士刘玉反复阐释过的，傅金铨对此也作了相当的发挥。他说："欺诈者，杀佛之戈矛，忠孝者，成仙之阶级。不尽三纲五常，必入四生六道，求道之士，恶可以不忠孝耶？"⑥又说："君本我所当忠，父母我所当孝，兄弟我所当友爱。仁孝恻隐，义尽纲常。

---

① （清）傅金铨：《性天正鹄》，《藏外道书》第11册，第649页。
② （清）傅金铨：《性天正鹄》，《藏外道书》第11册，第649页。
③ （清）傅金铨：《性天正鹄》，《藏外道书》第11册，第645页。
④ 《度人梯径》卷2，《藏外道书》第11册，第552页。
⑤ （清）傅金铨：《性天正鹄》，《藏外道书》第11册，第644页。
⑥ （清）傅金铨：《杯溪录》卷上，《藏外道书》第11册，第16—17页。

不欺是我本心，不诈是我天良。《书》曰：彰厥有常，吉哉！”[①]在《道海津梁》中又说：“诸君子之从吾游者，将何以教之？登高自卑，行远自迩。莫问冲霄，先凭根地。欲学神仙，先为君子。人道不修，仙道远矣！人道是仙道之阶，仙道是人道之极。不有人道，安求仙道？正心修身，徙义崇德，此庸行也；孝弟忠信，忍让慈惠，此庸德也。庸德之行，庸言之谨，真学志士，必自此始……余垂家训，新书二联：忠信立身之极，昭兹令范；孝弟为人之本，敬尔天常。”[②]他认为，“三教鼎立，如一屋三门，中无少异。儒立人极孝弟之道，报本反始，正心诚意，道德之源，此范围形体之道，人世之法也。仙佛在声臭之表，形气之先，出世之法也。出世必基于入世，欲求出世之功，先讲入出（“出”当作“世”——引者注）之道，儒其大宗矣”[③]。即是说，出世基于入世，且必先入世，方能出世。此与仙道基于人道之说同义。

由上可见，傅金铨和其先辈们一样倡言三教合一之说，特别是在教义和宗教实践上主要坚持融合儒家伦理纲常，表现出一个净明道士所具有的基本特色。

四、各地不明宗派的正一道士的活动

除了上述各符箓小宗的传系、阐教活动外，在这个时期，还有一些不明宗派的正一道士活跃在全国各地。浙江、江苏、贵州等南方地区，以及陕西、山东、青海等北方地区，都留下了正一道士在民间为人们祈晴求雨、驱邪治病的记载。

其中，江苏的正一道较为兴盛。明末松江府有“跛道人，姓谢，佚其名，住郡之东岳庙，善咒水术”，康熙年间道士杨鹤亭得跛道人之术[④]，又有邱从高得杨鹤亭之符箓[⑤]。清代松江府有康熙年间之道士周维新，擅长祈雨和

---

① （清）傅金铨：《杯溪录》卷上，《藏外道书》第11册，第17页。

② （清）傅金铨：《道海津梁》，《藏外道书》第11册，第366页。

③ （清）傅金铨：《道海津梁》，《藏外道书》第11册，第367页。

④ 参见（民国）《松江府志》卷22，转引自《历代释道人物志》，成都：巴蜀书社1998年版，第61页。

⑤ 参见（嘉靖）《松江府志》卷63，《续修四库全书》，上海：上海古籍出版社2002年版，第489册，第191—193页。

驱邪治病①;又有玉虚观道士朱潜修,“济惠驱邪,屡有功德”②;周端揆“遇异人授以符箓祷雨驱邪治病,其应如响,晚居崇真道院”③;王儁望,字声万,受正一符箓,学禹步飞行考召之术,祷雨治魅皆有验,重建谷水道院④。又据《江阴府志》,清代有“马法师,号天然,受法于穹窿山”;又有沈法师,“名开恒,字元亮,年十一从马法师学道……尝为虞山李勷治怪,李有《神异记》传其事”;段志载“少得道术,屏居龙虎山,精心修炼。供奉京师五载,遇旱祝祷无不验,常治怪现形,人尤异之。告归,乐绮山幽致,遂终于山之白云庵”。⑤《崐新丙志》中有清代道士周钰,字廷先,“世为符箓之术”⑥。《通州直隶州志》中则记载有清代道士张展庵,“居延祐观,工符箓,祈祷必应,邑有疫疠亦乞符驱之”;又有“朱阳琯,字瑶章,居药王庙……得异人术,驱祟屡验”。⑦《常州府志》记载有明嘉靖年间的道士李铁箍,善行气治病;清康熙年间的鲁道人有道术,可以食盐一器三十斛,不用符咒就可以祈雨,还可以飞上高空。⑧

浙江省也有相当数量的正一道士活动。杭州道士陈嘉宣字戴墨,嘉靖间人,“祈雨禳灾,芟邪辅正”⑨;清代施远恩,善登坛祈雨,曾“授龙虎山提点”,又有黄鹤“通晓科仪符箓”⑩。清代钱塘县道士和有鸿学法华阳,善祷雨祈晴,尤能驱邪辟疫。⑪《处州府志》中记载有明末道士邵太初和季源澄,邵太初“尝学符水于龙虎山”,“季源澄,万寿宫道士,习道家符水”,曾于弘

① 参见(民国)《松江府志》卷22,转引自《历代释道人物志》,第61页。
② 《重辑枫泾小志·续修枫泾小志》,上海:上海科学院出版社2005年版,第234页。
③ (嘉靖)《松江府志》卷63,《续修四库全书》第489册,第191—193页。
④ 参见(嘉靖)《松江府志》卷63,《续修四库全书》第489册,第191—193页。
⑤ (光绪)《江阴县志》卷21,《中国地方志集成·江苏府县志辑》,南京:江苏古籍出版社1991年版,第25册,第625页。
⑥ (光绪)《崐新丙志》卷末,《中国地方志集成·江苏府县志辑》,南京:江苏古籍出版社1991年版,第16册,第607页。
⑦ (光绪)《通州直隶州志》卷末,《中国方志丛书》,台北:成文出版社1970年版,第852页。
⑧ 参见(康熙)《常州府志》卷22,转引自《历代释道人物志》,第311页。
⑨ 林正秋:《杭州道教史》,北京:中国社会科学出版社2011年版,第204—205页。
⑩ 《杭州府志》卷171,转引自《历代释道人物志》,第410页。
⑪ 参见《杭州府志》卷171,转引自《历代释道人物志》,第410页。

治间祈雨。[1]

除了江苏和浙江以外，正一道在其他南方地区也有传播。如康熙年间湖南有蒋玉奇，“宜章人，尝遇异人授以法术，县南五十里卫有妖作祟，玉奇治之，遂绝。康熙间岁旱，知县何某邀之祷雨，玉奇禹步作法”[2]。清代广西有冯吉，“能书符制虎，康熙庚子仙去”[3]。明代贵州合州人广惠，天启间寓绥阳之祖师观，以符水丸药济人。[4] 隆庆年间又有琼州道士唐秩，遇异人授以道书，尤精符箓，并能以符水驱妖。[5] 康熙年间的福建道士江士元，德化人，幼学符箓，善祈雨。[6] 乾隆年间云南道士舒仙精岐黄，他称白衣阁殿龛下有阴风损物，以符贴于神座下制之。[7] 清代湖北汉阳生生道人，行符水方药多奇验。[8] 刘逢源，监利人，逢异人授丹留符。[9] 又据安徽《宁国府志》，明末有东岳观羽士黄自然可以用符为人驱祟。[10]

相较于南方而言，有关北方地区正一道士的记载相对较少，但也传布陕西、甘肃、山东和青海等地。明代陕西有剪头仙人善于以水为人疗疾，与正一派的以符水为人治病相似。贺道士，乾隆时至神木，善持经咒，曾学道龙虎山。[11] 山东也有正一道士活动的记载，《济南府志》中有王风子能为人治病，其治病的方法是以气喷病患，患即愈。[12] 据《阳信县县志》，清代李昂庄道士赵清之“有异术，为人治病掐诀念咒”；又有张道士，祈雨施法设坛，秉

---

① 参见（光绪）《处州府志》卷 23，《中国方志丛书》，台北：成文出版社 1970 年版，第 788—789 页。

② （光绪）《湖南通志》卷末，《续修四库全书》第 489 册，第 788 页。

③ （同治）《浔州府志》卷 22，转引自《历代释道人物志》，第 933 页。

④ 参见（道光）《遵义府志》卷 38，《中国地方志集成・贵州府县志辑 32》，南京：凤凰出版社 2006 年版，第 220 页。

⑤ 参见（咸丰）《琼山县志》卷 25，转引自《历代释道人物志》，第 913 页。

⑥ 参见（民国）《福建通志》卷 48，转引自《历代释道人物志》，第 676 页。

⑦ 参见（光绪）《续云南通志稿》卷 189，转引自《历代释道人物志》，第 1071 页。

⑧ 参见（民国）《湖北通志》卷 31，转引自《历代释道人物志》，第 727 页。

⑨ 参见（嘉靖）《湖北通志》卷 31，转引自《历代释道人物志》，第 730—731 页。

⑩ 参见（嘉靖）《宁国府志》卷 31，转引自《历代释道人物志》，第 511 页。

⑪ 参见《榆林府志》卷 36，《中国地方志集成・陕西府县志辑》，南京：凤凰出版社 2007 年版，第 38 册，第 456—457 页。

⑫ 参见（道光）《济南府志》卷 60，转引自《历代释道人物志》，第 249 页。

烛披发仗剑。[①] 乾隆初，甘肃有道士赵贵，善画鬼，并可以占卜吉凶；又有乾隆年间西岳庙道士刘尚杰，有贼人入西岳庙，刘披发仗剑“作真武形，口喃喃诵咒语”以斩贼。[②]

---

① 参见《阳信县县志》卷5，民国十五年（1926年）铅印本，第88页。

② 参见（清）张国常：《（光绪）重修皋兰县志》卷27，《中国地方志集成 · 甘肃府县志辑》，南京：凤凰出版社2008年版，第5册，第415、416页。

第十二章
道教在鸦片战争后至民国时的流迁

中国封建社会经过漫长的历史发展,到清代中叶已变得日益腐朽而成为新生产力发展的桎梏。1840年中英鸦片战争以后,帝国主义列强加紧了对中国的侵略和掠夺,使中国逐步沦为半殖民地半封建社会。中国人民为了救亡图存、重振中华雄风,进行了英勇顽强、不屈不挠的反帝反封建的爱国民主斗争,直到1949年建立了独立自主的中华人民共和国,才从此站起来了,走上了自己选择的前进道路。

1840—1949年这一百多年时间里,中国道教也在风雨飘摇中更加衰微。由于列强的勒索压榨和封建统治的腐败贪婪,加上战火频仍、社会动荡、经济萎缩、民生凋敝,更兼西方近代科学思想的传入及其对中国传统思想文化的冲击,这些都使古老的道教步履维艰,每况愈下。据陈撄宁说:“道教中人大概都是倾向保守,因此他们的人数本来就不多,清代光绪年间听老一辈说,那时全国道教徒只有八万人左右,后来更是越过越少;在解放前几年,他们自己估计,全国道教徒人数仅及光绪年间的十分之五。”①也就是从8万人减少到4万人。② 道教的理论、方术和斋醮科仪等,在这段时间基本上是沿袭旧套,有选择地予以通俗解说或应用,谈不上有什么新的重大

① 陈撄宁:《分析道教界今昔不同的情况(在政协全国委员会三届三次会议上的发言)》,《道教与养生》,北京:华文出版社1989年版,第431页。

② 《宗教通史简编》称:“从1842—1949这一百余年间,全国道教徒估计从4万人减少到了2万人”,与此说异。(罗竹风主编:《宗教通史简编》,上海:华东师范大学出版社1990年版,第228页)又《当代中国道教》说:“据1957年筹备中国道教协会时老一辈的道长们估计,解放前十方丛林宫观及著名子孙道观大约有一万座;常住宫观全真、正乙两派职业道士约五万人;道院道坛及散居道士无法统计,为数更多;而一般信众,则尤为众多。”(李养正:《当代中国道教》,北京:中国社会科学出版社1993年版,第4—5页)

的建树。

但是,处在近现代的中国道教,也表现出了自己的时代特征。这些特征主要是:近现代道教失去了统治者在政治上和经济上的有力支持,在国家上层地位急剧下降之后,便转向民间社会,走向世俗化,加强了对民间宗教信仰的影响,并在少数经济较活跃的城市和沿海地区有所发展;道教在国家结束闭关锁国局面、实行中外文化交流以后,视野大为扩展,包容性更加增强,以至利用世界近现代科学文化知识来解说教义,并建立了自己的教会组织;在近现代政治风云中,不少道教徒与广大中国人民一道,参加和支持了反帝反封建的斗争,有着可歌可泣的英雄事迹,发扬了宝贵的爱国主义精神。以上这些,就使中国道教在近现代具有与以往时代不同的特色。

第一节　晚清民国道教受抑制而转向民间

上一章已经说明了鸦片战争以前,随着清王朝对道教的抑制政策愈来愈严,道教在国家上层的地位也愈来愈低落,到鸦片战争前 19 年,即道光元年(1821 年),清王朝敕令第五十九代天师张钰"停其朝觐,着不准来京"①。这一事件,表明统治者终止了清王朝与道教领袖的一切联系,象征着道教从此被赶出了宫廷的政治舞台。

一、晚清统治者对道教的抑制及对个别神灵的利用性崇奉

道光二十年(1840 年)去世的俞正燮在其所辑《癸巳存稿》卷 13《张天师旧事》条中记述说:"顺治三年(1646 年),江西抚臣进正一真人符四十张,得旨:朝廷一用,天下必至效尤,其置之。乾隆十二年(1747 年),改二品为五品,停朝觐筵宴,收缴银印。三十一年(1766 年),以请雨,升三品。五十四年(1789 年),令五年一次至京。嘉庆九年(1804 年),换给三品印。二十四年(1819 年),仍定为五品。道光(1821—1850 年)初,停朝觐。"②张天

① (清)刘锦藻:《清朝续文献通考》卷 89,上海:商务印书馆 1936 年版,第 1 册,第 8494 页。

② 《丛书集成初编》第 364 册,第 380 页。并参见本书上一章的论述。

师在道光年间被赶出宫廷政治舞台后也并不甘心，仍想伺机恢复其原有的政治地位。光绪（1875—1908 年）时，“皇太后（慈禧）七旬万寿，新袭天师张元旭，有人诱之入京祝嘏，费二千金可得二品顶戴，如数予之。天师至京，投文礼部，请随班祝嘏。礼部据旧案，驳斥不许”①。张天师重步政治舞台的梦想，最终未能如愿。

尽管清王朝把张天师赶出宫廷，终止了与道教的政治关系，但这并不意味着清王朝是要从根本上消灭道教，而是正如道光（1821—1850 年）、咸丰（1851—1861 年）间黄钧宰所说的那样：“不废其教，亦不用其言，听其自生自息天地之间。”②换句话说，即是让它在民间自生自灭。而且，当清代中后期的统治者感到自身的处境愈来愈不妙的情况下，为了神道设教以维护自己统治的需要，也加封和祭祀道教所崇奉的一些神仙，这从一个侧面表明他们和道教在思想上多多少少尚有一点联系。例如，净明道所崇奉的祖师许逊，旧有祠在江西南昌，名为“铁柱宫”。嘉庆八年（1803 年），仁宗颙琰敕封为“灵感普济之神”，列入祀典。嘉庆九年（1804 年），又敕令将江南清河县士民所建吕洞宾庙宇列入祀典，并赐在其原有封号“纯阳演正警化孚佑帝君”之上，加封“燮元赞运”四字，并“奏准各省原有纯阳帝君庙宇，应令该地方士民自行供奉，由部通行各省遵照”。③ 另据《清史稿》卷 84《礼志三》载称：咸丰（1851—1861 年）时，文宗奕詝准三水祀玄坛正一真神；同治（1862—1874 年）时，穆宗载淳准栖霞祀邱真人处机；光绪（1875—1908 年）时，德宗载湉准福建祀白玉蟾真人（葛长庚）；等等。④ 其中，特别是以在民间有广泛影响的关圣帝君、文昌帝君和妈祖的奉祀最为突出。

关圣帝君简称关帝，俗称关公，是中国民间尊奉的三国蜀将关羽，道教

① （清）胡思敬：《国闻备乘》卷 1《张天师受骗》，荣孟源、章伯峰主编：《近代稗海》第 1 辑，成都：四川人民出版社 1985 年版，第 214 页。胡思敬（1869—1922 年），江西新昌人，光绪二十年（1894 年）选翰林院庶士，戊戌（1898 年）散馆，改吏部考功司主事。

② （清）黄钧宰：《金壶浪墨》卷 7《僧道》，《续修四库全书》，上海：上海古籍出版社 2002 年版，第 1183 册，第 101 页。

③ （清）刘锦藻：《清朝续文献通考》卷 158，上海：商务印书馆 1936 年版，第 1 册，第 9126—9127 页。

④ 《清史稿》卷 84，北京：中华书局 1976 年版，第 10 册，第 2548—2549 页。

亦将其纳入自己的神仙体系。约成书于北宋末南宋初的《太上大圣朗灵上将护国妙经》即假托关帝传经说咒，称“义勇武安王汉寿亭侯关大元帅”受玉帝敕命，为“三界都总管雷火瘟部冥府酆都御史”，宣示忠信，要人“宁为忠臣”，“宁为孝子”，“无论纲常伦理，无论日用细微，皆当省身寡过，不可利己损人。一念从正，景星庆云；一念从邪，厉气妖氛”。[①] 明万历以后成书的《三界伏魔关圣帝君忠孝忠义真经》称关羽为三界伏魔大帝，谓其“掌儒释道教之权，管天地人才之柄。上司三十六天星辰云汉，下辖七十二地土垒幽酆，秉注生功德延寿丹书，执定死罪过夺命黑籍，考察诸佛诸神，监制群仙群职”[②]。对于这样一位统管三界人鬼的道教大神，清王朝的统治者为利用其忠义精神以“护国安民”，便对他表示特别的崇敬，屡加封号，隆其祭祀。还在入关以前，世祖福临即在沈阳地载门外为他建庙，赐额“义高千古”。入关以后，又为他建庙于北京地安门外，岁以五月十三日致祭。顺治九年（1652 年），敕封“忠义神武关圣大帝”。雍正三年（1725 年），追封其曾祖、祖、父三代公爵，增春、秋二祭，并定祀仪。乾隆三十三年（1768 年），以“壮缪”原谥未孚定论，更命“神勇”，加号“灵佑”。嘉庆十八年（1813 年），以林清扰禁城，因“关帝灵爽翊卫”而得平，命皇子报祀如仪，加封“仁勇”。道光八年（1828 年），以“关帝威灵”，平定张格尔之乱，加封“威显”。咸丰二年（1852 年）加封“护国”，三年（1853 年）加封“保民”，并升入中祀，行礼三跪九叩，乐六奏，舞八佾，如帝王庙仪。五年（1855 年），又加封关帝曾祖光昭公为光昭王，祖裕昌公为裕昌王，父成忠公为成忠王。六年（1856 年），以平广东乱，有“赖关帝显应”，加封“精诚”，次年再加封“绥靖”，并御书“万世人极”匾额悬于京城地安门外关帝庙，令所有各直省府州县关帝庙均一体募勒颁发悬挂。同治九年（1870 年），加封“翊赞”。光绪五年（1879 年），加封“宣德”。[③]

---

① 《道藏》第 34 册，第 746 页。

② 《道藏辑要》星集九，清光绪三十四年（1908 年）二仙庵刊本，第 89 页。

③ 参见《清史稿》卷 84《礼志三》，北京：中华书局 1976 年版，第 10 册，第 2541 页；（清）刘锦藻：《清朝续文献通考》卷 157，上海：商务印书馆 1936 年版，第 1 册，第 9119—9120 页。

文昌帝君也是属于民间和道教所尊奉的掌管士人功名禄位之神。文昌本天星之名，亦称文曲星或文星，古时认为是主持文运功名的星宿。其成为民间和道教所信奉的文昌帝君，则与梓潼神张亚子有关。道教的文昌信仰由来已久，早在南北朝时寇谦之造作的《老君音诵诫经》中即有“当简择种民，录名文昌宫中”①之说。到元明时，道士利用信仰文昌帝君之习俗，造作《清河内传》、《梓潼帝君化书》等道书，以叙述文昌帝君神迹，谓其本吴会间人，生于周初，后七十三化，累为士大夫，西晋末降生蜀地，姓张名亚，字霈夫，并称玉皇大帝命其掌管文昌府和人间禄籍等。② 清代统治者最初一再大兴文字狱，残害文人学士，因而对这位掌管士人命运的神灵也并不尊奉。直到嘉庆以后，才开始重视起来。据《清史稿》和《清朝续文献通考》等资料的记载，嘉庆六年(1801 年)，仁宗颙琰下旨说：“京师地安门外，旧有明成化年间所建文昌帝君庙宇，久经倾圮，碑记尚存，特命敬谨重修，见已落成，规模聿焕。朕本日虔申展谒，行九叩礼。敬思文昌帝君主持文运，福国佑民，崇正教，辟邪说，灵迹最著，海内崇奉，与关圣大帝相同，允宜列入祀典，用光文治。着交礼部太常寺将每岁春秋致祭之典及一切仪文，仿照关帝庙定制，详查妥议具奏。”③咸丰六年(1856 年)，文宗奕詝下旨说：“见在关圣帝君已升入中祀，文昌帝君应一体升入中祀，以昭诚敬。”④咸丰七年(1857 年)又下旨说：“嗣后致祭文昌帝君，朕亲诣行礼。”⑤据载是年以及同治十二年(1873 年)和光绪十三年(1887 年)在致祭文昌帝君时，文宗奕詝、穆宗载淳、德宗载湉均分别亲自前往行礼⑥，其祭祀之隆重，可想而知。

妈祖又称天妃、天后、天妃娘娘、天上圣母，是中国东南沿海及台湾、琉

① 《道藏》第 18 册，第 211 页。

② 参见《清河内传》，《道藏》第 3 册，第 286 页。

③ (清)刘锦藻：《清朝续文献通考》卷 157，上海：商务印书馆 1936 年版，第 1 册，第 9120 页。并参《清史稿》卷 84《礼志三》，北京：中华书局 1976 年版，第 10 册，第 2542 页。

④ (清)刘锦藻：《清朝续文献通考》卷 157，上海：商务印书馆 1936 年版，第 1 册，第 9120 页。并参《清史稿》卷 84《礼志三》，北京：中华书局 1976 年版，第 10 册，第 2542 页。

⑤ (清)刘锦藻：《清朝续文献通考》卷 157，上海：商务印书馆 1936 年版，第 1 册，第 9120 页。

⑥ 参见(清)刘锦藻：《清朝续文献通考》卷 157，上海：商务印书馆 1936 年版，第 1 册，第 9120 页。

球等地所奉的航海保护神。① 据说，其本福建湄州林氏女，名默，又称默娘。其母王氏，其父则各说不一，或云为都巡检林愿（如明黄仲昭《八闽通志》等），或云为都巡检林孚（如元倪中《天妃庙记》等），或云为都巡检林惟懿（如明《天妃显圣录》、清《天上圣母源流因果》等）。其生卒年亦有不同的记载，但多数学者认为生于宋太祖建隆元年（960 年），死于太宗雍熙四年（987 年），享年 28 岁。据《嘉庆续修台湾县志》称："（默）八岁就塾读书，辄解奥义。喜焚香礼佛。十三岁，得道典秘法。年十六，观井得符，能布席海上济人。雍熙四年丁亥（987 年）秋九月九日升化，或云二月十九日，年二十有八。是后常衣朱衣，乘云游岛屿间。里人祠之，有祷辄应。宣和（1119—1125 年）间赐顺济庙号，自是迄明，屡征灵迹。嘉靖（1522—1566 年）中编入祀典，以后叠加徽号。"②妈祖救助航海船只的传说，历代不绝。道教也将她纳入自己的神仙体系而加以崇奉。据道书《太上老君说天妃救苦灵验经》称，妈祖乃斗中妙行玉女所化。谓太上老君见世间"翻覆舟船，损人性命，横被伤杀，无由解脱……乃命妙行玉女降生人间，救民疾苦。乃于甲申之岁三月二十三日辰时降生世间。生而通灵，长而神异，精修妙行，示大神通，救度生民……功圆果满，白日上升。土神社主奏上三天，于是老君敕下辅斗昭孝纯正灵应孚济护国庇民妙灵昭应弘仁普济天妃"③。并称天妃听了老君宣唱法音以后，立下誓言："自今以后，若有行商坐贾，买卖求财，或农工技艺，种作经营，或行兵布阵，或产难不分……或疾病缠绵，无有休息，但能起恭敬心，称吾名者，我即应时孚感，令得所愿遂心，所谋如意。"④明代统治者也钦定天妃为道教神灵，甚至有称其为宋代著名道士

---

① 另据《光明日报》1994 年 11 月 8 日第 6 版《妈祖信仰》一文称："妈祖崇拜一般被认为是沿海人民所特有的信仰，其实这是一种误解。妈祖信仰传播的范围绝不限于沿海地区，远离东南沿海万里之遥的云贵高原上缭绕着祀奉妈祖的香烟，而地处万山丛中的闽西客家山乡妈祖庙宇之多，可以说，决不亚于莆田、漳、泉一带。"

② （清）薛志亮等：《嘉庆续修台湾县志》卷 2，《中国地方志集成 · 台湾府县志辑》，上海：上海书店出版社 1999 年版，第 3 册，第 389 页。参见（清）鲁鼎梅等：《乾隆重修台湾县志》卷 6，同前第 122 页。

③ 《道藏》第 11 册，第 408—409 页。

④ 《道藏》第 11 册，第 409 页。

林灵素之女者。[1] 旧时我国沿海一带奉祀妈祖之风很盛,所建妈祖庙、天后宫很多,南宋以后的历代统治者也屡为妈祖加封。如南宋光宗绍熙元年(1190 年)敕封"灵惠昭应崇福善利助顺显卫英烈",并由夫人进爵为妃,元世祖至元十五年(1278 年),又进爵为"天妃"。元顺帝至正十四年(1354 年),敕封为"辅国护圣庇民广济福惠明著天妃"。明成祖又封为"护国庇民妙灵昭应弘仁普济天妃"。清康熙二十三年(1684 年),再进爵为"天后";乾隆五十二年(1787 年),增号"显神赞顺"四字;嘉庆五年(1800 年),"又加封天后为护国庇民妙灵昭应宏仁普济福佑群生诚感咸孚显神赞顺垂慈笃祜天后之神"。[2] 其封号的字数已由南宋时的十四个字增至二十八个字,说明对妈祖的褒崇也愈来愈重。嘉庆六年(1801 年)又下旨:"准崇祀天后父母","敕封天后之父为积庆公,母为积庆公夫人,由部行文福建巡抚江南河道总督,于莆田湄州及清口惠济祠二处天后宫后殿制造牌位,春秋致祭"。[3]

必须指出,清代统治者崇奉这些道教神灵的主要目的,并不在于扶持道教,而仅是通过对这种在民间有很大影响的神灵的崇奉,以达到他们笼络士民、制止"犯上作乱"以维护他们自己的统治的目的。从他们在加封这些神灵的诏谕中,一再宣称这些神灵能"彰显灵威"以"助顺讨逆"、"崇正辟邪"、"护国安民"、"福佑我朝"等等,便非常清楚地说明了他们的用意所在。同治十三年(1874 年),有个叫徐赓陛的知县写了一篇《到任祭城隍神文》,也可作为这种用意的注脚。城隍为道教所尊奉的保护地方、主管当地水旱疾疫及阴司冥籍的神灵。早在唐末杜光庭所删定的《道门科范大全集》卷 12 至卷 17 之祈求雨雪斋仪中,启请的神灵之一即为城隍社令。后来明代所出的《太上老君说城隍感应消灾集福妙经》,称城隍的职责为代天理物、剪恶除凶、护国安邦、普降甘泽、判定生死、赐人福寿等。又称其属下有十八

① 明张鼎思辑《琅琊代醉编》卷 29《天妃》称:"天妃宫,江淮海神多有之。其神为女子三人,俗称为林灵素三女。"见《四库全书存目丛书》,济南:齐鲁书社 1995 年版,子部第 130 册,第 263 页。

② (清)刘锦藻:《清朝续文献通考》卷 158,上海:商务印书馆 1936 年版,第 1 册,第 9125—9126 页。

③ (清)刘锦藻:《清朝续文献通考》卷 158,上海:商务印书馆 1936 年版,第 1 册,第 9126 页。

判官，分掌人之生死疾疫、福寿报应等。[①] 旧时各地城隍庙多由道士住持。自北宋以来，已将城隍信仰纳入国家祀典，清代统治者亦崇祀之，《清史稿·礼志》和《清朝续文献通考》卷158《群祀考二》对此有明文记载。徐赓陛这篇《到任祭城隍神文》，收入《不慊斋漫存》卷1中，其中谈到他"致祭本县城隍"的用意是："特设神道之教，用维刑政之穷。"并说："今某捧台省檄来摄是邦，值民凋俗敝之余，膺除暴安良之任，深维闇弱，恐辱君亲……近者，民多为盗，刀剑以嬉，役尽营私，饕餮无已，有如荆棘不去，则嘉禾难生；譬若虎狼不歼，则噬人莫忌。所当不畏强御，力祛因循。凡兹风俗之转移，均非孱庸所克胜，必赖神灵默相，提觉愚衷，其有狡如兔脱，恶比狼贪，一时精力所难周，胥仗威灵之佑助。"[②]可见，这位新上任的知县大爷祭祀本县城隍的用意，就是企图仰仗城隍的"威灵"，帮助他"除暴安良"，把持刀作乱的民众斩尽杀绝，以便维护统治秩序，报效"君亲"。这种"神道设教"来达到"维刑政之穷"的目的，与上面所说清王朝统治者祀奉道教神灵的目的完全是一致的。

清末统治者也和个别道士有过往来，并为个别道教宫观赐额。据《清朝野史大观》卷11载："总管太监（刘素云）与道士高峒元（高仁峒），盟兄弟也。峒元以神仙之术惑慈禧，时入宫数日不出，其观产之富甲天下。慈禧又封峒元为总道教司，与龙虎山正一真人并行，其实正一真人远不如其势力也。"[③]高仁峒是北京白云观住持，这是清末道士以神仙方术获慈禧宠幸之一例。再即是光绪二十六年（1900年），八国联军侵占北京，慈禧太后与光绪皇帝逃到西安，在道教宫观八仙庵的西花园驻跸，封庵中方丈李宗阳为"玉冠紫袍真人"，并赐额扩建八仙庵。慈禧书"至清至道"匾额，光绪书"宝箓仙传"匾额，八仙庵遂改名为"敕建万寿八仙宫"。[④] 以上事例，虽表明清

① 参见《道藏》第34册，第747—748页。

② （清）徐赓陛：《不慊斋漫存》卷1，《清代诗文集汇编》，上海：上海古籍出版社2010年版，第751册，第344页。

③ 小横香室主人：《清朝野史大观》卷11《白云观道士之淫恶》，北京：中央编译出版社2009年版，第3册，第1157页。

④ 参见周燮藩等：《中国宗教纵览》，南京：江苏文艺出版社1992年版，第172页。

末统治者和个别道士有过联系，但毕竟是非常特殊的，这种特殊的个别事例并不能改变清代统治者对道教进行压制的总方针。

二、太平天国运动对道教的强烈冲击

在清代后期，对道教最大的一次冲击，是来自从咸丰（1851—1861 年）到同治（1862—1874 年）近二十年时间里的太平天国革命。这次革命，是由“拜上帝会”组织领导的。这是中国近代史上的一次重大事件。太平天国革命在思想信仰上独树“皇上帝”的绝对权威，称“皇上帝”为天地山海人物的创造者，天下凡间大共之父，死生祸福由其主宰，是天下凡间所当朝夕拜奉的“真神”，“皇上帝之外无神也”①。因此，它反对祭祀其他神灵和各种偶像崇拜，斥之为“邪神”。一再强调：只能崇拜皇上帝，不得跪拜邪神，否则，即是违犯天条。② 太平天国所称的“皇上帝”，是把中国盘古至三代君民一体敬拜的“上帝”，同西方作为救世主耶稣之“天父”的“上帝”混合为一，而更多具有舶来“上帝”的色彩。他们以崇拜“皇上帝”的名义宣传群众和组织群众，向清王朝统治者猛烈进攻，不仅沉重地打击了清王朝，在他们征战和统辖的南方各地，也沉重地打击了传统的儒、释、道三教。特别是释道二教，更是经历了一场劫难。

据《鳅闻日记》载：太平天国的统治，弄得儒、释、道“三教俱废”。③ 一位叫呤唎的英国人著《太平天国革命亲历记》说：“《圣经》传播在太平天国境内全体人民中间”，“两千多年来的传统积习，古代圣贤的名教格言，世代相仍的……偶象崇拜，全都涤除于一旦”。④ 浙江秀水一位叫沈梓的乡绅在《避寇日记》中写道：“余从白雀寺走过，见长毛（指太平军——引者注）有告

① （清）洪秀全：《原道觉世训》，中国史学会主编：《中国近代史资料丛刊 · 太平天国》，上海：上海人民出版社 1957 年版，第 1 册，第 97 页。

② 《天条书》所收太平天国《十款天条》，见中国史学会主编：《中国近代史资料丛刊 · 太平天国》，上海：上海人民出版社 1957 年版，第 1 册，第 78 页。

③ （清）汤氏辑：《鳅闻日记》，《近代史资料》1963 年第 1 期，北京：中华书局 1963 年版，第 111 页。

④ ［英］呤唎：《太平天国革命亲历记》，王维周译，上海：上海古籍出版社 1985 年版，上册，第 244、243 页。

示，系南京伪天皇规条，有十诫、十嘱、十除、十斩四十条，其说总以天主、耶稣为教主……除者，除去恶习，如鸟烟、花酒、释道之类。”[①]既然天王法规把释道二教宣布为必须除去的“恶习”，因此，太平军“不许僧道诵经拜忏，稍与争执，刀背乱砍”[②]，“禁人间僧道追荐，不许奉佛敬神，见则以香烛置之厕中”[③]。“释、道两教悉灭，并不准以纸钱、菜饭追敬祖先”[④]，也不准“民间供奉家堂、灶神”[⑤]。因而各地都出现了焚毁神庙、偶像的事。如湖南：“自孔圣不加毁灭外，其余诸神概目为邪。遇庙则烧”（佚名：《粤匪犯湖南纪略》）；湖北武昌：“然不信诸神及浮屠氏，遇寺观辄火之，目为妖庙”（佚名：《武昌兵燹纪略》）；南京：“贼遇庙宇悉谓之妖，无不焚毁……间遇神像，无不斫弃”（佚名：《粤逆纪略》）；江苏常熟：“庵观寺院，若城中之致道观、致和观、慧日寺……毁坏甚多，间有存者，唯破房数间而已”（佚名：《避难纪略》）；山东临清：“各庙神像皆毁，文庙大成殿焚，圣像及两庑木主无存者，松柏多数百年物，并被焚枯死，各庙神像或剜目、斫手足及首，无一全者”（马振文：《粤匪陷落临清纪略》）；“见庙宇即烧，神像即毁”（《太平天国》（三））。[⑥] 至于江苏茅山，作为当时“天京”（今南京）的东南屏障，“曾是太平军与清军鏖战的沙场，百分之七十的道教建筑毁于战火”[⑦]。可见在太平天国时期，佛道二教均遭到严重破坏。太平天国革命，是农民群众反抗封建地主阶级及其政治代表清统治者的斗争，在文化形态上，他们利用了进口的“上帝”来反对本土的宗教文化。但是，太平天国的领袖、干部和战士们，毕

---

① （清）沈梓：《避寇日记》卷2，太平天国历史博物馆编：《太平天国史料丛编简辑》，北京：中华书局1963年版，第4册，第74页。

② （清）汤氏辑：《鳅闻日记》，《近代史资料》1963年第1期，北京：中华书局1963年版，第111页。

③ （清）沧浪钓徒：《劫余灰录》，太平天国历史博物馆编：《太平天国史料丛编简辑》，北京：中华书局1962年版，第2册，第162页。

④ （清）王永年：《紫苹馆诗钞》之《陷金陵》诗注，太平天国历史博物馆编：《太平天国史料丛编简辑》，北京：中华书局1963年版，第6册，第394页。

⑤ （清）蓼村遁客：《虎窟纪略》，《太平天国史料专辑》，上海：上海古籍出版社1979年版，第37页。

⑥ 以上引自李文海、刘仰东：《太平天国社会风情》，北京：中国人民大学出版社1989年版。

⑦ 杨世华：《今日茅山》，《上海道教》1992年第4期。

竟是在中国本土文化熏陶下成长起来的，在宗教信仰方面也不可能不受传统道教的影响，就在他们对庙观、神像大烧大毁时，也免不了要向被他们斥之为妖、邪的神灵祈祷。拜上帝会的第二号人物、“借天父下凡”的杨秀清率太平军进入南京真武庙时，“甫登殿阶，忽匍匐仆地，战慄不能起，叩首无数”①。不仅杨秀清向道教崇奉的“真武大帝”叩头无数，其部下又因避火灾，请道士为他们上天表，向醮坛烧香。《避寇日记》说：同治二年（1863年）春，濮院镇上发生了几次火灾，东岳庙皂班金聋子乘机放出“吾镇有大火灾”的谣言，“于是镇人皆惧，敛钱延羽士禳灾，定于廿二、三、四日设醮坛于周家场曹氏祠堂，张长毛（按：指顶天豫张镇邦，太平军干部）亦往烧香。廿二日，罗庵为贼（指太平军——引者注）火药局亦有火灾。廿四日上天表，仍书咸丰年号焉”②。此外，还有太平军要求道士为他们祈祷免除瘟疫，《寅生日录》说：同治元年（1862年）闰八月，吴县横泾镇的城隍庙里，有“无数穹窿山道士大设醮坛，因为长发（指太平军——引者注）住在庙中共有八十余人，（由于瘟疫蔓延）不过两旬内死去五、六十人，所以众发俱有恐惧之心，以为祷此，即可免罪”③。至于在民间，仍有不顾太平天国“禁人间僧道追荐”的禁令而请道士度亡者，如龚又村《自怡日记》提到，咸丰年间其兄亡故后，曾“遣羽士唪经镇宅”④。太平天国革命失败以后，各地被毁坏的宫观、神像大多又由官绅商贾筹资逐步修复。如江西西山玉隆万寿宫和省垣铁柱万寿宫⑤等，香火又重新旺盛起来。

以上所引资料表明，历史悠久的道教，在民众中的影响是根深蒂固的，尽管太平天国以舶来“上帝”为法宝，利用行政手段对它进行雷厉风行的大砍大

① （清）汪堃：《盾鼻随闻录》卷5，中国史学会主编：《中国近代史资料丛刊·太平天国》，上海：上海人民出版社1957年版，第4册，第398页。

② （清）沈梓：《避寇日记》卷4，太平天国历史博物馆编：《太平天国史料丛编简辑》，北京：中华书局1963年版，第4册，第242页。

③ （清）蒋寅生：《寅生日录》，《太平天国史料专辑》，上海：上海古籍出版社1979年版，第428页。

④ （清）龚又村：《自怡日记》卷19，太平天国历史博物馆编：《太平天国史料丛编简辑》，北京：中华书局1963年版，第4册，第383页。

⑤ 参见（清）漆逢源：《重修西山玉隆万寿宫暨省垣铁柱宫记》，（清）金桂馨、漆逢源纂：《逍遥山万寿宫志》卷前，《藏外道书》第20册，第656页。

杀，也仅能破坏道教的建筑设施，损害其外部形象，而不能除去千百年来的道教文化精神及其在人们头脑中的潜在影响，甚至就连太平军自身的将领、战士也不时表现出了这种潜在影响在他们头脑中的存在。太平天国强制消除本土传统宗教文化而最终失败的教训，给后世留下了一份可资借鉴的宝贵遗产。

三、民国时期道教受抨击而隐伏于民间

1911 年的辛亥革命，推翻了清王朝的封建统治，废除了几千年来的君主制度，民国政府实行信教自由政策，古老道教得以合法存在，正一道的嗣汉天师允许在教内按其传统进行传承。在袁世凯复辟时，曾一度授予第六十二代天师张元旭（1904 至 1925 年掌教）“正一嗣教大真人”之号，但这只不过是戏剧性的一瞬，不久真人封号亦被取消。特别是在 1919 年“五四运动”前后，知识界掀起提倡民主、反对专制，提倡科学、反对迷信的新文化运动，道教同儒释等古老传统文化一样，成为被批判、被打倒的对象。如陈独秀主张，孔教、礼法、贞节、古老的伦理、旧艺术、旧宗教、偶像、非科学信仰等等一概打倒；钱玄同则指出，关帝、吕祖、九天玄女等与道教有关的一切信仰全是骗人的。如此等等，给道教神仙信仰以猛烈抨击。

尽管如此，由于道教信仰已深深扎于民间，故它作为世俗化的民间信仰的一部分而继续活动于广大民众之中，甚至一部分下层官绅也常常参加这类活动。仅 1924 年 5 月《申报》的两则报道，就足以说明这点。一是成立松江道院。松江道院由松江（今上海松江区）当地军政绅各界发起组织，于 1924 年 5 月 11 日（阴历四月初八日）成立。头一天晚 8 时许山东济南府运来铜质老君牌位一座，同时上海等处代表亦相继乘车到松，王司令、孙副官、承警佐及松绅郑子松、谢宰平、吴伯庚等均到西车站迎护进城，各界代表皆往振华旅馆，铜牌位则送至世英堂（在司令部对河）道院内供奉。11 日正午，行开院礼，到者甚众，凡松地有名绅士大半参与，致祭时由王司令主祭，所祭者系“至圣先天老祖，基回儒释道五教教主，世界历代神圣贤佛之灵”。2 时开沙扶乩，入道者颇多。① 这个松江道院供奉道教教主老君牌位，祭祀

① 参见《申报》1924 年 5 月 12 日。

多教神灵，而由军界出面主持成立典礼，参加的民众甚多，表明道教的世俗化和道教信仰在民间的广泛影响。

二是泰山庙会之热烈。徐州城南三里许有泰山一座，高约二百丈有奇，为环城诸山之冠。山上有一座奉祀道教女神碧霞元君的庙宇，每年夏历四月中旬，由十二日至十八日，开会七天，而以十五日为会之正日。附近百里内外，男则来买农具，女则专来进香，城厢各商号亦于十四、十五、十六各日轮流放假，故会场热闹，为长江以北所仅有。1924 年 5 月 18 日（即农历四月十五日）晨，天尚未明，道路拥挤，中午益盛，虽午后微雨，赴会者仍陆续不绝，统计会场占地一方里，到会人数 30 万。① 这里报道的泰山庙会之盛仅是各地道教庙会的一个缩影。足见道教信仰已成为民间习俗的一部分，在民国时期仍在民间继续兴盛。

根据以上所述，可知在民国时期，一方面是科学思想的传播，道教神学和儒释思想一起受到猛烈的抨击，各种迷信思想受到无情的审判；另一方面是道教神学的世俗化，道教从上层走向民间，民间信仰包括信仰道教神灵在内的各种鬼神崇拜的风气仍很盛行。民国政府为了对此进行限制，1928 年颁布了《神祠存废标准》，对传统的神祠有存有废。其中涉及有关道教予以保留的神祠，有伏羲、神农、黄帝、太上老君、元始天尊、三官、风雨雷神、土地、灶神、天师、岳飞、关圣帝君、吕祖，等等；规定予以废除的有关道教的神祠，有日、月、火、五岳、四渎、龙王、城隍、文昌、财神、送子娘娘、瘟神、赵玄坛、狐仙等；画符念咒的道教被认为是不善的宗教，也在废除之列。颁布这个“存废标准”的意图，是要划分宗教信仰与封建迷信的政策界限，以便破除民间的迷信风俗。但是，它所划的这个界限是非常模糊的，没有一个客观的科学依据。例如，它保存了部分自然神和民俗神的神祠，又废除了另一部分自然神和民俗神的神祠。但同属于自然神和民俗神的范畴，为什么将这一部分归属于宗教信仰之列而予以保存，另一部分则归属于封建迷信之列而予以废除？这是很难自圆其说的。它反映了当时决策者们的宗教知识水平和政策水平非常有限。这种存废标准

① 参见《申报》1924 年 5 月 21 日。

上的自相矛盾和广大群众对诸神崇拜的习俗，再加上当时外有列强的侵略、内有各种战乱，整个社会一直处于动荡不安之中，劳苦大众需要传统的宗教习俗作为自己的精神依托。因此，道教的各种神祠活动依然在民间十分流行，对道教所崇奉的一些民俗神的废除，更是起不了什么作用。例如新中国成立前分布于各地的府城隍、县城隍以及财神爷等等，仍受到人们的普遍信仰而香火旺盛。

在清末和民国时期，各地还改造了一些道教庙宇兴办学校，征收了一些道教庙产资助办学。这对道教的宗教活动场所和经济收入会有一定的损害，但道教为了顾全大局，息事宁人，承认了这些既成事实。如民国二年（1913 年）制订的《四川道教总分会暂行简章》第 9 条称："各庙观财产本会有保护之责……在本会未成立以前提办学务及地方公益者，不能因此率请收回，致生轇轕。"这种让步，似乎是出于不得已，这从一个侧面也反映了道教已经走向衰落。

四、道教对民间秘密宗教活动的影响

如上所述，明清之际道教在国家上层地位日趋衰落以后便转向民间社会，走向世俗化，民间通俗形式的道教活动愈来愈活跃，并对民间秘密宗教产生了巨大影响。这些民间秘密宗教组织的种类繁多，仅在"整个清代至少出现过二百余种"①。它们在政治上多有"反清复明"的倾向，在思想上则普遍具有"三教融合"的色彩，其中有的道教色彩浓些，有的佛教色彩浓些，有的则更多带有儒家的色彩。它们被统治者视为"邪教"、"妖教"而不予承认，因此，只能在民间秘密流传。到了近现代，这类民间秘密宗教中受道教影响非常明显的派别相当多，最主要的如义和团、黄天教、红阳教、皈一道、天理教、混元教、同善社，等等。这里仅以义和团和黄天教为例加以说明。

义和团以反对洋教为宗旨，它是在反帝爱国斗争中产生的。为了了解它产生的原因及其特点，有必要考察一下当时的历史背景。

---

① 任继愈主编：《中国道教史》，上海：上海人民出版社 1990 年版，第 681 页。

19 世纪 40 年代以后，帝国主义列强以坚船利炮不断迫使清政府签订种种不平等条约，掠取在华的特权和利益，其中包括强迫清王朝对洋教“开禁”，并保护传教士进行传教的权利。本来清政府鉴于西洋人来华传教的潜在威胁，雍正元年（1723 年）世宗胤禛即下旨“严禁异教”，既不准民众信仰天主教或基督教，也不准西洋人在中国各地自由传教。嘉庆十年（1805 年），仁宗颙琰“秉承祖训”，再次重申“军民人等，嗣后傥再有与西洋人往来习教者，即照违旨例从重惩究，决不宽贷。又谕西洋人等，除贸易外，如有私行逗留讲经传教等事，即随时饬禁”。十六年（1811 年），还责令刑部“严定西洋之传教治罪专条”，规定“西洋人有私自刊刻经卷、倡立讲会、蛊惑多人，及旗民等向西洋转为传习，并私立名号、煽惑群众，确有实据，为首者当定为绞决”，在民众中有“听从入教不知悛改者，发往黑龙江给索伦达呼尔为奴，旗人销去旗档”。当时的清王朝还貌似强大，列强们对此也无可奈何，所以天主教、基督教这时也“不能扩展”。鸦片战争失败，暴露了清王朝的腐朽无能，1842 年 8 月 29 日英国侵略者迫使清统治者签订了中国近代史上第一个丧权辱国的中英《南京条约》（又称《江宁条约》或《白门条约》）。随后又补签了《五口通商章程》和《虎门条约》。除“割让”香港和赔款 2100 万元之外，还开放广州、福州、厦门、宁波、上海等五处为通商口岸，于是中国东南沿海各省门户大开，外国传教士便接踵而来，并“由五口潜入内地，一时东南数省到处有十字架之标记”。① 1844 年 7 月，美国侵略者又迫使清统治者签订了中美《望厦条约》（即中美《五口贸易章程》）。美国不费一枪一弹，取得了《南京条约》中除割地、赔款以外的一切特权，还进一步规定美国人可以在五口建立教堂，这就有利于它对中国进行文化侵略。继英、美之后，同年 10 月，法国侵略者又迫使清统治者在停泊于广州黄埔的一艘法国兵舰上，签订了中法《黄埔条约》（即中法《五口贸易章程》）。通过这个条约，法国不仅取得了《南京条约》、《望厦条约》中的各种特权，还规定法国人可以在五口建造教堂和坟地，“倘有中国人将佛兰西礼拜堂、坟地触

① 以上参见（清）刘锦藻：《清朝续文献通考》卷 89，上海：商务印书馆 1936 年版，第 1 册，第 8496 页。

犯毁坏，地方官照例严拘重惩”。[①] 这就迫使清政府承担了保护法国教堂和传教士的义务。随后又迫使清统治者取消对天主教的禁令，接着基督教也开禁了。1856—1860 年，英法侵略者在俄国和美国的支持下，又发动了侵华战争。这是第一次鸦片战争的继续和扩大，史称第二次鸦片战争。英、法侵略者于 1858 年 5 月侵占大沽口后，直逼天津城下，扬言要攻打北京，迫使清统治者于 6 月 26 日、27 日分别签订了中英、中法《天津条约》。除规定又开放牛庄（后改营口）、登州（后改烟台）、台湾（台南）、淡水、潮州（后改汕头）、琼州、汉口、九江、南京、镇江等为通商口岸等等内容之外，还规定英、法的传教士可到内地自由传教，“耶稣教徒之安分者，中国不得苛待禁阻”，而且对传教士“地方官必厚加保护”。[②] 11 月，英、法、美又在上海迫使清统治者分别与他们签订了《通商章程善后条约》，其主要内容之一，就是鸦片贸易合法化，用以毒害中国人民。《天津条约》签订之后，侵略者的胃口更加膨胀，蓄谋在《天津条约》互相换文之际，进一步扩大侵略战争，掠夺更多的特权。1859 年 6 月，英、法政府便派遣舰队蛮横地撞入大沽口，向大沽炮台发动突然进攻。大沽守军爱国官兵奋勇反击，英法侵略军在美舰的帮助下狼狈逃出大沽口。但侵略者是不甘心于失败的。次年春，英法联军又发动了进攻，并于 7 月再次闯入大沽口，8 月占领天津，9 月逼近北京，10 月初闯入圆明园，在大肆抢掠洗劫之后，纵火把这座举世罕匹的“万园之园”焚毁了，并逼迫清统治者于 10 月 24 日、25 日分别与英、法签订了《北京条约》。除了赔款、开天津为商埠和割九龙给英国外，还规定将以前没收的天主教产发还给教徒，并准许法国传教士在各省租买田地和建造房屋之权。“英法既开先例，各国群起效尤”，洋教“有此保障，数十年中遂突飞猛进，发达极盛，而民教之龃龉以起”。[③] 由于外国传教士肆无忌惮地在中国各地搜

① 参见王铁崖编：《中外旧约章汇编》，北京：生活·读书·新知三联书店 1957 年版，第 1 册，第 57—64 页。

② （清）刘锦藻：《清朝续文献通考》卷 89，上海：商务印书馆 1936 年版，第 1 册，第 8497 页。

③ （清）刘锦藻：《清朝续文献通考》卷 89，上海：商务印书馆 1936 年版，第 1 册，第 8497 页。

集情报，进行特务活动，参与武力侵华和权利的攘夺，破坏中国主权，干涉中国内政，霸占中国田宅土地，仗势欺人，为非作歹，鱼肉百姓，激起民教相仇，教案迭起。特别是 1894 年中日甲午战争失败，割去台湾，美国于 1899 年提出“中国门户开放政策”，德国于 1892 年强占胶州湾，帝国主义列强在中国划分势力范围，企图瓜分中国，洋教势力更加嚣张。胡思敬《国闻备乘》卷 2 说：“甲午议和以后，中国畏敌如虎，教士势力日益滋长。奸民失业者从之如归，蒙倛[①]以弱良善。浸而告诉无门，私相仇杀，或以口语相怨恶。教士受教民播弄，遇事不关白地方，辄诉之领事。领事诘外部，外部得夷书一纸，惄[②]然恐开边衅，即请旨严诘督抚。督抚责州县保护不力，不问事曲直，辄劾罢之”，造成“民畏官，官畏督抚，督抚畏外部，外部畏公使领事。内外隐忍，层累压制，民积怨不伸”的情势。[③] 这种民畏官、官畏洋人，洋人横行霸道进而瓜分中国的恶劣政治环境，终于使“积怨不伸”的中国人民，掀起了以反对洋教势力为发端的义和团运动。

直接触发义和团运动的导火线，是洋教势力拆毁玉皇庙改建教堂。此事发生在山东冠县梨园屯。据民国《冠县志》卷 10 记载：“光绪十三年（1887 年），德国郎神父来冠，在河北[④]梨园屯传教。宣传数年，信教者日众，拆毁是村玉皇庙，改建教堂。村人大哗，群起抗拒。文生王世昌、武生阎得胜纠合绅民，联名控至县署，继而府道抚院。官府畏外人势力，皆为左袒，遂致所有庙基未能收回，村民愈愤。时有阎书琴、高小麻等十八人，绰号十八魁，积不能平，号召民众，联络党徒，拟诉之武力，拆毁教堂。事上闻，迭经上宪派兵弹压，防其暴动。军门夏辛酉、标统方致祥、东昌知府洪用舟率兵往剿，十八魁等前仆后起，迄与顽抗。其后改名为义和团，自诩得有神助，能避炮火，有红灯照、蓝灯照等法术。煽惑愚氓，举赵三多为统领，啸聚数千人，蔓延十余县，声势大振，风鹤频惊。教徒拆庙修堂，村民则拆堂修庙，更

① 蒙倛：古之像神或戴假面具者。

② 惄，音溺，忧也。

③ （清）胡思敬：《国闻备乘》卷 2《教案》，荣孟源、章伯峰主编：《近代稗海》第 1 辑，成都：四川人民出版社 1985 年版，第 253 页。

④ 指冠县境内的卫河以北。

迭拆修，相持不下。”①这就是所谓的山东冠县梨园屯教案。

玉皇，即玉皇大帝或称玉皇上帝，是道教崇奉的尊神之一，是中国人的“上帝”，千百年来受到中国各阶层人民的广泛信仰与顶礼膜拜。供奉玉皇神像的玉皇庙（或玉皇楼、玉皇阁）遍布广大城乡，玉皇大帝的神名可以说是家喻户晓。帝国主义侵略中国的毒辣手段之一就是从精神上摧毁中国人固有的民族信仰，而以他们信奉的“上帝”取而代之，妄图以此征服和奴化中国人的心灵，为其政治、军事侵略开辟道路。这理所当然地遭到了中国人民的坚决反对。山东冠县梨园屯的洋教势力，明目张胆地拆毁玉皇庙、改建教堂，就是赤裸裸的文化侵略行为。冠县人民奋起反抗，邻近十余县人民迅速支持，各地反洋教侵略之势力相互呼应，声威大振，掀起轰轰烈烈的义和团运动。这充分显示了中国人民维护国家主权、保卫传统文化、珍视民族信仰的坚强意志，也生动地说明了中国固有的民族宗教——道教，与中国人民思想文化的血肉联系。

庚子年（1900 年）三月，北京义和团发布告示，托称玉皇大帝下凡，“大为震怒”，“神明震怒之原因，系玉皇庙之被毁”。② 继续以保卫玉皇庙来激励义和团勇士们的战斗意志。

义和团，本名义和神拳，号义和拳会，简称义和拳，又名神拳教。山东巡抚毓贤“因嫌其名不雅，乃改称义和团”。据刘孟扬《天津拳匪变乱纪事》说：“光绪二十五年（1899 年）冬，山东济南、泰安两府，土匪起，自称义和神拳，以仇天主耶稣教为宗旨，以扶清灭洋为名号。入其党者，不胜屈指数。巡抚毓贤闻而壮之曰：‘神人共愤，灭洋人必矣。’因嫌其名不雅，乃改称义和团焉。”③说义和团“以仇天主耶稣教为宗旨”确属事实。义和团曾毫不含糊地发布《告白》公开宣称：“兹因天主教并耶稣堂毁谤神圣，上欺中华君

---

① 侯光陆、陈熙雍等：《（民国）冠县志》卷 10，民国二十三年（1934 年）刻本，第 17—18 页。

② ［美］施达格：《庚子义和团运动始末》，吴宣易节译，南京：正中书局 1941 年版，第 12—13 页。

③ （清）刘孟扬：《天津拳匪变乱纪事》卷上，中国史学会主编：《中国近代史资料丛刊 · 义和团》，上海：上海人民出版社 1957 年版，第 2 册，第 7 页。

臣,下压中华黎民,神人共怒,人皆缄默,以致吾等俱练习义和神拳,保护中原,驱逐洋寇。”①不仅如此,他们更表明“最恨和约误国殃民”,要“免被割据逞奇能”②,高唱“还我江山还我权”③的战歌。这些都反映出义和团反击洋教势力的斗争,不仅是表现为中华文化与外来文化的冲突,而且其实质是反对帝国主义侵略、维护祖国独立统一的伟大壮举。正如列宁在痛斥沙皇政府出兵镇压义和团时一针见血指出的那样:“那些利用传教伪善地掩盖掠夺政策的人,中国人难道能不痛恨他们吗?”④

19 世纪末到 20 世纪初,在中国大地掀起救亡爱国运动的义和神拳即义和团,主要成员是社会底层的劳动大众,即贫苦农民、航运工人、手工业者,并“有和尚,有道士”⑤。据骆承烈编《从“巨野教案”到山东义和团》载:“相传他们(义和团)的始祖名忧世先师,他很早就忧虑到基督教害国,要想办法来扑灭他们,后来曾经通过张真人取得了某洞地仙的帮助,授给他以炼丹秘法以及拳法。说如果吃了这种金丹,就可入水不溺,入火不毁;练会了拳术,就可枪刀不入,杀尽外国人。于是就开始传播起来。”⑥这里所说义和团的始祖忧世先师,显然是对义和神拳创始人的尊号。值得注意的是,他是通过道教张真人得到某洞地仙所授丹法和拳法,才使义和拳民具有所谓水火不伤、刀枪不入的神奇功能。义和神拳的这种特征,一开始就表明是来自道教。

关于当时义和团的首领,“有的说总首领名叫王觉一,居于四川。天津人说居于四川峨眉山,当时已经二百多岁”⑦。也有的说,这个总首领王觉

① 包士杰辑:《拳时上谕·杂录·告白》,中国史学会主编:《中国近代史资料丛刊·义和团》,上海:上海人民出版社 1957 年版,第 4 册,第 149 页。

② [日]佐原笃介、[日]浙西沤隐:《拳乱纪闻》,中国史学会主编:《中国近代史资料丛刊·义和团》,上海:上海人民出版社 1957 年版,第 1 册,第 112、120 页。

③ 《中国歌谣资料》第 1 集,北京:作家出版社 1959 年版,第 155 页。

④ 列宁:《对华战争》,《列宁选集》第 1 卷,北京:人民出版社 2012 年版,第 279 页。

⑤ (清)蒋楷:《平原拳匪纪事》,中国史学会主编:《中国近代史资料丛刊·义和团》,上海:上海人民出版社 1957 年版,第 1 册,第 356 页。

⑥ 骆承烈编:《从“巨野教案”到山东义和团》,济南:山东人民出版社 1959 年版,第 72—73 页。

⑦ 骆承烈编:《从“巨野教案”到山东义和团》,济南:山东人民出版社 1959 年版,第 73 页。

一,“实系嘉庆年间以大乘教清茶门传徒酿祸之石佛口王姓之族人”[①]。关于王觉一其人,据《现代华北秘密宗教》引周明道著《揭破一贯道邪教惑人秘密》(转引自曾国荃《人种》)一书说:“王觉一,别号半仙,自少年以算卦为生,并扶乩画符为人治病;后在直隶、山东各地设教骗人,妖言惑众,官府剿拿甚严,终落法网,斩首示众,二子及其党羽均皆逃匿。”[②]而两江总督左宗棠于光绪九年(1883 年)四月二日所上奏折则证明,王觉一所立教名为“末后一著”。据说,是年二月间,江苏海州、沐阳、安东、桃源各州县,发现从北部来的“教匪”,潜入境属,“习教传徒,煽聚日多”,弄得“民心惶恐,群队移家避难,一夕数惊”。地方当局迅即在清河、沐阳捕获道士晏儒栋即晏圆光、崔华、华景沂三人,讯据供称:“近时有总教首王觉一即王养浩,又称王古佛,山东人,称系古佛降生,手掌有古佛字纹,时到海州、沐阳、安东、桃源乡村,倡立邪教,名为末后一著,刊布妖书,邀人入教。王古佛现在赴金陵、汉口、荆州等处邀约徒党,择期三月初八日一齐起事。”[③]从曾国荃、左宗棠所述可知,王觉一所立之教系反叛清廷而被当局镇压之“邪教”。王觉一本人也被“斩首示众”。而一贯道方面,在所编《历代祖师源流道脉》中,则尊王觉一为其伪造道统的十五代掌教,称山西姚十四祖下传王祖觉一。王祖著书多卷,阐明性理心法,“光绪十年丙戌[④]三月,王祖归空于天津杨柳青”。[⑤]《一贯道疑问解答》又说:“至十五代祖王觉一归空时”,“真道”始改“称曰一贯道”。[⑥] 据此,王觉一实是近代一贯道的真正创立者,他死于光绪十年(1884 年)三月的天津杨柳青。至于他是否被斩首“归空”,则未说明。另有说王觉一是“病死”者,据台湾学者林万传《先天道研究》所载:十五代

① 李世瑜:《现代华北秘密宗教》,上海:上海文艺出版社 1990 年版,第 36 页。

② 李世瑜:《现代华北秘密宗教》,上海:上海文艺出版社 1990 年版,第 36 页。

③ 《军机处录副奏折》,光绪九年四月二日左宗棠奏折。(转引自马西沙、韩秉方:《中国民间宗教史》,上海:上海人民出版社 1992 年版,第 1151 页)光绪批复的上谕档,见中国第一历史档案馆编:《光绪朝上谕档》,桂林:广西师范大学出版社 1996 年版,第 9 册,第 110、111 页。

④ 光绪十年为甲申,丙戌为十二年。

⑤ 转引自李世瑜:《现代华北秘密宗教》,上海:上海文艺出版社 1990 年版,第 35—36 页。

⑥ 李世瑜:《现代华北秘密宗教》,上海:上海文艺出版社 1990 年版,第 35 页。

祖王学孟,又名希孟,道号觉一,又名北海老人,山东青州益都县城东北八里阙家庄人,约生于道光元年(1821 年),谓水精子化身。平生好道,手不释卷,潜心三教奥旨。27 岁拜山西姚鹤天为师,姚氏设西乾堂传教,即为一贯道尊崇的十四祖,王氏于山东青州开创东震堂,至光绪三年(1877 年),由"无生老母降临东堂敕令王觉一为十五代祖,续办收圆"。其后相继到江苏、安徽、河南、北京、湖广传道。后被当局追捕,辗转逃避。光绪十年甲申(1884 年)三月,病死于天津杨柳青镇。① 这里所说王觉一去世的时间、地点与《历代祖师源流道脉》相同,且补明其"归空"的原因是"病死"而不是曾国荃所谓的"斩首示众"。但不论怎么说,王觉一是于光绪十年甲申(1884 年)"归空"了。既然王觉一已于此时死去,他能不能成为在此之后兴起的"义和团总首领"呢?看来是困难的。不过,说王觉一"潜心三教奥旨","并扶乩画符为人治病"的道术特征,倒是与义和团有一致之处。

实际上,有的义和团著名首领,就与道教方术有关。如初期义和团领袖李来中,原籍陕西,相传为清武卫后军统领董福祥的义弟,早年参加太平军,隶属于忠王李秀成麾下。秀成失败时,来中发誓报仇,秀成指示他:如果有志气的话,应该发奋为今后的行动做好准备。于是李来中投入了山东的白莲教,一直隐匿了三十多年,积极准备反清。② 后闻山东巡抚毓贤嫉恨洋人,于是和当地义和团首领王湛联合,怂恿王湛倡教门团练之说。托言神传符咒,灵奇妙用,远近人皆附之。时毓贤亦欲利用义和团以制洋人,尝馈以牛酒军械,因而齐鲁之间,一时飙起"扶清灭洋",万口同声。③

又如天津义和团女首领黄莲圣母,姓林,小名黑儿,系船家女,幼习拳棒,善剧艺,在上海奏技,其父被洋人逮入捕房,圣母恨洋人入骨。庚子,山东义和团起,因与张德成相结,以"灭洋"为号召密谋起事。张于独流镇建天下第一坛,举行暴动,众至二万余人,京、津大震。圣母乃自称仙姑,谓能

① 参见林万传:《先天道研究》第 6 章。转引自马西沙、韩秉方:《中国民间宗教史》,上海:上海人民出版社 1992 年版,第 1151—1152 页。

② 参见骆承烈编:《从"巨野教案"到山东义和团》,济南:山东人民出版社 1959 年版,第 73 页。

③ 参见王其榘、杨济安:《有关义和团人物简表》,中国史学会主编:《中国近代史资料丛刊·义和团》,上海:上海人民出版社 1957 年版,第 4 册,第 504 页。

以符水治病，妇女尤信其术，圣母组织称为红灯照，直隶总督裕禄亦与之周旋，于是声名大张。① 以上所说李来中"托言神传符咒"，林黑儿"能以符水治病"、自称仙姑均是采用的道教方术。

此外，还有来自佛门的神拳。据中山刺史支碧湖《续义和拳源流考》谓：光绪二十四年（1898 年），山东义和团首领"朱洪登，自言明裔，梦游阙里，见宣圣，为语劫方至吾代，求于泰山东南某僧，可以拳法禳之，尔速去，勿忽也。醒如其教。朱之友杨和尚亦善拳法，宗其教，谓能以肉躯抵枪炮，被诱者咸以为神，以一授五，五日而五徒再授，旬日之间已遍行省"②。次年，以"反清灭洋"为号召，聚众起义于平原，建号"天龙"，焚教堂杀洋人，其势甚张。③ 这说明，在朱洪登领导的义和团中，有"谓能以肉躯抵枪炮"的佛门神拳。这同上述"忧世先师"得自地仙所传"刀枪不入"的道门拳术，实是异曲同工。而朱洪登之所以要以神拳禳解劫难，则被说成是在梦游阙里时受到孔圣人的指教。可见，义和团具有三教融合的民间宗教性质，而道教的色彩尤为引人注目。

义和团崇拜的最高神是道教的天神之一、民间普遍信奉的玉皇大帝。他们借助中国人自己的上帝——玉皇的神威，鼓动士气，进行正义斗争。1899 年，朱洪登在山东茌平、平原组织反洋教，"其说则谓明年为劫年，玉皇大帝命诸神下降"④。天津义和团《玉皇示梦庆王奕劻》的揭帖写道："只因天主教、耶稣教不遵佛法，欺灭贤圣，欺压中国君民，玉皇大怒，收去雷雨，降下八千九百万神兵，义和拳传流世界，神力借人力，扶保中国，度化人心，剿杀洋人洋教，不久刀兵复流，不论君民商贾士农，急学义和拳。如若秉心虔理，终能保一家之灾。"⑤北京西城揭帖则说："我非别人，乃玉皇大帝现身下

① 参见王其榘、杨济安：《有关义和团人物简表》，中国史学会主编：《中国近代史资料丛刊·义和团》，上海：上海人民出版社 1957 年版，第 4 册，第 512、510 页。

② 支碧湖：《续义和拳源流考》，中国史学会主编：《中国近代史资料丛刊·义和团》，上海：上海人民出版社 1957 年版，第 4 册，第 443 页。

③ 参见王其榘、杨济安：《有关义和团人物简表》，中国史学会主编：《中国近代史资料丛刊·义和团》，上海：上海人民出版社 1957 年版，第 4 册，第 504 页。

④ 蒋楷：《平原拳匪纪事》，中国史学会主编：《中国近代史资料丛刊·义和团》，上海：上海人民出版社 1957 年版，第 1 册，第 354 页。

⑤ 储仁逊：《闻见录》卷 4，天津人民图书馆藏稿本，第 51 页。见陈振江、程歗编著：《义和团文献辑注与研究》，天津：天津人民出版社 1985 年版，第 20 页。

凡……率领天神天仙下降凡间。凡义和团所在之地，都有天神暗中保护。”①这两则揭帖都吹嘘他们是玉皇大帝率领的天神天仙降到人间来扶保中国的“神兵”，反映出他们的那些神仙是以玉皇为统帅的，玉皇在他们所崇奉的各个神灵中的地位最高。

除玉皇之外，义和团又供奉诸多神灵、仙人。《天津一月记》载：“团中设神牌甚多，有姜太公、诸葛亮、张天师、关圣、周仓、孙行者、黄天霸、马武等，入坛者先向神牌稽首，誓无改悔。”②胡思敬《驴背集》说：“拳匪自言有异术，能诵符咒闭枪炮火门，临阵时神降其体，刀斧斫之不入。所事神若杨戬、哪吒、洪钧老祖、骊山老母诸名目，皆怪诞不经。”③义和团搞的这种群神崇拜，反映了道、佛、儒思想的影响。其中许多神、仙明显属于道教神团系统，特别是在咒语中推崇太上老君。《拳事杂记》云：“故城县拿获山东大贵和尚。供称该教（系离卦教）咒语甚属鄙俚。咒云：‘日出东方一滴油，惊动弟兄天下行，弟兄惊动李君王，李君王惊动杨二郎，杨二郎惊动封炮王，封炮王惊动老君来显灵。’”④这段咒语表明，义和团“诵符咒闭枪炮火门”的法术，乃是寄希望于道教的“老君来显灵”。

义和团十分重视道教正一派符咒道法，《天津拳匪变乱纪事》称：“其为术也，焚香佩符，念咒降神，所使皆刀矛等器械。”⑤而焚香念咒，乃是请神仙来相助的法术，义和团揭帖就有所谓“神助拳，义和团，只因鬼子闹中原”，“神发怒，仙发怨，一同下山把道传。非是邪，非白莲，念咒语，法真言，升黄表，敬香烟，请下各洞诸神仙。仙出洞，神下山，附着人体把拳传”。⑥ 因此，

---

① 王崇武译：《英国档案馆所藏有关义和团运动的资料》，《义和团史料》，北京：中国社会科学出版社 1982 年版，下册，第 541—542 页。

② 佚名：《天津一月记》，中国史学会主编：《中国近代史资料丛刊·义和团》，上海：上海人民出版社 1957 年版，第 2 册，第 142 页。

③ （清）胡思敬：《驴背集》卷 1，《百哀诗·驴背集》，北京：北京古籍出版社 1990 年版，第 111 页。

④ ［日］佐原笃介、［日］浙西沤隐辑：《拳事杂记》，中国史学会主编：《中国近代史资料丛刊·义和团》，上海：上海人民出版社 1957 年版，第 1 册，第 238 页。

⑤ （清）刘孟扬：《天津拳匪变乱纪事》卷上，中国史学会主编：《中国近代史资料丛刊·义和团》，上海：上海人民出版社 1957 年版，第 2 册，第 7 页。

⑥ 《义和团史料》上册，北京：中国社会科学出版社 1982 年版，第 18 页。

义和团张贴的宣传材料中很突出道教正一派首领张天师的作用。《杂录》所收集的义和团揭帖有云："刘大人进京，路过江西龙虎山，请问天师，曰：'今年人民有灾，疾病当现。'……又问可以解否？天师曰：'行善者可免，作恶者难逃。'又再三愁问，天师用黄纸书符，带在身上可免灾难，供神前可保平安。"①这种托言天师书符治病免灾，同东汉末年五斗米道和太平道以符咒为人治病的做法是一脉相承的。镇压义和团的平原县令蒋楷，就敏锐觉察到这点。他在光绪二十五年(1899年)五月间，向其上司请求通禁义和拳的报告中写下了"义和拳符咒治病与汉张角同"②的话。这也从反面证实了义和拳与道教的联系。

义和团又以道教习用的八卦，作为组织单位、作战阵式、旗号标帜等。《天津拳匪变乱纪事》云："众匪等自分为乾、坎、艮、震、巽、离、坤、兑八门，明目张胆设立坛口。愚民惊为神奇，皆愿习练其术。"③这就是说，义和拳平时以八卦为组织单位，设立坛口，吸引人民，习练神拳。而到战时，八卦则成为作战单位，布成八卦阵式。据《遇难日记》说："义和团将团匪分八门为八卦，中则另立一队，为八门之主帅。"④各卦的服色标志也有所区别。《天津一月记》载："团分八卦，其蒙首围腰之布，分红、黄、黑、白四色。"⑤具体如北京之"乾坎二门：乾门者色尚黄，头包黄布，以花布为里；腰束黄带，左右足胫亦各系指许阔黄带一。坎门者色尚红，头包红布，腰束红带，左右足胫亦各系指许阔红带一"⑥，即洪寿山《时事志略》所谓"乾字黄巾把头蒙，坎

---

① 包士杰辑：《拳时上谕·杂录》，中国史学会主编：《中国近代史资料丛刊·义和团》，上海：上海人民出版社1957年版，第4册，第150页。

② 蒋楷：《平原拳匪纪事》，中国史学会主编：《中国近代史资料丛刊·义和团》，上海：上海人民出版社1957年版，第1册，第354页。

③ (清)刘孟扬：《天津拳匪变乱纪事》卷上，中国史学会主编：《中国近代史资料丛刊·义和团》，上海：上海人民出版社1957年版，第2册，第7页。

④ 佚名：《遇难日记》，中国史学会主编：《中国近代史资料丛刊·义和团》，上海：上海人民出版社1957年版，第2册，第163页。

⑤ 佚名：《天津一月记》，中国史学会主编：《中国近代史资料丛刊·义和团》，上海：上海人民出版社1957年版，第2册，第145页。

⑥ [日]佐原笃介、浙东沤隐辑：《拳事杂记》，中国史学会主编：《中国近代史资料丛刊·义和团》，上海：上海人民出版社1957年版，第1册，第270页。

字头巾是红"[①]的模样。而且,义和团所竖的旗帜也是八卦旗,刘以桐《民教相仇都门闻见录》讲:"八卦旗分五色,画八卦。"[②]义和团老师傅传下贴在门上屋内的八字帖为"快马神骑,八卦来急"。[③] 义和团这种分八卦收徒、习拳、布阵、竖旗的做法,是对清初山东单县人刘佐臣创立五荤道修元教,"分八卦,收徒党"[④],从而被称为八卦教的继承和发展。可以说,义和团是受道教影响较深的以反对外来侵略为主要目标的近代八卦教。

崇奉玉皇大帝而以八卦为组织建制的,还有响应义和团的无为教。据《清朝野史大观》卷12《白莲教之支流》云:"前清秘密社会,多出于明季遗民,有三祖教者,俗传谓白莲教之支流。又有无为教、檀香教诸色目,每岁教民大会,点蜡一次,其法煎蜡油于锅,以烛芯蘸之,彼此相传,大约取传薪之义……庚子之岁,拳匪肇乱,无为教亦响应。先事破获,搜得伪印文牒、会单,确有不臣满清之证。据其牒文年号,作大中国庚子年,国字作囯,不称大清光绪年号。会单分作八卦,某隶某队,某隶某队,似尚有部伍军队之意。其祷告之辞,直对玉帝,颇觉奇离。"[⑤]这个响应义和团的无为教亦是颇具道教色彩的民间秘密宗教。

义和团运动从山东开始,很快扩展到河北、河南,并波及全国多数省份,使帝国主义分子惊恐万状。但由于神学思想的虚幻性与刀矛武器的落后性,且又缺乏正确的战略、策略和集中统一的坚强领导,终于在中外反动势力的联合镇压下归于失败,写下了中国人民反帝爱国斗争的悲壮一页。义和团运动促进了中国人民的觉醒,认清了帝国主义侵略强盗的豺狼本性,暴露了清统治者卖国屠民的可耻面目,为清王朝的彻底垮台敲响了丧钟。

---

① (清)洪寿山:《时事志略》,中国史学会主编:《中国近代史资料丛刊·义和团》,上海:上海人民出版社1957年版,第1册,第90页。

② 刘以桐:《民教相仇都门闻见录》,杨家骆编:《义和团文献汇编》,台北:鼎文书局1973年版,第2册,第183页。

③ 《义和团杂记》,《近代史资料》1957年第1期,科学出版社1957年版,第7页。

④ (清)戚学标:《鹤泉文钞》卷下《纪妖寇王伦始末》,《清代诗文集汇编》,上海:上海古籍出版社2010年版,第404册,第530页。

⑤ 小横香室主人:《清朝野史大观》,北京:中央编译出版社2009年版,第3册,第1165页。参见徐珂:《清稗类钞·宗教类·三祖教》,北京:中华书局1984年版,第4册,第1975—1976页。

黄天教由明末李宾(普明)于北直隶万全卫创立,纵贯清代,一直延续到民国时期,在华北民间有较大影响。当代学者马西沙认为,它是一个“佛道相混、外佛内道为特征的宗教”,并根据其经典与道教内丹、斋醮的对比研究,论述了道教与黄天教的关系及道教对黄天教的影响,证明“它是一支流传于民间的世俗化了的道教教派”①。由于清政府视黄天教为叛逆邪教,多次进行残酷打击,故黄天教仅作为秘密宗教暗自流传于民间。到清末光绪初年,黄天教在直隶宣化府万全县,与佛道混杂,公开立庙祀神,从而显现出近现代黄天教的“三教合一”面貌及道教对黄天教的影响。我国学者李世瑜于1947年夏天亲赴万全县实地调查,耳闻目睹所得有关黄天道情况的报告,收入《现代华北秘密宗教》一书中②,是我们研究近现代黄天道的宝贵资料。

正统宗教的衰颓是民间宗教兴起的重要条件,据李世瑜说:“我们走过的万全县九十二个村子,只有一座天主教堂(实际上整个万全县也只有这一座),里面只有一位神父,常和他接近的不过是所在村中的几十位教友。佛道教的庙宇很多,九十二个村庄中共有五百七十个,但只有四五个庙中是有一个和尚或道士的,而这些人常是白痴,甚至不知道他所看守的庙中的神名。那就无怪乎黄天道在这个区域中会代之而兴了!”③这段话,一方面记录了清末民国时期华北农村佛道教衰败的实在情景;另一方面也说明了黄天道等民间宗教得以兴起的原因,也就是认为它适应了填补“宗教情感极浓厚的民众们”的信仰的需要。这种看法不无一定道理。黄天道晚出经书及所奉神灵中糅杂了儒、释、道三教的质料,明显地表现出道教的色彩。主要有:

《北极真武玄天上帝真经宝忏》,民国三年(1914年)楚北川邑积善堂刊,万全水庄屯无名氏送。共75页,计分3卷:前两卷为元始天尊演说真武帝修持得道的故事,后一卷为真武帝讲述世上为何遭受劫运及破迷指玄悟

① 马西沙、韩秉方:《中国民间宗教史》,上海:上海人民出版社1992年版,第448页。
② 参见李世瑜:《现代华北秘密宗教》第1章,上海:上海文艺出版社1990年版。
③ 李世瑜:《现代华北秘密宗教·绪论》,上海:上海文艺出版社1990年版,第7页。

性明道等事。① 在第1页《总序》中说："昔孔圣以仁义开教化之门，老子以精修证妙玄之品，释氏以慈悲结欢喜之缘。三教之情，不外乎导人为善"②，明白宣扬三教归一思想。

《三会收圆宝筏》，民国二十二年（1933年）上海明善书局印，共50页，系癸酉年（1933年）关帝为挽救劫运而颁降于湘南资兴西乡宣化坛的，内容是三教的圣贤仙佛所合降的训文。在儒教方面，有孔子、颜回、曾子、孟子、朱子、程子、韩昌黎、曾国藩等30人的训；在佛教方面，有阿弥陀佛、释迦佛、弥勒佛、普明佛、普光佛、无量寿佛、迦叶尊者等24人的训；在道教方面，有太上老君、元始天尊、北斗星君及八仙等27人的训。黄天道特别重视此经典，不仅因为它符合三教归一的教义，而且更由于其中有黄天道创始人李宾（号普明佛），其妻（号普光佛）所降训文。当地苗姓信徒对此经降于湘南颇带自豪地说："吾道创始于万全，得道者也多在万全，尚未开阐至江南地带。这本经降于湘南，也有吾道祖师的训文，可见他们神通广大，也可知他们有意在江南开道。"③

《慈航宝训》是"民国八年（1919年）黑龙江巴彦县十八户屯郦宅幼女十二岁吐谕，令识字人录之"的一篇观音菩萨乩文。全文皆为十言（句法为三、三、四）的韵文，如"峨眉山观音佛来救劫难，借幼女任玉真口吐法言"等，共208句，又附一灵符、一仙方。内容先由观音叙述灶王爷将人间违逆孝悌伦常的罪恶十三本，奏与玉皇大帝。玉皇闻之大怒，陪侍玉皇左右的关帝、孔子、邱祖、老君、西佛、西王母、真武帝、吕祖、太乙等神，都急得无可奈何。后由观音陈述世上尚有一部分善良修法的情形，以请玉帝息怒。结果玉皇反怪观音多此一举，而命他跪于凌霄殿前，历时七日夜。经过伏羲爷的祈情后，玉皇始改变灭绝世人的初衷而颁下十种"大劫"，意在考验世上的恶孽与善信，定下"十留二三"的比例。观音将这十大劫的惨酷情状尽量演述，又苦苦地劝世人行善，并说出谶语，传授避劫灵符及神方，预许传播符方

① 参见李世瑜：《现代华北秘密宗教》，上海：上海文艺出版社1990年版，第22页。
② 李世瑜：《现代华北秘密宗教》，上海：上海文艺出版社1990年版，第23页。
③ 李世瑜：《现代华北秘密宗教》，上海：上海文艺出版社1990年版，第22页。

的益处。文中涉及的神灵仙人，有儒、有佛、有道，而以道教神、仙为主。同时又借幼女任玉真之口，降《真武大帝法谕》一篇，共用十言韵文 76 句，叙述《慈航宝训》篇所降十大劫来临时的惨状以警世人。计有干旱劫、瘟疫劫、火劫、水劫、黑风劫、黑雨劫、雷电劫、雪雹劫、疯狗劫、刀兵劫等。宣称"目下里十大劫现在定了，众凡民一个个死在眉梢，……欲逃劫速速的猛进善道，逃过了末劫年才算英豪"。这两篇训文，互为补充，宣扬人世面临劫运的种种恐怖气氛，胁诱世人入教，敬神行善以渡劫难，是黄天道的主要经典，也为同善社、皈一道以及一贯道等民间宗教所通用。[①]

《挽劫俚言》，万全县张杰庄人、黄天道徒苗自新著，民国戊辰年（1928 年）刊。全书共 15 页，篇首系作者自序，以下分为 6 篇：第一是挽劫俚言；第二是葛真人劝赈歌；第三是戒吸鸦片歌；第四是王中书劝孝八反歌；第五是戒溺女歌；第六是雷公救急丹。涉及民国时期一些社会问题。其中《挽劫俚言》一文，包括西江月半阕，十言的正文 230 句。内容由民国以来文明进步情形说到人心不古、人伦败坏和社会秩序的紊乱等，结合阐述前面所讲的十大劫思想，如说"到后来谨提防诸劫齐现，请看看慈航士玄天训文，这现在兵旱瘟亲见亲受，其他处水火风亦已显形，再远方又现出山崩地裂，船有漏速速补快到江心"，"不久的疯狗劫发生遍地，报怨仇计命债逃躲无门"，等等。[②] 由此也可见，《慈航宝训》和《真武大帝法谕》两文在黄天道教义中的重要地位及儒释道三教对黄天道的影响。

黄天道信奉多种神，包括佛、道及居民所崇拜的许多神，其最具特征的是该教创始人李宾夫妇及三个女儿"一家子五口"的神像。传说李宾是明代万全县本地人，定居膳房堡，系弥勒古佛的化身，号称普明金光佛。他的妻子是普光归圣佛的化身，生有三女，大女是普净古佛投胎，二女是普贤古佛投胎，三女是圆通古佛投胎。五人"生前好行善念佛，不杀生，死后成神，并且时常显灵，解救人们的疾苦灾难，于是就设立他们的牌位而崇拜之"[③]。但对普明一家五口正式塑像礼拜，是清朝末年的事。光绪初年，万全僧人志

---

① 参见李世瑜：《现代华北秘密宗教》，上海：上海文艺出版社 1990 年版，第 18—19 页。

② 参见李世瑜：《现代华北秘密宗教》，上海：上海文艺出版社 1990 年版，第 20 页。

③ 李世瑜：《现代华北秘密宗教》，上海：上海文艺出版社 1990 年版，第 11 页。

明(俗名马有才)称大明年间号普明金光佛的李宾,是他第几辈的师傅,现奉其师启示,于黄天道发祥地的膳房堡地方修建普明佛的宫殿,以便大开普渡,复兴“黄天大道”。在建庙工地掘得一井,“发现普明石碑”①。由志明和尚倡导修成的这座寺庙,名普佛寺,是万全县规模最大的庙宇。一共是六进大殿,各殿供奉的神像及全庙的格式,既是模仿佛道教而又不同于佛道教:第一进殿内是哼、哈二将。第二进是“四大天王”,壁上又绘着八位金刚,正面还有观音和旃檀佛。第三进又是四大金刚的塑像,中间是药师佛和韦陀;这一进院中还有四处陪殿,里面供的是关帝、龙王和两处胡(狐)仙。第四进院的正面是金身的弥勒佛像,头上戴着红色的“莲花僧帽”,两旁陪以太上老君及孔子的金身像以及十八罗汉;两庑一是阿难,一是迦叶。第五进院内才是释迦、文殊、普贤的大佛殿,但又加了四位菩萨;其余的陪殿,一是三星殿,一是普明一家五口的殿和本庙创建人志明和尚的肉身像殿。第六进内计包括三官、真武、关帝、玉皇等。② 这座庙宇供奉了佛、道、儒、黄四教神像而以佛教神像为主。虽说名叫普佛寺,而普明一家五口神像却仅在第五进院内的陪殿之一处出现,并不占居显要位置。而道教神像除太上老君在第四进外,还独占第六进殿宇,地位亦较显著。这种情况表明,黄天道是封建社会后期佛、道、儒三教融合时代思潮的产物,而且,黄天道创始人作为信徒崇拜的神灵,在此时还只能混杂在三教神像中公开“亮相”。在此之前,黄天道因受到清政府打击而未能公开,到清朝末年,统治者腐朽不堪,在内忧外患的风雨飘摇中垂死挣扎,已无力顾及民间宗教的流传,使黄天道开始从地下走上了地面。在供奉三教神灵的庙宇中,塑立普明佛教祖一家五神像进行崇拜、祈祷,就是这一变化的重要标志。开初,在陪殿供奉普明佛的,要数万全县膳房堡这座普佛寺最具典型。此外,还有以下殿庙。

在德胜堡村中的八龙王庙的西陪殿中,供着普明佛一家五口的大塑像;在旧羊屯村的名为普佛殿的庙里,正殿是大肚弥勒塑像,西陪殿是普明一家五口塑像;柳沟窑村的一座佛殿中有一个陪殿,也供奉普明一家五口,左右

① 李世瑜:《现代华北秘密宗教》,上海:上海文艺出版社 1990 年版,第 16 页。
② 参见李世瑜:《现代华北秘密宗教》,上海:上海文艺出版社 1990 年版,第 11—12 页。

两壁还绘有普明佛的行实画传 20 幅；阳门堡村的龙王庙内东陪殿，也是供奉普明佛，五个泥像并排，两旁壁上有普明的画传二十余幅；贾贤庄村的真武庙内，附属有规模很大的普明佛殿，壁上有画传 38 幅，普明佛戴有一顶“莲花僧帽”；暖店堡村中观音殿里的一个陪殿中，有普明一家五口的绘像和一个盘龙的木牌位，牌位上面写着“普明老佛爷之神位”，并且两壁还有二十余幅画传；在屈家庄的三皇殿中的一面墙上，贴着一黄条纸写着“供奉普明佛如其在上之位”；在张贵屯的三官殿旁有座普明殿，里面供着五位塑像，殿前匾额写着“收圆祖”；在深井堡村中的马王庙的陪殿中，有一张普明佛的纸绘像；在小屯堡龙王庙的东陪殿中有普明五位塑像。

在万全县城的一座玄坛庙中，供桌上面有三个木制的牌位，中间写着“供奉普明佛之神位”，两旁一方是“供奉大仙之神位”，另一方是“供奉龙王水母八蜡之神位”。①

在清廷被推翻以后的民国年间，黄天道供奉的普明佛神像，更从附属于其他庙宇的状况改为建立独立的普明庙。民国十三年（1924 年）由黄天道信徒赵尔理捐地一亩余，在赵家梁村修建了专门崇拜普明的庙宇，正殿供奉普明一家五口塑像，东西两厢一是地藏、另一是吕祖，南殿是天王。② 张杰庄的普明庙也是一处较大的独立庙，殿内有普明等的塑像和画传 50 幅，吊联 8 幅，陪殿为志明和尚绘像。③

在河北万全县的黄天道教祖普明（李宾）塑像崇拜中，膳房堡的普佛寺算是大本营，并辐射到许多村庄。柳沟窑村的村民说：“普明爷爷是膳房堡人，他就在那里修成（得道），他的庙也在那里，这里不过是他的行宫。”④

除在佛、道寺庙的陪殿或单独建庙供奉神灵以外，黄天道信徒家中也设有神灵牌位，各家不一，有偏佛的，有重道的。如张杰庄苗家共设三个牌位，中间的写“至圣孔子先师之神位”，一方写“张祖紫阳，刘（柳）祖华阳，魏祖

① 以上参见李世瑜：《现代华北秘密宗教》，上海：上海文艺出版社 1990 年版，第 10—12 页。

② 参见李世瑜：《现代华北秘密宗教》，上海：上海文艺出版社 1990 年版，第 12 页。但同书第 16 页说，建庙石碑为民国三十年（1941 年）。

③ 参见李世瑜：《现代华北秘密宗教》，上海：上海文艺出版社 1990 年版，第 13 页。

④ 李世瑜：《现代华北秘密宗教》，上海：上海文艺出版社 1990 年版，第 11 页。

伯阳之神位”，另一方写“马祖丹阳，伍祖守阳，张祖三丰之神位”。这是以儒为主而重道的。而赵家梁赵姓家中也是供了三个牌位，中间的写“供奉大成至圣孔子、志明老祖、刘复恩老祖神位”，一方写“供奉南无普明金光佛、普光归圣佛、普贤古佛、普净古佛、圆通古佛之神位”①，另一方写“供奉释迦牟尼佛祖之神位”。这是以儒为尊而重佛的。

在《神名对本》中，提到黄天道崇奉的神灵有 201 个，其中属于道教方面的大致有：东岳泰山青虚大帝、南岳衡山长生大帝、西岳华山白华大帝、北岳恒山煞生大帝、中岳嵩山玉皇大帝、三十二天琼阙高真、南斗六司延寿星君、北斗九星解厄星君、东斗星君、西斗星君、中斗星君、斗母元君、九曜星君、二十八宿星君、十一大曜星君、十二宫辰星君、姜太公老祖、本境城隍、当方土地、值符使者、家宅如意福神、家宅如意禄神、福禄财神、山神土地、本命星君、后土尊神位、司命灶君、门神将军、伏魔大帝、昊天金阙玉(皇)大帝、文昌帝君、北极玄天上帝、魁光星君、三官大帝、青龙白虎神位、风伯尊神、五龙圣母、灵官王、黑龙赵元帅、行雨龙王、三皇圣祖、妙道真君、太上老君、四值功曹使者、和合二位(仙)、纯阳吕祖、九天应元雷声普化天尊、火帝真君、葛仙翁、收瘟摄毒消灾使者、药王、行雨河神尊神等。表明道教神灵在黄天道信仰中占有重要地位。

从以上列举义和团与黄天道所具道教色彩的情况，可见近现代道教对民间秘密宗教有较强的辐射力。这些民间秘密宗教有的在思想上乃至组织上，均同道教有密切的关系，可以说是变相的道教。

五、道教对少数民族宗教信仰的影响

道教在创建的时候，即与我国少数民族的宗教习俗有极其密切的关系，在后来的发展中，也一直得到有些少数民族的信向。到了明清之际及近现代，道教从上层走向民间以后，它对我国少数民族的宗教信仰便产生了更为广泛的影响。这种影响在瑶族、壮族、苗族中十分突出，在土家族、仫佬族、毛南族、京族、黎族、白族、阿昌族、羌族、傣族、彝族以及纳西族等少数民族

① 此五佛即李宾夫妇及三位女儿的称号。

的宗教信仰中也很明显。现在先以瑶族为例，作如下介绍。

道教传入瑶族地区的确切年代难以考证。1930 年 3 月 22 日至 5 月 26 日，中山大学的庞新民先生在广东北江瑶山的调查中指出：荒洞瑶民赵才金为其妾治丧，设奠亡人厅堂，“厅之上面与神龛近处，置长台一条，台内木壁上，挂纸画神像七幅，东西两旁壁上，各挂神像三幅，巫者①（彼自称为‘茅山教’）云：居中三像为‘灵宝、元始、道德’，又四名为‘盘王、岳王、龙王、西岳’，西面之三幅仅知其二，名为‘张李二天君’，余未详”②。巫者于此厅内做法事时，首先要“拜四方，巫者于厅之正中设一圆台，台上置一灯，灯前一大碗，上放燃香三根。两巫者（不着巫衣）一击钹，一击卦，围台而揖，或对揖，或相背而揖，或并立而揖，称为‘拜四方’，又名串神（与道教之请神相同）”③。丧葬法事的最后一项是送神。“送神时，其舞蹈之转旋，殊有趣味，法为两巫相对，两手分开，同执巫杖之两端，同时二人向厅前俯仰而转旋，抵大门壁，以杖触门而止。如是者三次，然后将厅所悬之白纸榜及白纸条悉扯下，并取白纸数十张制纸钱同烧之。复于神龛前喃语约半句钟（一会儿——引者），燃纸钱少许，此举甚似道教之‘安家神’。”④这是民国年间广东北江上游瑶山⑤瑶民宗教受道教影响情况的调查记录，出自一个动植物标本采集者的手笔，许多深层次的情况语焉不详，但为后人考察瑶族宗教的道教化提供了线索。

瑶族是中国少数民族中人口较多、支系众多且复杂的民族之一，由于其历史上曾进行了长时间、远距离、大幅度的频繁迁徙，不特“过山”，而且跨国越洲，漂洋过海，分布广泛，因此所处的自然生态环境和社会文化背景差异较大，各个支系之间文化差异较为显著，甚至同一支系内部由于分布地域

① 此“巫者”当为本文中的“道公”。——引者注

② 庞新民：《广东北江瑶山杂记》，《历史语言研究所集刊》第 2 本第 4 分（1932 年），北京：中华书局 1987 年版，第 500 页。

③ 庞新民：《广东北江瑶山杂记》，《历史语言研究所集刊》第 2 本第 4 分（1932 年），北京：中华书局 1987 年版，第 501 页。

④ 庞新民：《广东北江瑶山杂记》，《历史语言研究所集刊》第 2 本第 4 分（1932 年），北京：中华书局 1987 年版，第 503 页。

⑤ 民国年间由曲江（即韶州）、乳源、乐昌三县分治。

的不同在文化上也存在明显的差异,所受道教影响的程度亦各有深浅。但有一点是相同的,即各地瑶族道公、师公做法事时所念经咒和唱词多按汉语的粤方言(广东话)发音,并以汉族地区生产的扁鼓和锣为法器。这足以说明瑶族的宗教仪式主持者师承了广东汉族的道士,由广东的汉族道士将道教传播给瑶族道公、师公,而且传授道法者很可能是属于正一系统的符箓派道士。

著名文化人类学家梁钊韬先生对民国年间广东北江上游瑶山乳源县瑶民的宗教信仰状况作了实地考察后指出:乳源瑶人崇拜的神仙有何修罗王、叶清仙师、元始天尊、北极世尊、灵宝天尊、玉皇大帝,以及"太上老君(传教如今开传度,斩邪伏法治瘟王),董仲仙(驾鹤承云上九天,八月中秋十五夜,宗功去到月中仙),叶青仙(除邪伏法斩蛟龙),横山张(变符去斩鬼神惊),张道教(行符敕水伏邪精),李道通(行符去斩五瘟王),许真君(变符收捉五瘟王),召二郎(变符去斩五瘟王),召三郎(书符说法向前行),召九郎(九郎领兵游四海,五瘟小鬼尽皆藏)"。这些神仙当中,"最后三位召二郎、召三郎、召九郎,据说是他们瑶人自己的师爸,北山瑶人多姓赵(召即赵字),传说他们曾向老君学法,九郎前身是犁耙,所以背上有牛纹,是老君第一个徒弟……所以瑶人称老君为祖师,称三位郎为本师,世为瑶人的师爸,这三位郎似乎是他们瑶人本身的仙人,除此之外,都属道教中的人物,其中第一位神'何修罗王',当然是佛教中'阿修罗王'的误写(汉字误字的情况在瑶族经书中比比皆是——引者注)……道教把他归入自己的神里,再转到瑶人里亦把他作为一个天神。此外如:董仲仙,似是董仲舒的误写,张道教应该是道教创教者张道陵,这都是汉代的人物,传到瑶山里去的"。①

由此可见,瑶民已以道教教主太上老君为祖师,以"老君第一个徒弟"(很可能是瑶族中最早接受道教并加以传播的先民,即第一个天师道派的瑶族道士或道公、师公)为本师。从赵二郎、赵三郎、赵九郎的取名来看,似为一家三兄弟,他们家也许便是瑶民中第一户天师道世家了。瑶民"师公

① 梁钊韬:《粤北乳源瑶民的宗教信仰》,《民俗》第2卷第1、2期合刊,广州:中山大学,1943年,第16—17页。

传法与徒弟,有一本很重要的经,叫做《大戒文书》,首先告诉门徒,太上老君是祖师,二郎、三郎、九郎就是本师"①。瑶族师公的咒语亦与汉族道士相同,要以"吾奉太上老君准敕令"来结尾。瑶族师公的法事开头也与汉族道士的法事相同,要行招请诸神的请神仪式。②

梁先生在文章的末尾"乳源瑶人宗教信仰的特质"部分中指出:"据一般曾经调查过瑶人宗教的人们,都说他们最大的特质是浓厚地具有道教的色彩,作者在未入山之前曾预料和他们的报告有相同的结果。在表面看来,因为乳源瑶人所崇奉的最高神是老子,就是所谓太上老君,他们在法术上的咒语,也是频呼太上老君敕令的句语,所以第一点特质,乳源瑶人的宗教果然是近乎道教。其次在他们所信仰的宗教巫术的要素上,却和我国古代留传至今的一样:他们也相信阴阳五行的作用,不过在五行的运用方面,较汉人简单。"③这些都是比较精彩的阐述,但由于梁先生本身是专攻文化人类学的,对道教本身并没有进行专门的研究,因而在文中亦有许多不完全妥当的阐述,如他认为瑶人"家里所安奉的神龛只有一个太上老君,察其意义却认为太上老君是祖师,他唯一的效能是能捉邪驱鬼妖,由这点看来,他们整个宗教的氛围,最大的要义却是专门对付鬼怪,并无所谓什么较高智慧的宗教理想,所以乳源瑶人的宗教信仰,在外表上似乎近于道教,其实并不具备道教的一切内容……乳源瑶人受了汉人的影响,只有宗教的形式,并没有较高的宗教所具备的条件……其实他们所受道教影响的部分,只不过是他们信仰中的躯壳而已,骨子里他们主要的特质,却是精灵崇拜、有灵崇拜和妖物崇拜,而并非是道教"④。梁先生心目中所谓的"道教"是指上层化了的神仙道教,他不了解还有一种为下层广大民众所信奉的符箓派道教,这种道

① 梁钊韬:《粤北乳源瑶民的宗教信仰》,《民俗》第2卷第1、2期合刊,广州:中山大学,1943年,第19页。

② 参见梁钊韬:《粤北乳源瑶民的宗教信仰》,《民俗》第2卷第1、2期合刊,广州:中山大学,1943年,第20页。

③ 梁钊韬:《粤北乳源瑶民的宗教信仰》,《民俗》第2卷第1、2期合刊,广州:中山大学,1943年,第22页。

④ 梁钊韬:《粤北乳源瑶民的宗教信仰》,《民俗》第2卷第1、2期合刊,广州:中山大学,1943年,第23页。

教正是以“能捉邪驱鬼妖”、“专门对付鬼怪”为特点的,可以称之为民间世俗道教。瑶族的民众亦如广大汉族民众一样,信奉的正是这种民间的世俗道教。

著名文化人类学家江应樑先生在对广东北江瑶族进行实地考察的基础上,于1937年1月撰写的《广东瑶人之宗教信仰及其经咒》一文中,对瑶族宗教的道教化问题作了较为深入的考察研究,指出了从瑶族经典中所见到瑶族普遍信仰的神有:北极紫微神、元始天尊、灵宝天尊、道德天尊、老君、玉皇、张天师、玄天高上帝、水府三官、高真武神、灶君、土地、鲁班、放狗二郎和府县城隍等。瑶族的神,“一看而知大部系从汉人之道教中演化而来,其中有许多是可以由经典文义中知道其职司的,如元始天尊与老君,似是一切神之最高掌教者”①。每一民族的宗教被移植到外民族中,要在外民族中生根发芽的话,非要经历一个被外民族民族化的过程不可。佛教的中国化,并在中国的汉族、藏族和傣族中分别形成汉传佛教、藏传佛教和上座部佛教三大流派,便是一个典型的范例。道教被移植到瑶族文化系统中,也同样经历了一个瑶族化的过程。因此,“许多神,固然可以肯定的断定是由汉人处传入者,但一经传至瑶人中,则此种神的个性,便往往发生了变动而与汉人观念中的神不相同”。比如灶神在瑶族宗教中便堕落为“在家里却是专门缠女人,使人患病,必须要人杀鸡祭献后,才使其病脱身”的邪神。② 瑶族灶神的这种邪恶神格在其他受道教影响的少数民族中也存在,例如云南白族亦认为灶神能祟人致病。这种邪恶神格与后进民族中火塘神的神格极为相似,因而有可能是灶神的神格被附加上火塘神的神格的结果。瑶族亦和早期天师道徒一样,请神时要“奏请东方、南方、西方、北方、中央五方五位仙”,即道教崇拜的五方神;③其咒语结尾多为“吾奉太上老君准敕令”或“急急如律令”,致使对原始文化特别钟爱的江先生感叹道:“可惜都太道教化了,实

① 江应樑:《广东瑶人之宗教信仰及其经咒》,《民俗》第1卷第3期,广州:中山大学研究院文科研究所,1937年,第6页。

② 参见江应樑:《广东瑶人之宗教信仰及其经咒》,《民俗》第1卷第3期,广州:中山大学研究院文科研究所,1937年,第7页。

③ 参见江应樑:《广东瑶人之宗教信仰及其经咒》,《民俗》第1卷第3期,广州:中山大学研究院文科研究所,1937年,第24页。

不能代表瑶人原始的神秘意味……都全系由道教经咒中脱胎而来。”①江先生在《广东瑶人之宗教信仰及其经咒》一文的“结论”部分中指出：“从上文根据瑶人的经咒研究到瑶人现时之宗教信仰，可以使我们看出其宗教的形成确然具有一种特殊的内容，倘将其全部宗教信仰加以分析，则显然地可以看出三点：一是瑶人现时宗教，已经深度的受到汉人的道教化；二是道教化之程度虽深，但其信仰的意识及宗教的仪式，仍有一部分保持着野蛮民族之原始信仰的意味；三是其宗教信仰中，丝毫没有佛教成分的渗入。其所信仰的神灵中，也可显然地分为两部分，如元始天尊、太上老君、玉皇大帝、张李二天师，以至土地、灶君、瘟神、邪魔，都全是道教中的神祇。而盘王、肉神、放狗二郎（疑此系二郎神——引者）、打猎将军等，则又全是瑶人原始所信奉的神灵。就其大体上说，瑶人宗教受汉人道教之影响实很深，经典的内容及文字组织，都可看出其脱胎道教经典之痕迹，巫师作法事时之宗教仪式，除舞蹈为原始民族宗教仪式中特有的表现外，其他仪式程序，也多少与道教仪式相仿佛，而其咒语，则更富有浓厚的道教意味，如每咒语之末句皆为‘吾奉太上老君准敕令’，这已显见其所有咒语均系由道教所传入者……瑶人今日之经典咒语，恐大半系本道教之经咒而改入瑶人语言所成者。”②

民国年间，广东瑶族宗教信仰“另外的一个特征便是佛教之未曾为瑶人所信仰……我说瑶人今日之宗教信仰中，却无佛教的成分，虽然瑶经中有着仅见的‘观音’、‘佛’、‘皈依’、‘慈悲’四个佛教专有名词，但这却可断定是道教所杂入的”，是道教传入瑶族中所携带的副产品。因此，江先生在文中归结说：“在山瑶中逐处感到布满着浓厚的宗教氛围中，显示出深度的道教气味，而不见有丝毫佛教成分，不能不使我感到奇怪。”③

不仅广东瑶族宗教信仰深受道教影响，在广西瑶族中山子瑶与茶山瑶

① 江应樑：《广东瑶人之宗教信仰及其经咒》，《民俗》第1卷第3期，广州：中山大学研究院文科研究所，1937年，第31页。

② 江应樑：《广东瑶人之宗教信仰及其经咒》，《民俗》第1卷第3期，广州：中山大学研究院文科研究所，1937年，第36—37页。

③ 江应樑：《广东瑶人之宗教信仰及其经咒》，《民俗》第1卷第3期，广州：中山大学研究院文科研究所，1937年，第39—40页。

等支系的宗教信仰亦深受道教的影响，具有道教化的倾向和特征。

民国年间，广西象平间瑶民"惟敬神时须由道士或村中之'明白人'（即精通瑶族历史文化和经书的精明能干者——引者注）举行敬神之仪式"，其仪式中祭牲猪"其猪头应为道士所有，但须待敬神完毕后方可均分"。患疾病被认为系鬼神祟害所致时要举行请神仪式，要有"道士四人（或较此数略多，但不必为真道士，只须穿着道士装束）"参加。① "道士，在长毛瑶中，所穿服装与汉人无异，在板瑶则另有装束，下系羽纱红色围裙，手执祭杖。请神时带病者手摇铜铃，后随二道士挟雌雄腰鼓，左右并列，随带病者进退。带病者首唱请神词，后随之道士和之。"②其请神唱词为"修道立身"等方面的内容。祭仪是瑶民社会生活中最隆重和庄严、神圣的活动，"主持祭仪之人，在长毛瑶（花蓝瑶、坳瑶、茶山瑶）中称为道士。服装与汉人道士中之法师所穿衣服相似，绿色或红色（淡红或深红）之缎，周缘镶以四公分宽之金银线所织之花边，无领，襟口交叉于胸前，无纽扣，腰际以丝织缎带系之。头冠未见，据云与汉族道士冠完全相似。惟余所见之道服极敝旧，询以何处得来？则谓系购自汉人之江湖戏班中，此大概系演戏用旧之后而售之于瑶民也"③。

广西十万大山山子瑶保留有本民族传统的原始宗教残余，但道教在山子瑶的宗教生活中大有喧宾夺主之势，已在山子瑶的宗教信仰中居于主导地位。"解放前，山子瑶的道教信仰就其主要方面来说，与山外壮、汉族的道教信仰无大区别，但其中融汇了本民族不少原始巫教成分，具有鲜明的民族特色。"④道教在瑶族中，与其传统的原始宗教逐渐融为一体，渗透到瑶族社会文化生活的各个层面。山子瑶的道教信仰分为道公和师公两个派别，

① 参见徐益棠：《广西象平间瑶民之宗教及其宗教的文献》，《边疆研究论丛》，成都：金陵大学中国文化研究所，1941 年，第 58—59 页。

② 徐益棠：《广西象平间瑶民之宗教及其宗教的文献》，《边疆研究论丛》，成都：金陵大学中国文化研究所，1941 年，第 59 页。

③ 徐益棠：《广西象平间瑶民之宗教及其宗教的文献》，《边疆研究论丛》，成都：金陵大学中国文化研究所，1941 年，第 65 页。

④ 张有隽、邓文通、李增贵、李崇友、李广德：《十万大山山子瑶社会历史调查》，《广西瑶族社会历史调查》，南宁：广西民族出版社 1987 年版，第 6 册，第 278 页。

两派都自认为从属于道教，都供奉太上老君、张天师、三清和三元等道教尊神，但两派在教义上有明显的差异。道公特别尊重三清，以玉皇为至尊，认为玉皇是最大的神，统管天下，老君亦在玉皇的统属之下，所用的法印是玉皇印。师公则以三元为至尊，认为三元统管三界，所用的法印是上元印。教义上的差别，首先表现在司神的差异。在瑶族的观念中，道公的职能是沟通活人与祖先亡灵的关系，主要与瑶族的祖先崇拜结合；师公的职能是调解活人与野神外鬼的关系，更多地与瑶族的自然崇拜结合。由于司神不同，道公与师公在做法事时所请的神也不同，道公所请的神祇主要是正一派道教的神灵，道教色彩十分浓厚，其经书开头往往有“奉道正一”的词句。而师公所请的神祇主要是民间道教的神灵，仍带有浓厚的巫教色彩。由此可以推测，师公的道教师承于民间世俗道教，其时间较早。民间世俗道教传入瑶区时，瑶族自然崇拜势力尚强盛，故而道教与其自然崇拜相结合；而正一派道教传入瑶区时，其时间较晚，瑶族的自然崇拜已衰弱，故而道教与其祖先崇拜相结合。因此，山子瑶的师公是以早期天师道或五斗米道的三元三官大帝为最高神，给度戒弟子传法时传的印是“上元印”；而道公则以三清神（元始天尊、灵宝天尊和道德天尊）为最高神，给弟子度戒传法时传的印是“玉皇印”。我们知道，三清的形成最早是在南北朝，而玉皇神格的提高和玉皇信仰的普遍流行则是从宋代才开始的。当然，上面这种推测是否正确，尚有待于实际调查来验证。

道公的经书可分为三大类：一类是阐述道教经义，供道公研习道教教义的，如《玉皇经》、《玉枢经》、《度人经》和《消灾经》等，基本上是从汉文道教经典、民间道书中移植而来的。另一类记载法事程序，以及供道公做法事时备忘参考的各种章奏、疏式、表文，多为道公仿照汉文道经自造。还有一类是法事上诵读的经文、咒语，有的出自汉文道经，也有的系道公仿照汉文道经编撰，道公做法事时手捧这类经书，照本宣科。这大体出于两个方面的原因，其一符箓派道士注重符箓道法，禁咒科仪十分庞杂，不便记忆背诵；其二是以示慎重，担心念错了经咒会殃及生灵，危害于人。瑶族道公使用的道经抄本其保存至今者，数量可观，“这些经书以清道光年间为多，光绪年间的也不少，余则咸丰、同治及民国年间亦有”。最早的一本封皮及首页损坏，始抄时间当于清嘉庆(1796—1820年)初年。①

师公的经典多为自己仿照汉文道经编撰的喃神唱本,每本由若干篇目编成,每篇唱述一个神鬼的来历身世、修道成仙的经过,以及所获神职和法术本领如何的高强。为便于记忆,其经文多用七字一句的韵文写成,中间间或夹杂一些迎神、送神的用语。还有一些用散文体写成的记载神鬼名称、所在庙宇,以及在法事上调遣鬼神的方法程序,以备做法事时参考的经书,其内容多涉及本民族的神话传说。师公的经书中得以保存至今者,"最早有清朝道光(1821—1850年)的,其次咸丰、同治、光绪各朝及民国年间均有,而以光绪朝为多"②。而且无论就经书的数量或规范程度和抄写质量,都不如道公的道经。可见师公使用经书的年限明显地晚于道公,而且很可能是在道公的启发下才时兴起来的。

广西大瑶山茶山瑶所受道教影响的情况与山子瑶的情况十分相似,亦有师公与道公的区分,信奉道教的人家,家中悬挂三清神像,道公的道冠三清帽上就有玉清、上清和太清的神像。道公、师公的数目可观,约占男性成员的四分之一,其他四分之三中包括尚未度戒的青少年,他们也是未来的道公和师公的人选。瑶族取名字一般是三个字,道公的名字中间一个字是"道"或"玄",师公的名字中间一个字是"法"或"胜"。从名字就可以判断其人是否是道公或师公。茶山瑶信奉的也是正一派系统的符箓道教,其社会文化的各个方面都反映出其信奉道教的特征。在他们中"曾发现有明朝(当为南明——引者)永历八年(1654年)瑶族自抄的神书两本"③,迄今已有三百余年的历史,比山子瑶中发现的道书还早。

民国年间,广西北部盘古瑶的还愿法事亦与道教法事极为相似,也是从请神开始,继之是拜神,然后再上表、奏表。法事中所膜拜的各种神像多系道教所崇拜神灵的画像,有灵宝天尊、元始天尊、道德天尊、玉皇大帝和张天

① 参见张有隽、邓文通、李增贵、李崇友、李广德:《十万大山山子瑶社会历史调查》,《广西瑶族社会历史调查》,南宁:广西民族出版社1987年版,第6册,第284页。

② 张有隽、邓文通、李增贵、李崇友、李广德:《十万大山山子瑶社会历史调查》,《广西瑶族社会历史调查》,南宁:广西民族出版社1987年版,第6册,第281页。

③ 杨成志、唐兆民、黄钰等:《广西金秀大瑶山瑶族社会历史调查》,《广西瑶族社会历史调查》,南宁:广西民族出版社1984年版,第1册,第417页。

师等。瑶民认为“上列这些神中以‘三清大道’为最高，所谓‘三清大道’即元始天尊、道德天尊、灵宝天尊三位，余外当推玉皇大帝为最重要”①。

广东、广西瑶族的宗教信仰情况已如上述，那么云南瑶族的宗教信仰情况又如何呢？

据调查，云南省红河州瑶族所信奉的神灵，大多也是道教的神灵。有人将他们信奉的神灵系统作了一个分类，发现属于道教神祇系统的神灵相当于佛教的 15 倍、儒教的 36 倍、瑶族传统神灵的 5 倍。即道教神仙 146 个，佛教菩萨 10 个，儒家圣贤 4 个，本民族杰出人物 30 个。② 当然这个分类未必精确、全面，但由此足见道教在云南省红河州瑶族宗教文化系统中居于主导地位。

云南金平县老街瑶族亦崇奉道教、供奉神仙，人生礼俗中往往少不了道教崇拜仪式一项。其玉勉支瑶族新婚夫妇要请七个师公在堂屋中举行挂灯仪式，堂屋墙壁上悬挂太上老君、灵宝天尊和张天师等道教神像，挂灯的男子头戴道冠，身穿道袍，坐在堂屋中的木凳上。由师公念经请神，念咒“天师变吾身，地师变吾身”等③，与 1936 年在广东瑶族中收集到的经咒“天师变吾身，地师变吾身”④相同。金平县老街瑶族的《灶王歌》与广东瑶族在祀灶时所唱的《灶君歌》内容完全相同，只在词句上略有变异，表明云南金平瑶族是从广东迁徙而来的，其经咒中仍保留着用广东话（汉语粤方言）念诵的风格。也说明了 20 世纪 30 年代到 50 年代，瑶族的道教信仰并没有发生显著的变化。

云南省金平县瑶族的道公、师公做法事时，也首先要设置道坛，从请神仪式开始，要请元始天尊、灵宝天尊和道德天尊，有时还要请昊天金阙玉皇

① 雷泽光：《广西北部盘古瑶的还愿法事》，《民俗》第 2 卷第 3、4 期合刊，广州：中山大学，1943 年，第 42 页。

② 蛮夫：《对瑶族“度戒”的认识》，红河哈尼族彝族自治州民族研究所编：《红河民族研究文集》第 1 辑，昆明：云南大学出版社 1991 年版。

③ 宋恩常、邓金元：《金平县城关镇路黑浪（老街）瑶族道教调查》，《云南苗族瑶族社会历史调查》，昆明：云南民族出版社 1982 年版，第 151 页。该文中道教神名多不规范。

④ 江应樑：《广东瑶人之宗教信仰及其经咒》，《民俗》第 1 卷第 3 期，广州：中山大学研究院文科研究所，1937 年，第 30 页。

大帝、紫微北极大帝、北极镇天真武玄天上帝等道教神灵莅临道场。云南省金平县瑶族的请神歌《力上坛歌》，其歌词与广东瑶族的请神歌相同，都以"启请三清高大道，又请三清大道神"起头，以"闻说今朝有状请，齐齐整整下香坛"结尾，中间内容完全相同，词句亦基本相同。

综上可知，近现代以来，大部分瑶族都以信仰道教为主。在瑶民一生中最为重要的仪式是度戒仪式，它是每个瑶族青年一生必经的大事，是一个瑶族男子获得在瑶族社会中成年男子所享有的一切权利和义务的唯一途径，也是死后可以升天享乐的前提条件。"瑶族度戒具有'成年礼'的特点，但已演化成道教'受箓'仪式。"①因此，我们认为瑶族宗教信仰最显著的特征是本民族传统宗教的道教化。

下面再介绍壮族人民宗教信仰的道教特征。

根据考古发掘的资料表明，道教在南朝时期即已在壮族聚居区传播和流行。1980 年 3 月，在融安县大巷乡安宁村附近发掘的一座南朝古墓中出土了一方滑石地券，券文为："太岁己亥十二月四日，齐熙郡覃（潭）中县都乡治下里覃华薄命终，没归蒿里。今买宅在本郡骑店里，纵广五亩地，立冢一丘自葬。雇钱万万九千九百九十九文。四域之内，生根之物，尽属死人。即日毕了，时任知李定度、张坚固，以钱半百，分券为明，如律令。"②覃姓是广西壮族中的大姓，墓主覃华很有可能是壮族先民。这种为死人买葬地凭据的买地券习俗，南朝时期不但盛行于中原汉族地区，而且在广西壮族聚居区亦已盛行，类似的地券在广西梧州、鹿寨等壮族聚居区多有发掘。地券行文末尾多为"如律令"，亦即"太上老君如律令"的简写，显系受天师道符箓咒术影响的结果。1938 年在桂林市北郊的观音阁出土了一方滑石质买地券，券文中明确提到要以道教四方之神青龙、白虎、朱雀、玄武为四至，以道教崇拜的神仙王侨（乔）和赤松子为证人，其券文为："宋泰始六年（470 年）十一月九日，始安郡始安县都乡都唐里，没故道民欧阳景熙今归蒿里。亡人

① 张有隽：《十万大山瑶族道教信仰浅释》，乔健、谢剑、胡起望编：《瑶族研究论文集》，北京：民族出版社 1988 年版，第 83 页。

② 广西壮族自治区文物工作队：《广西壮族自治区融安县南朝墓》，《考古》1983 年第 9 期。

以钱万万九千九百文，买此冢地。东至青龙，南至朱雀，西至白虎，北至玄武，上至青天，下至黄泉，四域之内，悉属死人。即日毕了，时王侨、赤松子、李定、张故分券为明，如律令。”①该券文已明确指出墓主系信奉道教的“道民”，而非常人。这说明南朝时期，道教已在广西壮族聚居区广泛盛行。经过一千五百余年的流传，到近现代时期，道教已渗透到壮族社会文化生活的各个角落。

近现代以来，广西地区的壮族普遍崇奉道教，到处建有祀奉道教神灵的城隍庙、关帝庙、文昌庙、北帝庙和神农庙等庙宇。村村寨寨有道公。这些道公类似汉族地区杂居于民间的正一派系统的火居道士。生病的人家要请道公作法，道公专做赶鬼、除病、造房择吉、测算“八字”合婚、解关、超度亡灵、做斋醮、安神、安桥等众多法事。一些地区的道公每逢念诵咒语则言“尊吾太上老君急急如律令”，但平时则是集道士、僧侣和巫师的活动于一体的“多面手”，既拜元始天尊为教祖，亦尊释迦念佛经，平时也行巫神的勾当，反映了佛道巫杂糅的色彩。

广西龙胜县龙脊乡壮族人民将汉族道士也称为道公，但据调查，在清朝以前，他们之间也有若干不同的地方。即：“（1）壮人道公在以前做丧事活动时，只穿一件素袍就念诵经咒，不打锣又不打鼓及吹笛，而汉族的道公则穿起很漂亮的长龙袍，敲起锣鼓，又吹笛子等等。传说在很久很久以前，壮族与汉族的道公都是向‘太上老君’学道而后才成名，但汉族早去一步，故‘太上老君’把龙袍、锣、鼓、笛子送给汉人道公，而壮人则迟一步，只有一件素袍送给壮人道公，因之汉壮道公在做道场时穿的道袍就各不相同。（2）壮人道公从来都是讲壮话来念经，汉人道公则是用汉话。（3）壮人道公在送出丧的那一天首先念了一道经文咒语，然后才杀羊、鸡祭奉，与此同时又重念一遍。而汉族道公只念一道经文，不用宰牲祭奉，出丧后才杀羊、鸡等来待客而罢。据说这壮人道公供奉的是吃荤牲的‘靖元皇教’，而汉人道公则请不吃荤的佛门来超度死人的，因而有此区别。（4）壮人道公只送死人的灵魂到梅山院内而止，汉人道公则送到西方极乐世界，据说是因为以前

① 张益桂、张家璠：《桂林史话》，上海：上海人民出版社1979年版，第27页。

‘太上老君’送给壮人道公的经书、咒文太少，而汉人道公的经书、咒文多，故汉人道公有本领送死者的灵魂到较远的地方去。”然而，“民国初年以来，壮族道公逐渐同化于汉人道公，仅有的某些区别也很少存在了”。① 由此看来，壮族的宗教信仰有逐渐与汉族道教趋同的过程。

广西隆林县委乐乡壮族道公，其道法是从贵州学来的，道经系汉文抄本，念咒作法时皆操汉语，而日常生活中则皆操壮语，当地很少有能听懂汉语的人。道公的主要职能有打醮、替死人开路和赶鬼祭神等。法事中使用的鼓是用野猪皮做的（忌讳用牛皮做道具），一把由当地铁匠打造的铁箭，绣有神像的道袍，道冠的顶子上雕刻着道教神像，红鞋、白鞋各一双，这些都是必备的道具。老道公死后，其徒弟有权继承他的全套道具。做道公者禁忌戒律颇多，经济开支亦大，开始学道法的四个月内不能下地干农活，每逢出门都要戴上雨帽，忌行房事，也不能从栏房底下横穿而过，从此不杀生，忌吃狗肉牛肉，他们认为违犯这些禁忌戒律就会引起祖师的责怪。道公要熟读经文，请亲戚们来吃一餐，才供奉道公祖师的神位。然后跟随老道公实习一段时间，熟悉了道法科仪之后，才出师行道，成为受当地人特别尊敬的道公。得到人们普遍公认后要送几十斤肉酬谢师父，以示报答。从此，凡有人来请去做法事皆不可推脱，否则会有损于所修阴德。道公在正月初一那天只能喝点糖水米花，或吃些鱼，忌吃别的饭菜。每逢做道场法事期间，都要吃素，沾荤的话符箓法术就不灵验了。民国年间，国民党政府对道公的活动实行严格的管制，要持有西隆县巫道捐承办处发放的营业执照才能从事道场法事，其执照行文为“为发给牌照事，兹有第×区××保××村×××自愿缴纳××年份巫道捐银贰元，合行发给牌照。颁立牌照者，经理人×××，民国××年×月××日给”。为得到此执照，道公需要交付一定的税捐，家境不好的道公负担不起这笔税捐，村内群众就分摊这笔税捐代他们缴纳，以保障他们继续为自己做法事。也有的道公缴不起这笔税捐而被政府官员没收了道具，群众自发筹款替他赎回道具，足见人们对道教的信仰和需求有多深了。与

① 樊登等：《龙胜各族自治县龙脊乡壮族社会历史调查》，《广西壮族社会历史调查》，南宁：广西民族出版社 1984 年版，第 1 册，第 138—139 页。

此相应的，道场法事的开支也成为当地人民的一笔沉重的负担。由道公主持大醮一次，所花费的费用折合大米近千斤。有些多灾多难的家庭，辛勤劳动一年的收入中就有三分之一或一半用于宗教活动方面的开支，这种状况一直持续到新中国成立初期。①

道公是广西田东县檀乐乡壮族群众最信奉的宗教职业者。每逢水、旱灾害，或天灾，或丰年，都要请他们做斋醮道场；结婚人家合八字，择吉日，丧事活动中念经超度亡灵和其他的驱鬼除祟等活动，都离不开道公。道公的特点是无固定组织和无固定宗教场所的个体经营，这是道公的副业，他们往往并不完全脱离生产劳动，平时也务农，一旦有人来请就穿上道袍、戴上道冠，携带经书、法器前往搞道场法事。新中国成立后，人民政府对该乡的道公进行了教育改造，当时仅思林区登记退道不干的道公就有 186 人，道童 100 多名，并交出道具(锣鼓等)594 套，道书 4402 本。②

新中国成立前，广西上思县思阳乡壮族的道公不仅做超度亡灵、为人祷寿和建宅上梁念经等法事，往往还兼卜算吉凶、求福除祟和占卜卦相等活动，是宗教迷信活动的多面手。

直到近现代，广西武鸣县邓广乡壮族还很盛行道教活动，其马香村就建有真武庙，该庙供奉真武大帝，建于光绪年间(1875—1908 年)，壮族群众生病时要去其中求神除祟，并请师公、道公作法赶鬼。③ 武鸣县清江乡的壮族中，“解放前(1949 年以前)清江全乡只有三个道公，没有师公、仙婆。群众家有人死了，就请道公来入殓诵道。有少数的人得病也请道公来求‘保佑’。道公到主人家，要吃一顿饭，没有固定工资，由主人付给酬劳，一般道公只取‘利市’(即在礼台上的半小碗白米及放在白米上的极少的现金)，较富有的主人，一般还给道公熟肉半斤、十两不等。道公无集体组织，单独行动。如遇到富家要办较隆重的丧事，则二三人一同前去。解放后，本乡群众

① 参见王昭武等:《隆林各族自治县委乐乡壮族社会生活习俗情况的调查》,《广西壮族社会历史调查》,南宁:广西民族出版社 1984 年版,第 1 册,第 66—68 页。

② 参见黄昭等:《田东县檀乐乡壮族社会历史调查》,《广西壮族社会历史调查》,南宁:广西民族出版社 1985 年版,第 5 册,第 128—129 页。

③ 参见石钟健等:《武鸣县邓广乡壮族社会历史调查》,《广西壮族社会历史调查》,南宁:广西民族出版社 1985 年版,第 6 册,第 38 页。

已令道公将道本及道具烧毁，如今只剩下两个道公，均已五十余岁”①。

广西上思县那荡乡的壮族中，每个村都有道公，专门给群众做斋醮法事，很少参加生产劳动。群众家里有人生病一般都要请道公来送鬼。还愿时，要请道公做道场一至三天。②

广西平果县壮族陇人支系的宗教信仰以信奉道教为主，平均不到四户人家就有一个能做道场法事的道公。可以说，道教已渗透到壮族陇人支系社会文化生活的各个方面，生产、生活的仪式、礼俗中都体现出道教文化的影响。在生产方面，民国年间每逢二月间玉米苗长出一寸多时，为了保证庄稼的丰收，各屯壮族群众自筹费用，杀一头猪作祭品，请两个道公念经作法，举行求雨法事。各家各户邀请自己家的亲朋好友来“贺苗”。在生活方面，为了全屯的平安、村社的兴旺，要定期或不定期地请三个道公（一个主祭、两个助手）举行为期两昼夜的斋醮法事。开坛那天，全屯群众都吃素，主祭道公穿起花的法衣，助手穿黑衣，手持一条上面写着东、南、西、北、中五方大将军名字的三角形纸旗。由主祭道公印制上书“邪嘾愧沫”四字的符箓。符箓印好后，每家每户各拿一张回家贴在自己家的门口，防止今后邪魔闯进家宅作祟。还要由道公念经，并在东、南、西、北、中五方各贴一只用红纸印成的“纸龙”，说明他们崇拜早期天师道所崇奉的五方神。如弟兄叔伯之间发生纠纷，或村社内发生不正当的性行为，要请道公作法事，驱祟除秽。逢人生病、牛不吃草、猪不饮水等人畜疾病，也要请道公做送鬼法事。村社内瘟疫流行，人畜不宁，也要请两三个道公来赶鬼封村，做类似于汉族地区送瘟神的焚烧纸船的仪式后，道公还要在出入村寨的路口和各家各户的门口都插上一块木制的“禁符”，以阻拦野鬼进入村社作祟。盖新房的人家要请道公来做一两个小时的法事，道公将其斩杀邪神恶鬼的宝剑插入泥土中，手抱一只雄鸡，用宝剑划破鸡颈，取其血淋遍新房的四周。据说要划得适度，不能让鸡很快就断了气，否则新宅的主人家会香火接济不上（子孙不旺），疾病盛行，墙倒屋崩。上梁时，道公要念

① 石钟健等：《武鸣县清江乡壮族社会历史调查》，《广西壮族社会历史调查》，南宁：广西民族出版社1985年版，第6册，第74页。

② 参见徐仁瑶等：《广西上思县那荡乡壮族社会历史调查》，《广西壮族社会历史调查》，南宁：广西民族出版社1985年版，第3册，第115—116页。

诵“万岁不改移”、“千年安、万年稳”等祝词、咒语。在生儿育女前后,也要请道公来作法解关。在丧仪上,不论家中贫富,都要由孝子孝女一起亲自去诚挚地拜求道公来做斋醮,他们要跪在道公家门口,直到道公出来接了死者长子手中已点燃的三炷香,表示道公愿意来为丧家做斋醮后才能起来。然后,道公便和孝男孝女一起回到丧家。道公布置道场时,在道场上挂起玉清、上清、太清三清神像,带领孝子们去水塘边为死者买水,道公走在孝子们的前面,手持一条幡,备香纸少许,铜钱五枚,孝男的左肩扛着菜刀一把,菜刀上面挂着一支竹筒。来到水塘边,道公做法事,孝子们要跪拜东、南、西、北、中五方,每跪一方都往水塘里掷一枚铜钱。法事完毕后,舀一些塘水回到死者家,倒入锅里加热后由孝子为死者抹身,并将竹筒挂在棺材的左侧,据说这样做才能给死者解决口粮与水源的困难。为死者买水支付五枚铜钱与早期天师道徒入道时要缴纳五斗信米具有相同的象征意义,都是早期道教崇拜五方星斗的象征仪式。道公要在死者家里打铃登场,念经作法。丧葬仪式结束后,给道公的报酬是有区别的,主祭道公做三晚上法事的报酬是猪肉三斤,白布二尺,米一斤,副手每晚只给猪肉半斤的报酬。在婚礼上,新郎家为了防止妖魔鬼怪之类的邪祟跟随新娘而来作祟,造成婚后夫妻不和睦,也要请一个道公做法事驱邪祟。民国年间,陇人中做道公者十分普遍,稍有文化的人都做道公。新中国成立初期,在陇人地区开办学习汉文化的学校,第一批陇人出身的教师多曾经是道公。①

近现代以来,广西金龙峒壮族支系傣人也信奉道教。据调查,他们的道教是从邻近的五联乡壮族陇人支系那儿学来的,其主要宗教活动是在丧葬仪式中给死者念经开路,与陇人道公的法术大体相同。傣人道公分为“道僧”和“道无邪”两种,区别在于道僧忌讳食牛肉、狗肉,道无邪则不忌讳吃狗肉、牛肉。②

道教对苗族宗教信仰的影响也是十分突出的。1937 年春王兴瑞先生

① 参见严学宭等:《平果县陇人情况调查》,《广西壮族社会历史调查》,南宁:广西民族出版社 1987 年版,第 7 册,第 225—231 页。

② 参见严学宭等:《龙津(龙州)县金龙峒傣人情况调查》,《广西壮族社会历史调查》,南宁:广西民族出版社 1987 年版,第 7 册,第 133—135 页。

实地考察了海南岛的苗族后得出结论说:“道教是苗人唯一的宗教,它在苗人社会生活中起着重要的作用。”①在此地苗族中,宗教仪式的主持者是道士,道士内部分为文武两班,两班所供奉的神灵和使用的符印、经书都不相同。在斋醮道场法事中,武道士供奉的道教神有三清、三元等,文道士供奉的有神农等。每尊神祇都有画像,文道士供奉的神像其头必大,武道士供奉的神像其头必小。各神之间职守分明,所司人间事务不相混淆。每神因形象不同、职司不同,因而其经书亦互异。当地苗族中只有男子可为道士,男子获得道士身份之前要履行传法授道的受戒仪式。

武道士的受戒仪式中,受戒的男子要穿上红色道袍,头顶上置薄纸一张,额前挂一幅神像,用红线系牢,正襟危坐在神坛前的红毯子之上,这张红毯子对每个道士来说都是必备的。由行道年限长、经验丰富的道士数人绕着他一边行走,一边念诵道经。诵完一段就一齐跪下,将受戒者头上的薄纸撕破,然后站起来继续绕行,如此反复三次,受戒仪式便告一段落。稍过片刻,道士们将受戒者带往空旷的道场。道士们敲锣打鼓尾随其后,途中一道士手持草席敷地连翻几回跟斗。到达道场,受戒者坐在木头和木板搭成的道坛下,道士们轮流登台一面念诵道经、一面跳舞。诵经完毕,便拉开树皮编织成的大网,一起举起受戒者抛入网中,抬着回旋几次,再置于地面,饮酒吃饭,然后返回神坛,仪式遂告结束。

文道士的受戒仪式与武道士的受戒仪式大同小异,不同之处在于文道士的受戒仪式中没有前往道场的场面。此外,文道士的受戒仪式中,文道士在神坛前诵经时,每诵完一段下跪之后,还要以木梳梳受戒者的头发,此又为武道士受戒时所无。

苗族男子受戒之后,就得到一个法名。文武两班的法名各不相同,其文字及其文字的排列次序都是固定不变的。文班的字序为“寅、云、道、庙、完”五个字,武班的字序为“应、胜、法、显、完”五个字。取名方法是取其中的一个字为其头,在后面任意加上一个字即可。法名的次序是父子相承的,

① 王兴瑞:《海南岛之苗人》,《珠海大学边疆丛书》,广州:珠海大学编辑委员会,1948年,第54页。

如某甲为文道士，其法名为“寅某”，则其儿子的法名必以“云”字开头而为“云某”，其孙子的法名也必为“道某”，以此类推，周而复始。

道教对苗族的社会文化生活影响颇深，道士们在社会上也显得十分重要，享有较高的社会地位。当时唯有道士才有机会识字读书和接受文化教育，因而道士便成为他们当中的知识分子，其社会地位自然便比不识字的高，并享有许多特权。在这样的社会文化背景之下，除非家庭经济困难到无法支付受戒仪式的开支，否则没有人不想给自己的子孙举办受戒仪式的。受戒的年龄没有限制，大小皆宜。年龄大的受戒之后便跟随老道士拜师学艺，成熟了便履行道士的职责；年龄太小的一般要等长大懂事了才举办受戒仪式，但有时为了节省开支，也可以先受戒，等长大了再拜师学艺。总之，经过传授道法的受戒仪式，就已确定了一个人的道士身份。

近现代以来，土家族的宗教信仰中，已渗透了道教文化的因素。土家族的巫师“土老师”，但凡举行重大的宗教活动，都要先请太上老君来授予职权后才能进行，也才能驱使鬼兵神将。掌坛巫师的职责是上书三清和玉皇大帝，请求派遣各路兵马以擒妖逐魔，明显受到符箓派道教的影响。而且，在土家族的宗教观念中，太上老君与三清之间是并列关系，玉皇又与三清平行，表明道教是在三清系列已经形成之后，甚至是在玉皇神格已经提高之后才传入的。

土家族巫师举行“傩愿”法事时，要在神坛上悬挂“三清天尊图”。举行追魂法事时，亦悬挂三清神像。其供奉的神灵中，还有三元大帝和众多仙人。土老师驱鬼点兵、捉鬼除妖的法宝是咒语，其中有“道法常存，吾奉太上老君敕令施行”，“三清大帝亲督阵，查尽天下不正神，大鬼听见心惊怕，小鬼听见掉了魂，规矩服法来神坛，免得死后化灰尘”，等等。有的土老师自称为“玉皇教”，敬奉三清和玉皇大帝。

土家族中还有火居“道士”，俗称“先生”，其宗教活动以民间道教因素为主，兼收并蓄了佛教和土家族传统宗教的成分。其道士分出师和未出师两种。出师的道士必须经过传法仪式，才有资格单独主持宗教仪式，做安葬死者、做斋、上祭和追灵这些大型的宗教仪式。未出师的道士，则只能做立房镇地、接龙正脉、忏悔和送鬼安宅这一类的小型宗教仪式。对要求举行传法仪式出师者，要达到三个条件：其一，必须是世传的火居道士世家；其二，要有连续三年的做小型宗教仪式的实习期；其三，要有一定的文化水平，有阅读和诵读经书的能力。

贵州省江口县的土家族，每逢选择坟地、选择屋基，或做镇龙脉、做斋、忏悔、追悼亡人和安龙谢土等法事，都要求助于道士帮助。道士帮人选择屋基时，要按甲子、五行、八卦，并根据宅主本人的生辰八字推算，以确定宅基的最佳方向和动工的最佳日期。在下房屋的基础时，也要请道士来“立盘吊线”。老人病故后，子孙要请道士来为已故的祖先做道场，以超度亡人登仙得道。道士还要承担为亡人买地契的事务，由道士书写地课文书，请道教所崇拜的五方神（五方大帝）作证，将地契装在小瓷罐里，埋在坟碑后面，表示此块地皮已被死者购买作阴宅地基，野鬼不得侵占。坟墓的走向，亦请道士按山脉等地理形势来确定。道士还被请求为重病患者忏悔，求神仙减轻罪行，让病人早愈或快死，别再折磨病人。久旱无雨、禾苗枯焦之际，人们亦请道士来念经酬神，以求上天普降甘露，拯救黎民百姓。瘟疫流行时，要请道士念经作法。届时道士要将作了法的符水分给患者服食，人们相信服食了符水的病人会逐渐痊愈。这是早期五斗米道符水治病的遗风。①

近现代以来，“仫佬人信仰道教为主”。仫佬族的道教内部，分为茅山教和梅山教两个派别。仫佬人做法事时，多数情况下是请梅山教的法师来举办。茅山教道士的道法接近于汉族道士的道法，差异不大；而梅山教“道士”的法术则具有浓厚的本民族特色，与汉族道士的活动差异显著。两者之间的差异，极类似于瑶族中道公与师公之区别，即茅山道士当属于道公系统，梅山道士当属于师公系统。广西罗城县中石乡（包括大银村）的仫佬族还特别信奉真武神，在四冬②祖祠立有“北极元天真武大神”手执宝剑、脚踏龟蛇的泥像，每逢五月初五人们要以清茗香烛来供奉真武神。《银氏宗谱》中有一段关于崇奉真武神缘由的记载：“岁贡大孚系胜职公之长子……罗姓居于山之左，知伊因何幽衰，人畜渐败，将骨移弃村背岩下，捏称为盗，呈

① 参见赵大富、赵玉德：《江口县原始宗教调查》，向零、余宏模、张济民主编：《民族志资料汇编》第9集（土家族），贵阳：贵州省志民族志编委会编印，1989年。

② “冬”系仫佬族为缴纳粮款而划分的村社区域单位。

禀萧县，讯黍去名。公等不忿，往省互控。是夕有真武神梦兆，尔等辰恳臬司，讯不剖白，往处我而庇祐者，所有九虚一实也。公向实一之，俾得泾渭矣。”当地广泛流传说，在明朝时真武神托梦给银姓的七世祖银大孚，帮助他打赢了官司，洗清了罗姓嫁祸于银姓的偷别村的牛来宰吃的冤屈之后，银家就立庙供奉真武神，银姓家族因此而大发大旺，罗姓家族日渐衰败。①

近现代以来，毛南族“在宗教信仰方面，以混有佛教色彩的道教为主”。毛南族的道士专做打斋超度亡魂的法事，道士之中又有“正教”和“丙教”之分，其区别在于正教的道士吃素，丙教的道士不吃素。人们称道士为“文教”，与“文教”相对应的“武教”又称鬼师。武教派的鬼师自称是学梅山派道法的道教徒，其宗教职能是还愿和赶鬼、开荤，以“唐”、“葛”、“周”合称“三元”为祖师。毛南族家宅人丁家畜不旺时要做安龙谢土的法事，届时要悬挂张天师、城隍和灶王等道教神灵的神像，该法事要请文武两教合作来做，所需道士、鬼师人数不定，双方念经各不相同。安龙谢土的步骤当中，要将一张“张天师”的符箓粘贴在门口。打斋超度父母的亡灵时，也要悬挂真武、城隍的神像。②

京族人民在近现代以来普遍信仰道教。“道教的活动，主要是在丧葬方面。每村都有三四个非专业的‘师父’，多系父子相传。据说京族‘师父’信奉的是道教中的‘正一派’，而汉族‘师父’信奉的是道教中的‘茅山派’。‘正一’与‘茅山’两派的最大区别是静与跳之分。‘正一派’做法事时，静坐念经，而‘茅山派’则是击鼓跳跃。‘师父’执行法事时有用汉字或‘喃字’写的经书，但念时一律用京语。”③“师父”即当地京族和汉族对火居道士的称谓，这里汉族道士信奉的所谓“茅山派”，已失去了早期上清派茅山宗注重个人存思存神的本色，而注重击鼓跳跃，带有浓厚的萨满文化特色，因此，它不应是原来意义上的茅山派，而是后来已经变化了的一种道教

① 参见中南区民委和广西民委：《罗城县仫佬族情况调查》，《广西仫佬族毛南族社会历史调查》，南宁：广西民族出版社 1987 年版，第 208—216、194 页。

② 参见严学窘等：《环江毛南族情况调查》，《广西仫佬族毛南族社会历史调查》，南宁：广西民族出版社 1987 年版，第 160—168 页。

③ 阮大荣等：《广西京族社会历史调查》，《广西京族社会历史调查》，北京：民族出版社 2009 年版，第 45 页。

派别。

据调查，海南省保亭县毛道乡有 23 户黎族在近现代信奉外来的道教。道教是由海南西岸儋县的汉族传入的，传播路线系先传入白沙红毛峒，再从红毛峒循昌江河上游的番阳溪传到番阳峒，然后由番阳沿通什河传入毛道乡一带。道教传入黎族当中后，与其祖先崇拜结合。拜汉族道士为师的黎族学道者，学成后即当道公。黎族道公革除了原来以杀牛杀猪来祭祖的旧俗，仅用鸡和鱼等破费较小的祭品作牺牲，有利于黎族社会经济的发展。①

云南白族，也是信仰道教的。在大理，白族的信教群众组成洞经会的宗教团体，崇奉老子、文昌帝君等道教神祇。在阴历二月初三文昌帝君诞辰日和二月十五日老子诞辰日，都要举行庆祝活动。洞经会宣扬修身养性、积善消恶。洞经会下设分会和社的小团体。新中国成立前，大理地区的洞经会团体中，有的其成员都是白族，如崇文社；有的其成员以白族为主，如宏仁社；有的其成员白族、汉族各占一半，如感应经社和锡庆社；有的其成员以汉族为主，如礼仁社白族仅占三分之一。主要经典有《道德经》、《太上感应篇》、《文昌帝君觉世真经》等。洞经会成员以《大理白族文昌帝君蕉窗十则》作为生活的准则和该会宗旨，其具体内容为：

(1)戒淫行：未见不可思，当见不可乱，既见不可忆，于处女寡妇尤宜慎。

(2)戒意恶：勿藏险心，勿动妄念，勿记仇不释，勿见利而谋，勿见财而嫉，若貌慈心狠者尤宜慎。

(3)戒口过：勿谈闺闲，勿讦阴私，勿扬人短，勿造雌黄，勿谈歌谣，勿毁圣贤，尊亲死亡者尤宜慎。

(4)戒旷功：勿起迟眠早，勿余己忙人，勿为财奔驰，勿学为无益，勿见异思迁，身在心驰者尤宜慎。

(5)戒废字：勿以旧书裹物糊墙，勿以废文包茶拭桌，勿涂抹好书，

① 参见孔季丰、潘雄：《毛道乡调查》，《黎族社会历史调查》，北京：民族出版社 1986 年版，第 66—67 页。

勿滥写门壁。勿嚼诗稿,勿掷文尾,于途间秽处尤宜慎。

(6)敦人伦:父子主恩,尤当喻之以义;家国主敬,尤当引之以道;兄弟相爱,尤当勉之以正;朋友有信,尤当劝之以诚;夫妇相和,尤当敬而有别。

(7)净心地:玩古训以惩心,坐静室以收心,寡酒色以清心,却私欲以养心,尤当悟至理以明心。

(8)立人品:敏事慎言,志高身下,胆大心小,从古就今,弃邪归正,思君子之九思,畏圣人之三畏,尤当不恤人言。

(9)慎交游:始终不怠,内外如一,贵贱不二,死生不易,功过相规,弃夷惠而师仲尼,绝奸狂而交中正,尤当立身为万世师友。

(10)广敦化:遇智慧人说情理,遇愚昧人说因果,多刻善书,多讲善行,尤当改邪崇正,以卫吾道。①

按照这些准则指导社会生活,对净化社会风气亦有良好的伦理道德教育作用。

此外,大理地区由白族老年妇女组成的莲池会,亦受到道教的影响,崇拜玉皇、文昌和地母等道教神祇。剑川县马登白族老年妇女的"宗教集会绝大多数属于道教,主要的有玉皇会、城隍会和朝斗会等……而在当地老百姓的心目中,玉皇为普天下众神之首。再结合民间最受人崇拜、香火最旺的是道教的城隍来看,道教(民间道教)在该区宗教活动中的影响要比佛教和原始宗教大"②。近现代以来,许多白族地区的宗教状况是这样的。白族巫教的巫师"朵西波",皆供奉太上老君为教祖。

洱源县凤羽的清静寺位于凤羽街西北角,始建于1923年,1925年建成三层楼大殿一方,两层楼耳房一方,三层楼上供奉太上老君和瑶池金母等。清静寺的首倡修建者是该寺的首任住持赵茂萱,女性,系凤羽的白族。民国年间,清静寺是凤羽一带白族道教徒聚集的宗教场所,常年居住有信奉道教而吃长斋的白族妇女五人。该寺的对联有:"西望瑶池降王母,东来紫气满

---

① 参见宋恩常:《大理和丽江道教概况》,《云南民族民俗和宗教调查》,昆明:云南民族出版社1985年版,第119—124页。

② 张桥贵:《剑川县马登区白族的民间信仰调查》,《云南民族学院学报》1988年第4期。

函关。”“道通天地有形外，思入风云变化中。”横额为：“清静无为”、“群仙圣母”。对联和横额都充分展示了道教徒的宗教意识，表明了该寺是道教徒修道的宗教场所。来此学习道法的白族道教徒多达30人。民国年间凤羽白族前清举人李师程经常到清静寺讲授道学，解答疑难，并把女儿李钟洁送到清静寺吃长斋。书写清静寺对联的张之纲，凤羽白族，前清贡生，一生以在白族地区弘扬道法为己任，往来于昆明、大理、洱源、剑川、邓川和兰坪等地区，介绍和交流各地道教活动的情况，也经常到清静寺讲授道法，解答疑难，有仙术，被当地人视为活神仙。在清静寺学道的白族妇女相信学道可以成仙，相信来日亡故后肉体虽然腐烂了，但灵魂可以升天成仙，这是她们诚心学道的出发点。①

阿昌族的主要聚居区云南省陇川县户撒乡的东北7公里处，有一座山叫金凤山，山坡上有座皇阁寺，该寺正厅雕塑了坐在龙蹲上的玉皇大帝神像，皇阁寺左下面是报恩寺，供奉站在龙凤托着的莲花宝座上的地母。皇阁寺是阿昌族地区最著名的道教圣地，洪武年间（1368—1398年）明朝名将沐英率兵进驻此地后，据说是为报答玉皇大帝派地母化为白鹿子来给他引路而修建的。户撒是沐氏的勋庄，明代曾在皇阁寺附近建有沐城，屯兵防守。清代又一度为吴三桂的私庄。明清两代，此地长期驻有汉族兵将，道教也就随之在当地盛行起来。从有关碑文的记载来看，该寺曾在清朝乾隆十二年（1747年）、嘉庆十一年（1806年）和同治十三年（1874年）大修了三次。民国年间，皇阁寺里有两个道士，都是阿昌族，名叫闷二、闷三，每年正月初九忙于朝拜玉皇大帝，念诵《玉皇经》，其经书主要有《玉皇经》、《太上玄门早晚坛功课》、《文昌帝君觉世真经》、《神仙通鉴》等。寺中设有灵签，备有《签书》。这两位阿昌族道士还不时忙于为当地各族人民画符念咒、禳灾祈福。除皇阁寺和报恩寺外，还建有关帝庙、城隍庙等。民间则家家户户供奉道教神灵系统的灶君和财神。当地还流传着一些反映道教与当地巫教和上座部佛教相互排斥和斗争的

① 参见赵振銮：《洱源县凤羽白族清静寺》，《云南少数民族社会历史调查资料汇编（一）》，昆明：云南人民出版社1986年版，第113—120页。

神话传说。①

近现代以来,羌族地区修建了大批道观,汉族的道士出入于羌族村寨,传授道法。四川理县富裕的羌族人家办理丧事时,往往要请道士做道场法事。死者入殓、开路、安葬等环节,均请道士择定时辰,念经作法。清明上坟和中元节祭,请道士念经的就更多。新房竣工,亦请道士安龙谢土。道士念经作法举办庙会时,羌族群众和汉族群众都前往参加。羌族的巫师"许",供奉道教的至尊神三清为传教祖师,供奉道教神灵北方真武祖师为掌教祖师。羌族巫师的咒语,内容中有许多道教方面的成分,很像道教的咒语,其结尾多为"吾奉太上老君急急如律令"。钱安靖先生认为此乃脱胎于道教。②

云南省耿马县勐撒城白岩板,在新中国成立前建有三官庙(又称土中寺),庙内供奉有文昌、地星、圣人、周昌和神地星等塑像,被当地人称为"道教官庙"。当地傣族和汉族共同敬奉此庙中的神祇。庙里常住有道师和道徒 10 人,靠每月初一、十五到村寨里去化缘来维持生活。当地傣族群众凡家里有人患病时,常往庙中求神禳灾,赠捐功德费。该庙每年定期举办十三次庙会,有地母会、中元会、太阳会、太阴会和灶君会等。③

在云南省潞西县的傣族当中,至迟在民国年间,就有《神仙传》等汉文道教经典已被傣族知识分子译为傣文,并在傣族中普遍流行。④

近现代以来,昆明近郊的彝族撒尼支系的撒梅人所信奉的西波教,也显然是道教在彝族内部容易接受外来文化影响的白彝当中,与其巫教融合而成的。该教的神灵系统中以太上老君为最高神;其次是通天教主,他奉太上老君之命,总理天庭的日常事务。由通天教主直接管辖两个部门的神灵。一个部门系以雷部总管为首的雷部诸神,主管自然界的变化;另一部门系以

① 参见刘扬武:《阿昌族宗教信仰调查》,《云南民族民俗和宗教调查》,昆明:云南民族出版社 1985 年版,第 226—234 页。

② 参见钱安靖:《中国原始宗教资料丛编・羌族卷》,上海:上海人民出版社 1993 年版。

③ 参见中共耿马县委会调查整理:《耿马县勐撒区勐撒城子社会经济调查》,《临沧地区傣族社会历史调查》,昆明:云南人民出版社 1986 年版,第 88—96 页。

④ 参见罗大云、李春泰:《潞西县那目寨傣族知识分子(傣文)情况》,《德宏傣族社会历史调查(一)》,昆明:云南人民出版社 1984 年版。

元始天尊为首，主管人间的生死疾苦和作祟人间的鬼怪。元始天尊主管的神灵中包括了陵（灵）宝天尊等。① 尽管这个神灵系统和道教神灵系统在上下隶属关系方面有些差异，但从总体上看，西波教应是属于道教的一种演变形式。

云南省丽江县的纳西族亦有道教信仰，并有由信教群众组成的洞经会的组织，入会者须向洞经会经堂赠送刺绣的八仙图等信物，要向文昌帝君磕头宣誓履行作为其弟子的义务和责任。洞经会十分崇拜文昌帝君，他们以文昌帝君的宫殿为活动场所，供奉三清、玉皇和文昌等道教神像。经典有《文昌大洞仙经》，讲究个人功夫的修炼，追求修炼成仙或当真人。新中国成立前，大研镇的洞经会还有田地房财，将土地出租给当地农民耕种以征收地租，正常年份可收麦子 40 石；铺房一排出租给商人作为经商的铺面，收取房租。其收入作为洞经会办会的开支。其经坛置太极八卦图，其弹奏洞经音乐的开头亦为八卦调。当地的纳西族木土司还在家宅后面修建玉皇阁，以供奉三清和玉皇大帝等神祇的塑像。② 始绘于明代的丽江白沙壁画中，亦有许多道教方面的题材和内容。

综上所述，近现代道教已广泛渗透于众多少数民族信仰中，这充分证明，道教不仅是汉民族的宗教，而且是名副其实的中华民族的传统宗教。道教对于中华民族多元一体文化格局的形成和发展，对于增强中华民族的凝聚力和向心力，均有着一定的积极作用。

第二节　道教在近现代的传承

道教自南宋、辽、金、元，迄于明、清，宗派纷起，分支繁衍，不可胜计。到近代，这种情况仍持续不衰，无论是全真道或正一道都是如此。据北京白云观于“民国丙寅年（1926 年）迎宾梁至祥抄，于丁卯年（1927 年）冬至后之日

① 参见邓立木：《撒梅人的西波教》，《云南民族学院学报》1985 年第 3 期。

② 参见宋恩常：《大理和丽江道教概况》，《云南民族民俗和宗教调查》，昆明：云南民族出版社 1985 年版，第 119—124 页。

送交客堂存,周理鹤记”[1]的《诸真宗派总簿》所记道教宗派的情况来看,派别多达 86 个,而且有的学者还指出“但事实上恐不止此数”[2]。在《诸真宗派总簿》中,明确标明属于近现代重续字谱、由外地带来白云观的或新起道派者就有以下诸派。

(1)马祖遇山岔派清微派。此派原本有派字 20 字,于同治十二年(1873 年),由来自房山县城隍庙的道士在北京白云观,同众公议,重续 80 字。

(2)三丰日新派。此派系光绪八年(1882 年)七月二十日续起派字 20 字。该派在什么地点、怎样续成虽不清楚,但由原来无字到续起 20 字,或可认为系属新起之道派。

(3)正乙派。此派在光绪八年(1882 年)八月,通州里二四(泗)佑民观续起派字,共成 40 字。[3]

(4)天师张虚静传正一派。此派原有 40 字,于宣统元年(1909 年)仲春,重续 20 字。

(5)萨祖派。系宣统元年(1909 年)三月二十六日,由陕西汉中府城固县平浪宫邓道有带来 40 字。

(6)栖安派。自光绪元年(1875 年)春月,续 32 字。

---

① 《藏外道书》第 20 册,第 574 页。周理鹤,为 1927 年白云观传戒的天字第一号戒子,曾绘丘处机重活松柏图像。参见“北平道教会七月十七日议事录抄件”,1936 年 7 月 17 日,北京市档案馆藏《北平市社会局档案》,档号 J2-8-163[转引自付海晏:《安世霖的悲剧:1946 年北平白云观火烧住持案研究》,《“中央研究院”近代史研究所集刊》第 62 期(2008 年 12 月),第 53 页];白云观民国十六年(1927 年)立《丘处机重活松柏碑》,《北图拓本》第 95 册,第 123 页。

② 李叔还:《道教大辞典》,台北:巨流图书公司 1978 年版,第 251 页。按,王卡以《铁刹山志》所载《道教宗派》为底本,《白云观志》所载《诸真宗派总簿》、《太清宫志》所载《宗派别》为参校本,共录道派 102 个,外加补遗 1 条。(参见王卡:《诸真宗派源流校读记》,熊铁基、麦子飞主编:《全真道与老庄学国际学术研讨会论文集》,武汉:华中师范大学出版社 2009 年版,第 49—75 页)还有未被这些宫观知客所记录的道派存在。如新浪博文《续补〈诸真宗派总簿〉》,就记录了在《诸真宗派总簿》的基础上新增或续字的道派共 62 个。(网址 http://blog.sina.com.cn/s/blog_547ed15b0100m1ku.html)

③ 此派新中国成立前传至“清”字辈,据说现已传至“妙、步”两辈。参见冯鹤:《通州佑民观小考》,《中国道教》2012 年第 3 期。

(7)霍山派。光绪甲申(1884年)秋,张宗璿弟子组成的新起道派,实系龙门宗字分支岔派,有40字。

(8)彭祖真空派。此派系民国二年(1913年),由汤静谦从江西带来,有78字。①

(9)广慧派。系民国五年(1916年)八月,由江西南昌府武宁县太平山万寿宫穆善清带来,有60字。②

(10)华山派。系光绪元年(1875年)自南方带来,又有人云是华山后续,有60字。

(11)正乙派(北京后门火神庙)。此派原有20字,民国八年(1919年)二月初一日续24字。这是《总簿》所记最晚的续字道派。

以上说明道教在近现代仍不断分化传衍。再根据其他资料来看,一些老的道派依然在继续传承和活动。应当指出的是,这种支派繁衍并不表明道教在此时期内的兴盛,恰恰表明道教自明末清初以来的衰颓局面并未得到改观,且愈来愈厉害。从整体上看,道教宗派的传承,仍保持以全真和正一两大道派为主的基本格局,即使是新起道派,也是按自身的特点而分别隶

① 据1925年武汉长春观《登真箓》,有真空派戒子王和真,在江西萍乡县瑶金山宝华观出家,师祖张虚蓬,度师李诤(静)美。参见梅莉:《民国〈湖北省长春观乙丑坛登真箓〉探研》,《世界宗教研究》2011年第2期。

② 《诸真宗派总簿》云:"章祖,名哲,道号广慧。祖居江西南昌府武宁县三十五都顺义乡,石门仙潭人。宋理宗景定二年(1261年)二月十九日降生。自幼好道,二十七岁结庵丝罗山,即今太平山也。年五十三岁,端坐而逝。"流传此派。(《藏外道书》第20册,第581页)另,《九宫山志》云:"章权孙,武宁仙潭人。幼好神仙,长游名山。从武当祖师受云门秘诀,驱致雷雨。既而以为道不在是,乃入太平山结庵,遇三仙叟,授金丹要术。元延祐甲寅(1314年),年五十三,游黄州,蜕化于石版江。……其宫曰天乙佑圣,皇庆癸丑年(1313年)敕建也。初赐号自然,后封广慧真人。……法嗣章道洪,亦精道术。"(《中国道观志丛刊》,南京:江苏古籍出版社2000年版,第7册,第98—99页)二者参校,可知此派开派祖师大略。佑圣宫今存,分天乙佑圣宫、万福宫、万禄宫、万寿宫、巡山殿五大部分。宫内藏有《太平山志》、《太平道谱》,可知此派源流。据其字谱,穆善清已属第42代。1925年武汉长春观《登真箓》载有此派戒子5人:雷万诚、胡泰(太)炎、盛太松、李太星、王平水,皆在天乙佑圣宫出家。(梅莉:《民国〈湖北省长春观乙丑坛登真箓〉探研》,《世界宗教研究》2011年第2期)其传派大略,参见雷晓晓:《武宁太平山道教广慧派的历史与传承》,《中国道教》2015年第5期。

属于全真或正一。下面就我们所掌握的资料，对道教在近现代传承的情况作一介绍。

一、全真道的传承情况

这一时期的全真派仍以尊丘处机为祖师的龙门派力量较强，如白云观祖庭、龙门霍山派、龙门觉云派、龙门南宫派、龙门碧洞宗、武当山龙门派和本山派。另外，还有尊元代全真七子之一谭处端为祖师的全真南无派、尊马钰为祖师的遇山岔派分支清微派，仍传续不绝。

（一）北京白云观

全真祖庭白云观的情况，第十一章已述至郑永祥、孟永才。对郑永祥的传戒活动，以及郑、孟二人修补《道藏》的功绩进行了介绍。据记载，郑永祥任方丈期间，还对当时道士中出现的规戒松弛和执事懈怠现象予以整饬，以严格宫观管理。咸丰六年（1856年）十一月，在白云观斋堂向全体道众公布观内各执事名称及道士清规榜两份揭示。关于执事，“揭示”叮嘱道：“凡所执事，应当竭力尽心，各任其事，宜悟（应为“务”——引者）遵之，勿忽勿怠。”①

关于道士清规，“揭示”提出有如下一些条款：

一、开静②贪睡不起者，跪香③。

一、早晚功课不随班者，跪香。

一、早午二斋不随众过堂者，跪香。

一、朔望云集祝寿天尊不到者，跪香。

一、止静后不息灯安裥者，跪香。

一、三五成群、交头结党者，迁裥。

一、失误自己，执事错乱钳捶④者，跪香。

---

① 《白云观志》卷2，《藏外道书》第20册，第570页。

② 开静：意指起床，以击钟、板为号。

③ 跪香：惩罚的一种形式。其法用香一炷燃放神前，令受罚者向神长跪忏悔，待香燃尽为止。

④ 钳捶：指执事人员不按规定交接。

一、奸滑慵懒，出坡[①]不随众者，跪香。

一、上殿诵经礼计（忏），不恭敬者，跪香。

一、本堂喧哗惊众，两相争者，跪香。

一、出门不告假，或私造饮食者，跪香。

一、毁坏常住物件，照数包补者，仍跪香。

一、越职管事，倚上倚下，横行凶恶者，跪香。

一、厨房抛撒五谷，作践物料饮食者，跪香。

一、公报私仇，假传命令，重责迁衲。

一、毁谤大众，怨骂斗殴，杖责逐出。

一、无故生端，自造非言，挑弄是非，使众不睦者，逐出。

一、违令公务，霸占执事者，逐出。

一、茹荤饮酒，不顾道体者，逐出。

一、赌博引诱少年者，逐出。

一、偷盗常住物件及他人财物者，逐出。

一、犯清规不受罚者，杖责革出，永不复入，逐出。

一、违犯国法，奸盗邪淫，坏教败宗，顶清规，火化示众。[②]

这两则揭示有一个共同的特点，那就是将搞好执事和遵守清规同修道成仙联系起来，称担任各类执事为"升仙活计"，清规律条为"入道之阶梯"，"遵此修持"，登仙有望。尤其是清规23条，较之以前的《重阳帝君责罚榜》10条，不仅数量增多、条文更加具体，而且责罚加重，甚至有死刑。如《重阳帝君责罚榜》第一条规定"犯国法，遣出"，而本《清规榜》则规定"火化示众"。

孟永才自述"于咸丰戊午（1858年）初冬辞院养疴"[③]，即辞去监院职务。继任者为吕永震。

---

① 出坡：指抢收抢种时节，出工参加农事劳动。

② 即用火焚处以死刑，将清规置于受刑者头顶。以上清规条款，均见《白云观志》卷2，《藏外道书》第20册，第571页。

③ （清）孟永才：《登真箓序》，《三洞拾遗》，合肥：黄山书社2005年版，第11册，第185页。

吕永震(？—1866年),道派名吕合震,字乾初,号雷鸣子,山东青州府人。出家于山东济宁州青鹤洞,度师张本柱。后至白云观,从第十七代律师张教智受戒。任执事总理数年后,被推举为监院。5年后退职南游,被迎请至河南南阳玄妙观任监院。同治四年(1865年)五月,"白云观车马临门,恳请赴都传戒。势难推却,只得身还旧都。监院同众推为方丈。自觉年迈,无能为矣,只望后人阐扬"。是岁冬,觉有辞世之兆,遂将大法付予玄妙观监院张宗璿(戒名张圆璿)。[①]

同治六年(1867年),张宗璿从南阳玄妙观被迎请至白云观传戒。据《太上律脉源流》和濮文暹撰《南阳玄妙观张耕云道士砖塔铭并序》,张宗璿(1812—1887年),字耕云,号云樵子,山东登州府福山县人。道光庚子(1840年)中举人。32岁在崂山上清宫出家。"师自脱俗以来,博览群经,广添道典,普历名山,不惮险阻之苦,遍谒高贤,惟求玄妙之诀,栉风沐雨,卧雪餐霜,大立冲天之志气,坚守面壁之静功,一旦豁然贯通,与道合一",并于扬州天宝观开立丛林,道众云集,因兵荒扰乱,遂移衲南阳玄妙观。其时吕永震居玄妙观,乃举荐其为监院。"师自受托之后,勤理政教,夜以继日,精修妙行,严以持己,宽以待人,道众无不悦服。"为防捻军攻城,首先捐资筑寨,制造军器,协督绅民,护守城池。又饭济难民,所赖全活者,难以胜计。因防捻有功,受到朝廷嘉奖,赐道藏经全部,尊奉于玄妙观。他还率众创建经阁,重修殿宇,使玄妙观焕然一新。丁卯(1867年),北京白云观道众公议请其来京,尊为方丈,开坛传戒,期满还归玄妙观。庚午(1870年)再请传戒,适有皇亲照公府太夫人(即慈禧之母)灵寄观中,为之诵《血湖经》一藏半载之久,虔心诵持,无有怠容。慈禧赐其紫袍玉冠,捐金开坛设大戒场,伯子公侯接踵而来请谒,声名播于远方。据《刘素云道行碑》,同治十年(1871年),张宗璿再次开坛传戒,受戒者三百余人。期满又南归。[②] 终其一生,"凡传戒者五,得度者共四千七百六十有三人"。后将龙门大法传与高仁

① 参见中国道教协会研究室编:《道教史资料》,上海:上海古籍出版社1991年版,第407页。

② 参见《白云观志》卷4,《藏外道书》第20册,第590页。

峒。于光绪十三年(1887年)逝世。①

由于张宗璿同治十年传戒后南归玄妙观,白云观方丈空缺,道众乃于次年(1872年)请退职监院孟永才任方丈,并开坛传戒。其于同治十一年(1872年)冬所作《守戒必持》之"跋"云:"适有慧生律师(张教智)之曾孙宋元福捐备衣钵百分,迫予登坛。"②可知他于当年传戒。同治十二年(1873年)再次传戒,"四众求戒弟子一百有五人,三坛成就,百日功葳"③。据白云观斋堂悬挂的传戒匾额,孟永才还于光绪七年(1881年)传戒一次。④

这一时期,有清宫太监刘增禄(戒名明印)被尊为白云观方丈。刘明印(?—1894年),法篆诚印,号素云,直隶省东光(今河北省东光县)人。他虽然"自幼好善,儒道兼优",但本非道士,而是清宫中掌握实权的首领太监,后来入道,并因对白云观贡献颇大而被尊为荣誉方丈。同治庚午(1870年),慈禧太后之母去世,于白云观停灵,方丈张宗璿为其颂《血湖经》半年,得到慈禧太后的优宠。在这期间,作为主持此"皇姥姥殡"事的太监刘增禄,就与张宗璿及其弟子高仁峒结识、交往,并从张宗璿受戒,与高仁峒为"同戒至契"⑤,即同期受戒的亲密兄弟。《清朝野史大观》卷11则说:"总管太监(刘明印)与道士高峒元(高仁峒),盟兄弟也。"⑥此后,他利用其清廷宫内总管太监的特殊身份,多次为白云观募捐巨金,尤其是高仁峒升座为方丈后,屡充白云观护坛化主。时值观内财力久屈,他三次为白云观传戒募捐,同治辛未(1871年)募捐5000余金为传戒费,受戒者300余人。光绪八年壬午(1882年),复募7000余金,为衣钵口粮传戒费,受戒者400余人。

① 参见中国道教协会研究室编:《道教史资料》,上海:上海古籍出版社1991年版,第407—408页;(清)濮文暹:《见在龛集》卷19,《清代诗文集汇编》,上海:上海古籍出版社2010年版,第717册,第250—252页。

② 《三洞拾遗》,合肥:黄山书社2005年版,第11册,第182页。

③ (清)孟永才:《登真箓序》,《三洞拾遗》,合肥:黄山书社2005年版,第11册,第185页。

④ 参见[日]吉冈义丰:《白云观访信录》,汪帅东译,北京:北京联合出版公司2016年版,第259页。

⑤ (清)禧祐:《刘素云道行碑》,《白云观志》卷4,《藏外道书》第20册,第590页。

⑥ 小横香室主人:《清朝野史大观》卷11《白云观道士之淫恶》,北京:中央编译出版社2009年版,第3册,第1157页。

甲申岁(1884年)又募捐9000余金为传戒费,受戒者500余人,以至修屋建舍、刊板印经、重勒观内碑文等等[①],观中各事,无不兴废修整。又虑及燕九、九皇祖师两圣诞,香供澹泊,邀约善士张诚明、张诚五以及内官信官助善者100余人,建立长春永久供会,起于光绪八年(1882年),每年香供之费300余金。至丙戌岁(1886年),会中积蓄已不多,刘明印乃自捐3260金,购买昌平州(今北京昌平县)地方上泽田15顷有奇,每岁收租330金,交白云观为业,永作二会香供灯果之资。由于刘明印的这些作为,故被白云观道众共推为功德护法之首,高仁峒方丈于光绪十二年(1886年)请江苏候补知府筱岩禧祐撰文,为其建《刘素云道行碑》于南极殿前。[②]

刘明印多次为白云观捐募巨金,实是利用其作为清廷宫内"总管太监"的特殊身份。后又助银15000两,修云集山房等。光绪二十年(1894年)逝世。

刘明印对道教的贡献不仅在于其对白云观的捐赠和供养,还在于他建立了以入道太监为主体的全真霍山派,并建立了不少专供太监养老的道观、寺庙(事迹见后文)。

刘明印的道士生涯,是清代太监入道现象的代表。太监入道,除了信仰因素外,在清代中后期主要是出于养老和死后祭祀的需要。到了清代,民间和士大夫的祭祀主要依靠宗祠,通过建立祠堂,子孙后代世代祭祀。而太监则没有直系血亲后裔,也多不能埋入本族祖坟接受祭祀,所以他们主要通过传统功德寺的模式进行祭祀,即以金钱捐助寺庙宫观,通过出资,让僧人道士代为祭祀,有时也居于寺观养老。到了清代中后期,许多道士开始成组织地自己经营寺观。自从清末白云观得到慈禧太后的宠信,以刘明印为首的一大批太监在白云观出家,太监入道在清末蔚然成风。[③]

刘明印虽然对白云观颇尽心力,且捐献实多,对其发展作出了贡献,然

① 参见刘素云撰《重勒诸碑记》,收入《白云观志》卷4,见《藏外道书》第20册,第592—593页。

② 参见《白云观志》卷4,《藏外道书》第20册,第590页。

③ 有关清末太监入道,可参见尹志华:《清代全真道历史新探》,香港:中文大学出版社2014年版;张雪松:《清代以来的太监庙探析》,《清史研究》2009年第4期;李养正:《新编北京白云观志》,北京:宗教文化出版社2003年版。

而由于其总管太监的身份，且与李莲英、高仁峒勾结，在清末政坛尤其是外交方面作出了不少丑事，为白云观和整个道教的名誉带来了不好的影响。

高仁峒（1841—1907 年），戒名明峒，又名峒元，字云溪，号寿山子。世居山东任城，道光二十一年（1841 年）生于山东济宁。15 岁时父丧，因而有出尘之意，于 19 岁时离家，东去云蒙山（今山东平邑县境内）出家，皈依李本回①，道名仁峒，为全真华山派第十六代传人。居山五载，辞师云游访道，三上崂山。同治庚午（1870 年）至京都白云观挂单②，受戒于张圆璿门下，戒名明峒。后从张圆璿传戒于关东、陕西等地。光绪二年（1876 年），居京都西山圣米石塘，三年（1877 年）移居白云观，并被推任为监院。③ 光绪七年（1881 年），孟永才方丈羽化，继任住持④，“为本观经营颇力，又说内官贵绅，数为赈恤”⑤。裘毓麐撰《清代轶闻》卷 7 称他“实以神仙中人兼政治中人者也”⑥。高仁峒通过与总管太监刘明印的关系，出入宫廷，与最高层统治者关系密切，获得政治、经济利益。汪辟疆《小奢摩馆脞录》说：“高（仁峒）本山东人，喜交游，当时如荣禄、奕劻、载振等，皆与之有旧。高亦出入邸中，恬不为怪。”⑦《清朝野史大观》卷 11 说：“峒元以神仙之术惑慈禧，时入宫数日不出。其观产之富甲天下。慈禧又封峒元为总道教司，与龙虎山正一真人并行，其实正一真人远不如其势力也。”⑧这里指出白云观“观产之富甲天下”，当时究竟有多少观产，其中又有多少直接与高仁峒有关，今已难于寻考。据高仁峒于光绪十二年（1886 年）秋所撰《玉清观田产碑记》来

① ［日］吉冈义丰：《白云观访信录》，汪帅东译，北京：北京联合出版公司 2016 年版，第 35 页。

② 参见［日］吉冈义丰：《白云观访信录》，汪帅东译，北京：北京联合出版公司 2016 年版，第 35 页。

③ 参见《龙门传戒谱系》之高仁峒传，北京白云观收藏。

④ 参见（清）解宗午：《壬午坛登真箓序》，《玄都律坛戒律》，北京大学图书馆藏。

⑤ 《白云观志》卷 2，《藏外道书》第 20 册，第 560 页。

⑥ （清）裘毓麐：《清代轶闻》卷 7《纪高道士》，上海：中华书局 1915 年版。民国小横香室主人撰《清朝野史大观》卷 11《白云观高道士》条本此，北京：中央编译出版社 2009 年版，第 3 册，第 1156 页。

⑦ （清）汪辟疆：《汪辟疆文集》，上海：上海古籍出版社 1988 年版，第 680 页。

⑧ 小横香室主人：《清朝野史大观》卷 11《白云观道士之淫恶》，北京：中央编译出版社 2009 年版，第 3 册，第 1157 页。

看，仅白云观之下院玉清观，就有田产 44 顷 78 亩 3 分。该《碑记》云：

> 京都左安门内玉清观，白云常住之下院也。旧有田产四十四顷七十八亩三分，统系本观自置，亦有善信所施者。该观监院，向由本观安人经理，其地则由该观承管，而以所收租项，为该观香供、岁修、养众之费。契据文约，俱存本观。①

由此可见，这 44 顷 78 亩 3 分地（按 1 顷折合为 100 市亩计算，则为 4478.3 市亩），所有权是属于白云观的，玉清观只是负责对该地产的承管，并享有地租等项收益的使用权。由此也可推测，当时白云观观产的数目是非常可观的。其后，经过新旧变革的社会震荡，在民国时期，白云观地产"业经民国政府土地局登记者五千八百余亩"②。这个数字显然比此前大为减少，但犹约略可窥白云观观产的"富甲天下"之概况。

高仁峒任住持期间，还多次为捐资置产提供经费的道士、信众、善士立碑作记，扬其功德，仅此所得收入亦甚为可观。如为修葺云集山房就获捐资银两万两。再如为救济穷苦百姓和受灾难民而创办的慈善事业——粥厂，这项事业进行了差不多 20 年，高仁峒特撰《粥厂碑记》述其事，其中称："仁峒忝主观事以来，募劝愿学堂诸大善士，创设粥厂，自冬徂春，凡五阅月，左近穷黎全活无算，如是者垂二十年。庚子（1900 年）都门变起，事将隳废，李俭斋封翁慨然力任其难，与华俄银行总领事璞科第君等，筹集巨款，购置米粟，于白云观并城市各区分设粥厂八所，兼溥御寒冬衣之赐，都人士兵燹余生，藉免沟壑。封翁及璞科第君，邀同联春卿侍郎、祥博泉都统、王子仪廷尉、塔木庵方伯，弹压防护，周巡八厂，灾黎等无争竞倾踣之虞。虑周思密，谊美恩明，洵非寻常善行所可比也。"③为此，有西便外关厢、西便内大街、天宁寺村、花园村等 21 村于光绪二十八年（1902 年）联名作《云溪方丈功德记》，盛赞高仁峒的各种善举，尤其对举办粥厂一事更是感激不尽，谓"近村老稚得免锋镝沟壑之虞，此皆出方丈之赐也"，"特追述方丈之义举，泐诸贞

① 《白云观志》卷 4，《藏外道书》第 20 册，第 592 页。
② 《白云观志》卷 2，《藏外道书》第 20 册，第 573 页。
③ 《白云观志》卷 4，《藏外道书》第 20 册，第 595 页。

珉,以垂永久”。① 高仁峒还于光绪三十二年(1906年)向学部呈办初级小学堂,学部批示“所列学科尚属完备,应准立案。再候本部派员查视可也”②。高仁峒任方丈期间,于光绪七年(1881年)、八年(1882年)、十年(1884年)、十七年(1891年)、二十二年(1896年)开坛演戒。③ 光绪三十三年(1907年)逝世,著有《云水集》。

应该说,高仁峒对白云观的发展出力颇多,作出了不少贡献。然而,这位德高望重的高道,还有另一个面孔,却是勾结李莲英、刘明印等太监,卖官鬻爵、谋求利益。高仁峒以炼金丹和颂道经之能,得到了慈禧太后的信任,经常出入宫禁,更与李莲英的太监势力结为一党,成为其在宫外的耳目口舌和政治盟友。对高仁峒当时在政界的炙手可热以及其卖官鬻爵的情节,《清朝野史大观》这样记载:

> 白云观高道士,稽其生平功行录,实以神仙中人兼政治中人者也。观奉长春真人,正月十九日真人诞辰,都中达官贵人、命妇闺媛皆趋之,礼真人者必拜高道士。言应酬者,遂以是日为高道士生辰,拜时或答或否,答者必其交疏或名位未至者也,若直受之而不报,则顶礼者以为荣。昔阅《石头记》,心异张道士事,谓以史太君之贵,王熙凤之骄,贾宝玉之卑视一切,何至与一老道周旋若此。比来都客为述高道士事,乃知黄冠中真有此不可思议之人物也。客曰:往者吾就道士谈,旋有一人来与道士最稔者,道士谓之曰:昨有某君属予为道地,欲得海关道,余谢之曰且慢,今朝廷方征捐于官,海关缺肥,监司秩贵,属望奢,恐所得不足以应上求,恁可犯不着也。此人曰:仆有友某君以知县分发山东,闻师父与中丞有旧,欲求一八行书栽培,可乎?道士欣然曰:此易耳。中丞新有书来,疏懒未及复,复时附数语足矣。他日,遇道士于南城酒肆,谈次,道士语一人曰:某侍郎之女公子明日出阁,予几忘之。适前日侍郎之夫人来谈及,匆匆不及备奁物,即以箧中所藏某总管贻我缎二端,乃

① 《白云观志》卷4,《藏外道书》第20册,第595页。

② 《学部官报》1906年第2期。

③ 参见尹志华:《清代全真道历史新探》,香港:中文大学出版社2014年版,第283页。

大内物，总管所受上赐者，又以某总管赠我珍物二事，亦御赐品，备礼而已。此皆客述道士言，而譿缕以语余者。①

从这则史料中，就可以看到其时高仁峒与清末政坛牵涉之深，权势之重，牟利之巨。

高仁峒不仅与太监集团有所勾结，也与俄、日等国的间谍、使节过从甚密，被人利用，在清末外交史上扮演了不光彩的角色。高仁峒与俄、日间谍的交往，其因仍然是他与以李莲英为首的太监集团的紧密勾结。在当时的政坛上，由于李莲英及其太监势力对慈禧太后的影响力巨大，无论是中国人还是洋人，要谋求政治利益，都不会放过与李莲英结交的机会。然而，李莲英深居宫内，与其结交密会颇为不便。这时，作为李莲英政治同盟的高仁峒，就成为帮李莲英牵线搭桥、传声通气的中转站。

根据哈佛大学孔祥吉教授的考证，在日本外务省外交史料馆所藏的资料中，发现了大量高仁峒与俄、日间谍交往的证据，并展现了这些间谍通过与高仁峒的密谈和交往，刺探清廷情报，联络李莲英等人，试图对慈禧太后施加影响，谋求本国外交胜利的情节。② 与高仁峒串通的间谍，主要有俄国人璞科第和日本人岛川毅三郎等人。璞科第是俄国驻华公使，也是有名的"中国通"。在沙俄政府以收买为基础的对外政策下，他在中国广泛发展内线，收买内奸。璞科第以重金捐于白云观，在金钱开路的基础上，与高仁峒的私交甚密。璞科第租下了白云观中的花园为其夏日别墅和活动基地，并在南城"万福居"酒楼和正阳门"太升堂"酒家等高仁峒的秘密产业内与其进行政治交易和密谈，甚至在朝廷中发展出了包括首领太监李莲英、外务侍郎联芳、李鸿章幕僚塔克什那、广西巡抚王之春等人在内的一个亲俄派系，为俄国对清朝的侵略服务。这种勾结，在当时就已经被发现和报道。光绪甲辰（1904 年）十月初四的上海《警钟日报》发表的时评文章，就明确说：

---

① 小横香室主人：《清朝野史大观》卷 11《白云观高道士》，北京：中央编译出版社 2009 年版，第 3 册，第 1156—1157 页。

② 有关高仁峒与清末外交的相关论述，可参见孔祥吉、村田雄二郎：《日本机密档案中的白云观与高道士》，《福建论坛》2011 年第 1 期；《京师白云观与晚清外交》，《社会科学研究》2009 年第 2 期。

“自李莲英、高道士与俄璞科第同盟”之后，“日以联俄运动西后”。还说明了高道士“主北京白云观”，“与李莲英狼狈为奸，日在外招摇纳贿”。[①] 可见其时高仁峒名声已败坏至斯。

至于高仁峒与日本间谍的交往，在日本机密档案之外留下的痕迹比较少，但在日本档案里留下了十分详尽可靠的记载。日本人与高仁峒之接触，乃是日本外务省见到俄国通过高仁峒谋取了利益，便有样学样，也派出间谍与其接触：

机密第105号。（明治二十八年六月二十三日收）

窃闻当地俄国公使馆利用白云观的方丈，操纵宫廷。需要查清实际上到底有如何关系，如何利用。若是如同世上所说，我方也试图运用此法，至少为了离间两者的关系，图谋接近该方丈。此事曾经直接汇报，并在归任之后，令岛川通译官担当操纵白云观方丈之任。现已渐有进展，以至与方丈高仁峒建立了亲密关系。且勿论今后进一步加强至密之交，亦拟通过方丈，与宫中宦官交通往来，结成亲密的关系。以上汇报，敬请知悉。

敬具。

明治二十八年（1895年）六月十日
在清特命全权公使内田康哉
致外务大臣男爵小村寿太郎[②]

在此之后，间谍岛川毅三郎凭借其汉语天赋和“日本和他国不同，共奉儒佛之教，从而理应对道教信仰亦较为真诚”[③]的优势，化妆成道士，混入白云观，与高仁峒日日交往，逐渐取得其信任；并通过在日俄战争中令日军保护东北的白云观下属道观，而得到高仁峒感激。于是两人在高仁峒的酒楼

---

① 《警钟日报》甲辰十月初四日（1904年11月10日）。

② 日本外务省外交史料馆藏：《关于送呈有关白云观方丈高云峒情况之报告》，见《诸外国外交关系杂纂》，露清间，第1卷，1-2-3-1-11，第1607—1608页。转引自孔祥吉、村田雄二郎：《日本机密档案中的白云观与高道士》，《福建论坛》2011年第1期。

③ 日本外务省外交史料馆藏：《诸外国外交关系杂纂》，露清间，第1卷，1-2-3-1-11，第1635页。转引自孔祥吉、村田雄二郎：《日本机密档案中的白云观与高道士》，《福建论坛》2011年第1期。

中进行密议，甚至计划将原来租给璞科第的花园租与日本人。随着日俄战争中俄国的失利，高仁峒开始疏远璞科第，倒向日本人，日本人勾结高仁峒的计划取得了成功。从对这批史料的分析中，我们能够看到，在那个特殊局势下，高仁峒与日俄等国的间谍、外交官之间，为了各自利益而彼此利用的真实图景。

高仁峒羽化后，监院刘至融继任方丈。刘至融（1845—1911年），号林泉，直隶顺天府玉田县人。[①] 宣统三年（1911年）二月陈明霦为其建塔，铭曰"白云堂上第二十一代方丈上至下融林泉刘大真人法塔"[②]。刘至融曾于光绪三十四年（1908年）开坛传戒，当年受戒弟子范德寿领受《初真戒律》，今存。[③]

刘至融羽化后，陈明霦继任方丈。陈明霦（1854—1936年），法名明霦，字钟乾，号毓坤，又号玉峰子。天津人，咸丰四年（1854年）生于直隶顺天府宁河县。江朝宗撰《白云观陈毓坤方丈传戒碑记》谓其"生有夙慧，不茹荤酒。既冠，奉新城（今属吉林）圣海宫陈圆岚为师，研究道妙，遍游名山大川"[④]。光绪八年（1882年），于北京白云观受戒于高仁峒。十年（1884年），高仁峒复开戒坛，任引礼大师。后又任总理、都管各执事。十七年（1891年），任监戒大师。是年冬月，因积劳过甚，退隐宣武城南玉皇庙养病，在养病期间，广研宋儒濂洛关闽之学，自署斋名"安乐洞天"。二十二年（1896年），因其师陈圆岚病笃，乃回新城侍奉。同年秋，高仁峒开坛传戒，任证盟大师，事毕，仍返回新城。二十六年（1900年），八国联军侵华，新城当其冲，他与联军官长接洽，订立保护居民条约。二十八年（1902年），集庙资创办小学，招邻里子弟入校读书，免交学费。江朝宗所撰《碑记》云："庚子（1900年）拳匪乱，以大力保护新城，事定复出香火余资兴建学校，乡里才俊子弟成就日多。大吏[⑤]连颁'德水滂仁'、

① 参见《五子登真箓》，宣统二年（1910年）南阳玄妙观印。并参《白云观志》卷2，《藏外道书》第20册，第560页；《白云观方丈羽化》，《顺天时报》1911年3月12日。

② 《白云观志》卷2，《藏外道书》第20册，第561页。

③ 参见《三洞拾遗》，合肥：黄山书社2005年版，第11册。

④ 《白云观志》卷4，《藏外道书》第20册，第595页。

⑤ 大吏：指袁世凯，当时袁为直隶总督兼北洋大臣。

'行道有福'匾额以褒异之。"[1]宣统元年(1909 年),北京白云观请为监院。三年(1911 年),继任方丈。民国元年(1912 年),与奉天太清宫、上海白云观等 18 所宫观发起成立"道教会",提出"力挽颓风,表彰道脉,出世入世,化而为一。务求国利民福,以铸造优美高尚完全无缺之共相"[2]的宗旨,倡导推广慈善事业,整顿道教清规,并发起国人道德思想爱国教育。民国二年(1913 年)四月,"开坛传戒,得戒徒侣凡三百余人。一时都下硕彦名流,毕集斯会。毓坤戴华巾、披鹤氅、挥玉麈、升讲帐,谈经说法,济济跄跄,诚盛举也"[3]。民国八年(1919 年)进行第二次传戒,定期百日,说法三坛,来自全国的求戒弟子共 412 人,并举行祈祷世界和平法会,庆祝欧战告终。李继沆撰《白云观陈毓坤方丈二次传戒碑记》说:其时"京华人士,偕临观礼,地方文武,共仰玄微,于是公请大总统[4]赐额'葆素涵真',清帝亦赐额'保合太和'。衣钵扉履,供养之资,咸赖军政绅商诸大护法及同道协力输助,克光盛典"[5]。

民国九年(1920 年)至十一年(1922 年),陈毓坤募化施主出资,重修白云观殿宇桥梁,并于民国十三年(1924 年)亲撰文勒石记其事。[6] 由此得知,白云观前县旗两杆及观内窝风、甘雨两桥,系建于陈毓坤任白云观方丈时的 1920—1922 年内。民国十二年(1923 年),为使道众渡过生活难关,发动各方,组织义演。他撰《白云观表德述异记》说:"民国十一二年间,秋成告祲,道众几绝粥饘。明霖咄咄书空,罔知所措,因商之袁俊亭、孙荩卿、嵩佑亭、张彬舫诸善士,协筹生计,维持善法。当由艺术大家杨小楼、俞振庭、余叔岩力任提倡,舞台租费则孙荩卿先生慨捐,衣饰租费则俞振庭先生乐助。复有任润山、果仲连、何卓然诸先生及高雅各艺员,担荷剧场前后一切义务。择定癸亥(1923 年)长至后七日举行。先期在得兴堂会餐,列席设

① 《白云观志》卷 4,《藏外道书》第 20 册,第 595 页。
② 《道教会布告》,《藏外道书》第 24 册,第 474 页。
③ 《白云观志》卷 4,《藏外道书》第 20 册,第 596 页。
④ 大总统,即徐世昌。
⑤ 《白云观志》卷 4,《藏外道书》第 20 册,第 596 页。
⑥ 参见陈明霖:《重修白云观殿宇桥梁碑》,《白云观志》卷 4,《藏外道书》第 20 册,第 597 页。

醴,壶中佳酿,初斟色红,再斟变绿,两色更迭相间,四坐莫不称异,饮之均清香沁齿。噫！何其神欤！届期天朗气清,观者踊跃,户屦充满,为历来所罕见。聚金无算,各道侣获免饥寒。"①可见陈明霦在当时的影响。

为宣扬丘处机真人灵异,陈明霦于民国十六年(1927年),将立于平谷县境歌颂和记述元代丘处机重活枯柏的诗、碑刻等抄录,重刊新碑,立于京师白云观丘祖殿前,亲撰《邱长春真人重活枯柏碑记》一文,以供京中善信观览。② 又于民国十五年(1926年)与徐世昌接洽,取得其资助,将白云观所藏明版《道藏》影印流传。徐世昌于民国十七年(1928年)撰《白云观碑》记其事,并记叙了陈明霦于民国十六年(1927年)在白云观的第三次开坛传戒,宣讲全真中极三百大戒之事。③

1932年,陈明霦还接待了到白云观进行实地考察、搜集资料的日本学者小柳司气太。小柳撰写的《白云观志》说:"陈毓坤名明霦,文宗咸丰四年(1854年)生于直隶顺天府宁河县,宣统三年(1911年),由天津道院入为方丈,传戒三次,今仍在现职。容貌魁伟,温颜可亲,但病重听耳而已。闻余诣本观,迎接款洽,又令道士助余研究调查者甚力。"④

陈明霦采撷《玉皇心经》,集成帙篇,题名《白云集》,体现其"以慈悲为念,愿社会大多人数迁善归真,超凡入圣"⑤的情愫。有门人、弟子多人为其书作序、跋,盛赞此书,刘凤章谓"书中大略而与老子翼中诸家所著比较而论,其阐发无为无不为之义旨,有过之而无不及,可谓老子翼之外而又重添一翼矣"⑥。据安世霖称,陈明霦卒于民国二十五年二月二日(1936年2月24日)。⑦

---

① 《白云观志》卷4,《藏外道书》第20册,第597页。参见《白云观演剧筹款之剧目》,《顺天时报》1923年6月1日。

② 参见《白云观志》卷4,《藏外道书》第20册,第597页。

③ 参见《白云观志》卷4,《藏外道书》第20册,第598页。

④ 《白云观志》卷2,《藏外道书》第20册,第560页。

⑤ 谢宠纶、周家桢:《白云集序》,《藏外道书》第24册,第5页。

⑥ 刘凤章:《白云集序》,《藏外道书》第24册,第4页。

⑦ 安世霖:《白云观住持安世霖为整饬观务声明书》,1940年5月5日,北京市档案馆藏,藏书号ZQ4-1-1510。转引自付海晏:《安世霖的悲剧:1946年北平白云观火烧住持案研究》,《"中央研究院"近代史研究所集刊》第62期(2008年12月),第53页。

继陈明霦任白云观方丈者安世霖(1903—1946年),清光绪二十九年(1903年)出生①,原籍河北省房山县,12岁出家为道士。白云观陈毓坤方丈传戒时,他作为戒子来观受戒,得到了陈方丈的赏识,于传戒中选他为下代观中主持人。陈方丈逝世时,安已是监院,后升座为方丈。他通晓道教科仪和道教韵曲,并聘请学者编纂观史,延请音乐家编制经韵。治理观务,也井井有条,对道士约束甚严。但由于当时华北已属沦陷地区,道教界内部矛盾重重。1941年,日寇加强对华人宗教的控制,企图利用道教笼络人心,为其侵占、奴役华人服务,成立华北道教总会,以前"国务总理"靳云鹏为会长,以地安门外火神庙住持正一道士田子久(道名存续)为副会长,使新任白云观住持的安世霖很不服气。他一方面明令不准长住观内的一百多名道士参加道教总会;另一方面,极力争取永定门外二郎庙住持、长春堂药店总经理张子余(道名本修),以削弱田子久的势力,又贿赂曾任日伪维持会会长的江朝宗,以为靠山,因而使田子久企图强行接管白云观作为华北道教总会会址的阴谋未能得逞。从此,华北道教总会与安世霖之间结怨日深。

由于他得罪了华北道教总会,所以凡是倾向于该会上层人物的道士、居士、信众们都不免说他的坏话,这个风刮进白云观里,对他十分不利。曾经担任华北道教总会理事的张修华说:"安世霖既无学识,又少声望,并且没有受过传徒的'天地二号大戒',又未经道众选举,根本不够做方丈的资格,是陈方丈在病重时,安硬逼着陈写'方丈法'(类似遗嘱)传他作方丈的。庙中道士根本对他就不佩服。"②在这种情况下,安世霖却不以德服人,团结广大道众,共同治理观务,而是光走"上层路线",认为只要有"政界要人"撑腰,就能稳坐钓鱼船,根本不把道众看在眼里。更严重的是,他采取了极其错误的手段对待异己,想方设法地排斥、挤走与他对立的道士,甚至把伙食弄得异常粗劣,还不管饱。结果不但没有挤走多少道士,反而使矛盾更加尖

① 常人春记忆为1901年版,付海晏据档案材料考证为1903年。参见付海晏:《安世霖的悲剧:1946年北平白云观火烧住持案研究》,《"中央研究院"近代史研究所集刊》第62期(2008年12月),第53页。

② 常人春:《白云观活烧老道案始末》,政协北京市委编:《文史资料选编》第39辑,北京:北京出版社1990年版,第207页。参见张修华:《我和天后宫》,政协天津市委编:《天津文史资料选辑》第19辑,天津:天津人民出版社1982年版,第198页。

锐,众道士同安世霖的冲突日渐加剧。

他们首先群起攻击白云观账目不清,说安世霖随便用庙里的钱,向前门外几家银号、金店串换,搞投机生意。于是多次联名向伪北平地方法院控告安世霖等盗窃庙中古物,霸占公款,欺压道众。经伪市府组成清查委员会,对白云观全部财产进行检查清理,结果"观产有增无减",法院据此宣布原告道士败诉。原告道士不服,提出上诉,伪法院不得不判处安世霖徒刑,以平众怒。但安世霖上诉到最高法院,遇赦。众道士说,这是安世霖向伪法院行了贿,又有江朝宗撑腰,自然奈何不了他。

民国二十九年(1940年)①,有东北派的道士在观内举事,联合道众,将安世霖从方丈室扭出痛打,并将他的道冠剪掉,强迫他还俗。但安始终把持大权不放,将滋事道众全部驱逐出观。事后,被驱逐的道众在外边互相串联,多方奔走,连年向法院控告不休,均未能获胜。直到1945年8月15日日本投降后,安世霖在白云观的地位仍稳如泰山。与安对立的道士们认为,只有自己动手惩治安世霖等,才是唯一可行的办法。

于是以白云观的下院关帝庙道士许信鹤为首的一批道众,经过多次密谋策划,决定以整顿清规名义,根据"太上家法"第一条将安世霖及其心腹监院白全一二人烧死。终于在民国三十五年(1946年)十一月十一日(即农历十月十八日)晚上,发生了骇人听闻的白云观火烧方丈安世霖、监院白全一的严重事件。②

对于策划及参与此次白云观惨案的30余名道士,经北平地方法院审理,分别判处许信鹤等3人无期徒刑,陈志中等10余人刑期不等的有期徒刑,袁明理等10余人无罪释放。③

白云观也由白云观保管委员会(由警察局2人、社会局2人、白云观2

---

① 常人春记忆为1942年版,付海晏据档案材料考证为1940年4月4日。参见付海晏:《安世霖的悲剧:1946年北平白云观火烧住持案研究》,《"中央研究院"近代史研究所集刊》第62期(2008年12月),第47页。

② 当时媒体多有报道,可参见《北平白云观火烧道士案详情》,《新闻报》1946年11月20日;《一四七画报》1946年第7卷第12期。

③ 起诉书及辩护意旨书,见《法律知识》1947年第1卷第3期。宣判结果,见《北平活烧老道案,为首三人坐长监》,《申报》1946年12月15日。改判结果,见《北平火烧老道案主犯三人判五年》,《申报》1947年9月23日。

人、北平道教整理委员会2人、天津道教会2人、北平士绅5人,共15人组成,以北平士绅、书法家、道教居士潘龄皋为委员长,广福观住持、北平道教整理委员会主任委员孟广慧副之)接管。[1] 从此,白云观方丈一职,暂付阙如。实际上,对被活活火化的安世霖,其任方丈的资格、程序均有异议,是否承认其为白云观一代方丈,乃是应由道门内部议决的问题。

事隔42年以后,1989年11月10日(农历十月十三日),北京白云观举行方丈升座典礼,恭请陕西省西安市八仙宫王理仙道长"为北京白云观第二十二代方丈"[2]。表明其承袭的是白云观第二十一代方丈陈明霦,从而也就否认了民国时期安世霖任白云观方丈的资格。

从对白云观在近现代历任方丈的介绍中,我们看到,作为全真祖庭的白云观,仍在不断进行传戒、授戒、醮祭等宗教活动,其首领人物仍不断同高官显宦相交往,在民国成立后,亦仿效佛教等其他宗教,企图建立起全国性的道教组织以适应新的形势,力图通过清整道教清规、推广慈善事业、发起国民道德思想教育,以保持道统不致湮没。但是,在当时,这个重振道教的计划并没能得到真正的实施。复杂的社会政治形势、不同的政治见解同样渗入到玄门清静之地,以致发生了骇人听闻的火烧安世霖、白全一事件。总而言之,北京白云观在近现代仍处于愈加衰颓之境。

光绪年间有龙门派第二十一代弟子徐至成在上海建立海上白云观,此观为北京白云观下院。徐至成(1834—1890年),道号海卿,原籍上海嘉定县。清咸丰十年(1860年),太平军占领嘉定,其父母妻子均在战乱中亡故,遂决意出家从道,云游苏州、茅山和浙江金盖山等地,寻求明师,于清同治元年(1862年)至上海雷祖殿皈依龙门派王明真律师。光绪七年(1881年),赴北京白云观,接受高仁峒所传初真、中极、天仙三大戒,成为全真龙门派第二十一代戒子,并立志弘扬道教。接法后,即返沪。于光绪八年(1882年),在仁济善堂绅董的资助下,在上海市老西门外,今西林后路购地新建雷祖殿,并担任监院。光绪十二年(1886年),又扩建了斗姆殿、客堂和斋堂等。光绪十四年(1888

---

① 以上见常人春:《白云观活烧老道案始末》,政协北京市委编:《文史资料选编》第39辑,北京:北京出版社1990年版,第203—221页。

② 《中国道教》1990年第2期。

年）徐至成亲自进京，在清廷德驹、徐松阁和白云观方丈高仁峒的帮助下，改雷祖殿为海上白云观，并作为北京白云观下院，请得明版《正统道藏》五千多卷，由海路运送至沪，供于庙内藏经阁，以“留镇山门”。同时在观内采取北京白云观规戒，由此确立了海上白云观作为全真十方丛林的地位。光绪十六年（1890年），徐至成卒。临终前，嘱道众曰：余历20年艰苦，斯观始克创成，永为十方丛林，庶我全真道侣之云游海上者有所栖至。须公举有德者为监院，不得收徒众、乱规模、坏产业，以负余心。光绪十九年（1893年），在上海商会会长陈润夫等人的资助下，再次扩建了三清殿、吕祖殿、丘祖殿，全观面积达到四十余亩。徐至成之后的黄至纯、杨本立、王理传，以及光绪三十一年（1905年）北京白云观派来做住持的赵至中等人，皆有功行。

（二）全真龙门霍山派

此派创建于光绪甲申（1884年）秋，系龙门第十九代传戒律师张圆璿赴白云观传法时，“门下弟子等，因徒众人繁，叩请愿尊宗字为第一代号”①而建的丘处机龙门“宗”字辈分支岔派。张圆璿弟子中最知名者即被尊为北京白云观“护法”的刘明印（诚印），他撰《重勒诸碑记》中亦有“吾师霍山起派耕云律师张大真人”②之语，可证。据《诸真宗派总簿》，该派派字为：

宗诚信崇绪，修善法德超。
璿律传千士，智慧贯天高。
耕兴龙门教，静参玄中妙。
云度众生戒，万载尊师道。③

这首派字诗将张圆璿的名宗璿、字耕云嵌入每句之首，可辅证该派尊张氏为开派祖师。而刘诚印则是本派的实际开创者。因刘诚印在清宫内廷中的影

① 《白云观志》卷3，《藏外道书》第20册，第580页。

② 《白云观志》卷4，《藏外道书》第20册，第592页。小柳司气太误将“霍山”抄为“霍仙”，此据《北图拓本》第86册，第12页改。

③ 《白云观志》卷3，《藏外道书》第20册，第580页。此派字诗第一到四代与龙门派派字第二十三到二十六代完全相同，因此，高万桑（Vincent Goossaert）怀疑“霍山派可能到1880年代还没有真正产生。只是到了1891年传戒时，霍山派道士真正进入了传戒录”。见Vincent Goossaert, *The Taoists of Peking: 1800–1949, A Social History of Urban Clerics*, p.220，转引自张雪松：《清代以来的太监庙探析》，《清史研究》2009年第4期。

响等因素，大批太监选择皈依霍山派，于是形成一个龙门派下的太监道派。① 此派的传承情况，因资料所限，仅略知一二。

汪诚庆(1830—1906 年)，原名成庆，字长斋，生于道光十年(1830 年)闰四月二十日。咸丰十一年(1861 年)入内廷，供职储秀宫。同治七年(1868 年)，与刘素云"同易道家冠服"，拜张宗璿为师，改名诚庆，道号矗云子。曾于同治九年(1870 年)自捐俸金，建修金山口茶棚一座，每年四月间广施粥茶。同治十一年(1872 年)，恩赏正八品，执首领事。次年，恩赏正六品，还捐资修缮大兴胡同城隍庙②。光绪元年(1875 年)，自愿退居，请旨为民，归家闲居。白云观方丈高仁峒"因其久赋闲居，商之素云(刘诚印)，约主宝藏寺事。数年以来，表率经理，群服其德"。光绪九年(1883 年)复入内廷，管理中海丰泽园等处事务。光绪三十二年(1906 年)正月初一去世。③

高诚义(1838—1901 年)，字连捷，顺天府大兴县(今属北京)人。生于道光十八年(1838 年)四月十二日。年十三，入侍内廷，谨慎勤能，擢升首领，服侍慈禧太后。咸丰十年(1860 年)，英法联军攻占北京，"随游幸热河"。"性嗜道教，于辛未年(1871 年)偕素云刘师同拜南阳张律师(张宗璿)坐下，为得戒高弟子。"此后，曾五次担任白云观传戒法坛的"护坛化主"(即主持募集传戒经费)，两次担任传戒大师(分别任引请大师和引礼大师)。光绪十一年(1885 年)，创修宝金山玉虚宫。光绪十三年(1887 年)，重修琉璃河岫云观④，"护持羽众，功德无穷"。光绪二十六年(1900 年)，八国联军占领北京，"追随

① 对清代太监入道的诸种原因的剖析，参见张雪松：《清代以来的太监庙探析》，《清史研究》2009 年第 4 期。霍山派乃太监道派的提法，参见李养正：《新编北京白云观志》，北京：宗教文化出版社 2003 年版，第 503、506 页；尹志华：《清代全真道历史新探》，香港：中文大学出版社 2014 年版，第 296 页。

② 参见同治十二年(1873 年)五月一日立《城隍庙捐资题名碑》，《北图拓本》第 84 册，第 48 页。

③ 参见(清)高仁峒撰：《霍山法派矗云汪真人生志碑》，《北图拓本》第 87 册，第 161 页；《汪成庆墓碑》，《北图拓本》，郑州：中州古籍出版社 1989 年版，第 89 册，第 84 页。前碑立于光绪二十二年(1896 年)七月十五日，后碑刻于其碑阴。二碑尹志华已述及，见其《清代全真道历史新探》，香港：中文大学出版社 2014 年版，第 299 页。

④ 陈明霦撰《重修岫云观碑记》云："琉璃河岫云观本为畿南名刹，曾经素云道人刘师诚印、连捷道人高师诚义擘画营葺，气象庄严。"见《北图拓本》，郑州：中州古籍出版社 1989 年版，第 90 册，第 106 页。

銮舆，直至西安”。次年，随驾返京，行至河南灵宝县境内，9 月 9 日因积劳成疾而逝。停厝白云观，藏蜕宝藏寺，与刘诚印并建法塔。①

高诚义参与创修的宝金山玉虚宫，被证明是太监道士主持的一个宫观。此宫位于北京市房山区周口店镇黄山店村附近，现仍保留有数通石碑。其一碑阳为光绪五年（1879 年）顺天府严禁无赖之徒“作践滋事，致伤果木”的“告示”；碑阴额曰“宝金山志”，记载了光绪四年（1878 年）该宫住持龙门派道士李明玉“因无力修理”，将玉虚宫出卖与人的契约。② 其一立于光绪五年（1879 年）四月，碑阳为记文，碑阴为护法众善人等题名。③ 二碑皆有泐蚀，结合“宝金山志”和“众善题名”来看，光绪四年的承买人为佟禄、刘诚印、范诚启、高诚义、张诚安，及徒周信泰、陈信平、盛信长、张信春。这些人都再次出现在光绪五年的题名中，首事者还标明了在内廷的职位，如刘诚印为长春宫六品蓝翎总管，高诚义为钟粹宫六品蓝翎首领。光绪五年题名中，张诚安、范诚启、刘诚印、高诚义、佟禄被尊为本宫开山，法徒名录增加了崔信仁、孙信义、徐信礼、郝信智、谢信善、杨信慧六人。从师徒名中的派字来看，必为霍山派无疑。至于题名中出现的其他人，如长春宫四品花翎总管李连英、长春宫七品首领孙理慎是否也入了道，或者只是单纯做功德，尚无资料可证。④

① 参见（清）高仁峒撰：《霍山法派第二代上诚下义连捷高大师道行碑》，《北图拓本》，郑州：中州古籍出版社 1989 年版，第 88 册，第 150 页；《高子道行碑》，《北图拓本》，郑州：中州古籍出版社 1989 年版，第 89 册，第 131 页。二碑尹志华已述及，见其《清代全真道历史新探》，香港：中文大学出版社 2014 年版，第 299 页。

② 此碑尚未发布，其照片及录文见新浪博客，网址 http://blog.sina.com.cn/s/blog_a19f8cff0101fqs5.html。尹志华《清末太监与宝金山玉虚宫》一文已述及，见盖建民主编：《道在养生高峰论坛暨道教研究学术前沿国际会议论文集》，成都：巴蜀书社 2015 年版，第 513 页。

③ 此碑碑阳有拓片，见《北图拓本》，郑州：中州古籍出版社 1989 年版，第 84 册，第 201 页。碑阴尚未发布，其照片及录文亦见上条注引新浪博客；修订后的录文见同一博主的另一篇博文，网址 http://blog.sina.com.cn/s/blog_a19f8cff0101g9jz.html。尹志华《清末太监与宝金山玉虚宫》已述及，见盖建民主编：《道在养生高峰论坛暨道教研究学术前沿国际会议论文集》，成都：巴蜀书社 2015 年版，第 513 页。

④ 李连英，即大太监李莲英，具体考证见上条注引新浪博客。另可参《李连英墓碑》，《北图拓本》，郑州：中州古籍出版社 1989 年版，第 90 册，第 67—68 页。据说他有道号“乐元”，见尹志华《清末太监与宝金山玉虚宫》，盖建民主编：《道在养生高峰论坛暨道教研究学术前沿国际会议论文集》，成都：巴蜀书社 2015 年版，第 513 页。

此宫开山五人当中，范诚启即藏蜕于此。其灵塔铭石曰："霍山派范大宗师上诚下启之塔，大清宣统元年（1909 年）季春月。"[①]高诚义后来还重修过玉虚宫。光绪二十五年（1899 年）立《重修玉虚宫孚佑帝君碑记》说："京西房山县宝金山旧有玉虚宫者……多历年所，风霜剥蚀，渐就倾颓。……爰于今岁乙未（1895 年），白云观道长刘诚印师弟高诚义立愿重修，鸠工庀材，又建大殿三楹，供奉孚佑帝君尊神，并立碑志之。"[②]

光绪十二年（1886 年）三月立于白云观的《长春供会碑记》，碑阴列"内廷会首芳名"，其中除以上提及的刘诚印、汪成庆、佟诚禄[③]、范诚启外，还有张诚五、张诚生、张诚善、杨诚龙等人[④]，也应当是太监入霍山派者。

刘诚印、高诚义等都收有不少弟子，上述玉虚宫碑刻已提到 10 人。高仁峒于光绪十九年（1893 年）撰《宏恩观碑》说，刘诚印"好道德，务修持，受其教者数十人，再传者又多人"[⑤]。高万桑（Vincent Goossaert）指出，光绪八年（1882 年）的《登真箓》上所记录的 404 位戒子中，太监有 26 人，其中属于刘诚印弟子者，即有 16 人。[⑥] 光绪二十一年（1895 年）高仁峒撰《素云真人道行碑铭》，末署"门徒盛信长、崔信仁、徐信礼等敬立"[⑦]。光绪二十八年（1902 年）高仁峒撰《高诚义道行碑》，末尾列有高诚义法徒 6 人：史成福[⑧]、

① 塔铭照片见上条注引新浪博客。尹志华《清末太监与宝金山玉虚宫》已述及，见盖建民主编：《道在养生高峰论坛暨道教研究学术前沿国际会议论文集》，成都：巴蜀书社 2015 年版，第 513 页。

② 拓本见中国国家图书馆网站"碑帖菁华"栏目。

③ 当即佟禄。前引光绪四年、五年碑只称佟禄，也许当时尚未皈依霍山派。

④ 《北图拓本》，郑州：中州古籍出版社 1989 年版，第 86 册，第 7 页。

⑤ 《北图拓本》，郑州：中州古籍出版社 1989 年版，第 87 册，第 76 页。此条尹志华《清代全真道历史新探》已述及，香港：中文大学出版社 2014 年版，第 299 页。

⑥ 参见 Vincent Goossaert，*The Taoists of Peking*：1800–1949，*A Social History of Urban Clerics*，p.220。转引自尹志华：《清代全真道历史新探》，香港：中文大学出版社 2014 年版，第 299—300 页。

⑦ 《北图拓本》，郑州：中州古籍出版社 1989 年版，第 87 册，第 128 页。此三人均已见于玉虚观碑。

⑧ 史成福又出现在民国二年（1913 年）《重修玄真观碑》碑阴题名，列众弟子第一位，职衔为"寿安宫七品首领"。（《北图拓本》，郑州：中州古籍出版社 1989 年版，第 91 册，第 29 页）该碑为信奉清微派的太监群体所立（详后文），史成福的名字与该派派字相符，说明他也皈入了清微派。

刘信永、崔信仁、陈信平、刘信林、盛信长，徒孙 4 人：李崇敬、张崇元、李崇祥、毕崇斌，曾孙 2 人：李□□、赵□□。① 据北京崇文区东晓市真武庙民国三年（1914 年）立《功德碑》可知，李崇祥传有弟子 4 人：李绪静、赵绪坤、李绪友、刘绪云。② 宝金山玉虚观新近发现的一块残碑，记录了更多的霍山派徒裔。该碑上部并列四位太监，文字为"内殿总管三品花翎张崇元率徒、管礼四十八处三品花翎督总管李崇祥率徒、管礼太后宫总管三品花翎张绪英率徒、三品花翎姚兰荣"，下部并列绪字辈 19 人，因为残损，现可见如下：郭绪□、张绪□、陈绪□、赵绪□、张绪□、孙绪超、孙绪茂、宋绪麟、纪绪保、张绪□、魏绪珍、王绪来、宗绪□、萧绪□、李绪□。③ 这些霍山派法裔经常资助道教，如前引民国三年《功德碑》云："兹因本庙（真武庙）日久失修，苦于资斧，今弟子金诚祥、王诚厚叩乞我护法大师李上崇下祥率弟子等众并诸善士协力助资修葺，殿宇焕然一新。"此外，李崇祥、盛信长、崔信仁、刘信霖、张崇元、李绪庆等资助了陈明霦民国三年（1914 年）的传戒④，张崇元、崔信仁、李崇祥等又资助了陈氏民国八年（1919 年）的传戒⑤。

吉冈义丰在《白云观访信录》中制有《登真箓所载宗派势力比较表》，标明霍山派在清末和民国时期白云观历次传戒中的人数：光绪辛卯（1891 年）21 人，光绪丙申（1896 年）18 人，光绪戊申（1908 年）81 人，民国癸丑（1913

① 参见（清）高仁峒撰：《霍山法派第二代上诚下义连捷高大师道行碑》，《北图拓本》第 88 册，第 150 页。此条尹志华已述及。曾孙二人，拓片模糊，只见姓氏。

② 参见《北图拓本》，郑州：中州古籍出版社 1989 年版，第 91 册，第 45 页。

③ 残碑照片见新浪博客，网址 http://blog.sina.com.cn/s/blog_a19f8cff0101g9jz.html。张绪英，即清末著名太监、宫廷总管小德张的道名。其本为霍山派第五代，与下列诸人同辈，或许由于在宫内地位高，故列于第一行。姚兰荣，又称姚梦山，从名字看可能不属本派，故无"率徒"二字，此人热衷于太监庙的建设，在清末著名的太监养老地金山宝藏寺、黑山护国寺都可见到其资助的记录。（参见《宝藏寺碑》、《重修黑山护国寺碑记》等，《北图拓本》，郑州：中州古籍出版社 1989 年版，第 90 册，第 92、94 页）1941 年时，姚还是著名太监庙兴隆寺的住持，庙内有 20 人。（参见兴亚宗教协会编：《华北宗教年鉴》，黄夏年主编：《民国佛教期刊文献集成》，北京：全国图书馆文献微缩复制中心，2006 年，第 93 卷，第 260 页）

④ 参见江朝宗撰：《陈毓坤传戒碑》（民国三年四月）碑阴，《北图拓本》，郑州：中州古籍出版社 1989 年版，第 91 册，第 49 页。

⑤ 参见李继沆撰：《陈毓坤传戒碑》（民国八年六月）碑阴，《北图拓本》，郑州：中州古籍出版社 1989 年版，第 92 册，第 119 页。

年)6 人,民国己未(1919 年)21 人,民国丁卯(1927 年)5 人。①

清亡以后,太监出宫,大多聚居于各处太监庙。依据民国时期北平进行的寺庙登记,可以略窥霍山派的最后景象。诚字辈:曹诚佑,住持白衣庵(庙内 1 人)。信字辈:孙信正,住持灵佑宫(即白衣庵,因为二者地址同为能仁寺 30 号)。绪字辈:张绪英,金山宝藏寺住持;李绪纶,住持三官庙(庙内 2 人)、立马关帝庙(庙内 27 人);米绪忠,天通观住持,庙内 8 人;韩绪旺,祝寿寺住持,庙内 1 人。修字辈:信修明,原名信连甲,张绪英的弟子,据说在宫内也常常是一身道家打扮②,出宫后住持金山宝藏寺(庙内 4 人)、黑山护国寺③、佛堂庙;陈修福,原名陈泽川,立马关帝庙住持④;张修德,祝寿寺住持;王修臣,兴隆寺住持⑤。善字辈:孙善福,原名孙耀庭,陈修福的弟子;袁善祥,兴隆寺住持⑥;石善宝,住持宏恩观(庙内 22 人)、关帝庙(庙内 27 人);魏善庆,住持立马关帝庙;张善岱,住持宏恩观。⑦ 据高万桑研究,民国时期,霍山派已传至第八代。⑧

① 参见[日]吉冈义丰:《白云观访信录》,汪帅东译,北京:北京联合出版公司 2016 年版,第 31 页。

② 贾英华:《末代太监秘闻——孙耀庭传》,北京:知识出版社 1993 年版,第 127 页。

③ 参见《信修明自述碑》(1947 年),《北图拓本》,郑州:中州古籍出版社 1989 年版,第 100 册,第 115 页。题"黑山护国寺住持道士自述碑",末署"道教会会长"。

④ 参见贾英华:《末代太监秘闻——孙耀庭传》,北京:知识出版社 1993 年版,第 397 页。

⑤ 参见北京市档案馆档案,档案号 J2-8-21。转引自张雪松:《清代以来的太监庙探析》,《清史研究》2009 年第 4 期。

⑥ 参见北京市档案馆档案,档案号 J002-008-00121。转引自张雪松:《北京火神庙住持田子久小考》,《弘道》2009 年第 1 期。

⑦ 以上数据,除标明出处者外,来源于《华北宗教年鉴》(兴亚宗教协会编:《民国佛教期刊文献集成》,1941 年第 93 卷第 257—260 页)和《1947 年北平市政府第二次寺庙总登记》(北京市档案馆编:《北京寺庙历史资料》,北京:中国档案出版社 1997 年版)。前者统计了庙观的人数,后者无。因为获取数据的时间有先后,所以同一庙观有不同的住持。还需要说明一点,两份材料中还有几个诚字辈、信字辈、崇字辈,但考虑到这几个字辈并非霍山派专有,故不敢贸然采用;曹诚佑、孙信正二人所居之白衣庵(灵佑宫),在《1936 年北平市政府第一次寺庙总登记》中明确标记为"太监道士庙"(《北京寺庙历史资料》,第 591 页),且二人字辈相续,所以计为霍山派。

⑧ 参见 Vincent Goossaert, *The Taoists of Peking*:1800-1949,*A Social History of Urban Clerics*,p.220。转引自尹志华:《清代全真道历史新探》,香港:中文大学出版社 2014 年版,第 300 页。如李养正《新编北京白云观志》提及的 1927 年受戒、活到解放后的太监边法长,当为霍山派第八代。(北京:宗教文化出版社 2003 年版,第 506 页)

（三）全真龙门觉云派

现存有专门记载此派的《龙门正宗觉云本支道统薪传》一书，该书前有序言，称："海上觉云为浙湖云巢分支，于有清光绪戊子（1888年）开派，迄今缘法云兴，皈依日众，惟有师传而无统系。正虑阅时既久，稽考无从，未几奉高真人谕本坛总理戴子本珩督饬编纂本支薪传，可见冥漠中有相感之诚也。戴子等于乙丑年（1925年）冬，尽心搜辑，条分缕晰，秩然可观，而寒暑无间者于兹三载，全书行将告竣，旋谕复功序之。复功不文而未敢辞，勉摭宗派源流与本传缘起，载笔而僭书之，以副真人之命而待高明之教焉。"①末署"民国十有六年旧历岁次丁卯（1927年）七月望日龙门嗣派第一十四代查复功谨序于黄歇浦上"②。戴本珩在该书"后跋"中说："粤溯我龙门启派，肇始于邱长春真人，真人以儒宗而作道祖，本正心修身之学，立开物成务之功，道法神通，昌明于元叶，斑斑史乘，历有可稽。……是以学者奉为圭臬，心镫（灯）赓续，代不乏人，蕃衍宗支，盛于金盖山中，皈依弟子自闵祖启方便法派，而后半多出自俗居有志之士。于是儒而道者日愈多，推行教法日益广，今者云坛竟遍于江浙，海上觉云之立，昉于有清光绪十四年（1888年），已历四十寒暑……"③"例言"又谓："光绪戊子（1888年），本坛张复诚、陈本翀、沈本仁等，恭诣云巢宗坛，禀准开派。是年三月春，启建醮典，敦请宗坛王来因、程来永、姚来鉴三师启派，本刻故尊三师曰宗师。"④

从以上这些记载中，以及《薪传》所记，可获知该派的基本情况为：它是龙门派分支金盖山云巢派之岔派，开派时间在光绪十四年（1888年）三月，尊王来因、程来永、姚来鉴三人为开派宗师，没有另起新的派字，仍是宗承丘处机龙门派字辈，从第十四代来字辈，经复、本、合、教传至第十八代永字辈，自光绪间开派以来，直到民国仍传续不绝。从《薪传》所列《觉云本支道统薪传图》看，有功于创始开派的弟子不少，如：第十四代的汤复弼、彭复善、沈复忠、钱复澈、张复诚、王复辅、宋复能，第十五代的汪本渊、沈本廉、干本

① 《藏外道书》第31册，第419页。
② 《藏外道书》第31册，第419页。
③ 《藏外道书》第31册，第473页。
④ 《藏外道书》第31册，第420页。

谦、吴本厚、周本英、干本诚、王本惠、卞本学、汤本奭、蔡本进、章本益、沈本仁、吴本蕴。此外，还有许多赞护有功者，不再一一列举。

觉云派自开派以来，发展较为兴盛，但到庚申年(民国九年，1920年)出现衰微之势，再加之金本幹逝世而坛堂主持乏人，遂进行了坛堂改组的活动。由戴本珩出组董事会，并进行教务整顿，取得成效，该《薪传》称之为“中兴”。据载，协赞“中兴”及有功“中兴”者有：第十四代的查复功、翁复羲，第十五代的费本德、沈本豁、王本真、谢本恩、胡本常、戴本珩、陆本基，第十六代的邱合度、张合明、李合义、戴合道、林合智、潘合雅、费合珊、费合新、任合因、倪合定、唐合嘉、张合和、黄合融、沈合恕、黄合挚、戚合良、赵合朴、徐合恩、李合缘、寿合宗、杨合虔、徐合纲、尤合慧、费合文、李合洁，第十七代的倪教学、倪教宝、余教诚、马教良。可以看出，民国九年(1920年)改组后，觉云派的发展是比较迅速的。

下面简略介绍觉云派的主要代表人物。

王来因，字希贤，里籍不详。金盖玄裔，觉云启派宗师之一。待人和蔼可亲，“甘淡泊，绝嗜欲，致力于金盖，数十年如一日，是以云门中奉为泰斗，名重一时。而于地方公益，遇有慈善事业无不悉心赞助，乡党咸目之为善人，尊之以长者。晚年尤精于炼度，一时学者风从。师曾于郡城合股开设采芝堂药肆，修合丸散，必诚必敬，人有谓其精诚所感，二次遇仙云”①。

程来永(？—1895年)，原名符，字子翔，号无心，晚号抱云，湖州归安人。觉云启派宗师之一。曾以典史官山西，事亲至孝，咸丰十年(1860年)弃官，居杭州佣书养母，同治年间(1862—1874年)入云巢度为道士。自入山后，20年足迹不出山，“潘学使衍桐使江浙时，慕先生高致，三造其庐始一见”②。光绪二十一年(1895年)卒，门人私谥曰“孝节先生”。

姚来鉴，字守梅，吴兴人。金盖玄裔，亦觉云启派宗师之一。青年时好道，喜参玄学。初习灵宝毕法，精勤不倦，及皈依龙门后遂弃其学，“信道之笃，见道之真，确得九戒中修持专一之旨”。“师之为人，乐善不倦，经办湖

① 《龙门正宗觉云本支道统薪传》下卷，《藏外道书》第31册，第471—472页。

② 《龙门正宗觉云本支道统薪传》下卷，《藏外道书》第31册，第472页。

郡仁济善堂有年。凡遇各省及本乡灾赈，无不饥溺已任，竭力劝募，即如各镇乡育婴、保婴各善堂或有不给，无不出为维护支持，见善勇为，无微不至。朔望亲自赴乡，到处宣讲因果报应，感化乡愚。是以官民钦仰，众口皆碑，即乡村妇孺无不称之为善士。"①

陈来干(1826—1896年)，字牧斋，号西崖，吴兴陈泰人。为觉云大法师。青年即慕道，闻知金盖抱云子(程来永)主讲席，文章道德炳耀一时，遂皈投之。"侍座多年，因得沈(一炳)、闵(一得)诸祖不传之秘，厥后祈晴祷雨，治病驱邪，依法奉行，辄获感应。殚毕世之精神，阐诸阶之法箓，利济是任，终身行之而不懈，晚年学尤贯彻。"②他曾办射村育婴善堂及地方公益、掩埋露骨等善举，靡不尽心竭力。为人谦和，持己端方。光绪二十二年(1896年)逝世，时年68岁。

汤复弼，字少谷，嘉定人。自入道之后，举止端严，于庭帏间尤加尊敬。觉云开派，需购基建屋，汤复弼输资独巨。他为人慷慨好施，奉道尤切，协助重建湖州东林山太祖师大殿。平时喜诵《玉皇本行集经》，日诵不辍，"主持坛事井井有条，一时称盛。沪上云坛之兴，当推自觉云始，而觉云发轫之始，当以师为功"③。

钱复澈(？—1918年)，字月樵，号梯云，里籍不详。对觉云派的创立和经营有功，"嗣以本坛主持乏人，老成凋谢，延师出任艰巨，任劳耐怨，保守常住。赓办善举，驻堂维护十有七年，始终如一日。是时同玄云散，而常住香火不致中断，皆师之力也"④。钱复澈对于觉云派香火承继有很大功劳。民国戊午(1918年)逝世，传有弟子华本诚、姚本德等。

查复功，字抡先，号觉斯，海宁袁花人。光绪十一年(1885年)举孝廉，后皈依湖州北山双井岭。光绪十二年(1886年)冬，贡职上海道署。对建立觉云坛不辞劳苦，并提出因"沪上风气未开，恐惊奇异，宜以善堂为表，坛场

① 《龙门正宗觉云本支道统薪传》下卷，《藏外道书》第31册，第472页。
② 《龙门正宗觉云本支道统薪传》下卷，《藏外道书》第31册，第473页。
③ 《龙门正宗觉云本支道统薪传》上卷，《藏外道书》第31册，第438页。
④ 《龙门正宗觉云本支道统薪传》上卷，《藏外道书》第31册，第439页。

为里”①的建议，得到采纳。对觉云派的“中兴”亦有维护之功。在民国十六年（1927 年），为《龙门正宗觉云本支道统薪传》作序。

费本德，字钧堂，号正持，定海人。民国九年（1920 年）入坛，身体多病，自奉道后病愈，于是抛弃商贾之事，潜心研道。民国十一年（1922 年），任协理坛事之职，“中兴”出力甚多。收有弟子卞合恭、章合理等。

卞本学，字鼎三，号复阳。青年奉道，性至孝，为人耿直不阿。民国十二年（1923 年）应某巨公之请至京师建醮祈祷，名重一时。对觉云派创始及中兴颇多用力。曾受法于陈来干门下，收有弟子多人。

金本幹（？—1920 年），字梅亭，号明霞，吴兴人。青年奉道，出驻南浔怡云坛多年，恢宏教法，从中规划指引，不遗余力。“后以行医驻堂，兼佐坛务，是时常住香火衰微，同缘寥寥，而朔望斗期及诸圣诞未尝有间，赖师有以维持之。驻坛十有余年，庚申羽化于坛。”②门人有唐合嘉、顾合坚等。

戴本珩，字嘉宝，号楚云，上虞百官人。初皈依会云坛下，“是时适本堂支持不易，延师为董事，屡年多所资助。庚申（1920 年）金君梅亭作古，坛堂主持乏人，约师出组董事会，重加整顿”③。与王一亭、翁寅初、徐炳辉被公推为总理、协理之职，分任主持坛堂事务。于是添办义学，扩充善举。坛堂事务在戴本珩的总理之下有很大起色，即所谓：“法缘云集，诸事振兴，捐款则踊跃输将，屋宇亦从而扩张修筑。七、八年来，得有中兴之象者，皆师之力也。”④门人顾合嵩亦对“中兴”效力颇多。

陈本护，字席珍，生平里籍不详。《薪传》谓其：“赞护功高，捐募尤为出力，堂宇重新，悉赖师力。上承师志，下启后昆，悉心维护坛堂历有年所，亦觉云继起之秀也。”⑤

李本才，字龙田，号银蟾，生平里籍不详。为“还云玄裔。驻坛有年，策画维护，颇著功力，堂宇重新，尤多致力之处。光绪丁酉（1897 年）以后数

① 《龙门正宗觉云本支道统薪传》上卷，《藏外道书》第 31 册，第 443 页。
② 《龙门正宗觉云本支道统薪传》上卷，《藏外道书》第 31 册，第 441 页。
③ 《龙门正宗觉云本支道统薪传》上卷，《藏外道书》第 31 册，第 443 页。
④ 《龙门正宗觉云本支道统薪传》上卷，《藏外道书》第 31 册，第 443 页。
⑤ 《龙门正宗觉云本支道统薪传》上卷，《藏外道书》第 31 册，第 444 页。

年，与陈君省三合力维护，亦功不可没者也”①。

曹合义，字诒孙，号不烦，生平里籍不详。为还云玄裔，在觉云坛充职多年，对觉云“中兴”出力，曾受法于张荷庄。

应合龙，字佐御，号真如，生平里籍不详。谓“于坛堂颇多致力。此次梓印《薪传》，慨然独任，见善勇为，实堪钦佩，亦云门中不可多得之人”②。

唐合嘉，字昆甫，号昌阳，生平里籍不详。《薪传》谓其对“本坛赞护有力，庚申（1920 年）改组，不辞劳怨，致力于中兴，尤多倚赖”③。

从以上觉云派人物的传记中，我们看到，这些人物几乎都没有著述传世，主要活动除恢宏教务外，就是进行社会慈善活动。在宗教行持方面，仍多行斋醮祈禳，表现出与全真道在明清以来的特点的一致性。最后关于觉云派需指出的是，根据《龙门正宗觉云本支道统薪传·例言》所说，所谓“始创”是指光绪十四年（1888 年），“中兴”是指民国九年（1920 年）至民国十年（1921 年）。

晚清以来，在湖州、上海、苏州等地出现了数十个与觉云坛类似的道坛，它们都尊金盖山纯阳宫为宗坛（称云巢宗坛），奉金盖山都讲王来因为启派宗师，且坛名皆含“云”字以表明与巢云宗坛的从属关系，其成员除少量出家的全真道士外，都是在家居士。这些道坛自称“云门”，现代学者称之为“金盖山全真道网络”。在闵一得所倡“龙门方便法门”的影响下，不少弟子兼习正一法，或者兼修佛法，宗教实践包括了扶乩、修炼和仪式活动。云巢宗坛和各地分坛在开展慈善活动方面，有卓著的成果。“金盖山一系分坛的创立，代表了全真道适应社会发展，成功地走出宫观，融入社会，以新的方式发挥道教的宗教功能和社会慈善功能。”④

---

① 《龙门正宗觉云本支道统薪传》上卷，《藏外道书》第 31 册，第 445 页。

② 《龙门正宗觉云本支道统薪传》上卷，《藏外道书》第 31 册，第 441 页。

③ 《龙门正宗觉云本支道统薪传》上卷，《藏外道书》第 31 册，第 441 页。

④ 参见尹志华：《清代全真道历史新探》，香港：中文大学出版社 2014 年版，第 338—344 页；吴亚魁：《论清末民初的江南全真道“坛”——以上海觉云为中心》，《弘道》2008 年第 2 期；王宗昱：《吴兴全真道史料》，Poul Andersen and Florian C.Reiter ed., *Scriptures, Schools and Forms of Practice in Daoism*, Harrassowitz Verlag, 2005, pp.215-232。

（四）龙门南宫派

本书第十一章第六节对此派进行了介绍。进入近代，该派仍有活动，但其传承从十五代后就不清楚了。从我们所掌握的资料看，在近代该派主要代表人物为第十七代传人陈铭珪。

陈铭珪（1824—1881 年），字京瑜，一字友珊，派名教友，自号酥醪洞主。广东东莞县人。咸丰二年（1852 年）副贡生。他自谓“余中年感异兆，学道于罗浮酥醪观中”[①]。曾修复酥醪观，为该观住持。光绪七年（1881 年）卒，传有弟子张永闓等。著有《长春道教源流》、《浮山志》及诗文集若干。

陈铭珪所撰《长春道教源流》，成书于光绪己卯（1879 年），系通过考证史志和《道藏》诸书而成。全书分为 8 卷，卷 1 为“全真教总论”、“王重阳事迹汇纪”，并附有“七真纪略”。卷 2、卷 3 为“邱长春事迹汇纪”。卷 4、卷 5 为“邱长春弟子纪略”。卷 6 为“邱长春再传以下弟子纪略”。卷 7 为“邱长春后全真法嗣纪略”。卷 8 为“辨证”十二则和“杂抄”三种。该书对全真教源流作了梳理，尤其对龙门派道士传记辑录甚详，对研究龙门派起源、明清龙门派史有参考价值。书中指出：“今世全真教大抵长春法嗣为多，所谓龙门派也。然询之道教中人，云：嗣马丹阳者为遇山派，嗣谭长真者为南无派，嗣刘长生者为随山派，嗣王玉阳者为昆嵛派，嗣郝广宁者为华山派，嗣孙清静者为清静派。考长春及诸真门人无有以派名者，诸派之兴，其起于明代欤？惟元时北方全真教长春与诸真递相传授尚可考见，厥后自北而南地，与世相去日远，李道谦后，纂辑无人，世但知为全真教，无有识其渊源者矣。不特此也，当明之世，全真之显著者多出南方而北方无闻焉，岂元末北方大乱，于时宫观残毁，徒众星散，遂尔失传耶？”[②]陈铭珪的考证不能说完全无误，但对于治明清全真教史确有启迪作用。《长春道教源流》虽说是一本考证全真教史的著述，但其中也透露出陈铭珪对道教理论的一些看法。比如，他称赞司马谈《论六家要旨》所说的“道家使人精神专一，动合无形，赡足万物”和“神大用则竭，形大劳则敝，形神离则死”等论断，是“其理至当，弗可

① （清）陈铭珪：《长春道教源流序》，《藏外道书》第 31 册，第 1 页。
② （清）陈铭珪：《长春道教源流》卷 7，《藏外道书》第 31 册，第 119 页。

易也”。接着他又阐述说：“夫人生一世间，世之所以戕贼我身无不至，我不能以道治身，而敝敝焉自役其形神，甚者或陷于利欲胶漆盘中，以身为徇而不知返，非所谓大愚耶？夫道非尽无为也，特为而不恃，功成而不居。史迁以为‘与时迁移，应物变化’是也。故为君相而坐致此道，则载其清静，民以宁一。而山林枯槁之士，知道之要，去健羡，黜聪明，亦可以定其神而养其生。上之人苟尊礼之而受其至言，又未尝不可推常善救人之心措之于天下，盖有儒术所不能逮而道家足挽之者。”[①]也就是认为道家理论有其独具的功用，是儒术所不能及的。陈铭珪特别推崇丘长春之学，认为“深有得于《道德》要言，而无炼养、服食、符箓、禳禬末流之弊”[②]。在他的心目中，只有全真丘长春之学才是道教正学，视铅汞龙虎之奇、斋醮符箓之异为外道。

与陈教友同辈，有梁教无。编撰有《玄门清规》。据民国二十年（1931年）陈至亮《重镌玄门必读序》，“《玄门清规》，前清咸丰壬子（1852 年）年间，前辈梁师教无提倡付梓，卢师教卓赞助之，始编刊成帙”[③]。

陈教友羽化后，王至贤、吕教忠、张教恕三人共同接任酥醪观住持。继此三人任住持者，亦为三人：张永豫（即张其淦）、黄明襄、陈永焘（即陈铭珪之子陈伯陶）。[④] 光绪二十四年（1898 年），时任住持黄明襄重刊《玄门清规》。唐永华跋云：“《玄门清规》，前辈梁教无考订付梓，遍行海内……己亥（1898 年）之春，住持黄明襄重校，嘱华补辑。华僻处山陬，见闻未广，惟有考据道书，旁参仙史，以补原本之未备耳。”[⑤]《玄门清规》经唐永华补辑后，更名《玄门必读》。[⑥] 第十八代弟子还有张永闇，曾为《长春道教源流》作

① （清）陈铭珪：《长春道教源流序》，《藏外道书》第 31 册，第 1 页。

② （清）陈铭珪：《长春道教源流序》，《藏外道书》第 31 册，第 1 页。

③ 《玄门必读》，汤一介主编：《道书集成》第 24 卷，北京：九州图书出版社 1999 年版，第 41 页。

④ 张永豫：《重修酥醪观碑铭》，谭棣华等编：《广东碑刻集》，广州：广东高等教育出版社 2001 年版，第 808—810 页。

⑤ 《玄门必读》，汤一介主编：《道书集成》第 24 卷，北京：九州图书出版社 1999 年版，第 80 页。

⑥ 陈至亮：《重镌玄门必读序》，《玄门必读》，汤一介主编：《道书集成》第 24 卷，北京：九州图书出版社 1999 年版，第 41 页。

“跋”，时间大约在民国七年(1918年)。①

民国二十年(1931年)，酥醪观都管陈至亮提倡翻刻《玄门必读》，“乃将其字句之谬误、编次之倒置者，一一校正之”②。表明此派仍在传续。

(五)龙门碧洞宗

本书第十一章已对该派介绍到第十五代。至近现代，该派已传至第二十三代。据《龙门正宗碧洞堂上支谱》：第十六代有李合邦等128人，第十七代有徐教升等94人，第十八代有肖永平等66人，第十九代有何圆清等61人，第二十代有程明星等55人，第二十一代有彭至国等54人，第二十二代有唐理朴等46人，第二十三代有孙宗卿等24人。在这几代弟子中，较为著名的有以下道士。

张合修，本名孔山，又作拱山，自号半髯道人。其籍贯和所居道观有二说：据许健《琴史初编》说，张孔山为浙江人，曾学琴于冯彤云，咸丰间(1851—1861年)在青城山中皇观为道士。③ 而民国《灌县志》却说其为“重庆人，丰体而美须髯，清咸丰初寓漩口(今四川汶川县)川主宫，一时与游者皆知名士，以其能弹琴且善书也。后住县治城隍庙，遗留字迹颇多”④。光绪元年(1875年)，与唐彝铭在成都共同收集古琴秘谱，挑选出145首编成《天闻阁琴谱》。光绪三十年(1904年)，云游至武昌，以授琴为业，求授者颇多。张合修所传曲谱有《流水》、《高山》、《化蝶》、《孔子读易》、《平沙落雁》、《醉渔唱晚》、《潇湘夜雨》、《渔樵问答》等，极富道家旨趣。其中的《流水》一曲，因运用了其创造的“大打圆”及大量“滚拂”与“隐伏复调”技法，故又被称为《七十二滚拂流水》。由于其在古琴上有极高造诣，被认为是川派(亦称蜀派)琴家的主要代表者。

徐教升(1788—1861年)，生平里籍不详。李合邦弟子。原本在崇庆州

---

① 《藏外道书》第31册，第157页。

② 陈至亮：《重镌玄门必读序》，《玄门必读》，汤一介主编：《道书集成》第24卷，北京：九州图书出版社1999年版，第41页。

③ 参见许健：《琴史初编》，北京：人民音乐出版社1982年版，第174页。

④ (清)叶大锵等：《(民国)灌县志》卷12，《中国地方志集成·四川府县志辑》，成都：巴蜀书社1992年版，第9册，第354页。

（今四川崇州市）为道士，道光二十一年（1841 年），由当时的灌县县主请回住持青城山天师洞，“住持二十余年，还清各债，大费辛苦”①。传有徒弟肖永平等 12 人。

肖永平弟子何元（圆）清（1845—1907 年），据高益撰《何真人青云墓碑》，号青云，资州人，光绪初至青城山天师洞出家，拜住持肖永平为师。后接任住持，“乃不负所托，实心任事，不避怨嫌，募施撙节十余年，积金退压，而庙充裕”。光绪二十八年（1902 年），在成都二仙庵受戒。②

彭至国（1883—1942 年），字椿仙，贵州省毕节县人。青年时代曾入云南讲武堂求学，后见清廷腐败，萌生学道之念，遂到青城山拜常道观道士程明星为师。由于其学道志坚，勤奋过人，获得道众拥戴，经公推，继何元清为天师洞住持。清末，曾就读四川劝业道周善培所办四川通省农政学堂蚕别科方外班，毕业后回青城山推广蚕桑，并广植楠、杉，将“青城山促进为中外驰名之青城风景区”③。民国八年（1919 年）至民国二十八年（1939 年），在彭椿仙的主持下，陆续建成天师洞斋堂、西廊、饮霞山舍及银杏阁、三清大殿、长啸楼、大客堂、古常道观山门等。民国三十年（1941 年），重修玉皇楼（今黄帝殿），未及完工，即逝，由易心莹接替完成。

彭椿仙在军阀统治时期，还曾亲赴成都状告驻守在青城山的军阀巧取豪夺，吞并庙产，由此触怒军阀被拘。遂避外乡，出川游历，涉足五岳。至武当山后，念念不忘青城山庙宇破败，又回青城振兴庙务。民国二十五年（1936 年），青城山成立“中华道教会灌县分会”，全灌县共有 94 座道观、319 名道士加入该会，彭椿仙担任会长直至去世。抗战期间，他还从本庙产每年收入中提取若干，以补助应征入伍的壮丁家属，并将成都文艺界抗敌协会领导人杨波接到祖师殿，保护其安全，反映了他的爱国主义情怀。彭椿仙身居世外，心系民生，民国二十五年黄炎培来天师洞，“椿仙彭炼师语我（黄氏自谓——引者）以民生计，川芎一熟，所收可抵田价”，因作《丙子二月宿天师

① 《龙门正宗碧洞堂上支谱》，青城山天师洞祖堂珍藏。

② 参见（清）高益：《何真人青云墓碑》，龙显昭、黄海德编：《巴蜀道教碑文集成》，成都：四川大学出版社 1997 年版，第 541 页。

③ 《龙门正宗碧洞堂上支谱》，青城山天师洞祖堂珍藏。

洞》诗相赠。[①] 彭椿仙还关心国民教育,“协办青城学校,培育人才,并为一时贤者所赞许”[②]。彭椿仙卒于民国壬午年(1942 年),传有弟子唐理朴等 4 人。

易心莹是全真龙门派丹台碧洞宗第二十二代,是现代著名道教学者,其生平事迹将在本章第四节再作叙述。以上说明,青城山碧洞宗的传承,一直持续到当代而不绝。

另外,据徐昱《青城山金华宫记》,青城山上皇观(即唐代金华宫)“光绪初,有匪徒诱胁道士据为窟穴,(光绪)戊子(1888 年)、己丑(1889 年)后,道士李焕章携其弟子唐复初,由上元宫入居之,匪始他去”[③]。李焕章即李调阳。王纯五主编的《青城山志》载,光绪二十四年(1898 年),有道士李调阳在上皇观开创“青城派”。李调阳传唐复初,唐传詹升红、刘升福,但刘升福后就不见再传。现存上皇观的光绪二十七年(1901 年)所铸铁钟铭文谓:“李调阳,湖南人,光绪十五年(1889 年)游方来青城山,初居天师洞,后携其徒迁往上皇观。二十四年(1898 年)将庙产接买,更名‘调阳仙馆’,自立道派,并题诗云:‘日升月恒运乾坤,风云雷雨转法轮。海屋添筹回元气,传经衍派镇青城。’”[④]

成都二仙庵自道光二十九年(1849 年)由子孙庙改为十方丛林后,于光绪年间开坛传戒,成为西南道教重镇。

宋慧安,传戒法名至智,江西丰城人。[⑤] 据说原为重庆水月庵道士,后任二仙庵方丈。[⑥] 阎永和刊刻《玄都律坛传戒引礼规则 · 入期挂号法》载,宋慧安于光绪十年(1884 年)至京师白云观,受戒于高仁峒。接法回川后,

---

① 参见《青城诗文集》,《藏外道书》第 34 册,第 608 页。

② 《椿仙彭真人行道碑》,龙显昭、黄海德编:《巴蜀道教碑文集成》,成都:四川大学出版社 1997 年版,第 553 页。

③ 《(民国)灌县志》附《灌志文征》卷 5,《中国地方志集成 · 四川府县志辑》,成都:巴蜀书社 1992 年版,第 9 册,第 644 页。李焕章,《(民国)灌县志》卷 12 谓“清同治间弃家隐大面山之上皇观”,同上第 354 页。

④ 王纯五主编:《青城山志》,成都:巴蜀书社 2004 年版,第 129 页。

⑤ 参见《玄都律坛传戒威仪品》卷中《祖堂奉师法座》,成都青羊宫重刊《广成仪制》戒律类第二函,第 14 页。

⑥ 参见丁常春、李合春:《成都二仙庵历史沿革》,《中国道教》2006 年第 6 期。

于光绪十四年(1888 年)在二仙庵(碧洞堂)开坛传戒。至光绪二十年(1894 年),先后五次传戒,每次戒期一年。① 二仙庵方丈申信筠 1942 年撰《二仙庵壬午坛登真箓序》也说:"光绪间,宋慧安方丈悯宗风渐靡,大法无传,慨然欲振而新之。年八十余,跋涉数千里,走京师,留白云观数年,丐蕲戒法。回川后,接引后进,度脱群迷,慕道之士闻风兴起,远方来蜀求法者,几遍天下。"②

继宋慧安法席者为阎永和。阎永和,字笙喈(一作笙阶),号雍雍子,传戒法名理和。四川崇庆人。③ 光绪十八年(1892 年)嗣法于宋慧安律师,任二仙庵方丈。④ 光绪二十一年(1895 年)传戒,戒期一年。二十三年(1897年)再次传戒,戒期缩短为半年。⑤ 阎永和任方丈期间,还"募阖省官绅商民暨诸山道众",于光绪十九年(1893 年)重修吕祖殿,二十三年(1897 年)落成。⑥ 他还发起重刊《道藏辑要》,为道教文化的传承作出了重要贡献。

据现有资料,四川西昌地区在光绪年间也有龙门派传播,不知是否属于碧洞宗,姑附记于此。光绪十九年(1893 年)四月十三日立《杨元坤墓碑》,称其为"清真龙门正宗法派"。杨为坤道,早年于泸峰财神殿出家,礼宋永福为师,"维时常住匮乏,师徒含冰茹蘖,辛苦备尝。不数年,尊师羽化,殿中之事,仔肩任焉"。道光三十年(1850 年)地震,殿宇倾圮倒塌,杨元坤募化鸠工,"培修完竣"。墓碑上有时任宁远府都道纪司刘永贤赞,又刻有其法徒 4 人:明昭、明修、明聪、明顺,徒孙 2 人:至□、至德。⑦ 此碑所记,包括了龙门派永、元、明、至共四代。

---

① 《玄都律坛传戒引礼规则》,成都青羊宫重刊《广成仪制》戒律类第二函,第 1 页。
② 1942 年《二仙庵壬午坛登真箓》,丁常春收藏。
③ 《玄都律坛传戒威仪品》卷中《祖堂奉师法座》,成都青羊宫重刊《广成仪制》戒律类第二函,第 15 页。
④ 阎永和:《重刊道藏辑要缘起》,贺龙骧等编:《重刊道藏辑要》第一函《道藏辑要子目初编》,第 15 页。
⑤ 《玄都律坛传戒引礼规则 · 入期挂号法》,成都青羊宫重刊《广成仪制》戒律类第二函,第 1 页。
⑥ 参见(清)芮福森撰:《重建二仙庵吕祖殿碑记》,《道藏辑要》翼集一《二仙庵碑记》,第 222—224 页。
⑦ 《北图拓本》,郑州:中州古籍出版社 1989 年版,第 87 册,第 52 页。

（六）武当山道教

武当山历来是诸多道派共存之地，而居主导地位的长期是正一道，在清初龙门派传入时，仍是这样。但随着时间的推移，龙门派势力逐步增长，渐次超过正一而上之。咸丰六年（1856 年），高二先等领导的红巾军起义爆发，主要以武当山为战场。战争中，紫霄宫、南岩宫、朝天宫、太和宫等受到严重破坏，紫霄宫几无道士。同治（1862—1874 年）初，杨来旺来武当，拜龙门道士何阳春为师，立志修复诸宫，经荐为紫霄宫道衲。他率领门徒王复渺、苗复清、徐本善、程合星等，经十余年的努力，修复了被破坏的一些宫观，使武当道教出现了振兴局面。杨来旺在致力修复宫观的同时，又在紫霄宫、南岩宫、净乐宫等处积极发展门徒，自收徒弟五十余人。于是继元和、复真二观之后，紫霄、南岩、迎恩、净乐等宫也成为全真龙门派的道场，全真龙门派上升为武当山的主导力量。

杨来旺之徒王复渺清末任紫霄宫道总，民国《续修大岳太和山志》卷 4《教规》载有其所颁布的庙规。

混元宗坛清规榜

阆苑琳宫，实脱离尘俗之地；清规道范，原淘淑性情之乡。听钟鼓之铿锵，不觉俗缘俱淡；凭晨昏之吟咏，朗然世虑全消。既登此送仙法坛，应当微演圣事。自太上开混元之宗，长春演全真之律，威严甚重。天上无容失仪神仙，人间岂有滥规高士？此乃修真炼性之所，而非醉生梦死之乡。惟彼下愚，规矩罔循，自失真趣。今宜更正妄谬，训照金科玉律，摘其辑要，是为教范之秩序。道众人等，各宜遵守。傥然执范有失，规戒即随。今将清规戒律开列于后：

一、烧炼假术，哄骗迷人者，杖革。

一、霸占执事，持强不缴印者，杖革。

一、抗拒清规，违背公益者，杖革。

一、谣言惑众，烧香结党者，杖革。

一、窃盗庙产，肥己买翼者，杖革。

一、夜宿不归，奸盗邪淫者，焚形。

一、私行不假，忤慢师长者，杖革。

一、开静不起，错乱钳锤者，跪香。

一、假冒黄冠，混乱宗教者，逐出。

一、调捏事百，聚伙骚扰者，杖革。

一、轻忽言笑，跪香。

一、嫉贤妒能，逐出。

一、私收徒弟慢众者，杖革。

以上数条陈言，聊申大概，匪属不稍宽其责，实为以广其化。兹如美玉必须千磨，譬彼金精方经百炼。若检束身心，非荡坦之心所然，宜也。凡欲养心，必先涤秽雪溃。尔等既皈教下，自应各加珍重，莫废初念，以堕灵根。①

光绪年间(1875—1908年)，还有以下一些全真道士见于记载。

黄清一(?—1900年)，均县人，清咸丰(1851—1861年)初于武当山天合楼为道士。识药性，苦修炼，昼则入山采药，和丸济世；夜则入定洞中，消遣世虑，此外遂别无他事。光绪庚子(1900年)中秋辞世。②

黄永元(1785—1876年)，天云楼道士。"性慈祥，甘淡泊。日以采药济世为事，治愈病人甚多。"于光绪丙子(1876年)七月七日辞世。③

黄至纯(?—1910年)，字贞白。光绪戊戌年(1898年)以孝廉皈道武当。熟读三教经书藏典，宣统庚戌(1910年)辞世。④

张复振(?—1891年)，湖北监利人。熟谙丹诀，"睿悟文昌大洞火符玉笈诸经"。其行事颇具传奇色彩，"昼游烟谷，夜眠石篋，或三日一食，或五日一食"。光绪辛卯(1891年)二月辞世。⑤

清末民国时期，以杨来旺的徒孙徐本善为代表，众道士继续为武当道教的发展而努力。

---

① 熊宾、赵夔等：《(民国)续修大岳太和山志》卷4，石光明等主编：《中华山水志丛刊·山志》，北京：线装书局2004年版，第29册，第98—99页。

② 参见王光德、杨立志：《武当道教史略》，北京：华文出版社1993年版，第256页。

③ 参见王光德、杨立志：《武当道教史略》，北京：华文出版社1993年版，第256页。

④ 参见王光德、杨立志：《武当道教史略》，北京：华文出版社1993年版，第256页。

⑤ 参见王光德、杨立志：《武当道教史略》，北京：华文出版社1993年版，第256页。

徐本善(1851—1932 年),号伟樵,河南杞县人。幼习儒业,及长入武当山紫霄宫出家为道士,拜王复渺为师,为龙门派第十五代传人。后到南阳玄妙观受戒,清光绪二十年(1894 年)回武当山,任全山总道长。徐本善锐意发展武当道教,清整教务,制定道规,光绪二十一年(1895 年)颁布了紫霄宫清规榜、执事条教牌榜。其《清规榜》所列“规章戒例”有:

凡在院执事不准分相,违者迁丹。

凡混元宗坛执事互相办理,违者迁丹。

凡奸宄邪淫潜游民间者,焚形。

凡慢贤彰恶漏才扬己者,革出。

凡削公肥私舞弊移众者,革据。

凡交游非贤私留逗宿者,杖革。

凡恶口谤众阴谋害良者,杖革。

凡斗戏诙谐谑毁宗观者,杖罚。

凡虚妄栽诬调唆是非者,逐出。

凡贪食荤酒骚扰殿宇者,杖革。

凡偷盗搬运私造饮食者,杖革。

凡公遵独别冒迷理由者,革出。

并谓:“以上数条清规禁例,本出一体公议,倘有违犯者,勿论老幼亲疏,概为照例所行。若有老病公事者可免,或修养服食火候激动、意空神洽误犯戒令,素行可证,不在其限。”

其《执事条教榜》所列规章条例有:

高功司朝谒之职,任启奏之务,在心志端严,勿得临坛失序,稍怠威仪,致受公责。

书记主翰墨之章,呈心身之愿,文字需要简洁,书法勿得紊乱,情忱当顺,行列必端,有违规格,同众公罚。

副经为经主之辅佑,实道德之仪型,祝国裕民,务在乾惕于朝夕,警迷度愚,宜为辖乎鼓钟,对越天真,毋生尘妄。稍有怠忽,跪香示罚。

斋堂乃享供高真之职,庄严教相之司,运真结三缘之妙,凝神存九天之司,礼貌责己责人,威严致恭。稍违规矩,跪香示罚。

园头裕利羹之急，深佐食之余，顺行适宜，灌溉勿怠。于时须多益善，非种则锄其莠，初出瓜叶，必须荐于神圣，既花根老叶，亦禁私与闲人。窖内有余，时间有怠，如若有违，定罚不贷。

门头司满院关防，监人之出入，启闭切宜着意留神，匪人阻进，好客让前。稍有怠忽，罚香。

圊头躬行洒扫，力人烦难，去厕中之污秽，涤圊尘垢，能使馨香寸内无遗臭碍，个中倘生怠慢之心，必举惩忿意，莫教虚白灵台茅茨浮塞。如若违言，跪香。

夜巡乃满园关防，诸寮锁钥，探盗贼之潜踪，防祝融之异变，休嫌黑夜之劳瘁，不惮风雨之飘淋，黎明报晓之时，催运守静之人，朝夕乾惕，功重行深。违者罚香。

碾磨头办天人供献之粟，储常住斋馔之粮，糠秕莫怠于簸筛，颗粒宜重于天仓，夫珠米宝粟，惮念农力惟难，众庶倾系，先备余粒。违者罚香。

执牲须体好生之德，宜存爱物之心，碾磨车载，皆赖彼力，水中栏栈，宜竭调停，物虽不言，天良敢昧？如有违者，跪香示罚。

司仓掌丛林之积余，管大众斋粮，出入切宜检点多寡，尤戴小心灯火，防意满渗。力勤不怠，功自非轻，倘有疏虞，有罚不恕。

庄头胼手胝足，劳心焦思，预丛林接众之资，办常住养命之源，以身先之，不惮披星戴月，凡力能者，何辞沐雨栉风。宜正直以积功，勿怀私而败德，违者公罚。

买头监修，凡常住应用，非止一端，俱宜亲身置办，不可推诿滞稍，宫殿修理预为调治，勿得陷期荒误，随高就低。勿图利己，分怀私尘。倘纵染揩之欲，奚免噬脐之患。

水火头掌汲引之功，任炊爨之功，莫教临渴掘井，须防火急烟摸，倘怠惰而有失，必须责以含羞，各全其责，勿贻他累。

贴案饭头为点照之储，作烹任务。奏刀不嫌其细，乘供必取其先，羹味固宜适味，粗淡岂可轻心。勿使馋渴，勿犯荤腥，违者示罚。

茶菜头浥注金泉而烹，槐头剉嚼苏蔬以佐料羹，供神待客，调众运心,勿使缺乏,莫叫失味熟生,净涤尘沙,勿遗青。凡违者,示众跪香。

点照掌云厨之任,司法馔之权,烹饪水火,当食不佯,于膳夫变理阴阳,操工直同夫医术,勿执一己之嗜好,有乖五味之和,谨防暴殄,切忌粗浮。倘有怠违,跪香罚斋。

知随虽无重物,其事甚繁,应众之需,休辞琐碎。待宾之器务清净,黎明即起,洒扫宜勤,呼之即应,勿怠其心。违者跪香。

库房经收米面,检点调和,颗粒黍粟,本善信之膏脂,油盐酱醋,系斋供之需用,收藏备办,出入从公。违者罚香。

账房掌管银钱,经理出入,记账不许含糊,多寡须书明白。凡初进账房,将己所带银钱若干同众验明,出账时任经众看,勿得朦胧应事。倘有私弊,查明立革重出。

海巡远巡庄田,近查林苑,补巡寮不到处,佐巡照未备之方,当戒鄙悖之辞气,勿生暴慢之容貌,勿惮奔走,须奈风霜。如违公罚。

纠察巡寮为巡照之辅佐,作常住之准绳,存心浑朴,立志谦逊,起丹安丹,原是分内,见事行事,莫问晨昏,随处勇行,功深百倍,勿致临事推诿不前。违者跪香,重者罚斋。

巡照乃引众之首领,作纠工之重任,待人宜恭,持身宜正。诸凡执事,必量其才体而用,监督馆务,宜克已以盛志,休得傲上忽下,切莫近亲远疏。违者公罚。

迎宾乃丛林之耳目,实理客之分司,盘查务在威严,登号勿庸忽略。倘或循私怀怨,查出定罚不恕。

知客为大众之观型、实常之仪表,持己必恭,待人必敬,礼藏腹内,智蕴胸中。安排执事,务用裁夺,料理群情,更当仔细,赏罚不曲于天理,起居勿惭于神听。稍有怠慢,同众公罚。

总理乃周规折矩之列,施卫固保真之功。事事合宜,方堪其任,处处检束,乃擅其权。理无私曲,心守中道,稍有不臧,同众公罚。

化主为功德之首引,作众善之使徒,绝名利之心,存中利之道,以公立功,处正修真。勿得巧言令色,必当隐恶扬善,稍有私询,同众公罚。

堂主为丛林之眼目,作众士之关键。云水堂间,明镜高悬;风月炉中，众形毕现，善恶且宜具眼，行藏务须关心，真诚勿隐，乖戾善化。如致堂中混辞有干规范者，同众公罚。

殿主出入清静之地，临履圣神之前，勿令秽积尘堆，常使心清体洁，勺油片盏悉是檀越之敬心，寸香半烛堪存炫赫，勿怀利己以废公物。倘有玩视者，同众公罚。

经主诚通帝陛，敬格天心，为多士之首倡，作同流之领袖。以先进之准绳，作悛效之法则，勿得怠忽，以导未进。倘其不然，同众公罚。

静主以修习为先，谈讲为次，离形去智，怡神养真。查众座之行持，圆通活泼；探圜中之收放，就里提澌。倘生是非人我之念，则去道远矣。自思自情，问志问心。

都厨一厨之领袖，众命之主司，办供造斋，调和文武，身虽不劳，口当知味；形虽不动，神座相关。董戒同寮，爱惜天物。违者公罚。

都讲抱辅德翼慧之才，有释疑辨难之责，为一林之先觉，乃三教之闻人。提惑指迷，所仗胸罗万卷，谈今论古，应藉八斗中藏。使在在齐归觉路，令人人共出迷途，耳提面命，品节裁成。若窃邀虚名，同众公罚。

都管抱折中事物之才，有权衡清规之任，素必多闻见广，方堪提纲提纪。巨细皆在关心，举措总有触目，常念一身作标，尤思所行是榜。如有循私，同众公罚。

监院乃丛林之栋梁，作大众之领袖，以道德范其心胸，以任意表其性分，克勤克俭，刚柔期以适当，宽以待人，莫辨亲疏，事事可告无惭，念念无欺无漏，正己正人，修德修身。倘无忌惮，加倍罚斋。

最后归结说："凡兹众职，各有专司，既有一才一艺之能，宜效群策群力之用，不须越分而逞能，只能尽心而从事。"①其清规的条款较之郑瑞阳在白云观所公布的条款少，而关于执事的条款则比郑瑞阳所公布的详尽得多。此外，他还提倡以"戒"治教，内以定性，外树功德。积极募资修缮道院宫观，

① 转引自王光德、杨立志：《武当道教史略》，北京：华文出版社 1993 年版，第 334—338 页。

先后修复了太子坡藏经楼、太和宫皇经堂、南岩宫大殿、紫霄宫东西道院、父母殿等宫观及朝天宫至金顶的神道。开紫霄宫为十方丛林,在太和宫创办学堂两所,并在襄阳道尹熊宾及地方官绅的帮助下,多方筹资为"放戒"做准备。亲自组织雕刻《高上玉皇本行集经》、《皇忏》、《三官》、《北斗》、《真武本传经》、《武当功课》、《武当内经图》、《修真图》;刻印了《悟真篇》、《大成捷要》、《无根树》、《张三丰全集》等丹书;主持编修《续修大岳太和山志》8卷。培养了一大批人才,如胡合贞、梁合启、冷合斌、水合一、段合烟、李合林、刘理山、王理学等。徐本善振兴武当道教,确实收到了实效,使全山道教得以重现生机。据民国元年统计资料,当时全山有道众1014人,较著名的宫观如:净乐宫57人、城隍庙43人、周府庵139人、遇真宫39人、玉虚宫58人、太子坡38人、紫霄宫56人、南岩宫46人、五龙宫54人、太和宫22人、皇经堂28人、天池楼26人、天乙楼31人、天云楼41人、天合楼54人。①

民国二十年(1931年)四月,贺龙率红三军转战鄂西北地区开辟武当山根据地,受到徐本善和道众的欢迎,给予了积极的帮助。当年秋天,红三军撤离武当山后,武当各宫观均遭国民党军队和土匪的浩劫。民国二十一年(1932年)徐本善和知客尹教盛遭国民党第五十一师官兵杀害。

胡合贞,湖北老河口人。家为豪富之族,幼读善书。礼徐本善为师,曾捐资刻印《太上感应篇》、《玄天上帝报恩经》。为人慈善,人呼之胡善女。隐于玉女峰仙姑洞,后建妙贤院。光绪二十三年(1897年),以针灸药物为人治病募钱倡修遇真宫,并为该宫住持。民国初年又修缮玉虚宫。据民国十二年(1923年)众绅民为其所立碑文云:"胡大真人重修宫殿三十余间,复设学校,学生八十余人。又赎取香火稞籽,留养主持,以备应用。到宫其年,百废俱兴。"后无疾而终,葬芝河灵宝山。②

水合一(1890—1950年),湖北随州人。幼习儒业,精医术,擅书法。曾于民国初年任区团总,后辞官弃家入武当学道,拜徐本善为师。1931年,协助徐本善为红三军医治伤病员,1932年任武当紫霄宫监院,1945年居武当

① 参见王光德、杨立志:《武当道教史略》,北京:华文出版社1993年版,第258—259页。

② 参见王光德、杨立志:《武当道教史略》,北京:华文出版社1993年版,第260页。

三元宫,1950 年逝世。

王理学(1893—?),号白衣道人。河南省人。幼读儒书,好老庄,擅周易,且精通医理,学道于武当山朝阳洞三清殿。与其师兄弟刘理山共同主持修建朝阳洞。撰有《武当风景记》3 卷。1957 年创建中国道教协会时,王理学为发起人之一。①

刘理山,山东人。曾任西北军冯玉祥部少将旅长。1929 年冯、蒋之战后,放弃军旅生涯入武当学道,任朝阳洞三清殿住持,并与王理学修复朝阳洞殿宇。通晓医术,为人治病分文不取。1944 年外出云游,不知所终。②

王教化(1901—1989 年),河南郑州人。家贫,1920 年到武当山元和观做长工。1926 年秋身患重病,病中默祷"真武大帝"保佑,病愈后,决心皈依玄门,拜武当山紫霄宫郑合玉道长为师,为全真龙门派第十七代弟子。出家后虔诚奉道,种菜、扫院皆能艰苦耐劳,后升任管库,严守规戒。1931 年受徐本善道长安排,专门照顾柳直荀(化名郭凡)。在国民党政府强行没收武当山道教宫观庙产,道众生计艰难之时,他与同道垦荒,以求生计,深受众道士的信任。

罗教培(1904—1967 年),河南邓县人。幼读四书五经,长精医术,有慕道之心,拜武当山徐本善弟子冷合斌为师。1931 年,红三军进驻武当,他与水合一等人精心为红军伤病员医治疾患。且乐善好施,为人治病,分文不取,颇得群众称赞。③

近现代武当道教,除龙门派弟子外,还有华山派、正一道道士。如:

朱宇亮(1887—1961 年),湖北随州人。家贫,随母、兄逃荒至武当山落户。13 岁到太和宫皇经堂学道,嗣华山派。师傅秘授其"武当山八宝紫金锭"药方,成为制作此药的正宗传人。1911 年,与众道士一齐保卫金殿,不畏生死,受到称誉,后为皇经堂住持。经数年筹集资金,修复皇经堂和黄龙洞道院 30 余间,置田地 30 余亩。1928 年,因不堪老君堂乡红帮头子周献海的敲诈勒索,遂与农民高世海、陈国有等人将周杀死,事后出走四方避难,

① 参见王光德、杨立志:《武当道教史略》,北京:华文出版社 1993 年版,第 260 页。
② 参见王光德、杨立志:《武当道教史略》,北京:华文出版社 1993 年版,第 260 页。
③ 参见王光德、杨立志:《武当道教史略》,北京:华文出版社 1993 年版,第 294 页。

直到 1932 年方返回武当山，仍任皇经堂住持。①

喇万惠（1902—1991 年），湖北丹江口市城关人。8 岁皈依华山派。通晓音律，擅管、笛。12 岁即会早晚功课韵，15 岁当经师。17 岁时，投师太和宫天合楼，修学正一法事。20 岁时，即通全真斋醮、正一科仪。1933 年于武汉大道观、汉阳玄妙观任高功。1939 年返回武当山，此后离山做正一散居道士。②

据华山派字谱，朱宇亮当为第二十代弟子，喇万惠为第二十一代。

武当山太和宫，是以正一派道士为主的宫观，清朝乾隆年间，化为四楼一堂。四楼即天池楼、天合楼、天云楼、天乙楼；一堂即皇经堂。"其派别为'武当符箓西河派'、静乙派、榔梅派、玄武派、华山派。"③根据民国元年（1912 年）的统计，四楼一堂的道士共有 190 人。虽然由于资料缺乏，不能得知各派的具体情况，但其中当不乏正一派道士，华山派喇万惠曾投天合楼学正一法事，当是明证。

武当山道教在民国初年有过较为兴盛的情况，但从 20 世纪 30 年代中后期以来，由于时局和国民党政府的管理不力，一些身居要职的国民党军政官员利用职权向道众勒索钱财，盗窃文物，砸毁神像。1942 年国民党地方政府在武当山成立"天然林管理委员会"，明确规定取消武当道教，没收全部庙产，老弱病残道士被遣散，年轻力壮道士改当森林警察。这样一来，许多道士离山出走，留在一些小庙中的极少数道士，生活贫苦，武当道教遂衰颓不堪。

（七）全真教南无派

此派尊全真七子之一的谭处端为启派祖师，据该派留存的记载其传授情况的《南无道派宗谱》，其派字为："道本崇真理，玄微至妙仙。立去云霄上，功成必有名。大教明清静，宏演德惟良……"共一百字。④

---

① 参见王光德、杨立志：《武当道教史略》，北京：华文出版社 1993 年版，第 293—294 页。

② 王光德、杨立志：《武当道教史略》，北京：华文出版社 1993 年版，第 295 页。

③ 王光德、杨立志：《武当道教史略》，北京：华文出版社 1993 年版，第 337 页。

④ 参见刘名瑞修：《南无道派宗谱》，《三洞拾遗》，合肥：黄山书社 2005 年版，第 17 册，第 598 页。参《白云观志》卷 3《诸真宗派总簿》，《藏外道书》第 20 册，第 575—576 页。

《南无道派宗谱》出自该派第二十代宗师刘名瑞之手，由弟子柳大澂录抄订完。刘名瑞逝世前，曾将原修宗谱草本授予弟子陈毓文（法名大纯），后又将宗谱正本授予孙抱禅（法名大�）。《宗谱》列本派宗师共二十代，末后有刘名瑞弟子票大志小传及诀语。由此《宗谱》可知南无派的传授为：谭处端传张本灵，张传李崇瑶，李传王真一，王传杨理信，杨传胡玄宗，胡传马微善，马传刘至洞，刘传周妙超，周传陈仙后，陈传朱立刚，朱传许去乾，许传孔云峰，孔传罗霄远，罗传郑上乘，郑传邢功广，邢传高成岳，高传曾必先，曾传甄有虚，甄传刘名瑞，刘名瑞门下有票大志等承其学。从《宗谱》所记及该派的实际状况来看，"自谭处端后无显著者。唯第二十代宗师刘名瑞，撰有《盼瞻子道书三种》阐内丹。其教旨与全真龙门派等大体一致"[①]。该派主要活动范围在山东、河南、河北及东北，至刘名瑞时主要是在北京一带。

在介绍南无派在近现代的情况前，先追溯一下该派第二代至第十五代宗师的传承。

张本灵（1304—?），字舆慧，号逊精子，河南卫辉府延津县金铃口村人。师事谭处端，为南无派第二代宗师。《宗谱》说他"遇师劝解开示，一旦豁然省悟，志愿从真皈道"[②]。

李崇瑶（1353—?），字枢櫺，号还精子，河南开封府祥符县人。幼习儒，喜读《鬼谷》、《南华》等书，且心契有悟。年届中年，遇张本灵于黄河北岸，在张本灵的开导下，"弃业纲，从师一游"[③]，得至道之授，成为南无派第三代宗师。

王真一（1362—?），字知坛，号虚谷子，江苏苏州府吴江县浒野关人。曾试举子业。后因读《楚辞》、《淮南鸿烈》、《尹子》等书，遂有出世之意。元末，遇李崇瑶而皈道，为南无派第四代宗师。

杨理信（1385—?），字达修，号归源子，原籍山东莱州府，后移居泰安州

① 李养正主编：《道教手册》，郑州：中州古籍出版社1993年版，第117页。

② 刘名瑞修：《南无道派宗谱》，《三洞拾遗》，合肥：黄山书社2005年版，第17册，第598页。

③ 刘名瑞修：《南无道派宗谱》，《三洞拾遗》，合肥：黄山书社2005年版，第17册，第599页。

蒙阴县。“中年守业，经营碌碌”①，因悟蝉蛾之化，而心生异念。得友人付与《金丹问难》一书，“类搜秘语，朝夕再再誓盟，感遇恩师（即王真一）香林观中，以金丹口诀尽示施之。至四十一岁从师皈道”②。为南无派第五代宗师。

胡玄宗（1397—？），字范质，号昭元子，直隶顺德府邯郸县黄粱仙迹人。“幼精地理经术，中年立儒肄，会三家之一览，方明心性而弗离于命。”③后至青城山，遇杨理信于河神庙中，得授至道并口诀。为南无派第六代宗师。

马微善（1486—？），字怀精，号数一子，山东济南府禺城县黄家铺村人。“幼精易书并东坡三苏一集”④。中年遇胡玄宗，尽得口诀。为南无派第七代宗师。

刘至洞（1522—？），字永虔，号汇然子，山东济南府郯成县重兴集人。“幼精程朱二集，进悟象山遗书一卷。”⑤中年遇马微善，遂师事之。为南无派第八代宗师。

周妙超（1567—？），字继玄，号圭精子，江南徐州府沛县夏镇集人。自幼慕道，后遇刘至洞，遂皈道门。为南无派第九代宗师。

陈仙后（1592—？），字性真，号瞻阳子，河南彰德府汤阴县大仁店村人。“幼进乎儒业，性理未能一彻。”⑥因阅《悟真篇粹语》一卷、邵雍《皇极经》一部而茅塞顿开。年四十九遇周妙超，乃皈依入道，静悟水火之功。为南无派第十代宗师。

---

① 刘名瑞修：《南无道派宗谱》，《三洞拾遗》，合肥：黄山书社 2005 年版，第 17 册，第 600 页。

② 刘名瑞修：《南无道派宗谱》，《三洞拾遗》，合肥：黄山书社 2005 年版，第 17 册，第 600 页。

③ 刘名瑞修：《南无道派宗谱》，《三洞拾遗》，合肥：黄山书社 2005 年版，第 17 册，第 601 页。

④ 刘名瑞修：《南无道派宗谱》，《三洞拾遗》，合肥：黄山书社 2005 年版，第 17 册，第 601 页。

⑤ 刘名瑞修：《南无道派宗谱》，《三洞拾遗》，合肥：黄山书社 2005 年版，第 17 册，第 602 页。

⑥ 刘名瑞修：《南无道派宗谱》，《三洞拾遗》，合肥：黄山书社 2005 年版，第 17 册，第 603 页。

朱立刚(1620—?),字一二,号荧蟾子,直隶定州马头铺村人。"性好清虚,隐于医卜之中,自识屡惜性命。"①中年时际遇陈仙后"指悟真而言道体,谈紫阳八脉以作津梁"②,遂皈道门。师事陈仙后并从其游。为南无派第十一代宗师。

许去乾(1633—?),字聚五,号狩阳子,直隶顺德府沙河县褡连店村人。"幼习唐诗古文,中年业举业"③,至京师,获《冲碧经》、《中和集》、《罗浮吟》、《仙佛合宗》等书,朝夕诵读,豁然有悟,后弃儒业,四处寻访高真。于康熙十一年(1672年)遇陈仙后,师事之。为南无派第十二代宗师。

孔云峰(1653—?),字智清,号上阳子,山东泰安州六家庄人。"幼肄儒业,嗣至中年慕道"④,晚年得遇许去乾,师事之。是为南无派第十三代宗师。

罗霄远(1672—?),字古一,号伏锡子,盛京安山人。"幼办经营贾利"⑤。54岁时得孔云峰劝解开示有悟,遂皈道门,为南无派第十四代宗师。

郑上乘(1700—?),字狱超,号九灵子,辽东广宁城吕阳驲人。"幼而专儒,解悟易理,嗣中年举业试未趁"⑥,乃与友人云游至胡山朝阳洞,遇罗霄远,皈依嗣教,为南无派第十五代宗师。

从上我们可以看到,南无派从第十二代宗师许去乾,已进入明末。而且,《宗谱》对这几代宗师的情况记载非常简单,似乎都是单传秘授,表明南无派在社会上的影响不大。

---

① 刘名瑞修:《南无道派宗谱》,《三洞拾遗》,合肥:黄山书社2005年版,第17册,第603页。

② 刘名瑞修:《南无道派宗谱》,《三洞拾遗》,合肥:黄山书社2005年版,第17册,第603页。

③ 刘名瑞修:《南无道派宗谱》,《三洞拾遗》,合肥:黄山书社2005年版,第17册,第604页。

④ 刘名瑞修:《南无道派宗谱》,《三洞拾遗》,合肥:黄山书社2005年版,第17册,第604页。

⑤ 刘名瑞修:《南无道派宗谱》,《三洞拾遗》,合肥:黄山书社2005年版,第17册,第605页。

⑥ 刘名瑞修:《南无道派宗谱》,《三洞拾遗》,合肥:黄山书社2005年版,第17册,第605页。

南无派第十六代至第二十代宗师情况，除《宗谱》外，《性命法诀明指》也有一些记载，现介绍如下：

邢功广（1723—?），字省三，号翼蟾子，京都顺天府通州人。“幼习卜筮，诚演岐黄，希心慕道”①。中年读《抱朴子》而识金丹之道，以行医为名，遍访高士。后遇郑上乘为其指破玄机，乃皈依道教，为南无派第十六代宗师，教门内称老祖。

高成岳（1760—?），字慧机，号定元子，直隶永平府抚宁县人氏。世以耕读传家，母逝后即外游觅贤，“初至西蜀，苦度流连，至人难遇”②。至晚年在济南府遇邢功广，教以调补还液之术，自是修持丹道不懈，并皈依道门，为南无派第十七代宗师，教门内称高祖。

曾必先（1791—?），字静垣，号希精子，直隶河间府阜城县香河屯人。“幼儒未成，因视同窗师友速疾而故，一旦心悽悲之，无志进试”③，后读《入药镜》而茅塞顿开，师事高成岳，弃家入道，为南无派第十八代宗师，教门内称曾祖。

甄有虚（1819—?），字智本，号凝阳子，山东济南府宿迁县新安集人。“幼读家语、世录、医卜、地理等书”④，喜静坐秘室，穷摄生之法，精通五禽功。年四十五时，遇曾必先，始知还精丹法，师事之，皈入道门，后隐于崂山。传道于张名远、刘名瑞。为南无派第十九代宗师，教门内称祖师。

刘名瑞（1839—1932 年），字琇峰，号盼蟾子，又号敲蹻道人，顺天府宛平县齐家司桑峪社灵水村人，为南无派第二十代宗师。壮岁入行伍，同治元年（1862 年）因军功赏部厅队官。五年（1866 年），遇南无派传人张名远，授

① 刘名瑞修：《南无道派宗谱》，《三洞拾遗》，合肥：黄山书社 2005 年版，第 17 册，第 606 页。

② 刘名瑞修：《南无道派宗谱》，《三洞拾遗》，合肥：黄山书社 2005 年版，第 17 册，第 607 页。

③ 刘名瑞修：《南无道派宗谱》，《三洞拾遗》，合肥：黄山书社 2005 年版，第 17 册，第 607 页。

④ 刘名瑞修：《南无道派宗谱》，《三洞拾遗》，合肥：黄山书社 2005 年版，第 17 册，第 608 页。

以丹经。七年(1868年)弃职,隐居北京昌平天寿山。[①] 其弟子柳大澂谓:"恩师敲蹻老人,冷淡功名,抛弃富贵,由假中而寻至真,砂内而淘精金,名山巨川无不参访。幸遇至人,得受先天正学,存心克治,立德立功,誓愿洪深,未遂其意。因年力就衰,不便游行济物,退归深山修性炼命,工夫之余,建论著作以渡后学。"[②]另一弟子则谓:"维吾恩师敲蹻老人,幼而好学,夙禀灵根,数十年来苦志不懈,心无他用,著书木注丹经三部。"[③]刘名瑞本人则谓:"予皈依北七真谭祖长真真人南无派下……予演法于龙门,受法于南无,所为二门之嫡指。"[④]"余遵此理,即壮岁弃弁职尽归于道,抛别小业,急悟寻真。吾身皈依谭祖南无道派……"[⑤]由此可见,刘名瑞皈依全真南无派,又与龙门派有很深的关系。晚年定居于千峰山桃园观,潜心著述,阐发内丹学,自作偈云:"余避桃源十有三,穷研极髓纂丹篇。朝夕苦志良心喻,惟愿同人立升天。"[⑥]刘名瑞著有《敲蹻洞章》(又名《盐铁录》)、《瀊熻易考》、《道源精微歌》,集为《盼蟾子道书三种》,由其弟子们出资刊板。其弟子有票大志、柳大澂、王大靖、赵大悟、曹大溪、于大济等。

刘名瑞非常推崇伍守阳的《仙佛合宗语录》及柳华阳的《慧命经》、《金仙证论》,他说:"余自尘醒之时,愤志潜究,力搜三教之金言,刻刻参悟而怀念焉。敲乃初读冲虚伍祖《合宗语录》,会阅华阳柳祖《金仙证论》并《慧命真经》,洞泄真宗,此三集丹经可谓慈悲中慈悲矣。"[⑦]

他的丹道思想,仍是秉承全真性命双修之学,以修性为主旨,强调持戒修德,真功实履,实证实悟。他认为"心"乃主宰,说:"夫心之虚灵,乃先天独存,历事变而不朽……凡五常百行之德,由其所为;万物万事之态,尽其所能,正谓此道心也。夫人未生之初,窅无朕兆,何有名喻,故曰本来面目。然

① 刘名瑞修:《南无道派宗谱》,《三洞拾遗》,合肥:黄山书社2005年版,第17册,第609—610页。

② 柳大澂:《敲蹻洞章》卷上《序》,《藏外道书》第23册,第239页。

③ 《道源精微歌·序》,《藏外道书》第23册,第388页。

④ 刘名瑞:《道源精微歌》卷上,《藏外道书》第23册,第397页。

⑤ 刘名瑞:《道源精微歌》卷下《跋要》,《藏外道书》第23册,第464页。

⑥ 刘名瑞:《道源精微歌》卷下,《藏外道书》第23册,第468页。

⑦ 刘名瑞:《敲蹻洞章·自叙》,《藏外道书》第23册,第242页。

体用浑融，万殊一致，虽不可得其名状，心非无也。既生之后，如月当空，随水现形，人各禀受，无欠无余，圣智非增，凡愚非损，心非始有之心乎？”①在指出“心”为一切之主宰后，他接着说：“道也者，心之虚灵不昧，乃日用常行之谓也。于眼曰视，于耳曰听，于鼻曰臭，于口曰言，于手曰举，于足曰履，饥则思食，渴则思饮，冬则思裘，夏则思葛，行住坐卧，苦乐逆顺，无往而非，莫不由道之所在，若昧性者，何能究竟也哉！”②这也就是说，心即是道，即是性，亦即是神，万物万事皆是由心来决定。因此，修道就是修心。刘名瑞在阐述他的修道思想时，亦把宋明理学家的天地之性和气质之性的理论纳入，他说：“神者，性也……然性之说有二，有天地之性，有气质之性。父母未生以前，即天地之性，万殊一本者也；父母既生之后，即气质之性，一本万殊者也。天地之性善，气质之性恶，善恶混淆，以其禀二五之气，有刚柔缓急之不同耳。所以然者何也？曰：非性之咎，善道之则天地之性可全，气质之性可泯焉。”③也就是说，修性炼命就是将后天气质之性泯灭，恢复先天之天地之性，也就是修道之至要——佛家说的慧命、仙家的性命、儒家的至命。要达到此，就必须破妄存真，持戒在先，实证实悟，按照明师的指引，脚踏实地，循序渐进，久久自然功成，切不可幻想一蹴而就。他说：“夫体道学之原，本与天地同心，天心若蔽者而妄念懵真，即成人心之危。欲修道心之微，急须返朴还淳，而自无人心之危也。若夫绮流偏见，必有失机背理之异。”④“道之为教者，以慈俭不争为行，以宽廉不扰为治，以清静身心而天理明现，以寡欲诚意为之修性，以摄精还炁为之炼命，此之谓至要矣。”⑤刘名瑞还通过对“南无”二字的释义来表达他的修道思想，他说：“吾祖师立派南无之义，盖南者，在后天为离，于人为心，于五行为火，乃人心中所藏之识神耳。凡识神并火性，潜隅灵窟，而识神变为元神，化火性而为慧性，故曰南极，而移寓北辰，斯时妄念自除，火性自灭，方知南无甚深之隐义也。盖祖师之慈教，以诚

① 刘名瑞：《敲蹻洞章》卷上，《藏外道书》第 23 册，第 243 页。
② 刘名瑞：《敲蹻洞章》卷上，《藏外道书》第 23 册，第 244 页。
③ 刘名瑞：《敲蹻洞章》卷上，《藏外道书》第 23 册，第 245—246 页。
④ 刘名瑞：《敲蹻洞章》卷下《序论》，《藏外道书》第 23 册，第 275 页。
⑤ 刘名瑞：《敲蹻洞章》卷下《序论》，《藏外道书》第 23 册，第 275 页。

而入，以志而守，以默而用，培德克己为根，积善立功为本。若有同志者，体此南无二字，即是性功之初乘，无人无我，始终如一，虽有内魔外障，而我之正念刻存，慧剑锋利，决不被魔障诱去，故孟子曰：我四十不动心，然后再觅长生久视之道。盖长生者，由炼命一着，而后修性，性立命住，自无生灭，故名曰寿命，又曰慧命、曰致命、曰飞升、曰脱胎、曰神化，而去来无碍，是为炼命之真旨。”①这一大段话，可说是刘名瑞对其修道思想的基本概括。

刘名瑞思想中还有一个重要方面，那就是主张儒、道、释三教一原，三教一理。这个思想贯穿于其所著道书的始终。他首先指出，那种视“释玄之道与儒不同，此系迂腐之言也。殊不闻体会诸子之群籍，尽合释老之修养。此理不达，故有偏谬之见”②；并认为造成这种“偏谬”的原因，在于“后学执着而错悟，相习之弊深而且固，愈久愈远，愈众愈杂，故而分门别户，伪异丛出”③。拿儒学来说，二帝三王之道本来是没有派别之分的，而后来却有了千歧万派之分。儒、释、道三教皆是圣人为化愚归贤而设，迹虽相异而理实不异，“后学进道者不一，圣人思维立教亦是不一，此三教之迹所以异也。盖原为善不同，同归于治，若穷其至妙者而不出于一心，此三教之理所以同也。此心此理，溥之天下未尝有异也。迹虽有异，若推极学必然尽同。盖圣人之生岂择中国之与他方哉”④？他认为儒、释、道三教都是教，都是由“道”产生的，“夫教之宗原出于天，立天之道而后有教，道与教其体何异也”⑤。而且，“盖三教之中俱寓至理，不然何能立之谓教也”⑥。由此而论，“三教一原”。他在所著书中，多次论到三教一理、一原、一体，即使是在讲到修炼工夫时也认为“三教之修，原属一理”⑦，并谓不识此，则不是真修之士，真修之士是不杂偏见、争长论短的。总之，“若夫通释理而不通儒，总属

① 刘名瑞：《敲蹻洞章》卷下《敲蹻后跋》，《藏外道书》第23册，第308—309页。
② 刘名瑞：《敲蹻洞章·自叙》，《藏外道书》第23册，第240页。
③ 刘名瑞：《敲蹻洞章·自叙》，《藏外道书》第23册，第240页。
④ 刘名瑞：《敲蹻洞章·自叙》，《藏外道书》第23册，第240页。
⑤ 刘名瑞：《敲蹻洞章》卷上，《藏外道书》第23册，第250—251页。
⑥ 刘名瑞：《瀊熻易考》卷上，《藏外道书》第23册，第339页。
⑦ 刘名瑞：《道源精微歌》卷下，《藏外道书》第23册，第439页。

狂慧之流；若通儒而不通道，必受固执之病；若通道而不明诸家，何以为之至道也”①。

刘名瑞弟子中，有赵大悟著《性命法诀明指》，为其弟子中较为著名者。

赵大悟（1860—？），名避尘，道号顺一子，又号千峰老人，北平昌平县阳坊镇人。自幼年好玄学，遍访明师数十年。自谓：“光绪（1875—1909 年）初年，曾得便血之病，祖母带余至千峰山桃园观，又名旮旯庵，其庙距阳坊镇十里，求庙内刘名瑞老师看病，因病痊愈，认为道师，赐名赵大悟。”②成为南无派第二十一代弟子。其后四处云游访拜明师，光绪二十年（1894 年），在淮安清江浦遇朱宝祥。光绪二十一年（1895 年），于金山寺遇禅师了然、了空③，得受法诀，赐名一子，为龙门第十一代。光绪二十四年（1898 年）十月，于北京三官庙内得广四爷真理。光绪三十二年（1906 年），遇大连湾小平岛彭茂昌，受采药法诀、性功回光返照之法。民国九年（1920 年），在北京文昌阁受谭至明诀法，传金山派，赐名赵一子。同年五月，因故受狱刑，绝食九日，得释。民国十七年（1928 年），又复入狱，四月出狱后，开始度道结缘，度弟子八百余人，创千峰先天派，留传四十字派字：

玄妙先天道，自然性体空。
悟其圆光献，慧命上昆仑。
金丹乾坤大，礼义善养功。
虚灵清静意，留名万古春。

所度第一代弟子有 42 人，其中 16 人称为开荒师，皆在天津、北京、河北一带设有善堂为传教地。④

赵大悟自谓：“余得了然、了空禅师，又得彭茂昌儒师、敲蹻道师、理门金山派谭至明理师，历拜三十余位老师，惟上列五位有性命双修法诀。”⑤由

① 刘名瑞：《敲蹻洞章》卷上，《藏外道书》第 23 册，第 252 页。
② 赵大悟：《性命法诀明指》卷 1，《藏外道书》第 26 册，第 10 页。
③ 赵大悟谓：了然、了空为龙门法嗣，为柳华阳所度，是为龙门清字辈。又谓二师自云：余身释教，实在是龙门传留，丘祖龙门派也。参见赵大悟：《性命法诀明指》卷 1，《藏外道书》第 26 册，第 12、11 页。
④ 以上皆参见赵大悟：《性命法诀明指》卷 1，《藏外道书》第 26 册，第 12—14 页。
⑤ 赵大悟：《性命法诀明指》卷 5，《藏外道书》第 26 册，第 44 页。

上可见,赵大悟乃一身兼受数派之传。他于民国二十二年(1933 年)著《性命法诀明指》,由其弟子捐资刊刻,弟子赵潜虚为此作序。此书以白话写成,并结合现代医学、人体解剖学来阐明丹道,自有其特色。书中不仅对丹法及其授受和教门的开创多有说明,而且还反映了当时道教的一些情况。他说:“最近度道者,多设乩坛,假手以神,说话照像,殊不知乃是灵鬼操纵。又如同善社略有性命真功,竟令学者捐资买功,发大誓愿,阻止再入他道,早经国家禁止,故受淘汰。彼无全诀,禁人入正道,其罪大矣。其余悟善社、慈善社、圣贤道、圣人道、天地门、太上门、混元门、东西华堂、三圣教、道德学社、先后天道、学好门、一炷香、归一道、中央道、白阳道、跪香道、五仙顶香门、意气功、罗汉门、大儒门、秘密还乡道、南海门、打七门、念经门、念咒门、拜北斗门、看月光门、看日光门、吸气门、八段锦、六字法、九字道、黄帝采战、老彭采战、三峰采战、善遇会、五台道、十佛祖、五佛祖、催眠术、灵子术、真武门、天师门、遁法术、六丁六甲门、天地会、八卦教、闭气法、纳气咽津内视存想门、忍寒食秽摩脐轮门、长坐不卧门、大同食己精为还元门、捏尾闾为闭关门、采女经为红铅门、有在理戒烟酒门。”①总共列出了 55 个道门道社。接着指出在这些道门道社中,“亦有性命双修无全诀者,亦有修性的,亦有修命的,亦有心想磕头上天的,亦有心想求来世转生公伯王侯者,亦有好色想身壮成仙者,亦有与人治病念咒者,亦有持斋念佛,心想我是佛者。以上各门各社,统是教人学好,少作恶事,就是不得性命全诀,然而亦是学好人,以上皆可学。但内有害人之道,教人用女子采炼者,亦有食自精为还精补脑,已至食自屎为避谷者,亦有打七参禅绝后嗣之各道,皆不可学,有害身家,学者细心辨之”②。从这两段话中,就可得知近现代道教中的复杂情况,虽然限于资料缺乏,我们暂时还没有条件对此作系统深入的研究,但赵大悟的记载给我们提供了一些线索和概貌。

赵大悟还为其胞兄赵魁一所著《三字法诀经》作注。③

---

① 赵大悟:《性命法诀明指》卷 6,《藏外道书》第 26 册,第 48 页。

② 赵大悟:《性命法诀明指》卷 6,《藏外道书》第 26 册,第 48—49 页。

③ 收入徐兆仁主编:《先天派诀》,北京:中国人民大学出版社 1990 年版。

（八）马祖遇山岔派清微派

据《诸真宗派总簿》记载，此派原有20个派字，同治十二年（1873年）有房山县城隍庙道士来白云观，同众公议，重续80字。可见此派在房山一带有传续，有碑刻可证。据北京房山区琉璃河镇南福兴村同治八年（1869年）五月九日立《重修东岳庙碑记》，谓此庙创自唐贞观年间，历经修废，嘉庆十四年（1809年），村中首善诸公招募道士郑元玉住持香火，郑氏行医募化，培修殿宇。郑元玉羽化后，其徒孙李宗仁继续募缘兴复，并立此碑以记。碑文末署"住持道衲李宗仁、萧宗义、徒段本修"。① 从郑元玉到段本修，符合本派"圆通宗本恒"的字辈②，为第十六代到第十九代。由此也可看出，到同治八年该派已传至第十九代，20个派字即将用完，所以同治十二年有续字之举。但是，或许也有分支传承较慢。如民国二十四年（1935年）九月立于房山区南顾册村的两通碑，一署"遇山法派第一十九代住持道衲王本立"，一署"遇山派第一十九代道衲王本立"③，署名繁简不同，但俱明确表示自己是遇山派第十九代传人，"本"字辈。④

（九）云南大理巍山道教

巍山，又名巍宝山，位于云南省大理州巍山彝族回族自治县城南11公里处，东连五道河，南倚太极顶，西邻阳瓜江，北与大理点苍山相望。自然环境优美、物产丰富，且由于是一千多年前西南边疆强国——南诏国（西南地区由少数民族上层建立的地方政权，历时254年，经十四代，传位十三世，与李唐王朝相终始）的发祥地，历史悠久，文物古迹荟萃，有着丰富的人文景观。巍山不仅是以南诏国的发祥地而名闻于世，亦是以其作为西南边疆地区著名道教圣地之一而著称。

关于巍山道教的情况，历史典籍中有不少记载，近年来也有一些学者作了研究和考察，下面我们根据史料和学者们的研究成果，对巍山道教作一综

① 《北图拓本》第83册，第165页。

② 《白云观志》卷3《诸真宗派总簿》，《藏外道书》第20册，第577页。

③ 《建筑顾册里驾宫后殿新碑记》、《重修顾册里驾宫碑记》，《北图拓本》第98册，第36、37页。

④ 据《诸真宗派总簿》，马祖遇山派第十九代为"朝"字辈（《藏外道书》第20册，第576页），故此人只能是遇山岔派清微派。

合性的介绍。

据地方史志的记载，在汉代巍山就有了道士的踪迹，传说有孟优等道士在此山修道、传教。《新纂云南通志·释道传》、乾隆《续修蒙化直隶厅志》均对孟优有记载。两志所载孟优事迹除在个别地方用词不同外，主要内容相同。《新纂云南通志》谓："汉，孟优，蒙化人，居巍宝山，土帅孟获兄也。素怀道念，常往来澜沧、泸水间，得异人长生久视方药诸书，随处济人。后主建兴三年（225 年），诸葛亮南征，军中误饮哑泉，辄手足四禁不语，或谓优有良药，使人往求之。优进仙草立验，亮惊异之，与语人天运会，深有契。后入峨眉山，不知所终。其子孙于元时，赐姓猛。"①除孟优外，还有杨波远。据明代诸葛元声《滇史》载："道人杨波远，东汉时人，人号神明大士。常骑三角青牛逍遥游，至滇国苍洱间，偶逢神僧于三阳峰麓，为设一供，陈石案长丈六，阔六尺，大士但以一手持将。"②李元阳纂《万历云南通志》亦有此记载。

两晋至隋期间，流传下来的史籍中虽无道士活动于巍宝山的记载，然而，巍山地区所存的金石碑刻却有记载当地土著民族上山烧香礼神之事，表明此期间的巍宝山仍是道教活动之地。

唐代，细奴罗建立了南诏政权，并同唐政权有密切的关系。细奴罗在唐太宗贞观二十三年（649 年）即位，建号大蒙国，称奇嘉王，据蒙舍川。在唐高宗永徽元年（650 年）在蒙舍川建诏，名蒙舍诏。随之又在其北部相继建立了五个诏。到细奴罗的曾孙皮罗阁继位时，在唐王朝的支持下，出兵统一了六诏，建立了中国西南历史上显赫一时的南诏国。众所周知，唐代统治者是最为崇奉道教的，既然南诏政权是在唐王朝的支持下建立起来的，与唐王朝有亲密关系，自然唐王朝在宗教信仰上的崇道之风也会对南诏统治者产生相当的影响。南诏蒙化家族在信仰佛教的同时，道教也成为其主要崇奉对象。这样从唐代始，道教在巍宝山有了新的发展。唐代樊绰《云南志》记载："贞元十年岁次甲戌（794 年）正月乙亥朔，五日己卯，云南诏异牟寻及清

---

① 龙云等：《新纂云南通志》卷 262，《中国地方志集成·省志辑·云南》，南京：凤凰出版社 2009 年版，第 8 册，第 751 页。

② （明）诸葛元声撰，刘亚朝校点：《滇史》卷 4，德宏：德宏民族出版社 1994 年版，第 109—110 页。

平官、大军将与剑南西川节度使判官崔佐时谨诣玷苍山北，上请天、地、水三官，五岳四渎及管川谷诸神同请降临，永为证据。”①据明代谢肇淛《滇略》卷6载，唐代著名道士杜光庭曾到巍宝山传教，该文曰：“杜光庭，灌县人，避地南诏，以文章教蒙氏之民。太和城蒙国碑，其所书也。书有法度，为时崇尚，及卒，蒙学士爨泰葬之于玉局峰麓，依浮屠立庙，世传唐御史祠云。”②相传吕洞宾亦到此地传教，至今还流传着关于吕洞宾在巍山传道的神话故事。

综上表明，在唐、宋、元、明以前，巍宝山已有道教活动踪迹，但它成为道教丛林则似应在明末清初以后。一是明清政府在巍山县府设立了道纪司，有道纪官一至二人，从九品官，专事巍宝山道教的管理。现今还存有青霞观前殿内的一块由蒙化直隶厅道纪司赵镇遵奉云南布政使司指令而刻于乾隆四十六年（1781年）、题名为“奉督抚司道永禁道观杂派明文碑”的石碑。③二是大批道士于此时出家巍宝山。就现存巍宝山碑刻和道人墓碑来看，从明末到清，先后在此山出家修炼的道士达数百人之多，且来自全国各地，其中有不少是来自四川青城山、湖北武当山、贵州丹霞山等道教名山的道士。据清康熙《蒙化府志 · 仙释》载：“王旻，蜀之华阳人，永乐（1403—1424年）初，祖义判安宁，署蒙化，卒于官，旻遂家于蒙。遇异人授道术，能役鬼神，召致风雨，邓川孽龙为祟，请旻制之，旻往而龙遁，祟遂息。成化甲午（1474年），预知其终，应期不爽，蒙人异，以为尸解云。子德清，孙伸信，俱能克继其术。”④清乾隆《续修蒙化直隶厅志 · 仙释》载：“梁朝桄，一名妙诠，少探《参同契》《悟真篇》诸书之秘。云游至黔，遇白海琼以诗一轴予之。后归，无疾而逝。相传为武当山紫石山人。”“何太和，郡人，避吴逆之乱，隐居巍山，特探元理，卓然有得。每短筇箬笠，独咏于松梅雪月之间。将殁之夕，若

① （唐）樊绰著，赵吕甫校释：《云南志校释》，北京：中国社会科学出版社1985年版，第329—330页。

② （明）谢肇淛：《滇略》卷6，《文渊阁四库全书》第494册，第161页。

③ 录文见萧霁虹主编：《云南道教碑刻辑录》，北京：中国社会科学出版社2013年版，第400—402页。

④ （清）蒋旭：《（康熙）蒙化府志》卷5，大理：大理白族自治州文化局翻印，1983年，第161页。

羽化云。”“杨风子，郡人，失其名。敝衣蓬头，每出背负其母乞食，有得辄先呈焉。食毕，酣歌笑傲，佯狂市肆，见者遂以风子呼之。后负母远去，不知其所终。”①《新纂云南通志》载：“冯应魁，字亦九，道号尚元。有隐德，安贫乐道，精医药，治人甚多，祈祷辄应。得孙真人安乐仙方，刊存巍宝山朝阳洞，人争重之。”②据现存巍宝山碑刻载，在清末还有一著名道姑赵复珍，为蒙化直隶厅人，出家巍宝山修道，并把全部家产捐献出来，集资修葺了三皇殿、灵官殿、巡山殿等道观。于清光绪八年（1882 年）羽化。③ 三是广建宫观。根据史志的记载，巍宝山道教宫观建筑群，主要是建筑于明末清初。在此之前，虽已有巡山殿、文昌宫、山神庙、龙王庙等，但并没有形成一个道教建筑群。明末清初，巍山道士数量大增，他们先后修建了准提阁、甘露亭、报恩殿、碧云宫、青霞观、玉皇阁、三皇殿、魁星阁、斗姥阁、三清殿、碧云宫、云鹤宫、朝阳洞、道源宫、含真搂、财神殿、长春洞、望鹤轩等。由此可以看出，“清代是道教在巍宝山发展的极盛时期，如清乾隆年间在巍宝山出家的高士陈道体精通道家释典，又会行医、武术，他的发徒、孝徒、徒孙、重徒孙有十八人，其中有名姓的发徒有阮法诚、赵法性、张法（此处似脱一字——引者）、茶法传、昭法其、昭法静、郭法宇；孝徒有杨法邵、李法纯、杨法岫、龚法常、毛法升、左法明；徒孙有刘阴晓、吴阴仙、姜阴照；重徒孙有杨阳真、杨阳忠等人，师徒四代同住殿修炼。陈道体于清乾隆四十二年（1777 年）羽化时，年九十多岁，地方绅士姚贺泰为他题书了碑文。这时期在巍宝山修炼的知名高士也很多，如来自武当山的沈妙章，是明崇祯至清康熙年间云南的知名道士，他先在昆明鸣凤山传教，后移住巍宝山青霞观传教，他的徒弟遍布云南省”④。

民国期间，巍宝山仍有不少道士，但随着社会动乱加剧，道士的正常宗

---

① （清）刘垲等：《续修蒙化直隶厅志》卷 5，光绪七年（1881 年）刻本，第 38 页。

② 龙云等：《新纂云南通志》卷 262，《中国地方志集成·省志辑·云南》，南京：凤凰出版社 2009 年版，第 8 册，第 752 页。

③ 参见巍山彝族回族自治县县志编委会办公室编：《巍宝山志》，昆明：云南人民出版社 1989 年版，第 142 页。

④ 巍山彝族回族自治县县志编委会办公室编：《巍宝山志》，昆明：云南人民出版社 1989 年版，第 45—46 页。

教活动、人身安全得不到保证，大批道士外流，巍宝山的道教也同全国其他地区的道教一样日趋衰落。

巍宝山道教，就其道派来看，唐代以前主要是属于天师道，南宋以后逐渐转为全真道：一为全真道天仙派，一为全真道龙门派。天仙派奉吕洞宾为创教之祖，其道谱为："妙玄合道法，阴阳在乾坤。志心皈命礼，万古永长春。清静无为宗，临通大洞金。暂状师得位，辉腾谒太空。"①据《巍宝山志》的记载，从清到民国年间，天仙派在巍宝山传了十三代。除"玄"、"合"两代未查得道士名录外，其余各代道士有："妙"字辈的沈妙章，"道"字辈的陈道体，"法"字辈的李法纪、杨法荫、龚法长，"阴"字辈的刘阴晓、杨阴普、杨阴合、王阴旭，"阳"字辈的刘阳泰、邹阳朝，"载(在)"字辈的陈载舟，"乾"字辈的乾正、乾径(其姓失载)，"坤"字辈的杨坤荣、曹坤法、刘坤源，"志"字辈的刘志法、冯志周，"心"字辈的郑心元，"皈"字辈的胡皈贞等。巍宝山属于天仙派的道场主要有青霞观、长春洞、望鹤轩、栖鹤楼等。

从清代前中期开始，全真道龙门派传入巍山，且发展迅速，取代天仙派而成为巍山的主要道派。巍宝山龙门派的道谱仍同于北京白云观的龙门派道谱。山上有专为其祖师丘处机圣纪置办的山林，每年农历正月十九日丘处机诞辰日，道众都要在文昌宫做会，以示纪念。巍宝山的文昌宫、主君殿、玉皇阁、朝阳洞、三清殿是龙门派的主要道场。从清代至民国，龙门派在巍宝山传至第二十一代。据《巍宝山志》记载，现可见各代道士有："玄"字辈的郑玄静、徐玄龙，"真"字辈的胡真印，"守"字辈的祝守元，"一"字辈的郑一真、郑一琮，"阳"字辈的阳志、阳诚(其姓失载)，"来"字辈的葛来易，"复"字辈的张复印、赵复珍，"本"字辈的陈本善、赵本晟，"合"字辈的杨合文、杨合龄，"教"字辈的何教忠，"永"字辈的李永相、杨永仪，"园(圆)"字辈的杜园修、湛园坤、赵园诚，"明"字辈的朱明法、陈明远，"至"字辈的尹至慧、熊至宽等。

巍宝山的龙门派还发展到民间，其道派的名称叫清微教，仍沿用龙门派

① 《白云观志》卷3《诸真宗派总簿》，《藏外道书》第20册，第578页。

的道谱，俗称火居道士，在道法道术上接近正一派，相信科仪斋醮、符箓禁咒可以召神劾鬼、祈福禳灾。①

二、正一道的传承情况

在近现代这段时间，作为道教正一派代表的江西龙虎山天师府，其传承经历了第六十代至第六十三代，关于第六十代和第六十一代的情况，据第六十二代张元旭于中华民国七年（1918年）所撰杂有神话成分的《补汉天师世家》说：

第六十代张培源（？—1859年），字育成，号养泉。其父张钰卒时，尚年幼，由从叔张铭署理真人印务。道光九年（1829年）袭爵②，因生母累年抱恙，嘱勿远离，拟请诣阙谢恩未果。生平乐善好施，舍己济人，行藏似鹤，时人以白鹤仙师称之。凡诸符法，悉能一气浑成。研究《大梵斗母玄科》，尤能阐演入妙。曾两次施法平息浙江海宁潮患。道光二十五年（1845年）秋七月，贵溪久旱，蝗飞蔽日，禾菽啮噬殆尽，邑侯请治。乃设醮七日，雷风肃烈，大雨如注，连夕凝寒似深秋。持符水，洒坛前后，蝗尽殪于河。"《县志》赞曰：'德著金绳，功追玉局，驱蝗虫而乡城争颂，息潮涌而寰海竞称。'盖纪实也。"③咸丰八年（1858年），乱兵侵境，避往应天山，偕一丁负印，行至垅岸地方遇寇，丁不及匿，弃印道旁，兵骑蜂拥蚁接，印仍故所，视如不见，践之不觉。贼去，叱丁携归。九年（1859年），曾于乡里督办团练④，以防乱兵侵扰，同年十月无疾而逝。光绪三十年（1904年），诰赠光禄大夫。

第六十一代张仁晸（1840—1903年）⑤，字炳祥，号清岩。同治元年

① 以上参见巍山彝族回族自治县县志编委会办公室编：《巍宝山志》，昆明：云南人民出版社1989年版，第43—51页。

② （清）舒运本修补：《龙虎山志》卷6，《三洞拾遗》，合肥：黄山书社2005年版，第13册，第157页。参见（清）刘锦藻：《清朝续文献通考》卷89，上海：商务印书馆1936年版，第1册，第8494页。

③ 参见（清）杨长杰等：《（同治）贵溪县志》卷10，同治十一年（1872年）刻本，第15页。

④ 参见（清）刘锦藻：《清朝续文献通考》卷89，上海：商务印书馆1936年版，第1册，第8494页。

⑤ 此据《重修留侯天师世家张氏宗谱序》注文，参见张金涛主编：《留侯天师世家注》卷1《原序》，香港：银河出版社2004年版。

(1862年)袭爵[①],时当乱后,法书秘卷,简断篇残,乃日与弟子参考编订,续录成帙,越寒暑匪懈。四年(1865年)[②]游粤东,遇异人赠黑玉印一方。旋抵沪城,其地屡有回禄患,求书符避火者甚众,以印盖均得免。光绪六年(1880年)奉母命祷南海,航遇风几覆,忽见大士现身云端,得无恙。九年(1883年),省祖墓于西蜀青城山,见祖天师于天师洞,出川经重庆得人赠剑,以除青龙阁久潜之巨蟒。十六年(1890年),编成《重修留侯天师世家张氏宗谱》。居恒端坐寡言,洞明三十代祖[③]静修之功。年六十三而终。光绪三十年(1904年)诰赠光禄大夫。

第六十二代张元旭(1862—1925年),字晓初,光绪三十年(1904年)嗣教。嗣教之初,曾为出钱谋官而上当受骗,据胡思敬著《国闻备乘》卷1"张天师受骗"条说:"皇太后(慈禧)七旬万寿,新袭天师张元旭,有人诱之入京祝嘏,费二千金可得二品顶戴,如数予之。天师至京,投文礼部,请随班祝嘏。礼部据旧案,驳斥不许。同乡有好事者,谓礼臣所援不知何案,欲怂恿天师具呈再请。予检乾隆七年(1742年)九月《东华录》所载梅瑴成一奏示之,众喙乃息。"[④]张元旭谋升二品的努力失败。民国元年(1912年)因破除迷信,江西都督府取消了张天师的封号,并取缔其封地。其时,辫子军张勋遣使往龙虎山,迎接张元旭去军府,建坛设醮。袁世凯上台后,又经张勋推荐在新华宫献醮三坛,为袁世凯复辟帝制造舆论。[⑤] 袁世凯赐号"洪天应道真君"[⑥],恢复其天师封号,发还了天师府的产田,复授张元旭为正一嗣教大真人。又赐以三等嘉禾章,及"道契崆峒"匾额。[⑦] 其后吴佩孚召之于洛阳,

① 参见(清)刘锦藻:《清朝续文献通考》卷89,上海:商务印书馆1936年版,第1册,第8494页;(清)杨长杰等:《(同治)贵溪县志》卷10,同治十一年(1872年)刻本,第15页。
② 本年建天师府二门,同治六年(1867年)修天师府三省堂。
③ 即张继先(1092—1128年),著有《心说》、《大道歌》。
④ 荣孟源、章伯峰主编:《近代稗海》第1辑,成都:四川人民出版社1985年版,第214页。
⑤ 参见1916年1月29日《嗣汉六十二代天师张元旭暨道教全体等呈政事堂敬乞据情奏请俯顺舆情早登大宝文》,《政府公报》第28号(1916年2月2日)。
⑥ 阮仁泽、高振农主编:《上海宗教史》,上海:上海人民出版社1992年版,第415页。
⑦ 参见郭树森主编:《天师道》,上海:上海社会科学院出版社1990年版,第159页。

孙传芳延之于江宁,行踪遍于京津沪及各地。1912 年,张元旭应天主教基督教在华传教士李佳白等之邀至上海参加中外教务联合会,作关于道教源流的讲演。又依靠上海、江苏、浙江部分正一道士酝酿成立中华民国道教总会,发布中华民国道教会简章,提出“昌明道教,以维世道,以道为体,以法为明”的宗旨,组织中华民国道教会上海总机关部及上海道教公会。1914 年,又有人请复张真人道号,内务部核议认为“人民愿沿旧称,在所不禁,断无由国家颁给封号印信之理”①。1918 年,张元旭编成自《汉天师世家》以后的第五十代至六十一代天师传记,名曰《补汉天师世家》,作“跋后”记其事云:“元旭忝承先职,暇而盥诵刻本先代世家……历四十九代而止。溯诸以上十二代,均付阙如。爰搜求谱牒,旁参碑铭,并先世之遗有笔记,与年来之闻见于先父前者,续纂成编。”②1919 年夏秋之交,张元旭去沪进行“建醮”活动,时有人托其名散发传单,沪上道教同仁于 7 月 30 日在《申报》第一版“代张真人声明”说:“近来社会上发现种种传单,有今年天降灾难、人死一半等语,该单或附药方,或附符箓,均托名天师传说。查敝教主张晓初真人,此次适应官府之聘来沪建醮,同人等将前项传单呈阅,真人大为诧异,谓必奸徒乘时疫流行、人心恐慌之际,危言耸听,藉端敛财。且以该药方有麻黄等猛烈之品,深恐误人性命,特嘱登报声明,祈各界注意,勿为所惑。”③同年,张元旭被推为“万国道德会”名誉会长。1920 年,被推为“五教会道教会”会长。民国十四年(1925 年)正月二十二日,病卒于上海。④

第六十三代张恩溥(1904—1969 年),字鹤琴,号瑞龄,谱名道生(又名岩生),为张元旭之长子。儒道双修,通晓符箓斋醮道法。民国十四年(1925 年)四月继其父职嗣掌天师道。1927 年,在南方各省农民运动高涨

① 《又有为张真人请复道号者》,《申报》1914 年 9 月 8 日;《内务部核议张真人封号之原呈》,《申报》1914 年 9 月 23 日。

② 《藏外道书》第 20 册,第 642 页。

③ 《道界代张真人声明》,《申报》1919 年 7 月 30 日。

④ 此据《张天师驾归道山》,《新闻报》1925 年 2 月 17 日。朱鹤卿抄录的《正乙天坛玉格》亦云:“六十二代天师元旭(晓)初张真人,民国乙丑(1925 年)正月念二日羽化;六十三代天师恩溥瑞麟张真人,民国乙丑四月初旬接任。”见袁志鸿、刘仲宇整理:《〈正乙天坛玉格〉校订本》,《正一道教研究》第二辑,北京:宗教文化出版社 2013 年版,第 352—353 页。

期间,国共合作的国民党总部、江西省党部,会同贵溪县党部,派人前往龙虎山,召开大会,揭发天师道的迷信活动;烧毁了万法宗坛的神像;收缴了天师府里乾、元、亨、利、贞五本田租册①,及历代皇封的银印、铜印共15颗,袁世凯赏赐的景泰蓝宝鼎一座、花瓶一对,以及历代天师传袭的玉印、宝剑等。当地群众捉拿住张恩溥押送南昌,因于江西省农民协会。蒋介石发动"四一二"政变以后,张恩溥被朱培德释放,并同蒋介石拉上关系,蒋介石派人到龙虎山维修"天师府"和"上清宫",并曾任命张恩溥为国民党第21军代理副军长。同时张恩溥在"嗣汉天师府"组织了管理机构,并私设公堂、监狱,配备了警卫班。1930年江西苏区土地革命开始后,张恩溥逃往上海。在上海举行了"罗天大醮"。1934年又与佛教高僧太虚等,举行"全国祈雨消灾大会"。抗战期间,退回江西龙虎山。1946年冬,到上海邀集道教界名流开会,发起建立"上海市道教会",提出先建立由地方主要道观主持的地方道教会,再建立由他本人主持的全国道教会。1947年上半年,成立了以上海玉皇山福星观分院住持李理山为会长的"上海市道教会",印发了由陈撄宁起草的《复兴道教计划书》。1948年底,在人民解放战争取得决定性胜利后,张恩溥遂带领儿子、侄子、保镖,以及法印、法书、金条等随国民党79军经新加坡去到中国台湾②,继续组织开展道教事务活动。

正一道"天师"的传承如上所述,至于正一道各派的传承,由于资料的匮乏,其传承情况不明。但属于正一道的道派在近现代的活动仍是不绝如缕,在这里我们只能尽其所知而作一些简单介绍。

在北京东岳庙,据小柳司气太《白云观志》所附《东岳庙志》记载说:"现今道教分为二派,曰纯阳系,白云观者为其大宗;曰天师系,东岳庙者其最著者也。"这里所说的"纯阳系"当指全真,所谓"天师系"即指正一。又说:"天下各处东岳庙虽大小不同,皆持同一权限,均仰江西龙虎山天师府之管

① 据有关资料记载,天师府全盛时期的田地遍及12个县,仅贵溪县就有10个田庄,占田地2283亩(郭树森:《天师道》,上海:上海社会科学院出版社1990年版,第158页)。参见《龙虎山志》卷9《田赋》,《藏外道书》第19册,第513—525页。

② 参见郭树森主编:《天师道》,上海:上海社会科学院出版社1990年版,第160页。

辖。”[①]由此可见，此庙道士应属正一道。光绪丙申年（1892 年），该庙第十七代住持之徒孙华明馨撰文记其师祖事迹说：“十七代马祖讳宜公麟，号骧斋，系长白马佳氏旗人也。祖因幼年多病，改为道士，在本庙朝夕焚白，秉愿募化，修理本庙东廊西廊各处道院工程，并在东庙后院立同善堂义学，又在马道口地方买地，设立义园。诸多善事，功莫大焉。”[②]从其所记马骧斋所为事情来看，当是在光绪期间无疑。而其徒孙记其事迹，亦说明正一道这段时间在北京东岳庙仍有传承。

北京地安门外火德真君庙（简称火神庙），与东岳庙同为皇家“三宫”之一，称显灵宫，其在近代以前的历史不可详考，但民国以来的情况，间有资料发现，略述如下。据称，“在历史上江西龙虎山历代嗣汉天师来京都驻跸于此……在现代史上，天师进京驻跸北京火神庙有两次。一次是清光绪二十几年（约为光绪二十五年［1899 年］），朝廷为‘息灾弭乱，永延清祚’，曾请62 代天师张元旭进京在火神庙亲自主持由‘三宫’联合祈建的中元法会。另一次则是民国五年（1916 年）进京住火神庙，在‘新华宫’建醮设坛”[③]。这透露出火神庙与天师府的联系，也可概见其贵为皇家宫观、为国建醮的遗韵。火神庙的建立，与明代高道周思得有关。周洪谟曾言：

> 所谓崇恩真君、隆恩真君者，道家相传，以崇恩真君姓萨名坚（应为萨守坚），西蜀人……隆恩真君则玉枢火府天将王灵官也，又尝从萨真君传符法。永乐（1403—1424 年）中，以道士周思得能传灵官法，乃于禁城之西建天将庙及祖师殿。宣德（1426—1435 年）中，改庙为大德观，封二真君。成化（1465—1487 年）初，改观曰显灵宫。[④]

因此，周思得作为本庙的开山祖师，受到供奉。[⑤] 正统十二年（1447 年）胡濙撰《太清观碑》，记载了周思得同其徒太常寺丞顾敬、周士宁、道录司右至

---

① 《藏外道书》第 20 册，第 605—606 页。

② 《白云观志》卷 4，《藏外道书》第 20 册，第 605 页。

③ 常人春：《清代火神庙的中元法会》，《中国道教》2002 年第 6 期。

④ 《明孝宗实录》卷 13，《明实录》第 28 册，台湾“中央研究院”史语所校印，1962 年，第 311 页。

⑤ 参见常人春口述，陶金辑：《北京火神庙住持田存绪与民国北京道教轶闻》，《中国道教》2014 年第 1 期。此文作“田存绪”，据下引各种档案记录，都作“续”。

灵周道宁、右玄义孙道玉等“以累蒙所赐金帛购兹吉壤”，创建太清观的事情。当时周思得的头衔是“诰授履和养素崇教弘道高士，掌道录司事，兼朝天宫、大德观住持”①。天顺四年(1460 年)九月四日，明英宗的敕文中，孙道玉的头衔为“道录司左正一兼大德观住持”②。可见，周思得、孙道玉师弟先后担任本庙住持。而且，本庙的派字也以“思道”起首。《诸真宗派总簿》记：

第三九　正乙派(后门火神庙)：

思道应云正乙，终成万世圆通。

是法先贤有德，端然永选仙功。

民国八年(1919 年)二月初一日续：

存心现理养性，守本诚和清静。

智慧犹惜上远，得诠复还安定。③

对照碑文，周思得与其徒周道宁、孙道玉，其派字适与此相吻合。

到了民国十九年(1930 年)，火神庙住持董功林病故，由其弟子田存续接任。田存续(？—1944 年)④，俗名子久，河北宛平县人，于宣统二年(1910 年)在火神庙出家。1929 年参与筹备北平道教慈善联合会，1931 年担任该会主任。⑤ 1936 年，出任北平道教会会长。本年，长春堂经理张子余(道名本修)重修永定门外二郎庙竣工，田子久等人为其庆功。⑥ 1941 年，在日寇“兴亚院”的主持下，田存续当选华北道教总会副会长。据兴亚宗教

① 《北图拓本》，郑州：中州古籍出版社 1989 年版，第 51 册，第 153 页。

② 《北图拓本》，郑州：中州古籍出版社 1989 年版，第 52 册，第 45 页。

③ 《藏外道书》第 20 册，第 578 页。此称正一派，稍嫌笼统。据王卡校读本，此派列第二十六，而第三十一清微派与其前二十四字完全相同。(王卡：《诸真宗派源流校读记》，熊铁基、麦子飞主编：《全真道与老庄学国际学术研讨会论文集》，武汉：华中师范大学出版社 2009 年版，第 61 页)结合《总簿》其他清微派多以“思道”起首、有的也称“周真人留传”的情况看，此派应属清微派。

④ 其生年有 1897 年、1898 年两种说法。详请参见付海晏：《1930 年代北平白云观的住持危机》，《近代史研究》2010 年第 2 期，第 96 页注⑨。

⑤ 参见付海晏：《1930 年代北平白云观的住持危机》，《近代史研究》2010 年第 2 期，第 96 页注⑨。

⑥ 参见《重修二郎庙碑记》，《北图拓本》，郑州：中州古籍出版社 1989 年版，第 98 册，第 75 页。

协会1941年的调查资料，田存续当时除担任火神庙住持外，还是西半壁街22号吕祖阁的住持。① 据说，田存续曾与董哲香合作编写了一部《道教三字经》，以宣扬、普及道法。在日据时期，拒绝为阵亡日寇超度，也不参加追悼阵亡日寇的法会；尽力保护神像、法物、庙产不被日伪霸占或被道士变卖。②

田存续接任住持时，签名同意的道众有：田存亨、何存山、闻存珍、董存刚、赵心明、张心知、关心量、刘心泉。据日伪时期的统计，庙内道士有田存续、田存亨、闻存珍、董存刚、赵心明、张心知、刘心安、李心坤、王观玉等9人。③ 据常人春的回忆，“田子久有四个徒弟：大徒弟赵心明、二徒弟刘心亮、三徒弟张心知、四徒弟李心坤”④。但在1940年，田存续将张心知驱逐出庙，并呈报当时管理宗教事务的北平市社会局。⑤ 田存续去世后，由大徒弟赵心明继任火神庙住持⑥，到1947年11月27日向北平市民政局登记时仍然在任。⑦

东岳庙（灵济宫）和火神庙（显灵宫），都属于清微派。据东岳庙道士傅长青回忆，“东岳庙因为是子孙庙，道士人少，不够出一棚经，大都同火神庙道士共同出经。因为火神庙道士念经的韵调、做道场的仪式都和东岳庙相同”⑧。常人春的介绍可以与之印证：“资度道场是京师‘三宫’联合举办

① 参见《华北宗教年鉴》，黄夏年主编：《民国佛教期刊文献集成》，北京：全国图书馆文献微缩复制中心，2006年，第93卷，第257、259页。

② 参见常人春口述，陶金辑：《北京火神庙住持田存绪与民国北京道教轶闻》，《中国道教》2014年第1期。

③ 参见北京市档案馆档案，档案号J002-008-00121。据前引兴亚宗教协会编《华北宗教年鉴》的数据，1941年田存续住持的吕祖阁也有道士9人，不知与本派有何种关系。按，王观玉，似与派字不合，但“观”“现”形近易讹。而从意义来说，派字诗如作“观理”，更能与“存心”和“养性”相合；从资料来源看，档案材料应该比抄本更准确。

④ 常人春：《地安门外火神庙》，《西城追忆》2006年第4期。

⑤ 参见北京市档案馆档案，档案号J002-008-01269。以上档案材料，均转引自张雪松：《北京火神庙住持田子久小考》，《弘道》2009年第1期。

⑥ 参见北京市档案馆档案，档案号J002-008-00121。

⑦ 参见《1947年北平市政府第二次寺庙总登记》，北京市档案馆编：《北京寺庙历史资料》，北京：中国档案出版社1997年版，第699页。据同一资料，田存续曾任住持的吕祖阁，1948年1月27日登记的住持是于明治（第702页），似属全真龙门派。

⑧ 傅长青：《回忆东岳庙》，中国人民政治协商会议北京市委编：《文史资料选编》第22辑，北京：北京出版社1984年版，第218页。

的。关帝庙除住持外，没出道士，主要是火神庙和东岳庙道众组成的道场。因为这两庙道众所用的经韵（北京地方韵）与科仪都是一致的。”①所以，傅长青说明朝时禹贵黉等三位来自南京朝天宫的清微派道士，奉敕入主“三宫”，收徒传道，这种说法是有一定根据的。②

另外的清微派在这个时段也在传承。比如，位于北京西城区四道湾的玄真观，原称玄武大帝庙，同治十一年（1872 年）坍塌，由常德禄等太监重建，光绪十八年（1892 年）又由杜进寿等太监扩建，民国二年（1913 年）复有内廷首领李功敏等重修。③《1936 年北平市政府第一次寺庙总登记》将其标记为道士太监庙。④ 在民国二年八月所立《重修玄真观碑文》的碑阴，额“万古流芳”下刻“清微”二字，其下题名分为七行：首行仅赵永志 1 人，居中，字大于以下各行；第二、四、五、六行，每行 32 人；第三行 31 人；第七行 30 人；在第四、五行之间刻有 2 人。在碑阳，署“李功敏同众虔立”；在李功敏名字两边又刻有萧功愷、孙荣振二名，笔画较细，字较小，三人均见于碑阴。统计起来，除撰人外，全碑共列名 192 人。可以看到，碑阴第二至七行的名字排列得非常规整，首先是成字辈 19 人，接着是功字辈 30 人，然后是合字辈 73 人，最后是荣字辈 69 人；其中有职衔的太监还予以标注，如史成福为“寿安宫七品首领”，李功敏为“钟粹宫六品首领”。查《诸真宗派总簿》，第二十七清微派：“思道景守以自清，德振绍顺继敏宗。志启弘宸拱先智，慧显祝延永成功。合荣圣教证玄琮，义理开明万法通。至静常存真一处，虚心怡朗性圆融。”⑤可知碑上列名的太监为第二十六代至第三十代。⑥

---

① 常人春：《清代火神庙的中元法会》，《中国道教》2002 年第 6 期。

② 参见傅长青：《回忆东岳庙》，中国人民政治协商会议北京市委编：《文史资料选编》第 22 辑，北京：北京出版社 1984 年版，第 212 页。

③ 参见刘锡光撰：《大清光绪十九年重修玄真观碑记》，《北图拓本》第 87 册，第 81—82 页；陈明霈撰：《重修玄真观碑文》，《北图拓本》第 91 册，第 28—29 页。

④ 参见北京市档案馆编：《北京寺庙历史资料》，北京：中国档案出版社 1997 年版，第 574 页。

⑤ 《藏外道书》第 20 册，第 577 页。

⑥ 李功敏在前引光绪十九年（1893 年）立刘锡光所撰碑的碑阴题名中已经出现，同碑还有王永兴、吴荣全二人，名字也与本派字辈相合，但都没有出现在 1913 年的碑阴，不能确定是否本派传人。

据兴亚宗教协会 1941 年调查，玄真观的住持为房合攒，庙内人数为 6 人。① 1947 年 8 月，北平市政府的登记显示住持为马荣清。② 显然，房、马二人也是本派传人。

天津天后宫也传一支清微派，其字谱为："一元以道至，永德振常存。昭应通玄理，惟希最有成。修省承清静，开仁济世生。妙明严肃法，演教启真容。"据说，大约在明嘉靖年间，本派第七代李德晟入主天后宫，此后世代任本宫住持。进入近现代，所知有以下住持：郭最正，同治年间任天津县道会；景承绪，光绪年间任天津县道会，光绪十四年（1888 年）募化重修斗姆阁；刘希彭（？—1909 年），光绪年间最后一任天津县道会，曾在天后宫内创办天津民立第一初等商业学堂。张修华（1892—1976 年），原名张凤藻，出生于道教世家，祖父张有义、父亲张成卿均为天后宫道士。张成卿还曾担任本宫南廊火帝殿副殿长。张修华 1904 年簪冠受度，1919 年任天后宫总住持。1934 年，任天津特别市道教会副会长。日伪时期，1942 年任华北道教总会天津分会副会长。1948 年 4 月，任天津市道教会副会长。1953 年和 1955 年两次代表天津道教会出席全国道教代表会议。1956 年 11 月"中国道教协会发起人会议"在北京召开，任天津市道教会理事长，代表天津市道教会出席。1957 年 4 月，代表天津道教会出席中国道教协会成立大会，被选为理事，受到朱德副主席的接见。③

另据张修华回忆，清末天津正一派的庙有：大直沽天后宫、大口玉皇阁、水梯子关帝庙、芦庄子关帝庙、西门外关帝庙、闸口帝君庙、河北关下大王庙、府署街三圣庵、府署街玉皇庙、户部街正一财神庙、小关玉皇庙、小关元

① 参见《华北宗教年鉴》，黄夏年主编：《民国佛教期刊文献集成》，北京：全国图书馆文献微缩复制中心，2006 年，第 93 卷，第 258 页。

② 参见《1947 年北平市政府第二次寺庙总登记》，北京市档案馆编：《北京寺庙历史资料》，北京：中国档案出版社 1997 年版，第 673 页。

③ 参见新浪博文《梳理天后宫住持》，网址 http://blog.sina.com.cn/s/blog_4bcfe0230100s1ff.html；《第一届道协理事诸道长事迹简介》，网址 http://blog.sina.com.cn/s/blog_547ed15b0100no0i.html；《天津天后宫清微派前七代祖师名讳考》，网址 http://blog.sina.com.cn/s/blog_547ed15b01011fxu.html；张修华：《我和天后宫》，政协天津市委编：《天津文史资料选辑》第 19 辑，天津：天津人民出版社 1982 年版，第 158—207 页。

通观、户部街朝阳观等十余处。这些庙的住持都是天后宫的道士，类似天后宫的“下院”。①

北京正阳门外关帝庙，传承一支特别的正一派。这支道派的道士来源于明清以来的神乐观（乾隆中改神乐署），是享受朝廷俸禄的乐舞生。他们崇奉真武大帝，宣称自己是正一派的道士，其道派称“宣真派”。据说，清代北京宣真派的庙宇多在南城，如药王庙、城隍庙、三官庙、关帝庙、火神庙、崇真观、白衣庵等。原在天坛外围墙西南隅曾有 8 处，清亡后在 1914 年被令迁徙。新中国成立前在正阳门北、天安门南有两座小庙，东为真武庙，西为关帝庙，为宣真派住持，有香火，其中关帝庙的住持是刘佑昌。② 根据兴亚宗教协会 1941 年的调查，正阳门外关帝庙、观音庙的住持都是刘佑昌，庙内人数均为 1 人。③ 到《1947 年北平市政府第二次寺庙总登记》，两庙的登记住持为刘之维，登记时间为 1947 年 8 月 25 日。④ 刘之维，俗名纯璋，1914 年生于道教世家，其祖父和父亲刘佑昌均为乐舞生。他自幼随父在前门（即正阳门）关帝庙受箓入道，并在父亲去世后继任住持，从事庙务工作。新中国成立后，曾任北京市道教学习班副主任，北京市寺庙管理组组长。1956 年参加中国道教协会筹备委员会。1957 年，中国道教协会成立，任第一届理事会常务理事。1961 年再次选任常务理事。在“大跃进”年代，对规模较小的寺观进行合并，关帝庙被拆去，刘之维遂移居白云观。“文化大革命”中他受到冲击，但仍与道众秘密设法保护观中珍贵文物。党的十一届三中全会以后，1979 年拨乱反正，他担任白云观民主管理组组长，主持维修白云观。工程告竣，白云观恢复宗教活动，他被选为监院，主持观务。1980 年任中国道教协会副秘书长，1986 年任中国道教协会第四届副会长。还曾任北京市政协第一、二、三、四、六届委员，1984 年和 1986 年两次当选为西

① 参见张修华：《我和天后宫》，政协天津市委编：《天津文史资料选辑》第 19 辑，天津：天津人民出版社 1982 年版，第 168 页注①。

② 参见李养正：《新编北京白云观志》，北京：宗教文化出版社 2003 年版，第 508 页。

③ 参见《华北宗教年鉴》，黄夏年主编：《民国佛教期刊文献集成》，北京：全国图书馆文献微缩复制中心，2006 年，第 93 卷，第 260 页。

④ 参见北京市档案馆编：《北京寺庙历史资料》，北京：中国档案出版社 1997 年版，第 683 页。

城区人大代表。1989 年 1 月 8 日,因病逝世,享年 75 岁。①

江南地区素来是正一道活动的主要地方,在近现代江苏、浙江、上海等地仍有不少正一道徒在活动。如江苏茅山,作为“三山符箓”之一,其九霄宫、元符宫、崇禧宫均为正一道士集中之地,所传仍是“茅山派”。② 在抗日战争时期,元符宫有七名道士被日本侵略军杀害,道院大多被焚毁。但茅山三宫五观的不少道士积极投入了“抗日救亡”运动,抗战胜利后,还组织成立道教会,以期恢复茅山道教。发起人孙靖一,曾在九霄宫出过家后还俗从戎,在旧军队中当过师长,他与九霄宫滕瑞芝为师兄弟。道教会推举滕瑞芝为会长,孙靖一为帮办。其理事会的组成既有正一道士,也有全真道士。③

茅山道教的师承关系历来十分严格,“直至近代、本世纪仍然保持了出家的庙规,出家入茅山的道士,姓名中间一字,按辈份选用‘启、先、觉、钦、敏、澹、指、浩、念……’等字作名字。法师法名辈份,本世纪为‘高、宏、鼎、大、罗’”④。说明茅山正一道的传承仍是代代相续。

近现代以来,上海地区在半殖民地半封建社会条件下,经济得到迅速发展,人口大量增加,成为一个畸形发展的大都市,并成为政治经济活动中心,各种势力都跻身于此。就道教的情况来看,从明代起,正一派的影响就逐渐加强。清代,上海创建道观 73 座,这些道观绝大多数属于正一派,全真派道观只有 1 座。民国期间,上海更是成为正一派活动中心。作为正一派代表首领人物的龙虎山天师府的第六十二代、六十三代天师就一直以上海作为其活动的主要基地。这一情况,前面已作了叙述。

近现代上海道教正一派著名代表人物有:

---

① 李养正:《新编北京白云观志》,北京:宗教文化出版社 2003 年版,第 386—387 页。参见新浪博文《第一届道协理事诸道长事迹简介》,网址 http://blog.sina.com.cn/s/blog_547ed15b0100no0i.html;陈雄群:《爱国爱教的好道长——记中国道协副会长刘之维》,《中国道教》1989 年第 1 期。

② 参见黎遇航、袁志鸿:《茅山道教今昔》,《中国道教》1987 年第 4 期。

③ 参见黎遇航、袁志鸿:《茅山道教今昔》,《中国道教》1987 年第 4 期。

④ 陈大灿:《茅山道教音乐考》,《中国道教》1987 年第 4 期。据刘仲宇的调查资料,“载启先觉,钦明澹支”等字为上清派派字,“高宏鼎大罗”为三山滴血派派字。参见刘仲宇:《道教授箓制度研究》,北京:中国社会科学出版社 2014 年版,第 144—146 页。

张维新(1895—1948 年),字鹤亭,号介福,上海人。出身于世代奉道之家,十多岁即入保安司徒庙(即虹庙)修习正一道法,对道教历史和经典教义颇为熟谙。21 岁继任虹庙住持,并兼任淞南道院和老闸大王庙住持,长达三十余年。他在社会上颇具声望,当时上海道教界的一些重大问题遇有不协调之处,常由其出面调解。他在任虹庙住持期间,热心慈善事业,常年向平民赠送药品、衣物,还按年捐款给平民医院、育婴堂等慈善机构。抗战期间,空出虹庙和老闸大王庙部分殿宇收容难民。张维新为上海历届道教会理事,曾任理事长、副理事长、常务理事之职。1948 年春逝世,第六十三代天师张恩溥亲笔为其书颁"正一之英"匾额。其长子张源锟袭虹庙住持之职。

陈荣庆(1885—1967 年),法名宏明,上海人。生于世代奉道之家。10 岁时在上海火神庙出家习正一道法,能书画,精研道法,17 岁继任火神庙住持,任上海县道会司道会之职。二十多岁还俗,以虹庙高功张成照为度师。后创设清虚道院,一生收授弟子二十余人。任历届道教会调解委员,负责协调各派教务关系,处理道教界内部矛盾。

这个时期的正一派道观有:上海城隍庙、大境关帝庙、虹庙(即保安司徒庙)、三茅宫(由江苏人茅山正一派道士黎易岩在 1938 年开设)、安澜道院(由正一派道士王姓者住持)、延真观(由道士朱茂荣及其子朱寿山住持)、老闸大王庙(由张姓道士兼住持)、新闸大王庙(由正一派道士李瑞珊住持)、迎禧庵(由正一派道士朱姓为住持)、鱼篮观音堂(即淞灵道院,由正一派道士王姓为住持)、金司徒庙(由正一派道士严姓为住持)、三官殿(由正一派道士倪文藻为住持)、三泾庙(分东西两庙,西庙由正一派道士张姓为住持,东庙由正一派道士褚天麟为住持)、宝灵庵(由正一派道士金姓为住持)、指江庙(由正一派道士崔姓为住持)。

此外,还有在家道士开设的道院或道房,从 1912 年至 1937 年计有 74 座。分为上海籍(俗称本帮)道院、苏(州)帮道院、锡(无锡)帮道院、宁(波)帮道院。除此而外,还有常熟、南通、江阴、绍兴、广东籍道士成立的道院或道房。到 1949 年,当时上海的道院总数在 117 座以上①,而且这些道

① 以上均参见阮仁泽、高振农主编:《上海宗教史》,上海:上海人民出版社 1992 年版。

院多为正一派道士所开。

当时，在上海成立的正一派道教组织就有上海正一公会、中国道教总会、上海特别市浦东道教同人联谊会、上海特别市道教会、中华道教总会上海特别市分会等。

三、道门中的传奇之士

在近现代的一些文献中，还有不少关于道门人物修道成真和法术效应的记载，由于对其道派传承关系不甚明确，因而我们通称这类人物为道门传奇之士。择要介绍如下：

（1）宋宗福。据韩三悟《念载访道记略》载：宋宗福道长，北派高士，别号潜龙，山东省潍县人。与末科状元曹鸿勋同科，后弃儒学道。清朝末年，辟谷于杭州大涤洞，于玄理道功，均有极深造诣，且精易理，通爻象，北来道友，皆称之为易经大王。修习南宫大法，实验惊人。年八十二，黑发童颜，双目若电，身高体健，声如洪钟，冬不棉、夏不单、不饥不寒、长年一领百补衲衣，功夫已臻炉火纯青之境。①

（2）沈永良。据陈撄宁《沈永良真人事略》、伍止渊《沈永良真人轶事》记：沈永良，浙江省黄岩县人。幼孤贫，母命习工匠业，郁郁不得志。成年丧母，弱冠从军，亦非所愿。无几时，复弃去，竟至天台桐柏宫，受道于金教善师。后遍游名区，获传南岳高士内丹心法。从此佯狂玩世，终日或握拳闭目、或跃走、或枯坐、或酣睡、或独立、或哭或笑，状如疯癫。性嗜酒，饮必醉，因自号醉癫。时人则以沈魔头呼之。终岁一衲百结，不知有寒暑，城市深山，随缘栖止。举凡街谈巷议，毁誉讥诮，若无闻焉。值大雪，草木尽白，岩壑变形，独其所卧处无点雪，人颇异之。又好与群儿戏，人问之，曰："吾以全天真之乐趣耳。"尝作诗云："衣裳破碎千针补，不受尘埃半点魔。醉卧白云瓢作枕，醒来犹唱钓鱼歌。"寿逾古稀，无老态。清同治五年（1866 年）秋，于洪家场水边翘一足作鹤立状而逝。② 沈永良有弟子老褚仙者，清光绪

---

① 参见洪建林编：《仙学解秘：道家养生秘库》，大连：大连出版社 1991 年版，第 778 页。

② 参见洪建林编：《仙学解秘：道家养生秘库》，大连：大连出版社 1991 年版，第 782—784 页。

(1875—1908年)年间,浙江省天台县人,身内真阳充溢,能寒暑不侵。后在杭州逝世,"躯壳缩得很小很轻"。①

(3)万启型。据周海萍《万启型真人事略》云:万启型,原籍江西,饱学多才,为清末扬州江都县最后一任县令。民国建立时,初入中年,寄居淮扬,怀才不遇,每日征歌逐酒,数年间,便弄得一身支离病骨,朝不保夕。后遇一隐于庐山的老道,见其病入膏肓,乃取一粒丹药,令其服之,病去无存,与前判若两人。乃拜老道为师,获金丹大道,从此,深居简出,每日在家潜修密炼。民国十五年(1926年)后,大丹炼成,一日忽谓其家人曰:"余某日某时将去。"届时果无疾而终。②

(4)吉亮工。据孙镜阳《吉亮工真人事迹》记载:吉亮工,江苏省扬州人。号莽书生,又号风先生。生于清咸丰己未年(1859年),7岁就外傅,23岁入扬州府学。33岁举于乡,三试不第,遂绝意进取,专心于道。自20岁即阅读《参同契》、《悟真篇》等道书,历二十年,至光绪二十四年(1898年)遇张元度真人传授口诀,并嘱其须俟外缘,金丹可成。光绪二十九年(1903年)得遇奇缘,时年45岁。自记云:"是日也,祥云当空而不飞,瑞日丽天而增彩,如得连城于荆山,获玄珠于赤水。"隐居三年,大丹乃成。著有《天元人元天人合一之中国金丹学》行于世。民国六年(1917年)逝世。③

(5)武当异人。据李品仙述《武当山上一异人》称:武当山紫霄宫有一老道,不知其姓名,民国二十八年(1939年)秋,时任陆军上将、第五战区副司令长官李品仙与其晤谈,视之头童齿豁,面上皱纹形同网结。老道神气潇洒、耳聪目明,晤对间亦彬彬有礼。问其"高寿几何",答称"早已忘却岁月,无法奉告"。据另一位七十余岁老道长说,他也无法得知这位老道的确实年龄,推测大约当在130岁以上。老道自称是山西解县人,十几岁即到武当修道。李品仙邀老道合影留念,坚决不应,随员偷拍之。后来底片冲洗出

① 参见孙镜阳:《老褚仙真人事略》,洪建林编:《仙学解秘:道家养生秘库》,大连:大连出版社1991年版,第786—787页。

② 参见洪建林编:《仙学解秘:道家养生秘库》,大连:大连出版社1991年版,第791—792页。

③ 参见洪建林编:《仙学解秘:道家养生秘库》,大连:大连出版社1991年版,第793—794页。

来，其余人等均有影像，唯此老道的位置，空无所见，实令人奇异，而莫可究其由。此老道平日居于庙后的山洞中，洞中除杂草一堆供其坐卧外，别无长物。饮食极为简单，每餐仅馒头或粟米饭团一个，有时数日不食。民国三十二年（1943 年）逝世。①

（6）陈静远。据戴源长《东海仙踪见闻录》说：陈静远，字少谷，清道光（1821—1850 年）、咸丰（1851—1861 年）间温岭人。自幼喜读丹经，年届三八而父母双亡，丧葬事毕，顿生出尘之念。闻浙江台州与温州交界的王城山麓，奇岩叠嶂，乃神仙之窟宅，潜修之福地，遂孑身裹粮往探，入宿洞府中。粮尽之后，则采异果野菜为食。一日晨起，洞外忽现一道人，问曰："子居此何为?"陈曰："日出而起，日入而息，无所为也。"道者曰："道也者，不可须臾离也，可离非道也。岂可无所用心，任其沉浮，如与草木同腐耶?"陈知其非凡人，遂跪而叩求道法，得授龙门心法。此后，以龙门道士自居，勤修精炼。

一年大旱，乡人列队往深山龙潭，祈求龙神降雨。忽睹有人趺坐洞中，疑遇仙人。众议求龙不如求仙，于是群向陈氏膜拜叩求。陈曰："吾非仙人，乃避嚣在此养静而已。求雨非吾所能，此处亦无龙神，请向别处请求可也。"众人不信，跪伏不起，挚情哀恳。谓非得允获下山求雨，才肯起身。陈氏勉谓众人曰："既然诸位如此真诚为公，贫道只好协助代求，希能感动上苍。"众人大喜，遂拥陈下山，为其赶制道冠道服，搭坛设案，请其登坛，代众祷求。不一时，乌云四合，大沛甘霖，众人谓陈真乃雨灵仙也。自此以后，声名远播，四方善信，咸来捐辟道路，兴建殿堂，琼台玉宇，轮奂庄严。而前来拜师者，不可胜数。陈静远此时已能前知未来矣。②

（7）余教海。据戴源长、葛中和《余教海真人事迹》说：余教海，清末人，太平军起事时，曾为清廷军官，驻兵道观中，遇一神奇老道。事前，该观道众闻洪杨兵至，即欲相偕逃避。内中一老道，以年高不愿离去，嘱诸道众以石缚其身，垂而沉浸于观外湖边大树下之湖水中，谓曰："待战事平后，汝等回

① 参见洪建林编：《仙学解秘：道家养生秘库》，大连：大连出版社 1991 年版，第 806—808 页。

② 参见洪建林编：《仙学解秘：道家养生秘库》，大连：大连出版社 1991 年版，第 816—817 页。

来,以大树为记,曳索起尸,托烦殓葬。”迨清军进驻不久,地方平静,道众返观,遵老道遗嘱,收尸安葬。从水中捞起老道,只见面色如生,道众拟代其换上干衣,谁知换至里衣时,老道忽挺身而起曰:“青天白日,众目睽睽之下,岂可暴露下体。”众皆大惊。时余教海在场,见而异之,知非凡流,乃日夕求度,得老道授以还丹金液之功、超尘济世之道。遂辞去军职出家。修炼道成后,云游四海名山,以度有缘。有一次,从上海乘德国轮船公司的轮船,待轮船开出后,船员在船上卖票。余教海说:“出家人忘带银钱,身无长物,希予方便。”售票员即请外国船长定夺,船长嘱水手,将余吊上桅杆数小时以为惩罚,但船长忘却知照水手放下。严冬天冷,船员水手都入舱内避寒,亦将此事忘却。及至次晨,船长见大雪纷飞,忽忆桅上道人尚未释下,以为必已死去,深悔不该如此惩罚,急呼船员放下。不料不但未死,且见道人身旁四周热气腾腾,毫无寒意。雪花近身,即已融化。于是惊动全船乘客,认为仙人。当时船主请住上舱,以上宾款待。且后来该公司通过:凡道士搭乘该公司船只者,一律免费款待。而该轮船公司中国买办管子清,亲历其事,遂拜师学道,得授玄门奥旨、龙门心传。约在民国肇建之初,有一次,欲与管子清自沪往杭州玉皇山。管子清以为同乘火车前往,但余教海说,他不喜欢乘车,于是嘱管氏先行搭车起程。管氏遵嘱,乘火车径赴杭州。当时并无客运飞机,但管氏至目的地时,余教海已早半小时到达矣。

迨至民国九年(1920 年)之际,余教海游历浙江宁波东乡佑圣观下院,院主乃龙门二十三代梅宗林道人,见余教海冬夏皆穿一件单衣,寒暑不侵,夜不睡眠,六七日不饮不食亦不饥饿,偶或多食亦不觉饱,知为异人。乃叩求道要,执孙辈礼,旋乃尽得其传。以后梅道人又传其道与伍止渊,为之取法名诚鼎。[①] 陈撄宁称:伍止渊一派是仙家功夫,专讲究采取烹炼,他下手是从后天渐渐地返还到先天,在当今玄门中,亦是不可多得之人才。[②]

(8)瘤道士。据清末民初杨凤辉《南皋笔记》卷 3 载:癸丑(1913 年)秋

① 参见洪建林编:《仙学解秘:道家养生秘库》,大连:大连出版社 1991 年版,第 819—821 页。

② 参见陈撄宁复周缉光函,载洪建林编:《仙学解秘:道家养生秘库》,大连:大连出版社 1991 年版,第 72 页。

八月，地震，声自东南来，如雷霆状，山鸣谷应，天崩地裂，城郭为之倾陷，楼阁为之摧倒，川西七八百里间，同日而震。同时松州大风，自北而南，折木发屋，扬沙石，窈冥昼晦。有商人贩于市，置其盘秤于地，忽被风卷至天半，盘旋许久，坠于南城楼。时有瘤道士者，尝化缘于市，与人言吉凶，辄应。因其颈生瘤，不识其姓名，故人以瘤道士呼之。有人问他："今日地震而风，主何吉凶？"道士回答说："此为兵象，蜀中其有兵祸乎？"又问："有说否？"道士解释说："风起于松，则其应当在松潘。"是时蜀中兵乱方炽，松潘介在边陲，尚属安谧，闻其语，颇诧异，因问应在何时？道士曰："风从北来，玄武为灾，日在尾七星中，必是时也。"冬十月朔，果有热雾沟逆番入城劫狱之事，官军败走之。往寻道士，则已不知所之。①

(9)袁道士。据《南皋笔记》卷4载《祷雨记》云：王介卿为灌县令，时灌民苦旱，数祷雨不应。有袁道士者，自言能祷雨，乡民为立坛于蒲村。道士临坛上疏，已而就寐，半日始下坛，云："顷至天宫朝玉帝，为万民请命，适遇东岳大帝往朝，良久乃出，疏始得上，是以少延耳。已奉上帝谕旨，明日当得雨。须地方官亲身临坛致祭，以答上帝命。"乡人乃亟赴县，陈于县令，县令许之。明日，素车服，驰诣蒲村，临坛致祷。礼毕，道士以剑诀为县令书一雷字于掌中，戒言："勿轻发也，至县后发之，大雨至矣。"县令意不之信，然恐违民意，亦不敢遽发，亟驰回县，而阴遣人伺于坛下，嘱之曰："如不应，则拘道士，置之法，以为妖言惑众者戒。"维时，烈日烁天，旱魃走地，天无片云点日，县令驰至中途，遽发其掌，天忽大雷电，阴云四合，猛雨骤至，平地水深至三尺。县令大喜，亟令人驰往蒲村，将请道士而礼之，至则道士已不见，乡人咸以为神。②

(10)茅山道士。清同治十三年(1874年)，归安朱翔清撰《埋忧集》卷9载：杭郡金铭如，妇死，继娶于氏。一日夫妇忿争，于氏拔头上金钗屈吞之。俄痰塞胸膈，气厥不属。忽门外来一道人，命速备净水一盂，水至，戟手书符，俾受病者吞之。未几，于氏心稍舒。道人曰："余茅山玉峰羽士也。"复

① 参见《笔记小说大观》，扬州：江苏广陵古籍刻印社1984年版，第30册，第23—24页。

② 参见《笔记小说大观》，扬州：江苏广陵古籍刻印社1984年版，第30册，第31页。

书三符于黄纸，使焚以灌夫人。又令速备圊桶于侧，曰："难星将出矣。"顷之，便血于桶斗余，则金钗闪闪在焉。①

（11）宋清霜。黄轩祖撰《游梁琐记》载有近代女冠所传剑术事。其记云：木栾店寨为河北一大镇，隶武陟县治，与县城一衣带水，控制三郡，为古今英雄用武必争之地。寨有宋氏，巨族也。族绅某女名清霜者，幼从女冠静玄习武艺，尽传其术，得襟剑真秘。襟袖一挥，能百步外取人首级，如砍朽木。许金氏子，县庠生，有道学之目，亲迎日，花烛既揭，女将乘舆，忽一白发翁褰裳入，岸然道貌，举袖拂烛，烛光惨绿，入内不见。女戒勿喧，登楼迹之，出剑相较，但闻室中搏击声，众拾级窥之，剑光闪闪，冷气袭人，逼不能视。良久，楼上裂帛一声，众大惊，女已冉冉而下。此光绪二十年（1894年）七月间事。作者黄轩祖谓："按剑术有心、襟二派，雍乾之际，推为最盛，近世异志，都非真传心法。此事曾君鸿甫为余言，渠友游幕武陟所目睹。余往访，一寨人言之历历，惜未一承声咳为恨也。"②

（12）聂道人。俞樾《右台仙馆笔记》卷1记云：聂道人，湖北钟祥县人，乾隆甲子岁（1744年），邑大水，聂已5岁矣。有盛契真者，元游宫之道士也，悯其孤露，收之门下。然聂固钝根，一无所能。盛死，聂云游天下，不知历几何年月。嘉庆（1796—1820年）初，始居鄂之长春观，往往赤双脚，持长柄镵行歌于市。至同治甲戌（1874年），其年一百三十有五，发丝齿贝，无异曩时。不知其得道引术而不死耶？抑其秉赋独厚也，不可谓非异人矣。③

（13）李老道。俞樾《右台仙馆笔记》卷2记：李老道，流寓楚北，自言蜀人，问其名，曰无名；问其年，曰忘之矣。视之如六七十岁人，然八九十老翁皆云：自幼见之已如是。则其年固未可测也。所衣单衣衫袴，外着葛布袍，冬夏不易。冬不言寒，夏不言热。与之食，食无算，不言饱；与之饮，饮无算，不言醉；或旬日不饮不食，不言饥渴，人皆以为得道者。或叩问养生术，老道

① 参见《笔记小说大观》，扬州：江苏广陵古籍刻印社1984年版，第21册，第311—312页。

② 《笔记小说大观》，台北：新兴书局1983年版，第14编第10册，第6394页。

③ 参见（清）俞樾著，梁脩点校：《右台仙馆笔记》卷1，济南：齐鲁书社1986年版，第13—14页。

曰:“吾不知其他,惟任其自然而已。”①

(14)三元宫道士。柴萼辑《梵天庐丛录》卷30载:如皋三元宫道士,失其姓名,初为人佣,计工而食,不多取,后以老,居三元宫为道士,冬夏一单布衣,无寒色。或怜其衣敝,与钱一贯使新之,不受,固与之,怒曰:“素无功于君,又素无怨于君,贫道虽贱,不欲来生作豚犬也。”尝过江都市中,得遗金300两于道,坐守三日,遗金者不至,发出知为云间倪姓物,乃榜于衢,期会于三元宫。后倪至,重之,坚欲分半以贻,道士曰:“噫! 何先生之愚也。贫道固欲之,则尽有之矣,何半为?”倪回以“他日报,可乎?”笑曰:“贫道无父母、无妻子、饥而食、饱而睡,寄此形于天地之中,还将何以报我?”倪曰:“畸士也,不可强。”道士居三元宫16年,奇异之事甚多。②

以上所录近现代道门传奇之士,凡十四例,多为修道达不饥不寒之功夫,且获高寿者。亦有摄影不见影像,求雨而能得雨,见震风而预示兵灾,凭符水而排出金钗,以及剑术精湛、品德高尚,等等。这些大致展示了近现代道门奇士异术的方方面面,颇具神秘色彩。其中许多事迹都是出自传闻,难免没有夸张,姑录于此,以供研究近现代道教史者参考。

第三节　李西月、黄裳对内丹学的发展

晚清时期,道教理论虽然没有大的发展,但在内丹法门问题上却出现了两位很有影响的人物,这就是李西月与黄裳。

一、李西月及其西派丹法

李西月(1806—1856年),著名的内丹西派之创始者,四川嘉定府乐山县李家河长乙山人,生于嘉庆丙寅年(1806年)八月初四,初名“元植”,字“平泉”,入道后更名“西月”,改字“涵虚”,又字“团阳”。③ 李西月名号甚

① 参见(清)俞樾著,梁脩点校:《右台仙馆笔记》卷2,济南:齐鲁书社1986年版,第49页。

② 参见《笔记小说大观》,台北:新兴书局1977年版,第17编第10册,第6075页。

③ 参见(清)李道山:《李涵虚真人小传》,《藏外道书》第26册,第627页。

多:“长乙山人”、“圆峤外史”、“紫霞洞主人”、“卷石山人”、“树下先生”、“白白先生”等,见于他撰写和编辑的各种著作,在《海山奇遇》等书中,他还署名“火西月”、“火涵虚”。这些异名别号不仅体现出他的个性特征,也反映了他的思想渊源;而最具有宗教意味的是,他在《收心法题词》中还自称已在天上被封为“善教大真人”①,张日章为《道窍谈》所作的序因此将他称为“善教真君”②。

李幼而颖悟,20岁时成为县学生员,善琴、嗜诗酒,后来他得了伤血症,至峨眉疗养,遇孙教鸾派高人郑朴山。郑不但为他治病,还开导他说:“金石草木,只可治标,治本则宜用自身妙药,方能坚固。”③李于是成为郑朴山的弟子,他以后的内丹学说因此而带上了此派圣典《金丹真传》影响的深刻印记。

《李涵虚真人小传》(以下简称《小传》)说,李后至峨眉山,“遇吕祖、丰祖于禅院”④;藏厓居士所作《三丰全集·后列仙传》对此事有更详细的记述:“道光初,遇张三丰先生于绥山,传以交媾玄牝、金鼎火(原本作“大”)符之妙;既更遇纯阳祖师,得闻药物采取之微。”⑤李所据之以创立新的内丹派别“西派”的,除了他的独树一帜的理论体系外,还有关于“吕祖亲传”的说法。《吕祖年谱〈海山奇遇〉·序》说:西月将年谱编成之后,有一老人号“吾山先生”,携一扬州俊士,同称“南中人”,“见年谱而悦之,云得吕祖实际,并为旁批数十行,飘然而去”,西月时方“炊炉煮酒,拟待幽人”,但已不知其所之。该序文最后说:“或以‘吾山’者,五口一山也,‘南中’者,终南颠倒之语,又词名有‘南中吕’,必系吕先生也,扬州俊士其即陆仙乎?!”⑥吕洞宾名“嵒”,三“口”加一“山”,乃成“岩”字之异体,再加“吕”字二“口”,便成“五口一山”,又终南山乃传说中吕洞宾随钟离权修道之地,而陆潜虚则为扬州人氏,诸如此类的拆字游戏在历来的吕洞宾仙话中起着很重要的作用。

① 《藏外道书》第26册,第630页。

② 张日章:《道窍谈·序》,《藏外道书》第26册,第606页。

③ (清)李道山:《李涵虚真人小传》,《藏外道书》第26册,第627页。

④ 《藏外道书》第26册,第627页。

⑤ 《藏外道书》第5册,第417页。

⑥ 《吕祖全书》,萧天石编:《道藏精华》第9集之二,台北:自由出版社1989年版,第4页。

不论这里作者多么希望人们相信吾山先生就是吕祖，上面这段话毕竟属于一种猜测，然而到了编著《太上十三经注解》的时候，情况就大大不同了。该书首列“纯阳先生序”，其中有云：“涵虚子者，仙才也……尝读《方壶外史》，窃欲登真入化，与陆子左右吾侧。予闻而访之，托名‘吾山道士’，携潜虚相随，以观其志气。僻居在峨峰东巘，闲静少言，不乐荣利，常以一琴适其志而已。予与相见后，复相俱者有年。”①这两篇序文前后呼应，由推测而至于定论，是关于“吕祖亲传”说的最原始、最直接的材料。后一篇序文伪托出自吕纯阳的手笔，实际可能是由李西月本人杜撰。至于所谓“师事张三丰”，则与乩坛降示有关。②

李西月的著作，据上述《小传》说有《太上十三经注解》、《大洞老仙经发明》、《二注无根树》，合册称“道言十五种”，又名“守身切要”；又有《九层炼心》、《后天串述》，俱刊行于世；李还编辑有《海山奇遇》③、《三丰全集》；另外尚有《圆峤内篇》、《三车秘旨》、《道窍谈》三书，李在世时皆未刊行。上述各书中，除《大洞老仙经发明》、《圆峤内篇》外，我们今天都还能看到，《小传》所说当时尚未刊行的三本书中，《三车秘旨》、《道窍谈》已于民国二十六年（1937年）由陈撄宁校订、丹道刻经会出资印行（今已收入《藏外道书》第26册），其时《圆峤内篇》已不得见。④ 李西月的道友藏厓居士所撰的“白白先生”小传也提到有《圆峤内篇》，而且说李还著有《河洛易象图解》⑤，后一书今亦失传；又，李西月在《后天串述》中说：“予著《道德》《黄庭》《大洞》《无根》诸注，皆言先天之用。”⑥可见李尚有《黄庭》、《大洞》注解，其中《大洞》注也许就是《小传》所说《大洞老仙经发明》，此《黄庭》、《大洞》注今日均已不得见。李西月著作之总集最初名曰《圆峤外史》，立意在与陆潜虚《方壶外史》并峙⑦，

① 徐兆仁主编：《涵虚秘旨》，北京：中国人民大学出版社1990年版，第110页。

② 参见《张三丰先生全集》卷8《汇记·道坛记》，《藏外道书》第5册，第572—573页。

③ 《道藏精华》第9集所收《海山奇遇》为《吕祖年谱》及编年诗集合册。

④ 参见陈撄宁：《道窍谈读者须知》，《藏外道书》第26册，第608页。

⑤ 《三丰全集·后列仙传》，《藏外道书》第5册，第417页。

⑥ （明）伍守阳、（清）柳华阳撰：《古本伍柳仙宗全集》，上海：上海古籍出版社1990年版，第722页。

⑦ 参见《太上十三经注解·纯阳先生序》，徐兆仁主编：《涵虚秘旨》，北京：中国人民大学出版社1990年版，第110页。

刊行了《太上十三经注解》的弟子朱道生、李道育等“蜀山三隐者”就曾见过这个本子①，今日亦不得见。

据《小传》记：李于咸丰丙辰年（1856年）五月初八寅时去世②，享年仅五十。李在世时“门人甚众，而大丹成者，江西周道昌一人，得玉液还丹者数人”③。内丹西派传代有九字：“西道通，大江东，海天空”④，这个派别的传人中特别需要一提的是，光绪年间的汪东亭和民国时代的海印山人，师徒二人都有传世之作。

对于李西月的内丹学理论，如果我们从其逻辑结构入手，而不是在其中的枝节问题上纠缠的话，可以发现，他的学说有完整谨严的体系，其中层次分明、条理清晰。诚然，他的理论有许多地方未免失之于烦琐，以至于破坏了整体结构所具有的明晰性；不过，一旦越过这些障碍深入其中，就可以察觉到他的理论在细节分析上深入和精致的特别优点。

李西月在好几个地方提示了他的丹法理论的结构，这同时也是通常所称的内炼次第。

在容易被人们忽视的《道情诗》二十四首中，他说“要从无中生有下手”，然后“第一要炼精化气”、“第二要炼气化神”、“第三要炼神了性”。⑤这从表面上看是一个很一般的大纲，“炼精化气”、“炼气化神”、“炼神还虚”三部曲在内丹学史上已经流行了很久，但是，第一，这里“从无中生有下手”特指一种入手功夫；第二，此“三关”论一般多为清修派经典所特别强调，李西月关于内炼次第所用的主要范畴并不在此，而在所谓“结丹”与“还丹”或“先天”与“后天”；后文要说明，这些范畴的使用与孙教鸾一派的传统有关，这里，两种体系范畴之间的互相参照对于揭示内丹学理论的结构和内涵大有裨益。为了表明炼精、炼气的过程中炼神功夫的重要作用，在《道窍

① 参见《太上十三经注解·序》，徐兆仁主编：《涵虚秘旨》，北京：中国人民大学出版社1990年版，第109页。

② 《藏外道书》第26册，第627页。

③ 《藏外道书》第26册，第627页。

④ （清）李西月：《三车秘旨》，《藏外道书》第26册，第636页；参见陈撄宁：《道窍谈读者须知》，《藏外道书》第26册，第607页。

⑤ （清）李西月：《三车秘旨》，《藏外道书》第26册，第633页。

谈》第十一章“炼功五关”中，李又将炼神过程分为三层：了性（玉液）、了命（金液）和还虚，从他对这三层功夫的分析来看，第一层即炼精化气，第二层即炼气化神，而第三层则与历史上的说法无别。

李西月的理论在内炼次第方面最基本的范畴是“先天”与“后天”，这主要是从孙教鸾一派继承而来的。此处所谓“后天”，与内丹学中通常所说“后天渣滓之物”、“后天精气神”中的“后天”意义完全不同，内炼自始至终只取“先天”、不用渣滓之“后天”，这对于道教的任何一个内丹派别来说都是不言而喻的；李西月以及孙教鸾一派理论所讨论的“后天”与“先天”，分别指以筑基完成（结丹）为分界的前后两部分工序，筑基完成（结丹）意味着童体的恢复，以前为后天之身，以后为先天之体，这里“后天”与“先天”的区分，是在广义的“先天”范围以内所作的，完全不涉及不可用的“后天”。① 实际上李、孙所谓“后天”与“先天”，主要指“结丹”与“还丹”两段，大致相当于“炼精化气”、“炼气化神”二节，“结丹”以前有入手功夫，还丹以后有炼虚作用。前后两节固然也在“后天”与“先天”范围之内，但入手功夫往往不在正文中讨论，还虚作用之要则在于无为，也不需要太多文字，内丹学撰述的着重点一般在有为功夫上。

《金丹真传》一书的丹法大纲见于其自序以及附录《修真大略》：（1）“修仙之节次有九：一筑基，二得药，三结丹，四炼己，五还丹，六温养，七脱胎，八得玄珠，九赴瑶池。初三节可为人仙，中三节可为地仙，后三节可为天仙。”②（2）“采后天中先天，延年益寿；采先天中先天，证圣为仙……结丹与还丹有异……结丹之功，不在彼而在己；还丹之法，不由我而由人……丹分内外，内结丹而外还丹。”③第一段与第二段的内容有如下对应关系：

初三节可为人仙/采后天中先天、结丹（“后天”阶段）。

中三节可为地仙/采先天中先天、还丹（“先天”阶段）。

第二段中“结丹之功，不在彼而在己；还丹之法，不由我而由人”一句是特别值得注意的，而第一段所谓“后三节”即还虚功夫，各家学说无多差别，

---

① 参见（清）李西月：《道窍谈》，《藏外道书》第26册，第609—610页。

② （清）孙汝忠：《金丹真传自序》，《藏外道书》第11册，第860页。

③ （清）孙汝忠：《金丹真传·修真大略》，《藏外道书》第11册，第874页。

可以不论。

李西月与孙派在“先天”与“后天”两个基本层次的划分上一致，而在细节的分析方面有很大差别。《九层炼心》也以隐含的方式将整个内炼过程分为九节：一收心、二钻杳冥、三进气、四得气、五筑基、六结丹、七还丹、八温养、九炼虚。这篇短文的主旨在于表明炼心作用贯穿于丹道全程，而非划分内功节次，所以说划分的方式是隐含的。李西月的“九层”包括了入手功夫，即第一、二两层，这是和《金丹真传》最大不同处：《九层炼心》详于前而略于后，《金丹真传》详于后而略于前。在李的“九层”中，第六节以前为“后天”阶段，以后为“先天”阶段，其中第三至第六节又可统称为“结丹”。

李西月关于丹法层次划分的论点还有几种，如在《道窍谈》第七章“后天次序”中，他将“后天”阶段分为“后天”与“后天中之先天”两层，将“先天”阶段分为“先天”与“先天中之先天”两层；在《后天串述》一文中，他又从“后天”阶段中分出九层；等等。诸如此类的分析，总的来说有益于内丹学理论研究之深入，不过要求研究者特别注意融会贯通而已。

下面，我们分两个部分来探讨李西月的内炼理论，特别是他的丹法主张：第一论下手并了手一般功夫，第二论结丹与还丹两种作用。

（一）下手与了手

李西月内丹理论的一个重要特点，就是对入手功夫之剖析尤为精详，以往丹经对初入手要领论述甚少，往往起首便言炼精化气。关于这一点，《道窍谈 · 后天集解》引康熙时代孙派大师陶素耜语曰：“修道之士，若不开关，遽言筑基、炼己，乃是隔靴搔痒，无益于事。”①筑基、炼己是炼精化气功夫，前提是体内关窍开通。明清时代丹书所谓“开关展窍”，指的就是筑基之前一段功夫，李西月称之为“钻杳冥”。“杳冥”一词出《老子》第二十一章“窈兮冥兮，其中有精”，丹家将玄关一窍打开时就有此种景象，故开关展窍功夫谓之“钻杳冥”。《三车秘旨 · 收心法下手工夫》云：

> 下手工夫：先静心，次缄口，次调息（心静则气平，不调之调为上）。鼻息平和，然后闭目内观，神注肾根之下阴蹻一脉（谷道前、阴囊后），

① 《藏外道书》第26册，第609页。

如此片时，将心息提上虚无窍内（脐后腰前，心下肾上，中间一带，不可拘执），停神安息，以自然为主……气息绵绵，心神默默，至此要一切放下，人我皆忘，此之谓“钻杳冥”……

凝神调息，是下手工夫。凝神者，是收已清之心而入其内也；心未清时，眼勿内闭，先要自劝自勉，收他回来，清凉恬淡，始行收入气穴，乃曰“凝神”；坐虚无中，不偏不倚，即是凝神于虚。调息不难，心神一静，随息自然，我只守之、顺之，加以神光下照，即是调，调度阴蹻之息，与吾心之息相会于气穴中也。神在气中，默注元海，不交而自交，不接而自接……故能杳冥恍惚。

心止于脐下曰“凝神”，气归于脐下曰“调息”，神息相依……勿忘勿助，以默以柔，息活泼而心自在，即用“钻”字诀，以虚空为藏心之所，以昏默为息神之乡，三番两次，澄之又澄，忽然心息相忘，神气融合，不觉恍然而阳生矣。①

陈撄宁《三车秘旨读者须知》谓此论“颇为切要”②。我们曾在前面有关陆西星的一节中指出，陆所用的入手功夫就是凝神调息，但我们是根据他未发表的笔记手稿《三藏真诠》下这一论断的，而他的《玄肤论·真息论》虽提倡调凡息（口鼻呼吸）入真息（胎息），但也未尝显言调息为初下手功夫，读者往往容易忽略过去。李西月重编《三丰全集》中所见“潜虚翁调息法”之论不见于《方壶外史》，恐非陆本人手笔。

《三丰全集》卷3《道言浅近说》中有一段文字与上引《收心法下手工夫》第二节大同小异，此文“恍然阳生”之后一节云：“真消息，玄关发现时也。凡丹旨（“旨”应作“书”——引者注）中有‘先天’字、‘真’字、‘元’字……皆是杳冥昏默后产出来的，就如混沌初开诸圣真一般。”③可见丹经所言“阳生”（“真消息”）与“玄关发现”实际上是一回事，而“玄关发现”就是所谓“展窍”，所有这些都是入得“杳冥昏默”之后才会有结果。按《三丰全集》中颇有一些文字如《道言浅近说》者，是研究李西月思想的重要资料，

① 《藏外道书》第26册，第630—631页。
② 《藏外道书》第26册，第626页。
③ 《藏外道书》第5册，第479页。

以此对照《道窍谈·开关问答》中的下面一段话，则于开关展窍入手功夫可以了然："中年学道者，只要凝神有法，调息有度，阴蹻气萌，摄入鼎内，勿忘勿助，后天气生，再调再烹，真机自动；乘其动而引，不必着力开，而关自开，不必着力展，而窍自展。"①

西派入手功夫的一个要诀是凝神于虚空，即在身外虚空中凝神调息，这是一种很独特的功法。《三车秘旨·第一件河车》说："运气功夫，所以开关筑基、得药结丹也；其中次叙，从虚空中涵养真息为始。收心调息，闭目存神……混混沌沌，杳杳冥冥。"②同书《收心法杂谈》说："我劝人先在虚空中团炼，静之又静，定之又定……自然入得杳冥。"③此安神养气于身外虚空的方法，实乃西派丹功之绝招，在李西月的时代，其操作要领似乎主要存于口诀，李很少在著作中对此作理论分析，所以我们还难以从上面这两段话中体会其深意，直到晚清民国时代西派后人大阐其宗风时，这种方法以及它的重要意义才逐渐为世人所知。民国时代的西派内丹家海印子说："仙宗从身外'心息相依'发轫，借彼'先天一炁'锻炼凡躯"；"必先舍此色身，到外边虚无中来，凝神调息，方能无中生有"④；"我能在虚空中'心息相依'而至'杳冥恍惚'，则此主人（按指身外虚空）自以'先天一气'贷之"⑤。这种操作的原理在于直接利用虚空中的先天一气，它比一般着意于体内的方法较少流弊；功夫寄于身外，变化则生乎体内，"久之，色身（按指肉体）方面只有和平舒适，而决无太过不及之弊及其他一切不良之影响"⑥。

"钻杳冥"的功夫极为重要，而且颇不容易。李西月在《收心法题词》中说"入得杳冥方见道"⑦，在《收心法杂谈》中他还说："凡做功夫，钻杳冥是

① 《藏外道书》第26册，第609页。
② 《藏外道书》第26册，第628页。
③ 《藏外道书》第26册，第632页。
④ 海印子：《外身易形（要节）》，洪建林编：《仙学解秘：道家养生秘库》，大连：大连出版社1991年版，第614页。
⑤ 海印子：《学道利益》，洪建林编：《仙学解秘：道家养生秘库》，大连：大连出版社1991年版，第366页。
⑥ 《答复王涤心君》，洪建林编：《仙学解秘：道家养生秘库》，大连：大连出版社1991年版，第194页。
⑦ （清）李西月：《三车秘旨》，《藏外道书》第26册，第630页。

第一桩难事。但先天一气自虚无中来，必有真杳冥，乃有真虚无……昔我在洞天中，学钻杳冥七八年，然后稍有把柄。”①足见其入手功夫之艰巨。

“虚空”一着实际上并非仅为初阶，《三车秘旨》附录《道情诗词杂著》中有“虚空吟”三首，其一说：“行之容易得之难，除了虚空不造丹。举世若求安鼎处，个中境界比天宽。”其二说：“好之容易乐之难，除了虚空不造丹。举世若寻生药处，壶中原是列仙坛。”其三说：“得之容易守之难，除了虚空不结丹。举世若寻立命处，起头煞尾一团团。”②其中有两句“除了虚空不造丹”、一句“除了虚空不结丹”，可见“虚空”功夫在内炼全程中的重要作用。最末一句“起头煞尾一团团”，则很可能是在暗示身外虚空中入手、了手之要诀。如此重要的丹法主张以及理论为什么在这般不起眼的地方发表，究其原因，如上所述，很可能是因为丹法关键处最初只示之于及门弟子；或者在已经失传的著作中有这方面的详尽论述。总之，如海印子所云，西派丹法“最初从身外虚空下手，最后亦在身外虚空了手，自始至终，步步不离虚空”③。“虚空”的意义是如此重要，以至于光绪民初年间的西派内丹家汪东亭将“虚空”这一概念作为他内丹学理论的出发点。

（二）结丹与还丹

西派丹法最初的下手功夫，由渐调后天呼吸而引起胎息（先天呼吸、真人呼吸），自息心身外虚空乃至于神入杳冥；入得杳冥，方见玄关，然后才能谈结丹与还丹。

宋元以来，内丹家们在“玄关”问题上发表过各种各样的议论，令人目眩，其立论范围则不出于《金丹四百字序》；这篇序文中有一段名言，在以后的内丹学史上几乎是每一家必提的话头：“此窍者，非心非肾，非口鼻，非脾胃，非谷道，非膀胱，非丹田，非泥丸……夫此一窍，亦无边傍，更无内外，乃神气之根，虚无之谷，在身中求之，不可求于他也。”④为什么既不在身内的

① （清）李西月：《三车秘旨》，《藏外道书》第 26 册，第 631 页。
② （清）李西月：《三车秘旨》，《藏外道书》第 26 册，第 635 页。
③ 海印子：《外身易形（要节）》，洪建林编：《仙学解秘：道家养生秘库》，大连：大连出版社 1991 年版，第 614 页。
④ 《藏外道书》第 6 册，第 160 页。

各种部位上,又不可求之于身外呢? 这个问题的明确答案一直到清代才见诸丹书。《金仙证论 · 图说第十》云:“其穴无形无影,炁发则成窍,机息则渺茫”①,可见玄关并非总存在于身体中某个部位上,而是气发则有、机息则无。李涵虚在这个问题上的重要贡献是指出玄关“有死有活”:以人体中固定部位黄庭、气穴、丹田为玄关,就是死的;以凝神聚气现出此玄关,就是活的。②所以就入手功夫而言,玄关究竟在身体中的哪个部位上,这一点并不重要。

《道窍谈》一书有几章专论药物,其中对结丹与还丹二事是用相互参照的方式来分析的,特别值得深究。这些章节是:第八章“内外二药”、第九章“药物相类”、第十二章“产药层次”、第十三章“药物层次”、第十四章“丹砂二种”、第二十五章“药物直陈”、第二十六章“铅汞之辩”、第二十八章“乾坤离坎”。《道窍谈 · 乾坤离坎》比较结丹与还丹说:“后天炼己之物,又名‘先天坎离’,言其取坎填离,得成玉液还丹(按即“结丹”)也;先天还元之物,亦名‘先天坎离’,言其取坎化离,得生金液还丹(按即“还丹”)也。先天、后天之取坎,皆名‘先天’,特有他家来、我家种之别耳。”③可见后天(结丹)则由“我家种”、先天(还丹)则须“他家来”,前文曾云《金丹真传 · 修真大略》中“结丹之功不在彼而在己,还丹之法不由我而由人”一句特别值得注意,至此我们可以了解结丹与还丹两段功夫的一个关键性区别。

这里有一个问题,即“彼家”(“彼”)、“他家”等词的含义是否具有单一性。陈撄宁所作《道窍谈读者须知》第十条说:“本书中画龙点睛处,就是‘彼家’二字……究竟‘彼家’二字是如何解释? 颇有研究之余地。如谓‘彼家’是指肾中之气而言,则单炼心中之神者非矣;如谓‘彼家’是指身外之太虚而言,则执著肉体、在腔子里摸索者非矣;如谓‘彼家’是指同类异性者而言,则一己孤修、专事静坐者非矣。”④就其可能性而言,“彼家”可指肾中之气、身外之太虚或同类异性者,但若“彼家”一类的词果真专指同类异性者,

① (明)伍守阳、(清)柳华阳撰:《古本伍柳仙宗全集》,上海:上海古籍出版社1990年版,第496页。

② 参见(清)李西月:《道窍谈》,《藏外道书》第26册,第618页。

③ (清)李西月:《道窍谈》,《藏外道书》第26册,第621页。

④ 《藏外道书》第26册,第608页。

那也就不存在任何“研究之余地”了；至于何时指何种对象，则须根据语境来确定。

我们在本书有关陆西星与东派的一节中曾强调指出，在所谓的“双修”丹法中，涉及两性配合的行为不过为其中短短一节，而且我们已经看到，实际上无论是对于清静或双修哪一派的丹法来说，一己孤修功夫都是极为重要的。双修丹法是以往神仙家中所谓“在家人”一派所用的一类特殊方法，这类方法在过去和现在都容易被局外人混同于“采战”邪术（其术语也常常借自内丹学），这种困境使得双修家们不得不采取两种策略：第一，用特别晦涩的语言描述其丹法；第二，把原先为双修丹法特设的术语推广到清静功夫中去，李西月在其著作中大量使用“彼家”一词就属于后一种情况。这些障眼法的实行固然在一定的范围内有效地防止了各种误解和诽谤，但同时也使得此派丹法的面貌更加晦涩而令人难以了解。

以对仗的修辞手法对结丹与还丹所进行的比较性描述只表明了这两段功夫的一般特征，下面我们要考察李西月在其他各处分别作的细节刻画。

《道窍谈・后天次序》将结丹分为“后天”（第一）与“后天中之先天”（第二）两层，又将还丹分为“先天”（第三）与“先天中之先天”（第四）两层。第一，“后天者，阴蹻之气，生人之根，乍动为元精者也。学人敲竹唤来，入于内鼎，自然炼精化气而开关窍。此气冲五脏，熏百骸，萦绕脉络，仍归丹田”。第二，“凝神调息，静候动机，机动籁鸣，一缕直上，是为后天中先天。采之以剑，调之以琴，运之以河车，封之于黄庭，此即玉液炼己之功也”。第三，“久久纯熟（按指炼己），身心牢固，然后入室临炉而求先天，这先天乃是元始祖气。先把真阴、真阳同类有情之物各重八两立为炉鼎，假此炉鼎之真气，设为法象，运动周星，诱彼先天出来，即刻擒之；不越半刻时辰，结成一粒，附在鼎中，是为铅母，号曰‘外丹’”。第四，“先天中之先天者，铅中产阳，帘帷光透，采此至真之阳气，擒伏己身之精气，所谓‘金来归性初，乃得称还丹’也。以后温养固济，日运阴符阳火，抚之育之，乃化为金液之质，吞归五内，是名‘金液还丹’，服食之后，结成圣胎”。[①] 上文中涉及结丹的“后

① 《藏外道书》第26册，第611—612页。

天”与“后天中之先天”两段描述较为浅近平实，体现出清代内丹学的特色，而关于还丹的“先天”与“先天中之先天”两段论述则与早期双修家的言谈相去未远，其内容不易弄清楚。

关于此先天两层的最为简明扼要的叙述见于《道窍谈 · 药物直陈》：“（‘先天’）无非是以有生无、以我求彼焉耳。我运一点阴火之精，种在彼家之内，遂生铅中之阳；阳气一动，采取归来，又种在我家胚胎宫里，而成真人。”①《九层炼心》一文的第七节也描写了这两层功夫，虽然不乏代号隐语，但仍然可以算作是对于还丹一节的较为浅显生动的描述，而且其中还有关于还丹一节作用的详尽说明：

> 前此金水河车，仙师名为“内炼”（按即结丹一节），到此，还有外炼功夫；以外合内，真心乃聚而不散。盖内体虽明，好飞者汞性；内修虽具，易坏者阴丹（按“阴丹”即结丹一节所成就者），设或保养不纯，则心性复灭矣。法在以虚明之心、妙有之性和砂拌土，种在彼家，彼家虚而由我实之，彼家无而自我有之，以有投无，以实入虚，死心不动。霎时间先天一气从虚无中来，一候为一阳，有如震；二候为二阳，有如兑。时值二候，正宜合丹：那边吐出一弦真气，其喻为“虎向水中生”；这边落下一点玄光，其喻为“龙从火里出”，两边龙虎会合，性情交感，一场大战，宛如天地晦冥，身心两静矣。俄而三阳发动，有如乾卦，如潮如火，如雾如烟，如雷如电，如雪如花，身中阳铅晃耀，我即持剑掌印、踏罡步斗，鼓动元和，猛烹极炼，透三关而上泥丸，一身毛窍皆开，比前玉液河车更不同也。吞而服之，以先天制后天，性命合而为一，即大还丹也。性属火，其数七；命属金，其数九，返本还元，故名“七返九还”、“金液大丹”，从此铅来制汞，其心长明，汞不动摇矣。②

在内丹学史上，自《周易参同契》始，易学中的月体纳甲法就被借喻为还丹一节火候，但有关纳甲的一系列比喻极端晦涩，令人望而却步，大致从

① 《藏外道书》第 26 册，第 620 页。

② （清）李西月：《太上十三经注 · 人元大道九层炼心文终经 · 循途录》，第 150—151 页，见萧天石编：《道藏精华》第 2 集之四，台北：自由出版社 1989 年版。参见《古本伍柳仙宗全集》，上海：上海古籍出版社 1990 年版，第 717—719 页。

元代的陈致虚特别是明代的陆西星以来，其意义逐渐趋于明朗。陆西星《方壶外史·悟真篇小序》“八月十五玩蟾辉”一句注云：“或问：既言八月十五，又言三日出庚，其义安在？曰：十五象金水之炁足，三日象金水之药新，炁不足则水不生，合而言之，其意自见。”[①]李西月在《〈无根树〉注解》中对这个问题作了相当通俗的说明，可与以上关于还丹一节的全部文字互参。第九首解论初三、十五曰：“丹家见此一线白光（按指出庚新月），亦不可轻起河车，惟宜以淡泊之神、冲和之意，从气生处采之……神气相合之际，俄而阳光大现，有如十五圆形，是为中秋月，是为气足潮生，方行驱之黄道，送之黄庭，由是则年寿可延，病灾可减矣。”[②]其后的第二十一首解进一步分析说：“求铅乃外事，初三月出庚施功……是以精合气，乃外药也，其功夫在外，只用一符二候，立为丹基。还丹乃内事，十五月圆时施功……是以真气合真精，乃内药也，其功夫在内，须用二符四候，结为金丹。”[③]在同一节中李还说：“黄芽有二种，一个是初三新药，一个是十五大药……凡此，皆古人所未分晰者，吾于此详陈之，庶阅丹经之际，了然于二药之分也。”[④]如果我们仔细地阅读李西月的各种言论，然后再参之以历史上双修派各家的诸多说法，那么我们就不难发现李著是了解道教史上双修派丹法的一个入口处。

总的来说，作为清代双修派中最有代表性的一家，李西月较之前辈的不同特点是：其著作虽然在丹法中个别最为隐秘的环节上仍然保持着传统的、固有的语言表达方面的晦涩，但对于全部过程的描述比以前的所有论述都更加具体化了，细节更加清晰、层次更加分明、体系更加完整，这反映出内丹学发展的一种根本性趋势。

另外，我们在此还要强调，对双修派丹法应从辩证唯物主义与历史唯物主义的观点和立场出发来看待它，我们既反对以望文生义的方式对它予以全盘否定，又反对离开实事求是的分析而盲目地加以赞扬。我们认为，只有把这种理论和修炼方术放置在具体的历史条件下加以具体的考察，才能得

---

① 《藏外道书》第5册，第326页。
② 《藏外道书》第5册，第586页。
③ 《藏外道书》第5册，第599页。
④ 《藏外道书》第5册，第599页。

到正确的认识。

二、黄裳的修炼思想

黄裳，字元吉，江西丰城人，据乐育堂众弟子所作《黄元吉先生语录序》称："先生自丰城应运而来，设帐于兹（按指乐育堂）十有余载，每于注《醒心经》、《求心经》、《道德经》之余，辄与及门讲究性命双修之理、天人一贯之原。"①这是我们今天还能读到的关于黄氏生平事迹唯一的第一手资料。

乐育堂在四川，而且很可能在富顺或富顺附近地区。② 关于黄裳讲道的时间，上述《黄元吉先生语录序》未提一字，我们现在能见到的最早的一种说法是：《乐育堂语录》（即《黄元吉先生语录》）成于道光、咸丰年间，此说见于民国八年（1919 年）七月龙腾剑所作《重刊〈乐育堂语录〉跋》③，萧天石《〈道德经精义〉例言》第四条也说《道德经》黄注成于道咸之交④，据上引《黄元吉先生语录序》，乐育堂讲道与注《道德经》同时；另一方面，从黄氏的几本著作所体现出的时代背景来看，"道咸年间"说大致上是可信的，因为从这些著作中还看不出有民族危机的意识。特别值得一提的是，在《道德经注释》自序⑤中更有"恭逢盛世，天下乂安"的字样，尽管该序言标明的日期是"光绪十年（1884 年）孟冬月谷旦"，但我们相信这是出版时间而非讲道的时间。讲道在先，语录结集于次，出版又次，所以黄著之整理与刊行乃在道咸之交甚至迟至光绪年间，这样的推断大概不会有太大的问题。萧天石编辑《道德经》黄注所用的底本初刊于光绪十年（1884 年），陈撄宁说

① （清）黄元吉著，蒋门马校注：《道德经讲义 · 乐育堂语录》，北京：宗教文化出版社 2003 年版，第 211 页。

② 参见梅自强：《颠倒之术》第二章第一节"晚清道家一代宗师黄元吉祖师之《道德经注释》解奥"，北京：人民体育出版社 1993 年版，第 34 页。该书中收有以萧天石编《道德经精义》为底本并据"原本刻本、铅印重刊本第四种版本"加以校正的《道德经》黄注，本节所用《道德经》黄注即出此。

③ 参见（清）黄元吉著，蒋门马校注：《道德经讲义 · 乐育堂语录》，北京：宗教文化出版社 2003 年版，第 388 页。

④ 参见（清）黄元吉著，蒋门马校注：《道德经讲义 · 乐育堂语录》，北京：宗教文化出版社 2003 年版，第 3 页。

⑤ 参见（清）黄元吉著，蒋门马校注：《道德经讲义 · 乐育堂语录》，北京：宗教文化出版社 2003 年版，第 12—13 页。

他的《口诀钩玄录》即根据"光绪时代江西丰城黄元吉先生所撰《道德经讲义》(按即《道德经注释》)并《乐育堂语录》二书"而用[①],很可能是由于这两本书的最初印行是在光绪年间,或当时传世的最早版本出于光绪年间。

黄裳著作中最重要者,当然是《乐育堂语录》(收入《藏外道书》第25册)和《道德经注释》。其次还有《道门语要》(收入《藏外道书》第26册),而上文提到的《醒心经》、《求心经》注则早已失传。据萧天石《〈道德经精义〉例言》第四条说,黄尚有《玄宗口诀》一书,传抄很少;此书笔者亦未之见。《乐育堂语录》、《道德经注释》这两本著作,均由黄氏门弟子笔录其讲谈而成,其本意不在著书传世,信口说来,无次序条理,烦冗琐屑处甚多;唯《道门语要》一书,看来出乎黄氏本人手笔,层次分明、条理清楚、通俗易懂、简明扼要,可以视作黄氏为自己理论所作的一个概述,但欲观其学说之巧妙,则须进而深研《乐育堂语录》、《道德经注释》。下面,我们先依《道门语要》论其学说之梗概,再据《乐育堂语录》、《道德经注释》析其理论之细节。

(一)丹法概要

《道门语要》一书共有十四章,除去最后两章"训及门语录"、"励及门语"之外,首尾各四章,属内丹学通论性质,分析"性命"、"精气神"、"炼己"、"火符"、"药物"等基本问题。中间四章,铺陈次第功夫:(1)守中采取;(2)运小周天;(3)行大周天;(4)炼虚。《道门语要》第二、第四章中各有一段话,概述其丹功全程:

> 下手兴工,必先垂帘塞兑,默默观照脐下丹田一寸三分之间(按即所谓"守中"),继而精生药产("采取"),始用河车搬运,将丹田所积之精运而至于周身,灌溉久之,精尽成气,充周一身,此炼精化气之工也("运小周天")。至于精尽化气,由是而过关服食,温养大药,此炼气化神之事也("行大周天")。自此以后,则为面壁之工,还虚之道("炼虚")。始由下田而炼,继则中田而修,终由上田而养,所谓"三田返复真生涯"者是。此修养之路,学道人不可不照其理以为修养之基也。[②]

---

① 洪建林编:《仙学解秘:道家养生秘库》,大连:大连出版社1991年版,第564页。

② (清)黄元吉著,蒋门马校注:《道德经讲义·乐育堂语录》,北京:宗教文化出版社2003年版,第462页。

学人用守中之工夫，以调养乎丹田，久之精生药产，神完气足，由此而行八百抽添之数，三百六十之爻，进阳火，退阴符，于中用卯酉沐浴之法，则丹铅现象，有六种效验，然后行五龙捧圣、七日过关之工，庶可还玉液之丹而成不死之身矣。再用炼虚一著，必至如如不动，惺惺长明，浑无半点作为之迹，而究无一物一事之不能作为，到此境也，方算得大丈夫功成道立之候。①

"守中"为下手功夫，久之精生药产，运小周天，炼精化气；大药发生，则有六种效验，然后行五龙捧圣、七日过关之功，温养大药，炼气化神；最后则如如不动、惺惺长明，炼神还虚。从这里可以看出，黄裳的内丹理论很受伍冲虚的影响。

守中之法，为漏体之初功，若童身则可直接从河车搬运下手。其法凝神调息于气穴，"久之真气充足，其内也，心神开泰，其外也，气息悠扬……忽然阳物大举，此即精生药产之明效也……学者审此阳物之勃举果系无欲念计较，于是乃用收摄之法，上升于丹田土釜之中，以目上视，以意上提，稍稍用意，久之外阳缩尽，外囊收尽，然后温温铅鼎，须以有意无意行之，微微观照而已"②。

若只是外肾勃举，则尚在微阳初动阶段，未可立即运行"小周天"，因为此时一身骨节之间精血未充，如果匆忙以意运气，势必造成各种痼疾；"必也丹田有温暖之气冲冲直上，自脐至眉目之间，一路皆有白光晃发，如此至再至三，审其属实，其气冲冲绝非虚阳显露，然后行河车搬运之法。尤要知得真阳之气至刚至壮，其必丹田气突，始能开关展窍，不须多用气力引之上升而下降也"③。将此"真阳之气"从内肾运过下鹊桥，由尾闾、夹脊双关上玉枕，直至泥丸宫，再引至印堂，下至重楼、绛宫，然后送归丹田，温养结丹；此时须知子进阳火、午退阴符、卯酉沐浴之法。"自子至巳为六阳时，必于

① （清）黄元吉著，蒋门马校注：《道德经讲义·乐育堂语录》，北京：宗教文化出版社2003年版，第465—466页。

② （清）黄元吉著，蒋门马校注：《道德经讲义·乐育堂语录》，北京：宗教文化出版社2003年版，第467页。

③ （清）黄元吉著，蒋门马校注：《道德经讲义·乐育堂语录》，北京：宗教文化出版社2003年版，第470页。

每时数至三十六度，合得二百十六数；自午至亥为六阴时，亦必于每时数至二十四度；然卯酉二时是沐浴之时，除却二时不数，还得周天三百之数。所以谓之‘小周天河车’者，此也。”①待见六种效验之后方可停小周天之火，目有金光、鼻有抽搐、耳有风生、脑后有鹫鸣、丹田有火珠之耀、腹中有震雷之声，于是可行七日半过关服食、五龙捧圣及大周天工夫。

与伍冲虚不同，黄裳的著作中无“阳光二现”、“阳光三现”之说，在伍为“七日采大药”过程中见六种效验，此时早已停小周天之火，在黄则为见六种效验后止火采大药，且“七日”或“七日半”非指采药而指过关，即所谓“五龙捧圣”。

大周天之火，“唯有绵绵密密……以一个了照心常常觉照，不稍间断而已”②，“如龙养珠，如鸡抱卵，念念在兹，日夜不忘，自然见先天一气混合离宫之阴精，化成一体，有不知神之为气、气之为神者”③。

“工夫到此，已造塔九层，然终属后天之真阳，迥非先天一炁其大无外、其小无内、入无积聚、出无分散者可比也。故必再加精进之工、薰蒸之力，将此有形有色之胎婴，炼而至于神化之妙，不知有气，亦不知有神，以还未生以前一点虚无元气，视之不见，听之不闻，搏之不得……机动神随，直充塞乎宇宙而无间……操修至此，由太极之蒂归于无极之真矣。”④这里，“先天一气其大无外、其小无内、入无积聚、出无分散者”即所谓“阳神”，能够“充塞乎宇宙而无间”，这样的论点表现了黄氏理论的一个很重要的特色，即特别强调“天然元气”在内炼过程中的意义；按照黄裳的说法，内丹修炼自始至终“皆以清空之一阳，而配合阴阳之一阴”⑤，“清空之一阳”指采自天地之间

① （清）黄元吉著，蒋门马校注：《道德经讲义·乐育堂语录》，北京：宗教文化出版社2003年版，第470页。

② （清）黄元吉著，蒋门马校注：《道德经讲义·乐育堂语录》，北京：宗教文化出版社2003年版，第265页。

③ （清）黄元吉著，蒋门马校注：《道德经讲义·乐育堂语录》，北京：宗教文化出版社2003年版，第472页。

④ （清）黄元吉著，蒋门马校注：《道德经讲义·乐育堂语录》，北京：宗教文化出版社2003年版，第475—476页。

⑤ （清）黄元吉著，蒋门马校注：《道德经讲义·乐育堂语录》，北京：宗教文化出版社2003年版，第480页。

的元气,“阴阳之一阴”指人体一方面的元神。“及其大成,只是天然自有之元气,究之何有何无?吾再申其说曰:纯任自然而已矣。”①所以起手采天地之间阳气以结丹,末了还虚仍归乎自然一气。

（二）玄关一窍的理论

黄裳内丹学说的核心是关于玄关一窍的理论,从《乐育堂语录》、《道德经注释》这两本书的内容看,他是围绕“玄关一窍”问题来讲道、论丹法的。他说:“炼丹琐事,自古圣贤千经万典,说不尽金丹妙蕴,而其的真宗,只须一言可尽。昔人云‘玄关窍’,可以了结千经万典之义。”②

关于玄关一窍在整个内炼过程中的作用,《金丹四百字序》有一段经典性的论述,以后的内丹家们在这个问题上的言论从某种程度上来说都可以视为这一论断的注脚:“要须知夫身中一窍,名曰玄牝……能知此之一窍,则冬至在此矣,药物在此矣,火候亦在此矣,沐浴亦在此矣,结胎亦在此矣,脱体亦在此矣。”③文中“冬至”一词指阳生之候,内丹学中又称为“活子时”。这段话的要点是:炼丹过程自始至终不离玄关一窍。正因为玄关一窍的作用如此重要,内丹家们才在这个问题上一方面大做文章、铺张玄妙,另一方面故为乱辞、孔窍其门,而黄裳的巨大贡献则是驱散了笼罩在这一基础理论问题上的迷雾,并使之真正成为整个内丹学的逻辑起点。下面我们分别从原理与机制、作用与方法这两个方面来探讨黄裳的玄关一窍理论。

既然玄关一窍对于内丹修炼是如此重要,那么弄清楚它在人体中的部位似乎就成为首要的问题,这样一种想法很自然,但并没有涉及问题的根本,因为要害并不在人体结构静止的这一方面,而在于身心是否向自然敞开、天与人之间是否相应,玄关理论之所以可以为整个内丹学提供基础,其原因就在这里。内炼过程并不是在封闭的躯体中进行的,从现代人的观点看,它比其他任何一种操作都更依赖于人与自然之间在能量方面的交流,而

① (清)黄元吉著,蒋门马校注:《道德经讲义 · 乐育堂语录》,北京:宗教文化出版社2003年版,第480页。

② (清)黄元吉著,蒋门马校注:《道德经讲义 · 乐育堂语录》,北京:宗教文化出版社2003年版,第437页。

③ 《藏外道书》第6册,第160页。

黄裳内丹学说的最重要贡献，就是从宇宙论和本体论的高度分析了玄关现象对于内炼过程的意义，指出其实质在于天人之间的元气流行。

黄注《道德经》第五十七章说："至于黄庭之说，在不有不无、不内不外，又在色身之中，又不在色身之中。此个妙窍，到底在何处？古所谓'凝神于虚，合气于漠'是也。夫凝神于虚，合气于漠，亦犹是在丹田中，……以意凝照于此，但觉口鼻呼吸之气一停，而丹田之气滚滚辘辘，在于内外两相交结之处纽成一团，直见絪絪缊缊、浑浑沦沦、悠扬活泼之机，一出一入，真(直)与天之元气两相通于无间。生精生气生神，即在此处，与天相隔不远，此即'合气于漠'之说也。"①就身体结构这一方面而言，此章明确指出玄关一窍"在脐下丹田离肉一寸三分之间"②。但最要紧的是"直与天之元气两相通于无间"，后者才触及问题的实质。上文中我们曾介绍过李西月关于玄关有死有活的论点：以人体中固定部位黄庭、气穴、丹田而论的玄关，就是死的，以凝神聚气现出的玄关，就是活的；李还说玄关"在上下之'中'、亦不在上下之'中'"③，虽然此言已经在暗示玄关的意义并不限于身体结构的范围(上下之"中")，但他的分析总的说来还没有超出身心现象的领域。实际上凝神聚气只是一种结果，玄关是死是活，从根本上来说取决于是否能接通天地人，这才是终极的原因，而前引《金仙证论》之所谓"气发则成窍，机息则渺茫"，则更当以"天人合发"为其潜台词。《乐育堂语录》说："行工之始，一阳初动……如雷之忽响，突然而觉，即玄关窍开时也……是即'天人合发'。何谓'天人合发'？从无知无觉时，是纯乎天，不杂以人；忽焉有知有觉处，是纯乎人，亦不离乎天，故曰'天人合发'。如此天人合一，始是真阳，可以为丹母者。"④

《乐育堂语录》中对天人合发景象的描述很多，而且相当精彩，如："到

① (清)黄元吉著，蒋门马校注：《道德经讲义·乐育堂语录》，北京：宗教文化出版社2003年版，第135页。

② (清)黄元吉著，蒋门马校注：《道德经讲义·乐育堂语录》，北京：宗教文化出版社2003年版，第136页。

③ (清)李西月：《道窍谈·玄关一窍》，《藏外道书》第26册，第618页。

④ (清)黄元吉著，蒋门马校注：《道德经讲义·乐育堂语录》，北京：宗教文化出版社2003年版，第322页。

得凝神调息，忽然恍恍惚惚，入于混沌之际，若无著落者然，此即虚极静笃时也，亦即是安身立命处也。于此忽然一觉，现出我未生以前一点真面目来，完完全全一个太极本体，天地人物与我同根共蒂者。我于此一觉而醒，即以先天一点元阳主宰其间，运起呼吸之神息，招摄（先天一气）归来，不许一丝半点渗漏，顷刻间气机蓬蓬勃勃，直觉天地内外一气流通贯注。”①

玄关一窍在身体中的部位这一问题并非完全无足轻重，前文所介绍的守中下手功夫要点即在于凝神玄窍，但黄氏所言“守中”指玄关现相之后的一段功夫，并非以守窍为入门方法。关于“玄关”、“玄牝”等名词术语的意义，黄氏谈得很多，例如《乐育堂语录》说“心有心之玄关，肾有肾之玄关”，又说“‘玄’即离门、‘牝’即坎户”，还说“‘出玄入牝’实在脐下丹田离肉一寸三分之间”②等等。但他既不像以往的内丹家那样故弄玄虚，令人不得要领，又“不比中下二乘说窍，有形可指，有名可立”③，而是把从不同角度对于玄关现象所作的各种描述统一在“天人合发”、“一气流通”的基本命题之下，这样，玄关问题的神秘性就消失了。他说：

其实“玄”即离门，“牝”即坎户。惟将离中真阴下降，坎宫真阳上升，两两相会于中黄正位，久久凝成一气，则离之中自喷玉蕊，坎之中自吐金英。玉蕊金英，亦非实有其物，不过言坎离交媾，身心两泰，眼中有智珠之光，心内有无穷之趣，如金玉之清润缜密，无可测其罅漏者。④

始而以性摄情，忽然肾气冲动，真机自现，此肾之玄关也；继而以情归性，忽焉心神快畅，气机大开，此心之玄关也，即真知灵知之体也。人能于此立得住脚根，不为他物而迁，自然日积月累，以几于光明之域。要之，玄关何定，到得大开之时，一身之内无处不是玄关，一日之间无事

① （清）黄元吉著，蒋门马校注：《道德经讲义 · 乐育堂语录》，北京：宗教文化出版社 2003 年版，第 344 页。

② （清）黄元吉著，蒋门马校注：《道德经讲义 · 乐育堂语录》，北京：宗教文化出版社 2003 年版，第 415、236、136 页。

③ （清）黄元吉著，蒋门马校注：《道德经讲义 · 乐育堂语录》，北京：宗教文化出版社 2003 年版，第 343 页。

④ （清）黄元吉著，蒋门马校注：《道德经讲义 · 乐育堂语录》，北京：宗教文化出版社 2003 年版，第 236 页。

不是玄关。此非粗浅人所能识也。①

人能盗天地之元气以为丹本，而后生之、蓄之、长之、育之，以还乎本来之天，即得道矣。然欲盗天地之元气，须先识天地之玄关。玄关安在？鸿濛未判之先，天地初开之始，混混沌沌中，忽然感触，真机自动，此正元气所在也，而修炼者必采此以为丹头，有如群阴凝闭，万物退藏，忽遇冬至阳回，即道生矣。②

第一段论玄关出现时身心方面的改观，第二段论由身体个别部位气机之发生而至于整体状况的变革，第三段则涉及玄关在天人合一过程中的根本性作用。在第二段中，"玄关"概念的应用范围不但超出了身体个别部位，而且已经从空间扩展到时间方面。第三段更从宇宙论和本体论的高度分析了玄关现象的重要意义，这些论证对于"天人合发"的论题来说是再充分不过的了。

上文第三段实际上已经开始从玄关一窍的命题出发讨论内丹论中至关重要的"药物"问题，用现代人的术语来说，就是能源的问题。只有在身体内的玄关被打开（身外的自然因而也成为相对于炼丹者而言的"玄关"）时，天地之间的元气才能成为炼丹的药材（即文中所谓"丹本"、"丹头"）。关于这一点，《乐育堂语录》还说："真铅真汞全非色身上物事，总不在老少分也。古云：此铅不是尘中物，此汞亦不是色相中有，须于清空一气、鸿濛未判时求之。"③这段话的意思是，炼丹所用的药物（真铅真汞）不在后天的身体（"色身"）内，与炼丹者之年老、年少也没有必然联系，必须求之于清空一气。"诚能了悟此气，真有天地非大、吾身非小、生有何荣、死有何辱境况"④，"所谓神仙无别法，只是此气充满一身内外焉耳"⑤。

① （清）黄元吉著，蒋门马校注：《道德经讲义·乐育堂语录》，北京：宗教文化出版社2003年版，第415页。

② （清）黄元吉著，蒋门马校注：《道德经讲义·乐育堂语录》，北京：宗教文化出版社2003年版，第119页。

③ （清）黄元吉著，蒋门马校注：《道德经讲义·乐育堂语录》，北京：宗教文化出版社2003年版，第415页。

④ （清）黄元吉著，蒋门马校注：《道德经讲义·乐育堂语录》，北京：宗教文化出版社2003年版，第436页。

⑤ （清）黄元吉著，蒋门马校注：《道德经讲义·乐育堂语录》，北京：宗教文化出版社2003年版，第310页。

这里谈的就是所谓“外药”。在内丹学中，“内药”和“外药”这一对术语被用来指称内炼操作所用的原料，不但清静和双修两派用法不同，即便同一法门内部，所指亦有差别。当然，这并不表明各家所用“原料”真的有多少不同，而只是因为各派修炼手段有别、诸家用词方法互异，等等。“内药”、“外药”二词的使用肇始于南宗，《悟真篇》里出现过此二术语，不过南宋的陆子野和明代的陆西星都认为，它们分别指内丹和外丹药物。南宋的翁葆光为《悟真篇》作注时曾对“内药”、“外药”下过定义，而且作过分析，奠定了这一论题的基础。后来，清修派也开始使用这一对概念，不过意义有很大不同，元人李道纯《中和集》卷2“金丹内外二药图说”云：“大凡学道，必先从外药起，然后自知内药。”[①]但《中和集》的“内药”、“外药”概念意义相当含混。明代的陆西星、伍冲虚二人关于“内药”、“外药”都有很重要的意见，他们分别代表双修、清静两派。陆所谓“外药”专指来自“他家”的先天一气，论功夫次第则先“内药”、后“外药”而又至于“内药”；伍所谓“外药”大致相当于陆的第一种“内药”，以其“虽从内生，却从外来，故谓之‘外药’；炼成还丹，斯谓之‘内药’，又谓‘大药’”[②]。到了清代，李西月综合双修、清静两派的意见，从陆的第一种“内药”中分出“后天外药”、“后天内药”两种，又将陆所谓“外药”和第二种“内药”分别称为“先天外药”、“先天内药”。使用“外药”、“内药”这一术语最初的动机，从翁葆光的《悟真篇注》一文看来，主要是想暗示“原料”的来源和用功的方法，尽管他在序言说：“夫炼金丹大药，先明天地未判之前、混沌无名之始气，立为丹基。”[③]而且元人戴起宗为此注所作的《疏》特别强调“以无涯之气补有涯之气”，“天地灵根、阴阳圣母乃为还丹之基”[④]，但由于双修丹法中有所谓“他家”的作用，而“外药”又与此作用相关，所以“原料”的来源问题总的说来一直处于晦暗状态。《乐育堂语录》直截了当地说：“外药即太虚中之元气也。”[⑤]这

① 《道藏》第4册，第488页。

② （明）伍守阳：《天仙正理直论 · 药物直论第二》，《藏外道书》第5册，第790页。

③ （宋）翁葆光：《紫阳真人悟真篇注疏序》，《道藏》第2册，第913页。

④ （宋）翁葆光：《紫阳真人悟真篇注疏》，《道藏》第2册，第965、943页。

⑤ （清）黄元吉著，蒋门马校注：《道德经讲义 · 乐育堂语录》，北京：宗教文化出版社2003年版，第310页。

就解决了以前无论是清静派还是双修派,都没有说清楚的关于内炼药物根本来源的问题。这里需要特别加以注意的是,并非只有清静派才以太虚中元气为药物,历为翁葆光所称的“天地未判之前、混沌无名之始气”,戴起宗所谓的“无涯之气”、“天地灵根”,如果不是来自太虚之中又能从什么地方来呢?至于陆西星之“用敬”①、李西月之“钻杳冥”,更是典型的采取身外虚空元气功夫。总之,实践方法是古已有之,而其理论则至黄氏出乃臻于完备。

身外虚空元气之来是有条件的,“非内养有功,必不能招回外来之药”;所谓“内养”,指的是调和心肾,“欲穷生身受气之初那一点虚无元阳(即来自身外虚空的先天一气),必先向色身中调和坎离水火。迨后天水火既调,然后坎中一阳自下而上,离中一阴自上而下,上下相会于虚危穴中,烹之炼之,而先天一气来归,玄牝之门兆象矣”②。“坎”、“水”指肾一方面,“离”、“火”指心一方面,玄关未开时心肾气液俱属“后天”,“色身”乃后在的身体,待到心肾相交之时,“自然天地一点真阳之气不自内不自外生出来,此即所谓‘真铅’也,又即所谓‘先天乾金’也”③。此时方可论“玄关”。

将心肾气液执为内炼药物,乃出于一种普遍的误解;未得玄关,一身精气俱为阴质,《乐育堂语录》强调说:“夫以凡铅(金属)而言,则坎(肾)中一阳、离(心)中一阴皆真铅;以先天真铅(天地间元气)而论,则坎中一阳、离中一阴皆属后天有气有质之物。从此想来,此个真铅真阳不自坎(肾)生、不自离(心)有,原从不内不外虚无窟里(玄关)由坎离水火二物锻炼而来者也。吾今道破,以免学人误认坎(肾)中阳气为吾人炼丹之本,庶乎其不差矣。”④

身外虚空之元气不自来归,非用身中阴阳招摄不可;欲求先天一气,必

---

① 《三藏真诠》,第6—7页。萧天石编:《道藏精华》第12集之二,台北:自由出版社1989年版。

② (清)黄元吉著,蒋门马校注:《道德经讲义·乐育堂语录》,北京:宗教文化出版社2003年版,第281页。

③ (清)黄元吉著,蒋门马校注:《道德经讲义·乐育堂语录》,北京:宗教文化出版社2003年版,第281页。

④ (清)黄元吉著,蒋门马校注:《道德经讲义·乐育堂语录》,北京:宗教文化出版社2003年版,第281—282页。

须从后天的身体上下手,才有着落。一呼一吸是一对“身中阴阳”,“调此呼吸,以目了照于丹田中,以息下入阴跷,提起阴跷之气上入黄庭,又以息引起绛宫之阴精下会丹田,此亦凡阴凡阳也。久之阴精与阳气两相交融,凝于丹田土釜之中,自然阴精化为真阳之精,凡气化为真阴之气,蓬蓬勃勃,充周一身,此即真阴真阳,与(天然)元气不相远也”①。

心肾相交,玄关窍开,天然元气生乎我身,锻炼而为内药。“人能静定半时,了照气机,自然(外)药归炉鼎而升降上下,为内药矣。”②内药与外药都是元气,不过虚空中元气(外药)纯为天然一气;采入身内,化身内后天精气神“皆成先天一气”(内药)③,所以内药功夫有十月之久。

黄裳关于玄关还有许多指示要诀的论断,例如论“炼精化气之时则有精生之玄关,炼气化神之时则有气动之玄关”④等,限于篇幅,不能在此一一介绍。

现代的内丹家多重视黄氏的著作,陈撄宁的《口诀钩玄录》即为整理《乐育堂语录》、《道德经注释》中的玄关理论而作。陈在该书第二章“书名之意义”中说:“二书论玄窍之文字,皆散见于各处,而不成系统。今为之聚其类别,比其条文,删其繁芜,醒其眉目,当较原书为易于入门矣。学者果能将玄窍之理论,一一贯通,玄窍之工夫,般般实验,何患不能缩天地于壶中,运阴阳于掌上?”⑤这本拟议中的重要著作实际上只完成了“读者须知”四章,就没有再写下去,因为“道门中之卓识者多不赞成此举,谓为泄露天机,于道有损无益”⑥,而当别人也企图做类似的整理工作时,陈劝其“取慎重之

---

① (清)黄元吉著,蒋门马校注:《道德经讲义 · 乐育堂语录》,北京:宗教文化出版社2003年版,第283页。

② (清)黄元吉著,蒋门马校注:《道德经讲义 · 乐育堂语录》,北京:宗教文化出版社2003年版,第284页。

③ (清)黄元吉著,蒋门马校注:《道德经讲义 · 乐育堂语录》,北京:宗教文化出版社2003年版,第284页。

④ (清)黄元吉著,蒋门马校注:《道德经讲义 · 乐育堂语录》,北京:宗教文化出版社2003年版,第345页。

⑤ 洪建林编:《仙学解秘:道家养生秘库》,大连:大连出版社1991年版,第565页。

⑥ 洪建林编:《仙学解秘:道家养生秘库》,大连:大连出版社1991年版,第181页。

态度”①。黄氏内丹著述之具有特别的实在性，于此亦可见一斑。李西月在《太上十三经注解》一书末尾处评价白玉蟾《修仙辩惑论》说：“阅丹经甚多，惟此无半点虚语。”②用同样的话概括黄裳著作的特点，可能也是再恰当不过的。

第四节　陈撄宁、易心莹的道教思想

清末民国时期，对道教理论建设作出较大贡献者，还应该论及的是陈撄宁与易心莹。

一、陈撄宁与《扬善半月刊》

陈撄宁，安徽省怀宁县人，生于清光绪六年（1880 年）十二月。清末秀才。道号圆顿子。其父以教书为职业，在家中设馆授徒，撄宁自幼即受家庭私塾教育，3 岁开始读书，至 6 岁时已读完《三字经》、《四字经》、《百家姓》、《千字文》、《论语》、《孟子》、《大学》、《中庸》；7 岁至 11 岁，读《诗经》、《书经》、《易经》、《礼记》、《左传》；12 岁至 14 岁，读古文、古诗、八股文、试帖诗，学作诗文。撄宁少年时代虽然受到儒家传统方式的严格训练，但接触神仙思想及古代方术也非常早：10 岁于家中偷看《神仙传》，即萌学仙之念；13 岁时得抄本张三丰《玄要篇》及白紫清《地元真诀》，读之津津有味，是平生第一次读到人元、地元两种仙学书籍；14 岁买《万法归宗》被家人付之一炬，16 岁以后方得自由，“不过象雷劈枣木印、樟柳神、桃木剑这一类东西，还是不敢公开展览”③。因为用功过度，又缺乏营养，陈撄宁 15 岁便得了童子痨，这在当时是不治之症，遂改学中医，想从古代医书中寻到治童子痨的方法。16 岁至 19 岁，从其叔祖父学中医，他的医书很多，于普通病症有办法，但就是治不好童子痨；偶然看到一部医书上谈到仙学修养法，试做起来，身

---

① 洪建林编：《仙学解秘：道家养生秘库》，大连：大连出版社 1991 年版，第 181 页。

② 徐兆仁主编：《涵虚秘旨》，北京：中国人民大学出版社 1990 年版，第 242 页。

③ 陈撄宁：《江苏宝应陈悟玄女士第二次来函并答问》，洪建林编：《仙学解秘：道家养生秘库》，大连：大连出版社 1991 年版，第 246 页。

体渐渐好转，这成为陈撄宁平生研究仙学修养法的起点。16岁得古本《参同契》及《悟真篇》，19岁得原版《仙佛合宗》并《天仙正理》。他的父亲业儒而好道，但不准儿子学道，所以家中虽有许多抄本道书，却只能偷看，不敢公开翻阅；他的叔祖为名医而精于仙学，其家藏医书道书皆为珍本，然尝谓“医许学，仙不许学。书可传，诀不可传”①，所以撄宁平生于仙学方面所受家庭之赐者，仅几本丹经而已。

据李养正先生《论陈撄宁及所倡仙学》说，陈曾在家庭督促下参加科举考试，初试语涉朝政，所幸主考官是他父亲的朋友，方才免去一场大祸，下科应试乃中秀才。② 20岁至27岁(1900—1907年)之间，撄宁除研究中医学理并仙学修养法外，又兼看上海江南制造局译学馆所译的各种科学书；其兄平日研究物理、化学，尤精于数学，善绘机械图画，撄宁的普通科学知识多从其兄处得来，但因其兄勤学过度，三十几岁便得吐血症而亡，所以撄宁对于专门科学也不敢再用心研究。后来他考入安徽高等政法学堂，但不久即因旧症复发退学，未能毕业。③

1908年陈撄宁28岁，从这年起，为了学习修养方法，他离开家庭四处求师。写于1953年的《自传》描述这段时期的经历说：

> 先寻访佛教中有名的高僧，如九华山月霞法师、宁波谛闲法师、天童山八指头陀、常州冶开和尚等。但嫌佛教的修养法都偏重心性，对于肉体仍无办法，不能达到去病延龄之目的。因此又寻访道教中人，如苏州穹窿山、句容县茅山，都是香火地方，道士们不懂得修养。又如湖北均州武当山、山东即墨县崂山，虽有少数做修养工夫的人，他们所晓得的方法，尚不及我，有许多问题不能回答。其他不出名的地方，如安徽怀远县涂山、浙江湖州金盖山等处，都是空跑，并无结果。我想，这样寻访，白费光阴，还不如自己看书研究，因此遂下决心阅览《道藏》。④

---

① 陈撄宁：《答江苏如皋知省庐》，洪建林编：《仙学解秘：道家养生秘库》，大连：大连出版社1991年版，第156页。

② 陈撄宁：《道教与养生》，北京：华文出版社1989年版，第445页。

③ 关于陈氏生平事实，参见《陈撄宁自传》，陈撄宁：《道教与养生》，北京：华文出版社1989年版，第1—5页。

④ 陈撄宁：《道教与养生》，北京：华文出版社1989年版，第2页。

1912—1914 这三年,撄宁在上海与姊丈乔种珊同住,于老西门外白云观内通读《道藏》。1915 年转而研究佛学,在杭州城外海潮寺佛教华严大学住了一段时期,同年秋季又往北京寻找专做修养工夫之人,无所遇。

1916 年陈撄宁 36 岁,这一年他收了一位女弟子——文学家吕碧城,他为后者作了《孙不二女丹诗注》,手订《女丹十则》,复撰《答吕碧城女士三十六问》。这一事实表明他已从求师阶段转入传法阶段,尽管访道活动并未从此结束。① 陈撄宁在《答复上海南车站张家弄王君学道四问》一文中谈到过自己的师承问题,他说:"仆正式之导师,前后共有五位,北派二位,南派一位,隐仙派一位,儒家一位,现在我自己竟不能说是专属那一派。若论到龙门派,仆算是第十九代'圆'字派。"②但陈撄宁并没有提到授受的年代,也许在 1912—1916 年之间有不只一次的传授。不论如何,《孙不二女丹诗注》既是陈撄宁的处女作,又是他的代表作之一,这是他仙道事业中的一个新起点。

1916 年的另一重大事件是陈撄宁与妇产科医生吴彝珠的结合。吴彝珠(1882? —1945 年)原籍浙江吴兴,1911 年毕业于上海中西女子医学院③,其时自设诊所于上海法租界民国路,夫妇两人在这里大约一直住到 1936 年春。

《自传》说:"这二十年(1916—1936 年)中,生活安定,尚能容许我研究学术,每天看两三卷书,并不困难。所看的书,大半和修养有关,同时亦兼看文学、史学、哲学、医学、佛学等书(书的来源,或自己购买,或向人家借看,或到图书馆阅览)。二十年中所看的书,实在不少。"④这些研究是围绕仙道这一主题进行的,而且以内修外炼实践为主导。

大约在 1920 年或 1921 年,陈撄宁又收了一位弟子——"潜道人"王聘三,他为后者写了《〈黄庭经〉讲义》。尽管王和前一位弟子一样令老师

① 参见洪建林编:《仙学解秘:道家养生秘库》,大连:大连出版社 1991 年版,第 270—277、643、664 页。

② 洪建林编:《仙学解秘:道家养生秘库》,大连:大连出版社 1991 年版,第 52—53 页。

③ 此据陈仲琏:《怀念伯父陈撄宁》,《中国道教》1989 年第 8 期。

④ 陈撄宁:《道教与养生》,北京:华文出版社 1989 年版,第 3 页。

失望，但这份讨论养生学基本理论的讲义却是一部杰作，这是陈撄宁的第二部代表作。①

1922 年至 1932 年间，陈与同志黄邃之、谢李云、高尧夫、郑鼎丞等人大兴炉火、烧炼外丹。陈"工作亘昼夜，砂汞银铅、鼎池灰炭常堆积盈庭"②；吴性复好客，家中每逢周末便有座上常满、樽中不空之盛况。陈在 1935 年《复南京立法院黄忏华先生书》中回忆这段经历时说："当时豪气，诚足以薄孔颜而抗老释，超五祖而驾七真。孰料两次垂成，皆因两次沪战而遭破坏，驯至药材散失，同志流亡。"③"两次沪战"即 1924 年齐卢军阀之战和 1932 年"一·二八"日本侵略军袭击上海之事变，"彼时因战事而致家破人亡者，不可胜数，烧炼外丹道友四五人，虽幸免波及，然大局已非，不能安心续炼矣"④。

整十年光阴、数百次试验，其结果是：(1) 证明各种外丹口诀"确有可凭，决非欺罔"；(2)"证明红铜确能变为白银，死砂乾汞更不成问题，然亦仅能到此程度而止，后来惜未能继续下去"；(3)"至于炼地元灵丹作服食之用者，虽亦曾试验，但难保绝无流弊"。⑤ 陈任中国道教协会会长时的秘书余仲珏女士在其著作《陈撄宁先生传略》中说："笔者于 1962 年曾在陈老家中亲眼看见过一小截红铜丝，约有四寸来长、铅笔芯粗细，半为红铜，半为白银。"⑥这些实践活动对于陈氏独特的仙学思想的形成有至关重要的意义，他在《复南京立法院黄忏华先生书》中声称，实际的操作使他"不致被一般空谈心性、贱视物质之假道学先生所迷惑"⑦。请注意上述第三条中所谓"灵丹"，一般称为"天元"，从某种程度上来说，它比所谓"地元"、"人元"丹法

① 该书卷首有王聘三辛酉年(1921 年)题辞，并参陈撄宁：《复南京立法院黄忏华先生书》，分见洪建林编：《仙学解秘：道家养生秘库》，大连：大连出版社 1991 年版，第 619、506—507 页。

② 陈撄宁：《复南京立法院黄忏华先生书》，洪建林编：《仙学解秘：道家养生秘库》，大连：大连出版社 1991 年版，第 505 页。

③ 洪建林编：《仙学解秘：道家养生秘库》，大连：大连出版社 1991 年版，第 506 页。

④ 陈撄宁：《答江苏如皋知省庐》，洪建林编：《仙学解秘：道家养生秘库》，大连：大连出版社 1991 年版，第 156 页。

⑤ 陈撄宁：《复南京立法院黄忏华先生书》、《答江苏如皋知省庐》，洪建林编：《仙学解秘：道家养生秘库》，大连：大连出版社 1991 年版，第 506、157 页。

⑥ 余仲珏编著：《陈撄宁先生传略》，上海：翼化堂 1988 年版，第 9 页。

⑦ 洪建林编：《仙学解秘：道家养生秘库》，大连：大连出版社 1991 年版，第 506 页。

与传统神仙信仰的关联更为深刻，陈在1940年为《余之求道经过》一文所作按语中曾特别强调说："古来仙学精华，就寄托在炼外丹功夫上。"[①]而且实际上外丹术之精华又不言而喻地存在"天元"法中。关于外丹问题我们在后面分析其仙学思想时还要讨论。

陈撄宁于1932年改变方针、另起炉灶，由外炼转向内修。不久就出现了现代道教史上一个非常重要的事件，这就是《扬善半月刊》的创立。

1933年7月，《扬善半月刊》由上海翼化堂善书局主人张竹铭医师创办发行。竹铭出身慈善家世家，其翼化堂善书局自清咸丰七年（1857年）以来，"搜罗各种道学、佛学、劝善等书，已出版者不下千余种，久为海内外各界深知"[②]；而竹铭既承其先人遗志，苦心经营书局事业，更兴办《扬善半月刊》，"凡关于劝善劝孝、戒杀放生、敬字惜谷、遏淫戒赌、戒烟戒酒、拯难济急、治家修身、道学佛经等感化人心、有益世道之文字图画一律欢迎"[③]。所以陈自谓"幸遇机缘"，可借以"提倡道学"，而与翼化堂主人堪称"同志"。[④]

自《扬善》创刊伊始，陈撄宁即与这份刊物同呼吸、共命运。该半月刊从第1期起连载了《〈黄庭经〉讲义》，第5期开始又连载了《孙不二女丹诗注》。第二年（1934年），陈写了《口诀钩玄录·第一编》，并陆续发表于第32期（1934年10月16日出版）以后各期。《口诀钩玄录》（以下简称《钩玄录》）原拟名为《黄元吉先生学说钩玄录》，陈打算在这部专著中系统地阐述黄元吉的玄窍理论，但出于种种原因，即便是初编"读者须知"也未能完成。[⑤] 不过，这个未完成稿在陈氏的所有著作中仍属最重要一类，其中第三章论道家与道教、儒家、佛教以及神仙家之异同，第四章分析神仙家口诀秘传之原因，几乎可以看作他所提倡之仙学的一个初步纲领。

---

① 洪建林编：《仙学解秘：道家养生秘库》，大连：大连出版社1991年版，第584页。

② 《翼化堂征求道书启事》，见《扬善半月刊》（以下简称《扬善》）总42期封2。

③ 《惠稿简例·甲》，《扬善》第30期。

④ 参见陈撄宁：《答复江苏海门蔡德净君》，洪建林编：《仙学解秘：道家养生秘库》，大连：大连出版社1991年版，第24页。

⑤ 参见陈撄宁：《答复济南张慧岩君问双修》、《复济南财政局杨少臣君》、《答复某君问道函》、《口诀钩玄录》，洪建林编：《仙学解秘：道家养生秘库》，大连：大连出版社1991年版，第63、92、181、564—577页。

这些精湛的作品使得陈撄宁在编辑部同人和广大读者中间赢得了很大的声望。尽管同一时期别的作者也有重要作品发表，但他毫无疑问的是大家公认的权威。从1934年9月《钩玄录》初集脱稿[①]至1937年8月《扬善》停刊整整三年之间，除两篇有关道教的经典性文字之外，陈氏的各种主张都是通过论道书信、序跋按语以及为读者解决具体疑难问题所作的专论发表的。文章体裁和写作环境等方面的限制使他未能有机会系统地表述自己的思想，然而这些散篇在学术上的重要性并不亚于前三部作品，实际上它们在内容的丰富性、题材的广泛性以及文字的通俗性诸方面远远超过了以前的专著，以至于要全面了解陈氏的仙学主张，就不能不通读这些散篇。

《扬善》自第1期起至第36期(1934年12月16日出版)止，宗旨为"三教一贯"，兼登普通劝诫文字，其间虽有"道学专家"如陈撄宁、常遵先等人的著述，但除此以外则无异于其他劝善刊物；第37期(1935年1月1日出版)以后，宗旨仍为"三教一贯"，而内容方面则以仙道文字居多。[②] 从《扬善》登载的各种文章看，至少在1935年陈已经成为众望所归的"道学"导师，在大约写于该年2月的《答复无锡汪伯英君来函问道》一文中，他提出了组织修道团体的问题。[③] 第42期(1935年3月16日出版)是破例的一次特邀陈撄宁编辑的"三教问答专刊"，他在该期发表的《答复上海南车站张家弄王君学道四问》中建议说："《扬善半月刊》社可作为学道的同志们互通声气的一种机关。"[④]实际上，阐扬仙学理论、倡导组织修道团体并使《扬善半月刊》社成为联络"好道同志"的总机关，这就是该杂志发行期间陈氏的中心工作；而在另外一方面，这些也正是《扬善半月刊》进入1935年以后直至1937年8月被迫停刊这一历史时期的主要业绩。在这份刊物逐渐走上专弘仙学之轨道的过程中，陈撄宁起了关键性的作用。

大约在1935年与1936年之交，《扬善》编辑部收到一位名叫"钱心"的年轻人题为《仙佛判决书》的来稿。该文以激烈的言辞颂扬仙教，批评佛

① 参见《本刊特别事》，《扬善》第30期。
② 参见《本刊三周(年)纪念72期之回顾》，《扬善》第73期。
③ 参见洪建林编：《仙学解秘：道家养生秘库》，大连：大连出版社1991年版，第38页。
④ 洪建林编：《仙学解秘：道家养生秘库》，大连：大连出版社1991年版，第53页。

教。在编辑会议上，编委四人中只有张（竹铭？）一人主张揭载此文，大家议论莫决，于是便将此稿并众议专函寄给陈撄宁。陈不仅主张照原稿登出，而且还劝说编辑们放弃"三教一贯"、"五教平等"的宗旨，编辑部采纳了他的意见。[①] 陈并非常务编委，却能使一项重大议案以如此方式通过，足见其于编辑部之影响力。据《扬善》第73期发表的编者所作《本刊三周（年）纪念72期之回顾》一文称："自63期（1936年2月1日出版）钱心君《仙佛判决书》及65期（1936年3月1日出版）陈撄宁先生《吕祖参黄龙事考证》、《疑问》、《平议》各篇登出之后，本刊始改变宗旨，专弘仙道，飘然独立，不受释教教义之拘束。"[②]

1936年春，陈撄宁夫妇迁居沪西梅陇，原因有二：第一，1935年冬发现吴氏患有乳腺癌，此时病势加重，吴不得不辞去所有诊务、教务，移居乡间疗养；第二，据吴氏称，陈"为编辑《扬善半月刊》故，谋隐居僻处"[③]。这次迁居对于陈氏夫妇和《扬善半月刊》两方面都有很重要的意义，陈对于该杂志的最重要贡献就是在1936年春至1937年夏这段时间作出的。从1936年4月1日出版的第67期至最后的第99期，由陈所撰写和编辑的稿件的累计数量，据粗略的估计，约占《扬善》同时期总数量的百分之五十五至六十；而且在此期间，虽然如竺潜道人、张化声、易心莹、常遵先等人也有重要作品发表，但出自陈撄宁手笔的文章之数量及其重要性在该杂志发表的所有作品中是首屈一指的。

尽管迟至1936年8月15日出版的第76期，编辑者方在《扬善》封面上标出"专门仙学杂志"的字样，但实际上自同年4月1日出版的第67期起它已经具有这样的性质。第67期《扬善》是该杂志历史上最重要的几期之一，该期发表的由陈氏代作的《中华全国道教会缘起》[④]是现代道教史上的经典性文献，同时，此期揭载的钱道极、陈撄宁通函及其所附编者按语清楚

---

① 参见《扬善》第62期。

② 《本刊三周（年）纪念72期之回顾》，《扬善》第73期。

③ 《〈灵源大道歌〉白话注解·吴彝珠女士跋》，陈撄宁：《道教与养生》，北京：华文出版社1989年版，第205页。并参《陈撄宁自传》，同上书，第3页。

④ 参见《扬善》第67期第1页该文"编者附告"。

地表明了《扬善》、陈撄宁与道教之间的复杂关系。

在这之前的1935年11月，《扬善》第58期发表了《中华道教会草章》，据77期（1936年9月1日出版）刊登的题为"中华道教会成立"的报道，该会之发轫乃在民国十七年（1928年），"中间几经困难，又艰于经济"，爰于1935年重新筹备，故《中华全国道教会缘起》一文中有"呈请党政机关，准许成立"①云云。上面我们特别强调《中华全国道教会缘起》由陈氏"代作"，是要表明，陈在该文中阐述的一系列主张，实际上只是他的全部思想中的一个特别的部分，而它与这个整体中的其他部分并不是那么和谐一致的。就在同期发表的复钱道极函中，他还主张神仙之学应独立于道教，他说"后人七扯八拉，把神仙学说混入道教之中"，又说"一方面学仙，一方面讲教，到了结果，仙也学不成功，教也讲不圆满。自北七真祖师王重阳以后，皆是如此"。② 正因为《中华全国道教会缘起》是代作，所以该文将《黄庭经》、《参同契》等在陈看来属于仙家的作品归在道教"出世之道"的名目之下，而并没有将仙、道一家视为一件不合理的事。《扬善》编辑部的意见如何呢？据上述钱道极、陈撄宁通函所附"编者按语"称："……目前尚未觅得可以代替圆顿（陈之道号）先生的人……也不是说绝对没有人能做道教仙术的文章，乃是说没有人能做抬高道教地位的文章，更加没有人能做把仙术立于宗教之外、与科学相接近的文章。"③请注意，这里所说的"把仙术立于宗教之外"，自然也应包括立于道教之外，而在编辑部看来，这与提倡道教、抬高道教地位的努力并无矛盾。同文还说："遍国中定期刊物，不下数千份。若要像本刊这样切实论调，极力提倡道教与仙术，为黄帝老子并历代神仙扬眉吐气者，恐怕没有第二份吧？"④所以编辑部看来是接受或至少是默认了陈氏"仙学独立"的主张。

刊登在1935年11月《扬善》第58期上的《中华道教会草章》曾提出，

---

① 陈撄宁：《道教与养生》，北京：华文出版社1989年版，第2—3页。

② 钱道极、陈撄宁：《北平学院胡同钱道极君致圆顿子函并答》，洪建林编：《仙学解秘：道家养生秘库》，大连：大连出版社1991年版，第501页。

③ 洪建林编：《仙学解秘：道家养生秘库》，大连：大连出版社1991年版，第503页。

④ 洪建林编：《仙学解秘：道家养生秘库》，大连：大连出版社1991年版，第502页。

拟议中的中华道教会要“设立道学院，阐明道家学术源流，发扬玄门要旨，并办道教月刊”①，在道教方面，这项计划的实现实际上是在新中国成立之后，而当时“阐明道家学术源流，发扬玄门要旨”的工作在很大程度上倒是由《扬善》来完成的。关于这一点，上述“编者按语”说：“时至今日，道教本身，衰弱到了极处。国人脑筋，对于道教，麻木也到了极处。《扬善刊》鼓吹了三年，用尽心力，大家才晓得我们中国尚有个最古的道教，稍稍有人注意，稍稍有人研究。现在也有几处道教会，稍稍举办，未尝不是本刊一点微劳。”②《扬善》第 67 期以前，除狭义仙学方面的论著外，尚有像《中国道教源流概论》（第 14 期）、《中华道教会草章》（第 58 期）这样的重要文献发表；而第 67 期以后登载的道教文献，无论是从数量还是重要性方面来说，较之以前都有大幅度提高。其中有重要论文如《中华全国道教会缘起》（第 67 期）、《论〈四库提要〉不识道家学术之全体》（第 68—70 期）、《寄玄照楼书——论道教宗派》（第 92 期）、《道教分宗表》（第 93 期）、《胡适近著〈陶弘景真诰考〉之批评》（第 81 期）；重要消息如“中华道教会成立”、“中华道教会执监委员会宣誓就职”（均见第 77 期）；重要文件如《中华道教会组织分支会规则》（第 77 期）；等等。将它们称为“1936—1937 年间道教文献之精萃”，大概没有什么问题。

那么能否根据上述事实断定说，《扬善》在第 67 期以后就成为一份道教刊物了呢？无论如何，《扬善》编辑部和陈撄宁本人都不会同意这种说法，实际上，仙学独立于道教的主张他们一直坚持到 1937 年夏该杂志停刊前夕。在发表于 1936 年 6 月 1 日第 71 期的《答上海钱心君七问》一文中，陈明确地说：“宗教这个东西，在以后的世界上，若不改头换面，他本身就立不住。无论道教、佛教、耶教、天主教，以及其他的鬼神教、乩坛教，一概都要被科学打倒。”③早在 1935 年 3 月，陈在《扬善》第 42 期发表的《答复上海公济堂许如生君学佛五问》一文中就曾声明，“我所提倡的，是道学，不是道教”，同文中他还说：“请细看《扬善刊》上面所登的《道学小丛书》以及《女

① 第 1 章第 3 条第 4 目。
② 洪建林编：《仙学解秘：道家养生秘库》，大连：大连出版社 1991 年版，第 504 页。
③ 洪建林编：《仙学解秘：道家养生秘库》，大连：大连出版社 1991 年版，第 514 页。

子道学小丛书》'编辑大意'，内中是否有宗教的气味?"①提倡仙学("道学")而非道教，这是《扬善》时代陈的一贯主张，另一方面，编辑部也接受了这一主张。将仙学从道教传统中分离出去的努力理所当然地受到了道教界人士的反对，在出版于1937年6月16日的第96期中，陈撄宁与编辑部各有一篇文章为仙学独立论作了辩解，要点是主张仙学独立于道教乃出于不得已②。然而同期揭载的前两篇陈氏所作文章却表明某种根深蒂固的思想，其中第一篇《辩〈楞严经〉十种仙》有云:"须知仙学家的劲敌是科学家，而宗教的敌人也是科学家，但是将来世界上足以同科学家对抗的，独许仙学家有这个希望。"③

在我们今天看来，陈撄宁与《扬善》所提倡的仙学属于道教文化的范畴，这是毫无疑义的;而且关于《扬善》这份刊物的性质，历史学者所作的判断也不必以当事人的主观愿望为依据。我们认为，以陈撄宁为主要倡导者，以《扬善半月刊》为重要基地的现代仙学的兴起，乃是现代道教史上的一种极为特殊的文化现象。近代以来尤其是"五四"以后，传统的道教文化受到西方科学的严重挑战，以至于一些同时接受过近代科学和道教文化传统熏陶的知识分子企图对后者加以改造，使之与现代的文化氛围相协调;与古代仙学有所不同的现代仙学，就是这样一种努力的结果。在《扬善半月刊》的时代，尽管陈撄宁及其追随者们主张将仙学从道教传统中分离出来，竭力表明自己的学说有别于道教，但若问这种努力从客观方面来说是否成功以及能否成功，答案则是否定的。从历史上看，神仙家的出现固然早于道教教团的建立，道教文化的内容也不限于神仙学术，但道教的建立和发展在很大程度上有赖于神仙信仰以及相关的方术，而随着道教在中国古代的社会以及文化结构中获得举足轻重的地位以后，先前的神仙家集团就成为道教这一庞大的社会文化实体中的有机组成部分。这不仅是一个客观的事实，而且

① 洪建林编:《仙学解秘:道家养生秘库》，大连:大连出版社1991年版，第61—62页。

② 参见《答拙道士犁道人二君》(撄宁)、《答林屋洞天栩道人》(编者)，《扬善》第96期。见洪建林编:《仙学解秘:道家养生秘库》，大连:大连出版社1991年版，第527—529页。

③ 洪建林编:《仙学解秘:道家养生秘库》，大连:大连出版社1991年版，第477页。

也有其内在的必然性。

《扬善》与陈撄宁的事业在当时是否真的实现了对于道教的独立，这是很成问题的。陈在1936年7月1日第73期发表的《再复北平杨少臣君》一文中说："愚意欲藉本刊联络全国好道同志，组织一实行修道之团体……惟组织一种团体，必须经过许多官样文章，手续麻烦已极，愚意俟中国道教会正式成立之后，将我们修道团体，附设于道教会之内，名正言顺，免得另起炉灶。"①可见要在道教之外独立地建立修仙团体，这从组织方面来说也是极为困难的；而且，说这样的团体附设于道教会之内"名正言顺"，更与仙学独立论显得有些自相矛盾。

在《扬善》与道教之间，确实存在着一种同志关系，这不仅在于该杂志弘扬了道教学术并且使当时道教的一些经典性文献得以刊行，还在于陈撄宁和编辑部的一些成员个人在不同程度上参与或赞助了道教的事业。据《上海宗教史》载，1935年全真派道士陈铁海在上海建立起第一所女冠庙观，其后一些女工相继出家，她们的修道活动得到了陈撄宁、张竹铭、汪伯英(陈氏得意弟子、《扬善》编委之一)等人的"大力支持和资助"②；1936年7月中华道教会在上海成立时，《扬善》创办人张竹铭当选为执行委员；在第一次执、监委联席会议上，张又被推举为常务委员(三人之一)，并被任命为组织部负责人。③ 另一方面，《扬善》特别是陈撄宁也因对于道教学术的贡献而赢得了道教界人士的尊敬和信赖。如前所述，四川灌县青城山的著名全真派道士易心莹就曾将他的重要文章《论道教宗派》与《道教分宗表》寄交《扬善》发表，这当然部分的是因为当时道教尚无自己的机关刊物，但同时也说明该杂志在道教界人士中的影响。上海白云观全真道士韩三悟发表于1936年8月15日《扬善》第76期的《论道正理》一文称：由于陈撄宁的工作，"吾全真派徒，嗣后易上光明正大之路，不致于在社会上无站立之地"；该文还称："比较念年所遇的同志，未能超过撄宁之上，敢云吾教有人矣。以后凡吾修道诸同志，可面

① 洪建林编：《仙学解秘：道家养生秘库》，大连：大连出版社1991年版，第104页。
② 阮仁泽、高振农主编：《上海宗教史》，上海：上海人民出版社1992年版，第425页。
③ 参见《扬善》第77期，第9—10页。

北师之。”[①]1937 年 7 月，易心莹与成都二仙庵退隐方丈王某、青城山天师洞监院彭某、内江县李某联名致函陈撄宁，邀请他“速往青城避乱”，并“指示水陆程途”[②]，其同志情谊昭然可见。

《扬善半月刊》毫无疑问并不是道教的机关刊物，而陈撄宁所提倡者，据其自称，不过是“狭义的神仙学派”[③]。按照他的定义，这种学派独立于三教之外。[④] 然而从历史科学的角度来说，这份刊物或这一“学派”的出现，在客观上仍然是一种道教文化现象；陈撄宁所代表的，实际上不过是一支在新的形势下要求改革的新道派，而《扬善半月刊》的主要历史功绩就在于，它以一种极为特殊的方式促成了仙学这门在客观上属于道教的学术的复兴。

1937 年秋《扬善》出至第 99 期，即因战事而被迫停刊。其时陈氏夫妇在乡间尚无所闻，危急关头仓皇逃出，损失了所有书籍和日常用品，并且从此以后再也无力成家。吴住尚贤妇孺医院，服务兼带养病，陈则住外甥女乔馥玖家，并由学生张嘉寿（乔馥玖之夫）、张竹铭等人照顾。[⑤]

1938 年 5 月，张竹铭等人又办起了仙学院，虽说有“星期讲道之盛会”，但也“时时在飘摇不定之中”。[⑥] 在此期间，陈复有重要著作《〈灵源大道歌〉白话注解》问世，这是为仙学院学员口授而成的一份通俗讲义，其中论及仙学若干重要问题，未见于以前著作。

1939 年 1 月，张竹铭医生又创办了《仙道月报》，由陈氏之入室弟子汪伯英任主编，至 1941 年夏因日军侵沪而被迫停刊，共出 30 期；尽管其中不

---

① 韩三悟：《论道正理》，《扬善》第 76 期。并参韩三悟：《念载访道记略》，洪建林编：《仙学解秘：道家养生秘库》，大连：大连出版社 1991 年版，第 779 页。

② 陈撄宁：《致四川灌县青城山易道人书》，洪建林编：《仙学解秘：道家养生秘库》，大连：大连出版社 1991 年版，第 226 页。

③ 《扬善》第 70 期《记李朝瑞君工夫得效之原因》；又见洪建林编：《仙学解秘：道家养生秘库》，大连：大连出版社 1991 年版，第 19 页。

④ 参见《扬善》第 96 期《众妙居问答》；又见洪建林编：《仙学解秘：道家养生秘库》，大连：大连出版社 1991 年版，第 423—424 页。

⑤ 参见《陈撄宁自传》，陈撄宁：《道教与养生》，北京：华文出版社 1989 年版，第 4 页。

⑥ 陈撄宁：《答复北平某君来函》、《答复天台赤城张慧坤女士》，洪建林编：《仙学解秘：道家养生秘库》，大连：大连出版社 1991 年版，第 190、269 页。

乏如陈撄宁、海印子以及汪伯英等人的重要文章，但总的来说其气象声势远不及当年之《扬善》。

以后，吴彝珠病势逐渐加重，有相当长的一段时期，陈陪住医院。1945年农历正月二十五，吴殁于上海东湖路尚贤妇孺医院，终年63岁。① 据《自传》说，“她自甲戌年（1934年）得病至临终，经过十年之久，别人患真乳癌（乳癌有真假之分），不过三四年即死，从来没有活到十年者，因为她在病中常做修养工夫，增加身内抵抗之力，所以寿命多延长了六七年”②。

抗战胜利后，陈参与了道教的活动。据《上海宗教史》载，“上海市道教会（抗战胜利后全真、正一两派再次联合成立的地方性教会组织）曾于1947年4月出版了陈撄宁起草的《复兴道教计划书》，计划书提出‘讲经、道学研究、报刊、图书、道书、救济、修养、农林、科仪’等九个方面的复兴计划”③，陈还作过一次关于丘处机事迹的演讲。

吴氏故去后，陈先后由张嘉寿乔馥玖夫妇、史剑光、张竹铭和胡海牙等亲友、学生照顾。陈曾于1946年在杭州佑圣观举行仪式，将中医师胡海牙收为弟子；1953年又应胡之邀赴杭，不久，即被聘为浙江省文史研究馆馆员。④

1956年秋，道教界人士倡议成立中国道教协会，陈被聘为筹备委员；1957年4月，第一届全国道教徒代表会议召开，陈缺席当选为副会长兼秘书长，1961年又当选为第二届道协会长。“文化大革命”期间，中国道协被迫停止工作，陈深为抑郁惶恐，心力交瘁。1969年5月25日下午7时，陈撄宁因肺癌逝于北京医院，终年89岁。⑤

① 参见《陈撄宁自传》，陈撄宁：《道教与养生》，北京：华文出版社1989年版，第4页；陈仲琏：《怀念伯父陈撄宁》，《中国道教》1989年第2期。

② 陈撄宁：《道教与养生》，北京：华文出版社1989年版，第4页。

③ 阮仁泽、高振农主编：《上海宗教史》，上海：上海人民出版社1992年版，第433页。

④ 参见《陈撄宁自传》，陈撄宁：《道教与养生》，北京：华文出版社1989年版，第4—5页；胡海牙：《缅怀老师陈撄宁先生》，《中国道教》1989年第4期。

⑤ 本段据李养正：《论陈撄宁及所倡仙学》，陈撄宁：《道教与养生》，北京：华文出版社1989年版，第448—451页。并参胡海牙：《缅怀老师陈撄宁先生》，《中国道教》1989年第4期。

二、陈撄宁的仙学思想及仙道救国论

陈撄宁的著作，主要见于《扬善半月刊》、《仙道月报》和《道协会刊》，他所校订的内功、外丹典籍曾由翼化堂善书局出版发行。1977 年，台北真善美出版社出版了由徐伯英据《扬善半月刊》和《仙道月报》编辑并由陈氏弟子袁介圭（虞阳子）审定和增补的《中华仙学》一书，该书收入了陈在两刊中发表的大部分论著。1989 年，华文出版社出版了由中国道协编辑的《道教与养生》，该书只收陈氏撰写或编辑的作品（前书则同时收有其他作者的作品），特别是比前书多收了陈氏新中国成立以后的论著及自传，其所取于前两种期刊者，篇目亦与《中华仙学》略有不同。《中华仙学》一书，大陆不多见，1991 年大连出版社出版之《道家养生秘库》，较《中华仙学》多收陈与胡海牙合照一幅、陈建国后所作静功讲义三篇（亦见于《道教与养生》及《乐育堂语录》4 卷），其余部分则不啻为《中华仙学》之节本，可资参考。陈氏已发表之著述未曾结集者，除见于各杂志之文章、按语而以上诸书未录部分外，还有翼化堂版内功、外丹各种典籍之序跋，未曾结集的部分也有相当的重要性。

以下我们分“关于仙学的主张”、“内丹的理论和操作方法”两个部分讨论民国时期陈撄宁的仙学思想。

（一）关于仙学的主张

陈撄宁的仙学思想散见于他的各种著作，这些思想都是随机发表的。一方面，他从未能得到机会整理这些思想、使之系统化；另一方面，许多问题（例如有关外丹）在细节上并不十分清楚，而他似乎也从未打算过要建立一个完整的仙学体系。在这一部分中，我们从以下四个角度来考察陈氏的仙学思想。

第一，仙学的内涵与外延。

在《众妙居问答》一文中陈说：“所谓‘仙学’，即指炼丹术而言。有外丹内丹二种分别。”①相比较来说，他认为外丹比内丹更合于“古仙”本旨，就

① 洪建林编：《仙学解秘：道家养生秘库》，大连：大连出版社 1991 年版，第 423 页。

成仙的目的而论,外丹也比内丹更有效,炼内丹乃是退而求其次。在《余之求道经过》“按语”中,陈说:“古来仙学精华,就寄托在炼外丹功夫上。后世学者因外丹功夫手续麻烦,非寻常所能做到,遂改从自己身中精气神下手,名为内丹。虽此内丹易于入门,但其功效稍嫌薄弱。”①

外丹实际上有三种,“天元丹法,重在服食,不重点化;地元丹法,既能点化,又可以进一步炼成服食,而上接天元;黄白术,仅能到点化程度而已,不能再往前进”②。服食就是将炼成的金丹吞入腹内,在陈看来此为仙术之极致,“苟欲拔宅飞升,非全家服食天元神丹不可”;“‘拔宅飞升’的意思,就是说全家的人都成仙,不是说把住宅弄到天上去,此事非服食天元神丹不可。寻常修炼‘金液’、‘玉液’、‘结胎’、‘出神’等作用(按指内丹),仅能了脱个人,而不能超拔全家也”。③ 所谓“点化”,是指将贱金属还原为黄金。关于“天元”丹法,陈的朋友沈霖生在其英文讲稿《最高生理学、化学的“三元丹法”》中有通俗简明的介绍,陈曾将此文翻译成中文并加按语,送登《仙道月报》。

陈关于外丹的各种文字,基本上都可以说是“述而不作”;尽管他如此推崇外丹,但实际上他的主要贡献仍在内丹学方面。虽然从逻辑上来说,内丹学不过是仙学的一个组成部分,但根据陈氏对于内丹学的论述在其仙学理论中所占的比重,我们将这项内容放在下一部分单独地加以分析介绍。

第二,仙学的性质与特点。

按照陈撄宁的主张,仙学是一门实验性质的学术,与宗教信仰不同,从某种程度上来说,它更近于科学;不过,另一方面,它的能力又超出了科学,能解决科学无能为力的很多问题,有朝一日,宗教会被科学战胜,而只有仙学可以和科学对抗。④

---

① 洪建林编:《仙学解秘:道家养生秘库》,大连:大连出版社 1991 年版,第 584 页。

② 陈撄宁:《〈灵源大道歌〉白话注解》,洪建林编:《仙学解秘:道家养生秘库》,大连:大连出版社 1991 年版,第 689 页。

③ 陈撄宁:《答复浦东李道善问修仙》、《答复苏州张道初君十五问》,洪建林编:《仙学解秘:道家养生秘库》,大连:大连出版社 1991 年版,第 215、111 页。

④ 参见陈撄宁:《答复苏州张道初君十五问》、《读〈化声自叙〉的感想》、《与朱昌亚医师论仙学书》,洪建林编:《仙学解秘:道家养生秘库》,大连:大连出版社 1991 年版,第 110、327、333、235 页。

陈撄宁特别强调仙学是一门独立于儒释道三教之外的学术，其论据大致有四：其一，从历史上看，神仙学术的出现早于三教的建立，“试观历史所记载，孔子生于衰周，而周朝以前之神仙，班班可考，是仙学对于儒教毫无关系。佛法自汉明帝时方从印度流入中国，而汉朝以前之神仙，亦大有人在，是仙学对于释教毫无关系。道教正一派，始于汉之张道陵；道教全真派，始于元之邱长春；张邱以前之神仙，载籍有名者，屈指可数，是仙学对于道教尚属前辈”①。其二，三教信徒可以自由地从事炼丹活动，而对于其本教毫无妨碍，甚至一教不信者更适合于学仙。陈撄宁说：“自古儒教之学仙者，如汉朝大儒刘子政（向），宋朝大儒邵尧夫（康节）。释教之学仙者，如宋之薛道光禅师，清之柳华阳禅师。道教之学仙者，更不可胜数。”②在《答江苏海门某君》一文中，他还列举起了三教信徒修炼内丹获得功效的事例，以说明“仙学是在三教范围以外独立的一种科学”；“而且一教不信的人，学此术更觉适宜，因彼等脑筋中不沾染迷信之色彩，用纯粹的科学精神，从事于此，其进步更快也”。③ 其三，历史上很多著名的神仙家都不是三教中人，例如，“阴长生汉室之贵族，魏伯阳隐逸之流，左元放方术之士，吕纯阳唐之进士，刘海蟾燕之宰相，钟离权位列将军，张三丰身为县宰。以上所举诸位，世俗相传，皆承认其为神仙，然都是在家人而非出家人。岂但不是和尚，而且不是道士，亦复不是孔老夫子之信徒”④。其四，仙学不同于宗教，“因为仙之本身，产生于学术之实验，不像宗教要依赖信仰。譬如一个人触了电，身体立刻就有感觉，不管你信不信。若宗教的性质，就与此不同了，你若信他，或许有点效验；若不信他，他就毫无功能”⑤。

提出仙学独立论的最主要动机，是要和宗教划清界限。在发表于 1936

① 陈撄宁：《答江苏如皋知省庐》，洪建林编：《仙学解秘：道家养生秘库》，大连：大连出版社 1991 年版，第 153 页。

② 陈撄宁：《与朱昌亚医师论仙学书》，洪建林编：《仙学解秘：道家养生秘库》，大连：大连出版社 1991 年版，第 235 页。

③ 洪建林编：《仙学解秘：道家养生秘库》，大连：大连出版社 1991 年版，第 124 页。

④ 陈撄宁：《与朱昌亚医师论仙学书》，洪建林编：《仙学解秘：道家养生秘库》，大连：大连出版社 1991 年版，第 235 页。

⑤ 《定志歌》陈撄宁按语，陈撄宁：《道教与养生》，北京：华文出版社 1989 年版，第 240 页。

年7月《扬善》第73期的《答江苏如皋知省庐》一文中，陈撄宁说："顿（按即'圆顿'）观全世界所有各种宗教，已成强弩之末，倘不改头换面，适应环境，必终归消灭。"①同文中陈还说，仙学应当独立自由，"否则宗教迷信有一日被科学打倒之后，而仙学亦随之而倒，被人一律嗤为迷信"②。陈撄宁认为，在历史上，仙学从未获得过独立的资格。他在《众妙居问答》一文中说，从汉代以来，神仙家们往往躲在儒释道三教的"圈套"中，借用三教的名词义理，"秘密工作，永不公开，务其实而讳其名"，所以造成"有仙无学"的局面，或更确切地说，结果是没有独立的仙学，因此他"今日迫不得已，将仙学从三教圈套中单提出来，扶助其自由独立，摆脱三教教义之束缚，然后方有具体的仙学之可言"。③ 在发表于1936年8月1日《扬善》第75期的《〈辨命歌〉按语》中，陈说他"不愿听神仙学术埋没于彼三教之内，失其独立之资格，终至受彼等教义之束缚，而不能自由发展，以故处处将其界限划分明白"④。

第三，仙学的理论基础。

所谓"仙学"，顾名思义，自然是关于神仙的一门学问。陈撄宁"仙学独立论"的首要命题就是，仙学不是像宗教那样，将全部理论建立在信仰的基础之上；据他认为，仙学是一门实验性质的学术，而神仙的存在也是被古人证实了的。

在《答复浦东李道善问修仙》一文中，陈撄宁说："其实所谓'神仙'者，必有确凿之证据。"⑤不过，陈心目中的"确凿之证据"究竟指什么，不得而知。同文中他还说："至于'拔宅飞升'、'阳神冲举'之实事，于古则有征，于今则无据。"⑥或许所谓"确凿之证据"就是指"于古则有征"。在《〈孙不二女丹次第诗〉注》中陈说："冲举者，即世俗所谓'白日飞升'是也……从古即

① 洪建林编：《仙学解秘：道家养生秘库》，大连：大连出版社1991年版，第154页。
② 洪建林编：《仙学解秘：道家养生秘库》，大连：大连出版社1991年版，第154页。
③ 洪建林编：《仙学解秘：道家养生秘库》，大连：大连出版社1991年版，第423页。
④ 陈撄宁：《道教与养生》，北京：华文出版社1989年版，第248页。
⑤ 洪建林编：《仙学解秘：道家养生秘库》，大连：大连出版社1991年版，第215页。
⑥ 洪建林编：《仙学解秘：道家养生秘库》，大连：大连出版社1991年版，第216页。

有是说，但在今时，既未尝见闻，理论上苦无证据。”[①]另外，陈心目中的神仙形象与宋元以来内丹家们所描绘者略有不同。在上述《答复浦东李道善问修仙》一文中他说：“要似来函所云，许旌阳拔宅飞升，王子乔跨鹤而去，方可称为真正神仙。但今世未能一见者何耶？盖今之修法已非古之修法，自然今之神仙不得古之神仙矣。”[②]以上这几段文字的要点是：(1)能做到“拔宅飞升”、“阳神冲举”地步才可真正算作“神仙”；(2)关于此种神仙之存在，在古籍中是有证据的；(3)在今日则不论是理论还是经验上都没有这种神仙确实存在的证据。

实际上陈氏所能给出的唯一一类证据就是古籍之记载，而且不能称“确凿”，他大约也感觉到了这一点，所以就采取了一种他称之为“反证”的策略。他说：“若以历代神仙传记为凭，自然如数家珍，听者或乐而忘倦。顾又疑其伪造事实，提倡迷信。必须求得一平素而不信仙道之人，在伊口中或笔下得一反证，而后方能无疑。”[③]陈据之以为“反证”的是唐代著名文学家韩愈的“谢自然诗”，谢自然是传说中的唐代女仙，韩愈在当时则以辟佛辟老著称。该诗云：

> 果州南充县，寒女谢自然，童騃无所识，但闻有神仙。轻生学其术，乃在金泉山，繁华荣慕绝，父母慈爱捐。一朝坐空室，云雾生其间，如聆笙竽韵，来自冥冥天。檐楹暂明灭，五色光属联，观者徒倾骇，踯躅讵敢前。须臾自轻举，飘若风中烟，茫茫八纮大，影响无由缘。里胥上其事，郡守惊且叹，驱车领官吏，甿俗争相先。入门无所见，冠履同蜕蝉，皆云神仙事，灼灼信可传。[④]

陈据此论证说：“谢自然上升事，在当时有目共见，虽韩先生之倔强，亦不能不予承认……吾人读《墉城集仙录》一书，纪谢自然女真生平神奇事迹，至为详悉，惟不敢遽信为真实。今读此诗所云‘须臾自轻举，飘若风中烟……

① 洪建林编：《仙学解秘：道家养生秘库》，大连：大连出版社 1991 年版，第 667 页。
② 洪建林编：《仙学解秘：道家养生秘库》，大连：大连出版社 1991 年版，第 215 页。
③ 洪建林编：《仙学解秘：道家养生秘库》，大连：大连出版社 1991 年版，第 667 页。
④ 洪建林编：《仙学解秘：道家养生秘库》，大连：大连出版社 1991 年版，第 667—668 页。

入门无所见，冠履同蜕蝉’诸语，然后知冲举之说信不诬也。”①在发表于1936年5月1日《扬善》第69期的《答江阴江润才君》一文中，陈撄宁说：“成仙的证据，在书上多得不可胜数。道书上所记载，若怕他说谎，请看历代以来的稗官野乘笔记等类文章，若再疑惑这些文章是空中楼阁，请看廿四史列传及各省府县志，若再不相信，请各人到本族祠堂中翻一翻本族家谱，前代总有几位祖宗事迹与史志各传相符合，设若连自己的祖宗都不信，请问世上还有什么事可信？”②

至于直接经验所提供的证据，陈在《答钱心君七问》一文中说：“今世修炼神仙之术，能完全成功的，我未曾见过；但一半成功却是有的。”③所谓“一半成功”，从上述《〈孙不二女丹次第诗〉注》看，似乎是指炼至气足神全、息停脉住阶段，也就是通常所说的“炼气化神”一节功夫获得成功，“此时身内已气满不思食，神全不思睡。其外状则鼻无呼吸，脉不跳动，遍体温暖，眼有神光。其身体内部之作用，自与凡夫不同，不可以常人之生理学强加判断。此等现象，今世尚不乏其人，余昔者固亲见之矣。然皆未知其有何等神通，是或丹经所谓‘慧而不用’者乎？”④不过，至于所谓“阳神出壳”，他承认自己从未见过，同文中说：“奈余自访道至今已三十年矣，实未曾目睹阳神是何形状，如何出法，即当日师传，亦不及此，仅云时至自知。故对于出神以后种种作用，因无实验，不敢妄谈。”⑤在《答钱心君七问》一文中陈还说：“神仙要有凭有据，万目共睹，并且还要能经过科学家的试验，成功就说成功，不成功就说不成功。其中界限，俨如铜墙铁壁，没有丝毫躲闪的余地。”⑥

从以上的引证可以看出，在神仙是否存在这个问题上，陈撄宁的思想中有着内在的矛盾：一方面，他承认在直接经验中还没有修仙“完全成功”的例证，而且成功与否有严格的标准，“没有丝毫躲闪的余地”；另一方面，他

① 洪建林编：《仙学解秘：道家养生秘库》，大连：大连出版社1991年版，第668页。
② 《扬善》第69期。
③ 洪建林编：《仙学解秘：道家养生秘库》，大连：大连出版社1991年版，第512页。
④ 洪建林编：《仙学解秘：道家养生秘库》，大连：大连出版社1991年版，第664页。
⑤ 洪建林编：《仙学解秘：道家养生秘库》，大连：大连出版社1991年版，第664页。
⑥ 洪建林编：《仙学解秘：道家养生秘库》，大连：大连出版社1991年版，第511—512页。

并不把上述标准贯彻到底，而轻易地将前人书中捕风捉影的记载当作充分的证据，并且否认关于神仙存在的种种说法具有信仰的性质。在回答“请问修仙能说不是迷信么”这样的问题时，陈撄宁说：“‘迷信’二字，乃人类所不免的，假使没有迷信，无论何种事业皆做不成功。”①他还反问道：现在世界上的各种主义是不是迷信？爱美女、金钱、洋房汽车、珍宝古玩等是不是迷信？“因为各人见识不同，所以各人志愿不同，他们有他们的迷信，我们有我们的迷信。我们既不去管他们闲事，也不许他们胡乱批评我们。故‘迷信’二字，简直不成问题。我就是个迷信大家，别人骂我迷信，我认为他是我的知己。”②这里，实际上他已经在诉诸一种相对主义，而把“信念”与“迷信”完全等同起来。

总的说来，尽管陈撄宁竭尽全力地要在仙学与宗教之间划出一条分界线，但他还是不免将仙学的理论基础建立在信仰之上。实际上，神仙家的修炼方法是否有效以及在何种程度上是有效的，这与神仙是否存在是两个问题；不能根据神仙家的修炼方法在一定范围内的有效性就断言神仙的存在得到了经验的证实，而只要“神仙存在”这样的命题还没有得到科学证据的支持，它就仍然属于信仰的范畴。尽管陈氏主张仙学近于科学，但另一方面，他也很了解两者之间的某些重要差别。在《辨〈楞严经〉十种仙》一文中，他说：“极端唯物派的科学家只承认我们一个肉体，至于人类的意识作用，不过肉体中一部分物质在那里冲动，并无所谓灵魂。等到肉体毁坏，物质分解，不能团结时，人类的意识也就随之消灭。谈到肉体以外还有性命，他们笑你是说梦话。我们仙学家想争这口气，必定要下一番苦功，实实在在做到‘形神俱妙’的地步，方能令科学家折服。须知仙学家的劲敌是科学家，而宗教的敌人也是科学家，但是将来世界上足以同科学家对抗的，独许仙学家有这个希望。”③可见陈所提倡的仙学并不像他所声称的那样与宗教有那么远的距离。

不过，也不能因此说陈撄宁关于仙学的主张完全没有超出传统神仙学

① 《答江阴汪润才君》，《扬善》第69期。

② 《答江阴汪润才君》，《扬善》第69期。

③ 洪建林编：《仙学解秘：道家养生秘库》，大连：大连出版社1991年版，第477页。

术的范围。实际上,他的一些做法以及他提出的一些观点对于现代人理解传统的道教学术特别是炼丹术极有裨益,这主要表现在以下几个方面。

首先,传统的神仙学术不是用科学的方式建立起来的,其最大的弊病就在于概念意义含混,"学者读丹经最感困难的,就是同样的一个名词,无论在什么方法上都可以混用。即如'神水'二字,在此处是如此解释;若在别种丹经上,虽有同样的名词,却不能作同样的解释"①。陈每每声称要用革命的方法弘扬仙道,其中最重要的一项工作就是澄清这些概念的意义,他说:"世上流传的各种丹经道书,都病在笼统,理路不清,阅之往往令人厌倦。我深悉其中弊病,所以专重分析,想把科学精神用在仙学上面,以接引后来的同志。因为这个缘故,凡是拙作论调,每不肯附和前人之说。"②

其次,古代人表达思想的方式与现代人不同,在许多情况下,仙学中的概念在现代人使用的语言中找不到相当的表达方式。例如"真一之炁",陈说:它"不过是千万名词中间之一个名词,是假造的,不是固定的……'道'尚且是强名,其余的名字,就可想而知。说对都对,说不对都不对,所以我们今日修仙学道,要从方法上研究,从事实上认识,不要被那些玄言弄糊涂了"③。这种思想接近于当代哲学中的操作主义,即主张从操作方法上确定概念的意义,这对于理解一种实践性的古代学术来说确实是极为重要的,只有掌握了具体的操作方法,我们才能真正理解相对应的概念的含义,而仅仅将现代的术语附会到古代学术中去则可能是无济于事的。

最后,陈撄宁甚至主张,仙学用不着许多理论,"你只要依他的法子去做就可以得到同样的效果"④。这种想法虽然过于偏向极端,但也反映了仙学(不论是古代的还是现代的)尚不具备完善的理论这样一种情况。在《女功正法·序言》中陈撄宁说:"神仙之学,有四大原则:第一务实不务虚,第

① 陈撄宁:《〈灵源大道歌〉白话注解》,洪建林编:《仙学解秘:道家养生秘库》,大连:大连出版社 1991 年版,第 688 页。

② 洪建林编:《仙学解秘:道家养生秘库》,大连:大连出版社 1991 年版,第 689 页。

③ 陈撄宁:《读〈化声自叙〉的感想》,洪建林编:《仙学解秘:道家养生秘库》,大连:大连出版社 1991 年版,第 336 页。

④ 陈撄宁:《读〈化声自叙〉的感想》,洪建林编:《仙学解秘:道家养生秘库》,大连:大连出版社 1991 年版,第 327 页。

二论事不论理,第三贵逆不贵顺,第四重诀不重文。"①在这四条原则中,有三条强调实际功夫之重于言论。另外,《扬善》从第 68 期起,封面上印有"善之真义"十条,其中第八条是:"信仰:凭实验不凭经典。"②这也代表了陈的思想。在被问及仙学与玄学有何区别时,陈回答说:"仙学乃实人、实物、实情、实事、实修、实证,与彼专讲玄理之事不同。"③所有这些都说明,现代的仙学比传统的道教学术更具有务实精神,这在很大程度上是由于受了现代科学的深刻影响的缘故。

所谓"理论基础",应当包括诸如"基本命题是否可靠"、"理论术语定义是否严格"等问题的研究。总的来说,"仙学"不是一门科学,它与信仰有密切的联系,从这个方面来说其理论基础并不牢固;但另一方面,其中也保留有千百年来道教炼养家逐步积累起来的许多极有科学价值的经验描述和理论总结。陈撄宁不遗余力地为神仙学术摇旗呐喊,就他在保存道教文化遗产方面所做的重大贡献而言,在现代其他任何人都难以望其项背。

第四,仙学的社会功能。

在陈撄宁看来,仙道还是救世救国的唯一途径。在《复武昌佛学院张化声先生函》中他说:"欧美偏重物质科学,中毒已深,无可救药,杀人利器,层出不穷。飞机炸弹,可以使都市顷刻成为丘墟;毒气死光,可以令全球人类立变灰烬。彼等自作自受,犹有可说,独怜吾华夏良善之民族,与此等国家同居一世界内,受害岂能免。中日冲突,已小试其端,百倍残忍,将继续而至,……若借助于物质科学,以杀止杀,更滋荒谬。现在希望只有从道家入手,合精神与物质同归一炉而冶之,将来或可以达到自救救他之目的。"④在其后的《致湖南宝庆张化声先生书》中他进一步提出,希望由发展仙术而"多造就几位真实的神仙,对于世界上物质的科学,加以制裁,使好战之魔

---

① 《摘〈女功正法〉序中语》,洪建林编:《仙学解秘:道家养生秘库》,大连:大连出版社 1991 年版,第 603 页;陈撄宁:《道教与养生》,北京:华文出版社 1989 年版,第 279 页。

② 见《陈撄宁仙学箴言》,洪建林编:《仙学解秘:道家养生秘库》卷前,大连:大连出版社 1991 年版。

③ 陈撄宁:《众妙居问答》,洪建林编:《仙学解秘:道家养生秘库》,大连:大连出版社 1991 年版,第 424 页;陈撄宁:《道教与养生》,北京:华文出版社 1989 年版,第 335 页。

④ 洪建林编:《仙学解秘:道家养生秘库》,大连:大连出版社 1991 年版,第 340 页。

王所恃为杀人之利器，不生效力”①，据他说这样人类才会有幸福，“否则二次大战，三次大战，以至不计数次大战，地球众生，将无噍类矣”②。

陈撄宁在这方面的主要想法是以“神通”救世、救国，在《答上海钱心君七问》一文中他说：“现在这个时代，是动真刀真枪的时代，不是弄笔杆子时代，说得好听，没有用处，必须要做出一点实在功夫，方足以使人相信。你若要救国，请你先研究仙学，等到门径了然之后，再去实行修炼。等到修炼成功之后，再出来做救国的工作。那个时候，你有神通，什么飞机炸弹毒气死光，你都可以不怕。”③同文中，陈还从以“神通”救世的论点出发解释长生的意义，他说：“我们注重长生的意思，不是贪恋这个地球上有何等快乐，要永久享受，实在因为将来全地球人类，都不免恐怖与痛苦，想救拔他们，非有神通不可；想感化他们，亦非有神通不可。空口说白话，是无济于事。但是修炼神通，必定先经过长生这个阶段。倘若不能长生，决没有真实的神通发现……果能把自己肉体上普通生理改变过来，神通自然就易于成就了。”④在《再复北平杨少臣君》一文中，陈说他的志愿是以“肉体证得之神通，消灭科学战争之利器”，“联络全国超等天才，同修同证，共以伟大神通力，挽此世界末日之厄运”。⑤

陈撄宁还特别反对在国难当头时消极遁世的做法，在《致庐山某先生书》中他说：“修道学仙，诚为美事；但值国家多难，正乃志士效力之秋……独善其身，已非今日大局所容许”。所以他劝人“暂图世务，静待良时”⑥。

在主张以仙道救世救国的同时，陈还提出一种道教文化救国论，在著名的《论〈四库提要〉不识道家学术之全体》一文中，他尖锐地指出了文化宗教侵略的危害性，并且认道教为“中华民族精神之所寄托”。他说：“须知信仰道教，即所以保身；弘扬道教，即所以救国。勿抱消极态度以苟活，宜用积极

① 洪建林编：《仙学解秘：道家养生秘库》，大连：大连出版社 1991 年版，第 519 页。
② 洪建林编：《仙学解秘：道家养生秘库》，大连：大连出版社 1991 年版，第 519 页。
③ 洪建林编：《仙学解秘：道家养生秘库》，大连：大连出版社 1991 年版，第 514 页。
④ 洪建林编：《仙学解秘：道家养生秘库》，大连：大连出版社 1991 年版，第 508—509 页。
⑤ 洪建林编：《仙学解秘：道家养生秘库》，大连：大连出版社 1991 年版，第 105 页。
⑥ 洪建林编：《仙学解秘：道家养生秘库》，大连：大连出版社 1991 年版，第 530 页。

手段以图存，庶几民族尚有复兴之望。武力侵略，不过裂人土地，毁人肉体，其害浅；文化宗教侵略，直可以夺人思想，劫人灵魂，其害深。武力侵略我者，我尚能用武力对付之；文化宗教侵略我者，则我之武力无所施其技矣。若不利用本国固有之文化宗教以相抵抗，将见数千年传统之思想，一朝丧其根基，四百兆民族之中心，终至失其信仰，祸患岂可胜言哉！”①

总的说来，尽管陈氏的社会政治思想充满历史唯心主义的色彩，他的仙道救世救国论也夸大了神仙家的能力，但他主张以传统的道教文化抵御外来的文化宗教侵略，却表现了一个道教知识分子救亡图存的爱国热忱。

（二）内丹理论和操作的方法

上一部分评述陈氏关于仙学的基本论点，这一部分则介绍陈氏所倡仙学的主要内容。尽管在陈看来仙学精华在外丹，但内丹方面的论述还是在他的论著中占了绝大部分的篇幅。从这一部分内容看，他的确是道教内丹学的一位集大成者。下面我们分“基本理论”和“清修与双修”两个部分来探讨陈氏的内丹学说。

第一，基本理论。

陈撄宁在内丹学基本理论上的最重要贡献，首先在于他比前人更透彻地阐明了内炼药物的来源问题。在本书关于黄裳（元吉）的讨论中，我们分析了这个问题的历史以及黄裳在这一问题上的贡献，比较陈、黄两人的论点，我们可以看出陈将黄的理论推进了一步。

在《〈孙不二女功内丹次第诗〉注》中，陈撄宁概括内丹修炼的原理说：“修仙者，贵在收集虚空中清灵之气于身中，然后将吾人之神与此气配合而炼养之，为时既久，则神气打成一片，而大丹始成。”②陈氏的得意弟子汪伯英推广了这个“收集虚空中清灵之气”的命题，进而将“道”定义为“太虚中无形之生炁”，将“修道”定义为“采取太虚中无形之生炁，来修养吾人之身心”。③

① 洪建林编：《仙学解秘：道家养生秘库》，大连：大连出版社 1991 年版，第 484 页；陈撄宁：《道教与养生》，北京：华文出版社 1989 年版，第 7 页。

② 洪建林编：《仙学解秘：道家养生秘库》，大连：大连出版社 1991 年版，第 661 页；陈撄宁：《道教与养生》，北京：华文出版社 1989 年版，第 169 页。

③ 汪伯英：《天声人语》，洪建林编：《仙学解秘：道家养生秘库》，大连：大连出版社 1991 年版，第 346 页。

“虚空中清灵之气”就是内丹学中所谓“外药”。陈撄宁在《答云台山赵隐华君》一文中曾给“外药”这一术语下过定义：“无论天元、地元、人元，其药皆是从身外来的，皆可名为外药。”①这个定义比黄裳《乐育堂语录》所谓“外药即太虚中之元气”②适用范围更广、更具有一般性，黄氏《乐育堂语录》的论域只限于清修丹法。尽管各种丹法药物的最终来源可以说都是“太虚”，但由于操作方法有异，因而“先天一气”（元气）产生的途径不同，陈撄宁在《与国医某君论丹道函》一文中作了一个比喻，他说：“须知天空中轰雷打闪之电，电灯厂机器磨擦之电，干电池药物变化之电，蓄电池随时储蓄之电，此四种电之来源虽不同，而电之性质却是一样。普通静功（此处当指清静功夫），譬如蓄电池之电。人元丹法（按指双修），譬如电灯厂之电。地元丹法，譬如干电池之电。天元丹法（指外丹中比‘地元’更高一级的丹法），譬如天空中之电。事固有异，而理实无异。果能研究至此，则丹道问题，亦不难解决矣。”③文中所谓“来源不同”，实际上是指操作方法、产生的途径不同，所以说“事固有异”；而正是因为总的来源相同，才能“性质却是一样”、“理实无异”。“外药”理论从黄裳至陈撄宁，可谓又具体深入一步。

关于清修功夫，在被问及“《金仙证论》及《天仙正理》之作用，是否专炼自己身中之神气，不赖身外之物资助”时，陈撄宁说：“北派中虽重清静，但亦不是专靠打坐就能成功。外界资助，当然不可少，却是从虚空中寻求。”④弟子程渊如（溥一子）由静坐法得效，他在日记中记录自己的内功体验说：“默察（气机）升降之来源，似从督脉起，无内无外，浑身气机膨胀上升，至头部，两耳震响，转向下，直降至脚趾尖。复上升，循尾闾河车路至泥丸……由泥丸下降而入丹田。依此道路，上升下降……”陈撄宁于其后加按语说：“这种升降，似合乎正路，但惜仅限于自己身中之气循环升降，未能和外界

① 洪建林编：《仙学解秘：道家养生秘库》，大连：大连出版社 1991 年版，第 138 页。
② 洪建林编：《仙学解秘：道家养生秘库》，大连：大连出版社 1991 年版，第 908 页。
③ 洪建林编：《仙学解秘：道家养生秘库》，大连：大连出版社 1991 年版，第 219 页。
④ 陈撄宁：《答复上海南车站张家弄王君学道四问》，洪建林编：《仙学解秘：道家养生秘库》，大连：大连出版社 1991 年版，第 52 页。

虚空之灵气相接通，延年却病则有余，还丹结胎尚嫌不足。”①可见内丹术与一般静坐法有别，它比普通养生术具有深刻得多的天人合一之背景。

至于双修丹法，陈撄宁有一篇题为《论“白虎首经”》的专文，辨析“先天大药”的来源问题。“白虎首经”语出《悟真篇》“西江月”词第三首“白虎首经至宝，华池神水真金”句，明清以来，“白虎首经”一语常常被误解为女子首次月经（“二七天癸”）。陈在引证《悟真三注》、《悟真篇·后序》、《还源篇·序》、《金丹四百字·序》等经典文献之后总结说：“因此可知铅汞相交即是华池神水，华池神水即是白虎首经。而白虎首经，决不是二七初降之天癸，则可以断言者。”②文章最后批评了那种以女子首次月经为“白虎首经至宝”的主张，一针见血地指出：“误会先天大药出产于鼎器身中，其来源已经认识不清。”③

除了药物来源这一根本性问题之外，在诸如“踵息”、“大小周天”火候以及功夫段落之划分等问题上，陈氏均有精辟的论述。

“踵息”一词出自庄子之名言“众人之息以喉，真人之息以踵”。以前的内丹家或简单地以“胎息”解释之，或训“踵”为“接踵”等等，陈在《余之求道经过》“按语”中说：庄子此言“分明说普通人鼻孔呼吸，乃用肺管为发动之机关。有道之士，内真息，乃用脚后跟阴蹻脉为发动之机关……‘踵’字即脚后跟也。众人后天气之呼吸用喉，真人先天之炁运行用踵”④。按“踵息”与“胎息”有因果关系，只有陈氏的解释才揭示此一现象的生理机制。

关于“大、小周天”火候，陈在《答复湖南常德电报局某君北派丹诀八问》中说：“子时既活，则其余各时俱活……即知小周天子时当活用，则其余十一个时辰皆活用矣。小周天十二时既可活用，则大周天十个月何故不能

① 程渊如：《溥一子内功日记（二）》，洪建林编：《仙学解秘：道家养生秘库》，大连：大连出版社1991年版，第167页。

② 洪建林编：《仙学解秘：道家养生秘库》，大连：大连出版社1991年版，第409页；陈撄宁：《道教与养生》，北京：华文出版社1989年版，第252页。

③ 洪建林编：《仙学解秘：道家养生秘库》，大连：大连出版社1991年版，第410页；陈撄宁：《道教与养生》，北京：华文出版社1989年版，第253页。

④ 洪建林编：《仙学解秘：道家养生秘库》，大连：大连出版社1991年版，第581页。

活用乎？须知丹经所谓‘十月’，其意即等于‘十二时’，不是从初一到十五、从十五到三十的算法。”①丹经中所谓“大、小周天”、“子午卯酉”之类，皆为隐喻，其真实含义则为丹家所讳言，陈氏的解释虽未完全将实事道破，但较之于前人已跨出了很大一步。

与以往大部分内丹家不同，陈特别反对过于细致地划分功夫次第。在《〈孙不二女功内丹次第诗〉注》“凡例”中，他强调说：“仙家上乘工夫，简易圆融，本无先后次第，此诗所谓‘次第’者，就效验深浅言之耳。若言工夫，则自第一首至第十四首，皆是一气呵成，不可划分为十四段落。”②在《为止火问题答复诸道友》一文中，陈进一步论证说：“请看张三丰真人《玄机直讲》上说：‘一刻之中，亦有炼精化气、炼气化神、炼神还虚之功夫在内，不独十月然也。’若以三丰之语为可信，则仆今日所说亦未尝不可信。盖上乘功夫，本不分段落，一刻之中如此做法，一日一月一年，亦是如此做法，所以称为‘直截了当、简易圆融’也。”③

第二，清修与双修。

内丹修炼方法通常分为两大类：一己独修的称为“清修”，有异性配合的称为“双修”；清修、双修法门内又各有不同的派别。陈氏丹法主张的最显著特点在于不囿于一家一说而能在各派方法之间融会贯通；更难能可贵的是，他还根据不同弟子的具体条件选择不同的方法进行传授，这些方法涉及面极广，涵盖了内丹术史上的大部分流派。无怪乎早在 1926 年，老资格的炼丹家黄邃已将他誉为自己历四十年来同志中“学识最精博者”④。在清静法方面，陈竭力推荐黄裳（元吉）一派，他在《复济南财政局杨少臣君》一文中说：“道家南北两派，各走极端，而实行皆有困难，其势不能普及。惟有陈希夷、邵康节一派，最便于学者，黄元吉先生所讲，即是此派，亦即顿所

① 洪建林编：《仙学解秘：道家养生秘库》，大连：大连出版社 1991 年版，第 56 页。

② 洪建林编：《仙学解秘：道家养生秘库》，大连：大连出版社 1991 年版，第 637 页；陈撄宁：《道教与养生》，北京：华文出版社 1989 年版，第 151 页。

③ 洪建林编：《仙学解秘：道家养生秘库》，大连：大连出版社 1991 年版，第 201 页；陈撄宁：《道教与养生》，北京：华文出版社 1989 年版，第 385 页。

④ 黄邃：《孙不二女丹诀诗黄序》，陈撄宁：《道教与养生》，北京：华文出版社 1989 年版，第 150 页。

‘私淑’而且乐为介绍者。”[①]据陈撄宁说，在道教内丹各派中，黄属“非南非北派”[②]；在《口诀钩玄录》中，他将陈、邵、黄归入儒家“山林隐逸之士”[③]一派；在《答复无锡汪伯英君儒道释十三问》中，他又说这一派是“非显非密，亦显亦密”[④]。此派要旨为“抱一守中，心息相依”，陈所谓“上乘功夫”，主要指此。[⑤] 另外，陈撄宁同时也指导过由其他清修方法入手的学人，他最早的代表作《〈孙不二女功内丹次第诗〉注》所介绍的就是北派丹法，又如《为“中黄直透法”答上海殷羽君》一文，乃为学金盖山派丹法者而作，等等。

在双修法方面，陈则推崇一种夫妻合作的丹法，他在《答复苏州张道初君十五问》中说：“古法修炼，皆是夫妇二人同心合意，断绝俗情，双修双证，与孤阴寡阳的制度大相悬殊。”[⑥]陈在《答复无锡汪伯英君儒道释十三问》中还说：“《悟真篇》的作用，不是人己两利，乃是有利于己，无害于人，不是上上等的法子，乃是上中等的法子……人己两利，上上等的法子，向来是口传，不载于书中，故世间莫晓。”[⑦]我们在本书有关陆西星的一节中曾指出，内丹术史上几个著名的双修派别所提倡的方法，并非如“双修”一词所应当指的那样是男女合炼，而是有女性配合的男子独修，而且专为男子而设；实际上这种方法就是陈所谓“上中等的法子”，而“有利于己，无害于人”之说最早出于《悟真三注》之陆子野注，这种方法通常称为“栽接法”。至于陈所称的夫妇“双修双证”、“人己两利”的“上上等的法子”，是严格意义上的“双修”。诚如陈所说，只有口传而无笔录，而且据我们所知，在道教内丹学

---

① 洪建林编：《仙学解秘：道家养生秘库》，大连：大连出版社1991年版，第92页。

② 陈撄宁：《答直隶涞水赵伯高君》，洪建林编：《仙学解秘：道家养生秘库》，大连：大连出版社1991年版，第129页；陈撄宁：《道教与养生》，北京：华文出版社1989年版，第370页。

③ 洪建林编：《仙学解秘：道家养生秘库》，大连：大连出版社1991年版，第566页。

④ 洪建林编：《仙学解秘：道家养生秘库》，大连：大连出版社1991年版，第39页。

⑤ 参见陈撄宁：《答温州瑞安蔡绩民君九问》、《再答陈悟玄女士问斩赤龙以后应如何保守》，洪建林编：《仙学解秘：道家养生秘库》，大连：大连出版社1991年版，第121、259页。

⑥ 洪建林编：《仙学解秘：道家养生秘库》，大连：大连出版社1991年版，第108页；陈撄宁：《道教与养生》，北京：华文出版社1989年版，第361页。

⑦ 洪建林编：《仙学解秘：道家养生秘库》，大连：大连出版社1991年版，第41—42页；陈撄宁：《道教与养生》，北京：华文出版社1989年版，第348页。

史上是陈撄宁第一次介绍了这种方法，尽管他语焉不详。

下面，我们根据陈氏在各种作品中发表的见解来讨论他所介绍的这两类方法以及他对两类方法所作的比较。

首先是入手功夫。在早期著作《〈黄庭经〉讲义》中，陈撄宁说："丹诀数十家，深浅各别。而其下手之诀，皆不外呼吸作用。"①所谓入手、下手，就内丹修炼而言，就是明清以来所谓的"开关展窍"，因为炼内丹的先决条件乃是将体内的关窍打开，以便直接摄入天地间的元气。陈氏推荐的调息方法主要是"心息相依"，他在《读〈化声自叙〉的感想》一文中说这是"自然法中一种"，"有利无弊，人人可行"②；其要领是"听其自然"："听其自然，就是调息最好之法，不可用深呼吸；若常行深呼吸，非但息不能调，恐怕要弄出毛病……端身正坐，不动不摆，听其自然，不加勉强，这就是调息之法。"③陈氏在《〈孙不二女功内丹次第诗〉注》中还说："果能常常凝神敛息，酝酿熏蒸，不久即可由造化窟中，采取先天一气。"④到此为止，"开关展窍"的入手功夫就可说是完成了。

比较栽接法，清静入手功夫要简便易行得多。在为《溥一子内功日记(二)》所作的按语中，陈撄宁说："世人学栽接术者，第一步功夫，就是开关展窍，用尽方法，丑态百出，关窍仍旧不通。程君功夫，仅事静坐，并不象方士们有许多动手动脚动嘴动舌的花样，在轻而易举之中，关已开而窍已展矣，用不着什么插金锹、狮子倒坐、瞪目、耸肩、擦腹、搓腰、研手、摩面、拍顶、转睛、闭息、嗽津等等动作，更用不着吹笛呵气、裹茎露顶、扳膝登天、栽葱吸涕种种捏怪。"⑤在《答福州洪太庵君》一文中，陈撄宁还说："年长而身弱者，清净工夫亦足以补其亏损，不必定要做栽接之术。世间修炼同志，常认

① 洪建林编：《仙学解秘：道家养生秘库》，大连：大连出版社 1991 年版，第 626 页；陈撄宁：《道教与养生》，北京：华文出版社 1989 年版，第 213 页。

② 洪建林编：《仙学解秘：道家养生秘库》，大连：大连出版社 1991 年版，第 326 页。

③ 陈撄宁：《答温州瑞安蔡绩民君九问》，洪建林编：《仙学解秘：道家养生秘库》，大连：大连出版社 1991 年版，第 122 页；陈撄宁：《道教与养生》，北京：华文出版社 1989 年版，第 370 页。

④ 洪建林编：《仙学解秘：道家养生秘库》，大连：大连出版社 1991 年版，第 647 页。

⑤ 洪建林编：《仙学解秘：道家养生秘库》，大连：大连出版社 1991 年版，第 169 页。

为年老之人,非用栽接不可者,未免固执偏见,不识清净工夫中有先天一著之玄妙也。”①这里所谓的“先天一著”,即前文所谓“由造化窟中采取先天一气”,指打开玄关后即可采药炼丹,由于“先天一气”(外药)来自天地之间,所以说是“由造化窟中采取”。

调息并非仅仅为入手功夫,在《答复苏州张道初君十五问》一文中陈说:“调息之法,由粗而精,自始而至终,皆不可离。”②初入手时心息相依未必能保持很久,到了“胎息”地步,则能“心心息息长相依”。③ 陈在《〈黄庭经〉讲义》中说:“仙道贵在以神驭气,使神入气中,气包神外,打成一片,结成一团,纽成一条,凝成一点,则呼吸归根,不至于散漫乱动,而渐有轨辙可循。如是者久之,则可成胎息。何谓‘胎息’?即呼吸之息,氤氲布满于身中,一开一阖,遍身毛窍,与之相应,而鼻中反不觉气之出入,直到呼吸全止,开阖俱终,则入定出神之期,不远矣。”④在《溥一子内功日记(二)》按语中,陈撄宁还说:“鼻孔中永无呼吸之气,方可名曰‘胎息’。”⑤总之,按照陈氏的主张,有利而无弊的“最上乘丹法”就是“抱一守中”,他在《再答陈悟玄女士问斩赤龙以后应如何保守》一文中对此解释说:“所谓‘抱一’者,即心息相依、神气合一而不分离也。所谓‘守中’者,即神气合一之后,浑然大定于中宫,复还未有天地以前混沌之状态也。”⑥同文中陈还说:此等工夫“果能做到极玄极妙之处,简直可以脱轮回而超劫运,与圣贤仙佛并驾齐肩,俯视人天,游戏生死,区区幻身肉体上少许变化,可谓不成问题矣”⑦。这段充满宗教色彩的文字显示出陈氏对于此种“抱一守中”的方法是何等的重视。

如前所述,在炼丹操作方面,陈撄宁十分重视口诀,他同时也主张对丹

① 洪建林编:《仙学解秘:道家养生秘库》,大连:大连出版社 1991 年版,第 142 页。
② 洪建林编:《仙学解秘:道家养生秘库》,大连:大连出版社 1991 年版,第 107 页。
③ 陈撄宁:《〈孙不二女功内丹次第诗〉注》,洪建林编:《仙学解秘:道家养生秘库》,大连:大连出版社 1991 年版,第 654 页。
④ 洪建林编:《仙学解秘:道家养生秘库》,大连:大连出版社 1991 年版,第 626 页。
⑤ 洪建林编:《仙学解秘:道家养生秘库》,大连:大连出版社 1991 年版,第 168 页。
⑥ 洪建林编:《仙学解秘:道家养生秘库》,大连:大连出版社 1991 年版,第 259 页。
⑦ 洪建林编:《仙学解秘:道家养生秘库》,大连:大连出版社 1991 年版,第 259 页。

道口诀灵活应用。他说:“此等工夫,是活法,不是死法,要看各人之身体与环境,而有所变通。世之传道者,常以死法教人,每每做出怪病,皆因不知变通之过也。无论何种口诀,有一利必有一弊。顽固的导师,又遇着愚笨的弟子,于是乎未蒙其利,而先受其弊矣。”①所以,普遍适用而有利无弊的方法,只有“抱一守中,心息相依”,其余则需要根据实际情况口传面授。

关于双修丹法,陈撄宁只是进行了分类、分析了利弊、介绍了原理,从未于书面讨论过这样的方法。在《答复济南张慧岩君问双修》一文中他说:“世人徒闻双修之名,罕能了彻其内容与实际,故赞美者等于隔靴搔痒,而毁谤者亦是李戴张冠,都嫌堕于捕风捉影之病。”②这一批评或多或少地也反映了双修问题的复杂性。

陈根据于人于己的利害得失将双修方法分为六类。③（1）“人己两利者”,即他所称的夫妇二人“双修双证”的方法;(2)“大利于己而丝毫无害于人者”,即内丹术史上所谓“栽接法”;(3)“人己利害互相调和者”,自注曰“此乃古代知识阶级男女养生之术”,又据《答江苏海门某君》一文,可知此即“房中养生术”④。此外,还有三种“江湖”性质的方法:“损人利己者”、“损己利人者”、“人己俱损者”。总之,实际上只有前两种可以称得上是“双修”,房中术与内丹术有本质性的区别,损人或损己则均属旁门左道而与内丹术无关,所以陈在关于前两种方法的自注中说:“此二种口诀,乃历代神仙家秘密传授,永不公开。”⑤

按照陈的说法,孤修与双修各有其利弊,“一身之阴阳,见效甚缓而力薄,但易于实行。彼我之阴阳,见效甚捷而力厚,但难于实行”⑥。他反对在方法的取舍上走极端,他说:“彼等偏重孤修,或偏重双修,是己而非人者,

① 陈撄宁:《再答陈悟玄女士问斩赤龙以后应如何保守》,洪建林编:《仙学解秘:道家养生秘库》,大连:大连出版社 1991 年版,第 259 页。
② 参见洪建林编:《仙学解秘:道家养生秘库》,大连:大连出版社 1991 年版,第 64 页。
③ 洪建林编:《仙学解秘:道家养生秘库》,大连:大连出版社 1991 年版,第 64 页。
④ 参见洪建林编:《仙学解秘:道家养生秘库》,大连:大连出版社 1991 年版,第 124 页。
⑤ 洪建林编:《仙学解秘:道家养生秘库》,大连:大连出版社 1991 年版,第 64 页。
⑥ 陈撄宁:《答复济南张慧岩君问双修》,洪建林编:《仙学解秘:道家养生秘库》,大连:大连出版社 1991 年版,第 64 页。

皆专制独裁之类也。”①

关于“夫妇同修同证之法”的原理，陈在《答复苏州张道初君十五问》中介绍说：“以世俗言，男子偏于阳，女子偏于阴；以丹道言，男子外阳而内阴，女子外阴而内阳。总而言之，不管他们谁是阴，谁是阳，都嫌其偏枯而不完全，此乃人类有身以来最大的缺憾，亦即生死流转唯一的动机。但后天阴阳，虽分为二，而先天一气，却是整个的，其本性实不欲分离。修道者，贵在利用后天之阴阳，以返还先天之一气。换言之，即是从偏枯不自然之变态上，逆行造化，以求回复中和自然之本性而已。”②这段文字略嫌抽象笼统，而且大致不出宋元以来双修理论的范围。在《答河南安阳某女士》一文中，陈对此种方法作了一个比喻，其意义较容易把握。他说：

> 譬如他（指男方）以劳力所获，赚到一百元，他就是帮助你五十元，他自己尚储蓄五十元。你（指女方）的劳力所获，赚到二百元，纵使你帮助他一百元，你自己亦可储蓄一百元。于是乎双方都有一百五十元存款。下次再做仍是如此，数十次，数百次，亦复如此。等到几年之后，你俩都变成财主了。所怕的就是用老本钱，而不会赚钱，用了几年，本钱精光，贫穷立待，那可真不行了！这就是双修的原理。古人书上不肯明言，我今日略为泄露一、二，已经算是破天荒的论调。③

所谓“赚到一百元、两百元”，是指用清静功夫从天地之间采得先天一气，采来之后分出一部分给对方，自己仍有“储蓄”，久之双方都会成为“财主”。至于若问合作比单干究竟有何优越处，则只能从上文所谓“中和自然之本性”的意义上去理解。不过，做这种双修功夫，必须在女方完成“斩赤龙”（按即炼断月经而气不再化血）之后，“方为稳妥”。④

相对而言，陈在更多的情况下总是劝告学人以清净独修为本。在《答

---

① 陈撄宁：《答上海某女士十三问》，洪建林编：《仙学解秘：道家养生秘库》，大连：大连出版社1991年版，第255页。

② 洪建林编：《仙学解秘：道家养生秘库》，大连：大连出版社1991年版，第108页；陈撄宁：《道教与养生》，北京：华文出版社1989年版，第360—361页。

③ 洪建林编：《仙学解秘：道家养生秘库》，大连：大连出版社1991年版，第262页。

④ 参见洪建林编：《仙学解秘：道家养生秘库》，大连：大连出版社1991年版，第262页。

复无锡汪伯英君儒道释十三问》中，他说："'独坐孤修，致虚守静'，这个法子比较容易实行；自己要做就做，不必征求对方之同意，也不必定要废弃人事，见效虽迟，流弊较少，我所提倡的，就是这一派。"①在《答复济南张慧岩君问双修》一文中，陈撄宁还说："至于阴阳感应之理、取坎填离之方，虽属玄妙，然必外缘具足，方能实行，否则终等于望梅止渴而已。幸有陈邵一派功夫口诀，可以代替。"②在《又与某道友论阴阳功夫》中，他劝告热衷于双修功夫的学人说："凡属我辈同志，都应该惜福修德，专心走清净一门；丹经上阴阳炉鼎之说，存而不论可也。"③

关于仙学特别是其中的内丹学，陈氏还有一些重要论点，例如关于"口诀不肯轻传之理由"、"女子修炼之派别"、"女子修炼与年龄之关系"等等。限于篇幅，在此不一一介绍。

陈撄宁是现代最有影响的道教学者、炼丹家和养生功法导师，他是道教史上神仙学术的一位集大成者，在道教文化消沉、人才缺乏的现代，他和以他为主要代表的《扬善半月刊》、《仙道月报》独树一帜，为保存和发扬道教学术传统，特别是建立适合于现时代的仙学理论作出了巨大的贡献。他在使社会认识了解道教文化、推广普及道教养生理论与方法、改革和发展传统的内丹学等方面做了开拓性的工作，有着不可磨灭的功绩。

三、易心莹的道教宇宙观与道教宗派观

与陈撄宁同时而略晚的易心莹，也是一位现代著名道教学者。易心莹俗名良德，字宗乾，法名理轮。清光绪二十二年（1896 年），生于四川省遂宁县老池乡双河口一农家。8 岁开始读私塾四年，体弱多病，听说道家有强身保国之术，于是有意学道。民国三年（1914 年），独自离家去青城山天师洞求为道徒，在庙里做杂活。年余，其兄来山中促其返家，中途私遁，再至成都二仙庵蚕桑传习所作杂役。民国六年（1917 年）青城山天师洞道士魏至龄

① 洪建林编:《仙学解秘:道家养生秘库》，大连:大连出版社 1991 年版，第 42 页；陈撄宁:《道教与养生》，北京:华文出版社 1989 年版，第 348 页。

② 洪建林编:《仙学解秘:道家养生秘库》，大连:大连出版社 1991 年版，第 63 页。

③ 洪建林编:《仙学解秘:道家养生秘库》，大连:大连出版社 1991 年版，第 228 页。

去二仙庵,见其能耐劳苦,虔诚好道,将其领回天师洞收为弟子,为全真龙门派丹台碧洞宗二十二代。住持彭椿仙为提高道徒文化素质,命其往本山朝阳庵吴君可门下就学。既读儒家五经,又学道书《云笈七籤》。民国十五年(1926 年)成都名儒颜楷来游天师洞,受住持委托将勤学好问的易心莹收入成都崇德书院深造,攻读经史一年多。民国十七年(1928 年)易心莹回天师洞后,担任知客兼文书、记账一年有余。后即专门研读道学。民国三十一年(1942 年),彭椿仙逝世后,心莹被选为天师洞当家,越年即去职,专事道教学理研究。易心莹勤研道经,穷究道史,与著名学者西南联大教授陈国符、四川大学教授蒙文通、《扬善半月刊》主笔陈撄宁等通信交往,切磋道要。曾应陈国符之请,两次亲往四川省三台县云台观详检所存《道藏》情况,分别作复。① 陈国符说:"国符尝访道观多处,其道士率皆不学,曾见《道藏》者鲜……仅四川尚有道士,熟读《道藏》。"②又说:"易道士熟读《道藏》,与通常道士迥然不同。"③这个当时仅有的熟读《道藏》的四川易道士,指的就是易心莹。冯玉祥曾说:"易道士在青城山道教徒里是一位数一数二的博学之士。他著了一本《道教三字经》,成了一般道士的课本。"④新中国成立前,易心莹特别注重研究道教的宇宙生成理论和道教的宗派源流系统,20 世纪 30 年代所著的《道学系统表》为石印单行本,《寄玄照楼书——论道教宗派》、《道教分宗表》(发表在上海《扬善半月刊》1937 年 4 月 16 日第 4 卷第 20 期、5 月 1 日第 4 卷第 21 期,收入 1991 年大连出版社出版、洪建林编的《仙学解秘:道家养生秘库》,并收入《藏外道书》第 31 册),以及《道教三字经》(收入《藏外道书》第 24 册⑤)等,就是他在这方面的主要成果。新中国成立后,他率道众进行农业生产,开展自养活动。1955 年,选任青城山天

① 参见陈国符:《道藏源流考》上册,北京:中华书局 1963 年版,第 202 页。

② 陈国符:《道藏源流考》上册,北京:中华书局 1963 年版,第 190 页。

③ 陈国符:《道藏源流考》上册,北京:中华书局 1963 年版,第 203 页。

④ 冯玉祥:《青城游记(节选)》,王纯五主编:《青城山志》,成都:巴蜀书社 2004 年版,第 229 页。

⑤ 此书所收《道教三字经》,前有作者《自序》,序末题:"时中华民国念六年十一月中浣日,小溪易心莹叙于青城之常道祖堂。"(《藏外道书》第 24 册,第 463 页)故此书当于 1937 年完成。

师洞住持。1956年，任四川省政协委员，又参加筹建中国道教协会工作，次年当选为中国道教协会副会长，又任四川省道教协会会长。20世纪60年代，多次赴白云观为中国道教协会道教徒进修班讲授“道教史”等课程，并受命编纂《四川省宗教志》“道教篇”，完成《四川省道教史》初稿。1976年逝世。现就易心莹的道教宇宙观与道教宗派观作如下介绍。

（一）大道灵妙思想与天地劫运学说

道教承袭道家思想，以“道”为最高哲学范畴，认为“道”是天地万物的本源，又体现于天地万物之中；天地万物有生有灭，有成有毁，而作为其本源的“道”，则是不生不灭的永恒存在。道教特别强调，“道”不仅能化生天地万物，而且能主宰天地万物，其原因在于“道”是“至虚灵，至微妙”的东西，其中有神明在焉。故道教又以“道”为最根本的宗教信仰。易心莹在阐述道教宇宙观时，就根据道经，这样解释“道”或“大道”。他说：“至虚灵，至微妙，强称名，为大道。”①他认为，这个极虚灵微妙的“道”，是先于天地的自然存在。它混沌无分，无色无声，纯朴广大，无高无下，无边无际，不可名状。由于它的虚灵微妙而起生化流变，逐渐出现各色气天、大地万物。作为道气化身的上天尊神，应劫运之数以天章说法，化度人天。这就是道教的创世说和道教所由来的神话传说。易心莹因袭此说，称：“夫大道之由来远矣。昔在空洞之中，混沌之先，始以太玄一音，流响玉清，浮凝太空，名曰三洞飞玄之炁，经历七千余劫②，其炁不散。天尊始正其音，裁作云篆天章，字方丈余，八角垂芒，焕耀空青之林，导运御世，开图立纪，宝珠说法，化度天人，正名百物，万类生成，其事至隐，其道则愈滋矣。”③这里所讲的“炁”，即先天之气或称元气，是大道化生天地万物的初始阶段。“天尊”是元气分化以生天地万物的神明称谓。易心莹《道教三字经》说，“太无变，三气分”④；即随

① 易心莹：《道教三字经》，《藏外道书》第24册，第463页。

② 什么是道教所谓的“劫”？杜光庭《道德真经广圣义》卷2云：“劫者，天地成坏之名，阴阳穷尽之数。阳尽则生阴，故为大水；阴尽即生阳，故为大火。阳极于九，故云阳九；阴极于六，故云百六。小则三千三百年，次则九千九百年，大则九九大数八十一万年为劫终。”（《道藏》第14册，第317页）

③ 易心莹：《道学系统表序》，《藏外道书》第31册，第406页。

④ 《藏外道书》第24册，第463页。

混沌渐开,微明渐显,“太无”渐变,便产生了三气。其中青色气,称始气,号清微天,名玉清境。在五劫①之首的龙汉劫,其神为元始天尊,说洞真部经文,天景光辉。白色气称元气,号禹余天,名上清境,其神为灵宝天尊,说洞玄部真文,光耀宇宙。黄色气称玄气,号大赤天,名太清境,其神为道德天尊,在上皇劫,说洞神部经书,万物滋生。这里说的是道教三清尊神,各说经文“十二部”以“度天人”。② 而在前面引《道学系统表序》所讲的“天尊”,则主要是讲元始天尊的事。其中讲到“天尊正其音”,而在《道教三字经》里又说:“我皇人,集云书,正天音,在劫初。”③前后说法略有不同,但都表明,天地万物为道所化生,为道之化身的天尊神灵所主宰,即所谓“导运御世,开图立纪”,“正名百物,万类生成”是也。同时,它又表明,道化的天尊神灵还因生成的天地万物到一定时数将遭到毁灭,故讲经说法,救度天人,而成为至高无上的救世主。所以,至虚灵、至微妙的大道,演化为物质性与精神性统一的天地万物和高高在上、法力无边的天尊神灵,组成这纵横浩瀚神奇多样的世界,这就是易心莹所述说的道教宇宙观。而天地有成有毁的劫运学说,则视为道教救世度人的理论依据。

(二)道教宗派的“正宗”、“支宗”说

易心莹的道教宇宙观,直接与道教起源说相联系。他说:“盖上起无始,下逮光(绪)、宣(统),自道一(自注云:即虚灵微妙有无玄空)而开三境天尊,迨乎玉皇上帝,及诸天神王大圣,资始宇宙,以迄开辟。三皇历九纪递于轩辕,崆峒问道,经启皇人。僦贷④养生,道于呈显。”⑤即认为,由虚灵微妙的道,先化生天上的三清、玉帝、诸天神王统治的茫茫宇宙,然后天地分

① 道书《灵宝无量度人上经大法》谓:“元始祖劫,化生诸天。祖劫者,龙汉、延康、赤明、开皇、上皇也。”(《道藏》第3册,第627页)又《双槐岁钞》云:“老氏之书曰,天地之数有五劫。东方起自子,曰龙汉,为始劫……南方起自寅,曰赤明,为成劫……中央起自卯,曰上皇,北方起自午,曰开皇,俱为住劫……西方起自酉,终于戌,曰延康,为坏劫。”[(明)黄瑜:《双槐岁钞》卷6《皇极观物》,北京:中华书局1999年版,第114页]

② 参见《藏外道书》第24册,第463页。

③ 《藏外道书》第24册,第463页。

④ 《道学系统表》称僦贷季,神农时人。参见《藏外道书》第31册,第409页。

⑤ 易心莹:《寄玄照楼书——论道教宗派》,洪建林编:《仙学解秘:道家养生秘库》,大连:大连出版社1991年版,第557页。

开,人类社会进入轩辕时代,即有天上的仙真下凡,向黄帝宣化至道,讲解道经的正式记录。所谓“崆峒问道,经启皇人”,都是讲的轩辕黄帝访道寻真的故事。据道书述说,上古仙人广成子,住崆峒山石室,应黄帝恳求,告以清静保精的长生之道;先天真圣天真皇人,居峨眉山北绝岩下,感黄帝诚心问道,为讲授五牙三一之经,称“食五牙,便为真仙矣”①。上圣仙真为世人传授长生成仙之道,就是道门所说的道教的来由。

对于道教的“道”字,易心莹以“化理”二字(自注云:理字于修为一面,即君人南面之术,如《素书》所谓理身理家理国理天下)作解②,即教化人群理身理世的意思。也就是以理身理世之道教人即谓之道教。他具体提出“其义有四:(一)主善为师:即学为好人。(二)修身励业:即外功内果,或德行事功。(三)坚固信心:即圆满志愿,或达到标准。(四)引导人民思想:即济渡众生,或广度有情”③。这些教人奉行的思想行为准则,是易心莹对道教含义的通俗解说。

易心莹对道教宗派进行了认真研究,他根据“世所信崇,典籍攸著”,遵循“旧史成例,详校诸家替兴,参其众事,各秉宗门遗法,寻其端绪,系于一家。上自无始,下逮于今,其可考见者,盖二十有四家”④,于“民元甲戌”(1934 年)秋作《道学系统表》。该表罗列元始以来至清代末年,道教所谓上圣仙真、传道学者 640 位,其中自黄帝以下,分列 24 家(含正宗 11 家、支宗 12 家、外宗 1 家)共 590 人。在此基础上,作《道教分宗表》,将原来《道学系统表》内列为正宗的“犹龙”归入支宗;列为外宗的“修为”,并入“仙宗”的法门之一,分述正宗十家。又写《寄玄照楼书——论道教宗派》,对正宗十家和支宗十三家的内容予以说明。所著《道教三字经》,其大部分内容亦是“考真系,别宗祖,大小宗,从头数”⑤,述说正传十家,分派十三家。

---

① (清)王瓘:《广黄帝本行记》,《道藏》第 5 册,第 34 页。

② 易心莹:《道教分宗表》,洪建林编:《仙学解秘:道家养生秘库》,大连:大连出版社 1991 年版,第 560 页。

③ 易心莹:《道教分宗表》,洪建林编:《仙学解秘:道家养生秘库》,大连:大连出版社 1991 年版,第 560 页。

④ 易心莹:《道学系统表序》,《藏外道书》第 31 册,第 406 页。

⑤ 《藏外道书》第 24 册,第 464 页。

易心莹所述"正宗十家",包括名称、等次、倡始人、宗法、法门之要等[①],其基本情况是:

(1)仙宗:最上乘。别名道教。宗玄崇道,清虚无为,倡始者:太一、广成、天真皇人,"极昌明,在黄帝"[②]。宗法有五等:天神地人灵。广之则三洞、四辅、十二部、二十四部、三十六部、七十二部之典籍。法门之要有二:一是超世门:守戒、养志、炼心、尽虑、湛寂、复命、知常、洞慧、微妙、虚无。二是修为门:国政、经济、权谋、治策、纵横、兵略。

(2)金液宗:上之上。别名神丹。讲大丹,辨析金石质量,乃化学之法,崇奉《九鼎神丹经》。倡始者:女娲、黄帝。宗法有二十四品,七十二家。法门之要有四:九鼎、太清、黄白、九光。

(3)聚玄宗:上之中。别名清静、齐慧。澄心遣欲,固守本来,以清静为宗。倡始者:左玄真人、清和黄氏。宗法有五:遣欲、澄心、化气、神育、契道。

(4)长淮宗[③]:上之下。别名凝阳、胎息。论胎元,返先天,以胎息为宗。倡始者:狟神氏、中广真人。宗法有四:住气、内观、胎息、神定。

(5)葆和宗:中之上。别名辟谷。炼真气以揞有形,绵绵不绝,以服气为宗。倡始者:容成、鬼谷子、张良。宗法有三:吐纳、服气、休粮。

(6)调神宗:中之中。别名房中。辨养生,禁嗜欲,而固摄精气,以内房为宗。倡始者:素女、黄帝。宗法有百来事,其要有六:节欲保身、禁忌方法、攻治众病、补救伤损、摄精固气、还阳补脑。

(7)南宫宗[④]:中之下。别名灵图、符箓、天罡。密咒役鬼神,灵剑驱妖邪,以符箓为宗。倡始者:一真[⑤]、玄女、鬼臾区。宗法有百余事,其要有十一:阴阳、五行、六壬、奇门、神符、秘讳、密咒、罡令、禹步、假形、解化。

---

① 参见易心莹:《道教分宗表》、《寄玄照楼书——论道教宗派》,洪建林编:《仙学解秘:道家养生秘库》,大连:大连出版社 1991 年版,第 560—562、557—558 页。

② 《藏外道书》第 24 册,第 464 页。

③ 指起源于长淮一带的主张修习胎息之功的宗派。

④ 以符箓咒语役使鬼神、驱除妖邪,为人谋利的宗派。南宫即南斗星君,职掌众神。

⑤ 易心莹《道学系统表》云为神农时仙人,南宫宗祖师。参见《藏外道书》第 31 册,第 409 页。

(8)苍益宗①:下之上。别名服饵、具茨。茹石散,饵琼芝,以服食为宗。倡始者:大隗②、神农、僦贷季③。宗法有数百事,其要有五:饲谷、茹石、药饵、芳茵、丹砂。

(9)健利宗④:下之中。别名修摄。以通畅关节壮健体魄而宗导引。倡始者:赤松、宁封、王子晋。宗法有百余事,成数十家。其要有四:按摩、嗽咽、导引、行气。

(10)科醮宗⑤:下之下。别名天章。飞章消灾,济度祈福,律己自修,奉行众善而宗《灵宝》。倡始者:帝喾、夏禹、张宿、张陵、葛玄。宗法之明真典格凡七等:箓,百二十;科,二千四百;律,千二百;戒,千二百;大章,三百六十通;小章,千二百通;朝天醮仪,三百座。其要有十二:云篆、真文、劾召、荡秽、禳灾、解谢、忏罪、炼度、济幽、拜章、步斗、存思。

易心莹所说道教"正宗"十家,包含众术,囊括古今,有两点特别引人注意。一是它表现了道教宗派始于远古的思想。这十宗的倡始者,好些是远古时代的人,不少是黄帝以前的传说人物,甚至神话人物。这就证明,易心莹认为,以道术不同区分的道教宗派,在那时就开始了。这种看法,显然是不符合历史实际的。因为作为宗教的道教,是在东汉时候才正式产生的,在此之前,还没有道教,又哪里来的道教宗派?易心莹之所以提出如此主张,是与他以"化理"解"道"的思想分不开的。在他看来,既然以理身理世之道教导世人即谓之道教,那么,人类自有教化之日,就是道教开始之时了。可实际上,人类传授知识的教化行为,同后来作为宗教的道教并不是一回事。但以"化理"解"道"却可以把二者混为一谈。因此,他不仅可以把轩辕黄帝作为道教之始,而且,还可以上溯到神农、女娲,以及更早的神话传说时代,并把一些神话传说人物或与道教本无关系

① 指通过服食药物以求养生成仙的宗派。
② 即具茨山之大隗神君,传说曾送黄帝《神芝图》。神芝乃药。
③ 僦贷季,《历代神仙通鉴》言其"深通医理",为远古名医岐伯之师。道教称之为"天医太圣僦贷季公尊师"。
④ 以导引行气之功而求长生成仙的宗派。"健"谓其功法能强身健骨,"利"谓能使身体之关节通畅。
⑤ 举行斋醮道场而为人祈福禳灾的宗派。

的人物都纳入道教的宗派人物之中,似乎也就顺理成章。不过这样一来,一部本来即很纷繁复杂的道教发展史,可能就要更加复杂化了。尽管如此,易心莹力图按道教所崇奉的各种方术来分宗并对各式方术进行追本溯源的探讨,这是有其积极意义的。

"正宗"十家引人注目的另一点,是易心莹道教宗派的等级观念。"十宗"以"别名道教"的"仙宗"(或称"古仙宗")为"最上乘",其下依次为三等九级。系本着道教长生成仙、济世度人的宗旨,以各宗所行道术在实现成仙目标中所起作用为准,所起作用大者为上,次者为中,小者为下。例如,为什么将"仙宗"列为最上乘呢?照易心莹说,因为它"直超物外,复返虚无大道"。而"科醮宗"之所以列为下之下,是由于它"律己自修,奉行众善",可以"学为好人",具备"从凡而入圣"的起码条件。[①] 这样,在易心莹道教宗派思想里,就由于各宗所行道术对长生成仙的功用程度不同,而存在不同的等级层次,以下之下到上之上,直至最上乘,反映了易心莹对道教各宗派"质进之阶,各有等差"的观点。

还有,易心莹所列的"修为"在《道学系统表》中,单独立项,称为"外"宗,与十正宗、十三分(支)宗一起,构成二十四家。"修为"栏内,有力牧、风后、伊尹、傅说、姜太公、长桑公、管夷吾、老莱子、文子、范蠡、墨子、孙武子、张子房、诸葛亮等52人。而在《道教分宗表》里,则将"修为"作为"仙宗"的法门之一,称为"修为门",与"超世门"相提并论。从而将出世法、入世法合列为仙道法门,以应道教"济世度人"的宗旨。这可说是易心莹道教宗派观的又一特点。

除上述所列"正宗"十家以外,易心莹又将老子以后的道教宗派,分列为十三支宗。他说:"至若老子,上承黄炎,道冠诸子,穷极天人。通古今之变,弃柱史之爵。授经关令,李实孔师。则稽之正史,考之记传,支分派别,盖十有三焉(其中又有岔派)。"[②]这十三派是:

① 参见易心莹:《寄玄照楼书——论道教宗派》,洪建林编:《仙学解秘:道家养生秘库》,大连:大连出版社1991年版,第557、558页。

② 易心莹:《寄玄照楼书——论道教宗派》,洪建林编:《仙学解秘:道家养生秘库》,大连:大连出版社1991年版,第558页。

(1)犹龙:指李耳、关尹、麻衣[①]、陈抟、郑火龙、张三丰、李涵虚一系,“至宋别倡道学一家”[②]。

(2)道学:指种放、穆修、李之才、邵尧夫、周敦颐、许坚、范锷昌、朱元晦一系,被认为是犹龙之岔派。

(3)儒学:指孔子、子弓、荀卿、韩非、黄生、贾谊、扬雄、王充一系。谓“孔门六传而至贾谊,则道家之面目晦矣”[③]。

(4)治道:指河上丈人、安期生、毛翕公、乐瑕公、乐臣公、盖公、曹参一系。谓“治道迄于曹参,史籍亦不再传”[④]。

(5)内学[⑤]:指安期生、马鸣生、阴长生、魏伯阳、淳于叔通、程晓(即彭晓)一系。易心莹称“此道家正传”[⑥]。

(6)茅山:指茅濛、茅偃、茅僖、茅盈、周义山、王子登及魏华存、杨羲、许迈、许穆、陆修静、孙游岳、陶弘景、王远知、潘师正、司马承祯、李含光一系。

(7)方仙:指西王母、汉武帝、李少君、董仲舒、左元放、葛孝先、鲍靓、抱朴子一系。

(8)太平:指帛仲理、于吉、宫崇、襄楷一系尊奉《太平经》的派别。

(9)正一:指张陵所传含成公兴、李谱文、寇谦之、王纂及张祥、张谌、张虚靖、张嗣德、张国祥、张仁晸、张元旭一系。所谓“正一受盟威之箓、都功印剑之诀,世传子孙,自是一家”[⑦]。

---

① 《道学系统表》列为东晋孝武帝(373—396年)时人。参见《藏外道书》第31册,第413页。

② 易心莹:《寄玄照楼书——论道教宗派》,洪建林编:《仙学解秘:道家养生秘库》,大连:大连出版社1991年版,第558页。

③ 易心莹:《寄玄照楼书——论道教宗派》,洪建林编:《仙学解秘:道家养生秘库》,大连:大连出版社1991年版,第558页。

④ 易心莹:《寄玄照楼书——论道教宗派》,洪建林编:《仙学解秘:道家养生秘库》,大连:大连出版社1991年版,第558页。

⑤ 原无此名,今按《道教三字经》“宗内学”加上此名。参见《藏外道书》第24册,第466页。

⑥ 易心莹:《寄玄照楼书——论道教宗派》,洪建林编:《仙学解秘:道家养生秘库》,大连:大连出版社1991年版,第558页。

⑦ 易心莹:《寄玄照楼书——论道教宗派》,洪建林编:《仙学解秘:道家养生秘库》,大连:大连出版社1991年版,第559页。

(10)玄学:指何晏、王弼、嵇康、向秀、郭象等人。

(11)豫章[①]:指孝悌王、兰期、谌母、许逊、黄仙姑、梁姥、东海小童、施肩吾一系。

(12)南宗:指张伯端、刘海蟾、薛道光、陈泥丸、白玉蟾、彭耜、萧廷芝、陈致虚、陆潜虚、傅金铨一系。

(13)北宗:指王重阳、马丹阳、谭处端、孙不二、刘处玄、郝大通、王处一、邱长春、宋披云、刘伯温、李虚庵、伍冲虚、伍守虚、朱元育、柳华阳、刘一明一系。

易心莹所列道教十三支宗,罗列了儒学及荀韩法家、黄老道家("治道"一派,与"正宗十家"仙宗的"修为门"相类)、魏晋玄学、宋代道学,把它们均视为道教派别,反映了他对道教的特殊理解。

综上可见,易心莹的道教宇宙观与道教宗派观,反映了道教尊崇天神、宗祖黄老、发展各种修仙济世术的传统思想,尽管其中有些说法显然过头,与历史事实并不相符,尚待研究,但他却向我们揭示了源远流长、丰富多姿的道家—道教文化,在中华民族传统文化中的重要地位。从这个意义上说,这是他对道教文化的积极贡献。特别是在那对道教理论研究根本无人问津的年代,易心莹的这种探索,更是难能可贵的。

第五节　道教徒建立组织及参与民主革命和抗日斗争

道教自出世以来,其教团组织历来是以师承宗派为系统,互不相属,整个道教界没有一个统一的教会组织。而且同一宗派,在其发展过程中又不断分化出一些新的小宗派,各立山头,彼此分割。据北京白云观收藏之《诸真宗派总簿》记载,到近现代时这种宗派已多达 86 个,分散了道教的总体力量,不利于道教本身的发展。但在封建帝制时代,这种状况是很难改变的。辛亥革命(1911 年)后,随着封建帝制的垮台,道教界也开始着手改变过去的组织状态。

① 即净明道。尊崇许逊,主张以忠孝为本的派别。

一、民国时期的道教会

民国元年(1912年),北京白云观住持陈明霦、奉天承德县太清宫葛明新、江苏上海县白云观赵至中、奉天辽阳州千山无量观王理钧、直隶朝阳府朝阳洞王信朴、奉天道立实业工厂闾山代表陈诚玉、奉天千山慈祥观李至宫、奉天锦州府闾山庆云宫吴诚达、奉天锦州府圣清宫刘诚宝、山东济宁州常清观赵至岫、河南南阳府玄妙观郭至贤、河南南阳府三元宫王永春、北京玉清观王诚志、江苏淮安府孚佑宫李明清、陕西西安府八仙宫李宗阳、湖北襄阳府均州磨针井花至旺、北京房山县金山院孙诚贤、湖北武昌府长春观徐教广等18名道教界代表,于北京发起成立道教会。他们拟定了《道教会宣言书》、《道教会大纲》和《道教会请求民国政府承认条件》三份文献,又于民国元年七月十日草拟了《道教会上国务总理、袁大总统书》,并于当天由陈毓坤、王子涛、陈崑山、王诚一、郭玉宾、王纯朴、赵元寿、葛筱瑾、赵香雪一行9人,穿着道装,亲赴国务院、总统府上书,请求批准建立道教会,予以立案。同年8月4日得到批复:"查信教自由载在约法,该会信仰道教,设会研求,自系推阐道学起见,尚无不合,准予立案,仰即知照。"①中国道教第一次有了合法的道教会组织。

这次道教会的建立,是道教界在国家政治体制剧变时期,为争取自身在新体制下的合法存在并推进道教事业之发展所做的努力。其首要任务,就是要阐述道教的地位与作用,以表明在新政体下继续存在和发展的理由。为此,《道教会宣言书》一开始便声称:"道教为中华固有之国教,国体革新,道教亦应变制,此中央道教会之所由发生而亟欲振兴者也。"②又说:"宗教为立国之要素,与道德、政治、法律相辅而行……无论何等社会,凡虔诚信仰

① 《藏外道书》第24册,第478页。据《内务部咨覆国务院交查白云观道教会发起人陈明霦等呈请设会研求道教应准立案文》,内务部咨复在7月31日,见《政府公报》1912年8月9日(第101号),第15页。另参《政府公报》1912年8月10日(第102号),内务部就"请求用正式公文宣布承认,提交参议院议决,列为法令一节",认为"中国历数千年版,尚未定何种为固有之国教",故"所请碍难照准"(第4页)。

② 《藏外道书》第24册,第472页。

者，一切贪嗔痴妄杀盗邪淫诸恶念顷刻即消。”①即认为宗教具有从心灵上消除作恶念头的特殊功效，是不能取代的。因此，在国家与宗教的关系上，它表明：“有国以护教，有教以固国，国与教相维系而不可分离。”②而且指出，中国自外输入之宗教，国人犹信奉之，而道教为中国固有之国教，岂可听其凌夷湮没而不发扬？从一般论述宗教的重要性，引出应重视对我国固有的道教的弘扬。该宣言书在具体讲宗祖黄老的道教时，不仅宣扬它与中华文明同时起步，“礼学授诸儒家，经典先于释氏”③的传统观点，而且，更鼓吹道教的教理教义具有囊括古今、涵容中外、“包罗万有而不名一有”④的特点和优点。“按老氏之教，非为一国度而言，为百千万亿国度而言；非为现世界而言，为将来未来之无量世界而言。汉初文景用之，稍得端倪，几致刑措，由是引而伸之，递进递上，将见由小康而升平，而太平，而大同，攸往而咸宜，推行而皆准。”⑤直将老子之教，说成是引导世界人类逐步走向美好未来的普遍原理和必由之路。在当时国家衰弱、道教没落的逆境中，道教界的一些有志之士，能提出如此宏伟的见解，反映出他们对运用道学振兴中华、造福人类的期望和信心。同时，《道教会宣言书》斥责教内偏离黄老治道和故步自封的倾向为“失厥本宗”，指出：“彼以符箓为道者是道贼也；以服食为道者是道魔也；以炼养为道者是道障也；更有深林寂壑，痼癖烟霞；蓬莱方丈，谬托神仙；理乱不知，黜陟不闻，于物与民胞，毫无系念，自为计则得矣，如苍生何？如世界何？尤其甚者，硁硁自守，顽石难移，语以天演之如何淘汰，人群之如何进化，则掉头不顾，充耳不闻，惟以募化为生涯，疏懒为事业，在人类中为寄生物，为附属品。无怪乎道教之如江河日下，而为社会所鄙弃，地方所摧残，自侮人侮，势所必至，理有固然也。同道等目击心伤，慨然有道教会之建设。”⑥可见，此次道教会突出“道”之治世功能，“是出世法即为入世

① 《藏外道书》第 24 册，第 472 页。
② 《藏外道书》第 24 册，第 472 页。
③ 《藏外道书》第 24 册，第 472 页。
④ 《藏外道书》第 24 册，第 473 页。
⑤ 《藏外道书》第 24 册，第 473 页。
⑥ 《藏外道书》第 24 册，第 474 页。

法”，着重宣扬治国太平以至世界大同之道。而对于脱离人世的个人修仙之道及拒绝新思想的守旧习气，则不以为然。因而在共和取代帝制的新旧变革年代，道教会称其“有昌明道德，促进共和之义务”①，以“力挽颓风，表彰道脉，出世入世，化而为一，务求国利民福，以铸造优秀高尚完全无缺之共和为宗旨”，“务使五族混化，万善同归”②，极力适应社会政治的需要，以振兴国家民族为己任。

在组织任务上，按《道教会大纲》规定，该会事业分为出世间业与世间业两大类，各类又设若干门。出世间业有：(1)演教门，包括对《阴符》、《黄庭》、《道德》、《大洞真经》、《赤文洞古经》、《本行集经》、《清净经》、《升玄经》、《文始经》、《南华经》、《冲虚经》、《参同契》、《悟真篇》、《胎息经》、《心印经》、《定观经》、《金丹大要》等道教经典的研究、传布、讲演，并对《金刚》、《法华》、《楞严》等佛经及《大学》、《中庸》、《周易》等诸子百家与道经结合作融通研究。(2)宣律门，则包括对初真戒、中极戒和天仙戒的解说、传授。

世间业有：(1)救济门，包括赈饥（义振会、工振会）、援溺（水上慈救会）、治病（病院、卫生会）、保赤（慈幼会）、救灾（水火消防协会、战地慈救会）、济贫（孤儿院、贫民工艺厂）、扶困（养老会、保贞会、残病保全会）、利便（义渡会、灯明会）；(2)劝善门，包括文字劝导（劝善书报会、检定小说会）、言说劝导（普通讲演会、监狱讲演会、军营讲演会、病院讲演会、检定戏乐会、科学研究会、讲演研究会）、开通智慧（道德研究会、古学研究会、开智展览会）；(3)化恶门，包括弥杀（戒杀放生会）、弥盗（正义会）、弥淫（劝戒淫邪会）、正俗（劝戒奢华会、戒赌公会、戒烟酒会、戏曲改良会）。

同时，对于道教会组织成员的资格、机构的设置、人员的编制，亦作了相应规定。

民国元年第一次道教会还设想，以诸山道众及十方善士组织成立的道教会，“先在北京设中央道教总会，以次推行，于各行省设总分会，各城镇乡设分会。内力弥满，再事扩张于欧斐（非）美澳，凡日月照临处，皆有我中华

① 《道教会要求民国政府承认条件》，《藏外道书》第24册，第477页。
② 《道教会大纲》，《藏外道书》第24册，第474页。

民国道教会之旗章，吾道始光大而圆通矣”①。

道教会首席发起人陈明霦（毓坤）方丈在上书总统府、国务院之后说：“建设道教会为千载一时之创举。”②经民国元年批准立案的道教会，即为各省、县道教信徒进行道教会组织活动的合法依据。紧接民国元年中央道教总会准予立案之后，按《道教会宣言书》精神和《道教会大纲》规定，四川青羊宫刘教宾、二仙庵王妙生、宝云庵余至惟、天师洞魏至龄、二王庙李元刚、长生宫周至容、丹达庙吴清照、昭烈庙周宗庸八大宫观的住持，于民国二年（1913 年）五月，联名发起建立四川道教总分会，拟定《四川道教总分会暂行简章》共十二条。其中规定“本会系四川省诸山道众及绅耆等所组织，定名四川道教总分会”（第一条）；“本会统一全川道教，以阐扬先圣之玄旨，增进人群之道德为宗旨”（第二条）；“对于京师道教总会有协助之义，对于本省各分会有统辖维持之责”（第三条）；“本总分会所有组织职员以及职任、名数、任期，均照北京总会章程办理”（第六条）；“凡道教弟子，遵守教规，行为端正，得以注册入会”（第七条）；“四众国民不分界限，有愿研究道教宗旨者，经本会会员介绍，得认为会员”（第十二条）。此外，还对研究道经、兴办实业、遵守戒律、保护庙产、收缴会费以及会议制度等作了规定。同年 5 月 31 日，四川省行政公署批示：“据青羊宫住持刘教宾等呈照章设立道教总分会，恳请立案……查信教自由，约法所许，该会阐扬道旨，自无不合之处，准予立案，并通饬各属一体出示保护可也。”

据民国政府《人民团体总登记表》所载，四川省道教总分会经批准立案之后，大约于民国十二年（1923 年）二月改组为四川省道教会支部；又于民国三十五年（1946 年）五月改组为四川省道教会，并由四川省政府社会处委派赖鼎立为改组指导员。第一届四川省道教会由理事长 1 人（王伏阳，二仙庵退隐方丈）、常务理事 6 人（青羊宫、二仙庵各 3 人）、理事 8 人（青羊宫 3 人、二仙庵 4 人、宝云庵 1 人）、常务监事 2 人（青羊宫、二仙庵各 1 人）、监事 2 人（青羊宫、二仙庵各 1 人）组成，基本上为二仙庵、青羊宫所垄断。其

① 《道教会宣言书》，《藏外道书》第 24 册，第 474 页。
② 赵香雪：《道教会上书记》，《藏外道书》第 24 册，第 479 页。

所进行之工作主要是：保护川境道庙财产森林，调解各县道教纠纷，纠正不良恶习，举办道教训练班，成立道教救护队及施棺、施米、施药各种慈善事业，传经劝善，暨促进各级道教会员从事农工蚕桑等各项生产业务。① 规定会员代表大会每年召开一次。最后一次会员代表大会是民国三十七年（1948年）十月十三日至十五日于二仙庵方丈堂举行的，出席这次会议的有理事长王伏阳，指导员唐次斌，秘书长赖鼎立，各县代表（共42县）46人，职员会员共97人。由张圆策等9人组成临时主席团，主持会议。这次会议听取了庶务员袁理彬《全年收入支出统计表》报告、文书员张乾阳《全年工作概况》报告；审查和表决了各县代表提案；改选产生了新的理事会。这届理事会由理事长1人、常务理事6人、理事14人、候补理事7人、监事7人、候补监事3人组成，实际选出的这38人中，有以退隐方丈王伏阳（任理事长）、在任方丈申竹青（任常务理事）为首的二仙庵道职人员17人，以总理张圆策（任常务理事）为主的青羊宫道职人员12人，以及天师洞、太安观、宝云庵、关帝庙、天祥寺、关岳庙、蓍颐观各1人，另有代表2人。是二仙庵、青羊宫仍占主导地位。文书员向这次大会报告的《全年工作概况》共列有12件事，从中可以看出在1947—1948年间，四川省道教会所进行的工作，有两点引人注意。

第一，从民国三十五年（1946年）起，依据民国政府《人民团体总登记办法》，改组成立四川省道教会及各市县分会，到此时已完成改组成立者共57县，共有会员2885人。另有38县尚在筹备分会，其会员人数不清楚。因此，当时四川实有多少会员尚没有一个确切数字。但据《当代中国的四川》认定，四川省解放前夕，即1949年，共有“道士、道姑4177人”②。这个数字大概与1946年的四川道教会员人数差不多。然而，这个数字也正是道教在民国时期每况愈下的记录。据民国五年（1916年）《四川省内务统计报告书》记载：当时四川全省145县，共有道教信徒35657人。③ 经过30多年

① 《人民团体总登记表》，“工作概况”栏。

② 杨超主编：《当代中国的四川》第6编第29章，北京：中国社会科学出版社1990年版，第610页。

③ 参见宋育仁编：《四川省通志》卷52《礼俗志》附《四川省佛道回各教信徒人数表》，手抄稿本。

后,减少到4177人,下降了85%以上,由此可以窥见道教在民国时期衰落景况之一斑。第二,1947年上半年,四川省道教会理事长、二仙庵退隐方丈、73岁的王伏阳,联络各省道教会,发起建立中国道教会①,随后收到北平、天津、沈阳、安东四省道教会来函联合组织中国道教会于北平的答复,同时上海市、湖北省道教会亦来函赞成建设中国道教会。不过,这一行动与当时国内整个政治形势大相径庭,自然不会有什么结果。

四川是抗日战争的大后方,又是国民党政府最后逃离大陆的地方,四川省道教会的组织及其活动在整个民国时期具有较大的代表性。民国元年(1912年)在北京由白云观住持陈明霦等发起成立中央道教总会的宣言精神及组织原则在四川得到了始终如一的贯彻执行。但是,民国元年在北京白云观成立的中央道教总会,作为其发起人的18所宫观的代表,均系道教全真派;在《道教会宣言书》中指责"彼以符箓为道者,是道贼也";而在《道教会大纲》里,又专以讲说、传授初真戒、中极戒、天仙戒为宣律门事业。凡此种种都表明,该道教会只是道教全真派的全国性教会组织而不包括道教正一派在内。因而有道教正一派筹划建立全国性教会组织的举动。

民国元年(1912年)九月,紧接北京成立中央道教总会之后,道教正一派首领、江西龙虎山的第六十二代天师张元旭,趁李佳白、李提摩太和梅殿华等邀请其至沪参加组织世界宗教会之机到达上海。除在尚贤堂的中外教务联合会上发表演说外,又在豫园萃秀堂召集上海各正一派庙观以及苏州、无锡、常熟、松江、嘉定、镇江、川沙等地的部分正一庙观的代表,举行了中华民国道教总会发起人会议,并于关帝庙宣布成立中华民国道教总会及中华民国道教会江西本部驻沪总机关部。出席成立大会的有上千人。② 据张元旭呈递给上海市政府的公文,首称道教"原为吾中华固有之教","与世无争,不预政治,而根源道德,宣阐宗风,足辅法律所不及,于国计民生良多裨

① 参见四川省道教会呈四川省政府社会处文,道秘字第49号,民国三十六年(1947年)四月一日。

② 参见《张天师道教大会纪事》,《申报》1912年9月20日;《道教公会之发轫》,《申报》1912年9月25日;《道教公会事务所成立》,《申报》1912年10月1日;《道教公会机关部将次成立》,《申报》1912年10月22日。据此知机关部成立在当年10月29日。

益”，以示存在之价值；在新的社会环境下，“自当益加修省，整饬玄规，辟除虚妄，图谋公益，期与政府互相维系，共跻太平”，故“在上海建立道教会总机关部，联合各界，统一教宗，以杜伪托而保真诠，业于上年十月二十九日成立”；“现在国体更新，道职业已取销，惟道流众多，人类纷杂，往往昧乎自由平等之真理，违道背德，贻羞玄门。元旭此次建设道教会，首以举办学校，为道中子弟灌输文明，开通学识；终以振兴实业，为道门侪辈另辟生计，辅助地方，使此后吾教中人不至为社会之附属品、寄生物”。[①] 其论述主旨与中央道教总会宣言书有类似处。这个中华民国道教总会的简章，称其宗旨为以“黄老为宗，联络各派，昌明道教，本道德以维持世道，俾人类共跻太和”。规定会员的条件是：“无论在家出家，不分国界种界，凡素志好道者，均得入会”。总会的组织“以上海为总机关部，以江西龙虎山为本部，以北京为总部。凡省城皆可设分部，郡县城及大商埠皆可设支部，其图记应向本部领用”。这实际上就是要建立一个由龙虎山张元旭领导的从总部到分部再到支部，直至教徒个人的全国性组织系统。大本营设在江西龙虎山天师府，即所谓本部，而在民国中央政府当时所在地北京设总部，以与道教全真派设在北京的中央道教总会并立。不过，这一代表道教正一派的全国性道教会组织仅仅是一种设想，在北京设“总部”也只停留在文字上。由于它没有得到民国政府的支持[②]，又缺乏实际上的权威和一套强有力的干部队伍予以推动，“因而，在后来的十余年中，除了设在上海的本部总机关部稍有活动外，中华民国道教总会始终没有能在全国范围内正式成立和开展活动”[③]。

民国期间，代表道教全真派的中央道教总会和代表道教正一派的中华民国道教总会，各行其是，互不相属，反映了门户森严的道教两大派在现代的实际存在。然而，无论是正一派还是全真派，都同属道教内的宗派，因而也都有联合组织道教会的可能。民国二十五年（1936年）在上海成立的“中

① 《布告据道教会驻沪总机关部张元旭呈请立案并给示保护》，《上海公报》1913年第4期。其结果是“应准立案，给示保护。惟他处如分设机关，应仍呈请该管官厅备案”，即仅承认上海总机关部。

② 参见《统一道教机关部骤难立案》，《申报》1914年1月21日。

③ 以上见阮仁泽、高振农主编：《上海宗教史》，上海：上海人民出版社1992年版，第430页。

华道教会”，就是正一、全真两大派联合成立的道教会组织。其执行委员有谢强公、李瑞珊、张竹铭、秦锡田、严洪清、姚天民、陈存仁、鲍杏泉、张维新等。8月1日，在上海乔家栅总会所，举行执监委员会宣誓就职典礼，主席谢强公表示：“余等当抱定决心，谨慎自修，阐扬道之精义，化导社会”，“宏我教宗，使我教得全民众之认识，期大道昌明于世界”。① 第一次执监联席会议决定，设立总务、教务、组织三部，推谢强公、姚天民、张竹铭担任之。后因时局剧变而自行中止。②

抗日战争胜利后，上海道教界重新成立了由正一、全真两大道派联合组织的上海市道教会。

民国三十五年(1946年)冬，第六十三代天师张恩溥利用抗战胜利后的有利形势，依靠当时上海民政局长张晓松的政治支持，企图再次组织以他为首的全国性道教会，在上海邀集道教界名流于三茅阁延真观，举行了组织上海市道教会的发起会议。张恩溥特别表示“宗教为重，团结为重”，强调联合道教各派成立教会组织的必要性，提出建立全国道教会先从地方道教会的建立做起和地方道教会由地方的主要道观主持，全国道教会由他本人主持的意见。1947年3月15日，在杭州玉皇山福星观上海分院，召开了上海市道教会成立大会。由全真、正一两派著名道士组成理事会。理事长为李理山，系上海玉皇山福星观分院住持、全真派(他给上海市道教会的建立提供了经济和人力帮助)。常务理事有保安司徒庙住持正一派张维新、桐柏宫住持全真派艾朗轩、松灵道院正一派王朗泉、清虚观住持全真派严洪清等，另设理监事30人，包括李锡庚、吕宗安、陈铁海、张源锟和陈莲笙等。上海市道教会宣称，以“研究玄学，阐扬教义，刷新教务，联络道友感情，发展宗教事业”为宗旨。1947年4月，该会曾印发由陈撄宁起草的《复兴道教计划书》。计划书提出“讲经、道学研究、报刊、图书、道书、救济、修养、农林、

① 见《扬善半月刊》第4卷第5期(总第77期)，第10页。

② 参见《中华道教会成立》，《申报》1936年7月28日；《中华道教会执监昨宣誓就职》，《申报》1936年8月4日；《中华道教会今日开始办公》，《申报》1936年9月3日；《中华道教会前日执委会议》，《申报》1936年9月11日；《中华道教会通告各庙登记》，《申报》1936年9月25日。

科仪”等九个方面的复兴计划。因当时解放战争已起,国民党政府统治区社会动荡,这项道教复兴计划基本未能实施。当年秋后,张恩溥同李理山就组织全国道教会一事进行商谈。会谈中,在筹建经费和由谁主持全国道教会问题上,二人意见不一。张恩溥要求筹建经费由上海市道教会承担,全国道教会由张恩溥主持,李理山则主张经费和主持都由上海市道教会和李理山负责,“天师”则处于“协助”地位。由于二人意见对立,且又互不相让,结果只好不了了之。在此之后,上海市道教会致函四川省道教会,“赞成建设中国道教会”,张恩溥也致函四川省道教会,表示“极力赞助”。这表明道教全真、正一两大派联合建立全国性道教会组织,已是历史发展的必然趋势和道教界的共同愿望。但道教界这种联合组建统一的全国性教会的心愿,只是到了全国解放以后,才在中国共产党和人民政府的关怀支持下,于 1957 年 4 月变为现实。

二、道教徒参与民主革命和支持抗日救亡的斗争

在历史上,许多道教徒曾与广大人民群众一道参与了反对封建统治阶级的剥削压迫和维护祖国统一和民族尊严的斗争。近现代以来,许多道教徒不仅积极参与了反帝爱国的旧民主主义的革命斗争,而且还支持了中国共产党领导的新民主主义的革命斗争。特别是当日本帝国主义者疯狂进行侵华战争期间,不少道教徒响应中国共产党的号召,支持抗日军队,参加各种形式的抗日救亡活动,甚至为此而英勇献身,大大发扬了道教界的爱国主义精神,这是道教史上最光辉的一页。现按时间的先后举例简述如下。

道教徒支持共产党领导下的新民主主义革命的事例,以湖北武当山道士支援红三军革命斗争为最著。1931 年春夏之间,贺龙军长率领红三军撤离洪湖苏区进驻武当山,为尊重道教,贺龙事先派政治部主任郭凡与武当山道总徐本善联系。徐本善对贺龙的为人早即钦佩,很爽快就答应了。贺龙又对干部、战士约法三章:(1)尊重道教教规;(2)保护文物古迹,不得损坏武当一草一木;(3)坚持做到马不入观,兵不扰教。这种高尚的军风、严明的纪律和爱民护教的措施,受到武当山全体道众的拥护。当红三军到达武当时,徐本善亲自带领紫霄宫道众五十余人在东天门威烈观夹道欢迎,并主

动让出紫霄宫父母殿和西道院作为红三军司令部和后方医院住址。又派道医水合一、罗教培为伤员治疗,安排王教化、吴教运熬药汤、备饮食,护理伤员。同年7月,红三军撤离武当去开辟房县苏区以后,徐道总率王教化等道友,将留下的红军伤病员精心治愈,并帮助他们化装成香客、道士,顺利归队。红军弟兄临别时,大家你一块、他一块,共送35块银圆给王教化,表示感谢。(新中国成立后,王道长将33块银圆献给国家,留下两块作纪念,临终前将留下的两块交给了道协。)据说,精于武术的道总徐本善,不仅破例向贺军长传授拳法,而且协助红三军截取了国民党51师准备进攻武当山的三船军火,以补充红三军急需的枪支弹药。贺军长特馈赠黄金20两,作为修缮武当宫观之资。红三军转移后,徐道总竟因此遭国民党军队杀害,王教化也被打得遍体鳞伤。① 武当山道士支持工农红军闹革命,反抗国民党新军阀的暴力镇压而献身的英雄业绩,为现代湖北革命史和武当道教史书写了不朽的篇章。

在最先沦入日寇魔爪之下的东北地区,有道长田信良等创建抗日义勇军队伍,与侵略者浴血奋战。田信良(1882—1932年),字心斋(一作信斋),又名杏村,山东蓬莱人。民国初闯关东来到辽宁北镇闾山老爷岭,在圣清宫拜监院王子仁为师,为龙门派第二十五代。1921年,担任圣清宫知客,后又担任龙潭宫和圣清宫监院。1929年任北镇县宗教联合会副会长。田道长同情穷苦百姓,时常行医舍药,接济贫寒,在当地百姓中颇有影响。"九一八"事变后,面对亡国灭种的危难,他与王子仁在闾山老爷岭、千家寨、龙潭宫一带组织起农民武装"穷党";同时,他又在石楼沟一带建立了一支抗日武装。王子仁被杀害以后,田道长继任"穷党"首领,他将这两支队伍合并,总共有三百余人。为了将分散的群众武装联合起来共同抗日,田信良不辞辛苦,奔走城乡各处,往返于各民众武装中间,宣传联合抗日的道理,召集爱国群众,加入抗日队伍。由于他和其他爱国志士的积极倡导,县内各

---

① 参见王光德、杨立志:《武当道教史略》,北京:华文出版社1993年版,第260—262页;周波、徐静:《爱国爱教的典范——王教化道长》、徐静:《军长与道长》,均载《中国道教》1988年第2期;王行道:《清淡无为,爱心照人——忆王教化道长二、三事》,《中国道教》1989年第3期。

抗日武装联合一体,以闾山为根据地,先后组成了东北抗日义勇军第十二路军、第三十七路军,人数达万人以上,由东北民众救国会领导。第十二路军的司令部设在闾山龙潭宫,司令于汇川(百恩),副司令张海涛,田信良负责对外联络;军旗上写着"不扰民,真爱民,时时救国"。队伍建立后,急需给养。田信良又出面联系闾山各大寺庙,为义勇军提供粮食、被服等物资。十二路军副司令张海涛赞赏他是"极有抗日热忱的道长",送他一个"政治老道"的绰号。田信良以十二路军联络官身份,多次赴北平与救亡团体联络,为抗日武装筹集武器弹药、被服、电台等军用物资。1932 年 7 月,他再次去北平联络与筹集物资时,被日本密探得知,当他带着物资与文件从沟帮子火车站下车时,被日军守备队逮捕。面对残酷刑讯,田信良坚贞不屈,于 10 月 19 日在沟帮子西郊飞机场慷慨就义。①

在西北甘肃的张掖地区,也发生过道长许合德冒着生命危险救护红军战士的动人事迹。1936 年,中国工农红军西路军长征到甘肃张掖时,受到国民党马步芳部的追击。红九军 27 师 75 团通讯排长王怀文在战斗中身负重伤,左大腿被炮弹片打穿,骨头断裂,血流如注,不能动弹。由三名轻伤战友背负照顾,经过两天一夜跌跌爬爬,到达黑河上游东岸的上龙王庙,受到该庙住持许合德道长接待。许道长给他们吃了一顿饱饭之后,送走三位轻伤红军,留下王怀文。王告诉道长:他是四川江油县人,当时 18 岁。3 年前参加红军,打土豪分田地,随部队长征以来,参加大小战斗 40 多次,身上 8 处负伤,只有这一次最重。许道长说:马家(马步芳部)军队见红军就活埋,一个不留,谁给红军一碗饭都要杀头。我这庙里常来香客,也不安全,我送你到红砂河的观音洞去藏身。于是背负王怀文到观音洞住下。从此,许道长每天天亮前和入夜后,两次去观音洞给王怀文送饭,风雨无阻,并常用盐水、草药为他洗脓、疗伤。经过两年的不懈努力,王怀文的重伤终得痊愈,但

① 参见中共辽宁省委党史研究室编:《中国共产党辽宁英模大典》,沈阳:辽宁人民出版社 2001 年版,第 130—132 页;中共锦州市委党史研究室编:《辽西抗日义勇军》,锦州:中共锦州市委党史研究室,1995 年,第 350—351 页;政协北镇满族自治县委员会文史资料委员会编:《北镇文史资料》第 13 辑《北镇历史人物专辑》,1991 年,第 151—153 页;《田信良等正法》,《盛京日报》1932 年 10 月 25 日,见刘树军编:《北镇抗日斗争史料》,北镇:中共北镇县党史资料征集办公室,1988 年,第 298—299 页。

已是严重残废。在道长开导下，王怀文同意出家当道士，跟随许道长在上龙王庙定居。许道长不顾个人安危，舍命救红军，除了王怀文等四人外，还有三人：管兵然、一个姓康的和一个叫"江西老表"的。当许合德道长于1951年仙逝时，人民政府表彰他"保护红军，有功人民"。王怀文则于1984年领到了"西路红军战士光荣证"和一等残废"革命军人抚恤证"。① 许道长冒死救护红军伤员，不仅是出于上天有好生之德的道士情操，而且是保护抗日精英的爱国主义行动。

同时，在甘肃省安西县的道士郭元亨，也慷慨帮助红军。1937年4月23日，西路军左支队在李先念、李卓然、程世才等率领下，穿行在旷无人烟的戈壁滩上，人困马乏，步履艰难，先头部队忽然看见一片绿洲一座庙宇，这座名叫"蘑菇台子"的道观住着已在此出家十年的郭元亨道士。当他听说红军是为劳苦人民打天下的部队，从心眼里高兴，毅然决定尽其所有帮助红军渡难关。计捐赠小麦2石4斗，面粉200多斤，黄米6斗，胡麻油30斤，硝盐4口袋，羊30只，骡子1头，马1匹。当时几乎处于绝境的红军指战员十分感激。任西路军三十军代军长的程世才打了一张收条交给郭道士，说："不久的将来，革命一定会胜利，不管我在不在，只要有这张条子，是一定能找到革命队伍的。那时，大家都会帮助你。"西路军走后，国民党马家队伍听说郭元亨援助了红军，便把他抓起来，从他身上搜出程世才写的那张收条，把他打得死去活来。最后，郭元亨用珍藏的3.6两黄金和100块银圆，才得以保住性命。但那张收条被马家兵撕毁了。这事经过二十多年以后，当年出具收条的程世才证明实有其事。1961年，安西县人民委员会收到某装甲兵政治部寄去的一封信说："我部副司令员程世才同志回忆，在革命艰苦的岁月里，郭元亨老先生帮助了红军，实为可贵。"②

而在祖国东南隅的浙江杭州，则有玉皇山福星观紫东道人李理山救济难民的义举。1937年秋，日军侵入杭州，杀人放火，奸淫掳掠，钱塘江边南

① 参见李锦善、程时雨：《甘肃丛林的骄傲——记许合德道长冒死救红军的事迹》，《中国道教》1990年第1期。

② 参见金炳亮：《风流道士，功不可没》，《历史大观园》1994年第2期。四川《文摘周报》1994年3月9日摘登。

星桥一带房屋全被烧毁，江边的老百姓无衣无食，扶老携幼，流亡逃难，挣扎在死亡线上。李理山道长见此惨景，义愤填膺，毅然决定：停止山上的宗教活动，解救难民于水火之中要紧。他开放了紫来洞，收容了 1700 多个难民上山避难。又发动道俗群众 100 多人，砍山上的茅竹、小树，在洞口搭建了几十间茅棚，让难民们暂时安定下来。为了解决近 2000 名难民的吃饭问题，李道长一再冒险下山，通过敌军封锁，到市里去向慈善团体国际红十字会请求帮助，运送救济粮上山。为了解决经费紧缺的困难，他派道士吕宗安到上海武定路，创建玉皇山福星观上海分院，集蓄香资，送回杭州供山上开支。这样，维持了一年多时间，因战事逐渐平静，难民纷纷下山谋生，才结束了这个难民收容所。① 李理山道长救助被日寇侵害的众多难民，是道教界参加抗日救亡活动的重要内容之一。

地处江苏东南部的茅山，是著名的道教上清派圣地。1937 年 7 月 7 日日本帝国主义发动了卢沟桥事变，企图以武力吞并全中国。第二天，即 7 月 8 日，中共中央向全国发表了号召抗战的宣言，提出"只有全民族实行抗战，才是我们的出路"，"要求全国人民用全力援助神圣的抗日自卫战争"。② 战火纷飞，包括茅山在内的江南大好河山，很快沦于日寇的铁蹄之下。1938 年 6 月，陈毅、粟裕奉命率领新四军挺进苏南敌后，建立以茅山为中心的苏南抗日根据地，茅山"三宫五观"所在的密林里，常常是新四军出没的地方。当时新四军第一支队司令部和政治部，就设在茅山乾元观。陈毅司令员在这里结识了年逾花甲的老当家惠心白道长。惠道长亲眼看见新四军战士纪律严明，生龙活虎，平易待人，打从心眼里喜欢。他经常派一些小道徒下山去，替新四军买油、盐和豆腐等食品；打听日本鬼子的动静信息，报告给新四军，帮助新四军打胜仗。陈毅司令员见惠心白道长具有如此可贵的民族气节，对他非常敬重。常抽空与他对弈、闲谈，分析敌我形势，增强抗日必胜信心。在新四军干部、战士的宣传和带动下，茅山各宫院道教徒众纷纷行动起

---

① 参见吕宗安：《回忆抗战时期玉皇山紫来洞改作难民所的经过》，上海宗教学会编印：《宗教界在抗日救亡运动中——纪念抗日战争胜利四十周年》（《宗教研究通讯》增刊，1985 年 9 月）。

② 《毛泽东选集》第 2 卷，北京：人民出版社 1991 年版，第 343—344 页。

来，积极投身于抗日救国的伟大斗争。他们有的直接参加了新四军，有的给新四军带路、探情报、送消息、抬担架、照看伤员、备粮筹款，等等。军民团结，合作抗日，给日本强盗以沉重打击。同年 7、8 月，在新四军转移以后，日军出动两百余人，连续对茅山进行残酷的报复性扫荡，疯狂推行烧光、杀光、抢光的“三光”政策，将“三宫五观”历代创积的文物建筑毁坏殆尽；数十名道士惨遭日寇杀害，老当家惠心白道长也正气凛然，为国捐躯。① 茅山道众英勇抗日的业绩，谱写了一曲悲壮的爱国主义颂歌。

在河北，狼牙山道士李圆通与杨成武将军交往，参与抗日斗争。李圆通，又名李圆忠，俗名李树棠，号药夫，河北省满城县魏庄村人。入易县狼牙山棋盘坨道观修炼。1910 年前后，拜绥远白云观（一说张家口三官庙）王永清道长为师，赐道名“圆忠”，为龙门派第十九代弟子。易县为晋察冀军区第一军分区所在地，杨成武将军率部驻扎。李圆通道长协助杨成武勘察狼牙山地形，构筑防御工事；利用山上道庙和洞穴为八路军藏被服、藏粮食，掩护伤病员；帮助一分区警卫连在棋盘坨日军包围下脱险。狼牙山五壮士英勇跳崖，李道长是目击者，他第一时间通过情报站报告了杨成武，告知其中两名战士挂在半山小树上，请赶紧派人营救。李圆通还请山上老道士石海中照料患病的杨成武，一边放哨，一边熬汤煎药。在 1943 年秋季的“扫荡”中，日军焚烧了狼牙山上的道观，残酷屠杀了山上的道士。李圆通、石海中由于送情报下山，幸免于难。杨成武将军在回忆录中，称李道长为“抗日老道”、“爱国道长”。由于道观被毁，李道长离开了狼牙山。1952 年，他来到浑源，居恒山。1956 年被选为山西省政协委员。1957 年，他出席了在北京召开的中国道教协会成立大会并当选为理事，受到朱德副主席的接见。②

华南地区广东罗浮山道教徒，为祖国解放事业做贡献的事迹，也值得一

① 参见陈真福：《陈毅司令敬重的茅山道长惠心白》、士心：《抗日战争中的茅山》，均载《中国道教》1987 年第 4 期；朱易经：《抗战中的茅山道众》，《上海道教》1992 年第 4 期。

② 参见侯志华、史理广：《爱国道长，风范长存——追忆保定抗日道长李圆忠》，《中国民族报》2011 年 11 月 15 日；史理广：《国家兴亡，匹夫有责——记河北易县狼牙山道观石海中、李圆忠道长》，《中国道教》2006 年第 1 期；杨成武：《敌后抗战》，北京：解放军文艺出版社 1985 年版。

提。1938 年 10 月，日本侵略军于广东惠阳大亚湾登陆，抗日烈火在华南大地上迅猛燃烧。次年 1 月，罗浮山地区的人民在中共广东省委的领导下，开展了轰轰烈烈的抗日游击战争，罗浮山"五观"的道众也积极地投入了打击侵略者的战斗。他们支援前线，掩护地下党员和游击队员，向游击队传递情报。当时的东江纵队司令部就设在罗浮山冲虚古观，东纵的政治部则设在白鹤观。司令部发布了专门通告，要求广大指战员保护山中文物古迹，尊重僧、道的宗教信仰。1944 年底，东江纵队解放了增、博地区，发动群众建立民主政权，于次年 6 月在白鹤观前召开了增、博地区各界代表座谈会，"五观"的道教徒也派了代表参加。1945 年 7 月 7 日，博罗县抗日民主政府成立后，领导开展减租减息、生产自救，"五观"的道友们和当地群众一起，参加了各项活动，不少青年道士还参加了东纵。

解放战争时期，东纵北撤，国民党军队对罗浮山根据地进行残酷报复。罗浮山的道友们在白色恐怖下，仍暗中支持游击队，掩护地下党。一次，冲虚观的几位道友，为了掩护一名假扮道人的地下党员，被严刑逼供，宁死不说，最后均遭杀害，献出了宝贵的生命。①

据李养正先生《当代中国道教》一书载称：1939 年春，中国共产党派叶剑英到南岳参加国共合办的南岳游击队干部训练班，并任副教育长，田汉亦参加了这一工作。在叶剑英和田汉的教诲和影响下，以李光斗道长为首的南岳衡山道众积极参加抗日救亡的斗争，还组织和参加了"南岳佛、道救难协会"，喊出了"上马杀贼，下马学道"的口号。②

地处抗日大后方的四川青城山道士，参与抗日救亡活动的方式又另具特色。在抗日战争期间，四川征集了无数壮丁入伍，开赴前线作战。为了鼓励战士奋勇杀敌，解除他们的后顾之忧，青城山常道观住持彭椿仙（1883—1942 年）道长在抗战开始后，即于本庙及上清宫、建福宫、圆明宫每年生产项下提取若干经费，补助应征壮丁家属，并拟定"优待出征壮丁家属办法"五条，得军政当局奖以"好义急公"匾额，受到广泛称赞。当时成都文艺界

① 参见黄明：《为祖国解放事业做贡献的罗浮山道众》，《中国道教》1988 年第 4 期。

② 参见李养正：《当代中国道教》，北京：中国社会科学出版社 1993 年版，第 2 页。

抗敌协会领导人杨波（中共地下党员）处境艰难，彭椿仙道长从《华西晚报》记者杨槐（又名“车辐”）那里得知这一情况后，立即同意将杨波转移到青城山祖师殿，以“养病”为名将他掩护起来，使其能继续开展抗日活动。[①] 青城山建福宫在祀奉广成子的殿堂内神龛前，还设置了“抗战阵亡将士之灵位”，以表道教徒对抗战阵亡将士的敬仰和悼念。[②]

又据《当代中国道教》载称：在解放战争时期，1949 年 5 月间，国民党部队据华山顽抗，“以叶兴文、杨礼效道长为首的西岳华山的道士们，曾协助人民解放军智取华山，他们帮助侦探敌情、看押俘虏、搬运武器、诱敌进入黄甫峪迫降，为解放华山立下了汗马功劳”[③]。

以上所述，只是道教徒参加新民主主义革命斗争和抗日民族解放战争的几则典型事例，仅此已足说明：现代中国道教的广大教徒，具有维护祖国独立、反对外来侵略、支持人民正义斗争的光荣传统，这种高尚的爱国主义精神，是道教思想文化的精华和中华民族优秀文化的组成部分。它将伴随着中华民族政治、经济、文化的发展，不断得到发扬光大。同时我们清楚地看到，爱国的道教徒与中国共产党领导下的革命战士，有着鲜血结成的战斗友谊，这是十分宝贵而应当倍加珍惜的。同样重要的是，道教徒只有在中国共产党的正确路线指导下，才能为反对外来的侵略，维护祖国的独立和统一，以及为人民解放事业作出有益的贡献，这也是被中国革命斗争的历史经验所一再证明了的真理。

第六节　新著道书、道教丛书的编写与印行

晚清时期，由于时局动荡，道教的理论创造受到了很大的影响，以往那种波澜壮阔的思想运动难于掀起。不过，只要道教组织存在，著书立说的工作总能有机会。

---

① 参见王纯五主编：《青城山志》，成都：巴蜀书社 2004 年版，第 133 页。

② 冯玉祥：《青城游记（节选）》，王纯五主编：《青城山志》，成都：巴蜀书社 2004 年版，第 224 页。

③ 李养正：《当代中国道教》，北京：中国社会科学出版社 1993 年版，第 3 页。

一、晚清民国时期的新著道书

晚清至民国时期，新著道教经籍甚少，有些著作已在本章第三、第四节里有所论及。这里再介绍几种，以了解这个时期新著道书的大概。

《玉枢经籥》24 卷，清姚复庄注。复庄又名梅伯，浙江镇海人，以善画梅名于时。道光二十三年（1843 年），因病住城北玉清道院，闭关静养，借羽士《玉枢经》（全称《九天应元雷声普化天尊玉枢宝经》，收入《正统道藏》）焚香日课之，历时五月，病体竟愈。于是参考各家，旁征博引，为 3168 字的《玉枢经》作注 13 万余字，名曰《玉枢经籥》，前有道光二十五年（1845 年）自序述其缘起。称赞玄学，"振蒙启瞶而反其诚于心，与吾儒尽性立命之旨相表里也"①。次在《例言》介绍《玉枢经》修持之法云："日逐持诵科范。斋戒整衣，澄心定气，叩齿演音，将净身、净口、净心、安土地、净天地、金光、祝香、开经、玄蕴、八大咒，端默体会一周，然后入开经赞启请颂诸文。始端坐面东，入经正文。课毕后，宣扬赞辞，回向撒坛。慎弗轻慢，交谈接语。随愿祷祝，自然感应。兹卷，因供学道者默修内炼之助，或一卷，或半卷，或数翻，可以随时理会，由浅入深，但肃身心，无拘仪节"②，为玄门修身养性之功课。《玉枢经籥》有道光二十五年聚珍版，及民国八年石印、民国十一年铸版等版本，收入《藏外道书》第 4 册。

《长春道教源流》8 卷，清陈教友著。陈氏生平已在本章第二节介绍，系由儒入道、儒道兼修之士。其《长春道教源流》光绪五年（1879 年）自序云："余中年感异兆，学道于罗浮酥醪观中。观为全真之龙门派，源出于邱长春。暇因考史册，并取《道藏》诸书核之，知长春之学，深有得于《道德》要言，而无炼养、服食、符箓、禳禬末流之弊……余因溯其源流，辑为是编，以告世之为全真学者。"③他编撰《长春道教源流》的指导思想是突出宣扬全真龙门派，同时主张儒道融合和三教共处。陈教友在《全真教总论》里写道："故道教至元而极盛，亦至元而多歧。然考宋邵博《闻见后录》，称东坡书上

① 《藏外道书》第 4 册，第 690 页。

② 《藏外道书》第 4 册，第 696 页。

③ （清）陈教友：《长春道教源流序》，《藏外道书》第 31 册，第 1 页。

清宫碑云：道家者流本于黄帝老子，其道以清净无为为宗，以虚明应物为用，以慈俭不争为行，合于《周易》‘何思何虑’、《论语》‘仁者静寿’之说。当时伊川诵此数语，以为古今论仁最有妙理，是则为道教者必当以此为依归。”① 又说：“儒家者流往往薄道释为异端，而道释两家党教护宗，亦或时相訾毁，然三教并行数千年不废，盖各有所以安身立命者焉。徒膏唇拭舌，自快其私，甚无谓也。”②《长春道教源流》广搜王重阳及其诸弟子事迹，主要是丘长春的事迹，兼及丘长春的弟子、再传弟子和全真法嗣纪略。此外，还收有儒释对道教的评论以及作者所表示的意见，是研究全真龙门派及陈教友思想的重要资料，收入《藏外道书》第31册。陈教友另著有《罗浮山志》、《诗文集》。

《玄妙镜》3卷，清李昌仁著。昌仁道号离尘子，浙江吴兴人。同治五年（1866年）作《玄妙镜序》自称：“偶遇异人，指点性根命蒂，修炼悟真，参详数十余年，收尽丹经，剖明大道之真伪，方得明心见性，故作《玄妙镜》三篇，言虽浅露，情关切实，繁芜扫尽，独露真诠，直指真传，天机泄尽矣。”③书分上、中、下三卷，共61篇，插有关窍图、干支八卦图、炼己图、筑基图、小周天图、乳哺图、千百亿化身等11幅图，全面论述内丹修炼的理论和方法，颇得道门好评。民国二十二年（1933年），古檀通微道人齐永诚云：“按其直论周天之奥窍，乃万古不泄之天机，大小图中玄理、问答决疑、女丹口诀与后跋诸篇，皆指要义，阅之浅近而易悟，故集印流通，以为后学之印证。”齐氏所印之《玄妙镜》为石印本。《藏外道书》第26册收有苏城玛瑙经房藏板，光绪三十一年（1905年）重刻本。

《太上感应篇缵义》2卷，清俞樾撰。俞樾（1821—1907年）字荫甫，号曲园居士，浙江德清人。善以儒家学证道家理。同治十一年（1872年）撰《太上感应篇缵义序》云：“《宋 · 艺文志》有《太上感应篇》一卷，其大旨言天道福善祸淫，与抱朴子所述《玉钤经》、《易内戒》诸书相近，盖亦古籍之幸存者也。夫余庆余殃之说著于《周易》，天人相应之理备于《春秋》。此篇虽

① （清）陈教友：《长春道教源流》卷1，《藏外道书》第31册，第2—3页。
② （清）陈教友：《长春道教源流》卷8，《藏外道书》第31册，第140页。
③ 《藏外道书》第26册，第386页。

道家之书，而实不悖乎儒家之旨。董仲舒曰：天人相与之际，甚可畏也。后世儒者不信此说。《洪范五行传》且斥为荒诞，于是篇乎何有？故自宋以来虽流传不绝，不过闾巷细民共相诵习，而士大夫辄鄙薄之。其注释诸家亦多浅陋，邱里之言，无当大雅。惟国朝惠定宇（惠栋）先生以经师硕儒而注此书，征引渊博，文字雅驯，然余犹惜其多用骈词，有乖注体，且原文明白易晓，初不待注而明，惟宜附以经义，证以秦汉古书，使人知其与儒书表里，不敢鄙夷，自然敬信奉行，于身心有益。余于惠氏无能为役，一知半解，掇拾其所未备，所已及者则从略焉。因非注体，故援宋杜道坚《文子缵义》之例，题曰《太上感应篇缵义》。"①故知俞樾此著目的在于，证明善恶报应之说，儒道相通、互为表里，以引起世人重视，敬信奉行。该书收入《藏外道书》第12册。俞樾基于儒道相通的思想，还著有《庄子评议》、《淮南内篇评议》、《列子评议》（均收入《藏外道书》第3册）以及《读文子》（收入《藏外道书》第6册）等书。在《茶香室丛钞》（23卷）卷2、卷14中有道教神、仙的考述；《右台仙馆笔记》中有道士招魂法及跳茅山唤魂法的记述。

《南华真经正义》，清陈寿昌辑。陈氏河北宛平人。光绪十三年（1887年）作自序称：《南华真经》所述"道德之旨微矣"，"仆本小夫，窃闻大理"，作《南华真经正义》，意欲效法庄子"化糟粕为神奇"。② 在《凡例》中表明，"太史公谓庄子之言本于老子，《汉书·艺文志》列庄子于道家，自是定论。是编发明本义，语不离宗，一洗援庄入儒之弊，虽明心见性之旨间亦证以释家言，然派异源同，故非淄渑之强合也"③。即认为《正义》的基调是庄子的思想本于老子道家，而与庄儒相同和庄佛等同的观点有别。他又说："庄子之言有三，曰寓言，曰重言，曰卮言。其实重言、卮言即在寓言之中，而寓言中又有寓言，自来注庄者都未道及，是编层层解剥，不主故常，或即愚者之一得也"④，以此作为自己的重要发现。其注庄特点，在于"即表测里，略文采

① 《藏外道书》第12册，第229页。
② 《藏外道书》第3册，第171页。
③ 《藏外道书》第3册，第172页。
④ 《藏外道书》第3册，第172页。

而揭心传"①。继又作《南华真经识余》,含释文补、古韵考、庄列异同、引老子语四部分。认为"庄列之旨一也,精言微义,往往互见","全书之要皆本于老子"②,坚持了老、庄、列道家思想的一致性,是晚清时期阐释道教义理的有识之作。以上二书均收入《藏外道书》第 3 册。

《阴符经发隐》,清杨文会注。文会字仁山,安徽石埭县人。其自叙云:"予幼时喜读奇书,凡道家兵家以及诸子莫不购置,所得注《阴符》者凡四家,又录其正文以为读本,而莫知其义趣所在也。后专意学佛,一切杂学典籍束之高阁,二十余年矣。顷因查检书笥,得抄本《阴符经》,流览一周,觉立言甚奇,非超凡入圣者不能作,遂悉心体究,而后恍然于古圣垂教之深意,直与佛经相为表里,但随方语言,文似各别,而义实相贯也。因略为疏其大旨,令人知所措心。"③以佛法解释《阴符》为其特点。篇末记有"光绪二十二年(1896 年)春二月开雕,板存金陵刻经处"④。可见本书的完成,不会晚于"开雕"时间。

继《阴符经发隐》之后,杨文会又于光绪二十九年(1903 年)作《道德经发隐》一篇。此篇以佛经释《老子》,发《道德经》"道可道"、"谷神不死"、"出生入死"三章之隐。其自叙云:"予阅《道德经》,至'出生入死'一章,见各家注解无一合者,遂以佛教义释之,似觉出人意表。复益二章,继《阴符发隐》梓之。"⑤

《冲虚经发隐》,是杨文会以佛解道的又一著作。光绪三十年岁次甲辰(1904 年)秋七月自叙说:"列子书八篇,唐时尊为《冲虚经》,与《道德》、《南华》并重,注《道德》者多于《南华》,而注《冲虚》者特少。在晋则有张湛,在唐则有卢重元,此二种现行于世。考书目所载,有唐殷敬顺、宋江遹二解,求而未得也。甲辰夏,索居避暑,取《列子》读之,妙义显发,多出于张卢二家之外,如开宝藏,如涌醴泉,实与佛经相表里。信笔直书,得四十二章,约计

① 《藏外道书》第 3 册,第 172 页。
② 《藏外道书》第 3 册,第 353 页。
③ 《藏外道书》第 3 册,第 451 页。
④ 《藏外道书》第 3 册,第 458 页。
⑤ 《藏外道书》第 3 册,第 459 页。

全书三分之一，因名之为《冲虚经发隐》云。”①

同年 8 月，杨文会又撰有《南华经发隐》，此为以佛解庄之作。其自叙称：自唐初尊《庄子》为《南华经》而作注解者渐多，“唯明之陆西星、憨山清二家，以佛理释之。憨山仅释内篇，西星则解全部。今阅二书，犹有发挥未尽之意，因以己意释十二章，与古今著述迥不相同。质之漆园，当亦相视而笑。尝见《宗镜》判老庄为通明禅，憨山判老庄为天乘止观，及读其书，或论处世，或论出世，出世之言，或浅或深，浅者不出天乘，深者直达佛界，以是知老列庄三子，皆从萨婆若海逆流而出，和光混俗，说五乘法（人乘、天乘、声闻乘、菩萨乘、佛乘），能令众生随根获益，后之解者局于一途，终不能尽三大士之蕴奥也”②。直将老庄列与佛法合流，认为以佛理解之，方能得其蕴奥，反映出在教理教义方面以佛融道的倾向。杨氏所释《南华经》十二章篇名为：鲲鹏变化（《逍遥游》）；子綦丧我（《齐物论》）；回问心斋（《人间世》）；兀者王骀（《德充符》）；女偊论道（《大宗师》）；谋报浑沌（《应帝王》）；象罔得珠（《天地》）；世之所贵（《天道》）；天门（《庚桑楚》）；七大（《徐无鬼》）；得其环中（《则阳》）；得意亡言（《外物》）。以上四种《发隐》，均收入《藏外道书》第 3 册。

《铸鼎余闻》4 卷，清姚屺瞻辑。姚氏名福均，号子成，江苏常熟县人。“博闻强记，家多藏书，丹黄校刊，邃于经学，尤熟习邑中文献。”③是书辑录以道教为先的三教神灵及里社祠宇计 847 则。如卷 1 有诸神得敕封始于唐、诸神生日、三十三天、三清、三清众圣、元始天尊、元始天王、元始十天王、阴阳使者、太上老君、老子、无央圣众、昊天上帝、玄天上帝、玉皇君东王公东王父木公、天门三将军、三天金阙门下、三天法师等道教神类，引证渊博，光绪二十五年己亥（1899 年）邹福保撰序认为可“与王嘉之《拾遗记》、干宝之《搜神记》等量而齐观”，“足以阐潜德而发幽光，为世道人心之一助”。④ 刘广基作跋云姚氏尚著有《海虞艺文志》、《补篱遗稿》、《琐学录》等。

① 《藏外道书》第 3 册，第 462 页。
② 《藏外道书》第 3 册，第 490 页。
③ 《铸鼎余闻》刘广基跋，《藏外道书》第 18 册，第 562 页。
④ 《藏外道书》第 18 册，第 562 页。

《老子约》4 卷,题罗浮豫道人邵村氏学①。己未(1919 年)十月,于上海吟芷居《自序》云:"余学道未深,身经丧乱,国变而后终老于黄冠。"②系民国初年的老道士。他认为老子道论直承三皇,"要之,《老子》言道之书也。其道即伏羲、神农、黄帝相传之道,其言即伏羲、神农、黄帝相传之言也"③,并称"老子为道教之祖,亦曰黄老家言,以儒理解之,非道教也;以禅理解之,非道教也"④。坚持黄老道统观,批评以往注说老经者"臆说多歧,博而寡要",是以"发明黄老之学,得其微言,会其要旨耳"⑤,"成《老子约》一篇,其中博览诸注撷其精华者半,体会经旨自出心裁者半。并取诸家精要之言著录于后,聊以附述而不作之义"⑥。又说:"此书取名《老子约》,乃博览诸注,由博返约之意。"⑦该书是清末民初道教界为适应复兴中华的需要,重申黄老道学为中华传统文化正宗的重要著作,收入《藏外道书》第 3 册。此外,豫道人还撰有《读老随笔》、《读老小言》二书。⑧

《道教会第一次布告》,由民国元年(1912 年)道教会发起人陈明霦等著述。北京白云观中央道教会总机关部编印,内含《道教会宣言书》、《道教会大纲》、《道教会请求民国政府承认条件》等文献。宣称"道教为中华固有之国教,国体革新,道教亦应变制,此中央道教会之所由发生而亟欲振兴者也"⑨。为研究民国时期道教会的重要资料,收入《藏外道书》第 24 册。

《太上老君说常清静经原旨》,题汶水居士注释。前有悟医者海城王凤声于民国三年(1914 年)"书成之日"受命所为之序,称《清静经》"乃道教中尽美尽善之第一书",为老子"演经常之圣道以化人而救世,大旨欲人尽伦常而悟

① 据徐续著《岭南古今录》中《罗浮酥醪观道士能诗》条说:"罗浮山的道人长于吟咏的在清末有豫道人张其淦,他担任酥醪观住持 46 年版,有罗浮题诗七律 4 首。"(广州:广东人民出版社 1992 年版,第 37 页)张其淦,道名张永豫,故称豫道人,参见本章第二节。
② 《藏外道书》第 3 册,第 543 页。
③ 《藏外道书》第 3 册,第 543 页。
④ 《藏外道书》第 3 册,第 544 页。
⑤ 《藏外道书》第 3 册,第 544 页。
⑥ 《藏外道书》第 3 册,第 543 页。
⑦ 《藏外道书》第 3 册,第 544 页。
⑧ 参见张其淦:《老子约·凡例》,《藏外道书》第 3 册,第 544 页。
⑨ 《藏外道书》第 24 册,第 472 页。

真常,守有常以脱无常”。嗣后“鲜有达其经中正义者”。又说:“今幸蒙汶水居士神传妙笔,语坠天花,字字详疏,言言缕晰,指破圣教之心传,说明清静之原旨,伦常为尽性之地,功德为得道之梯,证儒门之天命,通释氏之真空。”“内以遣欲澄心为功夫,外以真常应物而临事”,以“同返太古之风”。[①] 后有河间桥西居士柳艺林作跋云:“此注一出,洵如时雨之降临,万物涣然一新也。”[②]注者称老君为道祖,其为道教信徒无疑。该书收入《藏外道书》第3册。

《合宗明道集》9卷,题大江西派后学合宗冉道源集录。道源为李涵虚门徒,据璧山抱蜀居士教礼刘明通《序》说:“闻吾师(道源)少时,因病得卫生术而愈。自是矢志仙道,及壮益坚,寻师访侣,备经跋涉险阻,蒙师授固多,得友助不少,继以力行慈善事,感应仙师,获受《三车秘旨》,参悟九层炼心。因于玉液了性,金液了命,性命双修始终全旨,一旦豁然贯通焉。尝以参修余晷,摭拾列仙秘籍,撮其要而钩其元;训释丹诀奥旨,观其妙而阐其微,积卷盈帖……而嘉惠后学之意,明道救世之心,每不能自已。复念丁斯浩劫,生灵涂炭,敌国外患,糜烂无以加矣。而战云迷漫世界,危如一发千钧。知外道旁门之教义,实不能济此末世之倾危,舍斯道其何以纲维全宇,救人类之灭绝耶?因是乃徇门人之请求,录出旧日撰述,选印九卷,名曰《合宗明道集》。是集也,括《道藏》之要,尽丹经之旨,诚登天之灵梯,到岸之宝筏也。”[③]说明冉道源学道的由来及其与李西月的师承关系,盛赞其撰述之修仙救世功用。突出表明了道教界人士在祖国遭受日本帝国主义侵略,世界处于战云迷漫之际,立志以道纲维全宇、拯救人类的博大胸怀。

《合宗明道集》包括初、中、上三集,每集分3卷,合为9卷。其篇目计有,《先哲格言》:处家要言、处世要言、朱子家范、敦本堂家训、王阳明家训、格言连璧(初集第1卷);《三教同源解》:三教合宗大道论、养真子劝学道论、先贤内外阴德论(初集第2卷);《初关要则》:祖师守阳伍真人宝诰等17条,附《女丹秘旨》(初集第3卷)。《白仙翁语录》(中集第1卷);集录《三字经》、《百句章》、《文终经》、《循途录》等五篇(中集第2卷);《三字经浅

① 《藏外道书》第3册,第745页。
② 《藏外道书》第3册,第765页。
③ 《三洞拾遗》,合肥:黄山书社2005年版,第10册,第499页。

解》等三篇(中集第 3 卷)。《玄机直讲》(上集第 1 卷);《道言浅近说》(上集第 2 卷);《仙佛合宗语录》九篇(上集第 3 卷)。

卷前列刘圆通撰《凡例说明》,揭示各卷篇目之内在联系及其重要现实意义。该书以道教为主而倡三教合宗的大道修炼说,反映民国时期西派丹法思想。由巴川金艮山人端阳翁捐资刊板的《合宗明道集》,有巴川合天周道成所录《中华道教会宣言》即民国二十五年(1936 年)陈撄宁主撰的《中华全国道教会缘起》载于篇首。该书收入《三洞拾遗》第 10 册。

二、《重刊道藏辑要》、《道藏精华录》等道教丛书的增补和编纂

对道教丛书的编纂,是晚清民国时期在道教发展史上所做贡献的一个重要方面。其中最主要的,首先是《道藏辑要》的编纂,它是道教典籍文化的缩影,对保存和传播道教文化有着重要的意义。关于这部道教丛书的最初编纂者,历史上存在两种说法:一种认为是康熙年间(1662—1722 年)彭定求所编,另一种则认为系嘉庆年间(1796—1820 年)蒋元庭所编。

参与二仙庵重刊《道藏辑要》的贺龙骧持第一种看法。他在《重刊道藏辑要子目初编序》中说:"我朝彭定求相公撰《道藏辑要》一书,为世称快。"①在《钦定道藏全书总目序》中说:"伏读圣祖仁皇帝颁行《道藏全书总目》,悉依明本,盖详慎也。相国彭定求所编《道藏辑要》,出于颁行者半,出于坊间本者亦半。虽坊本亦皆纯正精粹,然非《道藏》所有。"②又在《校勘道藏辑要书后》说:"闻二仙庵重刊相国彭文勤《道藏辑要》,心辄慕之。"③

① (清)贺龙骧:《重刊道藏辑要子目初编序》,《重刊道藏辑要》第一函《道藏辑要子目初编》,第 3 页。

② (清)贺龙骧:《钦定道藏全书总目序》,《藏外道书》第 24 册,第 481 页。说二者各占一半,只是概数,实际前者占 2/3 多,后者不到 1/3。

③ (清)贺龙骧:《校勘道藏辑要书后》,《重刊道藏辑要》第一函《道藏辑要子目初编》,第 17 页。按,彭定求(1645—1719 年)生平见其自撰《生圹志》[(清)彭定求:《南畇文稿》卷 9,《四库全书存目丛书》,济南:齐鲁书社 1997 年版,集部第 246 册,第 758—759 页],并参《清史稿》卷 480《彭定求传》、卷 304《彭启丰传》(北京:中华书局 1977 年版,第 43 册第 13115 页、第 35 册第 10503—10504 页)。据此,彭定求并未做过相国,而"文勤"实乃其孙彭启丰的谥号,贺龙骧的说法有误。

而在道光十一年(1831 年),闵一得订正《太乙金华宗旨》时即提到蒋元庭编纂《道藏辑要》。其云:"嘉庆间,蒋元庭侍郎误得(《太乙金华宗旨》)伪本,纂入《道藏辑要》。后得本山(金盖山)原本于浙省,拟即改梓,而板在京邸。及取归,而侍郎又北上,卒于京师,事遂中止。"①且闵一得显然阅览过《道藏辑要》,其撰《阴符经玄解正义》卷前按语说:"《阴符经》解,《道藏辑要》所载者有《十真集解》……又有唐通玄先生张果注、元混然子王道渊注、明时复初道人高时明订正,亦属乩笔。一本沈亚夫注,一本苍厓氏注,一本元阳子颂,均属乩笔。此外古注善本,有如张洪阳序本、陈希夷珍本、李筌注本、朱紫阳注本,《辑要》均未收入,采书须具只眼也。"②表明他至少对《道藏辑要》所收《阴符经》注解的情况是相当清楚的。民国年间守一子(丁福保)编《道藏精华录》,收有《道藏辑要总目》,其解题称:"是书清嘉庆间蒋元庭侍郎辑,板存京邸,及送板南归,而先生又北上,卒于京,故外间传本甚少。"③当是沿自闵一得的说法。

以上两种说法,贺龙骧距康熙朝较远,其载记多有舛误;闵一得与蒋元庭为同时人,说有所本。现代学者经过考辨,基本认定蒋元庭就是《道藏辑要》的最初编者。④

蒋元庭(1755—1819 年),名予蒲,字南樵,一字元庭。河南睢州人。父蒋曰纶,官至工部侍郎。蒋予蒲于乾隆四十六年(1781 年)中进士,授翰林院庶吉士。累迁至工部右侍郎,转仓场侍郎(总督仓场户部侍郎)。嘉庆十四年(1809 年)五月,以失察吏员舞弊等情,革职。十月,复起为翰林院编修。十八年(1813 年)正月,擢工部左侍郎。十九年(1814 年)五月,迁内阁学士兼礼部侍郎衔,六月复任仓场侍郎。二十年(1815 年),以广惠寺僧明心更名王树勋⑤,冒

① (清)闵一得编:《古书隐楼藏书》,《藏外道书》第 10 册,第 328 页。

② (清)闵一得编:《古书隐楼藏书》,《藏外道书》第 10 册,第 297 页。其所举注解,收于《道藏辑要》斗集。

③ 《道藏辑要总目》,第 1 页。见丁福保编:《道藏精华录》上册,杭州:浙江古籍出版社 1989 年版。

④ 参见[意]莫尼卡(Monica Esposito):《"清代道藏"——江南蒋元庭本〈道藏辑要〉之研究》,《宗教学研究》2010 年第 3 期。

⑤ 王树勋及其与蒋予蒲的关系,参见(清)昭梿:《啸亭杂录》卷 8《王树勋》,北京:中华书局 1980 年版,第 236—237 页;(清)陈康祺:《郎潜纪闻三笔》卷 1《蒋予蒲见理不明》,《郎潜纪闻初笔二笔三笔》,北京:中华书局 1984 年版,第 664 页。

捐知府，经刑部讯出，明心为僧时予蒲曾从受戒，遂革职。于是携子寓居杭州三年，于二十四年(1819 年)入京贺嘉庆皇帝六十大寿，卒于京城。①

蒋元庭在北京参与了一个信封吕洞宾的乩坛——觉源坛(又名第一觉坛)的扶乩活动。他在这个乩坛中被称为惠觉或广化子。这个乩坛的人自称为天仙派，奉吕洞宾为初祖，柳守元为二祖。《道藏辑要》托名钟离权的序说：吕洞宾“命觉源诸子编纂《道藏辑要》一书，弃伪而归真，删繁而就约，广大精微，而天人之道备”②。署名“大罗领班苏朗”的序，也说《道藏辑要》是吕洞宾命第一觉坛诸弟子编纂的，其内容“上自元始天王，下逮诸真列圣，以及百家之论说，诸子之疏解”③。这也辅证了蒋元庭编辑《道藏辑要》的事实。

莫尼卡考察了分藏世界各地的蒋元庭编《道藏辑要》14 部，从内容来看分为两种版本，一种包括箕集十《玉清赞化九天演政心印集经》、箕集十一《玉清赞化九天演政心印宝忏》，另一种则没有箕集十和十一。最完整的蒋元庭版《道藏辑要》包括了四个部分：(一)四篇《序》，依次托名吕洞宾、观音、钟离权、苏朗；(二)《道藏辑要凡例》十二条；(三)《道藏辑要总目》；(四)按二十八宿字号分集辑录的道经，每集含 4 到 12 册分册不等，各以数字标识，如角集一、角集二等等。④ 据她统计，上述第一种版本的《道藏辑要》所收道经总数应为 287 种，其中明《道藏》以外的道经 86 种。⑤ 赵宗诚曾辑出蒋元庭增补藏外道经 79 种，可资参考。现录如下：

1.《元始大洞玉经》3 卷，文昌帝君传本，附《洞经示读》(清金本存

① 参见清国史馆本传及胡敬撰墓志铭，载(清)李桓辑：《国朝耆献类征初编》卷 94，周骏富主编：《清代传记丛刊》，台北：明文书局 1985 年版，第 146 册，第 160—164、183—188 页。

② 《道藏辑要原序》，第 8 页。

③ 《道藏辑要原序》，第 10 页。

④ 参见 Monica Esposito，“The Daozang Jiyao Project：Mutations of a Canon”，《道教研究学报》第 1 期，香港：中文大学出版社 2009 年版；[意]莫尼卡(Monica Esposito)：《“清代道藏”——江南蒋元庭本〈道藏辑要〉之研究》，《宗教学研究》2010 年第 3 期。

⑤ 参见[意]莫尼卡(Monica Esposito)：《〈道藏辑要〉及其编纂的历史：试解清代〈道藏〉所收道经书目问题》，第一届道教仙道文化国际学术研讨会论文(台湾高雄中山大学，2006 年 11 月 11—12 日)，网址 http://dao.crs.cuhk.edu.hk/daozangjiyao/files/莫尼卡(M.Esposito)_《道藏辑要》及其编纂的历史_Gaoxiong_paper06.old.pdf。

撰），氐集 3。

2.《大洞玉经疏要十二义》3 卷，魏元君疏义，钱嵘集注，氐集 4；

3.《元始上帝毘卢遮那说大洞救劫尊经》1 卷，氐集 5；

4.《太上道德经解》1 卷，孚佑上帝全经解义，八洞仙祖分章合注，心集 1；

5.《太上道德宝章翼》2 卷，宋白玉蟾章句，明程以宁疏，心集 3、4；

6.《太上道德经释辞》2 卷，明王一清释，心集 9；

7.《太上老君说常清静经注》1 卷，八洞仙祖合注，尾集 1；

8.《太上黄庭内景经注》3 卷，诸真合注，尾集 2；

9.《太上黄庭内景经注》1 卷，蒋国祚注，尾集 2；

10.《太上感应篇笺注》1 卷，清惠栋，尾集 4；

11.《太上感应篇集注》1 卷，尾集 4；

12.《高上玉皇本行集经阐微》3 卷，箕集 8；

13.《高上玉皇心印妙经注》1 卷，八祖合注，箕集 9；

14.《终南八祖说心印妙经解》，箕集 9；

15.《高上玉皇心印妙经注》1 卷，蜀抱真子注，箕集 9；

16.《玉皇心印妙经注》1 卷，玄谷帝君注，箕集 9；

17.《先天斗帝敕演无上玄功灵妙真经疏解》1 卷，吕岩，斗集 1；

18.《九皇斗姥戒杀延生真经》1 卷，斗集 1；

19.《九皇新经注解》3 卷，吕岩，斗集 3；

20.《玄宗正旨》1 卷，吕岩传本，斗集 4；

21.《浮黎鼻祖金华秘诀》1 卷，广成子著，葛玄注，斗集 4；

22.《金碧龙虎古文上经解》1 卷，明彭好古，斗集 4；

23.《唱道真言》5 卷，斗集 5；

24.《黄帝阴符经注》1 卷，唐张果，元王道渊注，斗集 6；

25.《黄帝阴符经注》1 卷，苍厓氏注，斗集 6；

26.《黄帝阴符经玄解》，清范宜宾，斗集 6；

27.《五百灵官爵位姓氏总录》1 卷，斗集 11；

28.《玉枢宝经赞解》1 卷，吕岩，斗集 11；

29.《南华真经注疏》,明程以宁,牛集 9 至 12;

30.《参同契阐幽》3 卷,朱元育,虚集 1、2;

31.《参同契注》,陈致虚,虚集 3;

32.《入药镜合解》1 卷,崔希范著,王道渊、李攀龙、彭好古合解,虚集 5;

33.《铜符铁券》1 卷,明彭好古集,危集 3;

34.《太上灵宝净明宗教录》1 卷,胡德周、胡弘道编校,危集 4;

35.《化书注》1 卷,明王一清,危集 5;

36.《葛仙翁太极冲玄至道心传》1 卷,凝阳子纂,危集 6;

37.《吕祖十六品经》3 卷,附吕祖本传,室集 1;

38.《孚佑上帝天仙金华宗旨》1 卷,清屠乾元等辑,室集 2;

39.《孚佑上帝同参经》5 卷,室集 3;

40.《孚佑上帝五经合编》1 卷,室集 4;

41.《吕祖文集》1 卷,室集 5;

42.《吕祖诗集》2 卷,室集 6、7;

43.《吕祖易说》2 卷,壁集 1、2;

44.《吕祖语录大观》1 卷,壁集 3;

45.《吕祖三宝心镫》1 卷,壁集 4;

46.《吕祖微言摘要》1 卷,壁集 4;

47.《吕祖圣迹纪要》1 卷,壁集 5;

48.《孚佑上帝天仙金丹心法》2 卷,八洞祖师合注,壁集 6;

49.《至真歌》1 卷,刘玄英(刘操,海蟾帝君),奎集 1;

50.《金丹四百字注解》1 卷,明彭好古,奎集 2;

51.《悟真篇阐幽》3 卷,朱元育,奎集 3;

52.《白海琼全集》6 卷,宋白玉蟾著,明林有声编,娄集 1 至 6;

53.《五篇灵文》,金王喆注,清虚道人录,胃集 2;

54.《孙不二元君法语》1 卷,胃集 7;

55.《孙不二元君传述丹道秘书》3 卷,胃集 7;

56.《仙佛合宗语录》6 卷,明伍守阳著,伍守虚校注,毕集 1 至 3;

57.《天仙正理直论》7 卷，明伍守阳撰并注，伍守虚同注，毕集 4；

58.《天仙正理浅说》1 卷，明伍守阳撰并注，伍守虚同注，毕集 5；

59.《金丹要诀》1 卷，明伍守阳著，毕集 6；

60.《伍真人论丹道九篇》1 卷，毕集 6；

61.《养真集》2 卷，清王士瑞，觜集 9；

62.《玉诠》5 卷，鬼集 1 至 5；

63.《真诠》3 卷，明阳道生传本，清彭定求校正，鬼集 6；

64.《心传述证录》1 卷，鬼集 7；

65.《忏法大观》6 卷，清张持真辑，柳集 1 至 6；

66.《天枢上相诸葛忠武侯集》6 卷，明诸葛羲基辑，星集 1 至 6；

67.《太极图说》1 卷，宋周敦颐作，朱熹注，星集 7；

68.《通书》1 卷，宋周敦颐作，朱熹注，星集 7；

69.《文帝孝经》，星集 9；

70.《三界伏魔关圣帝君忠孝忠义真经》，星集 9；

71.《清微宏范道门功课》1 卷，柳守元撰，张集 1；

72.《十戒功过格》1 卷，柳守元撰，张集 3；

73.《警世功过格》1 卷，张集 3；

74.《三坛圆满天仙大戒略说》，柳守元撰，张集 7；

75.《初真戒律》1 卷，清王常月著，张集 7；

76.《中极戒》1 卷，张集 7；

77.《西川青羊宫碑铭》，唐乐朋龟撰，翼集 1；

78.《华盖山浮邱、王、郭三真君事实》，玉笥山道士沈庭瑞述，翼集 6；

79.《天下名山记》6 卷，清吴秋士选，汪立名校订，轸集 1 至 6。①

光绪年间，成都二仙庵道士阎永和拟购买一套《道藏辑要》，却被告知已绝版。于是他发愿重新刊刻《道藏辑要》。

阎永和在《重刊道藏辑要缘起》中说，他入道以来，"所见半属科仪，无

① 参见赵宗诚：《〈道藏辑要〉的编纂与增补》，《四川文物》1995 年第 2 期。

关奥旨”。后听说伍崧生向严雁峰借阅《道藏辑要》,“赞云观止”,他便去书坊寻访此书,得知板已不存。他有心重刻,无奈所费不赀,只能“时存虚愿”。光绪十八年(1892年),他接任二仙庵方丈,二十四年(1898年),有彭瀚然来二仙庵寻觅《玉经笺注》,阎永和提及重刊愿望,彭慨然答应负责筹款。① 二十九年(1903年),有贺龙骧愿意承担校勘之任。到光绪三十二年(1906年),校勘完成,开始雕版。

二仙庵重刊《道藏辑要》,以严雁峰家藏本为底本,严本属前述莫尼卡所分第二种版本,无箕集十和十一;且严家藏本缺少壁集第三册,贺龙骧后来从重庆何起重、忠州秦芃生二位藏书家那里抄录补入。②

贺龙骧撰有《重刊道藏辑要续编子目》,著录新增入的道书。但此目录与实际收书不尽相符。赵宗诚已指出此一问题,并重新开列了《重刊道藏辑要》增补的书目。③ 现据莫尼卡最新的统计,《重刊道藏辑要》新增道书共18种:

1.《观音大士莲船经》1卷,续斗集一;

2.《孙真人备急千金方》5卷,续虚集十二;

3.《孚佑上帝本传》1卷,续室集一;

4.《孚佑上帝东园语录》2卷(含东园杂咏1卷),续壁集七;

5.《析疑指迷论》1卷,奎集四;

6.《太公阴符经》1卷,又胃集二;

7.《五篇灵文》1卷,又胃集二;

8.《张三丰真人全集》4卷,张三丰著,李西月重编,续毕集七至十二;

9.《三宝万灵法忏》12卷,清王守上辑,柳集七至十二;

10.《太上灵宝朝天谢罪法忏》10卷,柳集十三;

① (清)阎永和:《重刊道藏辑要缘起》,《重刊道藏辑要》第一函《道藏辑要子目初编》,第15页。

② 参见(清)贺龙骧:《校勘道藏辑要书后》,《重刊道藏辑要》第一函《道藏辑要子目初编》,第18页。

③ 参见赵宗诚:《〈道藏辑要〉的编纂与增补》,《四川文物》1995年第2期。

11.《文昌帝君本传》1 卷，星集八；

12.《文帝化书》1 卷，星集八；

13.《关圣帝君本传》1 卷，又星集九；

14.《太上玄门功课经》2 卷，二张集一；

15.《太上三元赐福赦罪解厄消灾延生保命妙经》1 卷，三张集一；

16.《二仙庵碑记》1 卷，翼集一；

17.《青羊宫碑记》1 卷，续翼集一；

18.《青城山记》2 卷，清彭洵编，翼集十。①

莫尼卡认为，以上第 5 号《析疑指迷论》、第 6 号《太公阴符经》和第 7 号《五篇灵文》，均不见于贺龙骧所编三个目录（见下第 1—3 种），故应为光绪三十二年（1906 年）后新增道书。② 又，巴蜀书社 1984 年影印出版的《重刊道藏辑要》，在室集八收有《纯阳三书》，其彭一清序撰于民国十八年（1929 年），故增入的时间应较晚。

此外，《重刊道藏辑要续编子目》在张集一续列有四种道书：《青玄济炼铁贯（罐）斛食》、《灵宝文检》、《心香妙语》、《雅宜集》；在翼集十续列有三种道书：《太上无极大道三十六部尊经续》、《太上无极大道延寿集福消劫宝忏》、《太上洞玄灵宝玉枢调元应显尊经》。这 7 种道书不见于《重刊道藏辑要总目》，在已流通的《重刊道藏辑要》中都没有收入。但实际上，除最后一种外，其他的书都收入了成都青羊宫重刊的《广成仪制》中，可以看到，《灵宝文检》、《心香妙语》、《雅宜集》和《太上无极大道延寿集福消劫宝忏》在每页中缝都有“道藏辑要”字样。

除了道经外，阎永和等又收录贺龙骧编的有关道经书目 5 种及宋元以来有关道经书目 18 种，以备查考。这 5 种书目是：

1.《重刊道藏辑要总目》1 卷；

① 参见［意］莫尼卡（Monica Esposito）：《〈道藏辑要〉及其编纂的历史：试解清代〈道藏〉所收道经书目问题》，第一届道教仙道文化国际学术研讨会论文（台湾高雄中山大学，2006 年 11 月 11—12 日）。

② ［意］莫尼卡（Monica Esposito）：《〈道藏辑要〉及其编纂的历史：试解清代〈道藏〉所收道经书目问题》，第一届道教仙道文化国际学术研讨会论文（台湾高雄中山大学，2006 年 11 月 11—12 日）。

2.《重刊道藏辑要子目初编》4卷；

3.《道藏辑要续编子目》；

4.《女丹合编总目》；

5.《女丹合编子目》。

所收宋元以来18种道经书目是：

1.《四库全书道家类简明目录》；

2.《四库提要道家类总目》；

3.《四库提要道家类存目总目》；

4.《(清康熙)钦定道藏全书总目》；

5.《汉魏丛书道家书目》，清贺龙骧辑录；

6.《古今逸史四十种道家书目》，清贺龙骧辑录；

7.《汲古阁珍藏秘本道家书目》，清贺龙骧辑录；

8.《郡斋读书志道家书目》，宋晁公武；

9.《直斋书录解题道家书目》，宋陈振孙；

10.《历朝名选道书目录》，清贺龙骧辑；

11.《国朝坊刻道书目录》，清贺龙骧辑；①

12.《通志道家书目》，宋郑樵；

13.《文献通考道家书目》，元马端临；

14.《文献通考道术家书目》，元马端临；

15.《文献通考神仙家书目》，元马端临；

16.《续文献通考道家书目》；

17.《皇朝文献通考道家书目》；

18.《皇朝文献通考神仙家书目》。

这样，《重刊道藏辑要》在蒋本《道藏辑要》的基础上，增补了18种道书

① 贺龙骧在本目录后加“按语”说：“坊刻道书，邪正不一，弃取在人，考其书名，有见于《道藏辑要》者，有见于《道藏全书》者，有觅于二仙庵续入《道藏辑要》者，今将《道藏》未收、二仙庵未续各书目略录数部，以备将来选家择优续刻，庶免明珠散漫云，时光绪乙巳(1905年)秋井研贺龙骧识。”

和23种道经书目①,共为41种。当代学者翁独健(1896—1986年)先生,于1935年编《道藏子目引得》时,将《重刊道藏辑要》书目同明《道藏》书目核对,清理出《道藏辑要新增道经目录》,共有114种道经和道经书目,作为《道藏子目引得》的附录这是《道藏辑要》研究中一件很有意义的工作。

如此,有清一代编成的《道藏辑要》这部道经丛书,经过了清中叶蒋元庭的编纂和清末阎永和等的增补,才成为世人所见的《重刊道藏辑要》。《重刊道藏辑要》不仅集中保存了不少《道藏》以外的道教经书,而且,在明本《道藏》奇缺的那些年代,为道门内外阅读道教重要典籍提供了相当方便,其历史功绩实不可没。即使在上海涵芬楼影印本《道藏》面世以后,《重刊道藏辑要》仍有其不可取代的价值。它至今犹畅流海内外,以自己的特有风采,为传扬中华道教文化做贡献。

除《重刊道藏辑要》外,《广成仪制》与《道藏精华录》这两部道教丛书的编纂,也各有一定的意义。

《广成仪制》,武阳云峰羽客陈仲远校辑,前文已有所介绍。《广成仪制》实收二百余种道教仪范,纯为道门内部习用,1991年始由青城山道教协会献出,编入《藏外道书》第13、14、15册,才得与世人见面。其中《皇幡云篆》前有序称:"予自幼叨依元教,受事经科,留意于斯者二十余年……杜翁所传皇幡一事,予曾授之,凡应供十方香火……书此篆以为趋吉避凶,扶危济世,上吁宸聪,总丐祯祥,则予之幸也。"②下题有"大清国"云。故知《广成仪制》的某些内容或与唐末五代隐居青城山的广成先生杜光庭有关,而为清代青城道士陈仲远所校辑。在青城山收藏《广成仪制》中的众多单行本,有一部分是清末民初成都二仙庵道院刊印,还有一些是各宫观道士手抄备用者。

《道藏精华录》10集,守一子编纂。"绪言"中提到20世纪20年代初民国总统徐世昌借北京白云观《道藏》缩印为线装本的事,而于30年代任《扬善半月刊》、《仙道月报》主笔的陈撄宁先生,已经见过《道藏精华录》。③

---

① 这23种道经书目,并不属于《重刊道藏辑要》正文,因而未编入二十八宿字集内。

② 《藏外道书》第15册,第249页。

③ 陈撄宁:《答复苏州张道初君来函问道》,洪建林编:《仙学解秘:道家养生秘库》,大连:大连出版社1991年版,第35页。

按,守一子即丁福保(1874—1952年),无锡人。丁氏自言他在民国十一年(1922年)49岁时,“发家中藏书,择道书中之精华一百种,分为十集,名《道藏精华录》,付梓以饷阅者。余不肯列名,乃托名守一子编辑云”①。其自叙有云:“守一子少为闳览博物之学,而于宋儒之言性理者亦稍涉其藩篱,顾自中岁以还,乃耑心学道,凡三洞奇编,十洲秘笈,皆广搜博采,逐时甄录。”②

《道藏精华录》首列守一子所撰“绪言”,集中谈了作者对道教源流、道藏源流及编辑该书宗旨的看法。称“善言仙者,止曰无视无听,抱神以静,是以忘形以养气,忘气以养神,忘气(神)以养虚而已矣”③。以此仙道观为道教正统、道藏正经和编纂《道藏精华录》之准绳,而斥责不合此标准者为外道旁门或不宜收入《道藏》者。

《道藏精华录》收入道书100种,分为10集,每集10种,前置守一子撰《道藏精华录一百种提要》,有云:“采辑《道藏》及《云笈七籤》中之精华,并搜罗古书中关于玄学者最有精义之诸书,而成《道藏精华录》一百种。凡太上秘旨、南北玄学、养生要诀、导引捷法,无不毕备。可知此书一出,直为学道者暗室中置一明灯,迷海上架一津梁也。”④经朱越利研究表明:《道藏精华录》所收100种道书中“《道藏》、《云笈七籤》及《道藏辑要》外之道经约占三分之一”,含失收和新出道经共36种,包括光绪年间俞樾撰《太上感应篇缵义》1卷及民国时期刘师培撰《读道藏记》1卷、損損斋主人辑《道学指南》1卷附录1卷等。⑤ 守一子将如此多的藏外道书与众多藏内道书编纂在一起,而名之为《道藏精华录》,乃是沿用蒋元庭本《道藏辑要》之例。

---

① 丁福保:《畴隐居士自订年谱》,《北京图书馆藏珍本年谱丛刊》,北京:北京图书馆出版社1999年版,第197册,第152页。

② 丁福保:《道藏精华录绪言》,第7页。见丁福保编:《道藏精华录》上册,杭州:浙江古籍出版社1989年版。

③ 丁福保:《道藏精华录绪言》,第7页。见丁福保编:《道藏精华录》上册,杭州:浙江古籍出版社1989年版。

④ 丁福保:《道藏精华录一百种提要》,第1页。见丁福保编:《道藏精华录》上册,杭州:浙江古籍出版社1989年版。

⑤ 参见朱越利:《道经总论》,沈阳:辽宁教育出版社1991年版,第329—331页。

三、明版《道藏》涵芬楼影印本的印行

在晚清至民国时期，在道教发展史上有一定意义的事，除了上述道书的创作和编纂之外，还有就是明版《道藏》涵芬搂影印本的印行。

明版《正统道藏》和《万历续道藏》成书后，颁赐给全国各地部分宫观。据陈国符《道藏源流考》记载，明清时期赐有《道藏》的宫观约五十处，这些存于宫观的《道藏》，后多毁于兵燹，所存无几。到清末民初，只有北京白云观、蒲州府永济县通元观、茅山元符宫、乾元观①、江西龙虎山大上清宫、四川省三台县云台观、盛京奉天府承德县太清宫以及上海白云观等宫观尚存有《道藏》②，抢救这为数不多的珍贵文化遗产已是刻不容缓。而存放于北京皇城道观大光明殿的明《道藏》经厂刊板，又被庚子年（1900 年）侵入京城的八国联军毁尽，不可能再用原板印行。因此，民国初年，即用影印的办法重印明版《道藏》。

影印明版《道藏》所依据的原本为北京白云观藏本。北京白云观在明正统十二年（1447 年）赐有《道藏经》，后并有万历《续道藏》。到了近代曾予重修。清道光二十五年（1845 年），郑永祥、孟至才撰《白云观重修道藏记》云："盖此藏之存于观中者非一日矣，阅藏者不一其人，主事者弗介乎意，遂至三洞真经颇多残缺"，虽欲重修，力不从心，幸本观大檀越王公廷弼，"欣然助资，愿为修补。于是借诸山之经，缮本补入，数月之间，竟成完璧"。③ 经过此次修补后的北京白云观《道藏》，尽管仍有残缺，但在当时各地所存屈指可数的几部《道藏》中，却是最为齐全的。因而，为民国初年影印版本。

守一子撰《道藏精华录绪言》说："大总统东海徐公④，借北京白云观

---

① 1938 年两观被日本侵略军焚毁。

② 参见陈国符：《道藏源流考》之《历代道书目及道藏之纂修与镂板 · 明清各处道藏》，北京：中华书局 1963 年版，上册，第 190—203 页。

③ 郑永祥、孟至才：《白云观重修道藏记》，第 1 页。见丁福保编：《道藏精华录》上册，杭州：浙江古籍出版社 1989 年版。

④ 徐世昌（1855—1939 年），字卜五，号菊人，又号弢斋，天津人，1886 年中进士，历任翰林院编修、内阁学士、兵部左侍郎、军机大臣、巡警部尚书、督办政务大臣、体仁阁大学士、皇族内阁协理大臣、袁世凯总统时国务卿。1918 年由安福国会选为总统，标榜"偃武修文"，1922 年被直系军阀赶下台。

《道藏》，缩为石印六开小本，每梵本二叶并为一叶，始将梵本改为方册（线装）本，每部实价八百银圆，请前教育部总长傅沅叔先生①总理其事。”②摹影校勘，始于 1923 年 10 月，止于 1926 年 4 月，由商务印书馆以上海涵芬楼名义影印，每藏 1120 册，凡印 350 藏。

商务印书馆又从影印的全部《道藏》中，选出最有资于学术的经书百余种，分为十类，印成《道藏举要》，计：

第一类　《道德真经》52 种 100 册，自唐傅奕《校正道德真经》，至五代杜光庭述《道德真经广圣义》。

第二类　《南华真经》12 种 50 册，自《南华真经》及唐成玄英《南华真经注疏》，至宋褚伯秀《南华真经义海纂微》。

第三类　《冲虚至德真经》6 种 12 册，自《冲虚至德真经》及唐殷景顺《冲虚至德真经释文》，至宋林希逸撰《冲虚至德真经鬳斋口义》。

第四类　《周易参同契》10 种 10 册，自阴长生注《周易参同契》，至储华谷注《周易参同契》。

第五类　诸子 21 种 35 册，自《鬼谷子》至《意林》。

第六类　道书 19 种 58 册，自《黄帝阴符经集注》，至张君房《云笈七籤》。

第七类　史传地志 25 种 26 册，自唐王瓘述《广黄帝本行记》，至明查志隆辑《岱史》。

第八类　摄生 16 种 76 册，自无名氏《四气摄生图》，至晋葛仙翁《肘后备急方》。

第九类　术数 9 种 17 册，自《黄帝宅经》，至汉焦延寿《易林》。

第十类　道家文集 6 种 11 册，自蜀杜光庭《广成集》，至元郝大通《太古集》。

---

① 傅沅叔（1872—1950 年），名增湘，字叔和，别号双鉴楼主人，藏园老人，笔名姜弇、书潜、清泉逸叟、长春室主人。四川江安人。1898 年中进士，授翰林院编修，清末在华北、天津、京师创办女子学校。辛亥革命后，曾于 1917 年在北洋政府王士珍内阁任教育总长，1922 年退出政界，致力于版本目录研究，是著名藏书家。

② 丁福保：《道藏精华录绪言》，第 5 页。见丁福保编：《道藏精华录》上册，杭州：浙江古籍出版社 1989 年版。

以上十类，共道书176种、398册，均为《道藏》重要经籍，合印之取名为《道藏举要》。

由于北京白云观明版《道藏》影印本行世及《道藏举要》的发行，改变了长期以来《道藏》数量既少，而又深藏宫观、鲜为人知的状况，从而吸引了学术界的注意和兴趣，并逐步出现了一些道教研究成果。具体情况将在下一节专门介绍。

第七节　道教善书的盛行及道教研究的开展

清初，统治者在社会教化政策方面仿行明代的乡约和宣讲制度，为善书的流通提供了良好的氛围。顺治九年（1652年），清世祖仿效明太祖的"六谕"，颁行《六谕卧碑文》给八旗及直隶各省，并逐步推广至全国范围。所谓"六谕"，即"孝顺父母，恭敬长上，和睦乡里，教训子孙，各安生理，无作非为"①等内容，其与刊刻于明末的《六谕衍义》在清初发挥着社会教化的作用。在顺治十六年（1659年）乡约正式建立之前，令各乡里每月朔、望两次宣讲"六谕"。自康熙朝开始，清代的道德教化条目也逐渐确立下来。康熙九年（1670年）颁布的"上谕十六条"，其劝诫的内容基本上涵盖了社会生活的主要方面，包括"敦孝悌以重人伦，笃宗族以昭雍睦，和乡党以息争讼，重农桑以足衣食，尚节俭以惜财用，隆学校以端士习，黜异端以崇正学，讲法律以儆愚顽，明理让以厚风俗，务本业以定民志，训子弟以禁非为，息诬告以全良善，诫窝逃以免株连，完钱粮以省催科，联保甲以弭盗贼，解仇忿以重身命"②。雍正皇帝评价"上谕十六条"劝诫的对象说："自纲常名教之际，以至耕桑作息之间，本末精粗，公私巨细，各举要领，垂训万世。"③可见，其劝诫的对象十分全面，上至纲常名教，下至百姓的日常作息，事无巨细，都有所

① （光绪）《钦定大清会典事例》卷397《礼部·风教·讲约一》，光绪二十五年（1899年）刻本，第1页。

② 《清实录·圣祖仁皇帝实录》卷34"康熙九年九月癸巳"，北京：中华书局1985年版，第461页。

③ 《清实录·世宗宪皇帝实录》卷16"雍正二年二月丙午"，北京：中华书局1985年版，第266页。

涉及。雍正二年(1724年),世宗亲自对“上谕十六条”逐一“寻绎其义,推衍其文,共得万言,名曰《圣谕广训》”①,并“颁发直省督抚学臣,转行该地方文武各官暨教职衙门,晓谕军民生童人等,通行讲读”②。雍正七年(1729年),又下令全国各省州县乡村于人口稠密之处设“讲约所”,效法明代的宣讲制度宣讲《圣谕广训》,云:“于举贡生员内拣选老成者一人以为约正,再选朴实谨守者三四人以为值月,每月朔望,齐集乡之耆老里长及读之人,宣读《圣谕广训》,详示开导,务使乡曲愚民共知鼓舞向善。至约正值月果能化导督率,行至三年,著有成效,督抚会同学臣择其学行最优者具题送部引见。其诚实无过者,量加旌异,以示鼓励;其不能董率,怠惰废弛者,即加黜罚。如地方官不实力奉行者,该督抚据实参处。”③可以说,清代的教化政策经过康熙、雍正两朝,道德教化的主要内容逐渐成熟,《圣谕广训》成为民众基本的道德行为准则。而道教善书与国家教化都劝人为善,由于其劝诫的内容与国家颁布的教化条目基本一致,有助于社会风气的净化,从而促进了道教善书的传播。

一、清代道教劝善书、功过格的盛行

清代统治者虽然不崇信道教,但重视道教作为一种宗教的社会教化功能,因此道教很多思想从“三教合一”的角度得到了肯定。尤其在世俗伦理方面,统治者看到了道教宣扬神道设教在化民成俗方面的作用,如顺治十三年(1656年)十月,世祖谕告礼部云:“儒释道三教并垂,皆使人为善去恶,反邪归正,尊王法而免祸患。”④因此,极力推行儒、释、道三教劝善思想。雍正九年(1731年)的上谕中也提及:“域中有三教,曰儒、曰释、曰道。儒教本乎

① 《钦定大清会典事例》(光绪朝)卷397《礼部·风教·讲约一》,光绪二十五年(1899年)刻本,第5页。

② 《钦定大清会典事例》(光绪朝)卷397《礼部·风教·讲约一》,光绪二十五年(1899年)刻本,第4页。

③ (清)素尔讷等纂修:《钦定学政全书》卷74“讲约事例”,《中国近代史料丛刊》第30辑,台北:文海出版社1966年版,第1557—1558页。

④ 《清实录·世祖章皇帝实录》卷104,“顺治十三年十一月辛亥”,北京:中华书局1985年版,第811页。

圣人，为生民立命，乃治世之大经大法。而释氏之明心见性，道家之炼气凝神，亦于吾儒存心养气之旨不悖，且其教皆主于劝人为善，戒人为恶，亦有补于治化。”①可见，清朝统治者对儒释道三教的态度也是促成三教善书流行的重要原因。有学者评论说：“由于统治阶级更重视宗教的伦理教化功能，所以明中叶后，虽然上层道教出现了衰微，道教于是转向民间，对广大老百姓的劝善功能得到更大的发挥。”②而随着明清道教伦理的世俗化进程加快，道教善书的儒家伦理色彩更为浓厚，与民众生活的联系也更加紧密。因此官僚、士人大多认为道教善书辅佐教化的功能与儒家一致，而其神道设教的方式对于一般民众来说尤其具有内在的神圣约束性，从而在宣讲社会教化的同时推动了道教善书的推广传播。值得注意的是，不论是佛教的善书还是道教的善书，清代善书的流通还得益于国家的庶民教化制度，善书往往被作为宣讲国家教化政策的辅助手段，甚至出现了专门的流通善书的方法，如“善书流通十四法”。加之，施印、流通善书被视为一种功德积累的方法，如胡溶时编撰的《汇编功过格》规定刊行和传布劝善书可以获得五十功等观念的影响，从舆论环境到流通方式都极大地促进了善书的流通。

清代道教善书的发展总的来说承续了明末以来的发展趋势，除了继续注释《感应篇》、《阴骘文》等前代已有的善书之外，《关圣帝君觉世经》及其注本也开始流传，且影响力日益扩大。18 世纪以后这三书被人们尊称为善书中的“三圣经”，刊行、流传甚广。此外，清代道教善书的门类增多，大概可以归为四类：一是由于清代吕祖、关帝和文昌帝君信仰日益流行，涌现出的托名吕祖、关帝、文昌帝君降授的善书，以及在此基础上形成的善书类书；二是以道教修道成仙故事或道教鬼神警示为题材的新善书，如全真龙门派道士董清奇所作的《除欲究本》、《指淫断色篇》，以及《玉历至宝钞》、《卫济真诠》等；三是道教功过格得到极大推广，出现了《文昌帝君功过格》、《文昌帝君惜字功罪律》、《十戒功过格》、《警世功过格》和《石音夫功过格》等新的功过格；四是道教善书丛书和道教色彩浓厚的善书丛书的纂集，如《敬信

① 《龙虎山志》卷 1，《藏外道书》第 19 册，第 427 页。

② 陈霞：《道教劝善书研究》，成都：巴蜀书社 1999 年版，第 68 页。

录》、《全人矩矱》等。

（一）三圣善书的注释与流通

清代社会上流通的善书以《太上感应篇》、《文昌帝君阴骘文》、《关圣帝君觉世真经》最为广泛，清人孙念劬在《全人矩矱·凡例》比较这三部善书时说：“《感应篇》于善恶事类隐括靡遗，叙述恶事较多于善，防恶甚密，辞严理正，昔人谓‘天下通行必读书’；《阴骘文》劝人广行阴骘，重作善一边，辞气吉祥和蔼，恳恻动人；《觉世文》尤是儒者身心性命之学。”①可以说，在劝善止恶的叙事方式上三部善书的侧重点各有不同，下文将逐一对这三书善书在清代社会的注疏和流传情况进行介绍。

1.《太上感应篇》在清代的盛行。

由于清朝统治者和士大夫阶层的推崇，善书“三圣经”中，以《感应篇》的流传最为广泛。顺治十二年（1655 年）正月，世祖颁布《劝善要言》，并撰序言曰：“朕恭承天命，抚育万方，深念上之教世，劝善为先，人之立身，为善最乐。故取诸书之要者辑为一编，名曰‘劝善要言’……欲使贤愚同喻，大小共知。”②为了教化民众，清世祖遍采六经子集及其他诸家的劝诫要言，集为一书，其中就包括了道教善书《太上感应篇》。他还将《感应篇》单独刊行，有文献记载说：“本朝顺治十三年（1656 年），世祖章皇帝钦谕刊刻此篇，颁赐群臣，至举贡监生皆得遍及。是《太上感应篇》一书，不独检束身心，实王化所必录也。”③由于清朝统治者看到《感应篇》对民众教化大有裨益，因此极力推崇，又下令将《太上感应篇》译为满语，甚至创作了满语的《感应篇》，这些举措在很大程度上促进了《感应篇》在贵族阶层中的流传。17 至 18 世纪，士人中也出现了注释、刊印《感应篇》的热潮。1911 年，吕海寰（1842—1927 年）为《太上感应篇合注》重刊作序，回顾了明清儒者对《感应篇》的注释，并述评说：“前明李卓吾贽作引，周海门汝登作辑解，冒起宗作论断。我朝许缵曾作图说，王砚堂作新注。前后诸贤皆孜孜于篇，以启迪后

① 《藏外道书》第 28 册，第 301 页。

② 《清实录·世祖章皇帝实录》卷 88，“顺治十二年正月庚戌”，北京：中华书局 1985 年版，第 695 页。

③ （清）王砚堂：《太上感应篇注》，《藏外道书》第 12 册，第 270 页。

学……惠定宇先生以经师硕儒，繁征博引，衍为笺注，清谈名理，络绎纷纭，最为雅训。罗淑生尚书倩翰林名手，分缮成帙，首列经义，次引惠注，士子家置一册，奉为至宝。嗣见蕲水陈太史廷敬合刻惠定宇、姚敬堂二位，益以于铁樵《赘言》①，可为大观，惟经义阙如。昨阅元钱塘陈坚君实……参合异同，博考经传各注，句为图说而劝戒之。今俞曲园先生所著《外篇》，内有《感应篇缵义》。"②据此，我们可以了解到，明代的李卓吾、周汝登、冒起宗，清代惠栋、姚学塽、许缵曾、王砚堂、罗淑生、陈廷敬、俞曲园等人都曾为《感应篇》作注，而这些人往往是身居要职或有很大学术影响力的人，他们对《感应篇》的推崇无疑是《感应篇》及道教善书思想得到士大夫阶层认可的有力证明。而据晚清人陈劢在《太上感应篇注证》中，回顾清代士人注释《感应篇》的情况时指出，《感应篇》的流行直接原因则在于帝王的推崇，云："国朝顺治十三年，世祖章皇帝谕刊颁赐群臣，举贡诸生，皆得编辑，自此流传益广，笺释者百数十家。"③在众多的《感应篇》注释版本中，有的版本流传至今，被收录入道教的丛书中，具体来说大致有以下几种。

(1)《太上感应篇注疏》。顺治十七年(1660年)，武林徐天行(字行志)等人作，分为上、中、下三册，于康熙三年(1664年)刊行。卷末附录有"文昌帝君垂训"、"紫虚元君劝世文"和"功过格"④等。从《太上感应篇注疏》中可以看到，清代士人持诵《感应篇》还有相应的礼仪：首先礼念玉皇大天尊玄穹高皇帝、寻声赴感太乙救苦天尊、九天应元雷声普化天尊、玉虚师相玄天上帝金阙化身荡魔天尊、消劫行化更生永命天尊，接着还要礼念南无阿弥

① 《太上感应篇赘言》共1册，于觉世撰，成书于康熙癸亥年(1683年)。于觉世，字子先，号赤山，别号"铁樵山人"，山东新城人，顺治乙未(1655年)进士，曾任广东提学道候补按察使，此书即他在担任提学使期间所著。海宁陈世安序略云："济南于公铁樵所作《赘言》，遗予试读之，见其以古笔运俚言，略通文义者皆可晓，而好学深思之士亦无以加。名言快论络绎奔涌，能使寒者汗，睡者醒，快矣哉！诸家所未有也。"见(清)孙葆田等：《(宣统)山东通志》卷140，《中国地方志集成·省志辑·山东》，南京：凤凰出版社2010年版，第7册，第135—136页。

② 《太上感应篇合注》1911年吕海寰序，转引自游子安：《善与人同——明清以来的慈善与教化》，北京：中华书局2005年版，第26页。

③ (清)陈劢撰：《太上感应篇注证》，清光绪十六年(1890年)刻本。

④ 此功过格的内容包括：孝顺、和睦、慈教、宽下、劝化、救济、交财、奢简、性行、敬神、存心、循谨、廉守、吏治、户治、礼治、兵制、刑制、工制、相业、君德、读书等二十二格。

陀佛，及随意礼念诸佛贤圣菩萨等。在诵读道教的劝善书之前，称念佛教菩萨的名号，日本学者酒井忠夫认为，这是“由于明末清初江浙地区禅净一致的佛教在进行善书感应篇诵读之际，采取了协助道教信仰的形式，所以三教归儒的世人们在进行感应篇讲解时，采取了礼念道、佛诸神的仪式”①。而这种将诸佛菩萨与道教神灵相结合的善书持诵礼仪，对于维护善书的神圣性无疑大有裨益。

(2)《太上感应篇集注》。共 1 卷，撰人不详，康熙四十五年(1705 年)陈廷敬曾重刊，后被收入《道藏辑要》。陈廷敬说：“儒者之学以求诚也，而诚贯乎学之终始。《传》曰：不诚无物，况学之大乎？六籍皆劝善禁恶、导吉避凶之书……余观《太上篇》中既列善恶之目，而于终篇则要之以语、视、行三者皆备，可谓诚矣……《感应篇集注》不书撰人名氏，其笺释则先发明义理而后证之以事实，或更引他说以畅之，其文约而不漏，详而不杂，切近而显明。用之警世动俗，可以勉进于正而惩创其邪僻，与六籍所载劝善禁恶、导吉避凶之指无异焉。”②他认为《感应篇》劝善惩恶的思想与儒家六经劝善禁恶、导吉避凶，以及“诚己”、“诚物”的思想是一致的。纵观《感应篇集注》一书，虽然不知其撰者为何人，但其书言简意赅、事例详明，可谓是《感应篇》注解中的善本，于是捐资刊刻了此书。此书与惠栋的《太上感应篇笺注》以及俞樾的《太上感应篇缵义》一样，都是以儒家经典和灵验故事注释《感应篇》的代表之作，在士大夫阶层流传较广。

(3)《太上感应篇引经笺注》。共 1 卷，惠栋(1697—1758 年)撰，后收入《藏外道书》第 12 册。它是一部以儒家《洪范》、《春秋》、《论语》、《孟子》、《中庸》等经典注释《太上感应篇》的经典之作，于乾隆十四年(1749 年)完成。惠栋，字定宇，号松崖，是清代乾嘉学派的代表人物。他自述为《感应篇》做笺注的缘由云：“《太上感应篇》一卷，即《抱朴子》所述汉世道戒，皆君子持己立身之学，其中如三台、北斗、司命、灶神之属，证之经传无不契合。劝善之书称为最古，自此以下无讥焉。雍正之初，先慈抱病，不肖栋

① [日]酒井忠夫：《中国善书研究》(增补版)，刘岳兵、何英莺译，南京：江苏人民出版社 2010 年版，第 575—576 页。

② 《太上感应篇集注》，《藏外道书》第 12 册，第 121—122 页。

日夜尝药，又祷于神，发愿注《感应篇》以祈母疾。天诱其衷，母疾有间。因念此书感应之速，欲公诸同好。"①从这段引文可以看出，惠栋注解《感应篇》的初衷是祈求母亲病愈，母亲疾病既得痊愈，于是深觉感应之灵验。更重要的是，他认为《感应篇》与儒家经传所表述的思想无不契合，因而以儒家的学说阐发《感应篇》的思想。在他完成《笺注》后，友人称赞道："此书得此注，不惟可以劝善，且使后世道家知魏晋以前求仙之本初，未尝有悖于圣人，反而求之忠孝友悌仁信之间而致力焉。"②民国五年（1916 年），郑继禹曾重新镌刻、刊印此书，名为《益世经解要编》，其《序》中说："是书原以《太上感应篇引经笺注》名，禹甲寅归自京，家君西三公慨世风不古，本神道设教之意，嘱刷《感应篇直讲》，冀以稍挽颓风于万一。禹返都觅坊间，得是书览诵，见引经据典逐为解释，知有益于社会人心风俗者非《直讲》一书可比，且篇幅字迹端楷，尽出自古名人之笔，异致同工，尤甚模范。……窃恐近世迷信破除，目及'感应'字样标题菲之，因易其名曰'益世经解要编'。"③可见，惠栋以考据的方法注解《感应篇》，文辞雅驯、旁征博引，在士大夫中评价甚高。

（4）《太上感应篇缵义》。共 2 卷，俞樾（1821—1907 年）撰，后收入《藏外道书》第 12 册。俞樾，字荫甫，号曲园居士，浙江德清人，清末著名经学家。他在同治十一年（1872 年）十月所作的序中说明了注释此篇的缘由："此篇虽道家之书，而实不悖乎儒家之旨。董仲舒曰：'天人相与之际，甚可畏也。'后世儒者不信此说，《洪范 · 五行传》且斥为荒诞，于是篇乎何有？故自宋以来，虽流传不绝，不过巷间细民共相诵习，而士大夫辄鄙薄之。其注释诸家，亦多浅陋邱里之言，无当大雅。惟国朝惠定宇先生以经师硕儒而注此书，征引渊博，文字雅驯。然余惜其多用骈词，有乖注体。且原文明白易晓，初不待注而明，惟宜附以经义，证以秦汉古书，使人知其与儒书表里，不敢鄙夷，自然敬信奉行，于身心有益。余于惠氏无能为役，一知半解，掇拾其所未备。所已及者，则从略焉。因非注体，故援宋杜道坚《文子缵义》之

① 《词馆分写本太上感应篇引经笺注》，《藏外道书》第 12 册，第 156 页。
② 《词馆分写本太上感应篇引经笺注》，《藏外道书》第 12 册，第 156 页。
③ 《三洞拾遗》，合肥：黄山书社 2005 年版，第 5 册，第 449 页。

例,题曰《太上感应篇缵义》。卷帙繁重,厘为上下二卷,用自修省,以为息黥补劓之方药。"①可以看出,一方面俞樾认为惠栋的注释使人知晓《感应篇》之旨与儒家经义相表里,改变了士大夫以往认《感应篇》为市井之书的印象。但另一方面,《感应篇》本来通俗易晓,惠栋之注旁征博引,文字骈俪,有违作注应该便于读者理解原文之意的宗旨。因此,俞樾依据杜道坚《文子缵义》的体例,在儒家经义的基础上加入历代儒生的故事加以验证,使其易于在社会上流传。但不论是俞樾的《缵义》或是惠栋的《笺注》,都是从儒家经义的角度对《感应篇》进行注解,而其文体则很大程度上受到了乾嘉考据之风的影响。光绪二十五年(1899年),兴化人李详等人将惠栋的《感应篇笺注》、俞樾的《太上感应篇缵义》,以及姚学塽的《感应篇注》,合辑为一书刊印,名为《太上感应篇集传》。其书后跋中高度评价了这几种《感应篇》的注本,称它们颇有汉儒"注经训故"的风范,云:"惠定宇之《笺》、俞荫甫之《缵义》,均守汉儒家法,若姚镜唐之《注》则辅嗣之微言。"②并附之清末华南地区较为流行的于觉世所作的《太上感应篇赘言》。

(5)《太上感应篇图说》。此书大概出现于康熙三十三年(1694年)之前,由云间许缵曾辑刻,其特点是对《感应篇》的每句话加以注解并绘图。许缵曾出身于天主教世家,据陈垣先生考证,"许缵曾,号鹤沙,华亭人,顺治六年(1649年)进士,官至云南按察使,著有滇行纪程、东还纪程、宝纶堂稿等。母为徐光启孙女,奉天主教至诚笃,殊有名。缵曾事母孝,然信仰不尽与母同。事迹具予所为传。宝纶堂稿卷九有感应篇征事续,凡五十条,序云:'《感应篇图说》,余刻有全编矣,续有见闻,笔之于书,以示劝戒,其庞杂二氏者不录。'据此,感应篇图说,当有许氏刻本"③,"晚年尚为感应篇征事迹亦事实。夫感应篇道家言也,而为之图说者乃天主教世家"④。这一定程度上说明了《感应篇》的"感应"和劝善思想在不同宗教文化背景下,都得到

① 《太上感应篇缵义》,《藏外道书》第12册,第229页。

② 《藏外道书》第27册,第115页。

③ 陈垣:《记许缵曾辑刻太上感应篇图说》,《陈垣学术论文集》第1集,北京:中华书局1980年版,第232页。

④ 陈垣:《记许缵曾辑刻太上感应篇图说》,《陈垣学术论文集》第1集,北京:中华书局1980年版,第238页。

了普遍的认同。继云间许缵曾之后，浙江巡抚朱鼎祚、云南巡抚王继文、闽浙总督郝玉麟等人都刊行过《感应篇图说》。今《藏外道书》所辑录的《太上感应篇》收录了乾隆二十年（1755 年）浙江处州镇总兵黄正元增注刊行的《太上感应篇图说》，其所撰"凡例十六则"中的第一条说："《感应篇图说》始于云间许鹤沙先生，借印者有梁公化凤，继刊者有朱公祚鼎、王公继文、郝公玉麟。流传海内，令下智、愚、贤、不肖咸知福善祸淫不爽毫发。"①而由黄正元于乾隆二十年重新刊行的版本，则成为清代后期流通的《太上感应篇图说》的祖本。黄正元版的《感应篇图说》称其注释乃延续许鹤沙的风格，"句必有注，注必有传，复绘图以肖其状，仍师鹤沙先生故步，而所引事实多采新闻，冀动阅者之目，兴起其从善去恶之心"②。清末，在广东同善堂和乐善堂出版的《太上感应篇图说》，皆附有同治七年（1868 年）"须江后学毛金兰"的跋，说明都是以黄正元版为原本。③ 光绪十五年（1889 年）上海仁济堂将《太上感应篇图说》再次刊印，改名为《太上宝筏图说》（收入《藏外道书》第 12 册），许樾身为其撰序云："《感应篇》与《道德经》同出于道祖李伯阳手笔，《感应》之旨较切近，而图说较注释家尤切近，仲芳聂观察捐廉购此图说板，付托施君少钦（施善昌），施君遂重以宝筏名之。"④虽然许氏认为《感应篇》出自老子的说法显然是错误的，但从中可以看出，正是由于"图说"这种表述方式便于不同文化层次的人观其图而识其意，从而使得《感应篇图说》的流传范围遍及全国，"感应"的观念也深入社会各个阶层。

（6）《太上感应篇直讲》。与《感应篇图说》类似，也是众多《太上感应篇》注解中较为浅显易懂的一部，著者不详，传世的版本据说是乾隆年间湖南一个名为黄体端的人从惜字簏中获得。咸丰六年（1856 年），此书第 13 次刊刻时的"题辞"记述："此《感应篇直讲》一卷，作者未留名姓。乾隆四十二年（1777 年）湖南桂东黄君砚楷名体端者，得于惜字簏中，重刻行世。婺源张君名昌璇又重刻，至六十年（1795 年），叶君梦宇又重刻。道光己酉苏

① 《太上感应篇图说》，《藏外道书》第 27 册，第 119 页。
② 《太上感应篇图说》，《藏外道书》第 27 册，第 119 页。
③ 参见《三洞拾遗》，合肥：黄山书社 2005 年版，第 5 册，第 307 页。
④ 《太上宝筏图说》，《藏外道书》第 27 册，第 585 页。

郡刘君子纲又重刻于孝善堂,我吴始得盛行……字数不多,而易于流通,故此本为《感应篇》中无上第一好本子也。”①关于其成书时间,日本学者酒井忠夫认为在康熙年间,但此书得以广泛流通则是在乾隆以后。由于《直讲》实际上是一种国家辅助宣讲圣谕的文本,而宣讲制度得到较好的落实是在雍正年间,所以我们认为,此书的出现以不晚于乾隆年间的说法较为合理。而从《感应篇直讲》多次被重刊的过程可以看出,其较早流传于湖南一带,清道光以后在以苏州为中心的长江流域较为流行。

《直讲》的流通主要得益于朝廷的推广,乾隆六十年(1795 年)叶梦宇在《书感应篇直讲后》说:“我朝曾命词翰诸臣翻译《感应篇》刊布天下,则是书即为王化之所系,故敬谨以《御制劝善序文》冠诸编之首,至功过格诸训言,世多善本,另可采择行之,先订是编,俾资讲解。”②他认为《感应篇》有助于推行国家教化,将《御制劝善序文》放在篇首,是作为辅助宣讲的教材。《直讲》列出“讲法六条”、“增订讲法七条”等一套完整的讲解方法,目的是使“四方善士见收是编,讲时只消照文口念,略加申说,人人都晓,甚觉便易”③。光绪壬辰年(1892 年)重刊版《直讲》,篇首收录有“卷首三劝”,即“劝读,获福之本也”,“劝行,获福之宝也”,“劝刻,获福之广也”。④ 其中“劝刻”一条,记录了大量因刊刻此书而获福的灵验事例,由此可见此书在清代的盛行。

2.《文昌帝君阴骘文》以及其他文帝善书的流传。

明清以来,文昌帝君信仰在士人中颇为流行,据史料记载,有的学校甚至在孔庙旁设文昌祠祭祀文昌帝君,并将《文昌帝君阴骘文》作为童蒙读物⑤。

① 《感应篇直讲》卷首“题辞”,广州孙中山文献馆藏,此藏本标明是光绪庚子(1900 年)第 15 次重刻,广州宝经阁藏本。(转引自游子安:《善与人同——明清以来的慈善与教化》,北京:中华书局 2005 年版,第 36 页)

② (清)叶梦宇:《书感应篇直讲后》,同治十二年(1873 年)重刊本。

③ 《太上感应篇直讲》,《藏外道书》第 12 册,第 377 页。

④ 《太上感应篇直讲》,《藏外道书》第 12 册,第 375—376 页。

⑤ 如《阴骘文引蒙序》,认为对于童蒙的道德教育来说,《阴骘文》的效果比朱子的《小学》一书效果更为显著,“许君石华,以丁生绍中所注《阴骘文》见示,其书不征事迹,语简而明,为童孺所能解。意欲塾师于讲授经义之前,授以此篇,俾童蒙先入为主,终身受益。置之乡塾中为小学之辅,将见口诵躬行。蒙养正则善人多,斯亦化民成俗之一助也”。见(清)陶澍:《陶文毅公全集》卷 36,《续修四库全书》,上海:上海古籍出版社 2002 年版,第 1503 册,第 390 页。

流通文昌善书也被视为有助于仕途升迁或家运亨通的一种功德[①]，士人纷纷为《阴骘文》作注，其中较为流行的如《丹桂籍注案》。到了18世纪以后，由于“图说”的方式更便于童蒙和文化层次较低的人了解善书的内容，图说善书开始盛行，出现了图解本的《阴骘文》、《文昌化书》，如《像注阴骘文》、《阴骘文图说》、《阴骘文图证》、《绣像文昌化书》等。同时，托名文昌帝君降授的新善书、宝诰也大量涌现，文昌善书的种类日益繁多，如《文昌帝君蕉窗十则》（又名《文昌帝君圣训》）及其注解，《劝惜字纸文》、《惜字真诠》、《劝孝文》、《戒淫文》等，以及《文昌帝君救劫宝诗》、《劝孝歌》、《八反歌》等劝善歌也在民间广为流传，尤其在士人、官僚中流传更为普遍，对士人道德教育影响很大。

清代士大夫阶层注疏《阴骘文》的版本众多，其中较为流行的主要有以下几种。

（1）《丹桂籍注案》。据光绪己亥年（1875年）有福读书堂重刻版的《丹桂籍注案》[②]记载，此书为“明云间颜正廷表注，五世孙文瑞云麓补，六世孙章敬生愉校”。此书卷首有康熙二十七年（1688年）吴昌祺、王修玉原序，康熙二十八年（1689年）许缵曾也曾为其作序，还收录了康熙五十八年（1719年）谢琏“后序”和颜章敬所撰“凡例”。“凡例”记载了颜章敬将此《阴骘文注案》命名为《丹桂籍注案》的原因，即“康熙丁巳（1677年）秋，章敬梦见帝君授书一册，额曰丹桂籍，启视之，乃阴骘文也。因即检先大人所辑者，而参订广益之，敬付梨枣。今幸告成，梦复不爽，故敢以帝君所示之额名其篇首，曰‘丹桂籍’”[③]。康熙二十八年（1689年），《丹桂籍注案》付梓，至乾隆年

① 如《顺天府志》记载的一个故事：“龚璋，字尔茂，杭州籍，生长燕京，性好善，因曝书籍，检得《梓潼帝君劝行阴骘文》。读而喜极，即发广愿刊板流布。为吏部当该，因竭力印施，遍行诸省，不下数十万纸。又展转劝化，不数年版，计至三百余万。康熙元年（1662年），于厅前印文处昼见帝君绿袍玉带降在堂中，因画像供奉，合京感动。凡有禳灾、疗疾、祈嗣、保寿，皆至其家许愿印文，一经尔茂祷告，无不立应。乃至盲人复明，颠人顿愈，神像点头，枯树重荣，种种异事。”见（清）张之洞等：《（光绪）顺天府志》卷71，清光绪十二年（1886年）刻十五年（1889年）重印本。

② 《丹桂籍注案》，《藏外道书》第12册，第683页。

③ 《丹桂籍注案》，《藏外道书》第12册，第682页。

间曾多次刊印。据乾隆四十四年(1779年)西安醴泉滋德堂刊印《丹桂籍》时的记载,此书"初刻云间颜氏,二刻吴江王氏,三刻娄水公梓,四刻同人公梓,五刻京兆王氏"①。光绪二十四年,树德堂重刻本的《丹桂籍注案》"凡例"中提到在其之前有六次刊印②,足见此书在清代流传之久。

(2)《阴骘文制艺试帖合璧》。光绪五年重刊。此书是《阴骘文制艺》与《阴骘文试帖》两书的合刊。"制艺"和"试帖"是科举考试的两种主要文体,"制艺"即"八股文",又称为"制义"、"时艺"、"时文"等;"试帖"即"五言八韵诗",均有严格的格式和内容要求。据徐炳炎的《阴骘文制艺试帖合璧序》所述:"己巳夏初,炳炎游冀,周筱蒲广文以《阴骘文试帖》见赠,嗣又与滇南张剑侯孝廉重遇都门,因复得《阴骘文制艺》一编。《试帖》为陈鹤樵中丞手著,《制艺》则金陵顾南琴孝廉求愈母病而作也。……谨录一编与刘耀斋、许逸琴两君详校付梓,名之曰《阴骘文制艺试帖合璧》,……不特于科名文字多所裨益,即于淑身心、训子弟,各得指归。"③此序作于光绪五年(1879年),从中可知,他将两书合并刊刻的缘由不仅仅是出于刊印此书有益于求取科举功名,更重要的是认为此书对教育士子淑身涉世大有裨益。徐氏的"序"中记述,他所得《试帖》和《制艺》与河南和滇南有一定的渊源,而其所见《试帖》的作者为陈鹤樵,《制艺》的作者为顾南琴。此书收录的道光辛卯年(1891年)五月通玉麟所作《文昌帝君化书制艺序》云:"金陵顾生南琴,余乙酉所得士,丙戌初夏,持所作《阴骘文制艺》八十篇,就正于余。"④《文昌帝君化书时文序》云:"(顾南琴)今年春出所作《文昌帝君化书时文》八十首,就正于余。"⑤可以确定,此《制艺》的作者即金陵人顾南琴。关于《试帖》,我们可以看到,"试帖"作为注解《阴骘文》的一种文体,在士人中颇受关注,如贺箭村所编《古今善书大辞典》所收的光绪年间周兆杰辑录的以"试帖"命名的《阴骘文》注本,就有数十种之多,徐炳炎所刊刻的《阴

① 游子安:《善与人同——明清以来的慈善与教化》,北京:中华书局2005年版,第314页。

② 《三洞拾遗》,合肥:黄山书社2005年版,第6册,第499页。

③ 《三洞拾遗》,合肥:黄山书社2005年版,第5册,第589—590页。

④ 《三洞拾遗》,合肥:黄山书社2005年版,第5册,第592页。

⑤ 《三洞拾遗》,合肥:黄山书社2005年版,第5册,第593页。

骘文试帖》的版本显然只是其中的一种。另外，徐炳炎本录有道光己巳岁冬月浙江秀水雪山人金晋亨所撰后跋，还提及了以"诗文"注解《文昌化书》的情况，云："兹在西路厅幕中居停，刘郡丞出匣中《文昌化书诗文》一编见示，公余之暇反复披诵，其文则雅正清真，无法不备；其诗则端庄流丽，有语必工。原版系在黔省，遍讯都中书肆，仅有诗而无文字，予甚惜之。因思诗既梓行，毋庸赘刻，而其文湮没，终觉缺然。"①可见，《阴骘文》、《文昌化书》在士人中流传的方式甚为多样。

(3)《阴骘文像注》。康熙五十八年(1719年)，赵如升在《阴骘文》每句话后加以笺注、附图，并结合若干灵验故事编纂而成，共4卷。每一卷在图后又附文加以佐证，如第1卷附录吕叔简刑戒、省刑箴、省罚箴、一清道人积福歌、太乙真人方便铭；卷2附录唐王中书刚劝孝篇、许真君警富歌、葛真人劝赈歌；卷3附录莲池大师放生文、莲池大师戒杀文、憨道人息讼词；卷4附录周颠仙劝捐诗等，纵观全书，内容十分丰富。赵氏在"序"中说明了辑录此书的缘由，云："升髫龄甫入小学，先大人手授是篇，令每晨兴诵无间，伊时拜受之，熟于口，而义未悉。及束发，洞其义，所行多有违渎，且褒罪莫能逭矣……升追忆先志，不禁泪下盈盈。敬取宝训而疏注之，又引证而著为图，名《阴骘文像注》。固欲识字义者阅之，回心而向道。尤欲巾帼孺子目昧一丁者，观像问理，由耳闻而警醒也。"②赵氏以图像注解此书，缘于年幼时得父亲授予此书，但因年幼而暂时未能体会此书的意蕴而多有违反，后来追悔莫及，于是发心以图像的形式注解此书，让识字较少的孩童也能通过图像了解到其中的内涵，从而从小知晓如何检防身心之恶。

(4)《阴骘文图证》和《阴骘文图说》。这两部系清代流传较广的图说《阴骘文》。《阴骘文图证》，原书为道光二十四年浙江嘉兴人张迁济所辑录，由乌程费丹旭绘图、海昌许光清集证、许光治缮写。现收入《三洞拾遗》第5册，署名"别下斋"刊本。此书的特点是对《阴骘文》每一句话配以《文

① 《三洞拾遗》，合肥：黄山书社2005年版，第5册，第683页。
② 《藏外道书》第12册，第429页。

昌帝君化书》所述的文帝事迹进行解释,同时又附相关史实或灵验事迹加以佐证。光绪四年(1878 年),钱塘项晋藩等人重刊此书时所作的“跋”中说“《阴骘文图证》所在多有版,亦屡易”①,可知此书流传较广,也曾在再版过程中有所变化,如项氏所刊版本,其意图在于效仿惠栋注《太上感应篇》,主要“供学士文人之展玩,非徒为流俗劝善计也”②。另一部流传较广的图说《阴骘文》——《阴骘文图说》,作者不详,同治四年(1865 年)浙江大兴人朱启焘在《重印文昌帝君阴骘文图说、金刚经图说序》中说山西介休侯氏(侯兴域,字蔚观,乾隆至嘉庆年间知名晋商)曾因向文昌帝君祈祷母亲疾病痊愈,愿望成真,于是施印《阴骘文》和《金刚经》各三百部。从内容方面来说,《阴骘文图说》卷首刊印《阴骘文》原文,正文分为元、亨、利、贞 4 卷,每一句话都附有图画和灵验故事,内容浅显易懂。

(5)《阴骘文注》。乾隆年间,朱珪、蒋予蒲作,收入蒋予蒲所编的《道藏辑要》“星集”。其文不分卷次,但文辞雅正、事例详明。朱珪(1732—1806 年),乾隆、嘉庆年间的名臣,文昌帝君被列入清代国家祀典与其颇有渊源。据《清史稿》和朱珪所撰《敕建文昌帝君庙碑》记载,嘉庆六年(1801 年)清军平定潼江邪教叛乱,宣称得益于梓潼帝君显灵,因而嘉庆皇帝御书“化成耆定”额,用以昭彰文昌帝君的灵验。时任大学士的朱珪即撰文论证文昌司爵禄、科举之职由来已久,且历代皆配享国家祭祀,其封号可考,云:“文昌之祀,始有虞,著《周礼》,汉、晋且配郊祀。”③于是“礼官遂定议”④,将每年的二月初三作为文昌诞日,列入秋祀,随后朝廷每年派大臣前往祭拜。除了注释《阴骘文》以外,朱珪还与蒋予蒲一起校订了《文帝孝经》、《文昌应化元皇大道真君说注生延嗣妙应真经》、《元皇大道真君救劫宝经》等文帝经书,后来均收入蒋予蒲纂集的《道藏辑要》。

(6)《阴骘文广义节录》。佛教净土宗居士周梦颜作,是一部以大乘菩

① 《藏外道书》第 12 册,第 655 页。
② 《藏外道书》第 12 册,第 655 页。
③ 《清史稿》卷 84《礼志三》,北京:中华书局 1977 年版,第 10 册,第 2542 页。
④ 《清史稿》卷 84《礼志三》,北京:中华书局 1977 年版,第 10 册,第 2542 页。

萨精神阐释文昌帝君教谕的《阴骘文》注疏，清末民初流传甚广。周梦颜（1656—1739年），又名思仁，字安士，苏州昆山人，著有《万善先资》、《欲海回狂》、《阴骘文广义》、《西归直指》等，汇集为一书，名为《安士全书》。《阴骘文广义节录》的内容是对《阴骘文广义》一书的"节录"，其书共3卷，刊刻于嘉庆二十五年（1820年），在佛教界有很大的影响力。唐孙华为原书作"序"称："玉峰周子，纵观三教之书，折衷百家之论，为之句诠字释，缕析条分。而又推广其未尽之旨，发所未闻，扫尽迂腐之庸谈，大破管窥之漏说，滔滔十余万言，号为《阴骘文广义》。"①其书卷首列所引用三教书目百余种，全书共十万余言。周安士认为，文昌帝君的现身说法与佛教义理是相通的，都是劝人身体力行，广修福田。比如其以佛教的"轮回说"论证"吾一十七世为士大夫"一句，认为士人的生命与文昌帝君一样都处于不断的轮回之中，善恶的后果不仅仅体现为现世的祸福报应，还有可能在来世报应，因而提醒人们效法文昌帝君时时检防身心。同时，周安士认为文昌帝君所说"阴骘"即佛教的"阴德"，《阴骘文》文中两次提及"阴骘"一词，即"广行阴骘，上格苍穹"，是文昌帝君以身立教，说明"阴骘"的功效如此灵验；又说"百福骈臻，千祥云集，岂不从阴骘中得来者哉"一句，则是帝君鼓励士子效法他的行为，必将得到福报。值得注意的是，《阴骘文广义》所择取的事例主要来源于昆山一带的所见所闻，周安士借此表达了他对地域性社会问题的关注。例如在注解"百福骈臻"一句时，征引了昆山徐氏与"苏松浮粮疏"事件加以佐证，表达了其对削减浮赋②问题的关注。日本学者森正夫指出，其表现了周梦颜对地方切身社会问题的关注以及经世济民的志向。③ 这在一定程度上说明，地方乡绅、士人注疏和流通善书的行为不仅仅是为了推进社会教化，同时也是表达对社会问题看法的一种重要方式。

《阴骘文》的注本除了上述介绍的几种以外，据贺箭村《古今善书大辞

① （清）唐孙华：《阴骘文广义序》，《安士全书》，苏州：弘化社1932年版，上册，第8页。

② 所谓"浮赋"，即朝廷在正额粮税以外多征收的部分粮税。

③ 参见［日］森正夫：《周梦颜と"苏松浮粮"》，《山根幸夫教授退休记念明代史论丛》，东京：汲古书院1990年版，第1003—1026页。

典》辑录，还有《文帝亲解阴骘文》①、《阴骘文赋》②等，总数不下十余种，足见《阴骘文》对清代社会的影响至广。究其流行的原因，一定程度上与清朝推行忠孝治国，以文帝为宣扬"孝道"思想的模范，进而极力抬高文昌帝君的地位，并列入国家祭祀有关。

除此之外，清代文帝善书中流传较广的还有《文昌帝君蕉窗十则》。其内容主要以文昌帝君对士人的十条训诫为主，即戒淫行、戒恶意、戒口过、戒旷功、戒废字、敦人伦、净心地、立人品、慎交游、广教化等，由于训谕的文体短小精悍，便于流通，因而其所宣扬的思想随着文昌帝君信仰的盛行而在社会上广为流传，成为士人修身涉世的重要法则。康熙癸巳年（1713 年）闵鋐（字鼎玉）曾撰《蕉窗十则注解》，是《蕉窗十则》注本中较为通行的版本。时人沈树本曾为其作序，称："闵子于是举生平所睹记者，悉依类引证，刊以警世。"③其书又附录《陈成卿戒赌十则》、《广惜字说六则》、《主敬堂劝敬惜字纸例九则》等劝善文，分为上、下两册，其特色主要在于以遇上等人说性理，遇下等人说因果的方式达到雅俗共赏的效果，劝诫文人雅士、俚俗粗鄙之人皆弃恶从善。

乾隆八年（1744 年），刘樵将当时社会上流行的文帝善书辑录为一书，名为《文帝全书》。其书共 32 卷，收录了《文昌化书》、《大洞经》、《阴骘文注证》、《丹桂籍注案》等各种文昌经籍和善书，以及《劝行社仓文》、《蕉窗十则》、《三教归一论》等多种托名文帝降授的劝世文，可谓是对清代流行的文昌帝君善书进行的一次汇总。刘樵，字体恕，号柯臣，道号无为子，湖南武陵人，先后刊印《吕祖全书》和《文帝全书》，被誉为"三教兼修之士"。他在《文帝全书·原序》中说："余少时，从梅中轩师讲伊洛之学，于二氏多不道，

---

① 关于其书，贺氏说："文帝阴骘文，传世已久，清道光庚子，文帝降笔于湖广江夏县张宅，将阴骘文亲为解释，越五年甲辰，又降笔于四川巴县双莲堂，复补解之，关帝吕帝，为序其端，好善之士，集资刊送。"（游子安：《劝化金箴：清代善书研究》，天津：天津人民出版社 1999 年版，第 255 页）

② 清代道光年间，庐陵人刘杰、胡子席、胡芳秋等人辑，每句撰赋一篇，共 80 篇，集成 4 卷，名为"阴骘文赋"。因当时无资刊刻，直到民国时期黄鹏程等人才将其刊印于世。（游子安：《劝化金箴：清代善书研究》，天津：天津人民出版社 1999 年版，第 256 页）

③ 《藏外道书》第 12 册，第 656 页。

独心悦诚服于帝君(即文昌帝君)……戊申(雍正六年)征辟出山之后,儒书外兼读二氏,乃悔向者固执一家言之未尽也。比来汇辑《吕祖全书》,附之开雕,工既竣,因念仙教大宗,吕祖也;儒家正宗,文昌是也,其实二帝君皆贯通三教人也,今吕祖之全书幸告成矣,其能无意于文帝之全书乎?"①可见,其之所以先后汇辑两部全书,原因在于他认为文帝、吕祖的劝诫贯通三教,有助教化。贺箭村的《古今善书大辞典》记述此事称:"清乾隆癸亥(1743年),武陵刘樵,将所辑吕祖全书刊竣,又得金复阳、刘清虚所藏文昌帝君各种经文咒籍,乃辑为文帝全书三十二卷,并附桂宫群真之著述于后,更叙次帝君之事实,作为本传,冠于篇端,付梓印行。后金溪吴柳卿得是书读而悦之,即与唐鹤亭等捐赠重刻。并搜罗关帝各种事迹经文,又辑为武帝汇编四卷而副刊之。"②由此可知,刘樵辑录的《文帝全书》还被重新刊印,且再版之时,又辑录了部分关帝善书,成为一部文、武帝善书兼包的综合性善书。

3. 关帝信仰的盛行与关帝善书的流通。

三国时期的名将关羽以其忠肝义胆的形象受到历代民众的尊崇,关羽的事迹也被不断地演义和神化,逐渐形成了关帝的信仰。明代,万历十八年(1590年)关羽被晋封为"协天护国忠义大帝",后又被加封帝号,据《畿辅通志》记载:"万历四十二年(1614年)十月十一日,司礼监太监李恩齐捧九旒冠玉带龙袍金牌,牌书敕封三界伏魔大帝神威远震天尊关圣帝君,于正阳门祠建醮三日,颁知天下。"③清代,由于关圣帝君"忠、孝、节、义"的神格与朝廷教化的核心价值相契合,历代帝王对关帝的加封尤甚。顺治九年(1652年)加封关帝为"忠义神武关圣大帝",乾隆三十三年(1768年)又加封其为"忠义神武灵佑关圣大帝",嘉庆十九年(1814年)又以"神勇"二字加封,咸丰年间又再加"护国"、"保民"、"精诚"、"绥靖"等封号,至光绪五年(1879年),朝廷对关帝的封号已增加至"忠义神武灵佑神勇威显保民精

---

① 游子安:《劝化金箴:清代善书研究》,天津:天津人民出版社1999年版,第54—55页。

② 贺箭村辑:《古今善书大辞典》上册,载于游子安:《劝化金箴:清代善书研究》,天津:天津人民出版社1999年版,第258页。

③ 《古今图书集成·神异典》卷37,北京:中华书局、成都:巴蜀书社1985年版,第49册,第60219页。

诚绥靖翊赞宣德关圣大帝”。[①] 而朝廷对关帝的屡次加封号，对民间已十分盛行的关帝信仰无疑起到了推波助澜的作用。蒲松龄描述清代的关圣帝君信仰说：“佛道中惟观自在，仙道中惟纯阳子，神道中惟伏魔帝，此三圣愿力宏大，欲普渡三千世界，拔尽一切苦恼，以是故祥云宝马，常杂处人间，与人最近。而关帝者，为人捍患御灾，灵迹尤著，所以樵夫牧竖，婴儿妇女，无不知其名，颂其德奉其祠庙，福则祈之，患难则呼之。何以故？灵威之入于耳者久，功德之入于心者深也。”[②]可见，关圣帝君在清代社会中受到的崇奉之盛。

随着关圣帝君信仰的盛行，托名关帝降授的善书种类也日益繁多，其中既有简短性训诫，如《关圣帝君觉世宝训》、《关圣帝君显应戒士子文》、《关圣帝君训文》、《戒淫言行汇选》等，也有综合性的善书如《关圣帝君觉世真经》及其注本、《乾坤正气录》、《关圣帝君明圣真经》、《关帝明圣经全集》、《关圣帝君全书》、《关圣大帝返性图辑要宝录》等。下文将逐一对综合性的关帝善书进行介绍。

（1）《关圣帝君觉世真经》。这是题名关帝所降授的善书中流传最广的一部，又称《关圣帝君觉世篇》，一般认为成书于清初，“相传康熙七年（1668年）夏，降乩于沃乡之椿园，授之王贞吉等，帝亲制序”[③]。其内容主要是强调儒家的忠、孝、节、义思想，如“帝君曰：人生在世，贵尽忠孝节义等事，方于人道无愧，可立身于天地之间”[④]。同时，还强调“阴骘”的观念，云：“时行方便，广积阴功。救难济急，恤孤怜贫。创修庙宇，印造经文，舍药施茶，戒杀放生，造桥修路。矜寡拔困，重粟惜福，排难解纷，捐资成美，垂训教人，冤仇解释，斗称公平。亲近有德，远避凶人，隐恶扬善，利物济民，回心向

① 参见（清）刘锦藻：《清朝续文献通考》卷157，上海：商务印书馆1936年版，第1册，第9119—9120页。

② （清）蒲松龄著，路大荒整理：《蒲松龄集》卷2《关帝庙碑记》，上海：上海古籍出版社1986年版，第43页。

③ （清）周广业、崔应榴辑：《关帝事迹征信篇》卷30《书略》，乾隆癸巳年（1773年）刊本，第29页。

④ 《藏外道书》第4册，第267页。

道。”[①]涉及的劝诫范围相当广泛。18 至 20 世纪,《觉世经》的注释、图说不断涌现,主要有:雍正九年(1731 年)佚名氏的《关帝宝训像注》;乾隆十年(1745 年)夏纶的《觉世篇注证》;乾隆三十年(1765 年)沈维基所撰《觉世宝训图说》;道光五年(1825 年)徐谦纂辑的《觉世真经阐化编》;《觉世经注证》[姑苏彭氏原本,咸丰元年(1851 年)潘恩诰自序,光绪己亥年(1899)吴引孙的《有福读书堂丛刊》重刊];《觉世经图说》(又名《求福编》,姑苏彭氏原本,毘陵李淦写图,道光年间成书);咸丰年间黄启曙汇辑的《觉世真经注证》;光绪六年(1880 年)许维邦的《关圣帝君觉世真经俗解》(4 卷);光绪癸巳年(1893 年)频复斋的《觉世经浅说》;光绪三十年(1904 年)邓润川的《觉世经注证》;杨钟钰、章甫敬的《觉世宝经中西汇证》(1937 年刊)等版本。[②] 如《关圣帝君觉世真经俗解》一书,共 4 卷,光绪六年(1880 年)刊行,其创作的初衷是作为宣讲圣谕的辅助资料,由许维邦辑录,其采集《关圣帝君觉世真经》中“敬天地、礼神明、奉祖先、孝双亲、守王法、重师尊、爱兄弟、信朋友、睦宗族、和乡邻、别夫妇、教子孙、戒杀放生、回心向道、改过自新、改口过”[③]等十六句为题,为每一题作注,然后列阴骘果报事例加以佐证,其文浅显易懂,“饱学者读之足以范心性,无知者读之则以解经文”[④]。

(2)《乾坤正气录》。这是一部以讲述关圣帝君生平及灵验事迹为主要内容的劝善书。原书成书时间不详,据嘉庆丁卯年(1807)海南周鹏翀和郑以庄重刻《乾坤正气录》一书时所作的序言中说,此书最初由周懋勷所辑,原本共 3 卷,“有记、有序、有纪念诗歌,原版不知藏何处,书亦不恒经见”[⑤]。后来监利周炳莽根据生平所收集的关圣帝君生平事迹重新整理并刊刻,在蜀中流传甚广。嘉庆丙寅年(1806 年)周鹏翀于成都获得此书,甚为欣喜,于是与友人商议将其刊印,今《三洞拾遗》所收录的即为光绪六年(1880

① 《藏外道书》第 4 册,第 120 页。

② 游子安:《善与人同——明清以来的慈善与教化》,北京:中华书局 2005 年版,第 31 页。

③ (清)许维邦:《关圣帝君觉世真经俗解》,清光绪六年(1880 年)刻本。

④ (清)许维邦:《关圣帝君觉世真经俗解》,清光绪六年(1880 年)刻本。

⑤ 《三洞拾遗》,合肥:黄山书社 2005 年版,第 4 册,第 583 页。

年）南恩冯秀钟等人重刊的版本。据《乾坤正气录原序》所述，“乾坤正气”之名乃取自“天地有正气杂然赋流行，盖人莫不禀天地之正气以生，而其发见昭著，则忠孝节义其大端也……此气人人有之，而往往自为汩汲”①。也就是说，此书认为人人皆秉天地之间的正气而生，而此正气便是人们后天可以行忠孝节义之行的根本依据，行忠孝节义之事则是发扬人先天秉性中的正气。《乾坤正气录原序》的作者认为，让人们知晓关圣帝君忠孝节义的生平事迹，能激发起人们的乾坤正气，与其他劝善书相比更能恻动人心，因此将此书命名为《乾坤正气录》。该书共8卷，收入关圣帝君圣像、世系、墓碑记、年谱，文翰、封爵、遗迹、故事，历代修建关圣帝君祠庙的颂述（上、中、下），帝君灵验事迹、纪验以及灵验经和宝诰，并附录灵签等，可谓是一部讲述关帝事迹甚详的善书。

（3）《关圣帝君桃园明圣真经》。又称《关圣帝君明圣经》，该书提倡孝悌、忠良护国、救济人急、忠孝廉洁等德目，并倡导“孝、悌、忠、孝、礼、义、廉、耻”等“八德”，尤其受到清代商人的推崇，是清末流传较广的关帝善书之一。一直到民国时期，四川射洪、三台一带的百姓对此经耳熟能详，并且作为童蒙教育的读物。从《明圣经》经文和后附《灵验记》可知，咸丰、同治年间重刻此经者众多。经文宣扬“焚香高朗诵，其福即来临；人能抄印送，诸疾不相侵；家宅供此经，妖魅化为尘；舟船奉此经，风波即刻平；行人佩此经，途路保安宁；书生看此经，不久步青云；妇人看此经，二女五男成；若为亡化念，亡化早超生；若为父母念，父母享遐龄”②，从中可以看出，此经对关帝神力的描述，堪比《妙法莲华经》中“观世音普门品”对观音菩萨救苦救难、度一切厄形象的描述，而关帝灵验事迹频频出现，更加促使人们不断捐资重印此经。此经后被整理为《关帝明圣经全集》，分为上、下两卷，1930年由宏大善书局重印。

（4）《关帝明圣经全集》和《关圣帝君全书》。这两部善书是清代以总集形式刊印的关帝善书中的代表作。《关帝明圣经全集》的《上集》卷首收

① 《三洞拾遗》，合肥：黄山书社2005年版，第4册，第584页。
② 《三洞拾遗》，合肥：黄山书社2005年版，第4册，第364—365页。

录了宋宣和本《历代名臣册》中的关圣帝君像、明代天启年间所刻的“汉寿亭侯之印”、易绍章所撰《志》、马寿乔所撰《关帝桃园明圣经旧序》、佘鲁贤所撰《序》，以及《诵经款式》、《凡例五条》等；正文依次辑录关圣帝君世系图、供神衔式、祝香咒、告文式、诸仙真宝诰、关圣帝君降笔真经、古佛应验明圣经凡例、古佛应验明圣经注解（上、中、下）3 卷、圣函、关帝补训等。《下集》依次为关帝灵签、灵验记、戒淫言行汇选、仙佛神咒、三官大帝真经，以及捐款录等内容。根据《凡例》所述，此书所选择的《明圣真经》版本原收录于《乾坤正气录》和《小敬信录》，原本为周鸣霞所辑，经文降笔于玉泉寺，成书的具体时间不详，其主旨在于“以心为主，以仁义为纲，以忠孝节义、爱人、爱物为目，教人以持诵为始基，以知行并进为功夫，以天人同归为究竟”①。又有《明圣真经注释》，其成书时间，据《附刻明圣经注释显应记》②所述，在道光二十年（1840 年），关圣帝君在西蜀龙女寺“开坛阐教”之时。“庚子阐教”是善书发展过程中的一个重要事件，在此之后兴起了一场全国范围的关帝扶鸾热潮，涌现出一批关帝鸾坛。这种鸾坛在西南地区尤为盛行，制作了大量关帝善书。同治年间关圣帝君在云南赞运宫降笔的《了然集》“关圣帝君降序”中说：“某自庚子以来，迄今廿余，飞鸾降象，附笔传言，著书已过百部”③，足见关圣帝君善书的盛行。而随着清末社会环境的变迁，救劫、免灾救难、劝戒鸦片等内容也大量出现在关帝善书中。另外一部关帝善书的总集是《关圣帝君全书》，光绪三十四年（1908 年）由霞谷道人刊印，共 10 卷，收录关圣帝君生平事迹、诸仙真宝诰，《明圣经》、《觉世经》、《四言经》及其注释，《瓣香集》、灵验记、灵签以及其他关圣帝君训世格言等，基本上汇集了清代以来出现的主要关帝善书。

（5）《关圣大帝返性图辑要宝录》。共 2 卷，原名《关圣大帝返性图》，是咸丰五年（1855 年）云南迤西④公善堂扶乩写出的一部关帝善书。贺箭村

① 《三洞拾遗》，合肥：黄山书社 2005 年版，第 4 册，第 357 页。

② 参见《三洞拾遗》，合肥：黄山书社 2005 年版，第 4 册，第 393 页。

③ 转引自游子安：《劝化金箴：清代善书研究》，天津：天津人民出版社 1999 年版，第 129 页。

④ “迤西”是清代对云南西部地区的称呼。

辑录的《古今善书大辞典》述:“咸丰五年己卯,诸圣真仙佛,降鸾于滇中之公善堂,时经数月,成书十卷。关帝谓书之传世,务在返其天良,复其人性,故名之曰返性图。”①可见,关圣帝君传授此书的目的是希望世人通过实践此书中的劝诫,返回“先天之性”,因此名为“返性图”。而所谓人的先天之性,即孝、悌、忠、信、礼、义、廉、耻等德性,此书认为这些德性是纯善无恶的,但往往被追求世俗的功名利禄之欲所遮蔽,致使天性尽失,纲纪败坏。因此,《返性图》的中心思想就是以关圣帝君及三教圣贤、仙佛的口吻,向世人宣讲返回先天之性的道理。此书最初的主要用途是作为宣讲“圣谕”的辅助读物,共 10 卷,后来在广东、山西、北京等地不断重印。因其卷帙繁多,清代同治十二年(1873 年)洗心觉民奏请关帝,在 10 卷本《返性图》的基础上重新删定,将其中乩语、乩诗去繁就简,保留劝善箴言、诫谕,分为“乾”、“坤”2 卷,名为《关圣大帝返性图辑要宝录》。洗心觉民在此书的“缘起”中说:“关圣一片苦心,救世超凡,会请天地人三界神圣,以及儒道释三教,均有降谕。当以颜子序居先,次释迦佛序,其余仍照原图先后编次。而圣像以关圣居篇之首,其余亦当以原书编次。此书辑为二卷,上卷一‘乾’字弁之,下卷以‘坤’字名之。此书题签即以‘返性图辑要宝录’名之。”②从此版本《返性图》收录的仙真圣贤劝善教谕内容来看,除了劝人们行孝悌忠信礼义廉耻之事,又增加了一些具有时代特色的劝诫内容,如“官粮宜早上文”、“戒鸦片文”、“重利盘佃文”、“邪教惑世恶报文”、“打胎溺女恶报文”等,反映出此书对当时社会上存在的一些不良风气的关注。

4. 吕祖信仰的流行与《吕祖全书》的刊印。

吕洞宾,号纯阳子,唐末五代人,两宋以来其显化度人的灵验故事在民间一直家喻户晓。到了金元时期,全真道将其奉为本宗派的“北五祖”之一,随后由于全真道的盛行吕祖信仰也逐渐传播开来。元朝时期,吕祖被朝廷加封为“纯阳演正警化真君”、“纯阳演正警化孚佑帝君”等,各地兴建了许多专门奉祀吕洞宾的宫观,其传记和著作也相继被刊行,同时吕祖也成为

① 游子安:《劝化金箴:清代善书研究》,天津:天津人民出版社 1999 年版,第 278 页。

② 《三洞拾遗》,合肥:黄山书社 2005 年版,第 4 册,第 467 页。

元代文学作品中的主要人物，民间的吕洞宾信仰可谓盛极一时。15 世纪以后，虽然全真道在朝廷政治中的势力衰颓，但民间扶乩降神之风盛行，吕洞宾频繁降临乩坛，逐渐成为乩坛供奉的主要神灵之一，通过扶鸾降笔写出的吕祖善书种类也日益增多。清代的吕祖善书，承明末吕祖经典的余绪，在明代《纯阳吕祖接命镇尘宝经》、《前八品仙经》、《雪过修真忏》、《九品仙经》等问世之后，清代吕祖善书不断涌现。

据传，康熙三十二年（1693 年）吕祖游回雁峰，过花石城时在云端见到善士周永祐、秦文超等人诚心祈请，于是为他们传授了《忠诰》、《孝诰》等经书，后来姚方升、蒋正校等人对此书进行重新刊行。康熙四十三年（1694 年），吕祖又降笔于太仓顾周庚家中，传授其《醒心经》，两书后来便以《吕祖忠孝诰醒心经》为题合刊流通。[①] 咸丰八年（1858 年）起，吕祖连续三年降笔于金州曹中时家的吕祖乩台，并命曹中时之侄曹鹏龄、曹岱龄记录，先后写下“大化歌”、“训内文”、“戒淫文”、“孝经”、“忠经”、“士子经”、“口孽箴言”、“家箴十则”、“胥吏八则”，以及其他劝诫诗词数篇。传说后来在众仙云集的文昌会上，诸仙启示将上述经书汇总，并命名为“觉世正宗”，也就是《觉世正宗省心经》。在此书的“后跋”中，记录者曹岱龄明确指出，此善书的最大特点在于其“独宗儒”，也就是以仙佛口吻言说儒家的思想主张，从而是其区别于其他倡导三教合一的吕祖善书的独特之处。[②]

随着吕祖降笔次数的增多，全国范围内逐渐形成了众多以吕祖乩坛为中心的善书传播中心。其中江夏（武昌）“涵三宫”便是清代吕祖信仰的中心之一，始建于 18 世纪初，创始人宋时南。据《吕祖全书涵三杂咏小序》言：“涵三宫在鄂城东隅，吕祖飞鸾开演处也。自康熙壬午年（1702 年）演《三品经》，乾隆己未（1739 年）演《参同经》，前后四十余年。”[③]实际上，涵三宫在建成之前就已有吕祖降授经书，如序言所说的《三品经》，最初是康

① 参见《吕祖忠孝诰醒心经》，《三洞拾遗》，合肥：黄山书社 2005 年版，第 3 册，第 1—38 页。

② 参见《觉世正宗省心经》，《三洞拾遗》，合肥：黄山书社 2005 年版，第 3 册，第 39—305 页。

③ 《藏外道书》第 7 册，第 421 页。

熙四十一年(1702 年)由江夏诸生请乩而写成,随着信徒的增加才逐渐形成了涵三宫。① 乾隆五年(1740 年),刘樵在湖北与黄诚恕会晤,相约汇集《吕祖全书》,于是邀集同志,博采遗文,广搜圣训,汇为全书 32 卷。《吕祖全书》的汇刊初刻就是在涵三宫,在明末《道书全集》所收的《纯阳吕真人文集》基础上,刘樵等人进行了增补,汇辑涵三宫乩坛所出的经卷。编集的《吕祖全书》内容包括:吕祖本传、灵应事迹、文集(上、中、下)、指玄篇、忠诰、孝诰、前八品仙经(上、下)、后八品经、五品仙经、清微三品经(上、中、下)、参同经(上、中、下)、圣德诸品经、金丹直指诸品经、醒心经、度厄救劫救苦涤氛四神咒、雪过修真忏、玉枢经赞、葫头集、涵三杂咏、涵三语录、修真传道集、敲爻歌沁园春注解、吕祖诰等共 32 卷,另附禅宗正指 1 篇。② 乾隆三十九年(1774 年)至四十年(1775 年),邵志琳在杭州全真道士蔡来鹤等人的支持下,又将 32 卷本《吕祖全书》增补为 64 卷,但该版本的流传和影响均不及 32 卷本。③

《吕祖全书》还有另一个版本,现收录于萧天石所辑的《道藏精华》,这一版本的《吕祖全书》为成都青城山空青洞天藏本,初编为明代嘉靖时期内丹东派祖师陆潜虚(西星)所作,清代咸丰年间四川乐山道士李涵虚(西月)对其进行了重新编修、刊印。此书包括上、下两册,上册为《吕祖年谱》,又名《海山奇遇》,共 7 卷。李西月极为尊崇陆西星,《海山奇遇》即整理陆氏之《宾翁自记》、《道缘汇录》而成,李西月在序言中说:"谱成,有一老人长须乌绺,号吾山先生,携一扬州俊士,同称南中人,声欬落如洪钟,见年谱而悦之,云得吕祖实际,并为旁披数十行,飘然而去……南中吕必系吕先生也,扬州俊士其即陆仙乎?"④即暗示其所编年谱得到吕祖和陆西星的肯定和校正。下册为道光丙午年(1846 年)所镌刻的《纯阳先生诗集》,多来源于扶乩降神。主要讲述了吕洞宾济世度人、演道传法的事迹,在流通过程中逐渐

---

① 参见(清)黄诚恕:《清微三品经序》,《藏外道书》第 7 册,第 257 页。

② (清)黄诚恕:《吕祖全书序》、(清)刘樵:《吕祖全书跋》,《藏外道书》第 7 册,第 52、56、530 页。

③ 参见尹志华:《〈吕祖全书〉的编纂和增辑》,《宗教学研究》2012 年第 1 期。

④ 萧天石编:《道藏精华》,台北:自由出版社 1956 年版,第 41 册,第 4 页。

成为教化大众积功累德的善书。此版本的《吕祖先生诗集》最初名为《吕祖文集》，初刻是在宋孝宗乾道二年（1166 年），到了明代善本已经不传于世。广阳子张子素搜罗宋代善本重新刊刻，与葆和堂袁熙真、太岳太和山玄虚宫提点任自垣等人一起付梓，成书于永乐二十年孟夏，并邀请四十四代天师张宇清为之作序①。后来此文集又在嘉靖戊午年（1558 年）由邯郸杨尹曾重刊②。据史料记载，吕祖文集翻印的过程中衍生出很多错漏，顺序混杂的现象也十分普遍，陆西星深感世面上流通的《吕祖全书》鱼目混珠的乱象，对文集进行了重新编修。经过吕祖降授，陆氏整理了唐太宗十年至南唐中兴时期的 18 首诗、宋太平兴国到南宋祥兴时期的诗歌 50 余首，按照时间先后顺序编纂，名为“终南山人集”2 卷，并托言为吕祖亲手编订。但依陆氏所述，他得到吕祖降笔后遵循了吕祖的告诫，未将此文集立即付梓以纠正市面上流通版本中的错误，而是暂时存于山中二百年，待到“星月交辉”之时方能出世。嘉靖戊午年（1558 年），陆西星作“初集序”，但未将其编集的《终南山人集》流通。后来，李涵虚获得此书，并将其付梓。在《吕祖全书》卷 6“示冷生”一节中，李涵虚隐晦地暗示自己即为陆西星后身，遂改名“西月”以应“星月交辉”的谶语，表明他之所以重刊陆氏《吕祖诗文》的原因。最终，李涵虚旁搜博采，将陆氏的《终南山人集》、《宾翁草堂自记》、《潜虚道缘汇录》，以及吕祖显化的其他事迹合录，编成《年谱仙迹》，又附之以宋以后的吕祖诗词，按照编年体的形式集结，名为《吕祖编年诗集》刊印流通，也就是今天所见《吕祖全书》的版本之一。

（二）《除欲究本》等善书的流传

《除欲究本》是清代道士董清奇根据自己多年遍历四方的所见所闻，编成的一部俚俗性劝善书。董清奇，生卒年不详，全真龙门派第十代弟子，别号“赤脚真人”，嘉庆丙寅年（1806 年）曾担任西安八仙宫住持。嘉庆十八年（1813 年），著《除欲究本》（6 卷）和《指淫断色篇》。他在《除欲究本 · 自

① 参见《重刊文集序》，萧天石编：《道藏精华》，台北：自由出版社 1956 年版，第 41 册，第 357—358 页。

② 参见《龙舟居士序》，萧天石编：《道藏精华》，台北：自由出版社 1956 年版，第 41 册，第 358—359 页。

序》中说:“赤脚道人终日托钵十方,功德无可酬答,编一部《除欲究本》的俚言,奉劝世人。”①所谓“除欲究本”之意思,据《除欲究本序》说:“除欲者,除其旧染之污;究本者,究其本然之性……是书言虽简而路捷,词虽浅而易醒,览之者勿谓荒诞之论,而嚼之自有旨味也。慎修好道之士遍览经书,亦唯以是言为训诫。庶乎邪者可以归正,恶者可以向善。”②也就是说,作者认为人的本性原本是清静本善的,而后天的欲望如同污垢一样,往往遮蔽了清静之性,此书的劝诫则是帮助人们返回先天善性。因此,其劝诫的内容实际上是全真道一直以来倡导的断除酒色财气、攀缘爱念、忧愁思虑等习气,而实践慈悲忍辱、苦行济世的善举。此书认为不论是修真好道之士,还是庶民百姓,都能通过践行此书的内容而获益。不同程度的修行能获得相应的福报:修行较浅者可以消灾致祥,不遭横祸;修行深者则能以此修身养德,令神人钦敬;修行至善者,甚至能成仙证祖。而且此书倡导入世修仙理论,董清奇认为:“修行混俗且和光,圆即圆兮方即方。”③奉劝世人“修行何必讽经咒,也不住山当比丘。宇宙广大无两样,何处不通修真路。公门与人行方便,为善最乐自无忧。不必求神有感应,自然加官来进禄”④。通过修善积德就能得到神灵的佑护,不必出家修道,并以切身经验说:“当初出家去求神,求神保佑出苦门。后遇高人亲说破,神佑无非是好人。好人不求神自佑,多福少祸超出尘。”⑤可见,董清奇主张的入世修仙理想其实是成为道德完善的人,可谓是道教伦理世俗化的一种表现。

《指淫断色篇》主要是针对道教内部人士写的一部戒淫文,书中列举了13个断除淫欲、潜心修道的故事,来说明淫欲害人不浅,告诫人们要在心性上下功夫,才能彻底断除淫欲。此书表现出浓厚的禁欲基调,究其原因一方面是由于全真道历来有浓厚的禁欲色彩,禁断酒色财气是入道修行的基本戒律;另一方面则是针对明清时江南地区尚奢淫的社会风气,以及色情文化

① 《除欲究本》,《藏外道书》第28册,第100页。
② 《除欲究本》,《藏外道书》第28册,第102页。
③ 《除欲究本》,《藏外道书》第28册,第292页。
④ 《除欲究本》,《藏外道书》第28册,第289页。
⑤ 《除欲究本》,《藏外道书》第28册,第132页。

在市井泛滥的社会状况。这类以戒淫为主题的善书自明代以来就层出不穷，诸如《断色篇》这样的戒淫文在社会上广为传播，如《戒淫篇》（曹鼐）、《文昌帝君戒淫文》、《戒淫录》（姚廷杰）、《戒演淫剧论》（刘宗周）、《戒淫书淫画说》、《劝毁淫书说》等，反映出善书对这类社会问题的关注。

《玉历至宝钞》又名《玉历钞传》。此书的成书年代争论颇多，清代钱塘人李宗敏在《玉历流传之考证》中说，他于乾隆辛卯（1771 年）客居江西时，就曾见到宋版旧本的《玉历钞传》。其本卷首有"庚午秋九月重阳戊辰日，淡痴登高独步游神于渺茫之中"①字样，卷末则有"贫道于戊申夏六月云游四川，路遇吾师淡痴，并有大宋绍圣五年勿迷钞录劝世"②字样，从而认为其成书于北宋。现代学者中，也有人认为此书成于北宋，还有人主张产生于南宋或明末，甚至是清代，如其中一种说法认为"《玉历钞传警世》的成书年代并非宋代，亦非天启二年，极有可能是有人或李宗敏综合明中叶以来民间流行的地狱信仰，于雍正乾隆年间写成的"③。虽然众说纷纭，但学术界较为认同的说法是此书直至清代才广为人知。"玉历"，即道教的青箓长生之簿，传说名列玉历者都将获得长生，如《上清黄书过度仪》云："撤除死籍，著名长生玉历，过度九厄得为后世种民。"④目前收录于道教丛书中的《玉历宝钞》主要有两种版本，即《藏外道书》本和《三洞拾遗》本，二者在编排目录上略有不同，但内容差别不大。前者于光绪十六年（1890 年）在合肥刊印，篇首收录有《太上感应篇》、《阴骘文》、《觉世真经》以及诸仙佛序言。后者是民国九年上海宏大书局的版本，全书分为 8 章，依次为："玉历之序论"、"玉历之图像"、"玉历之缘起"、"玉历之流传"、"玉历之印证"、"奉行玉历之善报"、"不信玉历之恶报"、"欲除玉历上所载苦厄之一切善法"。内容方面，《玉历宝钞》主要讲述了辽国道士淡痴亲身入冥的经历，描绘了地狱十殿的种种冥律、刑罚，地狱十殿及判官、小鬼的图像，以及信奉、传播该书的灵验

① 《藏外道书》第 12 册，第 803 页。
② 《藏外道书》第 12 册，第 803 页。
③ 王见川、林万传：《明清民间宗教经卷文献导言》，《明清民间宗教文献》，台北：新文丰出版公司 1999 年版，第 12 页。
④ 《道藏》第 32 册，第 737 页。

故事等。书中说:“淡痴尊者,宋时真宗朝人。心存普救、志切痌瘝,铁杖芒鞋,云游天下。偶以肉身入地府,《玉历》一书,实其亲受于冥王,传之人间,劝化世俗。后白日乘云上升,封洪济真人,常骑驴行江浙村市,闲人多见之。其弟子勿迷,亦复得悟真诠,能摄元神,不食人间烟火者十年,无疾坐化。”①由于书中对地狱的形象描述甚多,而较为详尽的“地狱”观念主要源于佛教,因此后世对这部书究竟为佛教善书,抑或是道教善书争论不休。但据“玉历”的道教意涵以及勿迷道人自称“贫道”②等语,可以认为《玉历钞传》应该归为道教善书,只不过它借助佛道交融的地狱观在民间广泛宣传劝善去恶的思想。陈霞将《玉历》归为“惩恶性道书”,认为此类善书与劝善性善书的不同之处在于:“惩恶性道教善书把这些早期道书中描述的地狱之说具体化、详细化,把地狱的种种刑罚描绘得让人触目惊心、毛骨悚然,以便让人们更清楚地知道神是如何惩罚恶人的,从而达到劝善止恶的目的。”③

《普天用字思源》是一部以歌颂仓颉观察自然、创造文字、为华夏文明的传承作出伟大贡献为内容的善书,其宗旨是劝诫人们爱惜字纸、敬重知识。清代,以敬惜字纸为中心而形成的“惜字会”在社会上十分普遍,清人潘荣陛在《帝京岁时纪胜》二月“惜字会”条记载其盛况说:“香会,春秋仲月极胜,惟惜字文昌会为最。俱于文昌祠、精忠庙、金陵庄、梨园馆及各省乡祠,献供演戏,动聚千人。”④据文献记载,惜字会多供奉文昌帝君,并宣扬文昌善书,大致源于《文昌帝君阴骘文》倡导“勿弃字纸”的主张。而《普天用字思源》则认为,仓颉大帝创造文字彻底使人脱离蒙昧,其对于中华文明的贡献远比文昌帝君大,因此提出惜字会还应该祭祀仓颉大帝,并流通歌颂仓颉大帝善行的宝诰。目前存世的《普天用字思源》版本是清代著名的惜字社——如心堂在光绪年间刊印的,作者“一了山人”。书中收录了光绪二十二年“江右后学饶化普”所撰写的《序》,详细说明了刊刻这部善书的缘由,

① 《藏外道书》第12册,第799页。
② 《藏外道书》第12册,第803页。
③ 陈霞:《道教劝善书研究》,成都:巴蜀书社1999年版,第47页。
④ (清)潘荣陛、富察敦崇等:《帝京岁时纪胜·燕京岁时记》,北京:北京古籍出版社2000年版,第14页。

云:“京都首善之地,善举最多,且捐资设立敬惜字纸局亦复不少,惟敬文昌帝君尊像,殊不知字由仓颉圣君为始,会机造象于字母字意之中,心力费尽,功德流于后世为先。”①文昌帝君虽然劝诫士人要勤勉读书、广行阴骘,但其历史远不及仓颉大帝久远,因此人们既然要倡导敬惜字纸,那么理应设立祠庙祭祀创造文字的仓颉大帝,并推广仓颉敬惜字纸的善书。于是他与仁人志士仿照“闵浙直隶大明府”的仓帝古墓,在京师修建了仓帝祠,并捐资刻印了仓颉帝君的图像和善书。这部善书的创作是在光绪二十一年(1895年),主要依据是书中收录的“一了山人”撰《劝建仓帝祠立惜字社小启》,及其弟子青阳山人冠五氏所撰“记”。此书由一了山人传授给冠五氏,后来不断被重刊,它的主要内容包括《仓帝宝诰》和《文昌帝君惜字功罪律》等,在刊印过程中此书还曾专门被用于劝诫妇女敬信字纸。

除了上述几种善书之外,清代出现的以扶鸾方式写成的善书可谓层出不穷,它们往往托名道教神灵吕祖、关帝、文帝等神灵降笔,并以善坛、鸾坛等组织形式开展宗教活动。如青云法化坛、南劝善坛等鸾坛都曾扶乩、刊印善书。

(1)青云法化坛。全名青云法化仙坛,位于京师右安门内,光绪二十五年(1899年)开坛,以施药济世利人为设坛宗旨,创建者毛国鉴,坛号“诚灵”。《卫济真诠》(4卷)即是青云法化坛写出的一部善书,此书为清光绪辛亥年五月或己卯年“玉光子敦灵”的乩笔,主要讲述了疾病治疗和卫生之法,认为疾病的成因除了外部邪气所致,更重要的原因是由人自身心念或行为的“恶”造成的,因此治愈疾病的方法应身、心同时治疗。书中还附录了多种药方,促进了卫生之法在民众中的宣传。另一部较为有名的青云法化坛扶乩善书《起生丹》,是光绪丙戌年(1886年)应忠亲王之命扶乩,由“玉光子”乩笔而成,共4卷,其托名历代仙、真人讲述道德修身之说。卷首刊印“圣谕十六条”,可谓与国家神道设教相得益彰。所谓“起生丹”,即以善行作为修炼金丹的初阶之意,其将善行比喻为“见人之得,如己之得;见人之失,如己之失。此皆由一片天然血心所发。以此由浅及深,便能将千般利

① 《三洞拾遗》,合肥:黄山书社2005年版,第6册,第110页。

欲化成一种仁慈。久而久之,何患道不得、仙不成,金丹妙诀无人指引也。但能体会其言,尊信奉行,待到功满缘成,自有金仙渡脱尘嚣”①,可谓是对道教积善成仙思想的诠释。《照心宝鉴》也是青云法化坛由“玉光子敦灵”扶乩写出的善书,成书于宣统己酉年(1909年),共2卷,卷首收录有孚佑帝君、武帝和文帝垂训的“序”,正文多为诗词文论,旨在以仙佛之口代天宣化,宣讲道德修养。由于其内容主要摘录于《起生丹》,但又出现诸多错漏,因而曾遭到后来刊印者的诟病。

(2)南劝善坛。始建于光绪初年,位于榆垡古镇(今北京大兴区),创建者为真实子张宗贵、真明子游观宪、海阳子任懋林等人。其坛规,据《南劝善坛序》所述,每逢坛期,信士都要赴坛斋戒沐浴,“先讲《圣谕》与《关圣帝君觉世真经》、《文昌帝君阴骘文》”②,以及诵读诸仙佛垂训的宝训、格言,旨在规正人心。光绪丙戌年(1866年),该坛乩笔写成《劝世归真》4卷,主要内容为八仙垂训的诗文,宣讲道德修养、治家格言等。而其名为“劝世归真”,乃标榜吕祖孚佑帝君“因世人浮夸相尚,虚伪成风,巧言令色,沽名要誉,舍本务末,久失真诠,故赐以‘劝世归真’之名”③。与其大约同时期,还有一个名为“北劝善坛”的善坛组织,曾与南劝善坛合作刊印善书,总计四十余篇。

(三)三教融合背景下的道教新功过格

经明末袁黄等人的改造,功过格在社会上十分盛行,到了清代已经成为民众普遍信奉的一种功德积累方式,更多种类的功过格被制作出来。就道教方面来说,涌现出了《文昌帝君功过格》、《石音夫功过格》、《十戒功过格》和《警世功过格》、《天律纲纪》、《八字功过格》④等新功过格,下文将一一进行介绍。

---

① 《藏外道书》第28册,第588页。

② 《藏外道书》第28册,第2页。

③ 《藏外道书》第28册,第1页。

④ 此功过格发现于成都地区,其内容依次题为:孝字功过格、弟字功过格、忠字功过格、信字功过格、礼字功过格、义字功过格、廉字功过格、耻字功过格,“八字功过格”之名为丁培仁先生所加,具体内容可参考丁培仁:《近代成都道教活动管窥——从〈八字功过格〉说起》,《四川大学学报》2001年第6期。

《文昌帝君功过格》为雍正二年(1724年)的扶乩之作[①],详细列举了笃信众善、戒除诸恶的"功格"与"过格",使用之前须在神前举行通报仪式。此功过格包括八方面内容:伦常(父母、兄弟、妻妾、子侄)、敬慎(存心、言行、事神)、节忍(气性、衣食、货财、美色)、仁爱(人类、物类)、劝化(善类、恶类)、文学(著述、为师、技术、惜字)、居官(内辅、外宪、将帅、牧令水利)、闺门(孝经、敦睦、性行、职业、教育、御下、安贫、守节、惜福),劝诫的内容包含了个人修身、家庭伦理、职业伦理等多个方面,十分丰富。其操作之法则按照"投黄黑豆"的方法记录,简便易行,并在功过格后附有一个月历,使用者须按月向文昌帝君汇报自己行善去恶的记录。

《石音夫功过格》又称《石音夫醒迷功过格》,曾于乾隆二十三年(1758年)刊印,嘉庆年间在云南、广东等地流传甚广。与其他功过格不同,它没有具体规定各种善恶行为相应的分值,而是以具体讲述使用功过格修道成仙的灵验故事来表述功过格的思想,讲述了石音夫依照功过格的方法修仙度人的故事。传说,石音夫是宋代人,幼年父母双亡,流落为乞丐,路遇道人点悟,并授黑豆、黄豆之法积累功德,并赐其名为"石音夫"。后来,石音夫奉行此法甚笃,且将此功德积累之法传授给其岳父,并帮助众友人明善证道。《石音夫功过格》所宣扬的功德积累成仙方法,实际上是对道教传统积善成仙思想的继承和发展,其宣称:"不论儒释道三教,俱要从孝悌忠信、礼义廉耻做起。言天宫岂有不孝悌之真宰,洞府无不忠义之神仙。"[②]也就是说,"道家修行,要以五伦为主。伦常不亏,方终成得正果"[③]。而且认为,"修行何必在出家,行止动静戒无差。但求时刻心无愧,九州大地尽开花"[④],方法更加简单易行。

随着吕祖信仰的流行,托名孚佑帝君降授的功过格也开始盛行,如《十戒功过格》、《警世功过格》(皆题"孚佑上帝纯阳吕祖天师示定")及《太微仙君纯阳吕祖师功过格》等,都是以吕祖名义写成的功过格的代表。嘉庆

① 《暗室灯》收录有雍正二年(1724年)二月初三乩示的《文昌帝君功过格序》。
② 《石音夫功过格》,《藏外道书》第12册,第92页。
③ 《石音夫功过格》,《藏外道书》第12册,第93页。
④ 《石音夫功过格》,《藏外道书》第12册,第93页。

年间，蒋予蒲在彭定求所编《道藏辑要》的基础上，增加明本《道藏》失收道经及新出道书，将《十戒功过格》与《警世功过格》收入《道藏辑要》的“张集”。下面做具体介绍。

（1）《十戒功过格》，是一部托名孚佑帝君纯阳吕祖示定的功过格。其强调“阴律”对人们行为的监督，认为“一切人鬼仙凡之行，皆可于兹考核也”①，尤其是主张治心念之恶，其《序》中说：“阳律多论迹，所以甚疏，阴律惟论心，所以甚密。但知治身口之恶而不知治意念之恶，逐末忘本。”②所以提出“求福报者必修实行，欲修实行者，必起实心，欲起实心者，必祛妄念。而欲起实心祛妄念，必考核于阴律。知阴律轻重，然后知立心之诚伪。知立心之诚伪，然后知功行之虚实，知功行之虚实，然后知福报之有凭无凭”③。柳守元在《功过格题词》中说：“学者日置一册于座右而实心综核之，则已不啻十目之视、十手之指矣。其有裨于身心性命者，岂浅鲜哉！”④可见，此书不仅是劝诫大众修善积福的民众劝善功过格，也是道门修真证玄的指导书籍。《十戒功过格》初为黄畅膴、吴海若所辑录，“分三等九则，列有九十三门，条开千有余”⑤。所谓的“十戒”，即戒杀、戒盗、戒淫、戒恶口、戒两舌、戒绮语、戒妄语、戒贪、戒嗔、戒痴等，每一条戒律都有相应的“功例”和“过例”。

（2）《警世功过格》，也是一部托名孚佑帝君纯阳吕祖示定的功过格。其书共1卷，主要强调心念纯洁的重要，篇首有《求心篇》，说：“心者，万善之源而百行之所由出也。”⑥其文按照意、语、行分为三类，每类各分为善恶两栏，其中功格包括：“意善”56则，“语善”39则，“行善”72则；过格包括：“意恶”59则，“语恶”57则，“行恶”121则。蒋予蒲在《警世功过格》附《功过格后跋》中，引“孚佑帝君修真七戒”重申以戒为心法的重要性，认为修心的方法主要是：一戒机；二戒浊；三戒燥；四戒辨分别一切种；五戒昏；六戒神

① 《十戒功过格》，《藏外道书》第12册，第41页。
② 《十戒功过格》，《藏外道书》第12册，第41页。
③ 《十戒功过格》，《藏外道书》第12册，第41页。
④ 《藏外道书》第12册，第42页。
⑤ 《藏外道书》第12册，第41页。
⑥ 《警世功过格》，《藏外道书》第12册，第71页。

役形、行役神；七戒锐始殆终。所谓“戒机”，即人的善恶行为都起于心灵一窍之发动，一旦心念产生，则容易执着于善、恶，而无论是善念或恶念，都是执着心，所以心念的发起其枢机在于不产生执念；所谓“浊”，即“七浊之障”，是遮蔽本然清净之心的七种烦恼；所谓“躁”，即原本虚明清逸的心，由于遇事而急躁所以遮蔽了平等心和人的太和之气；所谓“辨分别一切种”，即戒生分辨心；所谓“昏”，即原本清觉灵明的心被出生之时的气禀和后天接触外物而产生的欲望所遮蔽，变得昏暗；所谓“神役形、行役神”，即以变化不测的精神主导形体的活动，或者以好逸恶劳、贪恋物欲的形体主宰精神，二者都将导致形、神俱损，而只有遵循忘形养神、忘形合虚的原则才能涵养人的心念；所谓“锐始殆终”，即对于修道根基一般的人来说容易开始的时候勤勉，时间久了就慢慢产生倦怠之心。这七种状态是修真过程中最应当戒除的心念，即使修炼、服食丹药的人也应该以心为戒，这也是作为吕祖善坛信士的蒋予蒲自述在《道藏辑要》中将《十戒功过格》和《警世功过格》合刊的原因。

（3）《太微仙君纯阳吕祖师功过格》，又名《御虚阶》或《御虚阶功过格》，成书于雍正十二年（1734年），由黄正元参照云谷禅师所传授的功过格重加校订而成①，道教丛书中未收录此功过格。这部吕祖功过格在清代广为流传，由伦常（父母、兄弟、妻妾……师友、婢仆）、仁爱（人类、物类）、劝化（善类、恶类）、敬慎（存心、应事、口言、事神）、即忍（气节、衣食、财货、女色）及“居官功过格”等六部分组成。此书在云南、贵州、四川等地曾多次重印，据《资州直隶州志》记载，资州耆民黄之凤等人曾将阆中黄正元所集的《御虚阶》与《丹桂籍》、《性天真境》、《欲海慈航》等7卷，以及《达生编》等善书在蔡家场的东岳庙合刻。② 民国九年（1920年），此书又被重刊，今有一册收藏于中国海洋大学图书馆，书末题曰：“民国九年孟冬月三河县无名氏印送一百本”，书中有“山东大学图书馆”的钤印。

① 《御虚阶》，收入汪约翰逊《圣学入门》，道光二十六年（1846年）刊本。（参见游子安：《劝化金箴：清代善书研究》，天津：天津人民出版社1999年版，第58页）

② 参见（清）罗廷权续修，何衮续纂：《（光绪）资州直隶州志》卷24，清光绪二年（1876年）刻本。

此外，清代还出现了以仙佛圣贤口吻讲述“天律”的功过格——《天律纲纪》，它是清宣统二年（1910年）八月由河南广善堂乩笔写成的一部功过格，卷首收录有玉帝降笔的“序”，讲述了乩示此书的理由，云：“朕不忍世人日日昧性，刻刻黑良，持准广善堂垂续天律纲目，以救世界之灵性。”①正文分为上、下两卷，每卷分别讲述了十二种祸福的掌管者和具体赏罚条例。如“性命司，关圣帝君掌之；禄位司，文昌帝君掌之；疾病司，普济真君掌之；运数司，赞育帝君掌之，……地仙司，地藏王佛掌之；拔超三代苦海司，如来佛掌之”②。每一条目下又分列十种行为的赏罚分值。如“禄位司文昌帝君掌之”条后，便以文昌帝君的口吻，自述其掌管的职能，“文昌帝君曰：‘世人禄位不一，余掌其劝，凡良心不亏，禄则有增。凡理事不昧，天良位则有登，登高位，享厚禄，世人其知培天良。第一条，世人孝父母，功注万，增禄百；第二条，世人连骨肉，功注万，增百禄；……第十条，世人解人仇怨，功注万，增禄百’”③。一定程度上来说，通过对神佛所掌之职的叙述，以及具体赏罚分值的规定，无疑是一种向世人颁布计量善恶功过方法的功过格。值得注意的是，其所讲述的条目，除了最后两条为“地仙司”和“超拔苦海”之外，几乎都是与民众日常生活息息相关的内容，如“性命”、“禄位”、“疾病”、“运数”、“坎坷”、“流落”、“雷震”、“火焰”、“淫乱”、“诉讼”、“科名”、“子孙”等内容，可以看出其与清代新出现的其他功过格一样，反映的都是普通老百姓对现世福禄渴求的愿望。

通过对上述功过格内容的考察，我们可以看出，与功过格的始祖《太微仙君功过格》相比，明末和清代的道教功过格规定的道德条目三教色彩日渐浓厚，劝诫的内容主要针对的是普通民众的日常生活。同时，道教功过格的时代气息更为强烈，适应的对象更广，囊括民众的修身、家庭伦理、职业伦理等多个方面，与早期的功过格——《太微仙君功过格》主要针对道教某个派别的道士或信众的修仙相比有很大的差别。

① 《藏外道书》第28册，第893页。
② 《藏外道书》第28册，第895—896页。
③ 《藏外道书》第28册，第898页。

（四）道教善书丛书的编刊

由于善书的种类不断增多，加上宋明以来善书的积累，清代出现了善书丛书的汇编。所谓"善书丛书"，指的是将两种以上原先为单本流传的善书汇编为一部，并重新进行总命名的善书。道教的"善书丛书"通常辑录"三圣经"及其注本，吕祖、文帝、关帝的劝孝文、训士子文、戒淫文、诸仙佛宝训，以及袁黄的《了凡四训》等善书及功过格，如《敬信录》、《全人矩矱》、《暗室灯》、《晨钟录》、《正心修身编》、《救生船》、《寿世慈航》等。除此之外，清代还出现了一些汇集三教善书的善书丛书的汇编，其中不乏道教色彩浓厚的善书丛书，如《信心应验录》、《三益集》、《有福读书堂丛刻》。

首先是道教善书丛书的刊印，主要有以下几种。

（1）《敬信录》，乾隆十四年（1749 年）松江周鼎臣编，辑录选刊《三圣经》、《戒溺女文》、《太微仙君功过格》以及袁黄的《立命篇》等善书，在江南地区尤为流行。据道光二十年（1840 年）钱塘人李承福的《同善录全书》卷首的"重镌敬信录图序"中记述，此书自乾隆十四年至道光十六年（1836 年）约一百年间，曾 46 次印刻流通。① 其文本形式也不仅限于文字，还有图说的版本，如嘉庆己未（1799 年）间的《敬信录图说》②。道光三年（1823 年），山阴信心堂重新修订了此书，并且将其更名为"增订敬信录"，在署名为"益善士谨识"的《增订敬信录原序》中讲述了重修此书的缘起，云："夫《敬信录》一书，古先辈敬集成卷，实有裨益于世教，更有感于神庥，刊行已久，切勿视为具文。获是书者，诚能虔心持诵，日久奉行，自必转祸为福。近因乐善者广，施印者众，遂致原板模糊，亟需重刻。余复虑此卷之外，尚有圣训经文，以及修身立命各则未经载入者，谨按余向所见闻，悉心选择，敬谨抄录，于原文重刊新版之时，即将增文刊版依次续入，以补《敬信录》之未备，汇而成卷。"③增订版的《敬信录》收录了《太上感应篇》、《般若波罗蜜多心经》、《白衣大士心咒》、《文昌帝君本愿真经》（包括《阴骘文》、《功过格》、

① 参见［日］酒井忠夫：《中国善书研究》（增补版），刘岳兵、何英莺译，南京：江苏人民出版社 2010 年版，第 628—631 页。

② 参见《增订敬信录图说》，山西省文昌庙藏本，嘉庆四年（1799 年）刊本。

③ 《三洞拾遗》，合肥：黄山书社 2005 年版，第 5 册，第 686—687 页。

《焦窗十则》、《劝孝文》、《惜字文》等17种）以及《关圣帝君垂训》（包括《觉世真经》、《正心宝诰》、《诫士子文》等6种），还有《元天上帝降笔宝训》（包括《戒牛犬二则》、《劝世格言》、《金科玉律》等3种），《元明斗帝劝世文》、《东岳大帝绘生宝训》、《吕祖醒世真经》5种，《魏元君劝世文》、《莲池大师放生文》、《和阳韩大祖师劝世诗》等9种。可谓种类繁多，已成为一部三教劝善思想并包的善书丛书。

（2）《全人矩矱》，常州孙念劬辑，是一本儒学色彩浓厚的道教善书丛书。所谓"矩矱"，即规矩、章法，孙氏在乾隆五十五年（1790年）所作的"弁言"中说："欲弃恶而入于善，则矩矱不可以不立，矩矱立而后人可以全也。"①可见，其辑录此书的目的在于通过宣传善书确立的道德规范，使人们知道善恶的标准，从而改过迁善。其书又收录有嘉庆元年（1796年）孙氏的"凡例"云："是书一卷全是劝孝，二卷全是戒淫，二事为人生第一大关……世人所易犯者，淫孽之外，即是财孽与口孽，此二孽犯之极易，其报应亦最严密，劝孝、戒淫而后即以此二孽为重。"②因此，此书在编排上，卷首为"三圣经"及其注解、吕祖师警士文、魏元君劝世文，卷1至卷4分别为劝孝集说、戒淫集说、劝戒汇钞及功过格汇编，卷末为不费钱功德例和劝世诗歌等内容。

（3）《暗室灯》，嘉庆十二年（1807年）深山居士编。上卷辑录"三圣经"及其灵验记、般若波罗蜜多心经、吕祖等仙佛劝善文；卷下集诸鉴果报事例，共二十三鉴，以明鉴警醒世人。据贺箭村《古今善书大辞典》介绍："清嘉庆年间，有深山居士者，每欲汇集善书，以牖夫世，因家贫无力发刊，故行面终止。嗣有友人愿捐资刊印，乃博采群书，取列圣精妙之文，更出以己意，或撰或注，以广其义。复集果报诸案，用为明鉴，年余积成卷轴，署曰'暗室灯'。附友人刊刻之，自后各方善士，多集资刊印。"③"暗室者，所以戒人于幽隐之中，使之为善去恶，而不欺乎暗室者也。"④也就是告诫人们不仅要提防自己

① 《藏外道书》第28册，第300页。
② 《藏外道书》第28册，第301页。
③ 游子安：《劝化金箴：清代善书研究》，天津：天津人民出版社1999年版，第254页。
④ 《藏外道书》第28册，第459页。

言行方面的恶，还要时刻保持心念的善。此书在道光二十二年曾重新刊印，据复斋士所撰的“序”所述，此书原版系金陵所藏，重刊时加入了《感应篇读法撰要》、《袁了凡立命篇》、《俞净意公遇灶神记》、《惜字良法》、《幕中宝要录》、《应验良方》等善书。

(4)《晨钟录》，据“觉非居士”江源于乾隆癸未年(1763 年)刊印此书时所撰写的序言所述，此书最初由其氏族中的父辈江文澜(褒如先生)编录，并且与广平人程益芳等一起将此书刊行。收录《太上感应篇》解证合订 1 种、《文昌帝君阴骘文》等文昌善书 7 种，以及《弥勒佛劝孝文》、《太上老君三字经》等仙、佛、真人劝善书 20 余种。原版主要在家族内部流通，尚未广泛传播印版即已发霉腐烂。光绪十二年，张炳寅等人根据原版书籍进行了重刊，并作《序》说明此书命名为“晨钟录”的原因，云：“注解详明，引证确凿，令读者不觉感发善心，惩创逸志，直如晓寺钟声，发人深省，颜曰‘晨钟录’。”①意谓此书所收录的篇目，其劝善之殷切犹如寺庙清晨的钟声一样让人警醒，也正是基于此原因，张炳寅才与同善之士一起捐资刊印此书。

(5)《正心修身编》，光绪七年由署名为“国挺”的善士辑录“淮南慎余子”注释的《太上感应篇》、《文昌帝君阴骘文》、《关圣帝君觉世真经》等“三圣经”而成。其《原序》中说：“(国)挺批阅之下，见其分章释句，逐字注明，于孝弟忠信诸善则曰几功，于奸盗邪淫等则曰几过。尤如经义阐明，如日月之在天，无纤毫之不露也。”②于是依据慎余子注本的卷帙次序刊印流通，以期通过善书的劝诫使世人弃恶从善，从而达到正心修身的目的。此书后来重印的版本中又收录《孚佑帝君功过格》、《王洪绪先生外科证治全生》、《庄在田先生福幼编》(又名《庄在田先生儿科全集》)等，从中我们可以看到西医科学已经深入到传统的善书和医药思想之中。

(6)《救生船》，大概成书于咸丰十年(1860 年)，是一部由四川群英坛扶鸾，托名孚佑帝君降笔的善书。该书在同治二年(1863 年)和光绪二年(1876 年)曾先后重刻。据光绪二年重镌本第 1 卷记载：“岁庚子，川东神教

---

① 《三洞拾遗》，合肥：黄山书社 2005 年版，第 6 册，第 132 页。

② 《三洞拾遗》，合肥：黄山书社 2005 年版，第 6 册，第 2 页。

书出，里中人咸慕之，以未获亲见为恨，盖祷求殷之矣。某子悟元佩神教已久也者，庚申冬始东来，诸生固恳受教，幸孚佑帝君临象，以生等虔切，爰于此地立坛，并令成书，赐名曰‘救生船’。盖谓人心半死，诸子犹有生之气，固欲以救之。且欲以救诸生者，救苍生勿为溺人……其时则咸丰十年冬月廿八。”①所谓“岁庚子，川东神教书出”指的是道光庚子年(1840 年)，四川武胜县龙女寺开坛阐教，制作出关于劫变和救世的神谕，并很快影响滇、黔、陕一带，形成一股民间士人的扶鸾之风。由于当时社会的动荡，这股救世情绪在社会上不断蔓延，《救生船》便是在这一背景下托名吕祖降笔而来的善书。据《济颠禅师劝化重刊疏》所述，此书最初流行的地区主要是湖南、四川一带，范围并不广泛，后来济颠禅师建议重新刻板，在河南、河北、京城一带流通，以劝化民风②，于是才逐渐流传开来。“救生船”之含义，即神圣仙佛怜悯世人随时沉沦受苦，于是“施长生术，以五伦为柁，以五常为橹，以孝弟忠信为桨，以礼义廉耻为桡，左营右扶，前挽后推，亟亟焉驾是船，以救乎堕落苦海之辈”③。此书前附宣讲仪式，包括“圣帝定宣讲仪”、“武圣帝君宣讲坛规十条”、“世祖章皇帝圣谕六条”、“圣祖仁皇帝圣谕十六条”、“武圣帝君十二戒规”、“文昌帝君蕉窗十则”、“孚佑帝君家规十则”、“灶君夫子训男子六戒”、“灶君夫子训女子六戒”、“灶君夫子新谕十条”以及“类叙十二条”等。正文包括文昌帝君、武圣帝君、孚佑帝君训诫以及其他仙真箴言，体裁采用诗文和话谕相结合的方式。“类叙”中说道：“神教原以辅圣谕，故首载坛规，次列王章，后刊神谕规条，纲举目张，宣讲之法备矣。”④可见此书所录的仙真训诫，其主要意图是用于辅助国家的宣讲制度，其主旨在于宣扬忠、孝、仁、义、礼、义、廉、耻等“八德”，以期通过仙佛的“神教”使世人心警胆识，改过自新。

(7)《寿世慈航》，刊印时间不详，卷首收录有“吕新吾先生理欲生长极至图”、“吕新吾先生身家盛衰循环图”，“寿世慈航梵论”等；卷 1 主要收录

① 《三洞拾遗》，合肥：黄山书社 2005 年版，第 6 册，第 268 页。

② 参见《三洞拾遗》，合肥：黄山书社 2005 年版，第 6 册，第 262 页。

③ 《三洞拾遗》，合肥：黄山书社 2005 年版，第 6 册，第 316 页。

④ 《三洞拾遗》，合肥：黄山书社 2005 年版，第 6 册，第 266 页。

《太上感应篇》系善书,如《太上感应篇格要》、《太上感应篇灵验记》、《太上放生日活万命灵验录》、彭绍升所辑《太上感应篇注》等;卷 2 主要辑录《阴骘文》系列善书,如《劝惜字纸文》、《文昌帝君救劫经》、《蕉窗十则》、《文昌帝君救世文》、《文昌帝君戒杀文》、《文昌帝君劝世慎言文》、《训世文》等;卷 3 收录《袁了凡先生四训》、《灶神记》等;卷 4 为《人伦矩镬》;卷 5 收录《修持六要》;卷 6 辑录《善遇宝格》、《袁坤仪先生为官》等功过格;卷 7 收录江浙宪颁同善会所撰的《活民良法》;卷 8 收录《朱子义方》等,是一部以善书"三圣经"及其注本为主体,兼收儒、释两家善书的道教善书丛书。

此外,清代还出现了综合性的善书丛书,以《信心应验录》、《三益集》、《有福读书堂丛刻》等为代表,它们多收录有道教善书,是道教色彩浓厚的善书丛书。由于其中辑录的单本善书在前文中已有详细介绍,兹简要介绍这几部善书丛书。首先是《信心应验录》,乃乾隆五十四年(1789 年)刘英山汇编善书约 150 种而成,是清代最大型的善书。其书将《圣谕广训》置首,其次辑录道教善书《太上感应篇》、《清静经》,以及文帝、关帝等神仙宝训,还包括《袁氏家范》、张扬圆《训子语》、史典《愿体集》等家训格言,以及医方、佛经等。其次是《三益集》,道光年间李天赐所辑,其将《增订敬信录》、《阴骘文像注》、《玉历宝钞》等数部善书合为一书。再次是《有福读书堂丛刻》,清代藏书家吴引孙所编。吴引孙,字茨甫,江苏仪征人。此书自序云:"余不敏,不敢谓祸福感应,非神道设教之征权,亦不敢谓小学格言非圣贤成德之先路。爰不揣迂陋,于藏书中择其伦理切实可行,词旨浅显易晓者,汇辑十六种,分为前后两编,名曰《有福读书堂丛刻》。"①书中收录了《文帝孝经》、《太上感应篇注》、《关帝觉世经注证》、《文帝丹桂籍注案》、《文帝蕉窗十则》、《文帝戒士文》、《征信录》、《文帝欲海回狂宝训集说》等道教善书。其书分为前、后两编,前编以辑录先贤嘉言为主,以期使"贤士大夫观之,于身心性命之学稍资裨益"②;后编则针对中材以下学人,通过明

① (清)吴引孙辑:《有福读书堂丛刻》"序",清光绪间(1875—1908 年)扬州仪征吴氏刻本。

② (清)吴引孙辑:《有福读书堂丛刻》"跋",清光绪间(1875—1908 年)扬州仪征吴氏刻本。

之以“福善祸淫”之理，令人“触目警心，懊乎作不善降百殃之旨”①。

可以说，清代道教善书丛书的纂集，对长期以来积累下来的道教善书文献做了很好的汇编集结，对善书文化的整理和系统性的形成是十分有意义的。

（五）善书功过格在海外的流传和翻译

善书不仅在国内流通，明清时期也流传海外，其中以流传日本、韩国较早。据朝鲜文献《盎叶记》卷 2 记载，朝鲜太宗十七年（1417 年），明成祖曾赠送阴骘书（善书）600 部给朝鲜。到了朝鲜王朝的后期，善书开始盛行起来，1746 年出现了韩语译本的《太上感应篇图说》，其后《关圣帝君圣迹图志全集》（1876 年）、《关圣帝君圣迹图志续集》（1877 年）、《关帝明圣真经》（1870 年，《过化存神》辑录）、《敬信录谚解》（辑录《太上感应篇》、《阴骘文》、《文昌帝君劝学文》等韩语译本）、《太上感应篇图说谚解》（1911 年）等善书也相继在朝鲜传播开来。② 善书流传日本则是在明末以后，通过黄檗宗和曹洞宗的僧侣，大量道教善书被带到日本，江户时期曾出现翻译和刊印善书的热潮。其中《太上感应篇》的流通最为广泛，有《太上感应篇日文注释》（宽永元年，1624 年）、《太上感应篇》（宽永、正保年间，l624—1649 年）、《太上感应俗解》（延宝八年，1680 年）、《太上感应篇笺注引经图说》（元禄八年，1695 年）、《太上感应篇》（元禄八年，1695 年）、《日语太上感应篇》（文政十一年，l828 年）等版本流传。19 世纪以后，《阴骘文》及其注本也在日本刊行，有《日语阴骘文绘钞》（文政三年，1820 年）、《文昌帝君丹桂籍》（文政十二年，1829 年）等。另外，《关圣帝君灵心篇》（宽政三年，1791 年）、《关帝真经》（庆应三年，1867 年）等关帝善书在日本也有一定数量的刊印流传。③

① （清）吴引孙辑：《有福读书堂丛刻》“跋”，清光绪间（1875—1908 年）扬州仪征吴氏刻本。

② 参见［韩］都珖淳：《韩国的道教》，载于福井康顺等监修：《道教》第 3 卷，朱越利等译，上海：上海古籍出版社 1992 年版，第 111—112 页。

③ ［日］中村璋八：《日本的道教》，载于福井康顺等监修：《道教》第 3 卷，朱越利等译，上海：上海古籍出版社 1992 年版，第 30—31 页。

道教善书在西方的传播始于 19 世纪，它们受到来华传教士和汉学家注意，并翻译介绍到西方，尤其以《太上感应篇》、《阴骘文》等明清时期较为流行的善书为代表。由于满蒙语系对于早期西方的汉学研究者更容易了解，因此，最早被译介到西方的是满语版的《太上感应篇》。1816 年，雷慕沙（Jean Pierre Abel Rémusat，1788—1832 年）出版了满语本《太上感应篇》的法文译本（Le Livre des Récompenses et des Peines，报应和苦难），并加注解；1828 年，儒莲（Stanislas Julien，1797—1873 年）也发表了法文的《太上感应篇》译本，后来成为《感应篇》的标准法文译文。同年，尤利乌斯·海因利希·克拉普罗特（Julius Heinrich Klaproth，1783—1835 年）将满文《太上感应篇》译成德文。1830 年，澳门《广州周报》（Canton Register）刊登了《太上感应篇》的首个英文译本。

此外，在汉学家介绍中国文化的译注中，对道教善书也十分重视。1889 年，美国基督教会在华主办的《教务杂志》9 月号和 10 月号连载了莱昂（D. N.Lyon）的《文昌的生平与著作（文帝全书）》[1]，对《文帝全书》的前言、文昌帝君传记、主要内容和注释进行了摘译，并加上了自己的评述。伟烈亚力（Alexander Wylie，1815—1887 年）的《中国文献记略》[2]第三部分"子部"最后一类专门列出"中国道教经籍"类，共介绍了 56 种道教经籍的性质、卷数、撰者、创作时间及注疏，并简述了各部经籍的特色，其中就包括《太上感应篇》、《玉历钞传警世》、《关圣帝君圣迹图志》、《文昌帝君阴骘文》、《丹桂籍》等道教善书和功过格。罗伯特·K.道格拉斯（Robert K.Douglas，1838—1913 年）的《儒教与道教》这一本研究中国儒教和道教的重要著作，在 1889 年再版时，其中也包括了《感应篇》的法文译本，该书第 6 章为《太上感应篇》（*Book of Rewards and Punishments*）的简介与译文，第 7 章为《阴骘文》（*Book of Secret Blessings*）的简介与英文选译。此外，1891 年，马克斯·缪勒（F.Max Müller，1823—1900 年）主编的《东方圣书》还收录了理雅各（James

① D.N.Lyon，"Life and Writings of the God of Literature"，*The Chinese Recorder and Missionary Journal*，Vol.20，September-October，1886，pp.411-420，439-449.

② Alexander Wylie，"Notes on Chinese literature"，1901，Printed at the American Presbyterian Mission Press in Shanghai.

Legge,1815—1897 年)翻译的《太上感应篇》。

可以说,道教善书不仅仅影响了与中国一衣带水的韩国和日本,同时作为明清时期中国民众特有的一种道德修持方式,善书引起了欧美传教士和汉学家的注意。诸如《感应篇》、《阴骘文》、《文昌化书》等道教善书较早地就被译介到西方,成为西方人解读中国民族性格和了解中华文化特征的一面镜子。

二、民国学术界研究道教的主要成果

近现代学人研究道教的论著,在明版《道藏》涵芬楼影印本出版以前极为罕见,而在该影印本面世以后,即逐渐多起来。据杨光文辑《全国部分报刊道教论文目录索引》①粗略统计,1905—1949 年间的 108 种报刊②,共发表有关道教研究的文章 190 多篇。其内容涉及道教的渊源、历史、宗派、经籍、人物、神仙、名山宫观等诸多方面,参与撰稿的署名学者达 160 余人。其中,直接论述道教的论著,择其要者介绍如下:

1. 刘师培。

刘师培(1884—1919 年),字申叔,号左盦,江苏仪征人。仪征刘氏三世传经,曾祖父刘文淇、祖父刘毓崧、伯父刘寿曾均以《左传》旧注疏证而名列《清史稿·儒林传》。刘师培幼承家学,8 岁研习《周易》,12 岁读毕"四书"、"五经",15 岁遍览诸子百家及史书,19 岁乡试中举,20 岁赴开封会试落第,返乡途中,滞留上海,偶遇蔡元培、章太炎等人,相谈甚欢,后加入中国教育会。在革命浪潮的鼓舞下,刘师培的思想发生转变,开始积极思考刘氏世传的"《左传》学"的现实意义,并投身到"排满复汉"的革命运动中。1907 年,刘师培夫妇东渡日本,结识孙中山、黄兴等革命党人,并加入同盟会。1908 年,返回上海,继而投靠两广总督端方,叛变革命。辛亥革命胜利后,在章炳麟、蔡元培的帮助下,免于军方拘禁。此后,应谢无量之邀,任教于成都国学院,主讲《左传》、《说文解字》。1915 年,参加筹安会,与杨度等

① 载《四川大学学报丛刊》第 25 辑《宗教学研究论集》,1984 年。
② 未包含 30 年代上海出的《扬善半月刊》及《仙道月报》这两种主要反映道教研究的刊物。

人为袁世凯称帝效力，失败后避居天津。1917 年，刘师培被蔡元培聘为国立北京大学教授，讲授“中国中古文学史”、“三礼”、训诂学等，但已病入膏肓，不能高声讲课。1919 年初，成为《国故》杂志撰稿人。同年 11 月，因肺结核病逝于北京。

刘师培涉猎广博，著述颇丰，且多有创见，因有家学相传，故在整理经、史典籍等方面尤为见长。刘师培去世后，其主要论著由南桂馨、钱玄同等人搜集整理，共计 74 种，编为《刘申叔先生遗书》。

刘师培在道教研究方面的主要著作为《读道藏记》。1910 年冬，刘师培旅居北京白云观，有幸借阅到《正统道藏》，日读数十册，每读毕一册，“辄志其序跋，撮其要旨。若鲜别刊，则嘱仆人迻录，略事考订”①。后来，他摘出部分随笔札记，加以整理，遂成此文。该文最早发表于《国粹学报》1911 年第 7 卷 1—5 期，后收入《刘申叔先生遗书》（民国二十五年宁氏排印本）第 63 册。

《读道藏记》主要涉及《道藏》中的 37 部道经。按“三洞四辅十二部”的道经分类法，这 37 部道经包括洞真部 24 部，其中玉诀类 8 部、灵图类 2 部、谱录类 3 部、方法类 1 部、众术类 1 部、记传类 9 部；洞神部 1 部，即方法类 1 部；洞玄部 12 部，其中赞颂类 1 部、表奏类 1 部、神符类 1 部、玉诀类 1 部、灵图类 1 部、众术类 1 部、方法类 1 部、谱录类 5 部。按道书内容，教理教义类道经有《元始无量度人上品妙经四注》和 5 部黄帝阴符系经；术数图像类道经有《周易图》、《大易象数钩深图》等；修炼摄养类道经有《悟真篇》、《陶真人内丹赋》、《谷神赋》等；神谱仙传类道经有《广黄帝本行记》、《列仙传》、《金莲正宗记》等，这一类道经在《读道藏记》中所占比例最大，共有 16 篇。此外，还有少量科仪道法类道经，如《金箓斋赞咏仪》、《黄帝太乙八门入式诀》等。

纵观全文，刘师培对 37 部经书的考察，主要是从历史文献学角度，对每本经书的卷数、作者、出世年代、刊本、主要内容、注疏以及与他刊之比较等方面作详细考订，并未展开过多的讨论。刘师培本人学识渊博，涉猎领域较广，考察经书时，除《读道藏记》涉及的 37 部道经外，还大量旁引了其他

① 刘师培：《读道藏记》，《刘申叔遗书》，南京：江苏古籍出版社 1997 年版，第 1987 页。

典籍中的可用材料，以保证对道经有更加准确的整理与分析。在刘氏家学的影响下，刘师培的研究基本遵循着清代朴学的路子，体现出审名实、重佐证、戒妄牵、守凡例、断情感、汰华辞的治学风格。

在道经中，“不著撰者”或“作者事迹不详”的情况时有出现。针对“不著撰者”的道经，刘师培取相关道书与其作内容比照，发现有收录该道经内容，便可推知经书出世年代的上限，再根据道经的注疏、体例、避讳情况，大致推出道经出世年代。对于作者事迹不详的道经，如《黄帝阴符经解》，卷首标明“宋蹇昌辰解”，但史书中并无蹇昌辰的相关记载，无法考据其事迹。刘师培在查阅《宋史》后，发现其中记载了蹇序辰、蹇逢辰两人，且均为成都人，于是大胆推测蹇昌辰可能与两人为同族。

此外，道经中也会出现有明确的注疏者，却与事实不符的情况，如《黄帝阴符经疏》首句“题曰：少室山李筌疏”①，每卷之中，均是先注后疏，每章之末附有赞词。此注本与七家注本中李筌之说不同，乃言受骊山老母传授。这里值得注意的是，其他注本都未曾言李筌作疏，仅言其曾作注。那么《黄帝阴符经疏》中“李筌作疏”的说法从何而来？同被收入《道藏》的袁淑真《黄帝阴符经集解》序云：“唐陇西李筌尤加说释，亦不立章疏。”②这是李筌不作疏的证据之一。此序又云：“今辄叙三章之要义，以为上中下三卷，各述其本，因义亦有等威，光（当为“先”——引者注）注略举其纲宗，后疏冀陈其周细。”③故刘师培认为，“是为经作疏，仅袁氏耳”。据相关史料记载，袁淑真也曾为《黄帝阴符经》作赞。《道藏》收录的袁淑真《黄帝阴符经集解》，文字无注疏之分，章末也无赞词，与李筌作《黄帝阴符经疏》相对勘，除略有损益外，两疏基本相同。由上可知，《黄帝阴符经解》应是后人取袁疏，附加李注，再妄加篡改，而将注、疏、赞三者均标注为李筌所作。刘师培十分重视道经中出现的此类错误，认为“此则亟当辨正者也”④。

① 刘师培：《读道藏记》，《刘申叔遗书》，南京：江苏古籍出版社1997年版，第1988页。
② （宋）袁淑真：《黄帝阴符经集解》，《道藏》第2册，第845页。
③ （宋）袁淑真：《黄帝阴符经集解》，《道藏》第2册，第845页。
④ 刘师培：《读道藏记》，《刘申叔遗书》，南京：江苏古籍出版社1997年版，第1988—1989页。

当然,《道藏》也收录有较为完善的道书,此类道书可以用来校勘他本经书,如《历世真仙体道通鉴》。《历世真仙体道通鉴》为元代道士赵道一所撰,全书分《正编》、《续编》、《后集》三部分。《正编》53 卷,叙述得道真仙事迹,止于两宋;《续编》5 卷,收录包括王嚞和七真在内的宋末元初诸道士传记;《后集》6 卷,专收历代女仙、女道士传记。赵道一依据的经史材料甚多,所引之语皆有出处,如其中有不少内容便是引自《列仙传》和《神仙传》。由于引述完整,故对校勘今本《列仙传》和《神仙传》中的讹脱之处颇有裨益。

2. 刘咸炘。

刘咸炘(1896—1932 年),字鉴泉,别号宥斋,四川双流人。家世业儒,曾祖父刘汝钦,祖父刘沅,父亲刘枧文,皆为蜀中知名学者。刘咸炘自幼受家学熏染,聪颖好学,4 岁学书,5 岁能属文,6 岁授章句,9 岁能自学,每日读书达数十册。稍长,就读于家塾,开始涉猎四部,后研习章学诚的《文史通义》,得治学方法与著述体例,遂终身私淑章氏。弱冠有著述,德业兼修,20 岁时受聘于其兄刘咸焌开办的尚友书塾。1926 年,在张澜盛情邀请下,兼任成都大学、四川大学教授。1927 年,彭云生、唐迪风等人创办敬业学院,刘出任哲学系主任。1932 年,因病逝世于成都,年仅 36 岁。刘咸炘一生潜心治学,淡泊名利,蛰居西南一隅,终生不曾出川。其生前苦学自修,笃学精思,涉猎甚广,故著述颇丰。平生著作总编为《推十书》,总 231 种,合 475 卷,共计 800 余万言。当代哲人梁漱溟,史学家陈寅恪、蒙文通等人对其学识皆推崇备至。

刘咸炘的学术来源,除幼承家学、私淑章氏外,还有西方的哲学思想。他以国学为体、西学为用,力求整合,以促国学的发展与创新。关于研究对象,刘咸炘曾在《道家史学观》中说:"一言以蔽之曰史。"①所谓"史",是指广义上的史学,经学及先秦诸子皆包含在内。他以史为治学的立足点,研究范围几乎涵盖国学的所有领域,道教史方面亦包括在内。刘咸炘家学渊源深远,其祖父刘沅曾创立过一个"倡导虚无清静,存养心性,把儒家伦理和道家的内丹术熔为一炉"②的民间宗教派别,史称"刘门教"(亦称"刘沅

① 刘咸炘:《道教征略·外十四种》,上海:上海科学技术出版社 2010 年版,第 227 页。
② 马西沙、韩秉方:《中国民间宗教史》,北京:中国社会科学出版社 2004 年版,第 1006 页。

道”）。该教派是“设帐讲学，秘授内功，作会斋醮，三位一体的组织，是学术社团与宗教教团的混合体”①，曾流传于巴蜀、两湖、浙江等地，影响力延至民国时期。刘咸炘自幼生长在浓郁的道家氛围中，他本人对老庄思想以及道教史研究一直颇感兴趣，其在道教史研究方面的主要著作是《道教征略》3 卷，还有《全真教论》、《三虚》、《告法言道士俚语》等数篇文章。

《道教征略》是刘咸炘在道教史研究方面最为重要的著作。该文撰写于 1924 年，却并非完稿，文中多留有“空行”。对此，刘咸炘在序中解释道，他本人确实是在未完整阅读《道藏》的情况下，仅就一己知见，外加旁考《四库全书》完成初稿的。按最初的考虑，初稿以后会作进一步的增补和完善，可惜此事终未实现。此外，刘咸炘在序中还提出了“道教无史”②的观点，这与道教经籍的情况有一定关系。“凡考学术源流，尤资传记之书”③，道教虽有不少传记类书籍，却多以仙为名，充斥着大量灵异之说，对派别的记述却不甚具体。加之，道教书目十分杂芜，三洞四辅的分类方法也有待完善。而黄冠之流，能融通各家之人甚少，多不屑于考据之事。况且，道术本为内修之事，学道之人多为隐士，所追求的不过是成就一己之身，不一定需要传授于他人。他们的修炼不以书为据，讲究个人修道方法，对他术也有一定排斥。在刘咸炘看来，正因如此，道教才“无条别源流详允可据之书”④。无系统可信的史学，对道教本身的发展必然是十分不利的，于是刘咸炘取中立之立场，去个人之爱憎好恶，用“辨章学术，考镜源流”的史学校雠之法，审视《道藏》中的相关典籍，梳理中国道教的渊源与流变，以成一家之言。

全书共分上、中、下 3 卷。上卷主要探讨道教的学术渊源及其在不同时期各派系的传承及特点。首先，刘咸炘将巫、医、阴阳家、道家视为道教的远源，并认为如今之道教无外乎内修和冥通。内修养气本是医家之说，冥通事神亦本为巫觋之事。内修与冥通之事，古已有之，后世巫祝不兴，才遗存于

① 马西沙、韩秉方：《中国民间宗教史》，北京：中国社会科学出版社 2004 年版，第 1006 页。

② 刘咸炘著，周冶校注：《道教征略》，杭州：浙江古籍出版社 2012 年版，第 3 页。

③ 刘咸炘著，周冶校注：《道教征略》，杭州：浙江古籍出版社 2012 年版，第 10 页。

④ 刘咸炘著，周冶校注：《道教征略》，杭州：浙江古籍出版社 2012 年版，第 3 页。

道家之中。他以葛洪《抱朴子·金丹篇》为例，佐证六朝以前，道教徒对内修与冥通乃是兼修并重的。同时，他认为“道家之术，以丹诀、符法为专门”[①]，无论是内修，还是冥通，都与丹诀、符法密切相关。而阴阳家与道家本就相近，二者的宇宙观也颇为相似，皆主顺天观。此后，他又举阴阳家邹衍、董仲舒与汉世道家代表淮南王刘安的学说，说明三者之中出现的两种思想的融合现象。从古至今，儒家对道教一直存有偏见，其往往误以为古之道家与今之道教是截然不同的，前者不涉及内修之事，后者专务于此。对此，刘咸炘指出先秦老庄著作实有言及内修养气之旨，道教只不过是将书本中的养气之说付诸于实践而已。不过，道教饱受非议也有原因，纵观中国古代历史，道门中经常会出现一些不实道士，他们媚主惑民，凭权恃宠，为世人不屑，实为道教之不幸。道门并非无高士，只不过多为隐者，不显于世，而显贵者如林灵素之类，又多为败类，道教因此常被世人所误解。

考据学术源流，多依据传记之书，如大乘佛教在考经论宗时，就需借助《高僧传》。但《道藏》与《四库全书》、《释藏》相比较，收录的传记在真实性和条理性上都存在明显差异，前者多不及后者。就条理而言，佛教传记不言佛、菩萨，止言于高僧，内容分类相对明晰，高僧、居士、善女人都分别录之。反观道教，则将道士与俗世间的得道男女混为一编。此外，《列仙传》与《神仙传》记载的古仙之事起初十分简略，后人妄加附会，便愈发显得荒诞不经。究其原因，道教传记主要记述真仙之事，多陈灵异，相当杂芜，作者侧重于得道者的灵异事迹，对授受之事不甚重视，可信度不足，致使此类传记多半不能用作历史考据。进而，道教的道派传承也就愈发晦暗不明。对于后世道士为宣扬先辈高行，夸大其实，以志怪之事吸引世人的做法，刘咸炘提出了“神仙亦只隐士耳”[②]的观点。关于这一观点的提出，詹石窗教授指出这实则是“把漂浮不定的仙家异说归宗于实处”[③]。只有如此，道教传记在历史考证中的真实性才能有所保证。事实上，刘咸炘也没完全否定道教传

---

① 刘咸炘著，周冶校注：《道教征略》，杭州：浙江古籍出版社 2012 年版，第 7 页。

② 刘咸炘著，周冶校注：《道教征略》，杭州：浙江古籍出版社 2012 年版，第 12 页。

③ 詹石富：《刘咸炘先生的道学研究》，蒙文通、萧萐父、庞朴等：《〈推十书〉导读》，上海：上海科学文献出版社 2012 年版，第 130 页。

记,在总览《道藏》后,他指出元代赵道一的《历代真仙体道通鉴》在人物事迹的记述上,相对翔实,只可惜无单行本。

依据大量道经以及相关文献,刘咸炘对不同时期道教各派系的传承及基本特点都进行了梳理和概括。按历史进程,对道教发展作了大致分期。一是六朝以前道教,对比《四库全书》的分类,按七部经的传授,分为太平、正一、灵宝、上清四派。其中,太平派主要传《太平经》;正一派即为张天师一系,此派发展到南朝多世家信仰;灵宝派传洞玄灵宝部经,此派发展至唐时,因支流分散,授受不明;上清派传洞真上清部经,传系相对清楚,后居茅山,直至元时,可据《茅山志》观其传承情况。此外,还有楼观道,此派传三一法,虽称传三洞,却与上清、太清关系不大,尤重灵宝部经,极言老子化胡之说,与佛僧争执最甚。此阶段道教的主要特点为老庄之学十分兴盛,斋醮科仪多有发展,道士多立坛馆。诸派别到唐代,太平、灵宝传承基本不见,正一一系也比较衰微,唯有上清茅山一系发展得十分兴盛。二是唐宋以后的道教。道教发展到唐代,除兴盛发展的茅山宗以外,也有新教派产生,如洞渊派、北帝派等。这一时代,传丹诀者最多,却纷杂无统,有失条理。直到钟离权、吕洞宾、施肩吾、刘海蟾四人显世后,情况才有所缓解,道教渐入正统。根据唐代道士传经仪度阶品,可知唐代道教的发展特点主要表现为各派混而为一,不再相互诋毁;传经受箓的次序以正一位最下,灵宝其次,上清最高。北宋末年,因宋徽宗喜好道教符箓,符箓道派大为兴盛,并涌现出一大批新符箓道派,如天心派、清微派等。其中,以龙虎山、阁皂山、茅山三地的符箓道派影响力最大,合称"三山符箓"。南宋时,钟吕一系显世,六朝经符以及唐代外丹之说逐渐衰微。元代道教派别甚多,除南方的茅山、阁皂、净明道外,北方亦有诸多派别,如影响力颇广的大道教、太一教等,但全真道的势力无疑最大。此后,刘咸炘又据张宇初的《玄问篇》及《明史 · 职官志》,对明代道教派别略加考订。《明史 · 职官志》有记载:"阁皂、三茅各灵官一人,正八品。"①综上,刘咸炘将道教在各时期的发展特点概括为"六朝以前

① 《明史》卷 74《职官三》,北京:中华书局 1974 年版,第 1817 页。

重经箓传授，唐、宋人重丹家诀法”①。

《道教征略》中卷和下卷，以对各类道书目录的整理、研究为主要内容。在此之前，刘咸炘首先提到了世人对道书的两个怀疑，即“事实荒谬”②和“剽窃佛书”③。对此，他站在中立的立场上，给出相应解释。就道书内容荒诞不经而言，前文已提到，道家传记多记述仙家之事，本多玄秘，又不拘泥于文字，不足为考据之用。加之，葛洪《抱朴子内篇・自序》亦说：“道士渊博洽闻者寡，而意断妄说者众。”④关于剽窃佛书之说，他认为，“道书沿用佛书名词，并不关涉双方信仰体系，只是借用对方的表达方式来言说自身具有的类似观念和行为”⑤。并且，主要是北朝、唐代以后出现的道书借用佛语，晋以前及南朝所传的道教古经并未吸纳佛教名词。对《真诰・道授篇》窃取佛教《四十二章经》的争议，刘咸炘按黄伯思《东观余论》中的说法，认为是后人附益之作。其次，对《道藏》中道书编目的批评。关于道书传统的三洞四辅十二类的编列方式，刘咸炘认为这种编目存在诸多弊病，如三洞本是由上清、灵宝、三皇三系所传的各部经书分列而成，但三洞并不都具备十二部，而后出道书中也有与三洞皆无关系者，按理来说，此类道书不应被编入《道藏》，但修藏者为了尽可能地将所有道书都收入《道藏》，致使三洞目录混乱不堪，不属三洞者被强纳于三洞之内，甚至还出现“一人所作，而散于七部；同一地记，而分归三洞”⑥的混乱情况。此后，他对洞真部、洞玄部、洞神部、太玄部、太平部、太清部、正一部七部的内容构成以及包含的道书种类分别做了整理和概括。洞真部古经甚少；洞玄部古经亦少，而罪福经最多，不少冠名洞玄灵宝者，实非太极所传；洞神部中，唐代法诀经较多，罪福经少；太玄部除包含一部分古经外，也有全真派丹诀类书；太平部只包含一部《太平经》，余下多为净明派的晚出经书，还有不少科箓类道书、金元文集等；太清

① 刘咸炘著，周冶校注：《道教征略》，杭州：浙江古籍出版社 2012 年版，第 16 页。
② 刘咸炘著，周冶校注：《道教征略》，杭州：浙江古籍出版社 2012 年版，第 56 页。
③ 刘咸炘著，周冶校注：《道教征略》，杭州：浙江古籍出版社 2012 年版，第 57 页。
④ 王明：《抱朴子内篇校释》，北京：中华书局 1980 年版，第 367 页。
⑤ 刘咸炘著，周冶校注：《道教征略》，杭州：浙江古籍出版社 2012 年版，第 58 页。
⑥ 刘咸炘著，周冶校注：《道教征略》，杭州：浙江古籍出版社 2012 年版，第 68 页。

部道书最少;正一部内存部分古经、正一诸箓、灵宝诸法、道门科仪、法诀和签书等。其中,太玄部、太平部、太清部收录的经书最为混乱。除对《道藏》经书目录的整体性分析外,刘咸炘还仔细考证了《道藏》洞真部中《度人经》、《大洞经》等几部经书的出世年代、版本以及传承情况。以《度人经》为例,他指出:"今《藏》以《度人经》为首,实非也。"①《度人经》虽为六朝以前的古籍,但称于吉、张天师、葛玄、葛洪皆曾得到此书,却是错误的。三洞以"洞真"为首,却不知《度人经》何时被置于诸上清经之前。"洞真"得名于《大洞真经三十九章》,此经本应为三洞之冠。

除列举出《道藏》的道书编目中存在的诸多弊端外,刘咸炘本人也提出了一套新的道书分类方法,即将道教典籍分为经、符箓、科仪、戒律、论诀等五类,五类以下再划分为小类,传记文集不收入其中。具体而言,(1)经类包括四个小类,一是西晋以前的术诀,《抱朴子》所言的"灵宝诸经"以及《黄庭经》、《中黄经》之类;二是南朝时,杨、许等人所得的洞真部经;三是北朝、唐时,出现的天尊所说之术诀之书;四是唐以后出现的陈罪福、述真灵,托称天尊所说之书。(2)符箓类,符图与箓法本就相近,用作役召鬼神,可分古、近两小类。(3)科仪类,科仪本为巫祝之文,可分古、近两类。(4)戒律类,唐以前的戒律仍有传承,但今道教主流的三真戒律乃是全真家定制。(5)论诀类,可分烧炼金石、导养神气、服饵草木、唐人专言养心之类、二宗以后明真丹之作五小类。此外,刘咸炘对传统的道书分类方法也有继承,选择保留其长处。"若依此诸目重编目录,又依三洞、四品之法条别古经,各归部次,则《道藏》目录,庶有眉目矣"。② 只可惜其不幸早亡,重编目录的愿望也未能实现。

除《道教征略》外,刘咸炘在道教研究方面还有《全真教论》、《三虚》、《告法言道士俚语》等单篇论著。《全真教论》主要针对史家历来有重朝政而轻民风的弊端,后世全真教史研究中,多忽视其在乱世之中所起到的保民、化民的历史功绩。刘咸炘希望通过自己对全真教历史的研究,以发明人

---

① 刘咸炘著,周冶校注:《道教征略》,杭州:浙江古籍出版社 2012 年版,第 138 页。
② 刘咸炘著,周冶校注:《道教征略》,杭州:浙江古籍出版社 2012 年版,第 73 页。

们所知甚少的道教的社会功用。《三虚》，所谓三虚，即光、声、臭三者，此三者亦是神明之道。世人对三虚缺乏了解，对其功用亦不知晓。刘咸炘在研读道教经典、祈祷科仪的基础上，论述三虚之用。《告法言道士俚语》，首先分别解释了法、言、坛、道、士这五个字的含义；然后提出了八条道士箴，即至诚救人、看破名利、耐烦吃苦、遵守科仪、大道为公、注重师友、小心自处、遵守戒规。

从《道教征略》的现存文稿来看，文中有不少需要增补的地方，故此全书在贯通性和逻辑性上略显不足。且如学者周鼎所言："刘咸炘的论著大都是由读书札记整理而成，虽已自成一家之言，然尚乏缜密融贯之专著。"①但该文稿对道教的学术渊源及其各时期的主要派别与道教经典等方面都有系统的梳理，其中不乏创见，能够从总体上把握住道教的发展脉络，实为道教研究的珍贵资料。故蒙文通曾评价说："蜀究道家言者，余知为刘鉴泉先生……刘著《道教征略》精深博大。"②

3. 胡适。

胡适（1891—1962 年），安徽绩溪人，原名嗣穈，学名洪骍，字希疆，后改名胡适，字适之，取自当时流行的"物竞天择，适者生存"的进化论学说。胡适 5 岁启蒙，在绩溪老家接受了 9 年私塾教育。在上海求学期间，接触到西学思想。1906 年考入中国公学，1910 年赴美留学，曾师从哲学家杜威，学习实用主义哲学。1917 年回国后，历任北京大学教授、上海公学校长、驻美大使、北京大学校长等职。1948 年移居美国，1962 年因病在台湾逝世。胡适兴趣广泛，在文学、哲学、史学、教育学等方面皆有研究，著有《胡适文存》、《中国哲学大纲》、《白话文学史》等。

胡适在道教研究方面的主要论著有：《汉初儒道之争》，载于《北大国学季刊》1925 年 10 月第 2 期；《陶弘景的〈真诰〉考》，收入 1935 年 1 月《蔡元培先生六十五岁文集（下）》。

《汉初儒道之争》中的"儒道之争"，指的是汉武帝初年发生的一件案

---

① 周鼎：《刘咸炘学术思想研究》，成都：巴蜀书社 2008 年版，第 5 页。

② 蒙文通：《古学甄微》，《蒙文通文集》，成都：巴蜀书社 1987 年版，第 677 页。

子。汉武帝早年喜好儒术,曾广招贤良。其中,颇受重用的赵绾和王臧两人向汉武帝上书建议更张政治,在城南立明堂以朝诸侯,放逐无节行的贵戚宗室,奏事不要奏请窦太后等。由于侵犯了宗室利益,代表黄老道家一方的窦太后对此大为震怒,赵绾和王臧皆下狱自杀,新政失败。这次儒道交锋以儒家一方失利而告终。但自窦太后去世,汉武帝执政,形势便发生了根本性逆转,原来阻碍新政实施的诸多障碍被逐一消除,黄老道家一派势力遭到严厉的压制。此后,汉武帝又听从董仲舒的建议,在全国推行了"罢黜百家,独尊儒术"的文化专制政策,至此,汉初儒道之争以黄老道家在政治上的淡出而落下帷幕。

《陶弘景的〈真诰〉考》撰于1933年4月,是胡适整理《道藏》的第一次尝试之作,同时也是献给蔡元培先生65岁生日纪念论文集的文章。该文篇幅不大,对此后的陶弘景及《真诰》研究却产生了很大的影响。文章以对陶弘景及《真诰》的批评为主要内容,共分三个部分。第一部分,通过与相关文献的比照,胡适指出陶弘景的《真诰》是在增添和改动顾欢《真迹》的基础上,撰写而成。这种说法并无不妥。历史上,顾欢确实撰写过《真迹》一书,但并不完善,陶弘景在收集大量上清经典的基础上,加以整理,并重新编撰出《真诰》也是有可能的。

在第二部分中,胡适认为陶弘景撰写《真诰》是有意欺诈,故意编造鬼话欺骗众人。首先,他认为陶弘景写作动机不纯,有欺诈嫌疑,他四处搜寻道经,不过是为自造经典做准备,提高自造经典的地位,需要造作出一部传经的故事来。他以《真诰》开卷记载的女仙萼绿华之事为例,指出陶弘景的写作方法虽谨慎严密,但仙女之事本是鬼话,用最精密的方法来编鬼话,这本身就是最矛盾的现象。虽然胡适也考虑到《真诰》的撰写可能是出自宣传教义的虔诚心,但他仍坚持认为陶弘景是有心欺诈。真仙之事确实多不可考,可胡适的批评也未免有些过分。仅就文中出现的一些论断而言,大部分也是出自他本人的猜测,并没有无懈可击的论证。如果说陶弘景的写作动机不纯,那么从该文的写作基调来看,胡适在讨论问题时也没能做到客观公正,贬斥道教的观点随处可见,只能说他对宗教本来就带有某种偏见。

在第三部分中，胡适拿出指责陶弘景有意欺诈的“最无可疑的证据”①，即认为陶弘景在撰写《真诰》时，抄袭了佛教经典《四十二章经》。他将《真诰》里的校注与《四十二章经》的原文作了一番对照，发现《真诰·甄命授》中出现二十多处相似的内容。于是，他论断说这二十几处文字都是陶弘景从佛经照搬到《真诰》中的，认为陶弘景“自抄，自阙，自校，自补，又自己做出那故设迷阵的注语来欺一世与后世的读者”②。最后，胡适还将批评的矛头直接指向了整个道教，他说：“整部《道藏》本来就是完全贼赃，偷这二十短章又何足惊怪！”③在此，只能说胡适本人对道教历史以及道经的编撰是缺少认识的，且只是单方面指责道教对佛经的抄袭，没有提到道教对佛教的影响，显然有失公正。再者，胡适可能并未详读《真诰》，或是没有完整读完。陶弘景在《甄命授》之后的《协昌期》中就有明确提到《四十二章经》的一段文字，说明他并不是如胡适所说那般怕被人搜出娘家。此外，注语中也有“又恐今此说未必是真受，犹可杨君疏旧语耳，但真经诰中自亟有论及佛事耳”④。由此可见，陶弘景并不是《真诰》的造作者，只是重新编撰者，他曾和胡适一样发现《真诰》原本中有涉及佛教的内容。原作者从何处得来这些文字，我们不得而知，但能够肯定的是陶弘景并非是“有意欺诈”的大骗子。胡适对整个《道藏》的栽赃就更是武断之举。

4. 许地山。

许地山（1893—1941 年），名赞堃，字地山，笔名落花生（落华生），祖籍广东揭阳，出生于台湾，后落籍福建龙溪。1896 年，从吴献堂先生发蒙，读私塾。1910 年，中学毕业后，曾在漳州第二师范学校执教。1913 年赴缅甸，任教于仰光中学。1917 年考入燕京大学文学院，1920 年得文学士学位，留校任教。后就读于该校神学院，研究宗教学，得神学学位。1923 年赴美留学，在纽约哥伦比亚大学研究院哲学系学习宗教史学和比较宗教学，得文学硕士学位。次年，转入英国牛津大学研究宗教史学、印度学、梵文等。1926

---

① 胡适：《胡适论学近著》，济南：山东人民出版社 1998 年版，第 128 页。
② 胡适：《胡适论学近著》，济南：山东人民出版社 1988 年版，第 134 页。
③ 胡适：《胡适论学近著》，济南：山东人民出版社 1988 年版，第 135 页。
④ （梁）陶弘景：《真诰》，《道藏》第 20 册，第 543 页。

年,得牛津大学文学学位。归国途中,曾顺路到印度研究哲学和佛教。1927年回国,先后在燕京大学、香港大学任教,专心从事于宗教学的教学与研究,并把研究重点放在比较宗教学和道教史等方面。1932年,撰《云笈七籤校异》。1940年,编《道藏子目通检》,写长序《道教源流考》。1941年,因突发心脏病,不幸早逝。

许地山现存的道教方面的主要论著有《道家思想与道教》,载于《燕京学报》1927年12月第2期;《道教史》(上编),上海商务印书馆1935年出版发行;《道教之根本思想及其对于人生的态度》,载于《读书季刊》1935年9月第1卷第2期。

《道教史》是许地山在道教史研究方面最为著名的一部著作。该书是我国第一部以《道教史》为书名,对道教整体的发生发展作出系统梳理和辨析的著作。该书在道教史研究领域的开拓性贡献,也使得许地山成为近代学术界系统研究道教史的先驱之一。

1934年,上海商务印书馆出版的是许地山《道教史》的上编部分,而不是全本。按他本人的说法,全书"本分上下,上编述道家及预备道教底种种法术,下编述道教发展中的教相与教理"①。故现存的许地山《道教史》所叙述的内容实则为道教的前史部分。除弁言和绪说外,本书共分七章,分别讨论道的意义、道家的建立者老子、老子以后的道家、道家最初的派别、秦汉的道家、神仙的信仰与追求、巫觋道与杂术等。就全书内容而言,其中涉及道教本身的讨论并不多,前五章基本都是对道教的重要思想渊源道家思想的相关讨论,仅后两章较为切近道教本身。

在绪说部分,许地山对道家和道教予以区分,他认为"道"大体可被分为思想方面的道和宗教方面的道。道家主要探讨思想方面的道,道教则主要探讨宗教方面的道。但"道"这个名词本身却难以被概括或是定义,此后,许地山又从形式上,对道家和道教进行了分类。为了更加清楚明白地阐释"道"的含义,他分别征引了三种观点。一是梁刘勰在《弘明集》中提出的上品道、中品道、下品道的道家三品说;二是梁阮孝绪在《七录》中将道分为

① 许地山撰,刘仲宇导读:《道教史》,上海:上海古籍出版社1999年版,第1页。

方内道和方外道；三是马端临在《文献通考·经籍考》中将道家分为清静、炼养、服食、符箓、经典科教。以上三种分法均为教外学者的观点。至于教内分法，许地山列举了宋张君房在《云笈七籤》中的分类法，将道教分为正真之教、反俗之教、训世之教。

《道教史》的前五章，主要围绕着道家、老子、道家经典著作《老子》（《道德经》）等核心问题展开。在第二章开头，许地山说："因为道家是后起的，所以'道家'这名辞比起'墨者'、'儒家'等也可以说时代稍后。"①这一观点明显值得商榷，然而，它却是许地山对道家的基本认识，此后文中的相关讨论均以此为基础。首先，关于老子的生平事迹，自古以来便莫衷一是，未有定论。对此，许地山广泛征引日本学者以及国内学者的相关意见，在详细辨析后，认定老子实有其人，但非春秋时人。同时，他对"孔老会见"的真实性持怀疑态度，认为此事应为道教得势后，凭空捏造的附会之说。关于《老子》一书，许地山将其视作晚出之书，并指出现存《老子》并非是《老子》原作，从全书的章句、文体以及思想来看，其中有不少相互矛盾的地方，故断言书中必有后加的文句。他将《老子》的成书年代断至战国中后期，认为《老子》中的许多文句是从《庄子》或申不害、韩非一派法家人物那里引用而来。这样的论断在今天看来显然难以成立。关于《老子》的思想，他重点介绍了其中的道论、人生观以及老子之论敌等。虽不免有误解之处，但大体勾勒出老子思想的概貌。此后，许地山讨论了老子以后的道家代表人物关尹、杨朱、列子等人的相关思想，又梳理了先秦道家的派别，将其分为彭蒙、田骈、慎到的静虚派，假托管子的法治派，假托太公的阴谋派以及庄子一流的全性派。其中，庄子一派的著述最多，对后世影响最大，故许地山此处的论述也最多。关于秦汉道家，主要讨论《吕氏春秋》及养生说和《淮南子》及阴阳五行说。

"道家的养生思想，进一步便成为神仙信仰。"②神仙传说，古已有之。长生不死、飞升成仙是道教修炼的最终目标。道教的养生说强调炼养形神，

① 许地山撰，刘仲宇导读：《道教史》，上海：上海古籍出版社 1999 年版，第 12 页。
② 许地山撰，刘仲宇导读：《道教史》，上海：上海古籍出版社 1999 年版，第 108 页。

视“道”与天地同体而无始终，外加道教文学故事又多假托古之神人，因此道教吸收神仙家的神仙信仰存在着必然性。接下来，许地山对自先秦至道教成立前的神仙思想的发展进行了梳理和讨论，具体内容包括神仙信仰的根源、神仙住处、汉初神仙以及汉武帝求仙等。

许地山将中国古代神道视为道教重要来源之一。所谓“神道”，主要指中国古代的巫觋道与杂术。巫觋是古代通灵之人，在女曰巫，在男曰觋。讨论巫觋道之前，他首先提到了尸与巫的关系。在古礼中，活人穿着死人的衣服代替死人享受祭品叫作“尸”，以体现生人对死人的纪念与敬仰。尸本来用于宗庙祭祀，后来推广到天地山川等祭祀。由此可见，古人是逐渐将天地山川人格化了。许地山认为专门事神传达神意的巫便是由代表祖先的尸逐渐演变而来。但事实上，从人类学和民俗学的研究来看，巫的产生应比尸要早，所以，许地山在此处出现了一个失误。在原始祭祀中，巫的身份很高，主要职能有降神、解梦、预言、祈雨、医病、占星等。巫发展到后来，又分为祝与宗。到秦汉时，虽地位已不如从前，但民间对它的信仰依旧不减。此外，许地山还谈到了医术、禁厌符咒、水镜、桃枝、画虎形治鬼、傩以及房中等杂术。最后，他总结“巫觋道与方术预备了道教底实行方面，老庄哲学预备了道教底思想根据。到三张、二葛出世，道教便建立成为具体底宗教”①。

许地山用七章完成了他对道教文化渊源的考察，他用审视者的眼光对道教前史的思想脉络作了细致的整理和分析，为后来的道教史研究留下了宝贵的资料。由于受疑古思潮和知识局限性的影响，书中也出现了一些偏颇的论断，如他将道教视为“迷信”、认为道家晚出、道教思想是在与佛教思想“交涉”后才成为道教等等；但并不能否定许地山为道教史研究作出的开拓性贡献。

除《道教史》外，许地山现存的论著还有《道家思想与道教》和《道教之根本思想及其对于人生的态度》。这两篇文章对道教形成的思想渊源与《道教史》中的相关论述大体一致。他认为从中国人的日常生活习惯和宗教信仰来看，道教思想比儒家思想占有更大的比重。道教的思想来源十分

---

① 许地山撰，刘仲宇导读：《道教史》，上海：上海古籍出版社1999年版，第140页。

复杂,“可以说是混合汉族各种原始思想所成底宗教”[①],但道家思想无疑是道教最为核心的思想来源。他简要叙述了原始道家的思想梗概,认为道家思想出自“易”,“易”的道理在《老子》中已被阐释得十分明白。道家的政治思想要求返回到原始的小国寡民的社会,去过简易的生活。简易生活的要素是柔弱和清静,这也是道家的要义之一。生活要求简易,人的欲望就需要尽量排除,故道教强调“葆真”。除了自然简易的道理外,道家也有对宇宙造化的见解,即将其视为是一个自然的过程。

关于道教思想的形成,许地山认为中国古代文化的源头是巫史。随后,他列出了一张简表用以描述道教之形成,即由巫史演变为方技术数及儒墨道等诸家学说,这些学说与阴阳五行相融合成为秦汉时的黄老道,外加符咒等杂术,最终流变而成今日之道教。

5. 陈寅恪。

陈寅恪(1890—1969 年),江西修水人。早年曾在日本、德国、瑞士、法国、美国等国留学。1925 年回国后,先后在清华大学、西南联合大学、岭南大学任教授。新中国成立后,任中山大学教授、中国科学院哲学社会科学学部委员、中央文史馆副馆长等。他继承和发扬了清代乾嘉学派和近代西方学术研究的传统,并拥有深厚的文、史、哲及语言文字学功底,对中国历史学、古典文学及宗教学皆有独到创见,能发前人所未发,为海内外学术界所推重。

陈寅恪学识渊博、治学严谨、研究思路开阔,其著作皆具有较高的学术价值。在陈寅恪看来,自晋以来,儒、释、道三教即为中国思想之代表。其中,道教对儒、佛二者均产生过一定影响。六朝以后的道教在思想上有融贯百家之特点,对外来输入文化如佛教、摩尼教等,皆有不少借鉴与吸收,但不忘华夏民族之根本地位,融会贯通后,便在思想上坚守华夷论之态度,有强烈的排外情绪。然而,即便道教在中国传统文化中有着如此重要的地位,但至近代,道教研究依然不多。就道教本身最为重要的大型丛书《道藏》而

① 许地山撰,刘仲宇导读:《道教史》,上海:上海古籍出版社 1999 年版,第 143 页。

言,“迄今无专治之人”①。此外,道教在各个历史时期的变迁、传衍事实以及其与儒、佛两家的关系问题等,仍有待研究。故陈寅恪曾感慨道:“此则吾国思想史上前修所遗之缺憾,更有俟于后贤之追补者也。”②他在道教研究方面的主要论著有《天师道与滨海地域之关系》,载于《中央研究院历史语言研究所集刊》第 11 本第 1 分册;《白乐天之思想行为与佛道之关系》,载于《岭南学报》1944 年第 10 卷第 1 期;《崔浩与寇谦之》,载于《岭南学报》1949 年第 11 卷第 1 期。

在《天师道与滨海地域之关系》中,陈寅恪用“滨海地域一贯之观念”③详细解读了汉顺帝至北魏太武帝、刘宋文帝三百余年间与天师道相关的政治社会史实。本文除导言外,共分七个部分,即黄巾米贼之起原、赵王伦之废立、孙恩之乱、刘劭之弑逆、魏太武帝之崇道、东西晋南北朝之天师道世家、天师道与书法之关系。

关于黄巾米贼之起原,主要指道教早期主要教派太平道与五斗米道(天师道)的起源问题。据《后汉书 · 襄楷传》章怀太子注以及《三国志 · 江表传》等史书记载,可知《太平经》的造作者于吉、宫崇等人皆出身于滨海地域。张角又曾“颇有其书”④,如此说来,张角的道术可能出自于《太平经》,故“黄巾”与滨海地域有一定关联。又据《三国志 · 张鲁传》与《后汉书 · 刘焉传》,张陵和宫崇是同一时代人,他又本是沛国丰县人,此地距海不远,故其道术亦可能来自滨海一带。综上,陈寅恪认为汉末出现的黄巾米贼之起源应与滨海地域有关。

陈寅恪又用“滨海地域”解释了魏晋南北朝时期与天师道有关的四起政治事件。一是赵王伦的废立,赵王伦是西晋八王之乱的核心人物,而孙秀和张林则是为其出谋划策之人。孙氏一族是琅琊土著,世奉天师道。张林其家族信仰又与太平道颇为相似。据《晋书》记载,赵王伦曾被封为琅琊王。琅琊属于滨海地域,是天师道起源地之一,赵王伦在封地受地域风俗之

① 陈寅恪:《金明馆丛稿二编》,上海:上海古籍出版社 1980 年版,第 250 页。
② 陈寅恪:《金明馆丛稿二编》,上海:上海古籍出版社 1980 年版,第 250 页。
③ 陈寅恪:《金明馆丛稿初编》,上海:上海古籍出版社 1980 年版,第 1 页。
④ 《后汉书》卷 30《襄楷传》,北京:中华书局 1965 年版,第 1084 页。

影响信奉天师道亦有可能。二是孙恩之乱,陈寅恪认为“东晋孙恩之乱,其主因亦由于皇室中心人物早成天师道之信徒”①。从《晋书》记载的简文帝求嗣之事来看,孝武帝与会稽王道子在成长中均曾受到天师道的影响,并且,这三人的名字中都含有“道”字,亦可说明他们与天师道信仰实有关联。会稽王道子任用过孙泰,又喜好裴氏的服食之术,也可佐证他与天师道的密切关系。因此,在这样的背景下,孙恩之乱的出现便不难解释了。三是刘劭的弑逆,陈寅恪认为这一事件的发生与天师道传入皇室中心有关。刘劭之弑逆可能由于受女巫严道育迷惑。严道育出生在吴兴,以“道”为名,又号“天师”,故其信仰应为天师道。四是魏太武帝之崇道,此事件的核心人物是寇谦之与崔浩。寇谦之的父亲寇修之曾任莱阳太守,又在滨海地区暂居过,父子两人皆以“之”字命名,外加寇氏一族本为米贼余党,故应为天师道世家。崔浩之母卢氏是卢谌的孙女,卢氏一族有信仰天师道的传统,崔浩有可能受母亲影响而信奉天师道。又据史书记载,崔浩曾用道家的北斗七星延命术为父续命,其父又曾在滨海的齐鲁一带避乱,这些皆可证明崔浩与天师道及滨海地域确有关系。由此可见,以上四起政治事件的出现与天师道及滨海地域皆有一定关联。

接下来,陈寅恪又用较大篇幅对魏晋南北朝时期的天师道世家逐一作简要分析。从旧史记载可以考证这些天师道世家基本都与滨海地域有关,而滨海地域实为天师道的传教区域。随后,陈寅恪列出十一个天师道世家,并依据史料文献分别说明它们与天师道及滨海地域的关系。它们分别是琅琊王氏、高平郗氏、吴郡杜氏、会稽孔氏、义兴周氏、陈郡殷氏、丹阳葛氏、东海鲍氏、丹阳许氏、丹阳陶氏、吴兴沈氏。

此文还讨论了天师道与书法的关系。天师道世家多以书法作为家族世代相传的艺术,这不禁让人联想到天师道与书法之间的关系。自古以来,宗教与艺术之间就在相互影响中,促进着对方的发展。但天师道与书法的关系却并未引起学者的重视,故陈寅恪以历史文献中涉及两者相互关系的史实作为考察资料,从宗教学角度探究两者间的内在关联。征引《真诰》、《太

① 陈寅恪:《金明馆丛稿初编》,上海:上海古籍出版社 1980 年版,第 7 页。

平御览》、《云笈七籤》、《法书要术》等书，可知道教经书和符箓的抄写均是由能书之人充当，写经也被视为一种功德。陈寅恪又举王羲之与山阴道士写经换鹅的故事，说明天师道与书法之关系。按陶弘景的说法，鹅是道家养生上品，养鹅与换鹅说明两人深知鹅在天师道信仰中的作用。山阴道士请王羲之写经主要是因道书需要由能书之人书写，又能以此积功德。陈寅恪治史，所据的材料皆是常见的历史文献，可贵之处在于他能征引旧文，提出新问题，赋以新解释。

最后，关于天师道之流传多起于滨海地域的原因，陈寅恪认为，滨海一带交通便利，不同文化容易汇聚在一起，相互融合，本土文化易受外来文化的影响，出现新的变化，便利的交通条件也有利于文化的传播和扩展。

在《天师道与滨海地域之关系》一文中，陈寅恪已简要分析了崔浩和寇谦之的家世背景。而《崔浩与寇谦之》一文则是这一讨论的进一步展开。关于寇谦之的家世背景，六朝天师道信徒多以“之”命名，以显示其宗教信仰，“之”字命名的例子也颇多，不仅可以祖孙三代同用，兄弟同辈之间也皆可用，并且“之”字也可省略。依照史书记载，寇氏是秦雍的豪家大族，陈寅恪推测其可能是随张鲁而北迁至中原一带，应为米贼余党，故有世传天师道的传统。

陈寅恪认为道教起初虽为本土产物，但后来逐渐接受和吸收外来学说、技术，而成为一个庞大复杂的文化混合体。寇谦之的道教改革中，便有吸收外来佛教的学说与技术。这与寇谦之随成公兴修道有一定关系。据《殷绍传》可知成公兴与佛教关系甚为密切。《魏书·释老志》亦云他著法服持钵执锡杖而去，这显然与佛教有关。寇谦之少修张鲁之术，历年无效，遇成公兴后，随其入山修炼，方才修得正果，故陈寅恪认为此段记载暗指寇谦之在道教改革中曾吸收和利用成公兴传授给他的由天竺传来的新天算、医药之学以及新律学。

崔浩出身于清河崔氏一族，崔氏自魏晋以来，在北朝政治中一直位居高位。崔浩之母出身天师道世家卢氏，故其幼年必然会受到宗教气氛的熏染。他作为东汉儒家大族的后继者又有“齐整人伦，分明族姓”①的政治理想。

① 《魏书》卷47《卢玄传》，北京：中华书局1974年版，第1045页。

相对而言,寇谦之也有“专以礼度为首”①的清整道教的理想。在家世背景和政治抱负相符合的基础上,两人“一拍即合”。

《白乐天之思想行为与佛道之关系》一文,陈寅恪主要比较佛道两教对白居易一生之影响。据《全唐诗》和《白氏长庆集》等相关文献材料,可知白居易虽晚年皈依佛教,但道教思想在其一生中有着极为重要的影响。陈寅恪从白居易炼制外丹的行为与知足不辱观念两个方面论证了这一观点。白居易早年结识道友,同学金丹;中年时,又惑于炼丹术;至晚年,仍炼丹不成,遂最终绝望于此。白居易一生都信奉老学,知足不辱的观念是其思想之核心。之所以会秉持着这样的观念,与其家世出身、政治分野分不开。白居易在复杂的社会现实面前,能做到全身不辱,实得益于老学。陈寅恪又举相关诗句总结道:“乐天之思想乃纯粹苦县之学,所谓禅学者,不过装饰门面之语,故不可以据佛家之说,以论乐天一生之思想行为。”②

6. 汤用彤。

汤用彤(1893—1964 年),字锡予,湖北黄梅人。幼时受家学熏染,博览群书。1916 年毕业于清华学堂,1918 年赴美留学。1922 年,获哈佛大学哲学硕士学位。回国后,历任东南大学、南开大学、中央大学、北京大学教授、哲学系主任、文学院院长等职。新中国成立后,担任北京大学校务委员会副主席、副校长,中国科学院哲学社会科学部委员。汤用彤一生治学勤奋,态度严谨,通晓多门外语,在中国佛教史、魏晋玄学、印度哲学等领域成就斐然。主要代表著作有《汉魏两晋南北朝佛教史》、《隋唐佛教史稿》、《魏晋玄学论稿》等。

汤用彤在道教研究方面的主要论著有:《读〈太平经〉所见》,载于《国学季刊》1935 年第 5 卷第 1 期;《康复札记四则》中的《“妖贼”李弘》、《云中音诵新科之诫》,载于《新建设》1961 年 6 月号;《读〈道藏〉札记》,载于《历史研究》1964 年第 3 期。

汤用彤为人熟知的是他在中国佛教史方面的研究成果,但事实上,他对

① 《魏书》卷 114《释老志》,北京:中华书局 1974 年版,第 3051 页。

② 陈寅恪:《白乐天之思想行为与佛道之关系》,《岭南学报》1944 年第 10 卷第 1 期。

道教史的相关问题也有一定的关注。任继愈在《汤用彤全集·序二》中说："他对道教的关心不下于佛教，只是没有写成著作，他的功力鲜为人知。他写的《读太平经所见》已透露了坚实的功力。"①汤用彤的道教研究主要以《道藏》为考察对象，结合相关的文献史料，探讨早期道教的相关问题，如《太平经》、寇谦之改革、李弘等。

《读〈太平经〉所见》是汤用彤在20世纪30年代研究早期佛教史时，顺便对道教经典所作的研究。文章内容主要围绕《太平经》与《太平经钞》的关系，《太平经》的卷帙版本、真伪，以及《太平经》中体现的佛道关系等问题展开。

在《太平经》与《太平经钞》一节中，汤用彤取《道藏》中收录的《太平经》的三种本子，一是《太平经》57卷残卷，原书170卷；二是《太平经钞》10卷；三是《太平经圣君秘旨》，仅有六纸。经过对三者的反复对勘比照，汤用彤发现《太平经钞》所载内容基本来自于《太平经》残卷。但《道藏》的编者却误以为10卷的《太平经钞》是《太平经》残卷所缺的前10卷，再加上后人对《太平经》关注不多，致使此误解一直沿袭。故汤用彤指明《太平经钞》应为《太平经》的节本，《太平经圣君秘旨》也同样节抄自《太平经》。

关于《太平经》的卷帙版本，汤用彤据相关史料记载，对勘《太平经钞》及考察经文中的避讳情况，断定《太平经》原有170卷，分甲至癸十部，每部17卷为一帙，共计十帙；《道藏》收录的《太平经》残卷所据原本应是残本，而残本所据的写本或出于陈末唐初之间；《太平经钞》和《太平经》的节本至迟在唐代已出现。

关于《太平经》的真伪。首先，依据《后汉书》章怀太子注和《三洞珠囊》所引，可知《太平经》至迟在唐代已出现；其次，现存经书内容与襄楷、葛洪、范晔所记的《太平经》基本相符；再者，《太平经》所载内容多为汉代流行学说，如五兵、刑德之说。综上，汤用彤断定该书应是汉代古籍。但就行文来看，原作者的文化素养似乎并不高，所用典故和引文皆不多，故很难从中找出断定具体成书年代的有力证据，也无法证实现存《太平经》是否确为史

① 汤用彤：《汤用彤全集》第1卷，石家庄：河北人民出版社2000年版，第2页。

书中记载的原本。此外，根据经书内容和相关文献资料，其中对汉代的黄老图谶之道有所体现，又涉及张角、张陵的早期道教思想。但部分思想又与后来的六朝道教思想存在一定差异，外加魏晋南北朝道教对此书不甚重视，故汤用彤认定该书应是最早的道教典籍之一，后人伪造的可能性不大。

最后，汤用彤指出《太平经》对佛道关系的研究甚为重要。《太平经》中既有反佛倾向，又有对佛教思想的借鉴。《太平经》117卷中有对"不孝"、"捐妻"、"食粪"、"行乞丐"的驳斥，汤用彤推测此四事暗指佛教。《太平经》博采众家学说，书中的三界、本起等名词似乎出自佛教。此外，他从文化地理学的角度，又分析了老子化胡说的产生地域，认为汉魏间的老子化胡说应该产生在《太平经》与佛教均已流行的地域。汉代佛教作为外来宗教传入中土，为取得中国人信奉，需要依附于当时社会中颇为盛行的黄老道术。而襄楷等人又视浮屠与黄老为一家，以为两教同出一源，殊途同归，没有实质差别，故后来出现了黄老与浮屠并称并祀的情况。加之两者又有相互借鉴的情况，故后世好事之人便以此捏造了老子化胡的故事。

《康复札记四则》包含四篇短文，其中《"妖贼"李弘》和《云中音诵新科之诫》两篇与道教相关。在《"妖贼"李弘》中，汤用彤指出："原始道教起于民间，汉末以后曾为农民革命所利用。"①其中，借"李弘"名义的起义对当时社会影响颇大。汤用彤参照《晋书》中有关"李弘"的记载，提出李弘和农民起义的关系问题，并得出"'李弘'一名当为其时利用道教领导农民起义之领袖的代名词"②的结论。"老君当治，李弘应出"的谶语在当时社会中广泛流传，并颇具号召力，故以"李弘"为名义的起义也是层出不穷。以清整道教为己任的寇谦之对这类事件予以严厉贬斥，具体体现在其著作《云中音诵新科之诫》中。此书早已亡佚，如今仅有《老君音诵诫经》1卷存于《道藏》洞神部。据陈国符在《道藏源流考》中的考证，"今《道藏》收有《老君音诵诫经》，云老君以授寇谦之。所述天师道流弊及革新之法与《魏书·释老志》同"③。除此之外，汤用彤更大胆推测今《道藏》力帙诸戒律中《正

① 汤用彤：《汤用彤学术论文集》，北京：中华书局1983年版，第309页。
② 汤用彤：《汤用彤学术论文集》，北京：中华书局1983年版，第310页。
③ 陈国符：《道藏源流考》，北京：中华书局1963年版，第101页。

一法文天师教诫科经》、《女青鬼律》等道经也为寇谦之所作，这些著作的总名为《云中音诵新科之诫》。

《读〈道藏〉札记》重点介绍了《道藏》收录的《养性延命录》、《道德真经取善集》、关于研究寇谦之的若干史料、“妖人”刘举以及陶弘景《答朝士访仙佛两法体相书》。通过考察《养性延命录》的内容，汤用彤认为这部著作说明《道藏》中的某些著作确实保存了一些对研究魏晋南北朝时期思想史颇为重要的史料。《道德真经取善集》便保存了钟会《老子注》和鸠摩罗什《老子注》这两种已经散失了的《老子》注本。汤用彤对这两个注本略加论述，指明它们分别有助于魏晋玄学和佛道关系的研究。所谓“研究寇谦之的若干史料”，主要是指汤用彤阅读《道藏》时，在《混元圣纪》和《谷神篇》中发现若干条有关寇谦之的史料文献。《老君音诵诫经》中，除对托名“李弘”的起义加以批评外，还有说到托名“刘举”者。汤用彤在《魏书》中，搜得有关刘举的若干材料，据此推测，托名刘举的起义应发生在北魏时期，并且颇有其人。陶弘景《答朝士访仙佛两法体相书》一文，对研究南北朝时期佛道两教在宗教理论上之不同甚为重要。南北朝时期，佛道之争日益加剧，两教为攻击对方，互有著述相关书籍，如佛教一方的《弘明集》和道教一方的《夷夏论》等。陶弘景的这篇文章是从宗教理论上言明佛道两教之不同。其讨论核心问题为：“（一）佛道两教于形神、生死问题上看法相异；（二）佛道两教求得解脱的方法不同。”①此外，汤用彤还就陶文补充了当时佛道两教在这两个问题上的相关材料。

7. 陈垣。

陈垣（1880—1971 年），字援庵，广东新会人，出身药商家庭。6 岁随父至广州，7 岁入私塾学习儒家经典。13 岁偶读张之洞的《书目答问》，探得自学门路，此后又熟读《四库全书总目提要》。少年陈垣虽无师承，却极为好学，靠自己摸索，由目录学入手，打下了坚实的历史文献学基础。1897 年赴京应试不第。1907 年入博济医学院学习，并以优异成绩毕业。1913 年，当选众议员，因见政治黑暗，遂潜心于治学与任教。自 1922 年起，先后在国

① 汤用彤：《汤用彤学术论文集》，北京：中华书局 1983 年版，第 413 页。

立北京大学、北平师范大学、辅仁大学等学校任教。1926—1952年，任辅仁大学校长。1952—1971年，任北京师范大学校长。他还曾兼任京师图书馆馆长、故宫博物院图书馆馆长等职。陈垣在宗教史、元史、历史文献学等领域均有精深研究，成就卓著。主要著作有《元西域人华化考》、《校勘学释例》、《史讳举例》、《南宋初河北新道教考》、《明季滇黔佛教考》、《清初僧诤记》、《中国佛教史籍概论》及《通鉴胡注表微》等。

陈垣在道教研究方面的主要著作有：《记许缵曾辑刻太上感应篇图说》，载《大公报图书副刊》1936年10月22日第153期；《李志常之卒年》，刊于《辅仁学志》1943年12月第12卷第1、2期；《南宋初河北新道教考》4卷；《道家金石略》（编纂）等。

《南宋初河北新道教考》是陈垣在道教史研究方面的开创之作，全书分3篇4卷，全真篇2卷，大道教、太一教各1卷，共7万余字。主要考述全真教、大道教、太一教三派的起源、发展以及活动情况。该书完成于1941年，时值祖国备遭凌辱的抗日战争时期，当时河北各地相继沦陷，陈垣本人亦身处沦陷区内。因有感于三教创立之初，有不仕新朝的民族气节，故借此题材以讽当世，宣扬爱国主义精神。加之《元史·释老传》对三教之事所言甚少，陈垣遂以自己于20世纪20年代所纂的《道家金石略》为基本材料来源，从中抽取南宋、金元时的三教碑刻以及诸家文集，进行考证和辨析。

关于该书的命名，"新道教"即指全真教、大道教、太一教。《元史·释老传》将道家分为四派：全真、真大、太一、正一。其中，正一道属北宋以前旧道教，其他三教皆是宋南渡后创立，故称之为"新道教"。"南宋初"指三教的初祖皆生于北宋末，卒于金大定中。"河北"则因三教传教区域基本都在黄河以北。

《全真篇》分上、下两篇，上篇主论全真教之自身修为，下篇主论时人对全真之好恶。此篇以全真教的起源与传授、教徒制行、藏经刊印、教史编纂、民众归附、官府猜忌、焚经厄运、末流贵盛、元遗山之批评为主要内容。全真教与其他两教相比，留存史料较多，也有不少教门旧史传世，如李道谦的《祖庭内传》和《甘水仙源录》、陈铭珪的《长春道教源流》等。

《全真篇上》先言全真教的出世原因，道教源出老庄之学，本应遵循清静无为、复归于道的修行方法。但汉代之后，却渐失本旨，派生为方术、符箓、烧炼、斋醮等杂术。道教徇末遗本的弊病累积“至于宣和极矣。弊极则变，于是全真之教兴焉”①。全真教创教初期基本遵循“识心见性，除情去欲，忍耻含垢，苦己利人”②的修持方法。全性之本真，不尚符箓烧炼，取合于老庄之道的修炼方式。因全真道的修持方法颇异于此前的符箓道派，故被陈垣称为“道教中之改革派”③。关于全真教之制行，陈垣据《道藏》收录的全真教语录及碑铭，将其概括为“大抵以刻苦自励，淡泊寡营为主”④，能备黄帝、老聃之蕴，谦逊似儒，勤劳似墨，慈爱似佛。此外，全真教还以结纳士类作为扩大影响力的主要手段。士是中国古代文化阶层的重要组成部分，能与其交好，对教派思想的传布是极有益处的。同时，提高教门的整体文化素质水平也需要网罗更多的知识分子。全真道的创立者王重阳本为士流，全真七子也都具备一定的文化修养，故在结纳士类方面，特别是对儒士效果颇著。即便不能通晓儒学者，也须身通一技，如书画之类，才能吸引到士类。全真初兴之时，并无教史，至元太宗十三年，方有秦志安作《金莲正宗记》。但此书并非善本，前文滥收钟吕，后文止述于七真。直至李道谦撰《祖庭内传》和《甘水仙源录》，全真教史才算完备起来。

《全真篇下》先言人民之信服，陈垣将全真教得民众信服之原因概括为三点，即“异迹惊人，畸行感人，惠泽德人”⑤。事实上，在上篇《杀盗之消除第三》已讲到全真教虽以自身的苦行修炼为主，但在修道行教时，也强调自善而兼善，并非只是独善其身。如丘处机就曾劝服成吉思汗止杀保民，布法推恩，积极立观度人等。除士流以外，全真教对普通人亦广为接纳。苦己利人的修持特色使全真教在初期颇得群众信服，其影响力也因此迅速扩大。此外，全真教对女学之发展也有重要的促进作用。《道藏》收录的全真教典籍中，有关女冠之事的记载也有不少，足见全真对女冠的重视。中国古代女

① 陈垣：《南宋初河北新道教考》，北京：中华书局 1962 年版，第 2 页。
② 陈垣：《南宋初河北新道教考》，北京：中华书局 1962 年版，第 3 页。
③ 陈垣：《南宋初河北新道教考》，北京：中华书局 1962 年版，第 2 页。
④ 陈垣：《南宋初河北新道教考》，北京：中华书局 1962 年版，第 6 页。
⑤ 陈垣：《南宋初河北新道教考》，北京：中华书局 1962 年版，第 37 页。

子社会地位低下，纵有才学也无处施展，但道教对女子较为尊重，允许女冠修道，并且规定出家修道之人须诵习经文，方能受度。所以，只要成为女冠，女子便不至于目不识丁。全真教在元代发展过于兴盛，影响力过于广泛，也引起了官方的注意和防范。元太宗时，宋德方集一教之力，主持重新编纂了《玄都宝藏》，史称“元藏”。全真教刊行《道藏》之意义有二，一是承道家统绪，二是留读书种子。新《道藏》刊成后，全真教徒在社会上大量刊行、散布其中的《老子化胡经》和《老子八十一化图》，因此导致由来已久的佛道矛盾空前激化。因元朝统治者对佛教的偏袒，在以《化胡经》为中心的两次佛道大辩论中，道教均落得惨败。道教被勒令退还侵占的佛教寺院，《道藏》以及大量经书惨遭焚毁。至此，全真教开始由全面鼎盛转向发展的低谷时期。全真教的衰落除外部原因外，也有自身原因。全真教早期崇尚安贫守贱的苦行修炼，但据陈垣考证，自孙德彧掌教时起，全真教上层就开始蜕变为“末流之贵盛”①。原本以闲静清高著称的道教宫观，变得“实与一繁剧大官府无异焉”②。元遗山对全真教的批评，实则是针对全真教显盛后，依附之人甚多，所收过滥而造成的诸多弊端而言。

《大道篇》主要考证大道教的起源、戒目、各祖师的道行、九祖十一祖叠出之稽疑、宫观分布情况等。《元史·释老传》：“真大道教者，始自金季，道士刘德仁之所立也。其教以苦节危行为要，而不妄取于人、不苟侈于己者也。五传而至郦希成，居燕城天宝宫，见知宪宗，始名其教曰真大道。”③但这里却有几处说法值得商榷，大道教创教人刘德仁毕生活动皆在金之前半段，故“金季”之说有误；刘德仁所创之教自元宪宗时始名“真大道”，但此前该教派一直存在，并非无名，非此名而已。大道教参照祖师刘德仁的道行为基本的修持方法，即出家避俗，清心寡欲，力耕而食，戒行严洁。此外，大道教还有“守本分，不务化缘”④等特点。可见，大道教与全真教初期的修行特点十分相似，皆是不婴世故，不仕新朝，苦节危行于世。除文献资料外，陈垣

① 陈垣：《南宋初河北新道教考》，北京：中华书局1962年版，第67页。
② 陈垣：《南宋初河北新道教考》，北京：中华书局1962年版，第68页。
③ 《元史》卷202《释老传》，北京：中华书局1976年版，第4529页。
④ 陈垣：《南宋初河北新道教考》，北京：中华书局1962年版，第78页。

还找到了一些易被人忽视的实物史料如相关碑铭等，用以考证大道教的历史活动。

大道教碑刻《洛京缑山改建先天宫记》中有这样一段记载："五祖当教之日，值大元立国之初，法令未行，逆魔乱起，始终一十五载，遭逢十七大魔，以五祖道德崇高，威灵显赫，魔不胜道，寻乃自平……教门得真假之分。"① 可见，五祖郦希成掌教时，教内曾出现过"逆魔乱起"的混乱局面。历经十五年，郦希成最终平伏"逆魔"，并改称己派为"真大道"，以显示其正统性。此外，大道教历史中还出现过九祖至十一祖叠出三代之事，即"大道教第九祖为张清志，吴虞宋三家记载无异词，《程雪楼集》十七有郑真人碑，述大道教祖师，八祖以前各家同，而称赵真人为第九祖，某真人为第十祖，郑为十一祖，郑之后乃为普济大师张君，此可疑者一也"②。陈垣引吴澄《天宝宫碑》和虞集《岳公之碑》为此作详细解释，举《天宝宫碑》的说法，即"岳师死，清志还丧之，丧毕潜遁，复归华山旧隐。而天宝宫二赵一郑，摄掌教事，五年间，相继殒灭……于是宫之徒众寻访张清志"③。

宫观数量的多少与其分布情况，可以从侧面反映出一个教派的发展情况。大道教的宫观规模虽不及全真教，却在太一教之上，陈垣乃著录大道教之宫观，从其宫观分布情况考察教派发展的兴盛程度。

《太一篇》以太一教的起源、各祖师道行、人物为主要内容。太一教本身无教史，但元代学者王恽与太一教有密切关系，对太一教教内之事所知甚详，故王恽的《秋涧集》可作为研究太一教历史的宝贵参考资料。此书对太一教研究的重要性，陈垣在文中评价道："今太一有《秋涧集》，其文献亦赖以不亡，《秋涧集》不啻太一之太史也。"④

《元史 · 释老传》："太一教者，始金天眷中道士萧抱珍，传太一三元法箓之术，因名其教曰太一。"⑤太一教尊奉五福太一，效法张陵五斗米道，以

---

① 陈垣编纂：《道家金石略》，北京：文物出版社 1988 年版，第 818 页。
② 陈垣：《南宋初河北新道教考》，北京：中华书局 1962 年版，第 98 页。
③ 陈垣编纂：《道家金石略》，北京：文物出版社 1988 年版，第 827 页。
④ 陈垣：《南宋初河北新道教考》，北京：中华书局 1962 年版，第 110 页。
⑤ 《元史》卷 202《释老传》，北京：中华书局 1976 年版，第 4530 页。

符水首过为人治病解厄，施“太一三元法箓”。南宋初河北新兴三教中，唯有太一教崇尚符箓，并以此为名。此外，太一教还有一个特殊教制，即掌教祖师一律改从始祖萧姓，以显示师徒之间的父子之义。

此后，书中又逐一介绍了太一教各祖师的道行，如二祖萧道熙游心于翰墨，四祖萧辅道之重望，五祖李居寿之宠遇，六、七祖传授之推测等等。据王若虚《滹南遗老集》和王恽《秋涧集》等文集对太一教人物的相关记载，陈垣对太一教祖师以外的人物也加以叙述，其中包括侯元仙、王守谦、张善渊、张居祐、刘道真、张彦辅等人。

《道家金石略》是由陈垣编纂的一部重要的道教碑刻资料集，是其研究道教史基本的材料来源。为了研究道教史，陈垣“曾将《道藏》中碑记，及各家金石志，文集，并艺风堂所藏拓片，凡有关道教者，悉行录出，自汉至明，得碑千三百余通”①，编为《道家金石略》百卷，但因“校雠不易，久未刊行”②。因各种原因，至陈垣去世，该书稿也未能付梓。直至1988年6月，经陈垣之孙陈智超、孙媳曾庆瑛的共同校补，由文物出版社负责刊行，该书才最终得以现世。

该书草创于1923—1924年，陈垣时任北京大学研究所国学门导师，搜集《道藏》、历代文集，以及校藏拓片，特别是缪荃孙的艺风堂拓片中有关道教的碑铭文字，编为百卷。增补后，全书共收文一千五百余篇，字数达百万以上。所录碑文，以汉魏六朝、唐、宋、金元、明为断限分为五个部分。每个部分的碑文按时间顺序排列，并编号。金元部分因收录内容较多，再分为全真、真大、太一、正一及归属不明者五个部分。编者和校补者对书中收录的碑文都进行了认真考订校勘，并逐一加以标点，有必要处酌情作注释说明，再统一字体格式分类编排。全书结尾处还制作了目录、作者、主要人名以及宫观索引，极大地提高了资料的使用价值，为研究查阅者提供了诸多便利。

该书的碑文内容，主要包括自汉至明间，道教诸派别的发展源流、教理

① 陈垣：《南宋初河北新道教考》，北京：中华书局1962年版，第1页。
② 陈垣：《南宋初河北新道教考》，北京：中华书局1962年版，第1页。

教义、道术修炼、斋醮仪式、重要人物的生平活动及其思想等。同时，该书也从侧面反映出不同历史时期内，不同的社会政治状况以及民风世俗。可以说，《道家金石略》这部大型的金石著作，为道教研究提供了除《道藏》以外的全新并且可靠的历史资料，对整个中国道教都有着重要意义。

8. 姚从吾。

与陈垣先生创作《南宋初河北新道教考》的现实原因相同，姚从吾所著《金元全真教的民族思想与救世思想》也是一部借宣扬全真教历史而为抗日现实服务的论著。姚从吾（1894—1970 年），原名士鳌，字占卿，别号从吾，河南襄城县人。1914 年考入北京中华大学预科，1917 年入北京大学文学院史学系学习。1920 年本科毕业，获文学学士学位，复入北京大学国学研究所深造。1923 年，北京大学选送他到德国柏林大学，师从汉学家傅朗克、蒙古学家海尼士等，开始蒙元史研究。1934 年回国，任北京大学史学系教授，1936 年兼任系主任。1937 年“抗战”爆发，高校内迁，任西南联合大学史学系教授兼系主任。1946 年，出任河南大学校长。1970 年病逝于台湾。《金元全真教的民族思想与救世思想》初刊于《治史杂志》第 2 期（1939 年 6 月）。作者认为，金元的政治形势促成了道教的兴旺发达。中原汉族人士目睹祖国沦亡，不堪外族欺凌，隐身道院。借古讽今，认为全真教主王重阳“在女真人侵入中原、刘豫建号为虎作伥的时代，不但不同流合污，而且曾表示反抗”①。后来知道大势已去，“才创立一种混合儒道的全真教，想对于外族统治的劫运有所补救”②。“全真教主张儒释道合一，目的既不在宣扬传统的道教，或者有保存全民族传统思想的意味”；全真教主张三教合一，“实在有保存三教精神（汉族文化）的意思”。③联系日伪横行的现实境况，作者认为，王重阳的行为“用旧话说是独善其身，不事异族。用现在的话说，就是具有民族思想，保存民族的人格，不当汉

① 姚从吾：《金元全真教的民族思想与救世思想》，姚从吾：《东北史论丛》（下册），台北：正中书局 1959 年版，第 176 页。

② 姚从吾：《金元全真教的民族思想与救世思想》，姚从吾：《东北史论丛》（下册），台北：正中书局 1959 年版，第 176 页。

③ 姚从吾：《金元全真教的民族思想与救世思想》，姚从吾：《东北史论丛》（下册），台北：正中书局 1959 年版，第 180 页。

奸，不与外族合作”①。王重阳利用道教的名义聚众授徒，团结互助，以反对金初异族的压迫，保全汉民族的文化血脉，是全真教对中华民族的一大贡献；而丘处机劝止成吉思汗的滥杀，救人民于不死，是全真教对中华民族的第二大贡献。作者认为，当“整个汉民族，整个汉文化，横被摧残，无法挽救”之时，“丘处机能本宗教家救世的热诚，万里远行，以止杀好生劝谏蒙古可汗，多所保全。这真是万家的生佛，民族的救星。丘处机的保全民族生命，与王嚞的保全民族人格，就对于中华民族史的贡献说，功德相等”。② 该著后经易心莹、赵象乾、谭君若重新校写，1946 年由四川青城山常道经书社刊印。该著在日寇占领我半壁河山、全国掀起大规模抗日救亡活动时酝酿成书，复于抗日刚获胜利后由道教界重刊，展现了史学家和道教界爱我中华民族、维护祖国独立的爱国主义情操。姚从吾 1949 年后还发表过《元丘处机年谱》③、《成吉思汗信任丘处机这件事对于保全中原传统文化之贡献》④等相关论述，兹不赘述。

9. 刘国钧。

刘国钧（1899—1980 年），字衡如，江苏江宁人。1916—1920 年就读于金陵大学哲学系。毕业后，留校图书馆工作。1922 年赴美留学，在威斯康星大学学习哲学，并兼修图书馆学课程。1925 年获哲学博士学位，旋即回国，任金陵大学教授兼图书馆主任。1929—1930 年任北平图书馆编纂部主任，主编《图书馆学季刊》。1930 年回金陵大学任教，兼任图书馆馆长、文学院院长等职。1937 年，抗日战争爆发，金陵大学内迁至成都。1943 年，在兰州任西北图书馆筹备主任，次年任馆长，1949 年任顾问。1951 年以后，在北京大学图书馆学系先后任教授、系主任。1980 年，因病逝世于北京。刘国钧毕生致力于图书馆工作以及图书馆学教育研究工作，在文献编目、文献分

① 姚从吾:《金元全真教的民族思想与救世思想》，姚从吾:《东北史论丛》（下册），台北:正中书局 1959 年版，第 183 页。

② 姚从吾:《金元全真教的民族思想与救世思想》，姚从吾:《东北史论丛》（下册），台北:正中书局 1959 年版，第 199 页。

③ 《中国学术史论集》，台北:中华文化出版事业委员会，1956 年。

④ 《文史哲学报》第 15 期（1966 年 8 月）。

类学、图书馆学基础理论和书史研究等方面皆成就卓著。20 世纪 30—40 年代，他曾在史学及宗教学方面做过专门研究，并发表了相关学术文章。1931 年，他发表了《两汉时代道教概说》和《后汉译经录》，分别载于《金陵学报》第 1 卷第 1 期、第 2 期。1933 年，他发表了《三国佛典录》，载于《金陵学报》第 2 卷第 2 期。1934 年，他在金陵大学文学院开办的国学特别研究班里，担任了"《汉书 · 艺文志》研究"和"《老子》"两个专题的导师，并于同年发表《老子神化考略》(载于《金陵学报》第 4 卷第 2 期)及《老子王弼注校记》(载于《图书馆学季刊》第 8 卷第 1 期)。此后，他还兼任过金陵大学文科研究所所长，并参与了史学部的研究生培养工作。金陵大学内迁成都期间，刘国钧对魏晋时期的政治思想进行了重点研究，发表了《曹操与其时代之思想》、《建安时代之人生观——魏晋思想散记》、《建安时代之政治思想》等文章。由此可见，汉魏两晋南北朝时期的政治与宗教思想研究曾是刘国钧先生治学的一个重点。遗憾的是，这些研究没有继续下去，对此，北京大学图书馆学系 1957 级学生金恩晖在《悼念刘国钧老师逝世一周年》一文中说："有一次，他对我讲，他自己早年被授予美国哲学博士学位，对中国道教和老子哲学有过系统的研究，由于感到图书馆学更需要有人开拓，从此就将主要力量致力于现在的专业了。"①

近代以来，随着中国社会的转型，中国学术文化由传统学术形态开始向近代意义上的学术形态转型。"五四"之后，西方现代学术思想大量涌入国内，本土文化受到外来文化的冲击和挑战，学术界出现了"疑古"思潮。道教作为中国土生土长的传统宗教，曾被视为"封建迷信"，研究它的人很少。1900—1949 年，一般被学界认为是中国现代学术意义上的道教研究的起步和奠基阶段。关于这一阶段的研究状况，卿希泰教授曾感叹"仅仅是有些从事历史和哲学研究的学者……在从事自己专业研究的同时，附带作一些道教文化的研究，没有一个是以道教研究作为自己专业的学者"②，刘国钧也包含在这些学者之中。他的学术贡献主要体现在图书馆学方面，其在道

① 金恩晖：《金恩晖图书馆学文选》，长春：吉林人民出版社 1993 年版，第 518 页。
② 卿希泰：《道教研究百年的回顾与展望》，《四川大学学报》2006 年第 4 期。

教方面所做的研究，后人所知甚少。

首先，刘国钧肯定了道教作为中国古代一股重要的活动势力，“从宗教史，思想史，乃至政治史上观之，其地位固不容忽视也”①。但时至近代，鲜有国人专门从事道教研究，故他在“治中古思想史之余闲，札记有关初期道教之记载，作研讨之发端，不足以言系统之论著也”②，这也是《两汉时代道教概说》一文的写作背景。这篇文章主要探讨的问题是道教在整个汉代的酝酿与创建情况。

道家与道教皆以“道”为名，却不等同于彼此。那么“道”这个字是从何时起指代一种宗教的呢？依据汉代相关史料，刘国钧推断：“‘道’字之渐变而为一种宗教专名，殆在汉魏之间。”③道教作为一种复杂的社会现象，杂而多端，在他看来，“组成道教之重要原素，不外三支：一为老庄之学说，一为神仙方技之术，一则张陵所创之教”④。纵观全文，《两汉时代道教概说》正是围绕着以上三点而展开讨论。

西汉初年，当时道家的主流学说为黄老之学，其不仅涉及治国理念，亦有养生思想，当此之时，“所谓道家仍是一种哲学而非宗教也”⑤。从《太平御览·老子圣母碑》和《魏书·释老志》对老子神化的描述，及《后汉书》有关汉桓帝崇祀老子的相关记载来看，老子的形象在汉代是逐渐由哲学思想家转变为超越万物的主宰者，甚至被当作一教之首领与佛教的释迦牟尼一同得到官方的奉祀。先秦时期，道家和神仙家是明显的两个派别。到汉代，黄老道与方仙道开始出现相互混同的趋势。首先，《老子》提倡的“全身养生，固有使人民安静不扰，而自然生活之政治意义”⑥，易被解读为保存个人生命，这与方仙道所追求的个人生命之无限延长的宗旨是相契合的。其次，《老子》语涉玄秘，《庄子》也有言及真人、神人之事，易被方士所利用。再次，黄帝本为神话人物，老子亦生平事迹不明，后来黄老并称，老子也逐渐被

---

① 刘国钧：《两汉时代道教概说》，《金陵学报》1931 年 5 月第 1 卷第 1 期。
② 刘国钧：《两汉时代道教概说》，《金陵学报》1931 年 5 月第 1 卷第 1 期。
③ 刘国钧：《两汉时代道教概说》，《金陵学报》1931 年 5 月第 1 卷第 1 期。
④ 刘国钧：《两汉时代道教概说》，《金陵学报》1931 年 5 月第 1 卷第 1 期。
⑤ 刘国钧：《两汉时代道教概说》，《金陵学报》1931 年 5 月第 1 卷第 1 期。
⑥ 刘国钧：《两汉时代道教概说》，《金陵学报》1931 年 5 月第 1 卷第 1 期。

神化。此外,佛教东汉传入中土,本土信仰受到冲击和刺激,自觉意识渐渐觉醒,日趋组织化。那么,为何老子会成为新组织的中心崇拜对象呢?盖方士们以为,老子之学说“一方既有孔子问礼之说,以期压倒儒家;一方又有化胡成佛之说,以期压倒佛教”①。此外,从道教的教义内容和仪式来看,后世道教吸取方仙道的内容颇多。方仙道追求的长生不死、修炼成仙,以及祭祀之法、黄白之术、尊祀灶神与太一、服食之术等等,皆被道教吸收和继承下来。颇受后世推崇的《周易参同契》,其作者魏伯阳也是汉代有名的方士。另据王充《论衡·道虚篇》可知,方士在东汉时已经被称作道家之人。故刘国钧得出了“方士为道教之先驱”②的结论。

相比黄老道与方仙道,“汉代对后世道教影响最大者,当推东汉张陵所创之天师道”。对张陵生平加以考证后,刘国钧重点讨论了“三张之法”是否全为三张订制,并提出了自己的看法。《三国志·张鲁传》末尾处有裴松之引鱼豢《典略》注:“熹平中,妖贼大起,三辅有骆曜。光和中,东方有张角,汉中有张修。骆曜教民缅匿法,角为太平道,修为五斗米道。太平道者,师持九节杖为符祝,教病人叩头思过,因以符水饮之,得病或日浅而愈者,则云此人信道,其或不愈,则为不信道。修法略与角同,加施静室,使病者处其中思过。又使人为奸令祭酒,祭酒主以老子五千文,使都习,号为奸令。为鬼吏,主为病者请祷。请祷之法,书病人姓名,说服罪之意。作三通,其一上之天,着山上,其一埋之地,其一沉之水,谓之三官手书。使病者家出米五斗以为常,故号曰五斗米师。实无益于治病,但为淫妄,然小人昏愚,竞共事之。后角被诛,修亦亡。及鲁在汉中,因其民信行修业,遂增饰之。教使作义舍,以米肉置其中以止行人;又教使自隐,有小过者,当治道百步,则罪除;又依月令,春夏禁杀;又禁酒。流移寄在其地者,不敢不奉。臣松之谓张修应是张衡,非典略之失,则传写之误。”③这段文字明确说完整的三张之法出现在张鲁对张修之法加以增饰之后。刘国钧认为,“鲁盖利用汉中民众之信仰,以之为基础,而建筑一种社会的与政治的运动。盖实际为政治家之

---

① 刘国钧:《两汉时代道教概说》,《金陵学报》1931 年 5 月第 1 卷第 1 期。
② 刘国钧:《两汉时代道教概说》,《金陵学报》1931 年 5 月第 1 卷第 1 期。
③ 《三国志》卷 8《张鲁传》,北京:中华书局 1959 年版,第 264 页。

流，非宗教家”[①]。按此说法，“三张之法”并非一蹴而就，而是有一个不断完善的过程，被张鲁增饰过的张修之法亦包含在内。此说与后世所传有悖，裴松之视“张修”为传写之误。然而鱼豢为魏人，距张鲁之世不远，不应有此舛误。加之，《后汉书・刘焉传》章怀太子注也引用过这段文字，只是稍有差异，张修之名仍在。《后汉书》和《三国志》中均有言张鲁杀张修而占据汉中，故其猜测“或者张修本以米道行教于汉中，后人见鲁为陵之孙，且以鬼道教民，其在汉中又有三十年的历史，因以鲁所为者皆目为陵之教，故陵遂蒙五斗米道之名耳”[②]。不过，因现存史料不足，尚无充分理由否定道书所言自古相传的记述。他本人基于谨慎的态度，也强调说：“此不过一种假设耳，史文缺略，难得其实。”[③]

关于张陵传教的情况，《魏书・释老志》称：“至于化金销玉，行符敕水，奇方妙术，万等千条，上云羽化飞天，次称消灾灭祸。”[④]刘国钧认为，张陵之教在最开始“完全为个人福利，无张鲁时之社会意义”[⑤]。宋元间佛教徒在《释氏稽古录》、《佛祖统记》等书中同样持有这种观点。但《神仙传》、《真诰》等书又有称张陵曾得《黄帝九鼎丹法(经)》。以上两种看法分别将早期天师道视作章醮派和炼养派，并且只执其一，唯张陵之法有房中术一事被诸记载所肯定。房中术本属方士炼养之道，故张陵可能涉及炼养之事。“当张陵创教之时，正老子形成宗教崇拜之中心之时”[⑥]，东汉末年，张陵之道于川陕一带传播，而中原道家则由方士演变而来，其以老子为崇拜对象，以服食为修炼方法，以长生不死为目的。此时，自称“道”者甚多，天师道与太平道只是其中之一。

综上所述，刘国钧有如下总结，即：“两汉之间，所谓道教者，尚无统一之组织，确定之信仰，而为许多大同小异之细流，各自发展，至东汉之末，乃

① 刘国钧：《两汉时代道教概说》，《金陵学报》1931 年 5 月第 1 卷第 1 期。
② 刘国钧：《两汉时代道教概说》，《金陵学报》1931 年 5 月第 1 卷第 1 期。
③ 刘国钧：《两汉时代道教概说》，《金陵学报》1931 年 5 月第 1 卷第 1 期。
④ 《魏书》卷 114《释老志》，北京：中华书局 1974 年版，第 3049 页。
⑤ 刘国钧：《两汉时代道教概说》，《金陵学报》1931 年 5 月第 1 卷第 1 期。
⑥ 刘国钧：《两汉时代道教概说》，《金陵学报》1931 年 5 月第 1 卷第 1 期。

渐自觉而有统一于老子之偶像之下而均自谓'道'之趋势。"[①]因此,他强调"是以两汉之世,绝无整个道教"[②],只有诸多信仰,各自召集信众,自以为得"道"而已。

20 世纪前期,老子研究多是围绕着《道德经》(《老子》)的校诂与考证,以及老子思想的解释与阐发等方面展开,具体研究老子神化过程之人少之又少,由今观之,当时以刘国钧的《老子神化考略》一文最为详尽。刘国钧依凭现存的古代文献,爬梳剔抉,对老子神化的过程加以叙述,以见其次第。这篇文章 1934 年发表在《金陵学报》第 4 卷第 2 期,其宗旨在"期于历代文献中,追寻老子自哲学家逐渐变为教主之经过"[③],并不涉及传说中老子事迹的真实性的讨论。虽然老子并不是宗教创始人,就神化经过之影响而言,探究其何以从哲学家转变为道教教主,仍有研究意义。纵观全文,刘国钧将老子神化的过程分为先秦人之老子观、老子转变之始、老子神化之开展、老子神化之确定四个阶段。

第一阶段,从历史记载来看,《庄子》无疑是最早详细记述老子事迹的先秦书籍。刘国钧将其概括为六点:"一者,老子即是老聃;二者,老子居南方之沛;三者,老子有西游之事;四者,孔子曾问道于老子,且老子之年辈较孔子稍长;五者,老子之思想与今之《道德经》相同,故可认为《道德经》之著作人;六者,老子死时,有人见之。"[④]可见,在庄子眼中的老子仍是寻常的凡人,尚未被神化。关于孔子曾问礼于老子,历来有学者对此事的真实性抱有怀疑态度,认为是道教为抬高老子地位的附会造作之说。但作为儒家基本典籍的《礼记 · 曾子问》对此事却也有记载,"虽其讨论之问题及老聃之思想,与庄书所记,相去悬殊。然孔老相晤一事实,则当时儒家不否认之也"[⑤]。由此可推,孔老相晤可能有一定历史依据。此外,根据《韩非子》中有《解老》、《喻老》两篇,以及《战国策》与《吕氏春秋》中亦曾引用老子语,

---

① 刘国钧:《两汉时代道教概说》,《金陵学报》1931 年 5 月第 1 卷第 1 期。
② 刘国钧:《两汉时代道教概说》,《金陵学报》1931 年 5 月第 1 卷第 1 期。
③ 刘国钧:《老子神化考略》,《金陵学报》1934 年第 4 卷第 2 期。
④ 刘国钧:《老子神化考略》,《金陵学报》1934 年第 4 卷第 2 期。
⑤ 刘国钧:《老子神化考略》,《金陵学报》1934 年第 4 卷第 2 期。

可知“至迟战国之世，必有一种《道德经》流行于世，为现在《道德经》之祖本，殆无可疑。而在先秦人士观之，此原始的《道德经》之作者，即是老聃，或称老子，亦无可疑也”①。至西汉初年，贾谊《新书·审微篇》、《淮南鸿烈》等书引据老子之语亦颇多。除《庄子》外，秦汉间诸书多言老子之思想，对其事迹所言不多。故刘国钧指出：“先秦乃至汉初之人，固皆以思想家视老子，未尝目之为神也。”②

第二阶段，老子形象开始转变始自司马迁的《史记·老子韩非列传》。书中说：“老子者，楚苦县厉乡曲仁里人也，姓李氏，名耳，字聃，周守藏室之史也。”③此时老子的姓名、居处等都更为具体，但从何而来，不可考据。《庄子》明言老子之死，司马迁则言“莫知其所终”④，又说“盖老子百有六十余岁，或言二百余岁，以其修道而养寿也”⑤。《史记》认为老子修道而养寿，这与庄子所言略有差异，刘国钧猜想这大概与汉武帝时神仙方术的流行有关，受世风影响，司马迁援引此说亦有可能，因此“援老子入神仙似以‘养寿’一观念为枢纽矣”⑥。此外，《老子传》言太史儋或即为老子，太史儋又曾对秦献公有著名的预言，故老子又被认作“先知”之人。关于老子生平的各种异说在汉武之世必有不少，司马迁未加分辨地杂糅众家之言，致使老子的生平事迹扑朔迷离，甚至有些荒诞离奇，给后世人留下更多的想象空间，这也是老子形象日趋神化的一个原因。西汉末年，老子化身说开始出现，他不仅是长寿不死之人，其化身更是能随缘应现于世。东汉明章间的王阜《老子圣母碑》曰：“老子者，道也。乃生于无形之先，起于太初之前，行于太素之元，浮游六虚，出入幽冥，观混合之未别，窥清浊之未分。”⑦至此，老子的形象已经“非人化”，成为超自然的神仙。据《后汉书》记载，汉桓帝时，官方曾数次祭祀老子，在苦县之祭中，边韶作《老子铭》，可见当时人对老子的

① 刘国钧：《老子神化考略》，《金陵学报》1934 年第 4 卷第 2 期。
② 刘国钧：《老子神化考略》，《金陵学报》1934 年第 4 卷第 2 期。
③ 《史记》卷 63《老子韩非列传》，北京：中华书局 1959 年版，第 2139 页。
④ 《史记》卷 63《老子韩非列传》，北京：中华书局 1959 年版，第 2141 页。
⑤ 《史记》卷 63《老子韩非列传》，北京：中华书局 1959 年版，第 2142 页。
⑥ 刘国钧：《老子神化考略》，《金陵学报》1934 年第 4 卷第 2 期。
⑦ （宋）李昉等：《太平御览》卷 1《天部》，北京：中华书局 1960 年版，第 2 页。

见解大致有如下几个方面，即：老子字伯阳；老子为西周人，生于西周幽王之世前；孔子问礼时，老子尚存于世，已两百余岁；老子著书后，不知所终；世为圣者作师。以上基本为增益《史记》之说。老子化身说同样包含在内，但皆荒诞不经。汉末，老子成为人们的崇祀对象，在民间信仰中有着重要影响，张陵的五斗米道亦用五千文教人。佛道纷争中的核心“老子化胡说”也肇始于此时。综上，刘国钧总结道：“老子之神化，至东汉末叶已趋入开展之途矣。”①

第三阶段，“自东汉之末至南北朝，实为老子神化之开展的时代”。这一时期，战争频仍，民不聊生，民众为寻求精神解脱，使佛道两教的发展颇为迅速。为争取更多信仰领地，道士开始仿照佛经，造作经书，不乏有褒老贬佛的情况。有关老子的著作层出不穷，如葛玄《老子序》、王浮《化胡经》，更有依托老子所作《西升经》、《妙始经》等，基本是众说纷纭、莫衷一是。刘国钧对现存史料略为爬梳整理，大概归为以下几点。(1)老子的名号与世系。就《列仙传》而言，彭祖是上古传说中的最长寿的人，为养生家所推崇。以“长寿”和“左肋而出”为结合点，老子与彭祖的传说出现了混合之势，结果“老子降生时代，又移前数百年”②，成为商代人。各家对老子之名的说法稍有不同，但“名耳，字伯阳，谥聃”③的说法似乎最为通用。老子被尊称为“太上老君”亦始于此时。(2)老子的容貌。如《抱朴子内篇》和《神仙传》等都对其容貌描绘得相当清楚，可惜都是想象之辞。(3)老子的身份。东汉以后，老子颇受推崇，已非常人。到此时，老子不仅为神灵，更成为万物的创造者，脱离了人格观念。老子是天地元气之说，也渐成道教之中心学说。不过，炼养派道士，如葛洪等人仍视老子为人类，不言其化胡之事。(4)老子化胡成佛。魏晋以来，在老子诸传说中，流传最久、纠纷最多的就是老子化胡成佛之说，它更是佛道两教争论的中心问题，虽荒诞不经，但影响颇大，“诚老子神化历程中一重要事实也”④。《后汉书 · 襄楷传》有“或言老子入

① 刘国钧：《老子神化考略》，《金陵学报》1934 年第 4 卷第 2 期。
② 刘国钧：《老子神化考略》，《金陵学报》1934 年第 4 卷第 2 期。
③ 刘国钧：《老子神化考略》，《金陵学报》1934 年第 4 卷第 2 期。
④ 刘国钧：《老子神化考略》，《金陵学报》1934 年第 4 卷第 2 期。

夷狄为浮屠”①。老子本有出关西游之说,《庄子》言其西游于秦,《列仙传》也称其过西关而入大秦。刘国钧认为,“大秦者,汉魏间人对于西方诸国之总称也。由秦变为大秦,而老子去中国而入西域矣。故入秦之说亦似为化胡说之所资也”②。西晋王浮作《化胡经》似为此说首笔于书者,后世道士不断增益,卷帙滋多。此外,其间亦有称老子为迦叶化身之说,多出自佛家经籍,如《清净法行经》等。(5)天师道与老子。天师道自谓其道为老子亲授,又用五千文教化信众,故刘国钧指出:“老子之成为道教教主,盖自天师道始也。”③

最后一个阶段,“魏晋以来,纷纷之论,乃渐经整理而成一大体有条贯之统系。是以老子之神化至唐宋时代始得谓之确定”④。唐代统治者出于政治需要,将老子认为祖先,故颇为崇祀。神人交往也十分密切,老子降现之事屡见于正史。唐人亦将之前历代的老子异说融为一体,并产生了“道”是老子本体,老子可随感应化,且有种种神迹的基本见解。宋人基本继承了唐人的老子观念,相关传记著作也比较多,以贾善翔《犹龙传》、谢守灏《混元圣纪》最为著名。至宋真宗尊老子为“太上老君混元上德皇帝”,并亲自祭祀,“老子在宗教上地位遂确乎不可易矣,哲学家之老子,转变为宗教领袖之太上老君,至是乃可谓之正式的完成”⑤。

元代中期,道教在佛道之争中落败,官方禁《化胡经》并焚毁大量道教经书,自此以后,老子神话之说渐渐消息,造作大为减少。刘国钧在文章末尾概括道:“老子之神化,盖肇于西京,衍于洛下,盛于魏晋,极于六朝而成于唐宋。”⑥

1923—1926年,商务印书馆以涵芬楼名义,影印了北京白云观所藏正、续道藏。刘国钧利用在校图书馆工作的优势,尽可能搜寻相关文献资料,其

① 《后汉书》卷30《襄楷传》,北京:中华书局1965年版,第1082页。
② 刘国钧:《老子神化考略》,《金陵学报》1934年第4卷第2期。
③ 刘国钧:《老子神化考略》,《金陵学报》1934年第4卷第2期。
④ 刘国钧:《老子神化考略》,《金陵学报》1934年第4卷第2期。
⑤ 刘国钧:《老子神化考略》,《金陵学报》1934年第4卷第2期。
⑥ 刘国钧:《老子神化考略》,《金陵学报》1934年第4卷第2期。

古籍整理和校勘方面的成果体现在《老子王弼注校记》一文中。在《老子》的诸多传本中,王弼注本非常重要且影响颇大,唐代以来传世者却不多,当时通行的王弼本皆出自于清乾隆年间印行的"武英殿聚珍本"。1932 年冬,刘国钧偶读《道藏》,发现其中收录的王弼注本可与聚珍本互为校对,但两注中也有不少异违之处。对此,蒙文通先生也说:"华亭张氏本,与《正统道藏》本,其经皆显非王弼之旧。两本后皆有晁说之、熊克两跋,则两本皆从熊出,惟《正统》本注文夺者较华亭本为少,则其优于华亭本者也。亦有《正统》误而华亭不误者,以各从熊本出又各有其讹夺耳。"①刘国钧取近人罗振玉按唐石本、六朝及唐写本编写的《老子道德经考异》,再与前面的两个注本相互比照,发现《道藏》本与聚珍本相异之处,却能与罗本相合。为补正聚珍本之讹脱,他取《道藏》王弼注本、罗振玉《老子道德经考异》及《道藏》中收录的《道德真经集注》共同对勘,撰《老子王弼注校记》,尽量还原《老子》王弼注本之原貌。不过,刘国钧在文章的开篇写道:"老子传本,以河上公号称最古,其书晚出未可遽信。然则今世所存殆莫能先于辅嗣所注。"②这里对《老子河上公注》的成书时间与重要性出现了判断失误。那个时代,许多学者认为《老子河上公注》成书于东汉,但据卿希泰教授的最新研究,"这部作品的成书时间当在西汉昭帝之时,最迟也不会晚于宣帝的时代,其作者则是属于这个学派的一位民间隐士"③。此外,《老子河上公注》主要是从宗教的角度对《老子》做阐释和理解,在考察汉代黄老思想演变及其与道教的关系方面有重要意义,而《老子王弼注》撰写于三国时期,侧重从哲学角度对《老子》进行诠释,两书受众明显不同,一概而论,并不恰当。

10. 傅勤家。

傅勤家在中国道教史研究方面,共有两部著作,一本是 1933 年出版的《道教史概论》,另外一本是 1937 年出版的《中国道教史》,两本书的出版方皆是商务印书馆。从两部著作的内容来看,傅勤家十分熟悉当时日本学者

① 蒙文通:《佛道散论》,北京:商务印书馆 2011 年版,第 107 页。
② 刘国钧:《老子王弼注校记》,《图书馆学季刊》1934 年第 8 卷第 1 期。
③ 卿希泰:《〈老子河上公章句〉的成书时代与基本思想初探》,《辅仁宗教研究》2011 年第 22 期。

对中国道教的研究情况，除在书中提到小柳司气太、妻木直良、常盘大定等日本著名学者外，还详细地介绍了常盘大定有关道教历史分期的研究，更在《中国道教史》的“结论”章中引用了小柳司气太《道教概说》对道教源流的总结。小柳司气太的《道教概说》成书于 1923 年，该书传入国内时共有两版中译本，一是商务印书馆 1926 年 11 月版，陈彬和译；二是商务印书馆 1927 年 11 月版，傅代言译，译名为《道教源流》。巧合的是，傅勤家与《道教概说》（《道教源流》）的译者傅代言同为傅姓，但囿于材料不足，二者的关系现不得而知。不过，傅勤家却有着引人关注的日文水平，如在《中国道教史》第十章论述“佛道二教之相互利用”时，直接“摘译”小柳司气太的《道教与真言密教之关系》一文的观点。又如商务印书馆 1936 年出版了日本白鸟库吉的《康居粟特考》和英国柏儿的《西藏志》两本译著，译者均为傅勤家。前者是独译，后者是合译（编者称这位傅勤家为女士）。由此可见，傅勤家在 20 世纪 30 年代与商务印书馆有着十分密切的关系，若非只有一个傅勤家，作为出版方的商务印书馆不可能不加以区分和说明。潘显一、申喜萍据以上几个方面推测：“两个傅勤家应该就是一个傅勤家，也就是商务印书馆编者所谓傅勤家女士（据查，20 世纪 40 年代商务印书馆还出版过她的其他译作，也称为女士）。她具有非常高的外语水平，直接接触了当时研究道教水平较高的日本学者的著作，在借鉴的基础上，运用中国一贯的文献和历史研究方法对杂而多端的道教进行了通史性的研究。”①

由于感叹国人对道教史研究不多，傅勤家在考察史书和道教典籍的基础上，吸收日本学者的道教史研究成果，梳理道教的源流、规章、经说、方术等，著成《道教史》一书，愿使众人了解道教真相，希冀中国道教早日复兴。此书分 20 章，每章独立讨论一个道教的相关问题。内容主要包括道教前史、道教发展的历史分期、道教内部构成要素，以及佛道关系等。

在道教前史部分，傅勤家首先介绍了诸书对道教起源的看法。同时，她也提出自己的见解，认为道教是在与佛教发生对抗后，才关注自身的源头，

① 潘显一、申喜萍：《中国学者的第一部完整的〈中国道教史〉——读傅勤家〈中国道教史〉》，傅勤家：《中国道教史》，北京：商务印书馆 2011 年版，第 186 页。

进而提出起源说的。《魏书·释老志》谓道教原出于老子之学。葛洪《枕中书》和《隋书》中则言元始天尊创立道教,老子不过是元始天尊之徒。到《云笈七籤》出世时,道教的创始说已颇为复杂,首有元始天王,继有太上道君、上清高圣玉晨大道君、三天君,此后才有老子。在道教发展中,老子的创始人地位是呈逐渐下降趋势的。老子在张陵创教之初被奉为教祖,但自东晋以后,道教内部逐渐出现了取而代之并凌驾于其上的神灵,如元始天尊等。其次,傅勤家在比照道教与儒家对"道"的不同解释中,阐释了道家之"道"的含义。她指出儒家之道是实践之道,是用于社会伦理的中正仁义、治国平天下之道,属方内之道;而道家之道则多显玄虚,是超乎天地万物之道,属方外之道。两家对"道"的理解虽有不同,但对天地未形前的道的形状描述却基本相符。此后,傅勤家又讨论了道教以前之信仰。她认为道教的义理虽出自道家,但信仰却是来自古之巫祝史和秦汉方士。道教在汉末被称作"鬼道",实则是继承古之神道而来。上古神道的主事为巫,后来有祝、史,这三者与后来之道教皆有一定关联。秦汉时,社会盛行的神仙道对道教的产生也有重要贡献。方士可被视作道士的前身。

关于道教发展的历史分期,傅勤家认为此前道教无史行于世。《道藏》收录的书目虽多,但多虚妄荒诞,言之无物,不足为信。她举日本学者常盘大定在《道教发达史概说》中的道教发展史分期,即将道教分为五个历史发展时期,自张陵传教到东晋末年为开教时代;自刘宋至南北朝末年为教派组织时代;自隋至五代为教理研究时代;自宋至明万历三十五年为教权确立时代;自明万历三十六年至民国为继承退化时代。而傅勤家本人则将道教发展史分为四个阶段,一是道教的形成时期。结合史书以及相关道教典籍,分别介绍了道教发展初期的太平道、五斗米道、寇谦之改革以及陶弘景的茅山道等。二是官方崇祀道教最盛的时期,即唐宋两朝的道教。重点介绍了隋文帝、唐玄宗、宋真宗和宋徽宗时,对道教的尊崇情况。三是道教之分派时期。傅勤家认为道教的宗派之分始于辽金时,当时道教主要分为刘海蟾的南宗和王重阳的北宗,两派都讲究性命修炼,侧重点不同而已。元代时,除正一道为旧道派外,在北方又有三个新道派,即全真、真大、太一。后世对道教派别有较为详细阐述的道书当属北京白云观的《诸真宗派总簿》,其中共列出 86 个宗派,并附有每一派别传承和发展的简单说明。四是明清时代的道教。明代官方设置有专门的官员管理僧道。清代时,官方对道教的尊崇已不如从前,上层道教逐渐走向衰落,但民间道教依旧十分兴盛。

关于道教内部构成要素的讨论,傅勤家主要集中在道教的神仙理论、方术、修养、规律(戒律)、宫观、道徒、道经等方面。道教神仙范围很广,最初的尊者是老子,也包括天地之神、身中之神等。神仙的住处主要有早期的东海三仙山和后来的洞天福地。道教的方术,重点介绍了符箓、祈禳禁劾诸术、守庚申、房中术、行蹻、变化之术。道教修养方面,则包括性命双修的内丹修炼、服食烧炼的外丹修炼以及存想神物、导引等。在道教的规律中,有对师徒传受、赏善罚恶、斋戒清规和诵持的说明。道教的祀宇被称作观,较大的称作宫。今日之道观分为小道院和十方丛林两种。道徒则分为记名出家者和实行出家者。道经方面着重讨论道经的编纂、元《道藏》的焚毁以及现行《道藏》的修订情况。早期的道教经典是《汉书・艺文志》中所载的道家及方伎之书。《太平经》后有《抱朴子》、《云笈七籤》等道书出世。元代,因佛道之争中道教的落败,使得元《道藏》惨遭焚毁,给整个道教带来巨大的损失。现行《道藏》为明正统年间编纂,明代白云观道士白云霁曾为其作《道藏目录详注》,被收入《四库全书》。傅勤家对以上诸点都未做大篇幅的讨论,多以简要介绍为主。

此外,书中还包括佛道关系以及道教的海外流传等内容。关于佛道关系,傅勤家认为两者间既有相互利用,也有相互排斥。就利用方面而言,佛道二教同是以出世为宗,教义方面也有相似的地方。道教对佛教的教理礼仪方面有模仿借鉴,而佛教初入中国,译经时亦有用道教术语,佛教的真言密教与道教也颇为相似。两者间的相互借鉴处,书中皆有举例说明。大概两教发展到一定势力时,便开始相互排斥。自东汉以后,佛道两教相争为师,互相贬斥,日益激烈,并有多次大规模的辩论,尤以元代的两次佛道辩论最为激烈,道教在这两次辩论中不幸落败也导致了大量道教经书被焚,元气大伤。道教的海外流传,主要有朝鲜的花郎道、日本的山伏以及真腊的八思。

从以上叙述可以看出,在晚清民国时期,尽管道教界学者寥寥,成果稀少,可是学术界涉猎道教研究者却如异军突起,特别是明《道藏》涵芬楼影印本问世以后,一些学界名流也注意于祖国这一传统文化领域,研究道教的论文、专著纷纷推出,形成教内、教外共同发掘道教文化宝藏的生动局面。还有一些学者,如蒙文通、王明、陈国符等,在民国时期已经开始研究道教,新中国成立以后更是在原有基础上继续前进,不断创出新成果,成为新中国道教研究的学术权威,带动并培育了青年一代道教研究人才的成长这些内容将在本书第五卷再作介绍。

附　录

明中后期至清代和民国时期道教大事记

公元	朝代	帝号	年号	年代	事　　记
1567	明	穆宗	隆庆	元	穆宗削夺已故道士邵元节、陶仲文爵、诰，毁除其墓碑、牌坊、籍没其田产。械系方士王金、陶世恩、陶倣、申世文等入狱治罪，王金被处死。 郭谏臣奏：正一真人荒淫不检，不应复令世袭。得旨允行。
1568	明	穆宗	隆庆	二	正月，诏革正一真人名号，夺其印，……止以张国祥为上清观提点，铸给提点印。
1572	明	穆宗	隆庆	六	郧阳抚治凌云翼命均州学正卢重华编《大岳太和山志》8 卷。
1577	明	神宗	万历	五	张国祥请复正一真人印号，“礼臣以为不可许。得旨：国祥伊祖封号，传自累代，祖宗亦相因不革，还准承袭，给予印信”。
1579	明	神宗	万历	七	龙虎山真人张国祥以觐期入朝，缀班二品。
1588	明	神宗	万历	十六	全真龙门道士阎希言卒。曾开创龙门支派，人称阎祖派，以江苏茅山乾元观为传播中心，多年承传不绝。
1601	明	神宗	万历	二十九	神宗命给张国祥朝祭服，仍准常用。
1604	明	神宗	万历	三十二	云南巡抚陈用宾在昆明东北郊凤鸣山依照武当山天柱峰金顶的太阳宫造型和规格建重檐殿阁式的真武殿，祭祀“真武大帝”，该殿俗称“铜瓦寺”。
1604	明	神宗	万历	三十四	陆西星（1520 年生）卒。字长庚，号潜虚子。著有道教丛书《方壶外史》等。
1607	明	神宗	万历	三十五	敕第五十代正一天师张国祥续编《道藏》成，凡 32 函，108 卷，称为《万历续道藏》。
1623	明	熹宗	天启	三	第五十代天师张国祥卒。字心湛（或字文征，号心湛）。
1626	明	熹宗	天启	六	南京道士白云霁撰《道藏目录详注》4 卷。 第五十一代天师张显庸袭爵。

续表

公元	朝代	帝号	年号	年代	事　记
1632	金	太宗	天聪	六	依仿明朝的制度,设立僧录司、道录司管理僧道,规定“凡通晓经义、恪守清规者,给予度牒”,但“僧道不许自买人簪剃,违者治罪”。
1636	明	思宗	崇祯	九	第五十一代天师张显庸卒,明诰封“正一嗣教光扬祖范冲和清素大真人”,后又加封其为太子少保。第五十二代天师张应京袭爵。
1643	明	思宗	崇祯	十六	召第五十二代天师张应京建禳妖护国清醮及罗天大醮于万寿宫。
1644	明	思宗	崇祯	十七	伍守阳(1573 年生)卒。原名阳,字端阳,自号冲虚子,南昌人。著有《天仙正理直论》、《仙佛合宗语录》等。 ※明末,全真龙门派道士孔常桂卒。号玄微,生前长期居江西南昌西山修道,传有弟子多人,后形成龙门一支派。 ※明末,全真龙门道士马真一先后居华山王刁洞、辽宁北镇庙、山海关等地修道传徒,清初犹在。
1645	清	世祖	顺治	二	免除僧道给牒时的纳银。
1646	清	世祖	顺治	三	江西巡抚李翔凤进正一真人符 40 幅,世祖令置之不用。 令在京寺庙庵观,不许僧尼道士混处,及闲杂俗人居住……僧道官容隐者,一体重治。
1647	清	世祖	顺治	四	规定僧道官补授,“在京僧道录司,由礼部考取,移咨吏部补授。各府州县僧道等官,令各布政司遴选保举报部,转咨吏部授职”。
1649	清	世祖	顺治	六	正月,张应京入京觐见。六月,顺治帝封其“正一嗣教大真人”,并赐银印一颗。
1651	清	世祖	顺治	八	张应京由京返山途中,卒于扬州琼花观。字翊宸,后封光禄大夫。
1652	清	世祖	顺治	九	敕封关帝为“忠义神武大帝”。
1653	清	世祖	顺治	十	全真龙门第七代宗师沈常敬(生于 1523 年)卒。字斋一,号太和子,浙江桐乡人。师事平阳子,得太上之宗旨。其再传弟子阎晓峰后改皈茅山派。
1655	清	世祖	顺治	十二	第五十三代天师张洪任入觐,敕免龙虎山上清宫及本户各科徭役。

续表

公元	朝代	帝号	年号	年代	事　记
1656	清	世祖	顺治	十三	王常月居北京白云观，世祖赐紫衣，常月三次登坛说戒，收弟子千余人。一时南、北全真道徒纷纷来京求戒，此为龙门派公开传戒之始。 早入武当山的龙门派道士白玄福，于此年修复明真观，为聚徒讲道之所，为龙门派在武当的传播打下了基础。 世祖谓："儒释道三教并垂，皆使人为善去恶，反邪归正，遵王法而免祸患。" 上谕刊行《太上感应篇》。
1658	清	世祖	顺治	十五	赐施道渊为"养元抱一宣教演化法师"。
1661	清	世祖	顺治	十八	净明派道士张逍遥长期修道于江西南昌西山，于此年卒。其弟子多年传衍不绝。
1663	清	圣祖	康熙	二	从此年起，至尔后数年内，王常月率领弟子多人南下，相继去南京、杭州、苏州，湖州等地阐教。十一年左右，又去湖北武当山阐教。 徐守诚住持玉隆万寿宫，募资修复正殿、玉皇阁、三清殿等。
1667	清	圣祖	康熙	六	第五十三代天师张洪任卒。 礼部统计，各省共有道士 21286 名。
1673	清	圣祖	康熙	十二	全真道龙门第八代陶守贞（生于 1612 年）卒。自号靖庵子，四川人。曾开创龙门云巢支派，传播于湖州金盖山一带，多年承传不绝。
1674	清	圣祖	康熙	十三	除京城设道录司外，外省各府设道纪司，州设道正司，县设道会司。
1676	清	圣祖	康熙	十五	题准："凡僧尼道士不领度牒、私自簪剃者，杖八十，为民。有将逃亡事故度牒顶名冒替者，责四十板，（度牒）入官。该管僧道官，俱革职还俗。"
1677	清	圣祖	康熙	十六	令京城内寺庙庵院，不许设教聚会、男女混杂，并不许搭盖高台，演戏敛钱、酬神赛会。僧道录司并该管僧道官，不时亲查，有违禁者，执送本部，将本人及寺庙住持一并治罪。该管僧道官不行查拿，本部参处。 华山山洪暴发，多数庙宇被毁，道士死亡一百多人。
1678	清	圣祖	康熙	十七	神霄派道士施道渊卒。字亮生，号铁竹道人。曾开创神霄一支派，以苏州玄妙观和穹窿山为传播中心，多年承传不绝。

续表

公元	朝代	帝号	年号	年代	事　　记
1680	清	圣祖	康熙	十九	王常月（生于1522年）卒。号昆阳子，山西长治人。著有《碧苑坛经》（《龙门心法》）、《初真戒说》等。
1681	清	圣祖	康熙	二十	武当山八宫二观中之元和观辟为全真龙门派“十方丛林”。 授五十四代天师张继宗为“正一嗣教大真人”。
1685	清	圣祖	康熙	二十四	全真龙门第八代金筑老人卒。曾开创龙门天柱观支派，以浙江余杭金筑坪为传播中心，多年承传不绝。
1687	清	圣祖	康熙	二十六	诏谕：僧道邪教，惑世诬民。愚人对方术之士，礼之如神，应严行禁止。 五十四代天师张继宗入京陛见时，蒙恩赐御书“碧城”以为号，还归龙虎山时，康熙又御书大上清宫额以赐。
1689	清	圣祖	康熙	二十八	《丹桂籍注案》刊行。
1690	清	圣祖	康熙	二十九	武当山复真观辟为龙门派十方丛林。
1692	清	圣祖	康熙	三十一	龙门派第八代法嗣徐守诚（1633年生）卒。初名弘元，后更名守诚，字明真，号野谷。南昌世族。
1695	清	圣祖	康熙	三十四	陈清觉遇赵良璧于成都青羊宫，为之修建二仙庵。
1698	清	圣祖	康熙	三十七	全真道士杜阳栋（山东人，1690年云游至广东罗浮山）任广东冲虚观住持，后又任惠州元妙观住持。
1699	清	圣祖	康熙	三十八	《太上感应篇注解》译成日文，赠日本国。 兵部尚书兼都察院右都御史于成龙按部恢复陕西汉中留侯庙。
1702	清	圣祖	康熙	四十一	封陈清觉“碧洞真人”，赐御书“碧洞丹台”匾额、“赤龙黑虎”诗章等物。
1703	清	圣祖	康熙	四十二	授张继宗光禄大夫品秩，追赠第五十二代天师张应京为光禄大夫。
1705	清	圣祖	康熙	四十四	龙门派第十代陈清觉（生于1606年）卒，年九十九。号寒松、烟霞子。由儒入道，入蜀居青城山天师洞，后移居青羊宫。因应诏至京敕封碧洞真人，其在西蜀开创龙门派为碧洞宗，以成都二仙庵和青城山为传播中心，渐及全川，一直传承至近现代。圣祖西巡华阴，谒华岳神，令陕西巡抚鄂海重修西岳庙。

续表

公元	朝代	帝号	年号	年代	事　记
1708	清	圣祖	康熙	四十七	龙门派第八代郭守真(生于1606年)卒。字致虚,号静阳子。曾在关东开创龙门一支派,传播于本溪、沈阳、千山等地,多年承传不绝。宋暕撰《泥丸道人李老师碑序》。
1710	清	圣祖	康熙	四十九	龙门派第八代律师、清微派第二十四代法师吕守璞卒。原名谢,字端虚,号云隐。守璞为龙门道士,兼承清微派。
1711	清	圣祖	康熙	五十	龙门派第九代周太朗(生于1628年)卒。字符真,号明阳子。曾开创龙门金鼓洞支派,以浙江杭州金鼓洞为传播中心,门庭很盛,多年传承不绝。
1713	清	圣祖	康熙	五十二	赐银修葺龙虎山大上清宫。
1714	清	圣祖	康熙	五十三	全真龙门派第十代传戒律师穆清风入蜀,于成都梓潼宫三次开坛说戒,收弟子多人。其中,朱一和(号怀阳)后为龙门第十一代传戒律师,袁阳举(字清举)继为第十二代传戒律师。
1715	清	圣祖	康熙	五十四	第五十四代天师张继宗卒。字善述,号碧城。
1716	清	圣祖	康熙	五十五	第五十五代天师张锡麟袭爵。 ※康熙年间,龙门派第十代李清秋开创龙门支派南宫派。后传曾一贯,随后居广东罗浮山,多年承传不绝。 全真道士曾一贯获委任管辖罗浮山五座道观。 张太玄(生于1651年)卒。字梦华,号华阳子,晚年自号逍遥散人。世居南昌之沙井。著有《金丹直指》、《阴符经注解》等。
1723	清	世宗	雍正	元	龙门派第十代张清夜由武当入蜀,居成都临江寺、惜字宫。
1727	清	世宗	雍正	五	第五十五代天师张锡麟入觐,至杭州病卒。字仁祉,号龙虎主人。嘱其随员娄近垣入京,善事天子。授张锡麟光禄大夫品秩。 敕封李冰为敷泽兴济通佑王,李二郎(川主)为承续广蕙显英王。
1731	清	世宗	雍正	九	世宗倡言三教一致,谓道教劝人为善,戒人为恶,有补于治化。 龙虎山道士娄近垣为世宗治病,愈,被封龙虎山四品提点,钦安殿住持。 命张昭麟署大真人印务,协同娄近垣监修龙虎山庙宇,复赐昭麟银币。

续表

公元	朝代	帝号	年号	年代	事　记
1733	清	世宗	雍正	十一	诏谕:僧道除违理犯科者外,一律为之护持,以成大公同善之治。 封娄近垣为妙正真人,整修大光明殿为其居住,并命其从龙虎山上清宫和苏州玄妙观选道士入住光明殿。近垣奉此命,以大光明殿为基地,开创正一道支派正乙派,传播至江西龙虎山和苏州玄妙观等地。 帝谕:凡有地方责任之文武大臣官员,当诚是朕旨,加意护持出家修行人,以大公同善之治。
1736	清	高宗	乾隆	元	高宗封娄近垣为通议大夫,食三品禄,带管道录司印务,住持北京东岳庙。
1739	清	高宗	乾隆	四	奏议:嗣后真人差委法员往各省开坛传度,一概永行禁止。如有法员潜往各省选道士、受(授)箓传徒者,一经发觉,将法员治罪,该真人一并议处。
1742	清	高宗	乾隆	七	准鸿胪寺卿梅瑴成奏,停正一真人朝觐、筵宴例(或云此事在乾隆十七年)。 召见五十六代天师张遇隆,赐御书"教演宗传"匾额。
1743	清	高宗	乾隆	八	成都重修青羊宫成,请张清夜主之,清夜以老辞,荐其徒汪一萃主之。
1746	清	高宗	乾隆	十一	张清夜撰成《玄门戒白》。
1747	清	高宗	乾隆	十二	降正一真人为五品,换给印信,停止朝觐、筵宴等活动。
1754	清	高宗	乾隆	十九	张清夜撰成《阴符发秘》。
1758	清	高宗	乾隆	二十三	全真华山派道士贝本恒卒,字常吉,江苏淮扬人。传有弟子陈仁恩、李仁凝等,继续活动于浙江之德清、余杭、杭州一带。 惠栋逝世(1697 年生),著《太上感应篇笺》。
1763	清	高宗	乾隆	二十八	张清夜(生于 1676 年)卒。字子还,号自牧散人。著有《潭东诗集》、《阴符发秘》、《玄门戒白》,汇集古人格言的《省体编》等。
1766	清	高宗	乾隆	三十一	加正一真人秩三品。 第五十六代天师张遇隆卒。字辅天,号灵谷,诰赠通议大夫。 第五十七代天师张存义入觐,因祈雨有功,着加恩视三品秩。

续表

公元	朝代	帝号	年号	年代	事　　记
1768	清	高宗	乾隆	三十三	龙门派第十代高清昱(生于1618年)卒。字东篱,吉林长白人,祖籍为山东宁海。曾开创龙门桐柏宫支派,以浙江天台桐柏宫为传播中心,多年承传不绝。 在关帝原有封号上加号灵佑,使之封号变为“忠义神武灵佑关圣大帝”。
1771	清	高宗	乾隆	三十六	惠远谟卒。字虚中,号澹峰,著有《学吟集》。 诰赠张遇隆“通议大夫”。
1776	清	高宗	乾隆	四十一	娄近垣卒。字三臣,号朗斋、上清外史,随天师张锡麟入京,因治愈雍正病留京。著有《南华经注》、《御选妙正真人语录》、《重修龙虎山志》、《黄箓科仪》等。
1777	清	高宗	乾隆	四十二	授张克诚为提点,兼京几道录司、省协理。 湖南桂东黄砚楷,得《感应篇直讲》于惜字篦中,重刊行世。 魏宝山道士陈道体卒,年九十多岁,地方绅士姚贺泰为他题书碑文。
1778	清	高宗	乾隆	四十三	御书“天柱枢光”匾额,悬挂于武当山太和宫。
1779	清	高宗	乾隆	四十四	第五十七代天师张存义卒,字方直,号宜亭。
1782	清	高宗	乾隆	四十七	第五十八代天师张起隆奉诏入朝。
1785	清	高宗	乾隆	五十	龙门派第十二代陈阳复(生于1730年)卒。字翼庭,号樵云。曾开创余杭南湖三元宫支派,以浙江余杭为传播中心,多年承传不绝。
1786	清	高宗	乾隆	五十一	张资理卒。字一枝,号友桐,吴邑人。本儒子,后出家,通《道德经》之旨,行法有验,兼善吟咏。
1788	清	高宗	乾隆	五十三	临幸北京白云观,御笔诗、碑记,并御书楹联赞丘处机,曰:“万古长生,不用餐霞求秘诀;一言止杀,始知济世有奇功。”
1789	清	高宗	乾隆	五十四	刘山英编刊《信心应验录》。 规定正一真人五年来京朝觐一次。
1790	清	高宗	乾隆	五十五	龙门派第八代鸡足道者卒。曾开创龙门支派西竺心宗,以云南鸡足山为传播中心,多年承传不绝。
1791	清	高宗	乾隆	五十六	张合皓接任北京白云观住持。

续表

公元	朝代	帝号	年号	年代	事　记
1798	清	仁宗	嘉庆	三	第五十八代天师张起隆卒。字绍武，号锦崖、体山。 四川成都武侯祠住持徐本衷（生于 1754 年）卒。号虚庐，成都崇宁人。著有《香叶亭集》2 卷。
1799	清	仁宗	嘉庆	四	苏州道士曹希圣刊印吾定庵收集整理的乐谱《钧天妙乐》（分为上、中、下三册）、《古韵成规》、《霓裳雅韵》。
1800	清	仁宗	嘉庆	五	第五十九代天师张钰袭爵。 白莲教义军余部张永寿、余天德等合众数万人，入武当山、盐池与清军周旋。
1801	清	仁宗	嘉庆	六	议准崇祀天后父母。 龙门第十四代童复魁卒，年九十八，号慵庵，浙江绍兴人。云游 20 年后为酥醪观住持，任道会司之职。 陕西沔县武侯祠住持李复心等人在官府的资助下，重修武侯祠。
1802	清	仁宗	嘉庆	七	陈复慧（生于 1734 年）卒。字仲远，号云峰羽客，俗名宽仁，四川新津人，著有《雅宜集》，并汇编道教科仪丛书《广成仪制》。
1804	清	仁宗	嘉庆	九	敕令将江南清河县士民所建吕洞宾庙宇列入祀典，并在元代所敕吕洞宾封号“纯阳演政警化孚佑帝君”前加“燮元赞运”四字。 江南清江浦（在今江苏淮安）吕祖庙由朝廷派官员祭祀，其他吕祖庙，由当地士民自行奉祀。
1808	清	仁宗	嘉庆	十三	龙门派第十二代费阳得卒。原名汉文，字通真，号丹心，江苏吴兴人。曾开创龙门归安射村铜山半持庵支派，以吴兴射村为传播中心，多年承传不绝。 华山张本悟律师于北京白云观开坛演教，传戒度人。
1813	清	仁宗	嘉庆	十八	龙门派第十二代周阳本（生于 1715 年）卒。字用霖，号梯霞。曾开创龙门余杭铜山半持庵支派，以浙江余杭铜山为传播中心，多年承传不绝。 董清奇撰《除欲究本》和《指淫断色篇》。
1817	清	仁宗	嘉庆	二十二	净明道士傅金铨入蜀，寄居巴县，传道授徒，从游者众。

续表

公元	朝代	帝号	年号	年代	事记
1819	清	仁宗	嘉庆	二十四	仍定正一真人为五品。 朝廷规定:“正一真人系属方外,原不得与朝臣同列,嗣后仍照旧例,朝觐、筵燕概行停止。”
1821	清	宣宗	道光	元	龙门派第十一代刘一明卒。号悟元子、素朴散人、被褐散人,山西平阳人。著有《周易阐真》、《象言破疑》、《修真辩难》等多种,后辑为《道书十二种》(实 25 种,见《藏外道书》第 8 册),主要阐述道教哲学及养生学;又著有医书《经验杂方》、《经验奇方》、《眼科启蒙》等,皆刊行于世。 敕令第五十九代天师正一真人张钰,“停其朝觐,不准来京”。
1829	清	宣宗	道光	九	第五十九代天师张钰卒,字佩相,号琢亭。第六十代天师张培源袭爵。
1835	清	宣宗	道光	十五	北京白云观第十七代方丈传大法于南阳玄妙观监院吕永震(原名吕合震)。
1836	清	宣宗	道光	十六	龙门派第十一代闵一得(生于 1758 年)卒。原名苕旉,字补之、小艮,号懒云子。著有《栖云山悟元子修真辩难参证》、《阴符经玄解正义》等多种,与若干他人之书合为一集,名《古书隐楼藏书》;又撰《金盖心灯》,以记全真龙门派道士事迹,还编有《金盖志略》。
1840	清	宣宗	道光	二十	北京白云观第十七代方丈张教智卒。号慧生子,又号坤鹤,京都顺天府通州(今北京通县)人。
1844	清	宣宗	道光	二十四	净明道士傅金铨卒。著有《杯溪录》、《赤水吟》、《性天正鹄》等书数种,后合若干他人之书于一集,名《道书十七种》,刊行于世。
1845	清	宣宗	道光	二十五	北京白云观重修《道藏》,重印明道士白云霁著《道藏目录详注》4 卷。
1849	清	宣宗	道光	二十九	成都二仙庵由子孙庙改为十方丛林。
1850	清	宣宗	道光	三十	陈众喜著《众喜祖言宝卷》。
1852	清	文宗	咸丰	二	加封关圣帝君“护国”二字。
1853	清	文宗	咸丰	三	加封关圣帝君“保民”二字,并跻列中祀,行三跪九叩礼,乐六奏、舞八佾,如帝王庙仪。

续表

公元	朝代	帝号	年号	年代	事　记
1855	清	文宗	咸丰	五	加封关圣帝君曾祖“光昭公”为“光昭王”，祖“裕昌公”为“裕昌王”，父“成忠公”为“成忠王”。
1856	清	文宗	咸丰	六	因平广东乱，有“赖关帝显应”，加封“精诚”。 文昌帝君跻中祀。 天地会、三合会、红会、江湖会相继起事。 十一月，北京白云观公布观内务执事称谓及道士清规榜。 李涵虚（生于1806年）卒。原名平权，入道后改名为西月，字涵虚，又字团阳，四川乐山县人。创道教内丹西派，传代有九字：“西道通，大江东，海天空”。 高二先等领导的红巾军起义爆发，主要以武当山为战场。战争中，紫霄宫、南岩宫、朝天宫、太和宫等受到严重破坏，紫霄宫几无道士。
1857	清	文宗	咸丰	七	加封关圣帝君“绥靖”二字，并御书“万世人极”匾额悬于京城地安门外关帝庙，令所有各直省府、州、县关帝庙一体募勒颁发悬挂。
1859	清	文宗	咸丰	九	第六十代天师张培源卒。子育成，号养家，时人称白鹤仙师。
1862	清	穆宗	同治	元	第六十一代天师张仁晸嗣教。 陕甘回民起义军烧毁西岳庙主体建筑。楼观宗圣宫紫云衍庆楼及说经台藏经阁被毁。
1865	清	穆宗	同治	四	第十八代传戒律师吕永震，回北京白云观传戒，将龙门大法传与南阳玄妙观监院张圆璿。
1866	清	穆宗	同治	五	北京白云观第十八代方丈吕永震卒。字乾初，号雷鸣子。原籍山东府昫县（今山东省临朐县）吕家楼人氏。
1867	清	穆宗	同治	六	严禁哥老会活动。 南阳玄妙观监院张圆璿于北京白云观开坛传戒，期满南归。
1868	清	穆宗	同治	七	中国教会新报在上海创刊。
1869	清	穆宗	同治	八	苏州道士曹瑞长在“上海道会司”首先领得“外方流道执照稽查”，于廿五保开设第一所苏州道院“听钟山房”。

续表

公元	朝代	帝号	年号	年代	事　记
1870	清	穆宗	同治	九	张圆璇再度到京传戒。慈禧太后赐紫袍玉冠，并捐资设坛大开戒场。张圆璇传法戒与云梦山高仁峒。 加封关圣帝君"翊赞"二字。
1871	清	穆宗	同治	十	刘素云炼师为白云观护坛化主，募捐五千金为传戒费，受戒者三百余人。 张圆璿再次在北京白云观开坛传戒，受戒者三百余人，期满又南归。
1872	清	穆宗	同治	十一	浙江德清人曲园居士俞樾著《太上感应篇缵义》2卷。
1873	清	穆宗	同治	十二	北京白云观十八代方丈郑瑞阳卒，曾与孟至才协力，得王廷弼助资，重修白云观现存明本《道藏》。 房山县城隍庙道士至北京白云观，同众公议，将马祖遇山派岔派清微派原二十字重续八十字，合成一百字。
1874	清	穆宗	同治	十三	杭州显真观全真道士王明真在上海县北门外新桥朝阳楼募创"雷祖殿"（海上白云观前身）。
1875	清	德宗	光绪	元	栖安派续三十二派字。
1877	清	德宗	光绪	三	高仁峒任北京白云观监院。
1879	清	德宗	光绪	五	广东酥醪观住持陈教友著《长春道教源流》八卷。 加封关圣帝君"宣德"二字。
1881	清	德宗	光绪	七	陈教友卒。俗名铭珪，字友珊，广东东莞人。
1882	清	德宗	光绪	八	北京白云观第二十代方丈高云峒开坛演戒，刘素云募七千金传戒费，受戒404人。道教三丰日新派续起二十字。 通州里二四佑民观续正乙派四十字。
1883	清	德宗	光绪	九	江西龙虎山第六十一代天师张仁晸赴西蜀青城山朝祖，手书"降魔"二字勒石于天师洞左侧三岛石。
1884	清	德宗	光绪	十	张宗璿创霍山派，立派字四十。 有道士从南方带华山派字六十至北京白云观。 高仁峒复开戒坛，刘素云募九千金为传戒费，受戒者五百余人。

续表

公元	朝代	帝号	年号	年代	事　记
1886	清	德宗	光绪	十二	刘素云撰《白云观碑文》,在北京昌平购地45顷,岁租330金,交白云观为业,永为香供灯果之资。 高仁峒请江苏候补知府禧佑撰文,为刘素云建《刘素云道行碑》。 高仁峒撰《玉清观田产碑记》,称白云观常住之下院玉清观有田产44顷78亩3分。
1887	清	德宗	光绪	十三	北京白云观第十九代方丈张圆璿卒。字耕云,号云樵子。 太和高楼等建筑毁于地震。
1888	清	德宗	光绪	十四	全真龙门云巢支派分支海上觉云派开派,王来因、程来永、姚来监为启派宗师。 上海雷祖殿住持,全真龙门派二十一代弟子徐至成到北京,得清廷德驹、徐松阁和白云观方丈高仁峒的帮助,以北京白云观下院的名义,请得明版《道藏》、《续道藏》八千余卷,由海路运送至沪。雷祖殿更名为"海上白云观",成为全真十方丛林。
1889	清	德宗	光绪	十五	正月十五,慈禧太后带领光绪帝载湉到北京白云观向玉皇大帝上香,赐住持高仁峒"金印",封为"总道教司"。
1890	清	德宗	光绪	十六	龙门派第二十一代弟子徐至成卒。道号海卿,原籍上海嘉定县。
1891	清	德宗	光绪	十七	高仁峒在北京白云观开坛传戒。
1893	清	德宗	光绪	十九	《三教归一化意宝卷》成书。 刘诚印于1887年兴工重修的清净寺竣工,并改名为宏恩观,这是个道、佛融合的道观。 高仁峒撰《宏恩观碑》。
1894	清	德宗	光绪	二十	徐本善任武当山道教总道长。 北京白云观护法刘素云卒,多次捐资供白云观传戒、建屋、印经及长春供会等费用,被白云观誉为第二十代方丈。
1895	清	德宗	光绪	二十一	徐本善颁布武当山紫霄宫清规榜,执事条款牌榜。 刘至融撰《素云刘先师碑记》。
1896	清	德宗	光绪	二十二	高仁峒再次开坛传戒。 安徽石埭县人杨文会,以佛解道,相继著《阴符经发隐》、《道德经发隐》、《冲虚经发隐》和《南华经发隐》。

续表

公元	朝代	帝号	年号	年代	事记
1898	清	德宗	光绪	二十四	四川青城山天师洞重辑《龙门正宗碧洞堂上支谱》。 道士李调阳接管青城山上皇观庙产,更名为“调阳仙馆”,自创青城道派。传其徒唐复初,徒孙詹升红、刘升福。 五月二十二日,朝廷命各省厅州县现有之大小书院,一律改为兼习中学、西学之学校。民间祠庙不在祀典者,即着各地方官晓谕民间,一律改为学堂,以节糜费而隆教育。
1900	清	德宗	光绪	二十六	八国联军攻占北京,慈禧太后率光绪帝逃避至西安,驻跸八仙庵,封方丈李宗阳为“玉冠紫袍真人”,并赐额扩建八仙庵,慈禧书“至清至道”,光绪书“定箓仙传”,八仙庵遂改名为“敕建万寿八仙宫”。 庚子战乱后,北京白云观募集资金,购买米票、冬衣,于西便门内外,分设粥厂 8 所,救助灾民。
1901	清	德宗	光绪	二十七	高诚义(生于 1838 年)卒。顺天府大兴县(今属北京)人。于 1885 年创修宝金山玉虚宫(此宫位于北京市房山区周口店镇黄山店村附近,是太监道士主持的一个宫观。)1887 年,重修琉璃河岫云观。 沈阳太清宫响应“庙产兴学”的号召,创办初等学堂。
1902	清	德宗	光绪	二十八	北京西便门外关厢,西便门内大街、天宁寺村、花园村等 21 村村民联名作《云溪方丈功德记》。
1904	清	德宗	光绪	三十	第六十二代天师张元旭嗣位。 冬,中州苦旱,总督设坛祈雨无效,派员恭请河北邯郸铁牌,至,获“雪厚八寸余,四野沾足”。 诰赠第六十代天师张培源、第六十一代天师张仁晸“光禄大夫”。
1905	清	德宗	光绪	三十一	南阳玄妙观住持姚祥瑞将玄妙观北门的两个免费学校转化为新式学校,取名为“南阳玄妙观小学”。
1906	清	德宗	光绪	三十二	四川成都二仙庵道院方丈阎永和等,在原《道藏辑要》的基础上,增补新出道经与道经书目 40 种,刊刻印行,名为《重刊道藏辑要》。 清廷为表彰全真道士捐款兴学,分别赏赐南阳玄妙观道士姚祥瑞“全真广学”匾额、广州三元宫道士梁佩经“葆光励学”匾额。

续表

公元	朝代	帝号	年号	年代	事　记
1907	清	德宗	光绪	三十三	北京白云观第二十代方丈高仁峒卒。其为云南蒙山道士，受戒于张圆璿，著有《云水集》。
1909	清	溥仪	宣统	元	张虚静真人传正一派，在原有四十字基础上，重续派字二十，合为六十字。 陕西汉中府城固县平浪宫邓道有带萨祖派四十字于北京白云观。 武当山道士杨来旺卒，同治初年入武当皈道，苦募十年，与其弟子，修复武当紫霄、太和、南岩诸宫观，并使武当教团人数保持在1000 人左右。
1911	清	溥仪	宣统	三	刘师培《读道藏记》发表于《国粹学报》。
1912	民国			元	李佳白等人电邀第六十二代天师张元旭到上海加入世界宗教会；九月，张元旭应邀参加中外教务联合会，除在尚贤堂演讲道教源流，还在关帝庙宣布成立中华民国道教总会以及中华民国道教会江西本部驻沪总机关部。 北京白云观等 18 所宫观代表，在北京发起成立道教会，草拟《道教会宣言书》、《道教会大纲》、《道教会要求民国政府承认条件》等文献，并报经政府批准。 江西都督府取消张天师封号，取缔天师府封地。
1913	民国			二	以张元旭为首的道教正一派代表，在上海举行"中华民国道教总会"发起人会议。草拟了发起书，提出"昌明道教，以维世道"的宗旨，并拟创办学校、医院、实业等，因未获政府核准而未行。 成都青羊宫刘教宾及邻近州县八大宫观住持，联合发起建立四川道教总分会。 北京白云观方丈陈毓坤开坛传戒，得戒徒凡三百余人。 汤静谦从江西带彭祖直空派七十八派字至北京白云观。
1914	民国			三	袁世凯复辟，恢复张元旭天师封号，发还了天师府的产田，复授张元旭为正一嗣教大真人。又赐以三等嘉禾章，及"道契崆峒"匾额。 葛明新被推举为沈阳太清宫方丈。同年秋，开坛传戒，得戒子 333 人。

续表

公元	朝代	帝号	年号	年代	事　　记
1916	民国			五	江西南昌府武宁县太平山万寿宫穆善清带广慧派六十派字至北京白云观。 袁世凯恢复张天师封号,发还天师府产田,复授张元旭正一嗣教大真人,赐号洪天应道真君。
1918	民国			七	张元旭续补五十代至六十一代天师传记,名《补天师世家》。
1919	民国			八	武当山道总徐本善募修武当宫观神路。 北京白云观方丈陈毓坤二次传戒,二十余省求戒弟子 412 人,并举行祈祷世界和平法会,庆祝欧战告捷。 北京后门火神庙正乙派谱系在原有二十字基础上,续二十字,合为四十字。 张元旭在上海建醮,被推举为“万国道德会”名誉会长。
1920	民国			九	张元旭在上海被推举为“五教会道教会”会长。
1923	民国			十二	白云观陈明霦方丈为使全观道众渡过生活难关,发动各方,组织义演。 四川省道教总分会改组为四川省道教会支部。
1924	民国			十三	第六十二天师张元旭卒,其长子张恩溥嗣教为第六十三代。 七月,长沙大水,湖南省长赵恒惕,率官吏祭江神并至玉泉山祭陶淡、李育万二真人。
1926	民国			十五	北京白云观迎宾梁至祥汇抄成册《诸真宗派总簿》。 《道藏》涵芬楼影印本问世。又从中选出最有价值于学术研究的经书百余种,印成《道藏举要》。
1927	民国			十六	北京白云观方丈陈明霦第三次开坛传戒。 戴本珩纂成《龙门正宗觉云本支道统薪传》。 中国道教总会在上海成立,会址设于火神庙,后迁于大境关帝殿,由小云巢道房沈颂笙为会长。 龙虎山天师府受到农民运动冲击,万法宗坛神像被烧毁,五本田租册及历代传法印、剑等被收缴,张恩溥被押送南昌,监禁于省农会。蒋介石发动“四一二”政变以后,张恩溥被释放,天师府仍复其旧。

续表

公元	朝代	帝号	年号	年代	事　记
1928	民国			十七	民国政府颁布《神祠存废标准》,保留道教神祠有:伏羲、神农、黄帝、太上老君、元始天尊、三官、风雨雷神、土地、灶神、岳飞、关圣帝君、吕祖等。废除道教神祠有:日、月、火、五岳、四渎、龙王、城隍、文昌、财神、送子娘娘、瘟神、赵玄坛、狐仙等。画符念咒的道教亦在废除之列。 刘名瑞弟子、南无派第二十一代传人赵大悟创千峰先天派,著有白话道书《性命法诀明指》。 冯玉祥驻军陕西华阴,驱逐道士,改西岳庙为营房、弹药库和兵工厂。
1929	民国				庄严居士(严合怡)编《道统源流》。 陕西华阴云台观被冯玉祥部炸毁。
1931	民国			二十一	贺龙率红三军进驻武当山,开辟武当山根据地,受到徐本善为首的武当道众的支持、帮助。 南无派第二十代传人刘名瑞卒,字秀峰,号盼蟾子,又号敲蹻道人,顺天府宛平县齐家司桑峪社灵水村人。著有《敲蹻洞章》(又名《盐铁录》)、《瀊熻易考》、《道源精微歌》,集为《盼蟾子道书三种》。
1932	民国			二十一	张恩溥在上海“荣记大世界”举行罗天大醮。 北京白云观接待日本学者小柳司气太来访,助其调查研究,促成《白云观志》问世。 武当山道总徐本善和知客严教盛遭国民党第五十一师官兵杀害。 中华道教会在上海清虚观成立。其领导机构由清虚观全真派严洪清、新闸大王庙住持正一派李瑞珊、曾任基督教青年会秘书的谢强公组成。李瑞珊任会长,李去世后,由谢强公接任。 国民党第五十一师范石生部与湖北郧阳专署共同决定成立“武当山庙产保管处”,没收庙产,湖北士绅联名上告蒋介石,方被制止。
1933	民国			二十二	《扬善半月刊》由上海翼化堂善书局主人张竹铭医师创办发行。陈撄宁、常遵先、汪伯英三人任主笔。 赵避尘著《性命法诀明指》出版。 铁刹山三清观监院炉至顺和太清宫监院邢赴灵共立《太清宫历代监院芳行碑》。

续表

公元	朝代	帝号	年号	年代	事　　记
1934	民国			二十三	张恩溥与佛教高僧太虚等,在国民政府行政院秘书长的赞助下,举行“全国祈雨消灾大会”。 许地山著《道教史》上编,由上海商务印书馆印行。 杨虎城等资助唐旭庵整修西安八仙宫。
1936	民国			二十五	青城山成立“中华道教会灌县分会”,天师洞住持彭椿仙任会长。 甘肃张掖地区上龙王庙许合德道长,冒着生命危险救护红军战士。 陈撄宁拟《中华道教会缘起》。 上海成立“中华道教会”。 陈明霦(生于1854年)卒。法名至霦,字钟乾,号毓坤,道号玉峰子,天津宁河县人。
1937	民国			二十六	甘肃安西县蘑菇台子道院住持郭元亨道长,捐赠粮食、油盐等帮助红军西路军李先念、程世才部渡过难关。 浙江杭州玉皇山福星观紫东道人李理山,开放紫来洞,收容难民1700余人,供给生活一年多。 杭州市道教会成立,李理山当选为会长。 青城山道士易心莹《寄玄照楼书》、《道教分宗表》公开发表。 《扬善半月刊》停刊。
1938	民国			二十七	江苏茅山道众在惠心白道长领导下,积极参加抗日救国斗争,包括惠心白在内的数十名道士遭日寇杀害,茅山“三宫五院”历代文物及建筑,亦被日寇毁坏殆尽。 国民党第五战区炮兵十六团将武当山太子坡以下宫观内铜像送往重庆。 张竹铭等人创办“仙学院”,请陈撄宁主讲仙学经典。
1939	民国			二十八	广东罗浮山“五观”道众,支持东江纵队,积极参加打击日本侵略者的战斗。 《仙道月报》月刊创办发行,陈撄宁等任主笔,张竹铭、汪伯英任编辑,上海翼化堂书局出版发行。
1940	民国			二十九	四川青城山常道观住持彭椿仙在抗战期间于本庙每年生产项下提取若干收入,补助应征抗日壮丁家属,军政当局奖以“急公好义”匾额。 青城山建福宫设“抗战阵亡将士之灵位”,以为祭悼。

续表

公元	朝代	帝号	年号	年代	事　记
1941	民国			三十	《仙道月报》停刊。
1942	民国			三十一	上海特别市浦东道教同人联谊会成立于浦东钦赐仰殿，道士鲍杏全、鲍璋涛任正、副主席，社会福利局工作人员唐云卿任秘书，会址设在浦东路永厂田。 筹备成立上海特别市道教会。
1943	民国			三十二	上海特别市道教会于上海市商会礼堂召开选举大会，宣告成立。会址设于普安路兰石里2号，道士陈爱堂为负责人。
1944	民国			三十三	中华道教总会成立于上海白云观，以该观为会址，后迁至清虚观。上海桐柏宫住持全真派艾朗轩任理事长，清虚观住持无宗派道士严洪清和保安司徒庙住持、正一派张维新任副理事长，海上白云观住持、全真派刘永祥，桐柏宫知客、全真派周养正，都天庙住持、全真派王信德，紫阳宫坤道院住持、全真派陈铁海，松灵道院正一派王朗泉，宁帮正一道士莫福全为常务理事。 中华道教总会上海特别市分会成立。张维新任理事长，王朗泉、南市道士曹梅生、浦东道士鲍杏全、宁帮道士郭秉刚为常务理事。
1946	民国			三十五	十一月十一日，北京白云观因内部矛盾激化，以许信鹤为首的一批道众，经密谋策划，以整顿清规的名义，将方丈安世霖、监院白全一活活烧死。 第六十三代天师张恩溥邀集上海道教界名流在三茅阁延真观，举行组织上海市道教会的发起会议。 四川省道教会支部改组为四川省道教会。 四川成都二仙庵举行受戒仪典。 四川青城山天师洞续辑《龙门正宗碧洞堂上支谱》。
1947	民国			三十六	上海市道教会正式成立。李理山任理事长，张维新、艾朗轩、王朗泉和严洪清等人为常务理事，另有理、监事30人。 陈撄宁起草《复兴道教计划书》。 武当山道教会在周府庵成立，后因战乱自行解散。 江西贵溪龙虎山天师府举行授箓仪典。
1948	民国			三十七	张恩溥离开大陆，经新加坡去中国台湾，继续进行道教活动。

人名（神仙名）索引

（按笔画顺序排列）

五　画

六　画

七　画

八　画

九　画

十　画

十一画

十 二 画

十 三 画

十 四 画

十 五 画

十六～十八画

其他名词术语索引

（按笔画顺序排列）

四　画

五　画

六　画

七　画

八　画

九 画

十　画

十一画

十 二 画

十三～二十一画

责任编辑:钟金铃
版式设计:顾杰珍
封面设计:石笑梦

图书在版编目(CIP)数据

中国道教通史.第四卷/卿希泰,詹石窗 主编. —北京:人民出版社,2019.12
ISBN 978-7-01-021715-4

Ⅰ.①中… Ⅱ.①卿…②詹… Ⅲ.①道教史-中国 Ⅳ.①B959.2

中国版本图书馆 CIP 数据核字(2019)第 282295 号

中国道教通史
ZHONGGUO DAOJIAO TONGSHI
第 四 卷

卿希泰 詹石窗 主编

人民出版社 出版发行
(100706 北京市东城区隆福寺街 99 号)

北京雅昌艺术印刷有限公司印刷 新华书店经销

2019 年 12 月第 1 版 2019 年 12 月北京第 1 次印刷
开本:710 毫米×1000 毫米 1/16 印张:41.5 插页:1
字数:630 千字

ISBN 978-7-01-021715-4 定价:280.00 元

邮购地址 100706 北京市东城区隆福寺街 99 号
人民东方图书销售中心 电话 (010)65250042 65289539